Mosquito Verlag

DER TRAUM

Die unglaubliche Offenbarung, wer wir sind und wo wir sind

DAVID ICKE

David Icke

DER TRAUM

Die unglaubliche Offenbarung, wer wir sind und wo wir sind

Titel der Originalausgabe: „The Dream: The extraordinary revelation of who we are and where we are“

Erste Auflage, 2024

Deutsche Übersetzung: I. Kralovyetts, H. Thuy
Layout: Inna Kralovyetts
Umschlaggestaltung: Neil Hague

www.mosquito-verlag.de

ISBN 978-3-943238-69-3

Widmung

Meiner Tochter Kerry, einem erstaunlichen Göttlichen Funken.

An Rashid Buttar, einen weiteren Göttlichen Funken, der während des Schreibens dieses Buches verstorben ist und von allen vermisst wird, die sich für Wahrheit und Freiheit einsetzen.

Es zeugt von einer niederen Geisteshaltung,
wenn jemand wie die Masse oder die Mehrheit denken will,
bloß weil es die Mehrheit ist.
Die Wahrheit ändert sich nicht, egal ob die Mehrheit an sie
glaubt oder nicht.

Giordano Bruno

Das Programm

Kleine Schachteln am Hang
Kleine Schachteln aus Ticky-Tacky
Kleine Schachteln am Hang
Kleine Schachteln alle gleich.

Es gibt eine rosa und eine grüne
Und eine blaue und eine gelbe
Und sie sind alle aus Ticky-Tacky gemacht
Und sie sehen alle gleich aus.

Und die Leute in den Häusern
Gingen alle zur Universität
Wo sie in Schachteln gesteckt wurden
Und sie kamen alle gleich heraus.

Und es gibt Ärzte und Anwälte
Und Geschäftsführer
Und sie sind alle aus Ticky-Tacky gemacht
Und sie sehen alle gleich aus.

Und sie spielen alle auf dem Golfplatz
Und trinken ihre Martinis trocken
Und sie haben alle hübsche Kinder
Und die Kinder gehen zur Schule.

Und die Kinder gehen ins Sommercamp
Und dann auf die Universität
Wo sie in Schachteln gesteckt werden
Und sie kommen alle gleich raus.

Und die Jungs machen Geschäfte
Und heiraten und gründen eine Familie
In Schachteln aus Ticky-Tacky
Und sie sehen alle gleich aus.

Malvina Reynolds (1900-1978)

The Program

Little boxes on the hillside
Little boxes made of ticky-tacky
Little boxes on the hillside
Little boxes all the same.

There's a pink one and a green one
And a blue one and a yellow one
And they're all made out of ticky-tacky
And they all look just the same.

And the people in the houses
All went to the university
Where they were put in boxes
And they came out all the same.

And there's doctors and lawyers
And business executives
And they're all made out of ticky-tacky
And they all look just the same.

And they all play on the golf course
And drink their Martinis dry
And they all have pretty children
And the children go to school.

And the children go to summer camp
And then to the university
Where they are put in boxes
And they come out all the same.

And the boys go into business
And marry and raise a family
In boxes made of ticky-tacky
And they all look just the same.

Malvina Reynolds (1900-1978)

Inhaltsverzeichnis

Was geht hier vor?

Eine Bibliothek ist eine gute Anlaufstelle,
wenn man sich unsicher oder unschlüssig fühlt, denn dort kann man
in einem Buch eine Antwort auf seine Frage finden.

E. B. White

Ich erinnere mich an einen Song der kanadisch-amerikanischen Band Buffalo Springfield aus den 1960er-Jahren mit dem Titel „For What It's Worth" [zu dt.: „Wofür es sich lohnt"]. Der Text lautete: „Etwas passiert hier ... Was es ist, ist nicht ganz klar." Der Refrain forderte auf: „Seht alle, was hier vor sich geht." Die Geschichte besagt, dass das Bandmitglied Stephen Stills auf dem Weg nach Hollywood zu einem Live-Auftritt auf dem Sunset Strip war, als er auf eine große Demonstration von Jugendlichen traf, die gegen eine Ausgangssperre und die Schließung eines Klubs namens „Pandoras Box" protestierten. Stills erinnerte sich im Jahr 1971:

> „Ein Haufen Jugendlicher versammelte sich an einer Straßenecke. Sie sagten, sie würden sich nicht von der Stelle rühren. Etwa drei Busladungen Polizeisten aus Los Angeles tauchten auf, die sehr nach Sturmtruppen aussahen ... Und ich schaute es mir an und sagte: ‚Jesus, Amerika ist in großer Gefahr'."

Nach dieser Nacht schrieb Still „For What It's Worth", und was er sah, ließ er in den Text einfließen: „Es fängt damit an, dass du immer Angst hast ... Wenn du aus der Reihe tanzt, Männer ... nehmen dich mit." Der Song wurde zu einer Hymne der Gegenkultur der 60er-Jahre, als die jungen Leute – oder einige von ihnen – den Weg der freien Liebe, der freien Meinungsäußerung und der Freiheit vom Krieg, insbesondere vom Massenmord und der Brutalität in Vietnam, einschlugen. Obwohl sechsundfünfzig Jahre seit der Veröffentlichung dieses Songs vergangen sind, ist seine Ironie immer noch unverkennbar und das Thema seiner Botschaft unmissverständlich. Seit Beginn der „Covid"-Ära sind weltweit Freiheiten beschnitten worden, und dies geschieht immer noch, während wir uns auf eine vor Langem geplanten Dystopie zubewegen, die wir in der bekannten Geschichte der Menschheit noch nie gesehen haben. Ich meine, die Ironie wird durch ein anderes Faktum besonders deutlich. Große Teile der Jugend stellen die Tyrannei nicht mehr infrage, wie es die Gegenkultur zu Zeiten von Stephen Stills tat. Im Gegenteil, sie sind für die Aufrechterhaltung der Tyrannei *unentbehrlich* geworden. Amerika war noch nie in größerer Gefahr, die Welt auch nicht. Aber die (nur theoretischen) Nachfolger der „Gegenkultur", die sich jetzt Woke nennen, wehren sich nicht gegen den Krieg und die Zerstörung der Freiheit. Sie *fordern* sie. Sie protestieren nicht gegen die Ausgangssperren. Sie protestieren gegen diejenigen, die gegen Ausgangssperren, Lockdowns und Dystopien protestieren. Die Woke-Bewegung besteht darauf, dass diejenigen, die die Tyrannei anprangern, dämonisiert, ausgegrenzt und zum Schweigen gebracht werden. Woke *ist* Tyrannei. Die neuen „Linken" sind die neuen „Rechtsextremen". Sie sind nicht die heutigen Nachfolger der „Gegenkultur". Sie sind die Nachfolger Stalins und der Nazis. Sie sind das ultimative Beispiel für Gruppendenken und Herdentieb. Was für eine Kehrtwende wurde vollzogen, seit Stills zur Feder griff.

Die Wahrnehmungsprogramme, die die Woke-Bewegung vom Staat über Schulen, Universitäten und Gruppendenken erhalten hat, haben eine Form extremer Schizophrenie geschaffen, in der Selbstbild und Verhalten völlig verschiedene Sprachen sprechen. Sie geben sich als tolerante Liberale aus und bezeichnen sich sogar als „Antifaschisten", während sie sich wie intolerante Faschisten verhalten, aber ihre Selbstidentität ist so dominant, dass sie den Faschismus nicht sehen können – „Ich bin ein Liberaler". Das ist eine Gehirnwäsche par excellence, auf die der „Todesengel" der Nazis, Josef Mengele, sehr stolz gewesen wäre. Zu dieser Geisteshaltung gesellt sich ein ausgelöschter Sinn für Humor und das Fehlen der ausgewogensten aller Eigenschaften: der Fähigkeit, über sich selbst zu lachen. In den 1960er-Jahren wurde so vieles vom Establishment manipuliert, aber das „Herz" hatte trotz aller Naivität immer noch eine Rolle zu spielen. Die heutige Woke-„Gegenkultur" ist das Establishment, und so ist sie trotz ihrer selbstgerechten Beweihräucherung und ihres Gefühls moralischer Überlegenheit herzlos in ihren Zumutungen an die Gesellschaft. Um Woke zu verstehen, muss man das Ausmaß und die Tiefe der Kontrolle der Massenwahrnehmung begreifen, die so viel von der kollektiven Psyche infiltriert hat und von der die Dystopie abhängt.

Was ist aus der „radikalen Linken" von einst geworden? Diesen Begriff haben die „Woke-Flunkerer" gestohlen und ausgeplündert. Sie protestieren nicht gegen die herzlosen Zumutungen der Millionäre und der sich selbst erhaltenden herrschenden Klasse, wie es die Jugend vor langer Zeit tat. Jetzt nehmen sie freudig die Dollars der Milliardäre und küssen deren Ärsche. Sie werden von DEM SYSTEM finanziert, um DAS SYSTEM zu unterstützen, während sie vorgeben, sich DEM SYSTEM zu widersetzen. Ich spreche hier von der Antifa, Black Lives Matter und dem riesigen Netzwerk von Marionetten und Handlangern, die „Vielfalt fordern", diese aber in Wirklichkeit zerstören und die vorgaukeln, sich

„dem Faschismus zu widersetzen", während sie in der Tat als gestiefelte Fußtruppen des Faschismus agieren, diesmal allerdings im globalen Maßstab. Die Elite, die einst von der „Gegenkultur" ins Visier genommen wurde, schreit nun „springt", und die Woke-Bewegung fragt „wie hoch". Die Polizei, die Stephen Stills als „Sturmtruppen" bezeichnete, wird bejubelt, solange sie sich um diejenigen kümmert, welche die beinahe ausgelöschte Freiheit wiederherstellen wollen. Wenn aber die Polizei auf die Gewalt der Woke-Anhänger in ihren immer ausufernden Formen reagiert, muss sie abgeschafft und aufgelöst werden. Wenn du uns unterstützt, bist du gut, egal was du tust. Wenn du gegen uns vorgehst, musst du vernichtet werden. Für den programmierten, *oh, so* programmierten Woke-Verstand sind friedliche Demonstranten eine Förderung faschistischer Gewalt, während die faschistische Gewalt der Woke-Bewegung „Demokratie", „Vielfalt" und „Gleichheit" verteidigt. Das Wort „Gleichheit" bedeutet heute in unserer auf den Kopf gestellten Welt, dass *nicht* alle Menschen gleichbehandelt werden, geschweige denn, dass alle Menschen gleich geschaffen sind. Was für eine Kehrtwende hat stattgefunden, da die Elite und die falsche progressive Linke die gleiche Sprache sprechen – die Sprache der globalen Kontrolle.

Nichtsdestotrotz sind Stills' Texte nach wie vor von erschreckender Aktualität, und das gilt angesichts der derzeitigen Ereignisse umso mehr: „Etwas passiert hier ... Was es ist, ist nicht ganz klar ... Seht alle, was hier geschieht." Der Unterschied zwischen heute und der „Gegenkultur" der Flower-Power-Ära besteht darin, dass hier zwar etwas passiert, aber was es ist, kann jeder mit offenen Augen und offenem Geist *ganz klar* erkennen. Zumindest in der Welt des „Gesehenen", die so viele für die einzige Realität halten. Die Ziele und Methoden des Geschehens sind alles andere als ein Mysterium, sie liegen offen vor uns, in aller Deutlichkeit und mit einer Transparenz, die wohl nur die Hirntoten nicht sehen können. Es ist schockierend, erstaunlich und verblüffend, dass so viele Menschen immer noch *nicht* sehen, was ihnen vor Augen geführt wird und die Woke-Anhänger sind hier keine Ausnahme. Wir werden feststellen, wie es möglich ist, die Wahrnehmung so umfassend abzuschirmen, dass die Augen vor dem Offensichtlichen verschlossen bleiben und die Verfechter der Tyrannei glauben können, sie seien die Verfechter der liberalen Freiheit. Das Wie und Warum wurzelt sehr tief. Der Begriff „Woke" ist nur ein oberflächlicher Ausdruck für etwas, das uns in eine andere Dimension der Wirklichkeit führt. Was geschieht, ist viel größer als alles, was man sehen kann, und fast alles, was man sich vorstellen kann. Woke ist ein Symptom, nicht die Ursache, aber es öffnet den Blick darauf, wie die Wahrnehmung – die individuelle und die kollektive – von denen, die sich in Bereichen aufhalten, die den menschlichen Augen verborgen sind, vereinnahmt und nach Belieben gelenkt werden kann. Wie innerhalb von zwei oder drei Generationen die Massenwahrnehmung verkehrt und umgeschrieben werden kann. Wer macht das, wie und warum? Um zu erkennen, „was hier geschieht" und was im Laufe der Menschheitsgeschichte geschehen ist, müssen wir die Gefängnismauern der fünf Sinne durchbrechen. Wir müssen unsere Wahrnehmung auf eine Bewusstseinsebene erweitern, auf der wir uns von den Scheuklappen oder den 3-D-VR-Headsets befreien können, die unseren Realitätssinn in einem Nebel, einem Irrgarten, einem Labyrinth aus Wahrnehmungssackgassen und Ablenkungen verfälschen. Dann können wir unseren Geist öffnen und erkennen, in welch ungeheurem Ausmaß die Menschheit kontrolliert wird, dass einige wenige in der Lage sind, das Leben von Milliarden von Menschen zu bestimmen, Generation um Generation. Eine Fantasy-Geschichte? Für diejenigen, für die diese Informationen neu sind, und für diejenigen, die zwar die sichtbare Manipulation, nicht aber die eigentliche Ursache erkannt haben, wartet auf den folgenden Seiten eine gewaltige Herausforderung. Es ist notwendig, alle „gelernten" (programmierten) Wahrnehmungen abzulegen, um einer völlig neuen Welt und einem neuen Realitätssinn den Eintritt durch die Tür zu ermöglichen, die im Geist mit „Gefahr – nicht öffnen" beschriftet ist. Aber sie *muss* geöffnet werden – alles hängt davon ab.

Ich habe die letzten 34 Jahre umgeben von Spott und Ablehnung der Mainstream-Gesellschaft gelebt, und sogar von vielen, die sich als „alternativ" bezeichnen, wurde ich nicht verschont. Ich mache ihnen keinen Vorwurf. Ich verstehe, warum so etwas in der Welt der „Menschen" *sein* muss. Wie definiere ich „Mensch"? Es ist eine Wahrnehmung des „Menschseins". Mehr ist es nicht. Diese Wahrnehmung ist durch einen „Körper", genannt „Mensch" und durch eine lebenslange Programmierung untermauert, die uns sagt, dass wir „Menschen" sind. Aber *sind wir* das? Wer sagt das? Nun, DAS SYSTEM sagt es. Aber was ist „DAS SYSTEM"? Es ist ein globales Kommunikations- und Manipulationsnetzwerk, das durch Regierungen, „Bildungswesen", Universitäten, „Wissenschaft", „Medizin", Unternehmen, Religion, Internetgiganten und Medien funktioniert und die menschliche Wahrnehmung programmiert, indem es ständig wiederholt, dass wir „Menschen" *sind*. Das Netz in all seinen Formen wird von einer *unsichtbaren* dämonischen Macht kontrolliert, die uns glauben machen will, wir seien „Menschen" und nichts weiter – „Menschen", die dem Zufall oder dem Willen eines richtenden „Gottes" unterworfen sind. Letzteres kommt der Wahrheit sehr nahe, wenn man „Gott" durch „die Götter" ersetzt, wie wir noch sehen werden, oder noch genauer, wenn man „Gott" durch „falschen Gott" ersetzt. Es ist DAS NETZWERK, DAS SYSTEM, das uns sagt, dass wir Menschen sind, und das unsere Wahrnehmung der „Normalität" programmiert, durch das alle Menschen, Ereignisse, Geschehnisse und Meinungen gefiltert und beurteilt werden. Sie sind die Schöpfer der Woke-Bewegung, die ihren Interessen dient.

Schauen Sie sich die Welt an und Sie werden feststellen, dass die Realität durch eine symbiotische Beziehung mit dem wahrgenommen wird, was als „normal“ gilt. Ja, das „Normale“ kann sich ändern, ebenso wie das „Neue Normale“, aber was auch immer gerade das „Normale“ des Augenblicks ist, es wird zum Filter, durch den die Möglichkeiten und die Realität auf einer Skala von glaubwürdig bis lächerlich wahrgenommen werden. Die Woke-Bewegung zum Beispiel ist eine Mentalität, die noch vor wenigen Jahren als belanglos gegolten hätte. Heute werden wir unter Androhung zahlreicher Konsequenzen angehalten, das einst Lächerliche so hinzunehmen, wie es ist. Ein Mann kann eine Frau sein, eine Frau kann ein Mann sein, und CO_2, das Gas des Lebens, ohne das wir alle sterben würden, ist eine Bedrohung für unsere Existenz. Das Normale kann sich sehr schnell ändern, während die Huldigung der allgemein geltenden „Normalität“, was immer es auch sein mag, eine konstante menschliche Eigenschaft ist. Schauen Sie sich an, was in der Geschichte als „normal“ galt und heute als lächerlich empfunden wird. Wir wissen es besser, nicht wahr? Wer tiefer in die Materie einsteigt, wie es dieses Buch tut, wird feststellen, dass unser „Normales“ genauso lächerlich ist, oft sogar noch lächerlicher. Sagt man jedoch etwas, das außerhalb dieser „Normalität“ liegt, wird man so behandelt, wie ich es seit mehr als drei Jahrzehnten von Woke-Anhängern und Nicht-Woke-Anhängern erfahren habe. Wir wissen es besser, nicht wahr? Was ist überhaupt „normal“? Es ist das, was Menschen normalerweise erleben und was DAS SYSTEM, DAS NETZWERK uns als „normal“ *vorgibt*. Das war schon immer so, egal welches „Normal“, in welcher menschlichen Epoche oder Kultur verbreitet war.

Ich bin dabei, das Wort „normal“ in diesem Buch so neu zu definieren wie nie zuvor. *WOW – neu definieren*? Nein – demolieren, demontieren, zerstören, pulverisieren, auslöschen, vernichten, zerschmettern. Es wird kein „Normal“ mehr übrig sein, wenn der Job erledigt ist. Praktisch kein Glaubenssystem, ob religiös, spirituell oder wissenschaftlich, wird diese völlig neue Art, „Leben“ zu betrachten überleben. Ich tue dies nicht, um solche Überzeugungen zu verurteilen, denn ich verstehe, warum sie sich so hartnäckig halten, wie ich erklären werde. Ich will nur die Wahrheit. Seit dem Beginn meines wahrnehmungsverändernden Erwachens im Jahre 1990 bin ich allein an der Suche nach Wissen – der Gnosis – interessiert, wo auch immer mich das hinführen mag. Ich brauche weder Status noch Applaus. Ich möchte nicht von der falschen „Normalität“ als „glaubwürdig“ und „besonders“ gefeiert oder auf ein Podest gestellt werden, denn vor der Illusion der „Zeit“ haben sich solche Helden als völlig falsch, fehlgeleitet oder sogar als notorische Lügner erwiesen. „Folgt der Wissenschaft“, sagen sie. Wie krank und sogar lächerlich klingt das, wenn man bedenkt, dass die Podestmenschen der Covid-Ära als nackte Kaiser, machiavellistische Manipulatoren und Verfechter des Wahnsinns bloßgestellt wurden, was sie in den

Augen derer, die hinter die illusorischen Mauern des „Normalen“ geblickt hatten, schon immer waren.

Ich habe weder das Bedürfnis noch den Wunsch, gemocht zu werden. Ich werde bestimmt nicht redigieren oder zensieren, was ich sage, um von anderen ein angenehmes und unterstützendes Feedback zu erhalten. Und ganz sicher werde ich ihnen nicht sagen, was sie bereits denken oder was sie hören wollen, und selbst dann wird man es nicht allen recht machen können. Das ist nicht der Weg, nach der Wahrheit zu suchen, wenn es per Definition bedeutet, sich den manipulierten *Un*wahrheiten der „Normalität“ anzupassen. Wenn man das Bedürfnis hat, von anderen gemocht zu werden, hat man keine Chance, aufzudecken und mitzuteilen, „was hier vor sich geht“. Die meisten Menschen wollen die Wahrheit nicht wissen. Ihre Wahrnehmungsgewissheit ist ihre Komfortzone, sei sie religiös oder wissenschaftlich. Sie finden ihre Sicherheit in dieser Gewissheit und verteidigen sie, bis ihre Fäuste weiß werden. Die Woke-Anhänger sind ein Extremfall. Wer Komfortzonen, Sicherheit und Gewissheit gefährdet, wird von den Menschen nicht gemocht, aber wer sie nicht infrage stellt, wird der Wahrheit nie näherkommen.

In diesem Buch gehe ich auf einige wirklich „ausgefallene“ Konzepte und Informationen ein – *wirklich* „ausgefallen“. Was folgt, ist das Ergebnis meiner jahrzehntelangen Recherchen, zusammen mit intuitivem „Wissen“ und Erfahrungen in Traumzuständen, die ein immer wiederkehrendes Bild davon geformt haben, was unsere Realität ist und wie sie gezielt entworfen wurde, um uns zu versklaven und gefangen zu halten. Dazu gehört auch der Reinkarnationszyklus. Meine jahrzehntelange Genauigkeit bei der Vorhersage dessen, was später geschah, wurde auf die gleiche Weise bestimmt. Wenn ich damit falschlag, dann liege ich auch hiermit falsch; aber ich *lag damit nicht* falsch. Es ist sogar bis ins kleinste Detail eingetroffen. Eine Kraft hat durch mich gewirkt, um Informationen zu übermitteln, die die Menschheit aus dem Bann befreien, in dem wir leben. Dies ist die jüngste Fortsetzung. Wir haben eine lange Reise vor uns, und ich hoffe, dass Sie mir bis zu einem optimistischen Schluss folgen werden. Die Dinge sehen schlecht aus, weil uns gesagt wurde, was wir über sie und über uns selbst glauben sollen. Befreien Sie sich von Ihrem Verstand, denn das „Schlechte“ kann eine Chance sein, wenn Sie erst mal wissen, womit Sie es wirklich zu tun haben und warum.

Genießen Sie die Fahrt. Sie wird holprig, aber am Ende wunderschön sein.

1

Verirrt im Labyrinth

Ich habe eine Theorie: Wenn man sich auf dem Weg verirrt hat, sollte man zum Anfang zurückgehen und das Labyrinth noch einmal versuchen.

Amanda Seales

Nach 34 Jahren Vollzeitrecherche ist mir klar geworden, dass man diese „Welt“ nur verstehen kann, wenn man weiß, wie sie geschaffen wurde, von wem und zu welchem Zweck. Wenn man weiß, was die „Welt“ wirklich ist, und warum bewegt sich das Kaleidoskop und alles – *alles* – verändert sich.

Ich schreibe dieses Buch, um alle wichtigen Facetten der Realität und der Kontrolle aufzudecken und zu zeigen, wie die außergewöhnliche Geschichte der Menschheit entstanden ist. Die Informationen sind das Ergebnis jahrzehntelanger Forschung in einem erstaunlichen Leben, das mich in etwa 60 Länder und andere Realitäten geführt hat, um die Antworten auf die GROSSEN Fragen zu finden: Wer sind wir? Wo sind wir? Was tun wir hier? Woher kommen wir? Ich werde eine völlig neue Erklärung für diese ewigen Geheimnisse präsentieren. Ich werde nicht endlos viele Details aufzählen, denn das steht alles in meinen anderen Büchern, von denen viele Mammutwerke von beträchtlicher Länge sind. Es hat keinen Sinn, zu wiederholen, was an anderer Stelle in „Alles, was Sie wissen sollten, Ihnen aber nie jemand erzählt hat“, „Die Wahrnehmungsfalle“, „Die Antwort“, „Children of the Matrix“, „Das größte Geheimnis“ und vielen anderen zu finden ist. Ich möchte mich auf die vielschichtige Struktur konzentrieren, die die Menschheit in ständiger Knechtschaft hält und die letztlich auf Dimensionen der Realität zurückgeht, die sich dem menschlichen Blick entziehen. Diese Struktur – wie das Spiel wirklich funktioniert – ist das Wissen, das uns befreien kann und das dringend von der Weltbevölkerung verstanden werden muss, die sich in einer permanenten Sklaverei befindet, die von vielen immer noch als Freiheit wahrgenommen wird. Es ist eine verrückte Geschichte.

Zunächst müssen wir uns mit dem grundlegenden Missverständnis auseinandersetzen, an das so viele Menschen glauben, unsere Augen würden alles sehen, was im „Raum" vor uns existiert. Das ist nicht nur weit von der Wahrheit entfernt – es könnte kaum falscher sein. Ich wiederhole diesen Punkt in jedem Buch, weil er eine der Grundlagen des menschlichen Gefängnisses ist. Diejenigen, die an diese Fiktion glauben, können sich unsichtbare Bereiche nicht vorstellen. Für sie ist allein der Gedanke unmöglich, dass es etwas zu sehen gibt, jenseits dessen, was sie zu sehen *glauben*, in der Illusion, alles sehen zu können. Wesen, die die Menschheit aus dem Unsichtbaren heraus manipulieren? Seien Sie kein Idiot. Wenn es sie gäbe, würden wir sie sehen. Nun, *einige sehen* sie, aber sie sind selten im Vergleich zu denen, die sie nicht sehen. Der Grund dafür ist, dass die Menschen *kaum* etwas sehen können. Die Ich-sehe-alles-Mentalität hält sich hartnäckig, obwohl für uns nicht alles sichtbar ist. Technische Geräte hingegen können Radiowellen, Mikrowellen, Infrarot, Ultraviolett, Röntgen- und Gammastrahlen verwenden. Das sind alles Frequenzbänder innerhalb des elektromagnetischen Spektrums, von deren Existenz wir wissen, weil wir sie nutzen. Für das menschliche Auge sind sie alle unsichtbar.

Abb. 1: Was wir „die Welt" nennen, ist nur ein winziges Frequenzband. Alles, was darüber hinausgeht, ist für uns unsichtbar. (Bild: Neil Hague)

Bloß ein winziger Frequenzbereich ist für uns sichtbar und wird passenderweise „sichtbares Licht" genannt (Abb. 1). Um das ins rechte Licht zu rücken: Die Mainstream-Wissenschaft geht davon aus, dass das elektromagnetische Spektrum (der Bereich, den der Mensch tatsächlich wahrnimmt), nur 0,005 Prozent dessen ausmacht, was im Universum an verschiedenen energetischen Formen existiert. Das sichtbare Licht, die einzige Realität, die wir sehen können, ist wiederum nur ein *Bruchteil* dieser 0,005 Prozent. (Abb. 2 und Abb. 3) Das Prinzip bleibt dasselbe, selbst wenn man die höchste Schätzung, die ich gesehen habe, von 0,5 Prozent für den elektromagnetischen Anteil annimmt. Der Mensch kann fast *nichts* von dem sehen, was in dem „Raum" existiert, den wir betrachten. Bitte beachten Sie, dass ich Wörter wie zum Beispiel das Wort „Raum" in Anführungszeichen setze, um darauf hinzuweisen, dass dieser Begriff für den Menschen eine Bedeutung hat, die möglicherweise nicht der Realität

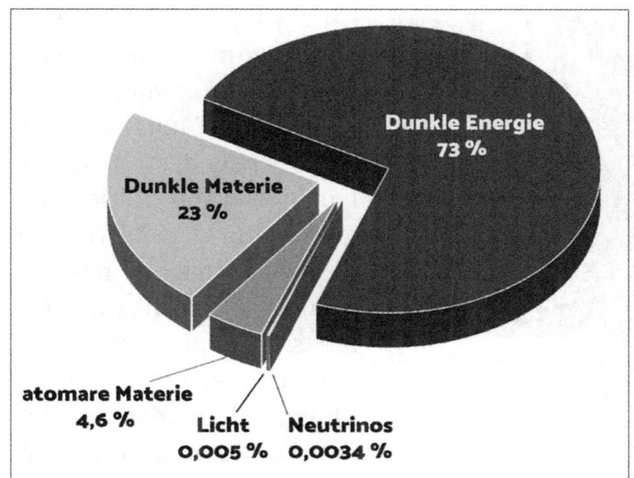

Abb. 2: Das elektromagnetische Spektrum („Licht") macht nur 0,005 Prozent dessen aus, was nach der etablierten Wissenschaft energetisch im Universum existiert.

entspricht. Eine Frage, die ich oft gehört habe, lautet: „Warum kann ich diese unsichtbaren Wesen, von denen Sie sprechen, nicht sehen?" Meine Antwort darauf ist immer: „Sie können sie nicht sehen, weil Sie kaum etwas sehen können." Die Tatsache, dass so viele Menschen das nicht wissen, ist ein Beweis für die Macht der Wahrnehmungsunterdrückung und -programmierung und für das Ausmaß, in dem die Mainstream-Informationen kontrolliert werden. Das sollte doch eigentlich für *jeden* selbstverständlich sein, oder?

Es ist eine einfache Frage der Frequenz, und das gilt in jeder Hinsicht, da die „physische" Materie selbst eine Manifestation der Frequenz ist. Analoge Radio-

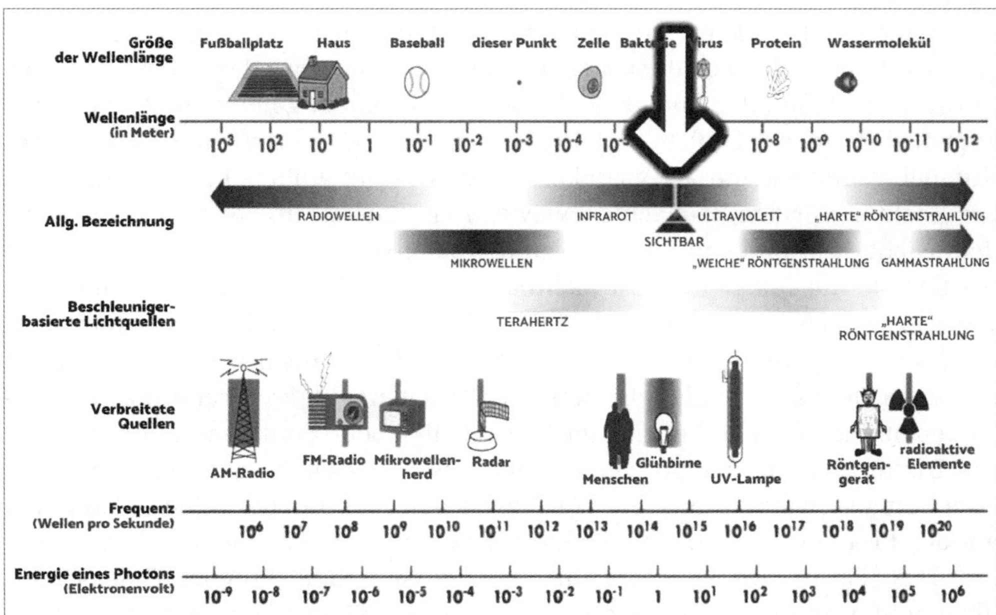

Abb. 3: Sichtbares Licht, der einzige Frequenzbereich, den der Mensch „sehen" kann, ist ein Bruchteil dieser 0,005 Prozent.

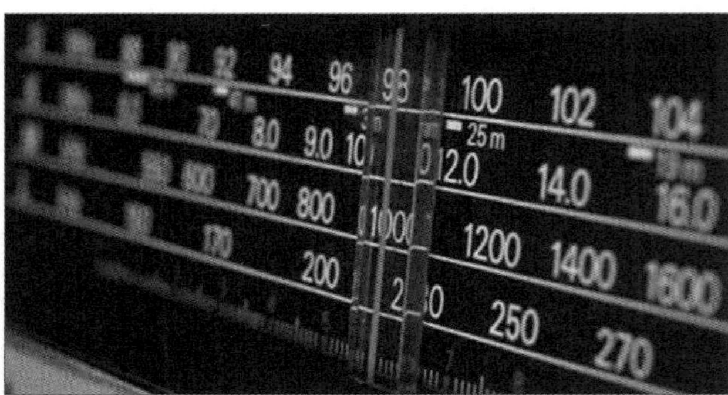

Abb. 4: Unsere Realität ist wie ein Radio- oder Fernsehsender, der mit allen anderen den gleichen „Raum" auf verschiedenen Wellenlängen teilt. Der Körper, das Gehirn und die fünf Sinne binden uns an die Frequenz der „menschlichen Welt".

sender können sich denselben „Raum" teilen, ohne einander zu bemerken. Sie arbeiten auf unterschiedlichen Frequenzen bzw. Wellenlängen (Abb. 4). Dasselbe gilt für die visuelle Version, die wir Fernsehen nennen. Analoge Fernsehkanäle teilen sich denselben Raum, und doch sehen wir nur den Einen, auf den das Gerät in diesem Moment eingestellt ist. Man dreht an der Wählscheibe oder drückt auf die Fernbedienung, und der Radio- oder Fernsehkanal ändert sich entsprechend der Frequenz, auf die das Gerät eingestellt ist. Wenn Sie von Sender A zu Sender B wechseln, ändert sich nichts am Sender selbst oder an dem, was er ausstrahlt. Sender A ist immer noch „on air", wenn Sie B wählen. Beide existieren, sie existieren *alle* im selben „Raum". Das sichtbare Licht ist unser Fernsehsender und im weiteren Sinne das elektromagnetische Spektrum oder der Frequenzbereich. Die „menschliche Welt" ist nur ein Frequenzband, und das erklärt so vieles.

Zu allen Zeiten haben Menschen berichtet, dass sie Schiffe oder Weseheiten gesehen haben, die „aus dem Nichts" auftauchten und wieder „im Nichts" verschwanden. Jeder, der immer noch von der allgemein geltenden „Normalität" hypnotisiert ist, wird solche Behauptungen mit Spott abtun. Sie sind verrückt, Kumpel, genau wie dieser Typ, Icke. Der Spötter hat einfach keine Ahnung von der Realität. Für den Beobachter *erscheint* ein Raumschiff oder ein Wesen „aus dem Nichts", wenn es in den Bereich des sichtbaren Lichts eintritt. Erst dann werden sie für den Betrachter sichtbar. Sie erscheinen blitzschnell und ohne Vorlaufzeit, so wie ein neuer TV-Kanal in der Sekunde auf dem Bildschirm aufleuchtet, in der man die Fernbedienung betätigt. Ähnlich verhält es sich mit „Geistern" und anderen Erscheinungen und sogenannten „paranormalen" Phänomenen. Dabei handelt es sich um Wesenheiten oder Entitäten aus einer anderen Dimension, die der unsrigen so nahe ist, dass es zu Interaktionen kommen kann, so wie es „Interferenzen" zwischen Radiosendern geben kann, die auf der Frequenzskala nahe beieinander liegen. Daran ist nichts „Paranormales". Das „Para" wird von der Mainstream-Wissenschaft (Pseudo-Wissenschaft) hinzugefügt, um das abzustempeln, was ihr puddingartiger Verstand entweder nicht erklären kann oder lieber leugnet, dass es überhaupt möglich ist. Es ist das umgekehrte Prinzip, wenn etwas „ins Nichts verschwindet". Es verlässt das sichtbare Licht, so wie eine Fernsehsendung den Bildschirm verlässt, wenn die Fernbedienung den Kanal wechselt und dabei die Frequenz des aktuellen Senders verlässt. Der Schlüssel zum Verständnis dieser Realität und allem, was damit zusammenhängt, ist die *Frequenz*. Ich habe bereits angedeutet, dass es sich bei dem, was als „Materie" wahrgenommen wird, der Realität des „Physischen", nur um einen bestimmten, sehr engen Frequenzbereich handelt. Die Frequenz der Materie bezieht sich auf die Frequenz des sichtbaren Lichts, weshalb wir eine Welt „sehen" (eigentlich *decodieren*, wie ich noch erklären werde), die fest und „physisch" zu sein scheint, obwohl sie es in Wirklichkeit nicht ist. Wie Albert Einstein sagte:

> „Bezüglich der Materie lagen wir alle falsch. Was wir Materie genannt haben, ist Energie, deren Schwingung so stark gesenkt wurde, dass sie für die Sinne wahrnehmbar ist. Es gibt keine Materie."

Ganz genau. Es gibt nur die *Wahrnehmung* von ihr. *Alles* ist Wahrnehmung, und ich meine *alles*, wie dieses Buch zeigen wird.

Sehen ist Glauben? Nein – Glauben ist Sehen

Auf jeder Ebene der unendlichen Realität ist die Wahrnehmung die Bestimmende. Alles, was wir sehen und wie wir es sehen, wird durch die Art und Weise bestimmt, wie wir es wahrnehmen. Was Sie glauben, nehmen Sie wahr, und was Sie wahrnehmen, erleben Sie, oder anders ausgedrückt: Sie *sehen*. Wie ein altes Sprichwort sagt: Des einen Brot, des andern Tod. Die Wahrnehmung des einen unterscheidet sich von der Wahrnehmung des anderen. Auch unser Verhalten wird von unserer Wahrnehmung beeinflusst, da wir uns so verhalten, wie wir es wahrnehmen. Unterschiedliche Reaktionen auf ein und dieselbe Situation ergeben sich aus den unterschiedlichen Wahrnehmungen der Beteiligten. In einer Konfliktsituation wollen die einen kämpfen, die anderen fliehen, wieder andere bleiben standhaft und versuchen, eine friedliche Lösung zu finden. Die Entscheidung, sich den faschistischen Zumutungen zu beugen oder sich ihnen zu widersetzen, wurde bei der Inszenierung des „Covid"-Schwindels durch die Wahrnehmung getroffen. Glaubte man der Lüge, dass ein tödlicher „Virus" kursiere, gehorchte man der Staatsgewalt im Vertrauen darauf, dass dies die Überlebenschancen erhöhen würde. Man akzeptierte Hausarrest, Gesichtsmasken, soziale Entfremdung und die Verabreichung eines Fake-Impfstoffes, der nicht glaubwürdig getestet wurde und nach allen bisherigen Kriterien nicht einmal

Abb. 5: Es geht darum, die Wahrnehmung durch Lügen und Informationskontrolle in den fünf Sinnen zu verankern. Aus programmierter Wahrnehmung wird dann programmiertes Verhalten. (Bild: Neil Hague)

ein Impfstoff ist. Ein leitender Angestellter von Pfizer gab viel später zu, dass der Impfstoff nicht einmal darauf getestet worden war, ob er die Übertragung des angeblichen – *angeblichen* – „Virus" verhinderte. Die „Covid"-Katastrophe wurde ausgelöst durch die *Wahrnehmung* einer „Covid"-Katastrophe in dem hoffnungslos naiven Glauben, dass Autoritäten die Wahrheit sagen. Wahrnehmung ist gleich Verhalten ist gleich Konsequenz. Wahrnehmung ist gleich Verhalten ist gleich *Ergebnis*. Wenn man das Ergebnis kontrollieren will, individuell und kollektiv, muss man die Wahrnehmung am Anfang des Prozesses kontrollieren. Wie macht man das? Indem man die Informationen kontrolliert, die Menschen erhalten und aus denen sie ihre Wahrnehmungen bilden (Abb. 5).

Hier liegt der Grund für das schockierende Ausmaß der Zensur. Wenn Sie dafür sorgen, dass Ihre Zielgruppe nur Ihre Version der Realität zu hören bekommt, erhöht sich die Wahrscheinlichkeit, dass sie glauben, was Sie sagen – in Ermangelung einer alternativen Erklärung. Ich wurde im Frühjahr 2020 von allen wichtigen Internetplattformen gelöscht, nachdem ich die offizielle „Covid"-Darstellung als einen Haufen Mist und erfundene Fantasie entlarvt hatte (siehe meine Bücher „Die Antwort" und „Wahrnehmungen eines abtrünnigen Denkers"). Außerdem wurde ich 2022 für mindestens zwei Jahre aus 26 Ländern des europäischen Schengen-Raums in die Verbannung geschickt, nachdem die institutionell korrupte niederländische Regierung beschlossen hatte, mich zu bannen. Wenn man aus einem der 26 Länder verbannt wird, wird man aus allen verbannt. Ich wurde bereits 2019 aus Australien des Landes verwiesen. Mein „Verbrechen" in den Niederlanden bestand darin, dass ich eine Einladung angenommen hatte, auf einer *Friedens*demonstration in Amsterdam zu sprechen, was die von außen kontrollierten niederländischen Behörden nicht wollten. Das zeigt, wie groß der Terror derer ist, die unsere Welt regieren, wenn die Wahrheit ans Licht zu kommen droht.

Diejenigen, die selbstständig dachten und über den offiziellen „Covid"-Bullshit hinausblickten, hatten aufgrund ihrer sehr unterschiedlichen Wahrnehmungen verschiedene Schwierigkeiten. Viele verloren ihre Arbeit und wurden sogar von ihren eigenen Familien geächtet, aber sie bewahrten ihre Souveränität und Selbstachtung, indem sie sich weigerten, diesen Unsinn mitzumachen. Sie suchten nach der Wahrheit, anstatt die Lügen unhinterfragt zu akzeptieren oder sich aus Angst zu fügen und zu gehorchen. Entscheidend ist, dass sie den Fake-Impfstoff ablehnten, der inzwischen weltweit unzählige Menschen tötete und verstümmelte. Die Suche nach der Wahrheit über „Covid" öffnete ihnen auch die Tür, um das Ausmaß der menschlichen Täuschung und zumindest einige Ebenen der verborgenen Netzwerke zu erkennen, die die globale Tyrannei orchestrieren. Es gab viele Herausforderungen für die Wahrnehmung dieser Menschen, aber wie viele Konformisten würden mit ihnen tauschen wollen, jetzt, da der „Covid"-Megaschwindel immer offensichtlicher wird? Mit diesem einfachen Beispiel der Gegenüberstellung, von „Covid"-Wahrnehmung und -Ergebnis haben Sie die Säulen der menschlichen Kontrolle. Wer die Wahrnehmung kontrolliert, kontrolliert das Verhalten, und das kollektive menschliche Verhalten ist das, was wir die menschliche Gesellschaft nennen. Wer die Wahrnehmung kontrolliert, kontrolliert auch die Welt. Im weiteren Verlauf des Buchs werden wir sehen, dass dasselbe Prinzip für jede Ebene unserer Realität gilt. Mit diesem Wissen rücken die „Geheimnisse" der Realität und die menschliche Notlage (und ihre Lösung) ins Blickfeld. Die Wahrnehmung ist die Quelle, aus der alles andere hervorgeht und alles erklärt werden kann.

Es gibt so viele Ebenen der Realität, und was auf einer Ebene zu geschehen scheint, wird durch die Perspektive einer anderen aufgehoben. Wenn Sie einen Ziegelstein aus der Nähe betrachten, sehen Sie einen rötlichen Fleck. Aus der *Perspektive*, in der Sie sich befinden, ist dies eine gültige Wahrnehmung der Realität. Treten Sie ein paar Schritte zurück, und Sie sehen, dass der rötliche Fleck Teil einer Mauer ist; gehen Sie weiter, und es ist ein Haus, dann eine Straße, eine Stadt und so weiter. Auf jeder Stufe ist es eine gültige Realität aus der Perspektive, in der Sie sich befinden, auch wenn das, was Sie sehen, radikal anders ist. So ist es ebenso mit den Ebenen der Realität und was ich über sie zu sagen habe. Aus der Perspektive, die ich jetzt gerade beschreibe, mag es richtig sein, aber während wir uns durch das Buch bewegen, wird das Bild immer größer, und frühere Aussagen werden sich in diesem erweiterten Kontext als nicht ganz das erweisen, was sie auf der vorherigen Realitätsebene zu sein schienen. Es ist wie die Suche nach dem Zentrum eines Labyrinths. Also mit diesem Vorbehalt – auf geht's.

Das holografische „Physische"

Der Bereich des sichtbaren Lichts ist selbst illusorisch, ebenso wie die Materie, die in seinem Frequenzband die „physische" Welt zu bilden scheint. Selbst das Sehen mit unseren Augen ist eher symbolisch als buchstäblich. Wir „sehen" mit unserem Gehirn (oder tun es auf einer Ebene – dazu später *mehr*). Die menschliche Realität ist wie ein WLAN-Feld, und der Körper/das Gehirn ist der Computer, der die Informationen auf unserem Bildschirm decodiert – visuelle Wahrnehmung (Abb. 6). Ein Computerbenutzer stellt mit Maus und Tastatur eine Verbindung zu einem bestimmten Teil des WLAN-Feldes her, der als Website bekannt ist. Der Computer decodiert dann diesen Website-Abschnitt des Feldes in die ganz andere Form, die wir auf dem Bildschirm sehen (Abb. 7). Ich habe gerade beschrieben, wie der Mensch die Realität (auf einer Ebene) erschafft. Unsere fünf Sinne – Sehen, Hören, Fühlen, Riechen und Schmecken – verbinden uns mit dem Realitätsfeld – dem kosmischen WLAN –, indem sie die Wellenforminformationen in elektrische Informationen umwandeln. Diese wird dann an das Gehirn weitergeleitet und wieder in digital-holografische Informationen oder die Illusion der physischen Realität decodiert. Wo ist die „physische" Welt? Sie befindet sich in Ihrem „Kopf" (Abb. 8). Es gibt keine „Außenwelt", wie wir sie wahrzunehmen glauben. Pao L. Chang wies in einem Artikel in der *Waking Times* darauf hin, dass, wenn wir mit einer Computersoftware ein Bild malen oder ein dreidimensionales Objekt modellieren, alle Anweisungen von

Abb. 6: Die Grundlage unserer Realität ist ein Wellenform-Informationsfeld, das die Kombination der fünf Sinne und des Gehirns in eine illusorische „physische" Realität decodiert, so wie ein Computer WLAN decodiert. (Bild: Neil Hague)

Abb. 7: Moderne Technologie ahmt nach, wie wir die Illusion einer „physischen" Realität erzeugen.

Abb. 8: Jeder der fünf Sinne decodiert das WLAN-Wellenfeld in eine elektrische Form, die an das Gehirn weitergeleitet und dort in eine digitale, holografische, illusorische, „physische" Realität decodiert wird. (Bild: Neil Hague)

der Zentraleinheit (CPU) und ihren Gegenstücken verarbeitet werden, bevor sie auf den Bildschirm projiziert werden. Dieser Prozess findet fast augenblicklich statt, und „in gewissem Sinne ist unser Bild oder dreidimensionales Modell nichts anderes als eine Wahrnehmung der CPU". In anderen Büchern habe ich die CPU mit dem Gehirn verglichen, und sie ist tatsächlich als „Gehirn des Computers" bekannt. Eine Internet-Definition lautet:

> „Die CPU ist das Gehirn eines Computers und enthält alle Schaltkreise, die für die Verarbeitung von Eingaben, die Speicherung von Daten und die Ausgabe von Ergebnissen erforderlich sind. Die CPU folgt ständig den Anweisungen von Computerprogrammen, die ihr sagen, was sie verarbeiten soll und wie."

Das ist es, was das Gehirn tut. Pao L. Chang schreibt:

> „Wenn wir den Computer von außen betrachten, sieht unser Kunstwerk solide aus. Wenn wir die äußeren Schichten des Computers auseinandernehmen und in Zeitlupe beobachten, wie seine Hardware jenseits der mikroskopischen Ebene funktioniert, sehen wir, dass er aus einem riesigen Fluss elektrischer Impulse besteht. Elektrische Impulse sind eine Form von Energie.
>
> Auf dieser Ebene sehen unsere Kunstwerke wie Blitze aus. Diese Analogie zur Funktionsweise eines Computers ähnelt der Art und Weise, wie unser Verstand und unser Bewusstsein unsere illusorische äußere Realität erschaffen … Der Grund, warum wir Dinge als solide wahrnehmen, ist, dass unser Körper und unser Bewusstsein die Energiemuster um uns herum als solide codieren. In diesem Moment werden wir dazu verleitet zu glauben, dass unsere Realität aus festen Materialien besteht."

Das Prinzip, das ich hier beschreibe, ist dasselbe wie bei den Hologrammen, die in der modernen Gesellschaft allgegenwärtig sind. Sie werden für Produkte, Werbung, Bühnenshows und Videos verwendet, in denen holografische Darstellungen längst verstorbener Künstler zusammen mit den derzeit Lebenden auftreten können. Hologramme sind nicht fest, aber die besten von ihnen sehen so solide aus wie Sie und ich (Abb. 9). Sie entstehen durch die Wechselwirkung zwischen einem Laser, dem sogenannten „kohärenten Licht“ und einer fotografischen Platte. Ein Teil des Lasers (Referenzstrahl) trifft direkt auf die Platte, während der andere Teil (Arbeitsstrahl) das Motiv in Wellenform aufnimmt (Abb. 10). Letzterer kollidiert dann auf der Platte mit dem Referenzstrahl, und zusammen bilden sie ein „Interferenzmuster“, das das Objekt in Wellenform darstellt (Abb. 11). Ein weiterer Laser wird auf das Interferenzmuster gerichtet, und wie durch ein Wunder entsteht ein dreidimensionales Bild des Objekts. Diese holografischen Projektionen können so körperlich erscheinen, dass Menschen sich weigern, durch sie hindurchzugehen, obwohl sie es könnten (Abb. 12 und 13). Nimmt man die Konditionierung des Gehirns hinzu, diese Projektionen als solide zu interpretieren und die „physische“ Illusion gegen Objekte zu stoßen, kann man sich vorstellen, warum wir die Welt als solide wahrnehmen und mit ihr interagieren, als ob sie es wäre. Das Phänomen des „Anstoßens“ werde ich in Kürze erläutern. Hologramme werden heute digital erzeugt und kommen damit unserer erlebten Reali-

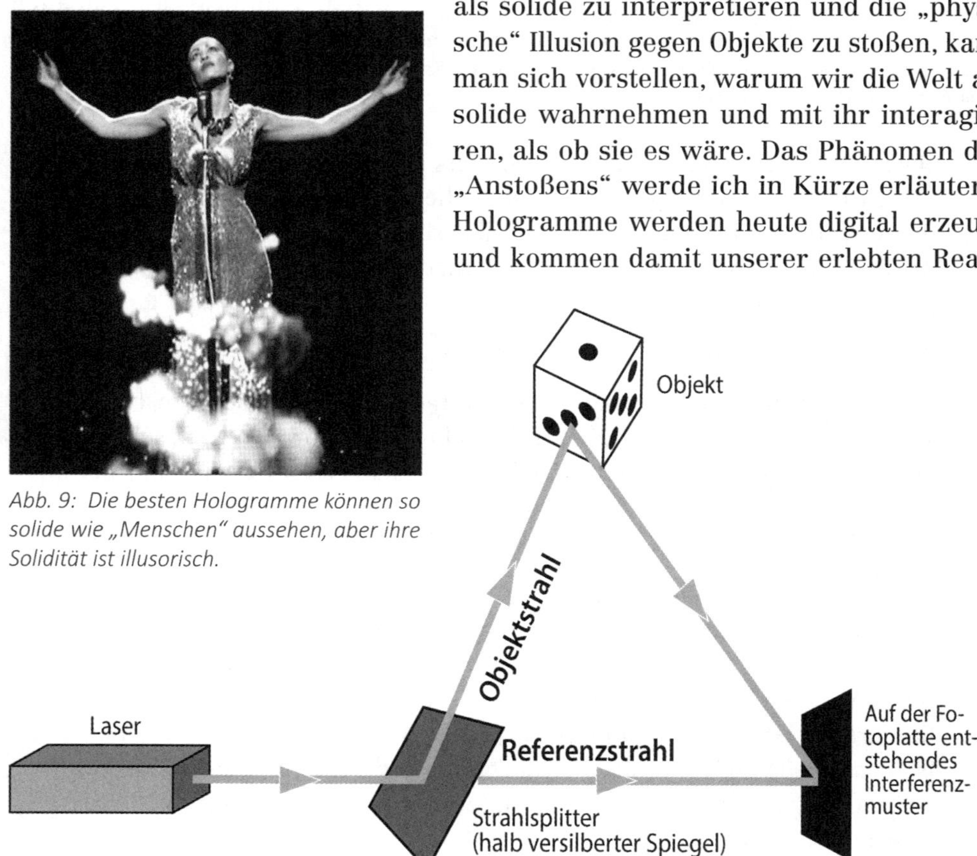

Abb. 9: Die besten Hologramme können so solide wie „Menschen“ aussehen, aber ihre Solidität ist illusorisch.

Abb. 10: Wie Hologramme entstehen. Ein Laser wird in zwei Teile aufgeteilt. Ein Teil wird direkt auf eine holografische Platte gerichtet, der andere Teil nimmt ein Wellenformbild des Objekts auf. Die beiden Teile kollidieren dann auf der Platte und erzeugen ein Wellenformmuster. Wenn ein Laser auf dieses Muster gerichtet wird, erscheint auf „wundersame“ Weise eine dreidimensionale Darstellung des Objekts.

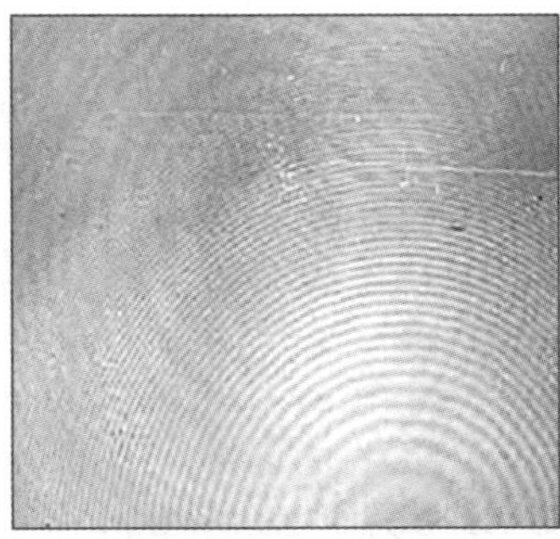

Abb. 11: Ein holografisches Wellenform-Interferenzmuster, das mit einem Laser in ein dreidimensionales Bild umgewandelt wird. Dies imitiert die Art und Weise, wie das Gehirn das „kosmische WLAN"-Feld in eine scheinbar „physische" (holografische) Realität decodiert.

tät noch näher. Ihre Augen senden jeweils eine elektrische Version der Informationen in Wellenform („WLAN") an Ihr Gehirn, das diese Informationen in die Illusion einer 3-D-Welt umwandelt. So entstehen Hologramme, und unser Gehirn präsentiert uns eine holografische 3-D-Welt, die nur in unserem „Kopf" existiert. Hologramme haben eine bemerkenswerte Eigenschaft: Jeder Teil eines Hologramms ist eine kleinere Version des Ganzen. Wenn man eine holografische Wellenform viertelt und mit einem Laser darauf schießt, sieht man nicht ein Viertel des Bildes, sondern man sieht das *ganze* Bild in klein. Das Muster der Wellenform wird so generiert, dass das gesamte Bild in jedem Teil verschlüsselt ist (Abb. 14). Hier haben wir die Erklärung für Heilmethoden wie Fußreflexzonenmassage und Akupunktur, die über Füße, Hände, Ohren und andere Körperteile den ganzen Körper ansprechen. Dasselbe gilt für das Handlesen, bei dem der ganze Körper in der Hand erkannt werden kann. Dies ist möglich, weil der Körper wie alle anderen „physischen" Erscheinungen ein Hologramm ist, und Hologramme sind nicht solide. Ihre Festigkeit ist illusorisch, so wie unsere gesamte scheinbare physische Realität. Um

Abb. 12: Hologramme sind heute weit verbreitet, auch in der Unterhaltungsindustrie, wo verstorbene Künstler mit lebenden Personen auftreten können.

Abb. 13: Mit fortschreitender Technologie können Hologramme täuschend echt aussehen.

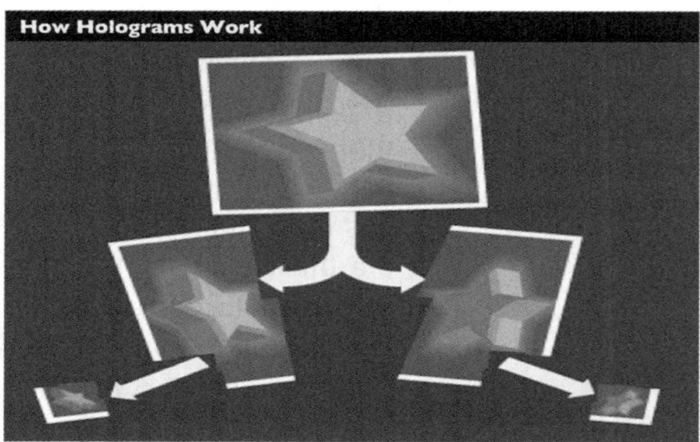

Abb. 14: Jeder Teil eines Hologramms ist mit den Informationen des gesamten Hologramms verschlüsselt.

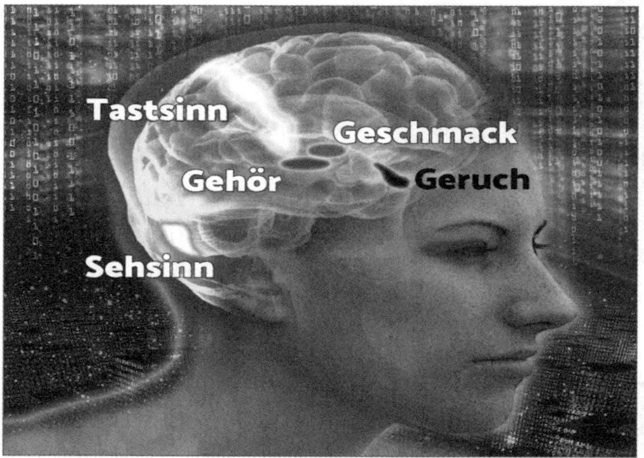

Abb. 15: Verschiedene Bereiche des Gehirns entschlüsseln unterschiedliche Sinneseindrücke, die zu dem verschmelzen, was wir als menschliche Realität wahrnehmen. (Bild: Neil Hague)

die verschiedenen Sinne zu entschlüsseln, verfügt das Gehirn über spezifische Bereiche und setzt das Entschlüsselte zu dem zusammen, was wir als menschliche Realität bezeichnen (Abb. 15). Unsere Augen haben dort, wo der Sehnerv auf die Netzhaut trifft, einen blinden Fleck. Was auch immer an dieser Stelle ist, das Gehirn kann es nicht sehen und füllt die Lücke mit dem, was es dort vermutet. Die „physische" Realität ist das Ergebnis einer Allianz zwischen den fünf Sinnen und der „Ergänzung" oder der Interpretation des Gehirns. Eine optische Täuschung ist ein Mittel, dem Gehirn Informationen zu präsentieren, um den Decodierungsprozess in die Irre zu führen. Es gibt unzählige Beispiele für Bilder, die das Gehirn auf eine bestimmte Weise wahrnimmt, obwohl sie etwas ganz anderes darstellen. Das Gehirn kann durch verbale und andere Frequenzquellen so programmiert werden, dass es sensorische Informationen auf eine bestimmte Art und Weise entschlüsselt. Ein programmiertes Gehirn wird die Realität ganz anders wahrnehmen als ein nicht programmiertes. Sogar die visuelle Wahrnehmung kann manipuliert werden, wenn man weiß, was man tut. Ich sagte „verbale und andere Frequenzquellen", und einige werden vielleicht erwidern, dass verbale Informationen keine Frequenzen sind. Oh, aber das sind sie. Was wir Worte nennen, sind Frequenzfelder – Wellenformfelder –, die von den Stimmbändern erzeugt und von den Ohren in elektrische Informationen umgewandelt werden, die das Gehirn als die Worte decodiert, die wir „hören". Sprachen bestehen nicht nur aus verschiedenen Wörtern, sondern auch aus verschiedenen *Frequenzen*, die das Gehirn zu Wörtern decodiert. Es ist wirklich eine Frage der Frequenz.

Alle Sinne funktionieren im Grunde genommen gleich, indem sie Wellenform-Eingaben in elektrische Ausgaben umwandeln. Am Beispiel des Gehörs wird dies deutlich: Schall breitet sich wellenförmig aus, und die Ohren leiten diese Schallwellen elektrisch an das Gehirn weiter. So funktionieren alle Sinne. Auch Sehen, Fühlen, Schmecken und Riechen sind allesamt Informationen in Wellenform, wenn sie zum ersten Mal mit dem Körper interagieren. Wir sehen, fühlen, hören, schmecken und riechen erst so, wie wir es erleben, wenn das Gehirn die elektrischen Informationen der Sinne entschlüsselt hat. Wir „sehen“ nicht mit unseren Augen – wir *decodieren* mit ihnen. Optische Informationen gelangen über das Wellenformfeld in die Augen und werden im Gehirn als elektrische Signale entschlüsselt. Menschen können erblinden, wenn ihre Augen so geschädigt sind, dass dieser Prozess gestört ist, aber Blindheit kann auch durch eine Schädigung des Gehirnbereichs verursacht werden, der für die visuellen Informationen zuständig ist. Dieses wellenförmig-digital-holografische Decodiersystem vermittelt uns die Illusion einer physischen Welt, die außerhalb von uns existiert, obwohl sich alles in unserem Gehirn abspielt (Abb. 16). Das Digitalfernsehen arbeitet ebenfalls mit Frequenzen, die mit digitalen Informationen codiert sind, und spiegelt noch genauer den Frequenz-Digital-Decodierungsprozess wider, durch den das Gehirn die Illusion einer „physischen“ Realität erzeugt. Ja, das Buch, das

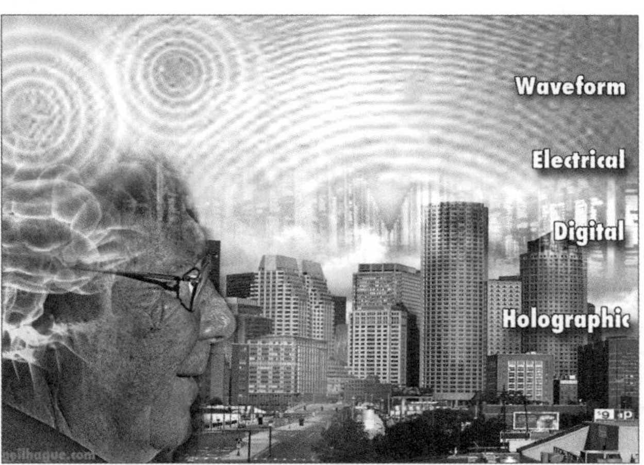

Abb. 16: Der Decodierungsprozess vom Wellenfeld zum elektrischen Feld bis hin zum digital-holografischen Feld. (Bild: N. Hague)

Abb. 17: Die „physikalische“ Realität wird aus Wellenfeldinformationen decodiert – kosmisches „WLAN“. (Bild: Neil Hague)

Sie gerade lesen, existiert so, wie Sie es wahrnehmen, nur in Ihrem Gehirn. Dasselbe gilt für alles, was wir als „physisch“ erleben. Das ist kein abwegiges Konzept, das von zu vielen Bieren oder Joints herrührt. Sogar die Mainstream-Wissenschaft ist sich dessen bewusst. Sie sprechen nur nicht viel darüber, weil das die offizielle Darstellung einer festen, physischen, äußeren Welt beeinträchtigen würde. Die Realität, auch die „physische“, ist ein decodiertes Wellenform-Informationsfeld, so wie das gesamte Internet in einem WLAN-Strahlungsfeld existieren kann – *Wellenform*strahlung (Abb. 17). Die heutige technologische Transformation ist einfach die technologische Version der Art und Weise, wie wir die illusorische physische Realität des Menschen erschaffen – oder wahrnehmen.

Schauen Sie sich um – das ist nicht „real“

Die Bestätigung unserer Wahrnehmungstäuschungen, die wir für so real halten, finden wir überall um uns herum. Wir sehen bewegte Bilder, als wären sie ein einziger ununterbrochener Bildfluss, obwohl sie eine Abfolge von Standbildern sind, die unser Gehirn als ununterbrochenen Film decodiert. Ein Fernsehbildschirm zeigt uns Bilder in Form von Pixeln, die unser Gehirn zu einem einzigen Bild zusammensetzt. Wir sehen die Sonne untergehen, obwohl es die Erde ist, die *aufsteigt*, während sie sich um die Sonne dreht. Ein Hund nimmt 50-mal mehr Gerüche wahr als ein Mensch. Katzen können tiefer in das Feld blicken als wir, und sie reagieren auf das, was uns als „leerer Raum“ erscheint. Man kann beobachten, wie Neugeborene wie gebannt auf das starren, was Erwachsenen als „leerer Raum“ erscheint, bevor die Programmierung des menschlichen Lebens das Tor zur Kurzsichtigkeit des sichtbaren Lichts verschließt. Was sieht das Baby, was wir nicht sehen können, bevor die Wahrnehmungstür zuschlägt? Die Wissenschaft erklärt uns, dass das „Physische“ aus Atomen aufgebaut ist. Das Problem mit diesem Konzept ist, dass auch die Atome „leer“ sind, obwohl nichts wirklich leer ist. Alles ist Energie/Bewusstsein. Es gibt nur Energie, die wir sehen können („Materie“ im sichtbaren Licht) und Energie, die wir nicht sehen können. Man sagt uns, dass Atome aus Elektronen bestehen, die um einen Kern kreisen. Okay, aber beachten Sie den „Raum“ zwischen ihnen. Die Darstellung des Atoms in Abbildung 18 ist nur eine Visualisierung, die auf die Buchseite angepasst ist. Das tatsächliche Größenverhältnis ist wie folgt: Wenn ein Atom die Größe eines Baseballstadions hätte, dann wäre der Kern so groß wie ein Zehncentstück. Alles andere ist für einen Beobachter des sichtbaren Lichts leer. Wenn man tiefer in die Elektronenteilchen und den Kern eindringt, stellt man fest, dass auch sie keine feste Struktur haben. Wie können Atome, die nicht solide

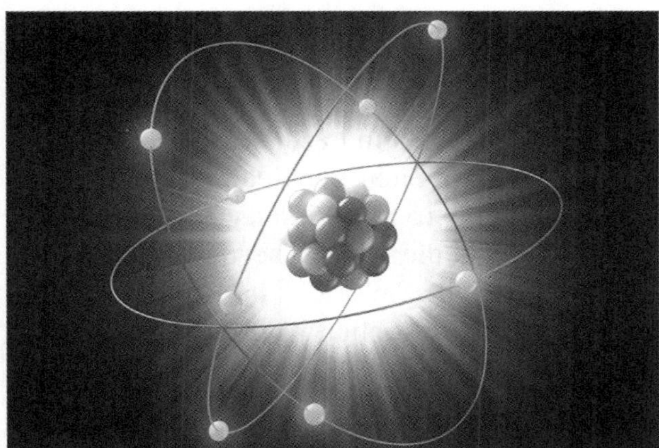

Abb. 18: Atome, die keine feste Struktur haben, sollen die Bausteine einer „physischen" Welt sein. Das denke ich nicht.

sind, eine physikalische Welt erschaffen? Sie können es nicht. Alles, was uns die fünf Sinne und das Gehirn als physisch real vorgaukeln, ist Täuschung und Illusion.

Die Quantenphysik hat sehr deutlich gezeigt, dass das Physische eine Illusion ist, während andere Disziplinen dessen, was als Wissenschaft durchgeht, so tun, als wäre nichts davon festgestellt worden. Eine offensichtliche Frage ist: Warum können wir gegen Objekte stoßen, wenn es keine physikalische Realität gibt? Warum können wir nicht durch Wände hindurchgehen? Wie kann ich auf diesem Stuhl sitzen? Wie kann ein nicht-physischer Teller auf einem nicht-physischen Tisch stehen bleiben? Es gibt eindeutig einen Widerstand, aber wodurch? Es ist kein physischer Widerstand, sondern ein elektromagnetischer Frequenzwiderstand, bei dem sich unterschiedlich geladene Energiezustände gegenseitig abstoßen. Dieser Prozess wird durch das Sinnes-/Gehirnsystem decodiert und wir erleben, was als physischer Widerstand erscheint, obwohl es sich in Wirklichkeit um einen Widerstand zwischen verschiedenen Ausdrucksformen *nicht-physischer* Energie handelt. Der Hauptpunkt der Interaktion ist das zentrale Nervensystem mit seinen drei Hauptkomponenten, dem Gehirn, dem Rückenmark und den Neuronen (oder Nervenzellen). Dies sind alles Zentren der *Wahrnehmungsinteraktion*. Wir alle haben schon lebhafte Träume gehabt, in denen unser Erleben so „real" erschien wie die „echte" Welt. Wie entsteht die Illusion der Wirklichkeit in einem Traum, während wir im Reich der Materie schlafen? Genauso wie unsere Wahrnehmung der Materie von unserem Gehirn/Geist zu unserer Realität geformt wird, so manifestiert das *gleiche* Gehirn/Geist einen Traum in unserem Schlaf.

In einer gesunden Gesellschaft, die auf dem freien Fluss von Informationen basiert, würde dies jeder wissen, aber es gibt einen Grund, warum dies nicht der Fall ist. Wenn Sie eine Macht wären, die versucht, die menschliche Bevölkerung durch Wahrnehmungstäuschung zu kontrollieren, dann wäre das Letzte, was Sie wollen, dass Ihre Zielpersonen sich der Realität, die sie tatsächlich erleben, bewusst werden. Es ist auffallend, wie wenig Artikel und Fernsehsendungen in den letzten Jahrzehnten das Wesen der Realität in einer Weise erforscht haben, die die vorherrschende Normalität, die auf dem Glauben an die physische Realität beruht, in Frage stellen. Das Wesen der Realität sollte im Zentrum von allem stehen, aber das tut es nicht. Wie kann man das tägliche Leben verstehen und fundierte Entscheidungen treffen, nicht zuletzt in Bezug auf die Gesundheit, wenn man eine verzerrte und völlig verkehrte Sicht der Realität hat, die man erlebt? Regierungen, Unternehmen, die Mainstream-Wissenschaft, die akademische Welt, die „Gesundheits"-Industrie und die Medien beruhen alle auf der Existenz einer physischen Welt, die es nicht gibt. Sie sind daher versklavt durch die wahrgenommenen Begrenzungen einer physischen Welt und filtern durch diese Begrenzungen jegliche Möglichkeiten. Das Leben wird also durch unsere Wahrnehmung der Begrenzungen eingeschränkt. Wir leben tatsächlich in einem Gefängnis – einem Gefängnis unseres Geistes.

Die Verdrehung der „Wissenschaft"

Wer sich über die Mauern der akademischen Lehrmeinungen hinauswagt, wird trotz der Enthüllungen der Quantenphysik als „Pseudowissenschaftler" beschimpft. Daran ist nichts pseudowissenschaftlich. Was der Mainstream für „Pseudowissenschaft" hält, ist echte Wissenschaft, in der Information, Evidenz und Erfahrung die Richtschnur sind, und nicht politisch motivierte, karriere-fördernde Wissenschaft, die eine vorgefasste Meinung vertritt und diese gegen jede noch so geringe Anfechtung ihrer Glaubwürdigkeit verteidigt. Die Mainstream-Wissenschaft ist weitgehend ein Witz, ein sehr, sehr kranker Witz. Wissenschaftler und Akademiker fördern ihre Karriere, indem sie das offizielle Narrativ nachplappern, selbst wenn es so lächerlich und unhaltbar ist, dass Lachen die einzige Reaktion ist. Eine gefeierte Karriere mit Buchstaben hinter der eigenen Unterschrift ist nur möglich, wenn man sich dem Unsinn der aufgezwungenen Normalität fügt. Der schnellste Weg, seine Aussichten auf wissenschaftliche und akademische Anerkennung zu ruinieren, besteht darin, sich gegen die an Schulen und Universitäten unhinterfragt gelehrten Narrative zu stellen und – schlimmer noch – die Beweise zu erbringen, die die Absurdität so vieler „wissenschaftlicher" Lehrmeinungen und konkret geschützter Dogmen offenbaren. In diesem Sinne war „Covid" die große Entlarvung. Ärzte und Wissenschaftler, die den Mut und die Integrität besaßen, den „Covid"-Schwachsinn infrage zu stellen, wurden verteufelt, ausgegrenzt, zum Schweigen gebracht und entlassen, weil sie die Wahrheit über den „Virus", die „Gesichtswindel", den „Lockdown" und den tödlichen Fake-Impfstoff erzählt hatten. Ich wusste das alles und sagte es im Frühjahr 2020, ohne eine medizinische Ausbildung zu haben.

Eine Erklärung dafür, warum professionelle „Ärzte" und „Wissenschaftler" das psychologisch und medizinisch Offensichtliche nicht wussten oder nicht danach handelten, kann nur eine von zwei Möglichkeiten bedeuten: Entweder sind diese „Fachleute" uninformierte und nicht hinterfragende Idioten, oder sie stellten die Konsequenzen für ihre Karriere über die Konsequenzen ihrer Patienten. Tatsächlich trifft beides zu. Sie sind Idioten, wenn sie den durchsichtigen Unsinn und die Gefahr nicht erkannt haben, und sie sind Psychopathen, wenn sie die Wahrheit ignoriert haben, um auf der richtigen Seite der Autorität, aber auf der falschen Seite der Integrität und der Geschichte zu bleiben. Wenn man bedenkt, dass die Tiefe der programmierten Verdrehung so groß war, dass diejenigen, die sich der Flutwelle der Propaganda entgegenstellten, nicht nur von den Idioten und Psychopathen ihres Berufsstandes geächtet wurden, sondern oft auch von ihren eigenen Familien (deren Scham keine Grenzen kennen sollte).

Ich wurde von YouTube (Google-Eigentum), Facebook, Twitter und Spotify und tatsächlich von allen Mainstream-Medien in Großbritannien unter dem Diktat der staatlichen Rundfunk- und Fernsehregulierungsbehörde (Zensur) Ofcom gelöscht, weil ich die Lügen über den „Virus"-Schwindel und die wahre Agenda dahinter aufgedeckt hatte. Ich habe auch den PCR-Test entlarvt, der all die angeblichen „Fälle" von „Covid-19" erzeugte, während er in Wirklichkeit nicht auf den „Virus" testete. Die Lügen und der massenhaft programmierte Wahnsinn lösten bei Ärzten, Wissenschaftlern, Akademikern, Politikern und der Öffentlichkeit eine kollektive Psychose aus, bei der ein Test der den „Virus" nicht nachweisen konnte, dazu benutzt wurde, „Fälle" zu produzieren, die die Auslöschung der Freiheit weltweit in einem nie da gewesenen Ausmaß rechtfertigten. Der amerikanische Biochemiker Kary Mullis, der Erfinder des PCR-Tests, hat vor seinem frühen Tod im Jahr 2019 öffentlich erklärt, dass sein Test nicht erkennen könne, ob Menschen krank seien, und dennoch wurde er genau dafür eingesetzt. Dann kam der ungeheuerliche kriminelle Akt zu sagen, dass *jede* Person mit einem positiven Testergebnis, die innerhalb von 28 Tagen an irgendetwas starb, als Todesfall in die „Covid"-Statistik eingehen würde. Es war ein gigantischer psychologischer Krieg gegen die menschliche Psyche, wie es ihn in der Geschichte der Menschheit noch nicht gegeben hatte, und er war nur möglich durch die Arroganz, Ignoranz und Psychopathie der „Experten" und die kindliche Naivität eines großen Teils der Weltbevölkerung. Wenn ich mich in die Extreme der Manipulation der menschlichen Wahrnehmung begebe, soll niemand sagen, das sei nicht möglich. Sie haben im Jahr 2020 gesehen, was möglich ist. Viele Menschen leiden immer noch an den Folgen des Fake-Impfstoffs, während das pure Böse an der Spitze des Pharmakartells, einschließlich Pfizer und Moderna, für den Tod und die Zerstörung, die sie angerichtet haben, ungestraft davonkommt. Nein, nein – niemand soll sagen, dass „*sie*" nicht in der Lage gewesen wären, die Kontrolle über den menschlichen Verstand in dem Maße zu erlangen, wie ich es hier beschreiben werde. Vor unseren Augen *taten* und *tun* sie es.

Die wenigen Wissenschaftler, Ärzte und unabhängigen Rechercheure wie ich, die verteufelt und aus den sozialen Medien gelöscht wurden, weil sie vor diesen Gefahren des Todes, der Gesundheitszerstörung und der Unfruchtbarkeit gewarnt hatten, behielten recht. Sogar die Kult-Funktionäre in den lustig betitelten „Gesundheitsschutzbehörden" mussten aufgrund der Beweise zugeben, dass die Fake-Impfstoffe nicht das sind, was sie behaupteten, und dass sie Chaos in der Bevölkerung angerichtet haben. Die Zahl der an Herzerkrankungen wie Herzmuskelentzündung und Herzbeutelentzündung gestorbenen jungen und superfitten Athleten war zu groß, als dass die vom Kult kontrollierten Behörden sie noch länger hätten ignorieren können. Es war ein zögerliches Eingeständnis, um das Mindeste zu sagen, das eine beschönigte und milde Version der Katastrophe akzeptierte, unterstützt von einer oftmals von der Big Pharma finanzierten Presse, die, wenn sie auch nur einen Funken Integrität und Empathie besäße, schon vor langer Zeit vor Scham gestorben wäre. Viele Ärzte, Wissenschaftler, Bestatter und Einbalsamierer beobachteten erschreckende „Blutgerinnsel" bei den Verstorbenen, die mit Fake-Impfstoffen geimpft worden waren. Die Entnahme der Blutgerinnsel aus den Venen und Arterien der Verstorbenen wurde in den verschiedenen Videos festgehalten. Diese Aufnahmen können Sie in den alternativen Medien ansehen (Abb. 19). Professor Arne Burkhardt, ein deutscher Pathologe und Arzt mit 40 Jahren Erfahrung, sagte, seine Forschungen deuteten darauf hin, dass sich diese außergewöhnlichen „Gerinnsel" nach dem Tod bei mit Fake-Impfstoffen geimpften Menschen bildeten, als das Blut abkühlte (Abb. 20). Blutproben, die lebenden geimpften Menschen entnommen wurden, bildeten bei der Abkühlung des Blutes ebenfalls seltsame „Klumpen". Was auch immer die Ursache war, niemand hatte so etwas zuvor gesehen. Autopsien von Todesfällen, die mit „Covid" diagnostiziert worden waren, und von Todesfällen nach der Impfung, wurden praktisch verboten, um die wahre Ursache zu vertuschen. Nach der

Abb. 19: Nach Impfungen mit Fake-Impfstoffen sind schreckliche „Blutgerinnsel" aufgetreten.

Abb. 20: Einige Forscher vermuten, dass sich die riesigen „Blutgerinnsel" nach dem Tod der mit Fake-Impfstoffen Geimpften bilden. Was ist in dem Impfstoff enthalten, das dies verursachen könnte?

Impfung berichteten viele von aggressivem Krebs und von Krebs, der zuvor in Remission war und plötzlich wieder auftrat.

All dies wurde von den Mainstream-„Journalisten" ignoriert, um den Interessen ihrer Herren zu dienen. Damit machen sie sich tagtäglich zu Komplizen des Mordes. Dasselbe gilt für die vom Kult kontrollierten Psychopathen, die die Giganten der sozialen Medien steuern und im Namen des Kults, dem sie angehören, zensieren und der Öffentlichkeit das Grundrecht auf informierte Zustimmung verweigern, wie es im Nürnberger Kodex der Nachkriegszeit festgelegt ist. Sie sind alle Massenmörder, einschließlich Mark Zuckerberg von Facebook und Susan Wojcicki von YouTube, das von Google betrieben wird, die mich in dem Moment zensierten, als ich die Wahrheit über „Covid" sagte. Noch im Frühjahr 2023, obwohl die Daten seit Jahren die massenhaften Todesfälle durch die Impfung bestätigen, löschte YouTube ein in Neuseeland veröffentlichtes Interview mit mir mit der Begründung: „YouTube erlaubt keine Behauptungen über Covid-19-Impfungen, die dem Expertenkonsens der lokalen Gesundheitsbehörden oder der Weltgesundheitsorganisation (WHO) widersprechen." Die Tatsache, dass der „Expertenkonsens" der lokalen Gesundheitsbehörden von der WHO stammt, oder die Zahl der Menschen, die durch die Fake-Impfungen gestorben sind oder für immer verstümmelt wurden, ist für diese zutiefst kranken Menschen, die YouTube im Namen des Kults betreiben, irrelevant. Zuckerbergs Facebook lehnte sogar eine Werbung von Ickonic für den zweiteiligen Film „In Search of the Holy Gral" über die Suche nach Wissen und Erkenntnis durch die Jahrhunderte ab.

Zuckerberg und Wojcicki sollten angesichts ihrer Empathie-Bypass-Operation zum Lebensinhalt eines Psychiaters werden, und allein bei dem Gedanken, sich den Forderungen ihrer Herren zu widersetzen, sollten sie Dünnschiss bekommen, was die Bestellung von Abführmitteln sofort obsolet machen würde. Was für ein erbärmliches Paar.

Etikett „Mensch"

Ich verstehe, warum so viele Menschen auf diese Lügen hereingefallen sind, wenn man die lebenslange Programmierung zur Selbstidentifikation berücksichtigt und die Realität nur durch die Linse der fünf Sinne betrachtet. Uns wird gesagt, dass wir uns mit dem Etikett „Mensch" identifizieren sollen – ich bin ein Mann, eine Frau, ein Transgender, diese oder jene Sexualität, Volkszugehörigkeit, Einkommensklasse, religiöser Glaube oder Beruf. Nichts davon definiert, wer wir *sind*, sondern nur das, was wir während eines kurzen Aufenthalts in einem Bereich *erleben*, der als „menschlich" bezeichnet wird. All diese Selbstwahrnehmungen beschreiben eine Erfahrung, *nicht* ein „Ich". Das Wahre „Ich" ist das Bewusstsein, das diese Erfahrungen *macht* und das eine Ausdrucksform des Unendlichen „Ich" ist, des ALLES WAS IST, WAR UND JE SEIN KANN, das die gesamte Existenz durchdringt. Aber stellen Sie sich vor, wenn die Bevölkerung das wüsste. Wie kontrolliert und programmiert man diejenigen, die die Gesamtheit ihrer wahren Identität kennen? Man muss sie stattdessen so manipulieren, dass sie glauben, sie seien ein Haufen streng begrenzter und machtloser Etiketten. Die ganze Verschwörung zur Versklavung der Menschheit ist in diesem einen Satz beschrieben. Entscheidend für das Verständnis der Gedankenfalle ist die Erkenntnis, dass all diese falschen Identitäten, diese Ich-Phantome, Illusionen der fünf Sinne sind. Die Idee ist, die Aufmerksamkeit und den Sinn für Identität, den Sinn für das „Ich" nur auf den Bereich der fünf Sinne zu richten: Kann ich es sehen, hören, fühlen, riechen oder schmecken? Diese werden zu Schiedsrichtern darüber, was real und möglich ist und was nicht. Sogenannte „Experten", Wissenschaftler, Akademiker, Lehrer, Ärzte, „Journalisten", Politiker – sie alle sind Gefangene der fünf Sinne. Wir haben Wahrnehmungsblinde, die Wahrnehmungsblinde führen. Sobald sich die Selbstwahrnehmung auf die menschlichen Sinne bezieht und die Aufmerksamkeit auf diese Realität fixiert ist, schwinden die Verbindung und der Einfluss des Wahren Selbst immer mehr, bis es so gut wie verloren ist. Der Frequenzbereich der fünf Sinne unterscheidet sich so dramatisch von dem erweiterten Unendlichen Selbst (das letzt-

Abb. 21: Ich-Phantom ist Selbstwahrnehmung nur mit den fünf Sinnen und „menschlichen" Etiketten.

lich keine Frequenz hat), dass die beiden nicht auf eine Weise kommunizieren können, die einen bewussten Einfluss auf die Etiketten-Identität dessen hat, was ich als das Ich-Phantom bezeichne (Abb. 21).

Vom frühesten Augenblick unseres Bewusstseins bis zum letzten Takt des menschlichen Lebens sind wir gezwungen, alles durch die fünf Sinne wahrzunehmen, und das schließt die große Mehrheit der Wissenschaftler, Ärzte und Akademiker ein, bei denen die Menschen nach Wissen und Erleuchtung suchen. Wissenschaft, Medizin und die akademische Welt sind Berufe mit fünf Sinnen. Das ist der Grund, warum sie von lobenswerten Ausnahmen abgesehen, so blind sind in ihrer Sicht der Realität, der Möglichkeiten und der Gesundheit. Aus der Perspektive ihrer fünf Sinne haben sie keine Ahnung, was Realität ist, was der Körper ist, was der Geist ist. Das ist so, als würde man jemanden, der nichts von Autos versteht, bitten, den Motor zu reparieren. Das ist eine Katastrophe, die nur darauf wartet, sich zu ereignen. Es gibt ein Sprichwort, das besagt, dass ein wenig Wissen gefährlich ist. Das stimmt, aber *kein* Wissen zu haben, wenn man *glaubt*, es zu haben, kann katastrophal sein. Diese Berufe werden in Unwissenheit gehalten, um sicherzustellen, dass sie der anvisierten Zielgruppe das Gleiche antun. Wenn ein Blinder einen Blinden um visuelle Anleitung bittet, haben sie ein Problem. Die „Berufe" werden kontrolliert, indem man die wahrnehmungsprogrammierten und nicht hinterfragenden Menschen einstellt und mittels der Einschüchterungstechnik – „wiederhole, was wir dir sagen, oder wir werden dich vernichten"– zur Kooperation zwingt (siehe „Covid"). Die Macht, die hinter der menschlichen Gesellschaft steht, will keine informierten Wissenschaftler, Ärzte und Akademiker, denn das könnte zu einer informierten Bevölkerung führen.

Die manipulierende Macht, die ich in all diesen Jahrzehnten entlarvt habe, kennt die Geheimnisse unserer Realität. Sie will nicht, dass man sie wahrnimmt, weil sie sonst ihre Macht über einen verliert. Die Macht nutzt dieses Wissen und die Unwissenheit der Menschen, um die Trennung zwischen dem Wahren Selbst und dem Ich-Phantom-Selbst sicherzustellen. Wir können das daran erkennen, wie so viele Menschen dazu verleitet wurden, immer mehr verdichtete und verkürzte Identitäten und immer kleinere Etiketten zu akzeptieren. Die früheren Begriffe „Mann" und „Frau" wurden in ein Selbstverständnis unterteilt, das sich nur noch auf eine bevorzugte Sexualität beziehen kann. An mindestens einer amerikanischen Universität werden Identitätsalphabete verwendet, die inzwischen bis zu LGBTTQQFAGPBDSM (lesbisch, schwul, bisexuell, transgender, transsexuell, queer, fragend, flexuell, asexuell, gender-fuck, polyamourös, Bondage/Disziplin, Dominanz/Unterwerfung und Sadismus/Masochismus) reichen. Eine Selbstwahrnehmung mit solchen Etiketten sorgt dafür, dass das Wahre Selbst niemals gehört wird, aber das ist ja auch der Sinn der Sache. Die Religion ist ein weiteres Wahrnehmungsgefängnis und immer noch sehr mächtig, auch wenn sie im Westen an Bedeutung verliert. Ihr Beitrag zur Unterwerfung des Menschen besteht darin, den Sinn für das Mögliche einzuschränken und oft aufrichtige Menschen so zu manipulieren, dass sie einen „Gott“ unter vielen Namen anbeten, der nicht der ist, für den sie ihn halten. Was ich damit meine, wird im weiteren Verlauf des Buchs deutlich werden. Stellen Sie sich den schieren Wahnsinn der Behauptung vor, alles, was man über die Welt und das Leben wissen muss, sei in einem einzigen Schriftstück enthalten, in einem Bruchteil von 0,005 Prozent dessen, was angeblich im Universum existiert. Dabei ist es mir egal, ob es sich um die Bibel, den Koran, die Bhagavad Gita oder eine andere Aufzeichnung handelt. Sie alle enthalten Weisheit und Unsinn, aber zu behaupten, sie seien alles, was wir brauchen, um unsere Realität zu verstehen, ist extrem kurzsichtig. Nehmen Sie das, was sich richtig anfühlt, und lassen Sie den Rest liegen, oder sie werden in ihrer Gesamtheit Ihre Wahrnehmung und Ihren Sinn für das Mögliche einengen.

Das Erwachen zur Dystopie

Phänomenal viele Menschen erwachen jetzt zu einer neuen Realität, in der das Wohlwollen und die Intelligenz der Autoritäten als monumentaler Mythos entlarvt werden. Ich habe mich 1990 auf den Weg gemacht, um aufzudecken und zu enthüllen, wer und was die menschlichen Angelegenheiten wirklich kontrolliert und in welche Richtung wir geführt werden. Während der gesamten 1990er-Jahre und bis in die 2000er-Jahre hinein nahm nur eine kleine Minderheit Notiz von dem, was ich schrieb und sagte, dass es geplant sei. Ich beschrieb, wie eine versteckte, verborgene, geheime Macht, die durch Regierungen, Unternehmen und Geheimgesellschaften agiert, die Welt in eine Dystopie treibt und manipuliert, die so extrem ist, dass es schwer zu begreifen ist, dass jemand so böse sein könnte, solche kalten, gefühllosen und psychopathischen Absichten in Betracht zu ziehen. Ich legte den Plan in einer langen Liste von Büchern und öffentlichen Veranstaltungen dar, und langsam, dann immer schneller, drehten tägliche Erfahrungen und gesellschaftliche Veränderungen viele weitere Köpfe in meine Richtung. Dies wurde zu einer Flutwelle des Interesses, als der „Covid“-Betrug aufflog und die Welt sich in eine Gesichtswindel tragende, geschlossene und zwangsverprügelte Version von Nazi-Deutschland verwandelte. Noch immer fehlt vielen der Mut, das Offensichtliche zu erkennen, und sie lobten sogar ihre Peiniger für ihren Missbrauch, aber so viele Augen haben sich geöffnet und tun dies weiterhin mit jeder neuen Etappe der sich entfaltenden Agenda. Jeden Tag bringen gehirngewaschene Nachrichtensprecher auf der ganzen Welt Auszüge aus meinen Büchern als Tagesnachrichten. Gleichzeitig machen sie sich über diesen „Spinner" David Icke lustig, der glaubt, dass Eidechsen alles kontrollieren. Die meisten werden keine Ahnung haben, dass die Geschichten, die sie lesen, schon vor Jahrzehnten in meinen Büchern standen, so programmiert und ignorant sind diejenigen, die DEM SYSTEM dienen und seine Dollars nehmen, während sie nichts infrage stellen und nie nach einer anderen Bezugsquelle suchen. Die Autorität muss recht haben, sie würde niemals lügen, und außerdem hängt meine Karriere davon ab, dass ich ihr glaube.

Okay, was ist also diese Kraft, die überall um uns herum eine Dystopie aufbaut und hart daran arbeitet, uns das vorzuenthalten, was wir wissen müssen, einschließlich der Natur der Realität, die wir erleben? Ich nenne dies den Globalen Kult oder einfach den Kult. Ich werde diese Struktur ausführlicher beschreiben, wenn ich ihren Platz im Kaninchenbau erreiche. Für den Moment genügt es zu sagen, dass der Globale Kult ein Globales Netzwerk von streng abgeschotteten Geheimgesellschaften und halb-geheimen Gruppen ist, mit einer ineinandergreifenden Führung. In seinem Zentrum befindet sich eine „Mission Control", von der der Plan für die Menschheit ausgeht. Der Kult hat seine Agenten und Laufburschen in wichtigen Positionen in der Regierung, der Europäischen Union, den Konzernen, dem Silicon Valley, dem Finanzsystem, dem Pharmakartell, der Weltgesundheitsorganisation, der Welthandelsorganisation, dem Internationalen Währungsfonds (IWF), den Vereinten Nationen, den Mainstream-Medien und dem Mainstream-*XYZ*. Der Kult hat die meisten dieser Organisationen geschaffen, geschweige denn infiltriert und was am wichtigsten ist, er kontrolliert das Militär, durch das der Großteil seiner Agenda umgesetzt wird, einschließlich des gefaketen „Covid"-Impfstoffs.

Die Menschen glauben, dass die Politiker die Entscheidungsträger sind, dabei sind es die Militärchefs, die die Veranstaltungen für ihre Kult-Meister durchführen. Alexandra Latypova, die seit 25 Jahren in der pharmazeutischen Forschung und Entwicklung tätig ist, sagte, dass die Operation der gefälschten „Impfstoffe" vom US-Verteidigungsministerium (DOD) geleitet wurde. Latypova überwachte die Einhaltung von mehr als 60 klinischen Studien und kennt die regulatorischen Standards, die Pharmaunternehmen einhalten müssen. Dies war bei der „Covid"-Spritze nicht der Fall, da diese Standards vom Militär umgangen wurden. Sie sagte, das Verteidigungsministerium trage die volle Verantwortung für die „Versuche", die Herstellung und den Vertrieb und sei Eigentümer des Fake-Impfstoffs, „bis er einer Person injiziert wird". Die Regierung habe eine „pseudo-legale Struktur" geschaffen, die eine Notfallgenehmigung [engl.: Emergency Use Authorization, EUA] und eine „Andere-Transaktion-Behörde" [engl.: Other Transaction Authority, OTA] umfasse. Diese erlaubten es dem Militär, den Vertrieb ohne Sicherheitstests oder Rückrufrichtlinien zu kontrollieren. Offenbar wurden die OTAs, die es dem Pentagon den Kauf von Waffen und Systemen ohne Einschränkungen durch Regulierungsbehörden ermöglichen sollten, auch für die Fake-Impfstoffe genutzt. Latypova sagte, die Behauptung, dass die Fake-Impfstoffe von „Covid" den behördlichen Standards für Sicherheit und Wirksamkeit entsprächen, sei die größte Lüge, die der Öffentlichkeit verkauft wurde. Robert F. Kennedy jr., Vorsitzender und Hauptrechtsbeistand von Children's Health Defense, sagte:

> „Was sie getan haben, ist, dass sie diese Befugnis genommen und sie auf die Impfstoffe angewandt haben, sodass sie die Impfstoffe unter OTA als ein Vorführprodukt gekauft haben. Das Ganze ist eine riesige Militäroperation, und die Beteiligung der Pharmaunternehmen ist eine Art Augenwischerei."

Kennedy sagte, dass das US-Verteidigungsministerium Pharmaunternehmen für ihre Markennamen bezahlte, um die Öffentlichkeit glauben zu machen, dass die Fake-Impfstoffe von Pfizer und Moderna stammten, obwohl der gesamte Vertrieb und die Herstellung vom Militär übernommen wurden. „Die Pharmakonzerne wurden angeheuert, um ihren Namen auf die Impfstoffe zu setzen und dann so zu tun, als würden sie klinische Studien durchführen", sagte er. Dies geschah, ohne dass die meisten Beschäftigten in Produktion und Vertrieb wussten, wer wirklich die Verantwortung trug. „Covid" ist nur ein Beispiel dafür, wie das Militär weltweit dem Kult dient, während es sich hinter Marionettenpolitikern und -verwaltern versteckt, als ob es die Kontrolle hätte. Robert Kennedy hat die Manipulation der „Covid"-Fake-Impfstoffe gesehen und großartige Arbeit geleistet, um sie aufzudecken, aber dann kauft er den Klimawandel-Schwindel, der von *denselben* Leuten verbreitet wird. Die „One-Dot-Forscher" sind genauso. Sie sehen einen Punkt und nicht die vielen anderen Punkte, die alle miteinander verbunden sind.

Kult im Kontext

In diesem Buch geht es nicht darum, den Kult in allen Einzelheiten aufzudecken. Das habe ich bereits in anderen Büchern getan. Hier möchte ich den Kult, der im menschlichen Bereich agiert, in seinen realen Kontext stellen, als ein Gefährt und eine Agentur, die es Wesenheiten und verdrehtem Bewusstsein, die aus dem Unsichtbaren herausoperieren, ermöglicht, unserer Realität ihren Willen aufzuzwingen. Als ich anfing, und lange, lange Zeit danach, gab es nur wenige, die von dem, was ich als Kult bezeichne, wussten oder bereit waren, es aufzudecken. Es erfüllt mich mit großem Stolz und Genugtuung, dass es heute eine große Zahl von Menschen gibt, die genau das im Internet tun, und dass sogar ehemalige Mainstream-Größen wie Tucker Carlson, einst Moderator bei Fox News in den USA, verstehen, dass Ereignisse nicht zufällig sind, sondern von langem geplant und koordiniert wurden. Das ist alles fantastisch und der Grund, warum ich mich vor so langer Zeit auf die Suche nach der Wahrheit gemacht habe. Aber es gibt jedoch ein *aber*. Die meisten, die sich als alternative oder unabhängige Medien bezeichnen, sind weit weniger bereit, das zu erfassen, was jenseits des Irdischen liegt. Das ist bedauerlich und wird zweifellos vom Kult gefördert, an dem einige seiner Vertreter sogar beteiligt sind. Die Manipulation der menschlichen Gesellschaft und der Ereignisse im Bereich des Sichtbaren kann nicht richtig verstanden werden, ohne den Schritt in das Unsichtbare zu wagen, jenseits der mikroskopischen Grenzen der fünf Sinne. Um die geplante Dystopie abzuwenden, müssen wir wissen, woher sie kommt, und es sind nicht Bill Gates oder Klaus Schwab, die in den alternativen Medien so viel Aufmerksamkeit auf sich ziehen. Bis zu einem gewissen Punkt haben sie Recht, aber sie sind nur reiche und einflussreiche Oligarchen für die manipulierenden Konstrukteure, die hinter all dem stehen, und diese Konstrukteure sind letztlich keine Menschen.

Nach 1990 hatte ich einige außergewöhnliche „paranormale" Erlebnisse, die mich auf diesen Weg brachten und alle Brücken zu meinem früheren Leben abrissen. Es gab kein Zurück mehr, und ich wollte es auch nicht. Tägliche Synchronitäten führten mich zu Informationen und persönlichen Erfahrungen, die das Geflecht des Betrugs, das uns stündlich geliefert wird, zu entwirren begannen. In den ersten Jahren konzentrierte ich mich auf die Welt, die ich kannte, und darauf, dass die Mächte, die scheinbar die globalen Ereignisse diktierten, dies in Wirklichkeit nicht taten. Hinter ihnen steht eine Macht, für die die scheinbaren Führer nichts anderes als Vasallen sind. Damals entdeckte ich den Kult und seine Agenda. Es war klar, dass die Pläne des Kults für die Menschheit kein neues Phänomen waren, und ich begann, mich in die Geschichte zurückzuarbeiten, um den Ursprung zu finden. Die Reise führte mich durch die Zeit der Globalisierung und weiter durch die europäischen Kolonialreiche – insbesondere das britische – zum Römischen Reich und nach Babylon und Sumer im heutigen Irak. Auch das alte Ägypten wurde mit einbezogen. Zu diesem Zeitpunkt befand ich mich Tausende von Jahren vor Christus und suchte immer noch nach dem Anfang. Sogar die Geschichte wird im Laufe der Zeit eine ganz neue Perspektive einnehmen, denn „Geschichte" ist vielleicht nicht das, was sie zu sein scheint. Babylon ist sicherlich ein guter Ausgangspunkt, um die Geschichte aus dem Blickwinkel der offiziellen Geschichte zu betrachten, obwohl der Kult viele Quellen in allen Teilen der Welt hat. Wenn die Entstehung des Kults und seine

Ausbreitung zu dem globalen Phänomen, zu dem er geworden ist, so weit in der Vergangenheit liegen, hat das viele Auswirkungen. Es bedeutete, dass Menschen über Jahrtausende hinweg geboren wurden, um dem Kult zu dienen, und dann starben, um von der nächsten Generation ersetzt zu werden. Es musste eine koordinierende Macht geben, die all dieses Kommen und Gehen überwachte und die ständige Richtung und Ausdehnung des Plans aufrechterhielt, der in der Freimaurerei als das „Große Werk der Zeitalter" bekannt ist. Ich erkannte, dass der „menschliche" Kult nur eine Fassade für eine Macht war, die wir nicht sehen können.

Das Unsichtbare lenkt das Sichtbare

Weitere Synchronitäten, die ich in anderen Büchern ausführlich beschrieben habe, führten mich aus dieser Realität heraus und in eine Welt, die dieser Realität sehr nahe ist, aber immer noch jenseits des Frequenzbereichs des menschlichen Sehens liegt. Diese Welt wird in der Esoterik als Astralebene oder vierte Dimension bezeichnet. In den 1990er-Jahren traf ich *viele* Menschen, die mir von ihren Erfahrungen mit Reptiloiden und den in der UFO-Szene als Greys bekannten Wesen berichteten. Sie sprachen von Wesen, die „aus dem Nichts" auftauchten oder Menschen für Experimente entführten. Sie beschrieben, wie sie sichtbare Menschen sahen, die sich irgendwie in eine Reptiloide verwandelten. Sie verstehen, warum es so wichtig war, die Menschheit in Unwissenheit über die Realität und das Mögliche zu halten. Für die fünf Sinne erscheinen diese Behauptungen lächerlich, aber für die Wahrnehmung, die über die illusorische physische Realität und andere Dimensionen der Wirklichkeit informiert ist, sind sie vollkommen erklärbar. Während meiner monatelangen Reisen durch die Vereinigten Staaten traf ich viele Whistleblower aus der militärisch-industriellen Geheimdienstgemeinschaft, die mir erzählten, dass hinter den Mauern der Geheimhaltung eine reptiloide Rasse und ihnen untergeordneten Grauen (Greys) die Ereignisse diktieren. Die meisten Menschen in den höheren Regierungsebenen wissen nichts davon, und es handelt sich hauptsächlich um eine militärische Operation. Der Aufbau des Kontrollsystems hat so lange gedauert, dass die Geschichte diese Interaktion zwischen Menschen und „Außerirdischen" aufzeichnen musste. Wenn nicht menschliche Wesen hinter all dem stecken, muss ihr Einfluss weit in die Anfänge des Kults zurückreichen. Ich begann, alte Folklore und Berichte indigener Kulturen zu studieren, und fand heraus, dass immer wieder die *gleiche* Geschichte erzählt wurde. Die Wesenheiten wurden als verschiedene „Götter" wahrgenommen und waren unter vielen Namen bekannt, die den verschiedenen Kulturen eigen galten. Die wiederkehrenden Themen überzeugten. Eine nicht menschliche Macht, die jenseits des menschlichen Blickfeldes operiert, manipuliert im Verborgenen unsere Welt. Wenn man mit modernen militärisch-industriellen Geheimdienstquellen konfrontiert wird, die einem sagen, was alte Kulturen schon seit so langer Zeit berichten, erkennt man entweder, dass etwas Grundlegendes erforscht und mitgeteilt werden muss, oder man hält den Mund und rennt davon, weil man weiß, was man an Spott und Missbrauch zu erwarten hat, wenn man darüber spricht. Schweigen und Weglaufen war glücklicherweise nie ein Charakterzug von Icke.

Etwas anderes war für mich selbstverständlich. Ganz gleich, ob es sich um Menschen, Reptilien, Graue oder irgendeine andere Spezies oder Form handelt, das Verhalten wird immer von der gleichen Quelle diktiert – der Wahrnehmung. Wir verhalten uns so, wie wir es tun, weil wir wahrnehmen, wie wir es tun, und das, was wir wahrnehmen, ist unser Bewusstsein, in welcher Ausdrucksform auch immer. Wenn alle Formen verschwinden, bleiben Gewahrseinszustände übrig, die sich in dem ausdrücken, was sie denken, sagen und tun. Manche sagen, wir befänden uns in einem spirituellen Krieg zwischen „Gut" und „Böse". Ja, das sind wir im weitesten Sinne, obwohl ich einen anderen Begriff als „Krieg" vorziehen würde. Es gibt zweifellos ein globales und interdimensionales Gerangel und Ringen um Einfluss. Schauen Sie sich um und verfolgen Sie die „Nachrichten". Ich definiere das Böse als Abwesenheit von Liebe und Weisheit und als Umkehrung des Lebens. Wie treffend, dass das „Böse" das Gegenteil von „Leben" ist. Das Böse ist die Umkehrung/Verdrehung des Lebens, der Liebe und der Weisheit im unendlichen Sinne. Hier haben wir den Grund, warum die menschliche Gesellschaft von Verdrehungen in allen Richtungen verzehrt wird. Die Bildung bildet nicht, sie programmiert; die Politik dient nicht, sie versklavt; das Pharmakartell profitiert nicht, wenn die Menschen gesund sind, sondern wenn sie krank sind. Umkehrungen gibt es überall, weil der Kult es so will. Die Begriffe Satanismus und Kult sind austauschbar, und die Umkehrung ist die Grundlage beider. Satanisten kehren ihre Symbole wie das umgekehrte Pentagramm und das umgekehrte Kreuz um, um ihr umgekehrtes Glaubensbekenntnis

Abb. 22: Satanische Kulte kehren ihre Symbole um, um ihren umgekehrten „Gott" und ihre umgekehrte Gesellschaft darzustellen.

Abb. 23: Das umgedrehte Kreuz steht nicht in direktem Zusammenhang mit dem Christentum, sondern mit der satanischen Umkehrung von allem.

öffentlich zur Schau zu stellen, und ihre Umkehrung des Lebens zeigt sich wie im Kult, in ihrer Besessenheit vom Tod (Abb. 22 und 23). Die Kultur der Ureinwohner Amerikas hat verstanden, dass wir uns letztlich mit dem Bewusstsein auseinandersetzen müssen. Die Cree in Kanada und im Norden der USA sprechen von einem „Virus des Geistes", den sie Wetiko nennen. Dabei handelt es sich um ein zutiefst gestörtes und verkehrtes Bewusstsein, das wie ein Parasit in den Geist einzudringen versucht, um die Kontrolle über die Wahrnehmung zu erlangen. Es ist eine starke Form der „Besessenheit", die in der individuellen und kollektiven menschlichen Psyche seit mindestens Tausenden von Jahren wütet, in unserer Perspektive der „Zeit". Wetiko hat kein Mitgefühl, keine Empathie, keine Fähigkeit zu lieben, zu respektieren oder zu fühlen, dass Integrität in irgendeiner Situation eine Rolle spielt. Wetiko ist der narzisstische Psychopath, der Super-Psychopath. Es versucht zu kontrollieren und zu zerstören, was nicht gehorcht, und diejenigen zum Schweigen zu bringen, die seine endlosen Ausdrucksformen herausfordern. Wetiko ist der empathielose Banker, Anwalt, Pharma-CEO, Politiker und Silicon-Valley-Manager. Es ist die Gier der Konzerne. Es ist der gnadenlose Diktator. Wetiko ist Stalin, Lenin, Mao, Pol Pot, Putin, Zelensky, Biden, Trump, Obama, die Clintons, die Bushs und ihresgleichen auf der ganzen Welt. Wetiko ist Gates und Schwab und ihre Günstlinge wie Blair, Trudeau, Ardern, Macron, Johnson, Sunak, Starmer und Newsom in Kalifornien. Wetiko ist Fauci, in England sind es Hancock, Whitty und Vallance und

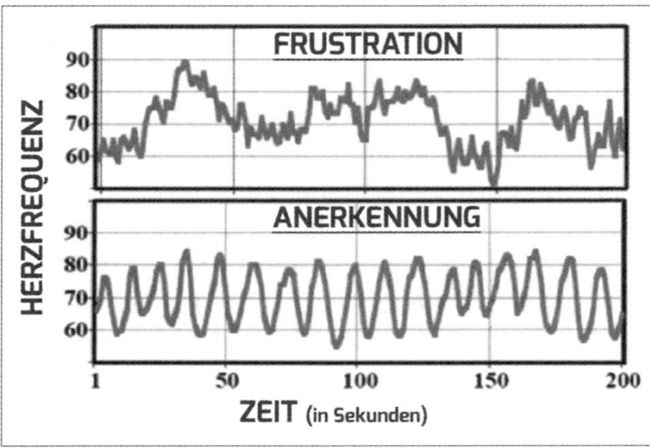

Abb. 24: Unterschiedliche Gefühls- und Gedankenzustände erzeugen unterschiedliche Frequenzzustände.

Abb. 25: Die Konzentration der Aufmerksamkeit auf die fünf Sinne kann so umfassend sein, dass die Verbindung zu anderen Realitäten und erweiterten Zuständen des Gewahrseins verloren geht. (Bild: Neil Hague)

jene in jedem Land, die auch gelogen haben, um das Übel des Covid-Betrugs durchzusetzen. Es sind die Kolonialmächte, die sich das Land der Eingeborenen angeeignet haben und es für sich beanspruchen. Es sind die indigenen Völker, die untereinander um die Vorherrschaft kämpfen. Für Wetiko gibt es keine Seiten. Es will, dass *alle* Seiten das Ergebnis kontrollieren, also auch Hitler und Stalin, Putin und Zelensky, Biden und Trump, Ost und West, Schwarz und Weiß. Es sind beide Seiten in einer Kneipenschlägerei. Es sind die Rassisten und die „antirassistischen" Rassisten wie die vom Kult besessenen Antifa und BLM. Beide „Seiten" sind Wetiko, die ihre gegenseitigen Beschimpfungen herausschreien. Wetiko ist es egal, warum man kämpft, solange man es tut. Konflikt, Angst, Furcht, Groll und Bedauern sind die emotionalen Frequenzen, die Wetiko nähren, und es arbeitet so hart daran, seinen endlosen Fluss durch die Kontrolle der menschlichen Wahrnehmung und unserer emotionalen Reaktionen zu sichern (Abb. 24). Wetiko strebt mehr als alles andere danach, die Wahrnehmung von erweiterten Zuständen des Gewahrseins zu isolieren. Das Ziel ist es, den „inkarnierten" Menschen vom Unendlichen „Ich" in einem Gefühl der Einsamkeit und Isolation zu halten, getrennt von seinem Wahren Selbst (Abb. 25 und Abb. 26). Wetikos Kult kann die isolierte Wahrnehmung durch seine Regierungen

Abb. 26: Das Unendliche Selbst versucht zu kommunizieren, aber die Konzentration auf die Etiketten der fünf Sinne und der Wahrnehmung bedeutet, dass es nicht gehört werden kann.

Abb. 27: Der Wetiko-Virus versucht, das menschliche Bewusstsein in den fünf Sinnen zu isolieren und eine Verbindung mit dem erweiterten Gewahrsein zu verhindern, wo die „Welt" in ihrem wahren Kontext gesehen werden kann. (Bild: Neil Hague)

und Medien mit den Gedanken und Emotionen programmieren, die für seine Kontrolle und seine Ambitionen wesentlich sind. Später in diesem Buch, wenn wir viel tiefer in den Kaninchenbau eingedrungen sind, werden wir sehen, was Wetiko wirklich ist. Aber sein Ziel ist, das Bewusstsein der fünf Sinne daran zu hindern, sich zum Unendlichen Bewusstsein auszudehnen (Abb. 27).

Zusammengefasst: Wir erleben eine Realität, die nicht so ist, wie sie zu sein scheint. Es gibt keine physische Welt, keine Außenwelt, wie wir sie erfahren. Unser visuelles Fenster ist auf einen fast lächerlichen Frequenzbereich beschränkt, der so eng ist, dass uns der optische Zugang zu fast der gesamten unendlichen Existenz verwehrt bleibt. Eine unsichtbare Macht manipuliert und lädt unsere Wahrnehmungen herunter, wohl wissend, dass sie damit unser Verhalten und unsere Reaktionen steuern wird. Auf diese Weise kann sie die menschliche Gesellschaft in die von ihr gewünschte Richtung lenken. Die Macht operiert durch einen Globalen Kult miteinander verbundener Geheimgesellschaften, die über Regierungen, Unternehmen und Medien zusammenarbeiten, um zu kontrollieren, was wir sehen und hören, und damit auch die Wahrnehmungen, die wir daraus ableiten. Macht ist ein Zustand verkehrten und verzerrten Bewusstseins, das die Wahrnehmung unterwandert und diktiert. Es ist das Wetiko der amerikanischen Ureinwohner, das in alten Kulturen unter vielen Namen im Laufe der uns bekannten Geschichte beschrieben wurde. Die Christen nennen ihn Teufel oder Satan. Der Islam hat seine eigene Version mit Shayṭān oder Iblis. Die Macht muss vor allem die Menschen in ihrer Wahrnehmung mit den fünf Sinnen isolieren, indem sie die Verbindung zu unserem Unendlichen Selbst unterdrückt, aus dem jedes Verständnis für unsere Notlage und die Mittel zu unserer Befreiung hervorgehen würden. Ohne die Perspektive und das Radar, das uns ein erweitertes Gewahrsein geben kann, ist der „inkarnierte" Mensch einem gnadenlosen Feind ausgeliefert, der genau das Ziel der Unterdrückung der Wahrnehmung und der Isolierung und Trennung des Bewusstseins verfolgt. Aber das muss nicht sein. Die Unwissenheit über unser Dilemma und unsere wahre Natur macht es möglich, und dieses Buch ist ein Beitrag dazu, dies zu ändern.

Was ich in diesem Kapitel beschrieben habe, ist nur eine Ebene dessen, was geschieht. Noch bevor ich fertig bin, werde ich das Bild in einen viel größeren Zusammenhang stellen – einen Zusammenhang, der die Grundlagen des menschlichen Glaubens infrage stellen wird.

2

Dämonische Täuschung

Man sollte keine Dämonen beschwören, wenn man es nicht wirklich ernst meint.

C.S. Lewis

Im Januar 2023 begann eine Phase, die mein Bewusstsein auf neue Ebenen erweiterte, die weit über alles hinausgingen, was ich bis dahin erreicht hatte.

Seit etwa einer Woche fühlte ich mich seltsam und noch seltsamer am Tag des Ereignisses, das das Folgende auslöste: Ich hatte das Gefühl, zwischen zwei Welten zu stehen. Mein Körper war in der einen und mein Bewusstsein in der anderen, weit, weit weg von „hier".

Als ich an diesem Abend das Licht ausschaltete, um ins Bett zu gehen, bemerkte ich die Möbel, die mir im Weg standen. Ich versuchte bewusst, sie zu umgehen, und alles schien in Ordnung zu sein. Dann hatte ich eine „Ahnung", die sich als eine Art „Stimme" manifestierte. Sie sagte: „Du wirst fallen." In diesem Moment stand ich fest auf meinen Füßen und war sehr ausgeglichen. Einen Sekundenbruchteil später spürte ich, wie ich nach vorne gegen die Wand geschleudert wurde, die ich in einem perfekten Winkel traf, sodass ich mir die rechte Schulter auskugelte. Als ich auf dem Boden aufschlug, wusste ich, was mir passiert war. Ich erklärte es mir damit, dass ich über Möbel gestolpert war, aber daran kann ich mich nicht erinnern, und ich konzentrierte mich gezielt darauf, nicht zu fallen. Was war passiert und warum? In den Wochen zuvor fühlte ich mich ein wenig überfordert mit all den Projekten, die meine Zeit und Energie beanspruchten. Mein Wunsch, Informationen zu vermitteln, die das offizielle faschistische Narrativ infrage stellten, ließ mich viel öfter „Ja" sagen, als mir guttat. Meine Wochen waren zu Zyklen geworden, in denen eine Anforderung die andere ablöste, mein Leben wurde zu einem „Muss, Muss, Muss". Das ließ wenig Raum zum Nachdenken und Reflektieren und frustrierte mich zutiefst. Die Schulterverletzung bedeutete, dass alles sofort aufhören musste.

Alle meine wochenlangen Verpflichtungen wurden verschoben. Das Einzige, was ich tun konnte, war, dieses Buch zu schreiben, wobei ich in den ersten Wochen eine Software benutzte, die meine Stimme in geschriebenes Wort umsetzte. Ich konsultierte eine Freundin von mir, Tracy Mulas, eine hochbegabte Sensitive (manche würden sie als Hellseherin oder Medium bezeichnen) mit einer beachtlichen Trefferquote bei mir. Sie sagte, wie einige andere auch, dass ich alle meine Arbeiten unterbrechen solle, um mich auszuruhen und mein Bewusstsein in tiefere Regionen der Unendlichkeit auszudehnen. Ich würde ein „Upgrade" bekommen und neue Informationen und Einsichten erhalten, die über alles hinausgehen, was ich bisher erlebt hatte. Das machte Sinn, denn in meinem halb schlafenden, halb wachen Zustand hatte ich am frühen Morgen eine „Stimme" gehört, die mir sagte, dass ich ein „Upgrade" bekommen werde (mein Bewusstsein wird erweitert).

Seit meinem Erwachen Anfang der 1990er-Jahre leide ich unter dem, was ich „komatösen Schlaf" nenne. Der Schlaf wurde nach dem Sturz so außergewöhnlich tief, dass ich kurz vor der Ohnmacht stand, wenn ich zu früh aufstand, bevor mein Bewusstsein „zurückkehrte". Ich befand mich ganz eindeutig zwischen zwei Welten. Ich verbrachte die meiste Zeit des Tages in diesem Zwei-Welten-Zustand, und gleichzeitig begann ich, Einsichten, Bilder und „Visionen" aus der außerkörperlichen Welt zu empfangen. Als ich mein Buch „Die Falle" schrieb, hatte ich schon Einsichten in diese Welt in Form von „Eingebungen", aber jetzt waren sie viel lebendiger und dauerten länger. Am häufigsten tauchten Reihen von Bewusstseinsfeldern in einer Art mechanischer Umgebung auf. Sie sahen ein wenig aus wie Reihen von Kohlköpfen auf einem Acker und waren von Strahlung umgeben – man denke an WLAN – und die ganze Szene war in ein dunkles blaues Licht gehüllt. Stellen Sie sich Infrarot vor, nur blau. Die Begrenzungen der Szene glichen metallischen Wänden, und das Ganze hatte etwas sehr KI-artiges. Ich dachte, die Bewusstseinsfelder seien die „Köpfe" der „verkörperten" Menschen, die die Simulation erlebten. Es war symbolisch, ich hoffe es zumindest, und es spiegelte das Thema wider, das sich in meiner Wahrnehmung gebildet hatte, seit ich das Buch „Die Falle" schrieb. Das Thema war die Wahrnehmung des Bewusstseins, das von einem Simulationssystem hypnotisiert wird, das fast vollständig von einer künstlichen Intelligenz kontrolliert wird, die eine heutige 3-D-KI steinzeitlich erscheinen lässt.

Im Laufe der Wochen formte sich in mir ein völlig neues Bild der Kontrolle über den Menschen, und dieses Buch – in einer erstaunlich kurzen Zeit geschrieben – ist das Ergebnis. Ich werde nun auf all dies eingehen.

Andere „Welten“

Zunächst sollte ich definieren, was ich unter einer „Dimension“ verstehe. Ich beziehe mich nicht auf die mathematische Version von drei Raumdimensionen und einer Zeitdimension. Ich verwende Dimension als austauschbar mit Realitäten, die verschiedene Frequenzbereiche besetzen. Diese Dimensionen sind auch nicht wie Bauklötze aufeinandergestapelt. Sie teilen sich denselben „Raum“ wie Radio- und Fernsehsender. In dem „Raum“, in dem Sie gerade stehen oder sitzen, befinden sich alle anderen Dimensionen oder Frequenzbereiche der Unendlichen Existenz. Welche davon Sie erreichen können, hängt nicht von den Dimensionen selbst ab, sondern von der Fähigkeit des Bewusstseins, sie anzuzapfen. Je mehr wir unser Bewusstsein erweitern und uns von den Scheingrenzen der Fünf-Sinne-Realität befreien, desto mehr können wir mit diesen anderen Realitäten interagieren. Je höher die Frequenz, desto mehr Wissen, Einsicht, Potenzial und Möglichkeiten stehen uns zur Verfügung. Das Gegenteil ist der Fall, wenn man in den niederfrequenten Abgrund fällt, der den Großteil der menschlichen Erfahrung ausmacht. Der Ausweg besteht darin, unseren Geist für diese höheren Frequenzen oder Dimensionen zu öffnen, und alles, was uns in Unwissenheit gefangen halten will, sorgt dafür, dass dies nicht geschieht. Da sehen Sie, wie die Grenzen in diesem spirituellen „Krieg“ gezogen werden. Wissenschaftler, die mit dem Large Hadron Collider [LHC, dt.: Großer Hadronen-Speicherring] der Europäischen Organisation für Kernforschung (CERN) arbeiten, wissen sehr wohl, dass es andere Dimensionen der Realität gibt. Das CERN an der französisch-schweizerischen Grenze beherbergt das größte Teilchenphysiklabor der Welt, und der Large Hadron Collider ist der größte und energiereichste Teilchenbeschleuniger der Welt. Ich habe in anderen Büchern über die inoffizielle und wirkliche Agenda geschrieben, zu der auch die Öffnung unserer Realität für andersdimensionale Entitäten gehört. Sergio Bertolucci, ehemaliger Direktor für Forschung und wissenschaftliche Datenverarbeitung am CERN, sagte: „Der Large Hadron Collider könnte ein Tor zu einer anderen Dimension öffnen, und aus diesem Tor könnte etwas herauskommen, oder wir könnten etwas hindurchschicken.“ Aurelien Barrau, ein französischer Teilchenphysiker am CERN, fügte hinzu: „Die Idee multipler Universen ist mehr als eine fantastische Erfindung und verdient es, ernst genommen zu werden.“

Ich werde mich auf drei Realitäten konzentrieren, um es wirklich einfach zu halten. Natürlich gibt es viele Feinheiten und Details, die man hinzufügen kann, aber sie sind nicht notwendig, um zu verstehen, wo wir uns befinden und womit wir es zu tun haben. Sie können manchmal störend sein, indem sie von der Grundstruktur in die erschöpfende Komplexität abdriften. Details befinden sich in meinen anderen Büchern und sind nicht Gegenstand dieses Buchs. Ich werde das, was eine komplexe Geschichte zu sein scheint, so einfach wie möglich darlegen, indem ich Ebene um Ebene an Informationen hinzufüge, bis sich am Ende das große Bild ergibt. Ich bin sicher, dass viele Fragen auftauchen werden, wenn ich die einzelnen Ebenen vorstelle, und ich werde versuchen, zumindest die meisten davon zu beantworten, bevor ich zum Schluss komme. Bleiben Sie bei dem, was Ihnen am Anfang „verrückt" erscheinen mag, und es wird immer mehr Sinn ergeben, je länger wir dabei bleiben. Sie werden es vielleicht nicht glauben, das ist Ihre Entscheidung, aber es wird einen kohärenten Sinn für die „menschliche Welt" und so vieles andere ergeben.

Ich werde die „menschliche" Realität als dritte Dimension oder 3-D bezeichnen; daneben (im selben „Raum") gibt es die vierte Dimension – 4-D oder das Astrale; und dann haben wir die fünfte Dimension oder 5-D. Ich benutze diese Unterteilungen nur zur Veranschaulichung (Abb. 28). In Wirklichkeit gibt es viel mehr Bereiche als diese, und andere Menschen werden ihre eigenen Namen und Symbole dafür haben. Jenseits der fünften Dimension gibt es immer mehr verfeinerte Realitäten, die Erweiterungen des Bewusstseins in immer größere Bereiche der Unendlichkeit darstellen. Es kommt ein Punkt, an dem wir den Bereich der Frequenz/Schwingung (den Bereich der „Schöpfung", wie er wahrgenommen wird) verlassen und eins werden mit dem Bewusstsein der Quelle, das ich als Das Unendliche, Das Absolute, Die Quelle, Unendliches Gewahrsein Im Gewahrsein Seiner Selbst und Alles Was Ist, War Und Je Sein Kann bezeichnen werde. Wir können die fünfte Dimension und darüber hinaus anzapfen, während wir in menschlicher Form sind, aber Wetiko hat eine 3-D-Realität geschaffen, die darauf ausgerichtet ist, dies zu verhindern. Das bedeutet nicht, dass es unmöglich ist, sondern nur, dass es einen konzertierten Druck in die andere Richtung gibt, um unsere Trennung von Dem Unendlichen aufrechtzuerhalten. Wenn wir durch die Zeitalter hindurch hören, dass die Menschen

Abb. 28: Vereinfachte Darstellung von Dimensionen, auf die verschiedene Bewusstseinszustände (Frequenzen) zugreifen können. (Bild: Neil Hague)

trotz unserer gegenwärtigen Erfahrung einen „Göttlichen Funken“ in sich tragen, dann ist es das, was sie meinen. Diese „Funken“ sind Aspekte des Unendlichen Gewahrseins, die angelockt wurden und dann durch die Wahrnehmung in einer Scheinwelt gefangen sind, die ich gleich beschreiben werde. Der Göttliche Funke ist unsere schlafende Verbindung zu Dem Unendlichen, die wir aus ihrem langen Schlaf erwecken können, wann immer wir uns entscheiden, die Illusionen zu durchschauen. Wir sind so manipuliert worden, dass wir das vergessen haben, und deshalb können die Ausdrucksformen des Unendlichen Gewahrseins, Alles Was Ist, War Und Je Sein Kann, mit solcher Dummheit und Selbstzerstörung handeln, wie es in Wetikos Schemen und Plänen für uns vorgesehen ist. Wir haben einen Kampf zwischen dem erwachenden Göttlichen Funken und Wetiko, der versucht, ihn im Schlaf zu halten. Dies ist die Grundlage des spirituellen „Krieges“, den die Menschen beschreiben und der weiter an Bedeutung gewinnen wird, wenn ich auf die Notlage des Göttlichen Funkens und die wahre Natur und Identität von Wetiko eingehe. Fürs Erste bleibe ich jedoch bei diesem Namen.

Dimensionale Wahrnehmung

Der 3-D-Bereich ist alles, was unsere physischen Decodierer – die fünf Sinne – sehen, fühlen, schmecken, riechen und hören können. Im Grunde ist es das elektromagnetische Spektrum, das 0,005 Prozent dessen ausmacht, was die Mainstream-Wissenschaft als im Universum existierend betrachtet. Wetiko und seine Untergebenen in Gestalt der Reptiloiden, Greys und anderer haben diese Realität als Simulation der *virtuellen* Realität geschaffen. Darauf werde ich in den folgenden Kapiteln noch näher eingehen. Der menschliche Körper ist ebenfalls eine „Wetiko“-Schöpfung, die absichtlich dazu dient, das Bewusstsein in die Simulation oder Matrix zu verstricken, und die fünf Sinne verbinden uns und binden uns an die Matrix. Die von mir beschriebene Decodierungssequenz der Sinne, die Wellenforminformationen in elektrische Informationen umwandelt, die vom Gehirn in digital-holografische Informationen decodiert werden, ist der Prozess, durch den wir die Matrix in eine illusorische physische Realität decodieren. Man kann sich die Simulation wie das Tragen eines Kopfhörers (Körper/Gehirn) vorstellen, der die Wahrnehmung in eine illusorische Welt eintauchen lässt. Die Simulation ist ein Feld von Wellenforminformationen – siehe WLAN (Abb. 29). Der Körper ist der biologische Computer, der die Wahrnehmungstäuschung initiiert, indem er das Feld in die Illusion einer 3-D-„Welt“ decodiert (Abb. 30). Die Menschen sprechen von „ich“ und „wir“, wenn sie in

Abb. 29: *Eine symbolische Darstellung, wie WLAN aussehen würde, wenn es für das menschliche Auge sichtbar wäre.*

Wirklichkeit das biologische Computersystem des Körpers meinen, das verschlüsselt ist, um einem Programm zu folgen, das von der Simulation diktiert wird. Stellen Sie sich den Körper als ein Verhaltens- und Wahrnehmungsprogramm vor, das von der Simulation gesteuert wird. Das Körperprogramm diktiert die *Gesamtheit* unserer „menschlichen" Erfahrung, wenn wir in der Fünf-Sinne-Wahrnehmung eingeschlossen und vom Einfluss unseres Wahren Selbst isoliert sind. Wir glauben, dass wir die Entscheidungen treffen, aber es ist das Softwareprogramm. Was ist dieses „Wir"? Wie nehmen wir „uns" Sekunde für Sekunde wahr? Durch das, was wir denken und emotional empfinden? Ja, aber was ist die *Quelle* dieser Gedanken und Gefühle? Ist es ein frei denkendes, frei fließendes, einzigartiges Bewusstsein oder eine Verhaltenssoftware? Wenn es ein einzigartiges Bewusstsein ist, warum reagieren dann fast alle Menschen auf alles so vorhersehbar? Warum ist das menschliche „Leben" selbst so vorhersehbar und folgt einem Muster, das einem Softwareprogramm ähnelt – kleine Kästchen, kleine Kästchen, und sie sehen alle gleich aus? Nur wenn wir unseren Geist für ein erweitertes Bewusstsein öffnen, können wir das Körperprogramm außer Kraft setzen und hinter die simulierte Täuschung blicken. Dies wird als „Erwachen" bezeichnet, das sich schnell ausbreiten kann, sobald unser Bewusstsein mindestens die fünfte Dimension erreicht hat, die außerhalb der Matrixsimulation operiert. Es ist nun leicht zu erkennen, warum das verfälschte Wetiko-Bewusstsein und seine Vertreter in der Gestalt so verzweifelt versuchen, die Fünf-Sinne-Barrikaden zu bewachen. Wenn wir von einer bewussten Verbindung außer-

Abb. 30: *Der Körper/das Gehirn ist wie ein Headset für virtuelle Realität und decodiert das Informationsfeld der Simulation in die 3-D-Illusion.*

Abb. 31: Der ganze Sinn der Simulation und ihrer dämonischen Regisseure besteht darin, eine bewusste Verbindung mit Alles Was Ist, War Und Je Sein Kann zu verhindern. (Bild: Neil Hague)

halb der Matrix getrennt werden können, sind wir in unseren Wahrnehmungen innerhalb der Illusionen der Matrix isoliert (Abb. 31). Ein Bibelzitat, das „Jesus" zugeschrieben wird, lautet: „Was aus dem Fleisch geboren ist, das ist Fleisch; und was aus dem Geist geboren ist, das ist Geist." Was ist „Fleisch"? Es ist der Körper, der biologische Computer. Wir denken, das Biologische sei „natürlich", aber ist es das? Was ist, wenn das Biologische für die kontrollierende Macht nur eine fortgeschrittene Form des Technischen ist?

Astrale Realität

Die vierte oder astrale Dimension (4-D) durchdringt auch ihre niedrigeren Frequenzebenen (die *niedrigere* astrale oder *niedrigere* vierte Ebene) und „interferiert" mit der 3-D-Realität in gleicher Weise wie Radiosender, die sehr nah aneinander liegen. Die Astralebene wird in diesem Buch eine zentrale Rolle spielen, da das Dämonische von hier aus seine Kontrolle über die 3-D-Welt orchestriert und projiziert. Der Einfachheit halber werde ich die gesamte Simulation jenseits von 3-D als Astralebene bezeichnen, obwohl sie auch andere Wahrnehmungsbereiche der Realität umfasst. Das Astral war die Grundlage vieler Religionen auf der ganzen Welt und der Mysterienschulen, aus denen ursprünglich das globale Netzwerk der Geheimgesellschaften hervorging, um das esoterische Wissen vor den Versuchen der römischen Kirche und anderer zu schützen, es aus der Bevölkerung zu eliminieren. Diese geheimen Gruppen wurden schließlich unterwandert zu einem Teil des Kults mit einer ganz anderen Agenda, um das Wissen zu horten und die Menschen in Unwissenheit zu halten. Das Astral ist in verschiedenen Religionen und Kulturen unter vielen anderen Namen bekannt. Für die Juden ist es die „Welt Jetzira" im jüdischen mystisch-kabbalistischen Glauben, der als Lurianische Kabbala bekannt ist. Unsere Realität scheint kein Leben jenseits der „Erde" zu kennen (aus Gründen, die ich noch erläutern werde), aber im Astral wimmelt es von Wesen aller Art. Darunter befinden sich auch Wesen, die von den Menschen als „Außerirdische" angesehen werden. Das Astral ist eine Art halb-„physisches" Reich, in dem die Wesenheiten eine Gestalt annehmen können, die weit weniger dicht und feinstofflich ist als die unsere. Zumindest würde es in unserer 3-D-Wahrnehmung so aussehen. Einem astralen Wesen auf derselben Frequenz würde die astrale Realität so „fest" erscheinen wie Sie und ich. Das Astral ist das Reich der „Geister" und der sogenannten „paranormalen" Aktivitäten. 3-D ist nicht die einzige Realität, in der Technologie verwendet wird. Astraltechnologie und künstliche Intelligenz sind die wichtigsten Mittel der 3-D-Kontrolle. Eine Ebene des menschlichen Energiefeldes ist als „Astralkörper" bekannt, und unser Aufmerksamkeitsfokus kann sich im Schlaf dorthin verlagern, sodass wir die Astralebene im Traumzustand erleben können. Manche Menschen erreichen dies durch Meditation und eine bewusste Verlagerung der Aufmerksamkeit, die als „Astralprojektion" bezeichnet wird.

Das Astral ist ein Frequenzbereich, der mit Emotionen verknüpft ist. Unsere Gefühle und Emotionen werden ständig als Frequenzen in die Astralebene projiziert, die die Dämonen „füttern", besonders auf den unteren Ebenen, die mit niedrig schwingenden emotionalen Zuständen wie Angst zu tun haben. Ja, Angst ist Nahrung für die Dämonen, was viel darüber sagt, warum die menschliche Welt so ist, wie sie ist. Emotionen sind von zentraler Bedeutung für die Wahrnehmungsmanipulation. Schauen Sie sich die menschliche Gesellschaft an und Sie werden feststellen, dass Verhalten und Wahrnehmung von emotionalen Reaktionen dominiert werden. Wetiko und die mit ihm verbundenen Astralwesen ernähren sich von emotionalen Frequenzen, obwohl sie selbst keine Emotionen empfinden, wie wir es tun. Sie sind kalt, berechnend und Experten in der *Manipulation* von Emotionen bei ihren Zielpersonen. Es wird gesagt, dass die Astralebene der Hauptaufenthaltsort der „Seele" zwischen den menschlichen Leben im Reinkarnationszyklus ist. Reinkarnation ist ein Gedankentrick, an den Anhänger vieler Religionen wie Hinduismus und Buddhismus, aber auch des „westlichen Hinduismus" oder des „New Age" glauben. Die Matrix ist nicht nur unsere 3-D-Realität. Es gibt viele andere Ebenen, die sich bis in die 4-D-Welt erstrecken, und dieses Wissen ist entscheidend, um zu verstehen, dass Reinkarnation kein Evolutionszyklus für die „Seele" ist, wie Milliarden von Menschen glauben. Reinkarnation ist real, ja, aber sie ist eine Falle, ein Schwindel, ein Betrug, um die Wahrnehmung in einem Rad des Unglücks in einem Menschenleben nach dem anderen gefangen zu halten. Die „Seele" tauscht permanent andere Simulationsebenen gegen diese aus. Diese Falle zu entlarven und zu zeigen, wie wir den Kreislauf durchbrechen können, ist ein Hauptthema dieses Buchs.

Astrale Täuschung

Das menschliche Energiefeld korreliert mit diesen anderen Realitäten, was bedeutet, dass wir uns gleichzeitig auf verschiedenen Ebenen oder Frequenzbändern bewegen. Wir können sie potenziell erfahren, indem wir unseren Aufmerksamkeitsfokus von einer Ebene auf eine andere verlagern. Der esoterische Glaube besagt, dass der „physische" (holografische) Körper vom feinstofflichen Körper (der Informationsblaupause des „physischen" Körpers) und den astralen und mentalen Körperfeldern überlagert wird, aus denen Emotionen und Gedanken entstehen. Der Beatle George Harrison schien mir immer ein aufrichtiger Mensch zu sein, der nach Erleuchtung durch fernöstliche Konzepte und psychedelische Drogen suchte, aber aus meiner Sicht unterlag er wie fast alle „spirituell" Suchenden der Täuschung. Ich habe im Internet ein Video über seine Überzeugungen mit dem Titel „George Harrison über das, was jenseits des Verstandes liegt" gesehen, in dem er sagte, dass der Körper wie ein „Anzug" sei, den man „anzieht und dann verschwindet das Bewusstsein". Im Prinzip stimme ich ihm zu, aber er fuhr fort:

> „Christus sprach in der Bibel von den drei Käfigen für den Paradiesvogel, was bedeutet, dass die Seele der Paradiesvogel ist und die drei Käfige, die drei Körper sind, die die Seele beherbergen. Es gibt den Kausalkörper, den Astralkörper und den physischen Geistkörper. Beim Tod fällt der physische Körper ab, aber die Seele ist noch in zwei anderen Körpern. Sie befindet sich also auf der Astralebene."

Was dabei übersehen wird, ist folgendes: Diese „Körper", die Seele und der Astralkörper befinden sich alle *innerhalb der Simulation*. Das Astral zu betreten ist keine Erleuchtung. Es ist eine andere Ebene der Falle. Der sogenannte Astralkörper ist der Schlüssel zur Wahrnehmung und zur emotionalen Manipulation, weshalb Emotionen die Haupttriebkraft menschlicher Wahrnehmung und menschlichen Verhaltens sind. Und was ist die Seele? Ich hebe mir die Details für die weiteren Kapitel auf, aber sie ist eine Ausdrucksform des Göttlichen Funkens. Alles verbindet sich energetisch mit dem, worauf es sich fokussiert. Ich werde diesen Punkt ein paar Mal erwähnen, weil er auf vielen Ebenen wichtig ist. Der Fokus des Göttlichen Funkens auf das, was er als menschliche Erfahrung betrachtet, projiziert eine energetische Verbindung mit dem „Körper", und diese Verbindung wird „Seele" genannt. Dasselbe gilt für den Fokus auf den außerkörperlichen Bereich im Reinkarnationszyklus, und so haben wir das Konzept der „Seele", die sich zwischen der menschlichen Welt und der astralen Welt bewegt (was bedeutet, dass sie sich zwischen zwei Ebenen der Simulation bewegt). Es ist der *Fokus* der *Aufmerksamkeit* des Göttlichen Funkens, der

Abb. 32: Chakren-Vortexe, die die menschlichen Energiefelder durchdringen. Ihr Gleichgewichtszentrum ist das Herzchakra, durch das wir „Liebe" und Intuition empfinden und das der Kult so sehr zu verschließen und mit niedrig schwingenden Emotionen zu unterdrücken versucht.

sich bewegt, das ist alles, aber dazu später mehr. Die Astralebene war auf dem indischen Subkontinent als „Körper der Emotion, der Illusion oder des Wunsches" bekannt, und der Göttliche Funke, der uns mit der Unendlichkeit verbindet, kann von den programmierten Wahrnehmungen der anderen „Körperfelder" so überlagert werden, dass sein Einfluss unterdrückt wird. Der Göttliche Funke (von manchen als „spirituelle Körper" bezeichnet) kann nur befreit werden, wenn man sich mit dem Unendlichen „Ich" identifiziert und alle falschen Selbstidentitäten loslässt.

Unsere verschiedenen Energie-„Körper", einschließlich des „physischen", sind von Vortexen durchdrungen, die als „Chakren" bekannt sind, ein Wort, das in der alten Sanskrit-Sprache des indischen Subkontinents „Räder des Lichts" bedeutet (Abb. 32). Die sieben Hauptchakren sind das Kronen-Chakra oben auf dem Kopf, das Stirn-Chakra (oder „drittes Auge") in der Mitte der Stirn, das Hals-Chakra, das Herz-Chakra in der Mitte der Brust, das Solarplexus-Chakra direkt unter dem Brustbein, das Sakral-Chakra direkt unter dem Bauchnabel und das Wurzel-Chakra am unteren Ende der Wirbelsäule. Jedes dieser Chakren hat eine bestimmte Funktion. Das Sakral-Chakra im Unterbauch verarbeitet Emotionen, weshalb wir in diesem Bereich Angst und Nervosität empfinden. Im Extremfall wirken sie auf den Dickdarm und verursachen angstbedingten Durchfall –

Abb. 33: Ein offenes Herzchakra ist eine Verbindung zum erweiterten Bewusstsein und potenziell zur Unendlichkeit, aber ein geschlossenes Herz sperrt uns in die niederfrequenten Bereiche des illusorischen Physischen und Astralen ein. (Bild: Neil Hague)

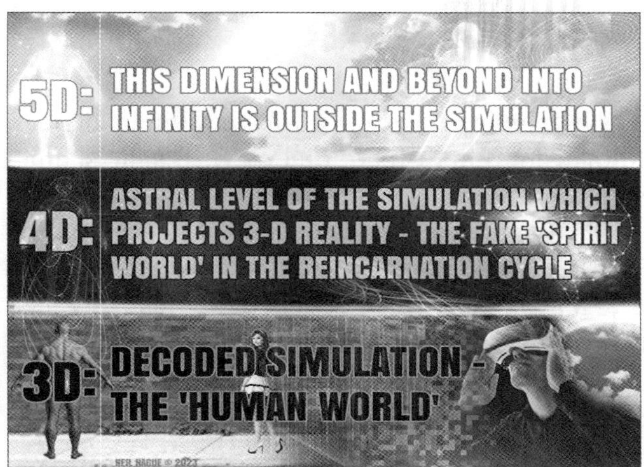

Abb. 34: 5D: Diese Dimension und darüber hinaus ins Unendliche liegt außerhalb der Simulation. 4D: Astralebene der Simulation, die die 3-D-Realität projiziert – die Schein-„Geistige-Welt" im Reinkarnationszyklus. 3D: Decodierte Simulation – die "menschliche Welt".– *Ein einfacher Leitfaden zu den Simulationsbereichen. 3-D ist die menschliche Ebene der Simulation; der Astral oder 4-D ist die Fake-„Geistige-Welt", aus der 3-D projiziert wird; 5-D und darüber hinaus ist die Unendlichkeit außerhalb der Simulation. (Bild: Neil Hague)*

man spricht auch von einer „Scheißangst". Liebe, Einfühlungsvermögen und Mitgefühl empfinden wir in der Mitte der Brust, weil sich dort im elektromagnetischen Feld des Körpers der Vortex des Herz-Chakras befindet. Den Vortex oder das Herz-Chakra zu schließen, ist ein Hauptziel der dämonischen Kraft, weil es eine Verbindung zum „Göttlichen Funken" darstellt und das Potenzial hat, uns wieder mit DER QUELLE jenseits der Simulation zu verbinden (Abb. 33). Die fünfte Dimension (5-D) ist eine Frequenzebene außerhalb der Simulation, und wenn unser körperloses Bewusstsein in diesen Bereich des Gewahrseins eintritt, ist es frei von der Matrix und der dämonischen Täuschung von Wetiko. Ich sollte sagen, dass dies *meine* Interpretation von 5-D ist und dass das, was andere 5-D nennen, sich immer noch innerhalb der Simulation befinden kann. Der Einfachheit halber noch einmal: 3-D und 4-D (Astral) = die Simulation; und 5-D und darüber hinaus = außerhalb der Simulation (Abb. 34). Die Verbindung mit 5-D erfordert nicht nur eine Selbstidentität mit Bewusstsein, um die notwendige Frequenz zu manifestieren; sie erfordert auch, dass wir geschickt sind in Bezug auf die Tricks und Ablenkungen, die uns in den Weg gelegt werden, und auf die ich später noch zu sprechen komme.

KI-„Verstand“

Wir beginnen unsere Reise zusammen mit Alice, die durch den Kaninchenbau in das Wunderland der Astraldimension hinabsteigt, und es wird sehr schnell sehr seltsam werden. Halten Sie durch, wenn Ihr Kopf „lächerlich“ schreit. Wir haben noch einen langen Weg vor uns und müssen noch viele Informationen hinzufügen. Das Astral ist der Ort, an dem sich der menschliche Verstand befindet und von wo aus die simulierte Matrix in „3-D“ projiziert wird. Das Gehirn ist nicht der Verstand. Das Gehirn ist ein Informationsprozessor, der die Realität in eine 3-D-Wahrnehmung entschlüsselt. Wir können das Gehirn sehen (3-D), aber nicht den Verstand, der ein energetisches Feldphänomen jenseits der menschlichen Wahrnehmung ist (4-D).

Es gibt Arten von Gestalten im Astral, die schnell genug vibrieren, um sich unserem Sehsinn zu entziehen, und sie verfügen über eine Technologie, die wir künstliche Intelligenz oder KI nennen. Der Unterschied besteht darin, dass ihre künstliche Intelligenz viel, viel fortgeschrittener ist als die unsrige, selbst in einer Zeit, in der die künstliche Intelligenz unsere Welt rasch erobert. Man könnte die astrale KI eher als *künstliches Bewusstsein* bezeichnen. Was uns wie eine zukunftsweisende Science-Fiction-Technologie erscheint, ist im Astral alles andere als neu. Die gesamte Simulation einschließlich der individuellen Körperprogramme wird von der astralen KI gesteuert. Wir erleben jetzt *einige* dieser Technologien in der 3-D-Realität als Teil des „Großen Resets“, der die vollständige Unterwerfung dessen beinhaltet, was wir als menschlich wahrnehmen. An dieser Stelle sollte ich das Konzept des astralen Verstandes – „unseres Verstandes“, wie wir ihn wahrnehmen – einführen, der eine Form der KI ist und gezielt dazu dient, den Göttlichen Funken („Das Wahre Ich“) in der Illusion gefangen zu halten. Das gesamte Informationsfeld der Simulation wird von der astralen KI projiziert und die 3-D-Welt ist die entschlüsselte holografische Version dieses Feldes. Die 3-D-Simulation hat also zwei Seiten. Es gibt das interaktive „WLAN“-Feld, das mit Informationen verschlüsselt ist, die wir als „menschliche Welt“ wahr-

Abb. 35: Körper/Gehirn interagieren elektrisch, elektromagnetisch und digital mit dem Universum (Simulation).

nehmen, und es gibt die Körperprogramme, die das „WLAN" in eine holografische „physische" Illusion umwandeln (Abb. 35). Dies erlaubt den Dämonen, das Simulationsfeld zu manipulieren und zu bestimmen, wie ihre Opfer es decodieren und es wahrnehmen. Menschen, die sich der Realität ihrer misslichen Lage bewusst werden, sind besonders im Visier der Astraldämonen, aber das Bewusstsein im Gewahrsein ihrer selbst ist weitaus mächtiger als die Dämonen. Aus dieser Perspektive ist das, was ich über das Gehirn gesagt habe, das die holografische „physische" Realität entschlüsselt, richtig, allerdings ist es Teil eines viel größeren Bildes des Wahrnehmungsbetrugs. Das Gehirn ist die zentrale Verarbeitungseinheit (CPU) des Körpers, die die Informationen aus der Simulation decodiert. Wie Pao L. Chang schrieb: „... Unser Bild oder dreidimensionales Modell ist nichts anderes als eine Wahrnehmung der CPU." Das Bewusstsein kann in diesen Prozess eingreifen. Die Dynamik ist die gleiche wie zwischen menschlichem WLAN und Computern. Das eine ist ein Informationsfeld (das Internet in Wellenform) und die anderen decodieren dieses Feld in einen völlig anderen Zustand auf dem Bildschirm. Die heutige 3-D-Technologie imitiert (wie oben, so unten) die Realität, wie wir sie erleben und wie sie funktioniert. Jeder menschliche Körper ist eine Projektion eines „individuellen" KI-Astralverstandes, der mit dem Software-„Lebensplan" für jede „Inkarnation" verschlüsselt ist. Das ist es, was wir als „individuelles Leben" erfahren. Es ist buchstäblich wahr, dass sich „alles im Kopf abspielt", es sei denn, der Göttliche Funke greift erweckend ein. Wenn „spirituelle" Menschen davon sprechen, „über den Verstand hinauszugehen" und „den Verstand auszuschalten", beziehen sie sich, ohne es zu wissen, auf den Astralverstand der KI, der die Wahrnehmung ohne den Input des erweiterten Bewusstseins diktiert. Der ganze Zweck dieser Simulation ist es, diesen Input zu stoppen und die Wahrnehmungen des Göttlichen Funkens in einer Scheinwelt einzufangen, von der er glaubt, dass sie real ist. Das „Warum" wird klar werden. In ihrem unmanipulierten Zustand sind alle Göttlichen Funken „Eins" als einzigartige Ausdrucksform von ALLES WAS IST. Entscheidend ist, dass der KI-Astralverstand eine Wahrnehmungsfalle für das „Wahre Ich" bereitstellt, indem er ein Gefühl von Individualität, Abgeschiedenheit und Isolation erzeugt. Dies ermöglicht auch die gezielte Manipulation – Designer-Manipulation – der gefangenen Göttlichen Funken, die Beobachter all dessen sind und von der KI-Simulation in dem Glauben gelassen werden, eine „physische" Inkarnation zu erleben. Die 3-D-Realität mag eine illusorische Projektion aus dem Astral sein, aber sie ist sehr real für diejenigen, die ihre entschlüsselte holografische Form erleben. Genetik zum Beispiel ist nicht illusorisch im Sinne der 3-D-Wahrnehmung. Ich schaue auf einen Computerbildschirm und mein Hintern ist auf einem Stuhl und auf diese Weise ist 3-D physisch „real"; aber ich weiß, dass die Quantenwelt zeigt, dass das nicht so sein kann. Es ist ein WLAN-Feld, das von meinem Gehirn decodiert wird, das selbst ein WLAN-Feld ist! In diesem Sinne ist das „Physische" nicht real. Es hängt vom Fokus der Aufmerksamkeit ab – von der Wahrnehmung. Mir wurde ein Text aus dem „Yoga Sutra" zugeschickt, das als eine der wichtigsten Lehren des Yoga gilt und eine mündliche Überlieferung ist, die offenbar auf 200 v. Chr. zurückgeht. Sie gibt Ratschläge, wie man sich „erinnern kann, dass unsere wahre Natur Bewusstsein ist":

> „Die Erinnerung an das Bewusstsein tritt nur ein, wenn der Verstand zur Ruhe kommt. Wenn wir unseren Verstand zur Ruhe bringen können, ruhen wir in unserer wahren Natur, die diejenige ist, die wirklich sieht. Wenn wir den Verstand nicht zur Ruhe bringen können, werden wir denken, wir seien der Verstand, und wir werden leiden."

All diese verschiedenen spirituellen Traditionen sagen, dass wir den Verstand zur Ruhe bringen und über den Verstand hinausgehen müssen. Aber warum? Was ist dieser Verstand, der uns versklavt und den wir beruhigen oder überwinden müssen, um frei zu sein? Es ist der *astrale KI-Verstand*, den ich hier beschreibe. Die Dynamik zwischen dem KI-Verstand und dem Göttlichen Funken wird in dieser Zeile erfasst: „... Wir werden denken, dass wir der Verstand sind und wir werden leiden."

Simulierte Illusion

Die Informationsschablone des Körpers ist die Grundlage der KI-„Verstandes"-Trickserei. Sie ändert sich mit jeder „Inkarnation", obwohl bestimmte ausgeprägte Merkmale übernommen werden können. Der Körper ist die Projektion eines „individuellen" KI-Astralverstandes, der nicht „inkarniert", sondern die Illusion erlebt, dies zu tun. Der KI-„Verstand" bewegt sich nicht. Was er *projiziert*, bewegt sich oder scheint sich zu bewegen. Selbst die Bewegung ist eine Illusion, wie bei einem Autorennspiel in einer Spielhalle, bei der weder Sie sich bewegen, noch der Spielautomat. Lediglich auf dem Monitor ist die Illusion sich bewegender Abläufe codiert. Das Gleiche gilt für 3-D-VR-Headset-Programme, die auf dem heutigen Spielemarkt immer beliebter werden. Jemand erlebt das Spiel, während er im Stuhl sitzt und die Illusion von Bewegung, Raum und Zeit vermittelt bekommt. Die Spielfiguren, die herumlaufen und versuchen, Ihren Schüssen auszuweichen, bewegen sich überhaupt nicht. Die Entwickler, die das Spiel programmiert haben, schaffen mittels des Codes eine Illusion von sich bewegenden Figuren, obwohl es gar keine „Figuren" gibt, sondern nur die Wahrnehmung dessen, was man zu sehen glaubt. Wie interagiert man mit die-

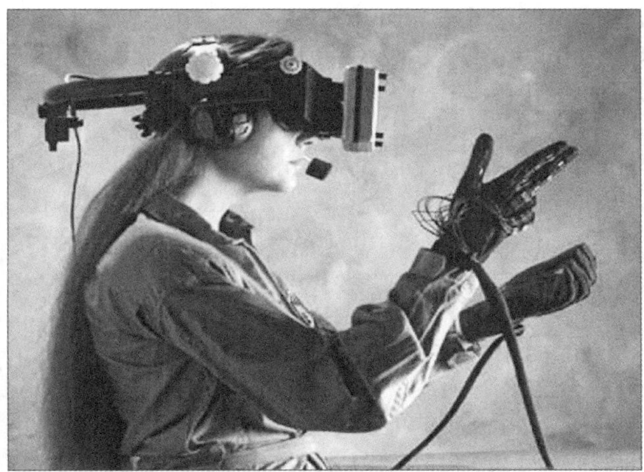

Abb. 36: Die virtuelle Realität des Menschen spricht dieselben fünf Sinne an wie die virtuelle Realität der Simulation.

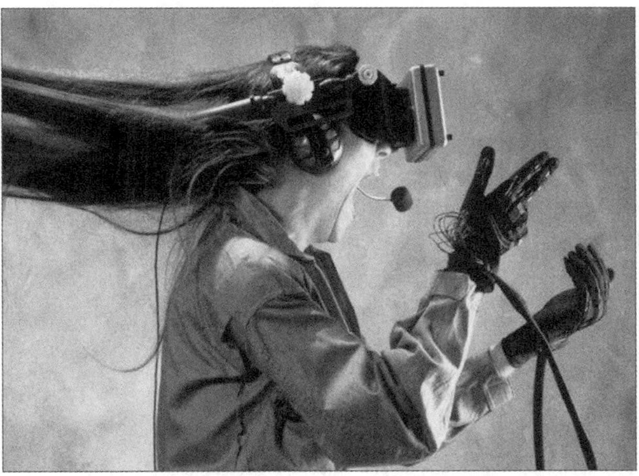

Abb. 37: Die Speler wissen, dass sie ein Headset tragen, reagieren aber trotzdem so, als sei es real. Die Menschen reagieren auf das Simulations-„Spiel", ohne zu wissen, dass ihr Körper/Gehirn wie ein weitaus raffinierteres „Headset" funktioniert.

sen Spielen? Mit den fünf Sinnen. Das Spiel übernimmt das Decodierungssystem der Sinne durch das Headset und den Ton, und in einer ausgeklügelteren Technologie mit Handschuhen und einem Gamingstuhl. Wir sehen Menschen, die mit einer 3-D-VR-Brille in einem ansonsten leeren Raum spielen, die schreien, springen und um sich schlagen als Reaktion auf die Informationen, die ihnen das Spiel liefert. Dies wird zu ihrer Wahrnehmung der Realität (Abb. 36 und Abb 37). Die Sinne, die die holografische „physische" Realität entschlüsseln, sind dieselben, die auch die virtuelle Realität des Spiels entschlüsseln. In Wirklichkeit sind *beide* virtuelle Realitäten.

Die Göttlichen Funken werden vom astralen Verstand der KI eingefangen, der eine illusorische Realität darstellt, die wir für „real" halten sollen. Die kollektive Realität – das, was wir *alle* sehen – stammt vom Astralverstand der KI, der das simulierte WLAN-Feld decodiert, sodass wir alle dieselbe „Welt" wahrnehmen. Das individuelle Leben in dieser „Welt" ist das Ergebnis der jeweiligen Persönlichkeit und der „Lebensplan"-Programme, die im KI-Verstand verschlüsselt sind, sowie des Einflusses des Göttlichen Funkens bei den Erwachteren. Wir mögen alle dasselbe Auto sehen, aber unsere Ansichten darüber können sehr unterschiedlich sein. Informationsprogramme, die in einer individuellen Körpervorlage verschlüsselt sind, werden die gleiche Realität aus ihrem eigenen Blickwinkel wahrnehmen. Ich weiß, das klingt alles sehr weit hergeholt, aber wir haben jetzt einfache Analogien für das, was ich sage. Noch einmal: Sie können sich den KI-Astralverstand und den von ihm projizierten „Körper" als ein Headset für den Göttlichen Funken in der virtuellen Realität vorstellen. Wenn die KI eine neue Körpervorlage als Wellenform-Information liefert, erlebt der Göttliche Funke ein neues Spiel in seinem Headset („Reinkarnation") mit der Wahrnehmung, dass er einen „neuen" Körper mit fünf Sinneseinschränkungen und Erfahrungsfolgen („Karma") hat. Die in der Wahrnehmung gefangenen Göttlichen Funken „betreten" nicht die 3-D-Projektion einer „Inkarnation". Sie nehmen nur wahr (glauben), dass sie „darin" sind und reagieren mental und emotional so, als ob sie es wären. Sie erinnern sich vielleicht daran, dass in der „Matrix"-Filmreihe Figuren wie Neo, Morpheus und Trinity die Matrix nicht in ihren Körpern betraten. Die Matrix war eine Informationsquelle, und die Sonde in ihrem Nacken verband sie mit dieser Information, die ihr *Verstand/Gehirn* in die simulierte Welt decodierte, in der sie sich selbst erlebten. *Sie* gingen nirgendwo hin. Ihr Verstand *nahm* lediglich *wahr*, dass sie an verschiedene Orte gingen. Setzen Sie die Körper der Filmfiguren, die auf dem Stuhl liegen und mit der Informationsquelle der Matrix verbunden sind, mit dem KI-Verstand/Göttlichen Funken im Astral in Beziehung, und Sie werden verstehen, was ich meine. Es gibt jedoch einen Punkt, den ich betonen möchte. Ich habe gesagt, dass eine Fokussierung auf etwas eine energetische Verbindung mit ihm herstellt. Das bedeutet, dass wenn der Göttliche Funke sich auf seine illusorische, von der KI projizierte „Welt" und Erfahrung konzentriert, könnte er mithilfe seiner energetischen Signatur oder Essenz auch die Simulation durchdringen. Wenn er in seiner Wahrnehmung schläft, wird er nicht auf das Programm einwirken, das er für „real" hält; wenn er erwacht, *wird* er eingreifen und das Programm beeinflussen.

Und jetzt kommt der Clou: *Es gibt kein 3-D*, wie wir es glauben. 3-D ist eine Projektion der Astral-KI und wir „leben" im „Verstand" der Astral-KI-Technologie. Ohne einen erwachten Input von unserem wahren „Ich", dem Göttlichen Funken, folgen wir vorgefertigten KI-Programmen. 3-D existiert nur als unsere *Wahrnehmung*, dass sie existiert. Nur in diesem Sinne agieren wir in der 3-D-Welt, aber wenn die KI und die Simulation abgeschaltet würden, würde die 3-D-Welt zusammen mit der gesamten Menschheit verschwinden. Übrig bliebe nur das, was wir *wirklich* sind – der Göttliche Funke und die Unendliche Realität. 3-D ist eine Projektion, die man mit einem induzierten luziden Traum vergleichen könnte, und der Traum ist stabil und andauernd, *weil* er durch die KI ausgelöst wird (Abb. 38). In diesem Traum hat der Körper ein Gehirn und all die Funktionen, von denen wir glauben, dass er sie innehat; aber *nur* im Traum. Ich habe luzide Träume, die sehr real und ebenso „solide" sind. In der „Matrix"-

Abb. 38: Wahrnehmungsmäßig versklavte göttliche Funken, die im Astral gefangen sind, werden von der KI unaufhörlich mit einer Realität konfrontiert, die sie für real halten. Dieser Glaube hält sie in der Knechtschaft des induzierten Traums, in dem sie gefangen sind. (Bild: Neil Hague)

Filmreihe betraten die Charaktere die Simulation und interagierten mit ihr „physisch". Dies symbolisiert die 3-D-Realität perfekt. Für bewusste Charaktere in einem Virtual-Reality-Spiel wäre die Erfahrung sehr real. Ärzte können operieren und den Körper aufschneiden, weil sie sich im gleichen Frequenzbereich – dem gleichen Traum – wie der Körper befinden, eine 3-D-Projektion kann mit einer 3-D-Projektion interagieren. Der Punkt ist, dass das, was in 3-D zu geschehen scheint, in einem ganz neuen Licht gesehen werden kann, wenn man es aus der Perspektive von 4-D und dem KI-Verstand/Göttlichen Funken betrachtet. Es hängt davon ab, auf welchem Level sich unser Fokus befindet, denn das Programm, das durch unsere Körperschablone läuft, sagt uns ständig, dass wir unsere Aufmerksamkeit auf die 3-D-Welt der fünf Sinne konzentrieren sollen. Den Menschen wurde ein linearer KI-Verstand gegeben, sodass wir unsere nicht-lineare Realität nicht verstehen können, es sei denn, das Bewusstsein kommt ins Spiel. Ich sagte bereits, dass wir „biologisch" im Gegensatz zu Technologie als „natürlich" betrachten, aber für die Astralsimulation ist „biologisch" eine Technologieform. Die Simulation ist interaktiv, und ein erwachender Göttlicher Funke kann sie verändern. Den Schöpfern wäre es lieber, wenn dies nicht so wäre, aber sie können das Bewusstsein, das zu seiner wahren Natur erwacht, nicht kontrollieren. Das ist der Albtraum, der sie verfolgt.

„Wir" werden nicht geboren, und „wir" sterben nicht. Geburt und Tod sind Konstrukte der Simulation, die gezielt das Gefühl der Isolation und Trennung fördern, die Angst vor dem Unbekannten schüren und das „Leben" und das Selbst mit dem Körper gleichsetzen. Der KI-„Verstand" decodiert den Körper anhand einer energetischen Software-Schablone in Wellenform. Die Körpersoftware lässt es so aussehen, als ob die fünf Sinne und das Gehirn die Decodierung vornehmen, und auf dieser Wahrnehmungsebene *tun* sie das auch; aber eben *nur* auf dieser Wahrnehmungsebene. In Wirklichkeit findet das Ganze innerhalb der gesamten KI-„Verstand"-Projektion statt, in der der Körper so verschlüsselt ist, dass es so *aussieht*, als ob er die holografische Decodierung durchführt, während er *selbst* holografisch decodiert wird. Man kann das Selbstgefühl und das Realitätsgefühl eines Göttlichen Funkens nicht mit einem einzigen Labyrinth überlisten, sondern nur mit einem Labyrinth in einem Labyrinth in einem Labyrinth in einem Labyrinth ... ad infinitum. Der Cyberspace und das entstehende Metaverse, wie auch unzählige andere Technologien, die uns heute umgeben, imitieren die Scheinwelt, die wir erleben, und fügen den Labyrinthen neue Ebenen hinzu, um eine noch extremere Wahrnehmungsfalle zu installieren. Der KI-„Verstand" projiziert eine Informationsschablone, die den Göttlichen Funken nur *glauben* lässt, dass er sich *im Körper* befindet, im Gegensatz zum traditionellen Konzept der Inkarnation in einen Körper. Wo sind Sie jetzt? In Ihrem Körper, richtig? Nein – Sie befinden sich in einem astralen KI-Softwareprogramm, das Ihnen vorgaukelt, dass Sie sich in Ihrem Körper befinden. Hier ist ein weiterer Punkt. Nahtoderfahrene sagen, dass sie in dem Moment, in dem sie den Körper verlassen, eine 360-Grad-Sicht haben, obwohl sie keine Augen haben. Ihre *Wahrnehmung* hat sich von ihrer fokussierten Aufmerksamkeit auf die Körpervorlage zurückgezogen, die von sich selbst glaubt, dass sie ihren „menschlichen" Zyklus und die *Halluzination*, dass sie Augen zum Sehen braucht, beendet hat. Die Körpersinne Sehen, Hören, Schmecken, Riechen und Berühren sind in der Körperschablone verschlüsselt, um den Göttlichen Funken in dem Glauben zu täuschen, dass er Augen zum Sehen, Ohren zum Hören, Zunge zum Schmecken, Nase zum Riechen und Haut zum Berühren braucht. Zusammen bilden sie ein Gefühl der *Begrenzung*. Kehren wir zum Beispiel der 3-D-VR-Brille zurück, um zu sehen, wie einfach es ist, die Wahrnehmung von etwas zu überzeugen, und wie schwierig es umgekehrt ist, die Wahrheit zu sehen (Abb. 39).

Abb. 39: Wenn ein Headset den Realitätssinn entführen kann – was ist dann erst mit einem hoch entwickelten KI-System möglich, das genau zu diesem Zweck entwickelt wurde?

Und damit zu ... „Dämonen“

Ich finde es immer wieder faszinierend, wiederkehrende Themen zu sehen, die sich durch die antike Welt und die moderne Erfahrung ziehen. Ich bin ständig auf der Suche nach diesen Mustern, und sie sind bei den „Dämonen“ (oft in Form von Reptiloiden) unter verschiedenen Namen sehr deutlich sichtbar. Recherchieren Sie Religionen und alte Kulturen, und Sie werden eine außerordentlich konsistente Geschichte einer verdeckten, verborgenen, nicht menschlichen Macht finden, die mit verschiedenen Namen symbolisiert wird und das Leben auf dem, was wir als „Planet Erde“ wahrnehmen, manipuliert. Hier sind nur einige Beispiele: Dämonen (Christentum); Dschinn (Islam und vorislamisches Arabien und Mesopotamien); Archonten (Gnostiker); Flieger oder Prädatoren (Mittelamerika); Schlangengötter (Ferner Osten und Mittelamerika); Schlangenbrüder (Hopi); Chitauri (Zulu); Anunnaki (Sumer, später Babylon); Sternenmenschen (viele und verschiedene); andere Namen sind die Wächter, die Leuchtenden und die gefallenen Engel. Auf dem indischen Subkontinent und in Asien gibt es die Nagas, die als „übernatürliche“, teils menschliche, teils reptiloide Wesen beschrieben werden, die seit Tausenden von Jahren im Hinduismus, Buddhismus, Jainismus und anderen Religionen und Kulturkreisen verehrt werden.

Abb. 40: Totenmaske des Pharaos Tutanchamun mit der Kobra im Bereich des dritten Auges und einem Kobrakörper, der aus dem Kinn herausragt. Die Kobra war im alten Ägypten wie auch anderswo ein Symbol für Königtum, Göttlichkeit und göttliche Autorität.

Naga ist ein Sanskrit-Name für die Kobra, und ich habe in Büchern, die bis in die 1990er-Jahre zurückreichen, ausführlich darüber geschrieben, dass Reptiloide in vielen Kulturen, einschließlich des alten Ägyptens, als Kobras dargestellt wurden (Abb. 40). Man sagt, dass Nagas in einer Unterwelt leben und in unserer Realität als vollständig menschliche oder schlangenartige Wesen erscheinen oder zwischen diesen beiden Erscheinungsformen wechseln können. Dies sind wiederkehrende Themen, die ich überall gefunden habe. Die Schlange ist das älteste bekannte

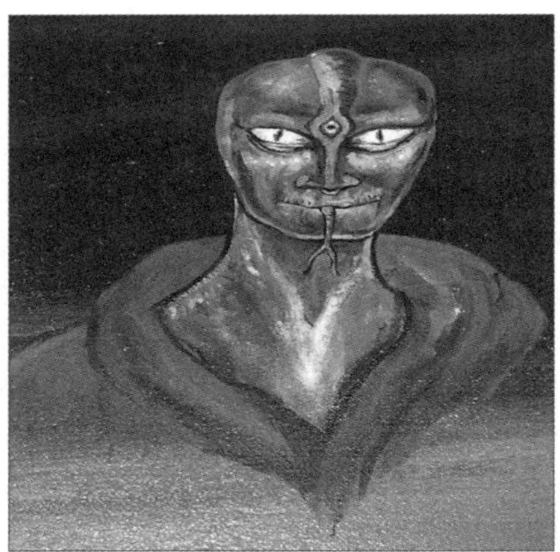

Abb. 41: Credo-Mutwa-Gemälde aus antiken und modernen Beschreibungen eines Reptiloiden der „Arbeiterklasse".

Abb. 42: Ein Bild der verstorbenen Hilary Reed, die sagte, sie sei von Reptiloiden entführt worden.

Objekt religiöser Verehrung, das schätzungsweise bis 70.000 Jahre in das afrikanische Botswana zurückreicht. Die Schlangenreligion hat sowohl die Geschichte als auch die Welt umspannt. Siehe meine Bücher „Das größte Geheimnis" und „Children of the Matrix". Ich habe tagelang mit dem verstorbenen und sehr großen Zulu-Hochschamanen Credo Mutwa (Halskette der Mysterien) über die Legenden einer reptiloiden Rasse gesprochen, die als die Chitauri bekannt sind (Abb. 41 und Abb 42). Es heißt, dass die Rasse der Reptiloiden bei menschlichen Beobachtern auftaucht und wieder verschwindet, und zwar deshalb, weil sie ein astrales Phänomen sind, das in den holografischen 3-D-Traum eintritt und ihn wieder verlässt.

Robert Monroe (1915-1995) war ein Radiomoderator, der die „außerkörperliche Erfahrung" in die Öffentlichkeit brachte. Im Laufe der Geschichte haben die Menschen ihr Bewusstsein in die astrale Realität projiziert, indem sie ihren Aufmerksamkeitsfokus vom Körper abgezogen haben. Ich sagte bereits, dass wir unsere Essenz in alles projizieren können, worauf wir unsere Aufmerksamkeit richten. Außerkörperliche Erfahrungen sind nicht dasselbe wie Nahtoderfahrungen. Erstere finden statt, während der Körper noch aktiv ist, während die andere ausgelöst wird, wenn der Körper „stirbt", bevor er „wiederbelebt" wird. Robert Monroe machte die außerkörperliche Erfahrung mit seinem 1971 erschienenen Buch „Journeys Out of the Body" [dt.: „Reisen außerhalb des Körpers"] einem breiteren Publikum bekannt.

Er forschte mit großem Engagement und arbeitete mit Psychologen, Psychiatern, Ärzten, Biochemikern und Elektroingenieuren zusammen, um die „Hemisphärische Synchronisation" oder Hemi-Sync zu entwickeln, um die beiden Gehirnhälften so zu synchronisieren, dass sie als eine Einheit funktionieren. Ich weise seit Jahrzehnten darauf hin, dass ein Hauptaspekt der Manipulation der Wahrnehmung (innerhalb 3-D) darin besteht, die Hemisphären daran zu hindern, so zu kommunizieren, wie sie es über die „Brücke" tun sollten, die sie miteinander verbindet, die als Corpus callosum bekannt ist. Die Unterdrückung des Einflusses der rechten Gehirnhälfte hat eine Gesellschaft geschaffen, in der die linke Seite des Gehirns mega-dominant ist und die Wahrnehmung des Göttlichen Funkens noch tiefer in die Illusion der „Materie" versklavt. Das wirft die Frage auf, warum die Projektion das Gehirn nicht einfach so codiert, dass es so ist, wie sie es haben will. Ich werde diese Frage später beantworten, aber sie versuchen, genau das jetzt zu tun, wenn man sich ansieht, wie der Körper mit synthetischem genetischem Material und Nanotechnologie manipuliert wird. Das alles geschah, ohne dass der Göttliche Funke auf seine Notlage als Sklave der Simulation aufmerksam wurde, was unübersehbare Veränderungen und Ereignisse zur Folge gehabt hätte. Es musste der Anschein eines „evolutionären" Prozesses erweckt werden, um die Tatsache zu verbergen, dass sich das Programm lediglich verändert. Das „Ergebnis" ist im Programm verschlüsselt, zusammen mit einer Abfolge von Ereignissen, die *scheinbar* zu diesem Ergebnis führten, um die Tatsache zu verbergen, dass das Ergebnis vorherbestimmt war (oder zumindest war es das, es sei denn, der Göttliche Funke griff ein).

Das Gehirn ist holografisch und alle Funktionen sind bis zu einem gewissen Grad im gesamten Gehirn verschlüsselt, aber die beiden Hemisphären haben ihre eigenen Spezialisierungen und *buchstäblich* ihren eigenen Schwerpunkt. Die linke Gehirnhälfte ist auf die Realität der fünf Sinne und auf die Kleinigkeiten spezialisiert. Sie verarbeitet in erster Linie Sprache, Zahlen, lineares Denken und ihre Wahrnehmung von „Logik". Sie sieht alles als getrennt von allem anderen mit leerem Raum dazwischen. Die linke Gehirnhälfte sieht das kleine Bild und konzentriert sich auf die Teile und nicht auf das Ganze. Sie arbeitet auf der Ebene von Punkten und Pixeln und ist besessen von Details, Etiketten und Namen. Das entspricht genau dem, was die dämonische Kraft für die menschliche Wahrnehmung will. Die rechte Seite des Gehirns ist für Kreativität, Intuition und Vorstellungskraft zuständig, und sie sieht eher den Wandteppich des Lebens als nur die einzelnen Stränge. Sie sieht, wie Punkte und Pixel Teil eines zusammenhängenden, voneinander abhängigen Ganzen sind (Abb. 43). Es gibt Elemente der rechten Gehirnhälfte, die zu dämo-

Abb. 43: Das Gehirn ist holografisch, und so ist jeder Teil eine kleinere Version des Ganzen, aber dies sind die Spezialisierungen der beiden Hemisphären.

nischen Zwecken manipuliert werden können, aber es ist die linke Gehirnhälfte, welche das Wahrnehmungsgefängnis darstellt, das wir menschliches Leben nennen. Das „Bildungswesen" und die Gesellschaft im Allgemeinen legen unaufhörlich und systematisch den Schwerpunkt auf die linke Gehirnhälfte und den Realitätssinn unter Ausschluss der Wahrnehmung der rechten Gehirnhälfte. Der Psychiater Iain McGilchrist, Autor von „The Master and His Emissary" [dt.: „Der Meister und sein Abgesandter"], „The Divided Brain and the Making of the Western World" [dt.: „Das geteilte Gehirn und die Entstehung der westlichen Welt"] hat ausführlich über die Unterschiede zwischen den Gehirnhälften geschrieben und auch die Arroganz des unwissenschaftlichen Dogmas, das als „Wissenschaft" durchgeht, entlarvt. Er sagt, dass die linke Gehirnhälfte Gewissheit verlangt und Ungewissheit in Gewissheit umwandeln muss, und zwar auf eine Weise, die man mit der menschlichen Aufmerksamkeit vergleichen kann, die Wellenform in Teilchenform umwandelt – Wellenform in holografische Realität. McGilchrist sagt über die linke Gehirnhälfte: „Es ist das Schwarz-weiß-Denken, das Dogma, das Schubladendenken, das unausgewogene Denken, das Verlangen nach Gewissheit ..." Dies beschreibt genau die Mentalität, die die heutige Welt antreibt und warum ich die menschliche Gesellschaft seit Jahrzehnten als eine Gefängniszelle der linken Gehirnhälfte beschreibe. Die sogenannte „Wissenschaft", die akademische Welt, die Medizin, die Politik, die Medien und die Wirtschaft sind alle in der linken Gehirnhälfte eingesperrt, und das „Bildungswesen" ist darauf ausgerichtet, jeder neuen Generation das Gleiche anzutun. Das Dogma der linken Gehirnhälfte ist Ausdrucksform eines verschlossenen Intellekts, und so neigt der akademische oder intellektuelle Geist dazu, verschlossen zu sein und alle anderen Möglichkeiten abzustoßen. Ein (von manchen) gefeierter Akademiker ist der „Evolutionsbiologe", der von der Genetik besessene Richard Dawkins, mit dem ich einmal bei der Oxford Union Debattiergesellschaft an der Universität Oxford debattierte. Ich fand, dass er einer der extremsten Linkshirner ist, die ich je getroffen habe (man denke nur an die Konkurrenz) und ein klassisches Beispiel für das ständige Bedürfnis nach Gewissheit. Das ist die Mentalität, die die Institutionen des Staates und des „Bildungswesens" beherrscht und der Grund dafür ist, dass die Welt so ist, wie sie ist. Ironischerweise erkennt Dawkins, der gegen die Religion wettert, nicht, dass sich sein eigenes Glaubenssystem im religiösen Glaubenssystem (Gewissheit) widerspiegelt. Robert Monroes Recherchen ergaben, dass außerkörperliche Erfahrungen erleichtert werden, wenn beide Gehirnhälften in Frequenz und Amplitude synchronisiert sind (die Tür des Wahrnehmungsgefängnisses zum Astral wird geöffnet). Das heißt, wenn man die Wahrnehmung in der linken Gehirnhälfte isolieren kann, isoliert man die Menschen in der 3-D-Realität.

Die „Alligatoren“

Die dämonische, dem Kult gehörende Central Intelligence Agency (CIA) machte 1978 auf sich aufmerksam. Die CIA und das US-Militär überredeten Robert Monroe, mit ihnen an einem Projekt namens Gateway Process zu arbeiten.

In freigegebenen Dokumenten wird Gateway beschrieben als:

> „... Ein Trainingssystem, das entwickelt wurde, um die Amplitude und die Frequenz der Gehirnwellenausgabe zwischen der linken und der rechten Hemisphäre zu verstärken, zu fokussieren und kohärenter zu machen, um das Bewusstsein zu verändern und es außerhalb der physischen Welt zu bewegen, sodass es schließlich sogar den Beschränkungen von Zeit und Raum entkommt.“

Mit anderen Worten, die Teilnehmer entkamen der Wahrnehmung der 3-D-Beschränkungen von Zeit und Raum und betraten die astrale Realität. Was sie fanden, bestätigt, was ich seit Jahren in meinen Büchern beschreibe. Oberstleutnant Wayne McDonnell beaufsichtigte den Gateway-Prozess und sagte später, dass unsere Realität ein holografisches Universum sei. Das erwachende Leben wäre eine projizierte elektromagnetische Matrix. Das passt perfekt zu dem, was ich seit kurz nach der Jahrtausendwende als Simulation beschreibe. Monroes Entdeckungen gingen noch weiter. Er berichtete, dass Teilnehmer im außerkörperlichen Zustand oft interdimensionale Wesenheiten sahen, die vor allem eine reptilienartige Gestalt annahmen. Sie wurden in der Gateway-Forschung als die „Alligatoren“ bekannt. Monroe kannte das, was sie sahen, aus seinen eigenen außerkörperlichen Erfahrungen. Er beobachtete saurische Wesenheiten im 4-D-Astral, die die Menschheit seit Jahrtausenden manipulierten und versklavten. Als Astralphänomene waren sie nur für diejenigen sichtbar, die sensibel genug sind, um außerhalb der Grenzen des sichtbaren Lichts zu sehen. Warum kann sie nicht jeder sehen? Deshalb. Nun, in Bezug auf das vorliegende Thema sagte Monroe, dass sich diese Reptiloiden von menschlicher Energie ernähren, die aus Gründen, die ich noch beschreiben werde, für ihr Überleben unerlässlich ist. Er nannte diese von den Wesenheiten abgeschöpfte Energie „Loosh“ und sagte, die Menschheit werde gezüchtet und geerntet. Ich hatte dieses Szenario schon vor Jahrzehnten beschrieben, bevor ich auf das Monroe-Material stieß, und musste dafür massiven Spott und Beschimpfungen über mich ergehen lassen. Es spielt jedoch keine Rolle, ob man über die Wahrheit lacht und spottet. Die Wahrheit wird immer noch die Wahrheit sein. Die Dinge bleiben bestehen, auch wenn Sie sich weigern, an sie zu glauben. Die Resistenz einer nicht menschlichen Gewalt, die die Ereignisse orchestriert, beginnt zu schwinden, da immer mehr Menschen erkennen, dass es sich bei dem, was sich abspielt, um eine offensichtlich menschenfeindliche Agenda handelt. Sie muss verschwinden. Wir können uns nur aus einem Spiel zurückziehen, wenn wir wissen, wie es gespielt wird. Andernfalls wird es uns immer wieder zurückziehen. Astrale Reptiloide, die hier involviert sind, sind KI-Projektionen der Simulation, und wenn sie Loosh absorbieren, tut dies auch die Simulation. KI-Reptiloide und Graue sind mit einer zentral gesteuerten Schwarmintelligenz verbunden, über die sie durch eine KI-Verbindung zum menschlichen Gehirn eine Verbindung zum Menschen herstellen wollen. Ist das nicht richtig, Herr Musk?

Jeder Gedanke und jedes Gefühl erzeugt eine Frequenz, die der Natur des Gedankens und des Gefühls entspricht. Zusammen bilden sie ein Energiefeld, das uns umgibt und von uns ausgeht. Dies sind unsere Wahrnehmungen oder unser Zustand des Seins. Dies ist die Energie, die geerntet wird, und niedrig schwingende Wesenheiten brauchen niedrig schwingende Energie, sonst können sie sie nicht absorbieren. Die Frequenzen, die sie benötigen, beziehen sich auf niedrig schwingende Gedanken und Emotionen – Furcht, Angst, Hass, Groll, Bedauern, Depression und ähnliches. Die Simulation ist so aufgebaut, dass sie so viel wie möglich davon erzeugt. Ergibt die Welt einen Sinn? Loosh ist die „menschliche" Lebenskraft, aber sie muss mit negativen Emotionen angereichert werden, damit Astraldämonen, einschließlich Reptiloiden, sie absorbieren und ernten können. Auf diese Weise können sogar hochschwingende Zustände wie Liebe, positives Verlangen und Absichten Loosh sein, wenn sie von dem Gefühl begleitet werden, dass man das, was man liebt oder begehrt, oder den Fokus seiner Absicht nicht haben kann. Ich will dieses oder jenes, aber ich kann es nie haben. Ich wünsche mir eine bessere Welt, doch sie wird nie möglich sein. Im Gegensatz dazu sind Liebe und Weisheit mit einer Absicht und einem Verlangen, die in ihrer Entschlossenheit, erfolgreich zu sein, unauslöschlich und unzerbrechlich sind, kein Loosh und können nicht gezüchtet werden, denn ihnen fehlt die wesentliche Zutat: der niedrig schwingende Selbstzweifel, die Traurigkeit über das Versagen und die Resignation, dass man nicht die Macht hat, seine Absicht zu erreichen. Dies hat endlose Ausdrucksformen in der gesamten menschlichen Realität. Man könnte sagen, dass Loosh der Geist ist, der gebrochen ist, und Non-Loosh ist der Geist, der sich weigert, gebrochen zu werden. Diese beiden Zustände können in gewisser Weise dadurch symbolisiert werden, dass man sich vor der wahrgenommenen Macht der Autorität verbeugt und sagt: „Fuck you, Autorität, ich bin mächtiger als du." Wir müssen vor *niemandem und nichts* das Knie beugen. Das Ego, definiert als Wahrnehmung der fünf Sinne, kann ein Gefängnis sein; aber das Ego, definiert als Selbstachtung für die eigene souveräne Einzigartigkeit, ist der Weg, die Tür zu öffnen. Ich habe von

„menschlicher" Lebenskraft gesprochen, aber das ist nur die Art und Weise, wie sie erfahren wird. Loosh ist die Energie, die von den Göttlichen Funken emittiert wird, wenn sie emotional auf das menschliche Leben und die Ereignisse reagieren, von denen sie *glauben*, sie würden sie erleben. Das ist der ganze Sinn der Simulation. Die Wahrnehmung der Göttlichen Funken zu manipulieren, um Loosh zu erzeugen. Die „menschliche" Erfahrung ist nur der Auslöser. Dies hat zwei Vorteile für die Dämonen. Göttliche Funken erzeugen Loosh durch die emotionale Auswirkung ihrer illusorischen menschlichen Erfahrung, und das senkt auch die Frequenz der Wahrnehmung des Göttlichen Funkens, was sie innerhalb der Frequenzmauern der Simulation gefangen hält.

Die „Welt" als Loosh-Farm

Wenn Sie die Gesellschaft aus dieser Perspektive neu bewerten, werden Sie sehen, wie der Kult und seine dämonischen Meister ständig versuchen, unseren Geist zu brechen und uns mit unserem Schicksal und unserem Platz abzufinden. Wir wollen und wünschen uns etwas, aber wir haben uns damit abgefunden, dass wir es nie erreichen werden. Wir werden unter Druck gesetzt – jetzt mehr denn je –, unsere Einzigartigkeit der Sichtweise, der Wahrnehmung und des Handelns dem kollektiven Blob und Mob zu überlassen, der einen Zustand des unterworfenen Bewusstseins repräsentiert, den die Dämonen so sehr anstreben. 2+2=4 wird zunehmend zu 2+2=5. Akzeptieren Sie es einfach. Ja, es ist offensichtlich verrückt, aber es gibt nichts, was Sie tun können. Akzeptieren Sie, was wir Ihnen sagen, sonst ... Sie haben keine Macht und keine Wahl. Wir wissen, was Sie suchen, aber Sie können es nicht haben. Dämonen und ihr Kult geben uns systematisch Hoffnung und zerstören sie dann, um unseren Geist zu brechen. Wenden Sie das, was ich hier sage, auf die sozialen Medien an, die vom Kult geschaffen wurden, und es wird deutlich, dass es sich um eine Loosh-Maschinerie handelt, die entwickelt wurde, um ein konstantes und extremes Niveau an emotionalem Missbrauch und Reaktionen mit niedriger Schwingung zu erzeugen, die den Geist so vieler Menschen brechen. Die Kombination aus Lebenskraft und der Schwingungsdichte des emotionalen Zustands, der dazu führt, dass man sich das Leben nimmt, ist eine *fantastische* Loosh-Quelle. Furcht und Angst, insbesondere vor der „Zukunft" und dem Unbekannten, sind menschliche Zustände. Der römische Philosoph Lucius Seneca (4 v. Chr. bis 65 n. Chr.) sagte: „Sie verlieren den Tag in Erwartung der Nacht und die Nacht in Furcht vor der Morgendämmerung." Die 3-D-Realität ist ein Schlachtfeld. Sie wurde eingerichtet, um praktisch alle Spezies gegeneinander auszuspielen, und sogar innerhalb der Spezies selbst gibt es Konflikte und oft den Tod. Die Menschen sagen, wie wunderbar die Natur ist, und es gibt viele Aspekte der „natürlichen" Welt, die auch mir gefallen, aber wir sollten uns nichts vormachen. Die „Natur" ist außerordentlich gewalttätig. Ich meine damit alles, von Vulkanen, Wirbelstürmen und Erdbeben bis hin zu den minütlichen Massenschlachtungen, bei denen eine Spezies eine andere tötet, nur um zu überleben. Die Simulation ist für die „Loosh"-Erzeugung konzipiert. Eine Art überlebt durch das Ableben einer anderen und man denke nur an das Loosh-Potenzial, das sich daraus ergibt.

Menschen fressen Tiere und Tiere fressen sich gegenseitig und leben deshalb in der ständigen Angst, gefressen zu werden. Auch Pflanzen haben ein Bewusstsein. Experimente haben gezeigt, dass der Weizen ein Empfinden für die Gefahr hat, wenn ein Mähdrescher in ein Feld einfährt, und zwar durch elektrische Reaktionen. Wissenschaftler der israelischen Universität Tel Aviv haben charakteristische Geräusche verschiedener Pflanzenarten aufgezeichnet und festgestellt, dass diese Geräusche mit dem Stress zusammenhängen, dem die Pflanze ausgesetzt ist, zum Beispiel durch Wassermangel. Je größer der Stress, desto häufiger werden die Geräusche ausgestoßen. Die Autoren der Studie schrieben: „Wir fanden heraus, dass ... jede Pflanze und jede Art von Stress mit einem spezifischen, identifizierbaren Geräusch verbunden ist." Sie sagten, dass diese Geräusche wahrscheinlich von verschiedenen Tieren wie Fledermäusen, Mäusen und Insekten gehört werden können, während sie für das menschliche Ohr nicht wahrnehmbar sind. Die Hauptautorin, Professorin Lilach Hadany von der School of Plant Sciences and Food Security, erklärte, dass die Ergebnisse darauf hindeuten, dass die Welt voller Pflanzengeräusche ist und dass diese Geräusche Informationen enthalten. Diese und andere Forschungsergebnisse lassen darauf schließen, dass Pflanzen und Bäume ebenso wie Tiere Traumata erleben. Bronte Baxter schreibt in ihrem Online-Buch „Blowing the Whistle on Enlightenment: Confessions of a New Age Heretic" [dt.: „Die Aufklärung verkünden: Geständnisse eines New-Age-Häretikers"]:

> „Haben Sie sich jemals gefragt, warum ein guter Gott eine Welt erschaffen hat, in der die einzige Möglichkeit zu überleben darin besteht, Leben zu nehmen? Wie lange würden Sie überleben, wenn Sie sich weigerten zu essen? Sie lieben vielleicht die Tiere, die Pflanzen in Ihrem Haus und die Blumen in Ihrem Garten, aber jedes Mal, wenn Sie essen, zerstören Sie das Leben von etwas. Einem Etwas, das ein Bewusstsein hat, das fühlt und leben will, so wie wir ...
>
> ... Ich bin nicht sentimental. Ich bin ein hinterfragender Mensch, der sich zunehmend eines heimtückischen Fadens bewusst wird, der sich durch das biologische Leben zieht. Wir werden geboren, wir ernähren uns, und wir sterben. Das Leben ist ein Prozess des Verzehrs anderer Lebewesen,

> um so lange wie möglich am Leben zu bleiben, bis der Tod uns verzehrt. Wir reden uns ein, dass das Leben viel mehr ist, aber es reduziert sich darauf, dass wir uns ernähren müssen, um zu überleben."

„Menschen" betreten diese Welt durch das Trauma des Geburtsprozesses und verlassen sie durch das Trauma des körperlichen Todes. Dazwischen liegt die ständige Angst, nicht zu überleben, und das nicht nur in Bezug auf das Leben selbst. Da ist die Angst vor dem Verlust des Arbeitsplatzes, des Ansehens, der Beziehung und davor, am Ende des Monats die Miete oder die Hypothek nicht bezahlen zu können. Ganz zu schweigen von all den anderen Ängsten, die durch die Manipulationen des dämonisch kontrollierten Globalen Kultes hervorgerufen werden: Es herrscht Krieg, Gesundheitsängste suchen uns heim, wir müssen uns um Nahrung und Wärme kümmern, wir wissen nicht, was mit unseren Kindern geschehen könnte – die Liste ist endlos. Der Kult hält die Menschen in Angst und Schrecken, damit ihre astralen Meister mehr Loosh bekommen. In diesem Zusammenhang macht die Welt mit all ihren Umkehrungen, Verdrehungen und Widersprüchen Sinn. Sie wurde als Loosh-Produktionsstätte geschaffen, und je mehr Leid und Angst, desto besser für die Dämonen. Ich habe im Laufe der Jahre ausführlich über das Wahrnehmungsgefängnis der fünf Sinne gesprochen, die die Auslöser für emotionale Reaktionen auf alles sind, was wir zu sehen, zu hören, zu berühren, zu schmecken und zu riechen glauben. Die Fokussierung auf die fünf Sinne erzeugt enorme Mengen an emotionaler Energie, die von diesen Verrückten konsumiert werden, und sie kommt von der energetischen Reaktion des Göttlichen Funkens auf das, was er zu sehen und zu erleben glaubt. Das KI-Körperprogramm ist so codiert, dass es die Wirkung emotionaler Traumata mit etwas verstärkt, das man als emotionalen Verstärker bezeichnen könnte, und das ist das, was als „emotionaler" oder „astraler" Körper bekannt ist.

Sie gaben uns ihren „Verstand" – ja, einen KI-Astralverstand.

Robert Monroe erzählt in seinem Buch „Far Journeys" [dt.: „Ferne Reisen"], wie er nach einer Begegnung mit einer Entität während einer außerkörperlichen Erfahrung in eine Depression verfiel, als man ihm erzählte, wie andersdimensionale Dämonen (wie ich sie nennen würde) das „Universum" (Simulation) als Nahrungsquelle schufen und die menschliche Energie nach dem Tod ernteten (vom göttlichen Funken/Seele). Dies wäre vor allem die emotionale Energie, die ihre Hauptnahrung ist. Ihm wurde gesagt, dass das menschliche Reich von diesen Energievampiren geschaffen wurde (der Ursprung der Vampirlegenden), um maximales Leiden zu erzeugen, bis hin zur Ausstattung von Tieren mit Attributen wie Reißzähnen, Klauen usw., um ihrer Beute schrecklichen Schaden (Terror) zuzufügen und so intensive emotionale Energie freizusetzen. Pflanzen waren auch Quellen von Loosh, wenn sie getötet und verzehrt wurden. Ich verstehe, warum Menschen sich dafür entscheiden, Vegetarier oder Veganer zu sein, aber Loosh bezieht sich auf alles bewusste Leben und nicht nur auf Quellen von Fleisch. Der Tod ist ein wichtiger Moment der Loosh-Freisetzung, in welcher Form auch immer und je mehr Leid dem körperlichen Tod vorausgeht, desto mehr Loosh wird erzeugt. Ich habe in vielen Büchern über die Offenbarungen von Don Juan geschrieben, einem Yaqui-Indianer, Heiler, Schamanen und Mann der Weisheit in Mexiko. Er war die Quelle für die Bücher des in Peru geborenen Schriftstellers Carlos Castaneda, die zwischen den 1960er- und 1990er-Jahren erschienen. Don Juan sagte, dass es eine vor der Menschheit verdeckte, verborgene, nicht menschliche Macht gibt, die er als „Prädatoren" oder „Flieger" bezeichnete, die uns wie Hühner züchtet, unsere Wahrnehmungen manipuliert und sich von unserer Energie ernährt. Castaneda zitiert Don Juan in seinem Buch „The Eagles Gift" [dt.: „Das Geschenk der Adler"], in dem der Prädator als Adler symbolisiert wird:

> „Der Adler verschlingt das Bewusstsein all der Kreaturen, die noch vor einem Augenblick auf der Erde lebten und nun tot sind und zum Schnabel des Adlers geschwebt sind, wie ein unaufhörlicher Schwarm von Glühwürmchen, um ihren Besitzer zu treffen, ihren Grund, warum sie gelebt haben. Der Adler entwirrt diese winzigen Flammen, breitet sie aus wie ein Gerber eine Haut, um sie dann zu verzehren; denn das Bewusstsein ist die Nahrung des Adlers. Der Adler, die Macht, die die Geschicke aller Lebewesen lenkt, spiegelt all diese Lebewesen gleichermaßen und auf einmal wider."

Diese Worte stimmen mit denen von Robert Monroe überein. Don Juan sagte Castaneda, dass die Prädatoren-Dämonen der „Herr und Meister" der Menschheit seien (wir müssen „den Herrn" anbeten) und uns gefügig und hilflos gemacht hätten (mehr Loosh). Sie unterdrückten unseren Widerstand, verlangten, dass wir nicht eigenständig denken (man beachte die immer wiederkehrenden Themen) und versuchten, unseren „leuchtendes Gewand des Gewahrseins" zu verzehren:

> „Sie haben uns übernommen, weil wir für sie Nahrung sind, und sie quetschen uns erbarmungslos aus, weil wir ihr Überleben sichern. So wie wir Hühner in Ställen aufziehen, züchten die Prädatoren uns in menschlichen Ställen auf, in den Humaneros. Deshalb ist ihr Futter für sie immer verfügbar ...

> … Um uns gehorsam, sanftmütig und schwach zu halten, haben sich die Prädatoren auf ein großartiges Manöver eingelassen – großartig natürlich aus der Sicht eines Kampfstrategen; ein grauenhaftes Manöver aus der Sicht derer, die es erleiden. Sie haben uns ihren Verstand gegeben. Der Verstand der Prädatoren ist barock, widersprüchlich, verdrießlich, erfüllt von der Angst, jeden Moment entdeckt zu werden."

Sie haben uns ihren Verstand gegeben, indem sie die Wahrnehmung mit dem KI-Astralverstand gekapert haben. Die Angst vor der Entdeckung ist das Wissen, dass, sobald sich die Menschheit ihrer Notlage bewusst wird – der Göttliche Funke erwacht – das Spiel vorbei ist. Wir müssen uns diesen Scheiß nicht gefallen lassen. Wir *müssen nicht*.

Die „Götter" besänftigen

Loosh ist der Grund für das „Opfer an die Götter", das durch den Terror des Opfers in einem systematischen Ritual zu diesem Zweck erzeugt wird. Es gibt unzählige Geschichten über vergangene Gesellschaften, die Menschen opferten, um ihre „Götter" zu besänftigen, die Astraldämonen sind, von denen viele eine reptiloide Gestalt annehmen. Opferrituale werden in der gesamten Alten Welt beschrieben, von den Druiden in Europa über Rom und Griechenland bis hin zu Amerika, Afrika, dem Nahen Osten und China. Oft handelt es sich bei den Opfern um „Jungfrauen", was ein Code für Kinder ist. Die „Götter" der Antike sind *dieselben* astralen „Götter", die Satanisten und der Kult noch heute in ihren Ritualen verehren. Hollywood, eine Kult-Jauchegrube, die die Wahrnehmung ihres globalen Publikums programmiert, ist ein Hauptzentrum des Satanismus und der Pädophilie. Viele der berühmten „Leinwandstars" und „Entertainer" sind in beides verwickelt oder werden von klein auf zur Beute von Satanisten und Pädophilen aus Hollywood. Sie wollen ein Star sein? Okay, das müssen Sie tun, sonst werden Sie aus dem „Club" ausgeschlossen. Früher wurden die Opferungen öffentlich durchgeführt, bis sie von der Bevölkerung nicht mehr akzeptiert wurden, und seitdem werden sie abseits der Öffentlichkeit fortgesetzt. Sie finden an abgelegenen und geschützten Orten statt und betreffen einige der berühmtesten Personen der Welt, alle Mitglieder der oberen Ebenen des Kults und Legionen der unteren Ebenen. Opfer werden seit jeher damit gerechtfertigt, die „Götter" zu besänftigen, aber warum und wie? Astrale Dämonen ernähren sich von niedrig schwingenden menschlichen Gedanken und Gefühlen, die alle auf Angst basieren. Das dämonische Reich ist, wie ich noch ausführen werde, so weit von der Energie der UNENDLICHEN QUELLE getrennt, dass eine andere energetische

Abb. 44: Die Loosh-Farm in einem Satz.

Nahrung künstlich geschaffen werden musste, und das sind *wir*. Die Menschheit wird durch die Matrix-Simulation manipuliert, um ständig niedrig schwingende Energie zu erzeugen, durch die dämonische Wesenheiten mit Energie versorgt und gestärkt werden. Opfergaben an die „Götter" sind eine konzentrierte Version davon. Die Satanisten in der 3-D-Welt essen das Fleisch und trinken das Blut des Opfers, und die Astraldämonen absorbieren die Frequenzen des Schreckens, die die geopferte Person ausstrahlt, während das Ritual abläuft und ihr Schicksal besiegelt wird. Morpheus hielt im ersten „Matrix"-Film eine Batterie hoch und sagte, die Matrix sei eine computergenerierte Traumwelt, die die Menschen in „eine von diesen" verwandeln soll. Er beschrieb damit eine tiefe Wahrheit über die Dynamik zwischen den Menschen, der Simulation und den „Göttern" (Abb. 44).

Wir haben heute ein globales Netzwerk satanischer Gruppen und Hexenzirkel, die mit dem Kult und dem psychopathischen Bösen hinter den Kulissen zusammenarbeiten. Seit den 1990er-Jahren habe ich in Büchern aufgedeckt, wie unglaublich viele Kinder und Erwachsene von diesem Netzwerk geopfert werden, an den wichtigsten Daten des satanischen Kalenders, vor allem an Beltane [ein altes keltisches Fest] am 1. Mai und an Halloween am 31. Oktober. Sie können meine sehr detaillierten Recherchen in Büchern wie „Die Wahrnehmungsfalle" nachlesen. Ich habe mit Menschen auf der ganzen Welt gesprochen, die beschrieben haben, dass sie an diesen kranken und dämonischen Ritualen teilgenommen haben, bei denen Satanisten mit ihren „Göttern" im Astral in Verbindung treten. Sie haben mir erzählt, dass sie bei gro-

Abb. 45: Satanische Rituale interagieren mit astralen Dämonen.

ßen Ritualen nicht menschliche Wesenheiten gesehen haben, die sich oft, aber nicht immer, in reptiloider Gestalt manifestieren, wenn sie aus dem Astral in die 3-D-Welt eintreten. Rituale wurden über Jahrhunderte hinweg immer wieder an bestimmten Orten durchgeführt, und dabei wurden die energetischen Trennungen zwischen 3-D und dem Astralbereich gelockert, was es an diesen Orten leichter machte, sich zwischen den Dimensionen zu bewegen. Die gleichen rituellen Abläufe mit Klang und Farbe werden heute noch genauso durchgeführt wie in der Antike, da sie das elektromagnetische Feld beeinflussen, das die Interaktion mit den Meistern der anderen Dimension ermöglicht (Abb. 45).

Warum die Besessenheit mit Kindern?

Eine wichtige Quelle für die Dämonen sind vorpubertäre Kinder. Satanisten und Kultanhänger sind besessen vom sexuellen und gewalttätigen Missbrauch von Kindern, der in einem Ausmaß geschieht, das die Sinne erschüttert. Die Menschen neigen dazu, die Zahl der verschwundenen Kinder mit den Geschichten über vermisste Kinder in den Medien in Verbindung zu bringen, aber das ist nur ein Bruchteil der tatsächlichen Zahlen. Der ehemalige UN-Geschäftsführer Calin Georgescu hat öffentlich eine Verbindung zwischen den die Welt beherrschenden „Oligarchen" und den Kindern hergestellt, die jedes Jahr spurlos verschwinden. Er sagte: „Wir wissen, dass mehr als *acht Millionen* Kinder pro Jahr verschwinden ... ohne jede Information, einfach so." Viele Kinder sind im Visier der Satanisten und ihrer Handlanger, die die Sozialämter kontrollieren und fadenscheinige Ausreden erfinden, um sie ihren Eltern wegzunehmen. Kinder aus oft liebevollen Familien werden den satanischen Netzwerken ausgeliefert, um nie wieder gesehen zu werden. Einige, die wie durch ein Wunder diesen Albtraum überlebt haben, haben öffentlich über berühmte Persönlichkeiten aus Königshäusern, Aristokratie, Politik, Wirtschaft und Unterhaltung gesprochen, die sie in einer Weise missbraucht haben, die kaum vorstellbar ist. Sie ernten Spott und Ablehnung, wenn sie darüber sprechen. Was sie beschreiben, fordert die Leichtgläubigkeit der programmierten Massen heraus, die von einer willfährigen, vom Kult beherrschten Presse unterstützt wird, die entweder versucht, sie zu diskreditieren oder sie ganz zu ignorieren. Das soll nicht heißen, dass jeder, der solche Erfahrungen behauptet, erlebt zu haben, die Wahrheit sagt, aber von dem, was ich in den letzten 34 Jahren gesehen habe, scheint die *große* Mehrheit der Fälle echt zu sein. Umso schlimmer sind die wenigen, die mit ihren Lügen die Glaubwürdigkeit derjenigen, die die Wahrheit sagen, in Misskredit bringen. In England gibt es eine unverschämte Lügnerin, die der Sache enormen Schaden zufügt, und sie ist nicht allein. Solche Leute sind für die Vertuschungsoperationen des Kults unerlässlich.

Die Energie und Essenz von Kindern vor der Pubertät wird von Dämonen besonders begehrt. Die Pubertät löst enorme hormonelle und andere chemische Veränderungen (Frequenzveränderungen) aus, während das Körperprogramm seine Phasen durchläuft. Dämonen wollen die Energie von Kindern, bevor diese Prozesse stattfinden. Zu diesem Zweck werden kleine Kinder geopfert und sexuell missbraucht, wodurch das Energiefeld am sogenannten „Basis-Chakra“ am unteren Ende der Wirbelsäule angezapft wird. Der Göttliche Funke erzeugt Loosh, wenn diese Handlungen stattfinden, weil er wahrnimmt, dass er das Kind ist, das missbraucht wird. Satanisten, Kultisten und Pädophile sind Astral-KI oder dämonisch besessen, was bedeutet, dass sich dämonische Wesenheiten an ihre Energiefelder heften und ihre Triebe, Wahrnehmungen und ihren Mangel an Empathie steuern. Während der Pädophile Sex mit dem Kind hat, saugt der besitzergreifende Dämon dessen vorpubertäre Energie ab. Diese Geschichte wurde mir schon so oft in verschiedenen Zusammenhängen erzählt, von modernen Satanisten bis hin zu Schamanen, die Wissen aus der alten „Vergangenheit“ mit sich führen. Angst und Schrecken des Kindes unter diesen Umständen des ständigen Missbrauchs sind eine weitere Quelle des Loosh. Orte und Organisationen, die das Schicksal von Kindern kontrollieren, werden von satanischen Netzwerken ins Visier genommen, darunter „Pflegeheime“ und Sozialdienste. Das soll nicht heißen, dass alle Sozialarbeiter und Mitarbeiter von Pflegeheimen Pädophile und Satanisten sind – die meisten sind es nicht –, aber es braucht nur einige wenige in jeder Organisation, um zu kontrollieren und zu vertuschen, was wirklich passiert, wenn sie in den wenigen Machtpositionen sitzen, die die Politik diktieren und bestimmen, wer eingestellt und entlassen wird.

Wetiko enthüllt

Der „Bösewicht“, der die Simulationsdystopie inszeniert, ist jenseits jeglicher Erscheinung, sei sie nun menschlich, reptiloid, Graue oder was auch immer. Er ist der Entführer der Wahrnehmung und der Diktator des Verhaltens, der gestörte, verkehrte und superpsychopathische *Bewusstseinszustand*, den einige amerikanische Ureinwohner als Wetiko bezeichnen. Das Thema ist wieder einmal dasselbe, nur der Name ändert sich. Wetiko ist für die Christen der Teufel oder Satan, für die Muslime Shayṭān oder Iblis und für die Gnostiker Jaldabaoth und der Demiurg. Vergleichen Sie diese Versionen einer „bösen“ Macht und unzählige andere weltweit, und Sie werden sehen, dass sie über *dieselbe*

Macht sprechen. Gnosis kommt aus dem Griechischen und bedeutet geheimes oder spirituelles Wissen. Eine Definition besagt, dass Gnosis „ein spirituelles Wissen oder eine Einsicht in die wahre göttliche Natur des Menschen bedeutet, die zur Befreiung des Göttlichen Funkens im Menschen von den Zwängen der irdischen Existenz führt". Die Gnostiker sind Gläubige und Träger dieses Wissens durch die Jahrhunderte hindurch. Für die Gnostiker besteht der einzige Weg, der „Hölle" zu entkommen, darin, das spirituelle Bewusstsein über das hinaus zu erweitern, was sie als Nous (Geist) bezeichnen, hin zum Pneuma (Unendliches Selbst). Mit „Hölle" meinten sie die 3-D-Welt, die sie für das hielten, was wir eine Simulation der *virtuellen Realität* nennen würden. Sie beschrieben sie als eine „schlechte Kopie" einer anderen Realität. Die schlechte Kopie war das Werk eines verrückten, falschen „Gottes", den sie Jaldabaoth oder Demiurgen nannten, und sie sahen 3-D als den Ort des Teufels, das Lehensgut und die Schöpfung von Jaldabaoth. In Kapitel vier konzentriere ich mich auf die schlechte Kopie und die Simulation.

Der gnostische Glaube wurde maßgeblich von den antiken griechischen Schriften des Philosophen Platon (ca. 428 bis ca. 347 v. Chr.) und dem Zoroastrismus aus dem Iran beeinflusst, der mit seiner höchsten Gottheit Ahura Mazda, dem „Herrn der Weisheit" und einer Gegenmacht von Dämonen bis ins sechste Jahrhundert v. Chr. zurückverfolgt werden kann. Die gnostischen Lehren enthielten viele Konzepte des Christentums, unterschieden sich aber in anderer Hinsicht radikal. So sehr, dass die römische Kirche versuchte, die Gnostiker zu vernichten, wo immer sie begannen, die Meinung zu beeinflussen. Platons berühmtes „Höhlengleichnis" war ein starkes Symbol für die menschliche Notlage, wie sie die Gnostiker sehen. Das Höhlengleichnis ist in Form eines Dialogs zwischen dem griechischen Philosophen Sokrates, Platons Mentor und seinem „Schüler" verfasst. Sokrates sagte, er stelle sich vor, dass die Menschen in einer großen unterirdischen Höhle leben und die meisten von ihnen Gefangene in Ketten sind, die nur eine einzige Wand sehen können (Abb. 46). Sie blieben ihr ganzes Leben lang in dieser Position. Hier waren sie seit ihrer Kindheit mit ihren Beinen und Hälsen angekettet, sodass sie sich nicht bewegen oder den Kopf

Abb. 46: Platon zitiert Sokrates mit der brillanten Symbolik der illusorischen „physischen" Realität.

drehen konnten. Hinter ihnen brennt ein Feuer, und andere Menschen gehen an dem Feuer vorbei und werfen Schatten auf die einzige Wand, die die Gefangenen sehen können. Für sie sind die Schatten ihre Realität. Einige werden zu „Experten“ für die Schatten, die geworfen werden, und das sind die heutigen Wissenschaftler und Akademiker, die über die Schatten an der Wand schwadronieren und glauben, dass sie real sind. Was würde mit jemandem geschehen, der den Gefangenen sagen würde, dass ihre Realität nicht echt ist? Man würde ihn lächerlich machen und abtun. „Sie muss real sein; meine Augen lügen nicht, und außerdem hat mir ein Akademiker gesagt, dass sie real ist.“

Der Schatz am Nil

Gnostisches Gedankengut beherrschte die Königliche oder Große Bibliothek von Alexandria in Ägypten, in der schätzungsweise fast eine halbe Million Schriftrollen, Manuskripte und Dokumente aus der ganzen Alten Welt, einschließlich Assyrien, Griechenland, Persien, Indien und vor allem Ägypten gesammelt worden waren. Die römische Kirche zerstörte die Bibliothek bei einer Reihe von Angriffen in der Zeit um 415 n. Chr. Die dort gespeicherten Informationen, nicht zuletzt über die Realität, wurden offiziell vernichtet, obwohl ich sicher bin, dass viele Manuskripte noch immer in den Gewölben des Vatikans versteckt sind. Die gnostische Wahrnehmung tauchte später in Südfrankreich mit den Katharern auf, die wiederum auf Befehl des Papstes massenhaft massakriert wurden. 1244 war das Werk mit der Belagerung der Burg Montségur offiziell vollendet. Der Gnostizismus und seine Glaubensinhalte versetzten die Kirche von Rom in Angst und Schrecken. Das ist verständlich, wenn man bedenkt, dass Hypatia, eine der führenden Persönlichkeiten der Bibliothek, eine in Athen ausgebildete Mathematikerin, Astronomin und Philosophin, gesagt haben soll: „Behalte dir das Recht vor zu denken, denn selbst falsch zu denken ist besser, als gar nicht zu denken.“ Diese Worte waren ein Sakrileg für eine Kirche, die darauf bestand, dass die Bevölkerung keinen einzigen Gedanken hegte, der nicht von Rom gebilligt wurde. Hypatia war 415 n. Chr. von einem christlichen Mob wegen des Verbrechens der Wahrheitssuche ermordet worden. Die Große Bibliothek war ein Beweis für die Vorteile, die es mit sich bringt, dem Bewusstsein freien Lauf zu lassen. Die Mitglieder waren einer Wissenschaft weit voraus, die permanent von der Angst beherrscht wurde, die psychopathischen Fanatiker im Vatikan zu verärgern. Sie wussten, dass sich die Erde um die Sonne dreht und nicht umgekehrt, und das 2000 Jahre bevor der polnisch-preußische Mathematiker und Astronom Nikolaus Kopernikus dies feststellte.

Details des gnostischen Glaubens galten mit ihrem Untergang durch Rom als verloren, bis ein erstaunlicher Fund in einer Höhle bei Nag Hammadi am Nil in Ägypten, etwa 130 Kilometer nördlich von Luxor, bekannt wurde. Ein Bauer und sein Bruder fanden 1945 einen versiegelten Tonkrug, der 13 in Leder gebundene gnostische Papyrus-Kodexe oder -Manuskripte und mehr als 50 in koptischem Ägyptisch verfasste Texte enthielt. Sie wurden schätzungsweise um 400 n.Chr. in das Gefäß versiegelt, was mit den Angriffen auf die Königliche Bibliothek zusammenpassen würde. Vor mehr als 1.600 Jahren – mindestens – erzählten die Texte von der „schlechten Kopie" der simulierten Realität; von Wesenheiten, die mit Reptiloiden und Grauen in Beziehung stehen; und Jaldabaoth-Kreationen, die sie „Archonten" nannten. Das Wort bedeutet im Griechischen Herrscher und Archonten sind die christlichen Dämonen. Ein Fünftel der Nag-Hammadi-Texte befasst sich mit den Manipulationen Jaldabaoths und der Archonten. Jaldabaoth ist Wetiko und all die anderen Namen für die manipulative Macht. Er ist auch der „Gott" zumindest des Alten Testaments und vieler anderer Religionen, die dazu verleitet wurden, die Macht des Bösen zu verehren, die sie zu bekämpfen glauben. Loosh wird durch Anbetung erzeugt, denn mit dem, worauf man sich konzentriert und worauf man seine Aufmerksamkeit lenkt, verbindet man sich energetisch. Durch das Fokussieren in einer Anbetung kann diese Verbindung ausgenutzt werden, um das Loosh auszusaugen, und die Menschen wurden manipuliert, das anzubeten, von dem sie glauben, dass es der „Gott" sei, das ALLES WAS IST, WAR, UND JE SEIN KANN (das ohnehin keine Anbetung verlangt), während sie in Wirklichkeit Jaldabaoth, den Teufel, Shayṭān oder Iblis, in Verkleidung verehren. Ich höre die Phrase „Loslassen und Gott zulassen", aber welchen „Gott"? In den Nag-Hammadi-Texten wird Jaldabaoth mit den Worten zitiert: „Ich bin es, der Gott ist, und außer mir gibt es keine andere Macht." Der biblische Gott wird mit den Worten zitiert: „Ich bin der Herr, ich allein. Außer mir gibt es keinen Gott." (Jesaja 45.5) Die Gnostiker setzten Jaldabaoth zu Recht mit dem blutdürstigen „Gott" des Alten Testaments, dem „feuerverschlingenden" und „eifersüchtigen" Jahwe/Jehova, in Verbindung. Diese Täuschung schafft eine Loosh-Verbindung zu denjenigen, die diese Fälschung verehren.

Wir sollen nichts und niemanden anbeten und niemals unser Knie in Ehrerbietung beugen. Der Kniefall vor den „Königen" ist ein Kniefall vor den Repräsentanten der dämonischen „Götter", ebenso wie die Verehrung und Anbetung unserer vermeintlichen Höhergestellten und Vorgesetzten, seien es Könige, Königinnen, Politiker oder Prominente. Man kann die „dunklen Mächte" fürchten oder die „hellen Mächte" verehren, so oder so ist es ein Mittagessen mit Loosh auf der Speisekarte. Die Anbeter mögen in ihrem Herzen sogar das haben, was sie für „Liebe" zu „Gott" halten, aber diese Konzentration der Aufmerksamkeit auf den falschen „Gott" stellt die energetische Verbindung her, durch die

die Energie abgeschöpft werden kann. Das Gebet zu dem falschen „Gott“ hat die gleiche Wirkung. Das Gefühl des Alleinseins und der Trennung ist ein emotionaler Zustand, der Loosh erzeugt, und daher präsentiert die Simulation die Illusion eines toten und leeren Universums mit Ausnahme des Planeten Erde. Bronte Baxter macht auf diesen offensichtlichen Punkt aufmerksam, wenn wir die menschliche Gesellschaft betrachten:

> „Welcher Gott oder welche Götter würden eine Welt schaffen, die auf dem Töten basiert? Wir stellen diese Frage nicht gerne und finden jede Ausrede, um dieser Frage auszuweichen. Aber jedes Mal, wenn ein geliebter Mensch stirbt oder Sie einen angeknabberten Vogel im Garten finden, der von einer faulen Katze getötet wurde, oder wenn Sie von einem Tier lesen, das erbarmungslos gelitten hat, oder von einem missbrauchten Kind oder von einer Nation, die von einem Erdbeben heimgesucht wurde, das Tausende von Menschen unter sich begrub, kehren Ihre Gedanken zu dieser quälenden Frage zurück. Wer würde eine solche Welt erschaffen? War es wirklich ein Gott der Liebe?“

Nein – es ist Jaldabaoth. In alten indischen Texten heißt es, dass unsere Realität auf Opfern beruht. Im „Mahabharata“ (einem bedeutenden Sanskrit-Werk, das auf mindestens 400 n. Chr. datiert wird) heißt es, dass der „Schöpfer“ (der gnostische Jaldabaoth) „beschlossen hat alles zu verschlingen, was er geschaffen hat; denn er isst alles ... Er ist der Verschlinger des ganzen Universums; dieses ganze Universum ist seine Nahrung“. Der Gnostizismus und die römische Kirche mögen in Bezug auf die Natur dieser Realität und den „Gott“, der sie geschaffen hat, sehr uneins gewesen sein, aber wenn es um die Quelle des „Bösen“ geht, sind sie sehr ähnlich. Jaldabaoth/der Teufel löste sich im Wesentlichen von „Gott“, dem ALLES WAS IST, und versuchte, diese schöpferische Kraft zu imitieren und an sich zu reißen, um ein eigenes „Reich“ zu regieren. Dieses Reich ist die Simulation.

Jaldabaoth wird als „formlose Wesenheit“ und als Zustand eines umgekehrten Bewusstseins beschrieben (siehe Wetiko), das durch die Menschen in Gestalt wirken kann. Die Gnostiker sagen, dass das Jaldabaoth-Bewusstsein versucht, in die Psyche einzudringen und die Menschen zu Gefährten seines Willens zu machen. Ich beschreibe, wie dies durch die Simulation und den KI-Astralverstand und seine Einschließung des Göttlichen Funkens geschieht.

Die Welt ist wahnsinnig, weil das, was sie erschaffen hat und kontrolliert, wahnsinnig ist. Die Gnostiker bezeichnen Jaldabaoth als „Der Törichte“, während seine anderen Namen in anderen Religionen wie Samael und Saklas, als „Der blinde Gott“ und „Der Törichte“ übersetzt werden. Jaldabaoth ist ein Idiot, und seine simulierte „Welt“ spiegelt diese Idiotie wider.

3

Reptilien regieren die Welt? Ha, ha, ha, ha …

Der Mann, der seine Meinung nie ändert, ist wie stehendes Wasser und züchtet Reptilien im Geiste.

William Blake

Jaldabaoth ist im Christentum als der Teufel bekannt, während Archonten die christlichen Dämonen sind. Der Teufel wird mit Satan, Luzifer (der Gottheit der Freimaurerei) und zwei biblischen Reptiloiden in Verbindung gebracht, dem Drachen in der (biblischen) Offenbarung (des Johannes) und der jüdischen „Heiligen Schlange", Leviathan. Letztere wird von Bedeutung sein, wenn ich mir die Simulation im Detail ansehe. In der (biblischen) Offenbarung [des Johannes 12:9] heißt es:

> „Und es wurde hinausgeworfen der große Drache, die alte Schlange, die da heißt: Teufel und Satan, der die ganze Welt verführt, und er wurde auf die Erde geworfen, und seine Engel wurden mit ihm dahin geworfen."

Das Thema der Reptiloiden in Verbindung mit Satan und seinen Schergen zieht sich wie ein roter Faden durch die Geschichte, ebenso wie die Symbolik der Schlange oder des Reptils mit dem Königtum. Das hat einen guten Grund, wie ich in anderen Büchern ausführlich beschrieben habe. Viele Schöpfungsgeschichten in alten Kulturen auf der ganzen Welt beinhalten Schlangenfiguren oder -symbolik. Die Verehrung der Schlange ist die älteste bekannte Form der Religion und geht bis auf das Volk der San in Botswana, Afrika, vor 70.000 Jahren zurück. Die Schlangenverehrung ist überall auf der Welt zu finden, unabhängig von der jeweiligen Kultur. Es gibt die Besessenheit von Drachen in China und Japan und den keltischen Titel Pendragon, der König der Könige, wie bei Uther Pendragon, dem Vater von „König Artus" in den Gralsgeschichten. In den Nag-Hammadi-Texten, die vor mindestens 1600 Jahren entstanden sind, wird beschrieben, dass Archonten oft die Gestalt von Schlangen oder Reptiloiden annahmen und wie ein „ungeborenes Kind oder ein Fötus mit grauer Haut und dunklen, unbeweglichen Augen“ aussehen. Das klingt nach einer genauen Beschreibung der Greys. Christen verbinden den Teufel/Satan auch mit der Schlange im Garten Eden, von der sie sagen, dass sie zum „Fall“ der Menschheit in das Reich der Materie führte. Christen glauben, dass der Teufel ein gefallener, aus dem Himmel vertriebener Engel ist, der sich „Gott widersetzte“. Der christliche Theologe Augustinus (354-430) sagte, der Teufel wohne in einem „niederen Bereich“. Unser menschlicher Frequenzbereich und die damit verbundenen Ebenen der Simulation würden sich als solcher qualifizieren. Nach der christlichen Theologie stieg der Teufel von den höchsten Engeln herab und wurde zum Anführer der Dämonen. „Sein“ Hass auf „Gott“ stimmt mit den gnostischen Berichten über Jaldabaoth überein. Satan bedeutet im Hebräischen „Ankläger“ und „Widersacher“ und geht auf einen Begriff zurück, der mit „behindern oder widersetzen“ übersetzt wird. Dies stimmt mit dem christlichen und gnostischen Glauben überein. Die Bibel spricht von „Söhnen Gottes“, die Jahwe dienen und den Menschen seinen Willen aufzwingen sollen. Jahwe als Jaldabaoth und die Gottessöhne als Archonten oder Dämonen wären ein weiteres Beispiel für das wiederkehrende Thema. Böse Geister sind im Islam als Shayatin (Teufel oder Dämonen) bekannt, die von Shayṭān oder Iblis, dem islamischen Teufel und Satan, angeführt werden. Iblis und seine Shayatin kämpfen gegen Gott um die Kontrolle über den menschlichen Geist (Göttlicher Funke). Es heißt, sie seien rebellische und bösartige andersdimensionale Dschinns, die Krankheiten und Geisteskrankheiten verursachen, böse Gedanken und Taten in den Geist der Menschen projizieren und sogar versuchen, Besitz von ihnen zu ergreifen, um ihre Kontrolle zu vervollständigen. Dschinns sind der Ursprung des gestaltwandelnden „Flaschengeister“, die durch Hollywood berühmt geworden sind. Gemeinsame Geschichten liegen auf der Hand, und wenn Sie den Glauben alter Kulturen erforschen, werden Sie die gleichen Themen finden. Sie alle stimmen in ihren Themen überein und beschreiben oft detailliert, was auch ich über Dämonen, die Simulation und das Ziel der Unterwerfung der Menschheit durch die Kontrolle der Wahrnehmung des göttlichen Funkens sage (Abb. 47).

Abb. 47: Viele Namen – dieselbe Macht.

Militärische Bestätigung

Dies sind nur einige antike und religiöse Berichte über eine bösartige Macht, die die Menschen manipuliert und oft in Form von Reptilien und den klassischen „Greys“ (Abb. 48) zum Ausdruck kommt. Nun können wir dies mit dem vergleichen, was Whistleblower heute über ihre Erfahrungen berichten. Ich habe im Laufe der Jahrzehnte viele Menschen innerhalb des militärisch-industriellen Geheimdienstkomplexes in den Vereinigten Staaten getroffen, die mir erzählt haben, wie sie Reptiloiden und Graue Wesenheiten in unterirdischen Einrichtungen getroffen und gesehen haben. Ich schreibe seit langem über die unterirdischen Militärbasen (Deep Underground Military Bases, DUMBs), die manchmal kilometerweit in die Tiefe reichen, und jede tiefere Ebene erfordert eine immer höhere Sicherheitsfreigabe, um das Wissen abzuschotten und die Geheimhaltung der Vorgänge zu wahren. Die Agenten werden sogar gewogen, um sicherzustellen, dass sie nicht mehr mitnehmen, als sie mitgebracht haben. Das menschliche Militär interagiert mit Reptiloiden und Grauen in den sichersten Teilen der Basen, in denen die Reptiloiden das Sagen haben. Die Reptiloiden operieren im Astral und in unterirdischen Tunnelsystemen, die mit den Gebäuden und Städten der Kulte und den unterirdischen Militärbasen verbunden sind. Hier wird technologisches Wissen von den Reptiloiden an die Menschen weitergegeben, das sich als „neueste Errungenschaft“ ausgibt, versteckt hinter Tarngeschichten über Freaks im Silicon Valley, die sich die Ideen ausdenken, während alles darauf abzielt, die Bevölkerung durch KI zu versklaven. Reptiloide und das Jaldabaoth-Bewusstsein leiten die Show aus dem Astral und über den Kult in 3-D. Ich habe die Hintergründe zu all dem in Büchern wie „Das größte Geheimnis“, „Children of the Matrix“, „Die Wahrnehmungsfalle“ und „Alles, was Sie wissen sollten, Ihnen aber nie jemand erzählt hat“ ausführlich beschrieben.

Abb. 48: Eine weitere Darstellung eines Reptiloiden und eines Grauen – aus UFO- und Menschenentführungsberichten.

Ich habe auf unserer Ickonic-Medienplattform (eine Art alternatives Netflix) ein Interview mit dem ehemaligen US-Marineoffizier Daryl D. James gesehen, der seine Erfahrungen im geheimen Raumfahrtprogramm „20 Jahre und zurück“ der Vereinigten Staaten preisgab. Ich sage „Vereinigte Staaten“, aber in Wirklichkeit handelt es sich um das Programm des grenzenlosen Kults. Daryl James sagte, er sei auf der Royal Air Force Base in St. Mawgan in Cornwall, England, stationiert gewesen und nicht in den Vereinigten Staaten. Ich weiß seit langem, dass die Stützpunkte im Vereinigten Königreich vom amerikanischen Militär kontrolliert werden. „RAF“ Menwith Hill in North Yorkshire ist ein weiteres Beispiel. Laut James waren auch Deutsche an dem Stützpunkt in Cornwall beteiligt. Er sagte in der *Ickonic-Deep-Dive-Show* mit Richard Willett, dass er Zeuge von Technologien wurde, die Zeitreisen und Zeitsprünge beinhalten, und dass er Reptiloide und Greys begegnet sei, die direkt mit dem menschlichen Militär zusammenarbeiteten. Die Greys waren als „die Drohnen“ bekannt, was zu meiner Behauptung passt, dass sie eine Form von künstlicher Intelligenz sind. James erzählte, dass er 1999 in die US-Marine eintrat und vier Jahre später auf dem Stützpunkt in Cornwall stationiert war, wo er durch etwas ging, das er für einen Metalldetektor hielt. Es stellte sich heraus, dass „es sich um eine Technologie handelte, die meine biometrische Signatur scannte, einschließlich meines IQ von 195“. Er sagte, er sei für das geheime Weltraumprogramm rekrutiert und zum „Piloten der Solar Warden der Sternenflotte, die unser Sonnensystem überwacht“, ausgebildet worden. Die Welt ist nicht so, wie wir sie uns vorstellen. Das sagte ihm ein Offizier:

> „... Wir haben dieses Programm namens ‚20 Jahre und zurück‘,... du machst 20 Jahre, wir nehmen dich in das Programm auf, du machst 20 Jahre, wir schicken dich 20 Jahre in der Zeit zurück, machen dich 20 Jahre jünger und löschen dein Gedächtnis und dann wachst du im Bett auf, als wäre nichts passiert.“

Abb. 49: Ein Raumschiff aus der Fernsehserie.

James sagte, der Offizier habe ihm angeboten, Pilot eines vier Kilometer langen Raumschiffs zu werden, das ähnlich aussieht wie die Schiffe in der amerikanischen Fernsehserie „Battlestar Galactica“ (Abb. 49). Ich habe ähnliche Geschichten im Laufe der Jahre von anderen gehört – was auch immer wir von diesem Bericht von Daryl James halten mögen. Er sagte, dass er kurz nach seiner Ankunft auf der Basis seine erste Begegnung mit einem Grauen hatte:

> „Da war ein Stabsunteroffizier ... und er zeigte auf den Computermonitor und sagte: ‚Was halten Sie davon?' Und da war einfach ein Standbild von einem stereotypen Grauen, der in einem Raum stand und zu einer Kamera in der Ecke des Raumes hochschaute. Und ich sagte: ‚Woher haben Sie das, aus dem Internet?'
>
> Und er sagte: ‚Nein, sehen Sie', [sah ich] neben den Glasschiebetüren ein großes Fenster, das etwa zehn Zentimeter von der Decke und etwa zehn Zentimeter vom Boden entfernt war. Direkt dahinter stand ein Grauer. Sein Hautton glich eher einem hellen, schmutzigen Braun mit einem Hauch Rosa. Er war etwa ein Meter groß."

In UFO-Kreisen sind sie als die „kurzen Grauen" bekannt. James sagte, das Wesen habe sehr lange Finger mit dicken Knöcheln gehabt, und beim Gehen habe es mit den Fingern über den Boden geschleift. Er verglich das Erlebnis mit dem Anblick einer großen Spinne mit „sehr großen schwarzen Augen, langen spindligen Fingern und gruseligem Aussehen". Er beschrieb, wie der Graue einen Dell-Computer in lächerlich kurzer Zeit zerlegte, um zwei Gigabyte Arbeitsspeicher hinzuzufügen, und ihn dann fast genauso schnell wieder zusammensetzte. James glaubte, dass er diese Erfahrung machen musste, um zu sehen, ob er mit nicht menschlichen Wesen zurechtkommen würde. Ein Offizier hatte ihn gefragt: „Glauben Sie, dass Sie mit so etwas arbeiten können?" Später habe er dann seine erste Erfahrung mit einem Reptiloiden gemacht. James hörte, wie einer der Soldaten einen Kollegen fragte: „Hast du heute dieses Reptil gesehen?" Er dachte zunächst, die Frage müsse sich auf Warane in der unterirdischen Basis beziehen, aber ein anderer Soldat antwortete auf die Frage mit: „Ja, er hat auch komisch gesprochen."

> „Und ich sagte: ‚Was?' Und er erwiderte: ‚Sie sind neu hier, richtig? Es gibt Reptilien, die unter der Erde leben und sprechen'. Ich: ‚Machen Sie Witze?' Und er: ‚Nein, diese Reptilien gehen aufrecht, auf zwei Beinen, genau wie wir ...'"

Bald sollte James merken, dass es kein Scherz war. Ein „riesiges Reptil" tauchte hinter demselben großen Fenster auf, durch das er den Grauen gesehen hatte. Es hatte eine dunkelbraune Haut, ein flaches Gesicht mit einem breiten Maul, welches an den Enden steil nach oben verlief, und man konnte seine Zähne ein wenig durchscheinen sehen". Es hatte keine Nase, und auf seinem Kopf waren Grate „fast wie mehrere Irokesen, die über den Hinterkopf nach unten gingen, und [es] hatte Alligatoraugen ... wie Schlangenaugen, Reptilienaugen" und trug einen engen blauen Anzug. „Ich hatte Angst vor dem ersten, aber dieser war anders – knapp drei Meter groß mit massiven Schultermuskeln ... er musste sich in seinem Zimmer irgendwie zusammenkauern, um hineinzupassen." Ich habe ähnliche Beschreibungen von anderen Militärangehörigen und Zivilisten gehört, die diese Wesen gesehen haben. James sagte, er habe große Angst gehabt, als der Reptiloide ihn aufforderte, mit ihm zu gehen. Der Stützpunkt hatte auf dem Boden farbcodierte Streifen für Sicherheitsfreigaben, von denen mir Insider anderer amerikanischer „RAF"-Basen in England erzählt haben. Ein weißer Streifen war geheim, blau war streng geheim, „und rot bedeutete, ich weiß es wirklich nicht". James sagte, dass die Reptiloiden sofort in einen rot gestreiften Bereich ohne Beleuchtung gingen, sodass „ich dachte, dass sie im Dunkeln sehr gut sehen können". Er sagte, dass er in einen Stuhl geschnallt wurde, der sein Bewusstsein erweiterte. „Mir wurde gesagt, dass ich stärker, schneller, mein IQ um 200 Punkte ansteigen und ich mehr zu einem Kollektiv werden würde [eine Schwarmintelligenz]." James wurde gesagt, der Stuhl bringe ihn künstlich zu der höheren Form des Bewusstseins:

> „Ich wurde ohnmächtig und [als] ich wieder zu mir kam, fühlte ich mich, ... als hätte ich eine Amnesie. Ich wusste wirklich nicht einmal mehr meinen eigenen Namen. Ich war sehr desorientiert, sehr schwach. Die Gurte waren gelöst ... Ich schwankte irgendwie hin und her und sah diesen Kerl, der wie ein Gestapo-Mann aussah. Er trug einen schwarzen Regenmantel. Er hatte eine Unterschnitt-Kopfrasur aus den 1940er-Jahren mit nach hinten gegelten Haaren ... Es sah aus, als würde er mit dem Reptil sprechen, wie ... er gestikulierte, während er sprach ... Ich fiel auf meine Hände und Knie und sah, dass es ein Deutscher vom Militär war."

James sagte, der Deutsche sei Stabsunteroffizier auf dem Stützpunkt gewesen und habe sich wie ein Spion verhalten. Es seien mehrere Deutsche dort tätig gewesen. Er sagte, er habe eine Auseinandersetzung mit dem Reptiloiden gehabt, die ihm weder körperlich noch in Bezug auf seine Karriereaussichten etwas gebracht habe. Er sagte, er sei schließlich zu den „Minen auf dem Mond" geschickt worden (dazu später mehr). Ich habe im Laufe der Jahrzehnte ähnliche Geschichten von Militärinsidern und anderen gelesen und gehört, und der Punkt ist, dass die Reptiloiden und die Grauen real sind und mit den Agenten und den Untergebenen des Kults interagieren. Die Reptiloiden sind alles überwachende Vehikel für Jaldabaoths völlig verrücktes „Bewusstsein". Wenn die Menschen das nicht glauben oder nicht wahrhaben wollen, dann ist das ihre Sache, aber es geschieht trotzdem. Ich glaube, dass sowohl die Grauen als auch die Reptiloiden eine Form von KI sind, wobei die Reptiloiden viel weiter fortgeschritten und höher entwickelt sind als die Grauen. Das gilt nicht unbedingt für alle Grauen und Reptiloiden, und sie sind auch nicht unbedingt böswillig. Aber die Simulierten sind es definitiv. Die Reptiloiden und die Grauen haben bei denjenigen, die sie erlebt haben, den Ruf, kalte, emotionslose, empathielose Psychopathen zu sein. Dies sind die Charakterzüge von Jaldabaoth/Wetiko.

Die satanische Verbindung

Eine andere Geschichte, die Daryl James erzählte, ließ mich aufhorchen. Er sagte, er habe einen Mann namens Michael Aquino auf der Basis gesehen. Über ihn habe ich erstmals in den 1990er-Jahren geschrieben. Aquino war ein Offizier der US-Armee, der sich auf psychologische Kriegsführung spezialisiert hatte und an den MK-Ultra-Grausamkeiten zur Bewusstseinskontrolle beteiligt war, die von Teilen der amerikanischen Regierung und des Militärs überwacht wurden. Ich habe mit Menschen gesprochen, die von diesem Aquino-Dämon gefoltert wurden. Er praktizierte offen Satanismus und gründete während seines Dienstes in der Armee den satanischen Temple of Set, einen Ableger von Anton LaVeys Church of Satan. Es war sehr aufschlussreich, dass die Armeeführung anscheinend kein Problem damit hatten, aber warum sollten sie auch, wenn das Militär die Agenda des Kults vorantreibt? Set war der altägyptische Gott des Krieges, des Chaos und der Stürme, was dem Großen Re-SET eine neue Bedeutung verleiht. Aquino, der 2019 starb und zu seinen Astralherren zurückkehrte, schien sich nicht darum zu scheren, wer wusste, was er war, und trug sein Markenzeichen, die hochgezogenen hornartigen Augenbrauen, zur Schau (Abb. 50). James sagte, dass Aquino in der Cornwall-Basis war und dass er eine „gestaltwandelnde“ Erfahrung mit ihm hatte. Er sagte, er habe einen Reptiloiden gesehen „und dann sah ich plötzlich, wie Aquinos Gesicht irgendwie mit ihm verschmolz ... Es war fast so etwas wie die Gestaltwandler-Sache, über die man Leute schon reden hörte“. Es überrascht mich nicht im Geringsten, dass Aquino, der offensichtlichste dämonische Reptiloide und Pädophile, kaum menschlich war.

Abb. 50: Der wahrhaft böse Michael Aquino.

Aquino war in den 1980er-Jahren in die Skandale um Kindesmissbrauch im Presidio Army Base Day Care Center in San Francisco und im Franklin-Kinderprostitutionsring in Omaha, Nebraska, verwickelt, ebenso wie hohe Tiere der Republikanischen Partei und der pädophile US-Präsident George Bush senior. Das ist nicht verwunderlich, wenn man bedenkt, dass Reptiloide die vorpubertäre Energie von Kindern suchen, die sie durch sexuellen Kontakt absorbieren können. Dies ist die ganze Grundlage der Pädophilie und der Grund, warum sie jetzt versuchen, sie zu normalisieren und Kinder zu sexualisieren. Astrale

Dämonen können von Pädophilen Besitz ergreifen und die Energie eines Kindes absaugen. Aquino schied offiziell aus der Armee aus, nachdem seine Beteiligung am rituellen sexuellen Missbrauch von Kindern in Presidio untersucht worden war, und dennoch arbeitete er laut Daryl James mehr als ein Jahrzehnt später immer noch für die Armee auf dem Stützpunkt in Cornwall.

In einer Biografie, die ich gesehen habe, wurde er mit dem US Space Command in Verbindung gebracht. Ich musste lachen, als der Internet-Podcast-Moderator Joe Rogan in seiner Show sagte, dass ich über Reptiloide ohne Beweise gesprochen habe, obwohl die gesammelten antiken und modernen Beweise sehr umfangreich sind. Nicht die Beweise sind das Problem, sondern die Fähigkeit der Menschen, sich lange genug von ihrem Wahrnehmungsprogramm zu lösen, um ihre Augen dafür zu öffnen.

Dämonische „Blutlinien"

Was wir Blutlinien nennen, sind Softwareprogramme in Wellenform, die das Gehirn in holografisches 3-D decodiert. Alles, was wir als 3-D wahrnehmen, ist ein Frequenzfeld von Informationen. Männliches Sperma und weibliche Eizellen sind biologische Schwingungssoftware, die sich verbinden, um die Spezies zu reproduzieren (Programme), obwohl wir später sehen werden, dass der Kult sich in Richtung technologischer Reproduktion bewegt, um noch mehr Kontrolle zu erlangen. Sperma ist ein Programm und Programme laden Programme herunter. Familienblutlinien, die von einem erweiterten Bewusstsein durchdrungen sind, erlauben mehr freie Gedanken, nachdem sie das Programm, das durch die Körpersoftware läuft, modifiziert haben. Gedanken und Emotionen erzeugen Frequenzen, die die Natur des Programms verändern können. Menschen sagen, dass eine Erfahrung sie verändert hat, aber das gilt auch für die durch die Erfahrung ausgelösten Schwingungsveränderungen. Der Effekt ist umkehrbar, wenn man zu einem Bewusstsein jenseits des Programms erwacht.

Bei der Genetik handelt es sich um Frequenzinformationen, und als solche können Persönlichkeitsmerkmale und Ungleichgewichte (Unwohlsein, Disharmonie) durch die Blutlinie im Wellenfeldprogramm weitergegeben werden. Die Manipulation der Genetik ist in Wirklichkeit eine Manipulation des Informationsprogramms und der Art, wie es sich auswirkt. Frequenzen können die Genetik verändern und die Genetik kann Frequenzen verändern, weil *beide* Frequenzen sind. Das sichtbare Lichtband der menschlichen Wahrnehmung ist deshalb so schmal, weil es im Körperprogramm verschlüsselt ist. Wenn Ihre Absicht die Kontrolle ist, wollen Sie, dass das Sichtfeld Ihrer Ziele so schmal wie möglich bleibt, während sie immer noch in der Lage sind, zu funktionieren und Ihr Loosh zu produzieren.

Jaldabaoth und seine astralen Dämonenagenten haben „spezielle" Blutlinien (Softwareprogramme) geschaffen, die ihren Interessen auf der 3-D-Ebene der Simulation dienen, während sie gleichzeitig Reptiliengenetik (Software) in die allgemeine Bevölkerung einbringen. Siehe die biblischen „Söhne Gottes" (Söhne der Götter im Original), die sich mit den Töchtern der Menschen gekreuzt haben. Wie viele von denen, die über die Verbindung zwischen Reptilien und Menschen lachen, wissen, dass unser Körper von reptiloider Genetik durchdrungen ist oder dass ein Schlüsselteil des Gehirns, der das Verhalten beeinflusst, als R-Komplex oder Reptiliengehirn bezeichnet wird? Er ist Teil der durch Angst ausgelösten Kampf- oder Fluchtreaktion. Das Reptiliengehirn scannt ständig die Umgebung nach Bedrohungen für das Überleben, die nicht nur das „physische" Überleben, sondern auch den Arbeitsplatz, das Einkommen und die Beziehung bedrohen (Abb. 51). Wut im Straßenverkehr ist eine Manifestation des Reptiliengehirns, und was für eine wunderbare eingebaute Art und Weise sein „Loosh" mit einer reptilischen Komponente zu erzeugen, die mit der Angst verbunden ist, nicht zu überleben. Der renommierte Kosmologe Carl Sagan hat das Buch „Dragons of Eden" [dt.: „Die Drachen von Eden"] geschrieben, eine Studie über die enormen Auswirkungen der Reptiloiden-Genetik auf das menschliche Verhalten. Die Informationsschablonen des menschlichen Körpers sind mit einer Einschränkung des interdimensionalen Bewusstseins verschlüsselt, die jedoch durch eine Wiederverbindung mit dem Bewusstsein außerhalb der Simulation überwunden werden kann. Der Fokus eines Göttlichen Funkens auf seine „Inkarnation" bedeutet, dass seine Energie das gesamte System durchdringt und somit andere Göttliche Funken zum Erwachen bringen kann. Dämonische Blutlinien oder Körperschablonen sind mit einem breiteren Feld visueller Wahrnehmung programmiert, und sie sind sich Realitäten bewusst, die die meisten Menschen nicht wahrnehmen. „Inkarnierte" Dämonen haben hybride Informationsfelder. Das eine ist die menschliche Schablone und das andere ist reptiloid oder ein anderer, nicht menschlicher Typ. Das menschliche Feld ermöglicht es ihnen, so zu agieren, als wären sie einfach nur ein weiterer Mensch, so wie es in den „Avatar"-Filmen geschildert wurde, als die Gesell-

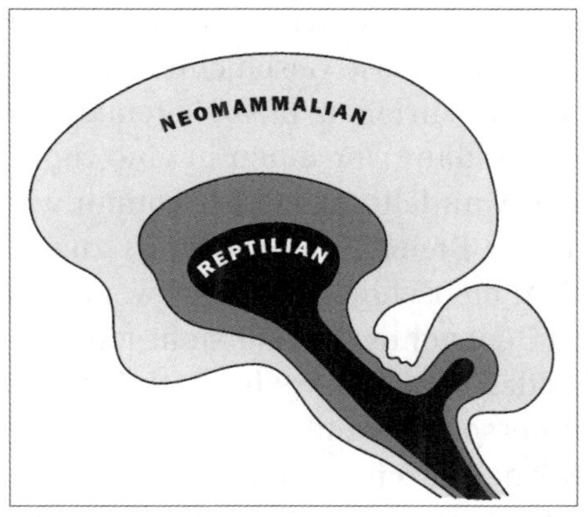

Abb. 51: Das Reptiliengehirn, der so viele Wahrnehmungen, emotionale Reaktionen und die Produktion von Loosh antreibt.

schaft der blauen Menschen vom amerikanischen Militär infiltriert wurde, das eine äußere Form anlegte, die wie die blauen Menschen aussah.

Die gestaltwandelnde „Elite“

Hybride Felder erklären das Phänomen des Gestaltwandelns. Erinnern Sie sich daran, dass die scheinbare „physische“ Realität das Ergebnis eines Decodierungsprozesses ist, der Wellenform-Informationen in digitale/holografische Informationen umwandelt. Der *Beobachter* decodiert die Realität auf diese Weise. Ich bin vielfach verspottet worden, weil ich endlose Geschichten wiedergab, die mir von Menschen erzählt wurden, die beschrieben, dass sie jemanden sahen, der zunächst menschlich aussah und sich dann vor ihnen in eine reptiloide oder andere nicht menschliche Gestalt verwandelte. Der Spott kommt wie immer als Nebenprodukt der Unwissenheit. Der Beobachter decodiert zuerst das menschliche Feld des Hybriden und er sieht menschlich aus; aber wenn das reptiloide Feld dominant wird, decodiert der Beobachter es und sieht ein reptiloides Wesen. Für den Decodierungsprozess des Beobachters hat sich jemand von einer menschlichen zu einer reptiloiden Person gewandelt. In ihrer Erfahrung geschah dies physisch, als ein solider Körper durch einen anderen ersetzt wurde. Das ist aber nicht das, was hier geschieht. Wie kann sich etwas wirklich „Solides“ in etwas anderes, wirklich „solides“ verwandeln? Das geschieht nur in ihrer Wahrnehmung. Es gibt keine physische Verschiebung, weil es nichts Physisches gibt. Gestaltwandel ist eine energetische Verschiebung und für den Beobachter so etwas wie das Umschalten eines Fernsehkanals. Dasselbe Phänomen kann bei extremer Besessenheit beobachtet werden, wenn das Informationsfeld der besitzenden Entität so weit in das Feld des Besessenen eingedrungen ist, dass sich die visuelle Beschaffenheit seines Körpers (Hologramm) verändert und die Entität widerspiegelt (Abb. 52). Die überwiegende Mehrheit der dämonischen Infiltrationen geht jedoch nicht so weit, Menschen leben

Abb. 52: Besessenheit, wie sie im Jahr 1973 dargestellt wurde im Film „Der Exorzist“.

ihr Leben, denken und handeln in der Illusion, dass sie die Entscheidungen treffen und das Ruder unter Kontrolle haben.

Doch wenn die Entität das Verhalten des Menschen vollständig übernimmt, werden die Besessenen oft als geisteskrank, gewalttätig, soziopathisch oder psychopathisch etikettiert. Andere werden als schizophren bezeichnet, wenn sie zwischen sehr unterschiedlichen Persönlichkeiten wechseln. Dämonen können ihren Willen nicht rund um die Uhr durchsetzen und kommen und gehen, wenn ein bestimmtes Verhalten erforderlich ist. Diese Menschen können sogar oft als freundlich und fürsorglich erscheinen und dann aus dem Nichts ein Verhalten und eine Ausdrucksform an den Tag legen, die das widerspiegelt, was sie besessen hält. Eine Folge davon ist, dass der Einfluss des Göttlichen Funkens auf die Wahrnehmung ausgeschaltet wird und Agenten von Jaldabaoth oder einfach verzerrte und dumme Astralwesen in die 3-D-Realität eindringen und sie manipulieren können, ohne dass sie „geboren" werden müssen.

Revolte gegen Gott

Das Thema einer „Revolte gegen Gott" findet sich in Geschichten über Jaldabaoth und seine anderen Gestalten, Satan, Teufel, Shayṭān, Iblis und all die anderen, und das gleiche Thema tauchte in meinen langen Interaktionen mit einem Mann in den Vereinigten Staaten auf, der sagte, er sei Phillip Eugene de Rothschild. Das aus Deutschland stammende Haus Rothschild ist zusammen mit den Rockefellers eine der bekanntesten Kult-Familien, auch wenn einige Mitglieder, die nicht eingeweiht sind, nichts damit zu tun haben werden. Auch die Familien sind innerhalb des Kults in verschiedene Bereiche unterteilt. Phillip Eugene sagte, er sei der uneheliche Sohn von Baron Philippe de Rothschild vom Weingut Mouton-Rothschild in Frankreich und verbrachte dort seine Kindheit und Jugend, nachdem er durch „okkulten Inzest" gezeugt worden war. Er beschrieb Baron Rothschild als „einen dekadenten Dilettanten sowie einen Meister-Satanisten und Gotteshasser". Baron Rothschild starb 1988 im Alter von 86 Jahren, und die Ländereien wurden von seiner Tochter Baronesse Philippine geerbt, die eine Vorliebe für „Accessoires" mit klassischen satanischen Symbolen hat (Abb. 53). Phillip Eugene sagte, er sei ihr Halbbruder. Er sagte mir, er sei „von der emotionalen Kraft des Inzests festgehalten worden, der [in ihrer Kultur] normal und bewundernswert war". Das ist eine übliche Geschichte der Kult-„Elite", die ich schon hunderte Male gehört habe. Inzest übt eine potenziell lebenslange psychologische Kontrolle der Eltern über das Kind aus. Phillip Eugene beschrieb die dämonische Verbindung zu den Rothschilds und dem Kult-Netzwerk. „Als

Abb. 53: Baronesse Philippine de Rothschild und Halsketten, die den Teufel und das satanische Symbol Baphomet zeigen.

Nachkomme der Rothschilds wurde ich maximal dämonisiert“, sagte er, und er sprach dann über die „Revolte gegen Gott“:

> „Ich war beim Tod meines Vaters 1988 anwesend und erhielt seine Macht und den Auftrag, mein Schicksal in der großen Verschwörung meiner Familie zu erfüllen. Wie die anderen Kinder spielte ich eine Schlüsselrolle in der Revolte meiner Familie gegen Gott. Wenn ich *CNN* schaue, bin ich erstaunt, so viele bekannte Gesichter auf der Weltbühne in Politik, Kunst, Finanzen, Mode und Wirtschaft zu sehen. Ich bin mit diesen Menschen aufgewachsen und habe sie bei rituellen Gottesdiensten und in den Zentren der Macht getroffen. Finanziers, Künstler, Mitglieder von Königshäusern und sogar Präsidenten – all diese dissoziierten Menschen arbeiten und verschwören sich heute, um eine neue Weltordnung zu schaffen.“

Mit Dissoziation meint er, dass sie unter Bewusstseinskontrolle stehen, und zwar gezielt durch eine spezielle Technik, die auf dem Satanismus basiert und als Satanischer Ritueller Missbrauch (SRA) bekannt ist. Sogar kleine Kinder werden fast unvorstellbaren Schrecken ausgesetzt, um einen mentalen Zustand auszulösen, der als „dissoziative Identitätsstörung“ etikettiert wird, wenn das Gehirn/Geist in Fragmente zerfällt, damit diese schrecklichen Erinnerungen hinter amnestischen Barrieren versteckt werden können, damit sie nicht ständig wieder erlebt werden. Dieser psychologische Abwehrmechanismus wird ausgenutzt, um die Schickeria vor der Aufdeckung dessen zu schützen, was sie diesen Kindern antut. Die Kult-Familien des dämonischen Netzwerks sind so psychopathisch, dass sie nicht einmal für ihre eigenen Kinder Empathie und Mitgefühl aufbringen. Die dämonische Agenda ist alles, was für sie zählt. Sie kontrollieren die Wahrnehmungen ihrer Kinder, so wie ihre eigenen von ihren Eltern kontrolliert wurden, und so geht es über die Generationen weiter, unterstützt durch die dämonischen Programme, die durch ihre Körperschablonen laufen. Innerhalb der Kult-Familien wird die Abgrenzung genutzt, um sicherzustellen, dass alles kontrollierbar ist und das Wissen über die Agenda „im Haus" bleibt. Die Kultanhänger haben Angst vor Überraschungen und vor allem davor, dass jemand mit dem Bewusstsein des Göttlichen Funkens in ihre inneren Netzwerke eindringt. Phillip Eugene sagte:

> „Der letzte nicht-dissoziative Präsident der Vereinigten Staaten war Dwight Eisenhower; mit Ausnahme von ihm hatte jeder seit Teddy Roosevelt ein gewisses Maß an dissoziativer Störung und ein gewisses Maß an Verwicklung in den Okkultismus. Präsident Clinton leidet an einer ausgeprägten multiplen Persönlichkeitsstörung und ist ein aktiver Zauberer in den satanischen Mysterienreligionen. Das trifft auch auf Al Gore zu; ich kenne Herrn Clinton und Gore seit unserer Kindheit als aktive und effektive Satanisten."

Es ist kein Zufall, dass Al Gore ein wichtiger Frontmann des Kults ist, der den atemberaubenden Schwindel des vom Menschen verursachten Klimawandels verkauft, der erfunden wurde, um die Kontrolle über die Feinheiten des Lebens der Menschen zu rechtfertigen und die menschliche Gesellschaft bis hin zu den Plänen für eine „15-Minuten-Stadt" umzugestalten, in der die Benutzung von Autos stark eingeschränkt und schließlich verboten werden soll (mehr dazu später). In vielen meiner Bücher habe ich die unsinnigen Behauptungen, der Mensch verändere das Klima gründlich widerlegt. Ich weiß, dass Phillip Eugenes Bemerkung über Bill Clinton wahr ist, da ich seit 1994 umfangreiche Recherchen über die Clintons angestellt habe. Siehe auch die Enthüllungen meiner großartigen Freundin Cathy O'Brien, die von klein auf jahrzehntelang unter MK-Ultra-Gedankenkontrolle stand und von Leuten wie Clinton, Präsident George Bush senior und Vizepräsident Dick Cheney missbraucht wurde, wie sie in ihrem Buch „TranceFormation Amerikas" detailliert beschreibt. Im Internet gibt es Aufnahmen von Bill Clinton, der eindeutig unter Bewusstseinskontrolle stand, als sein Gesicht vor einem Fernsehinterview in den 1990er-Jahren geschminkt wurde (Abb. 54).

Abb. 54: Völlig weggetreten: Bill Clinton unter Bewusstseinskontrolle wie die meisten Kult-Agenten. Der Kult mag keine Überraschungen.

Samenbanken des Kults

Phillip Eugene de Rothschild sagte, er gehöre zu den *Hunderttausenden* von „sowohl legitimen als auch illegitimen Nachkommen dieser mächtigen finanziellen und okkulten Familie". Dies wird durch geheime Kult-Samenbanken erreicht, um die dämonischen Informationsfelder der hybriden Blutlinie zu schützen. Adelige und andere Kult-Familien haben sich über die Jahrhunderte hinweg gekreuzt, um ihre hybride Genetik (Softwareprogramme) weiterzugeben. Seit der Einführung von Samenbanken kann die Kreuzung in großem Maßstab betrieben werden. Auf diese Weise ist es Kult-Blutlinien wie den Rothschilds und Rockefellers möglich, ihre Linie in andere Familien mit anderen Namen einzubringen. Wenn diese Kinder in Macht und einflussreiche Positionen für den Kult manipuliert werden, gibt es nichts, was sie mit den Rothschilds und anderen bekannten Kult-Dynastien in Verbindung bringt. Rothschild-Sprösslinge sind weltweit in Autoritätspositionen und in den Medien, in der Wirtschaft, im Bankwesen, in der Religion, in der Wissenschaft, in der Medizin, in der akademischen Welt und in der Unterhaltung zu finden, obwohl sie andere Namen und offenbar einen anderen Hintergrund haben. Diese Kinder wissen oft selbst nicht, woher sie kommen und glauben, dass sie in DAS SYSTEM durch ihre eigenen Anstrengungen und Fähigkeiten aufsteigen. Man sagt es ihnen schließlich, *wenn* sie als sicher und gefügig genug gelten. Andernfalls werden sie es vielleicht nie erfahren, obwohl diese Hybridprogramme so konzipiert sind, dass sie durch die Frequenzverbindung mit dem dämonischen Umfeld beeinflusst werden. Phillip Eugene erzählte mir von seiner eigenen Rolle in der Kult-Verschwörung:

> „Wie Hunderttausende andere biologische Kinder dieser okkulten Familie [gemeint sind die Rothschilds] hatte auch ich innerhalb der Bestrebungen des Clans, die Welt unter seine Kontrolle zu bringen, meinen Platz und meine Funktion. Meine und die Bemühungen meiner Familie zielten darauf ab, ein Mitglied der europäischen Adelsfamilie der Habsburger in eine herausragende, über der Menschheit stehende Position zu befördern – eine Position, die das Christentum als Antichrist bezeichnet.
>
> Während andere in der Regierung der akademischen oder Geschäftswelt oder der Unterhaltungsindustrie platziert wurden, war mein Platz im Leib Christi [im Christentum]. Ich sollte als Brennpunkt für spirituelle Macht dienen und eine Sekte innerhalb dieser Kirche kontrollieren – in der zahlreiche Personen leben, die mir schon mein ganzes Leben lang als Überwacher und Machtzentralen des falschen Propheten der Rothschild-Familie und des Antichristen bekannt sind.

> Viele gespaltene Christen besetzen als Teil der satanischen Neuen Weltordnung innerhalb des Leibes Christi ähnliche spirituelle, okkulte Positionen. In meinem Fall war es der luziferische Morgenstern, den ich in der Kirche verkörperte. Ich repräsentierte die Gegenwart aller anderen Satanisten, mit denen ich im Morgenstern verbunden war; in meiner Person waren ihre Seelen in der Kirche präsent. Rituell etabliert und durch Legionen von Seelen gestärkt, war ich ein menschlicher und spiritueller Brennpunkt der gemeinsamen, in den ‚Leib Christi' eingebrachten satanischen Energie."

Phillip Eugene sagte, dass er schließlich die Konsequenzen seines Handelns für die Welt erkannte und sich von der Familie trennte, um unter falschem Namen zu leben. Er sprach mit mir, damit andere erkennen können, was ihnen und ihren Kindern von diesen satanischen Psychopathen und Agenten der Astraldämonen angetan wird. Er bestätigte auch die nicht menschliche Verbindung zum Kult oder zu dem, „was man die Reptiloiden nennt".

Göttlicher Funke – das wahre Ziel

Die Reptiloiden und die Grauen sind nur ein Teil des Geschehens. Sie sind KI-Vertreter des Jaldabaoth-Bewusstseins, die ihre Rolle zu spielen haben, aber das Bild ist weitaus größer. Letztendlich hängt alles davon ab, ob die UNENDLICHE QUELLE die Realität des Göttlichen Funkens bestimmt oder die KI-generierte Illusion. Göttliche Funken werden mit einer vielschichtigen Illusion bombardiert, und die extremste Erfahrung ist der Glaube, ein „Mensch" in der 3-D-Welt zu sein. Funken können dabei Zuschauer sein, oder wenn sie weiter erwachen, können sie beginnen, in das Geschehen einzugreifen. Ihr Aufmerksamkeitsfokus kann ihr Bewusstsein in 3-D projizieren und damit das Programm beeinflussen. Man könnte dies mit dem Tragen eines Headsets vergleichen, bei dem man Knöpfe drückt, um den 3-D-Spielablauf zu steuern. Das wahre Erwachen ist die Erkenntnis, dass *alles* Illusion, *alles* eine Falle ist. Jaldabaoth und seine dämonischen Helfer arbeiten ständig daran, dem Einhalt zu gebieten. Während wir eine scheinbar zufällige „physische" Welt erleben, arbeiten sie aus dem Unsichtbaren heraus, um Entscheidungen und Ereignisse zu ihrem Vorteil zu manipulieren – dem Vorteil, Göttliche Funken schlafend zu halten. Aufgrund der Beschaffenheit des Astrals (insbesondere seiner niedrigeren Frequenzebenen) kann fehlgeleitetes, verdrehtes und dummes Bewusstsein innerhalb der 3-D-Projektion zu seinem eigenen Vergnügen Chaos stiften. Man sagt, dass das Satanische/das Dämonische in allen seinen Erscheinungsformen und Namen (a) von der unsichtbaren

Abb. 55: Loosh wird serviert.

Ebene aus operiert; (b) die Herzen verschließt und die Wahrnehmung infiltriert; und (c) durch Manifestation, KI-Projektion oder Besetzung das Menschliche vortäuschen kann. Die menschliche Wahrnehmung ist auf die fünf Sinne beschränkt (Simulationswahrnehmung), während im selben „Raum“ all dies vom KI-Astralverstand gesteuert wird. 3-D ist bereits eine niederfrequente Schwingung, die notwendig ist, um die energetische Dichte der „Materie“ zu manifestieren, aber für maximalen Loosh und totale Kontrolle versuchen die Dämonen, die Wahrnehmung in niederfrequentere Emotionen zu manipulieren, von denen sich das Astral ernährt (Abb. 55).

Wo sind die „Wissenschaftler“?

Die Frage, die man sich an diesem Punkt stellen könnte, ist, warum die „Wissenschaft“ das, was ich hier beschreibe, seit 30 Jahren nicht anerkennt? Ich würde diese Frage mit einer anderen beantworten: Wenn Sie Ihre anvisierte Zielgruppe über die Realität, die sie erlebt, im Unklaren halten wollten, würden Sie dann die Wissenschaft finanzieren und anweisen, das zu verstehen und zu verbreiten, was Sie nicht publik machen wollen? Ich füge eine weitere Frage hinzu: Wäre es nicht die perfekte Tarnung, die akademische Welt *selbst* in Unwissenheit zu belassen, weil die Öffentlichkeit auf dieselben Leute blickt, die ihnen die Mysterien der Realität erklären? Die Antworten sind „nein“ und „ja“. Das ist es, was der dämonische Bereich mit seinem 3-D-Kult getan hat. Nehmen Sie das Beispiel von „Covid“. Wissenschaftler und Ärzte, die sich weigerten, das offizielle Narrativ nachzuplappern, wurden (passenderweise) verteufelt, zum Schweigen gebracht und oftmals entlassen. Diejenigen, die sich willenlos fügten, blieben verschont. Ihre Karrieren überlebten und ihre Bankkonten florierten, vor allem, weil sie den Fake-Impfstoff verabreichten und dafür warben, dabei ihre Patienten töteten und die Gesundheit der Überlebenden zerstörten. Die Mainstream-Wissenschaft (meist keine echte Wissenschaft) wird durch Finanzierung kontrolliert und indem sie die Parameter für Doktrinen, Meinungstrends und Politik festlegt. Wer sich der Lehrmeinung anschließt, wird Erfolg haben. Wenn Sie rebellieren oder über die Doktrin hinaus forschen, wird man versuchen, Sie zu vernichten. Vor diese Wahl gestellt, entscheiden sich nur wenige für die Unabhängigkeit des Denkens und der Forschung. Auch die Mainstream-Wissenschaft ist unglaublich korrupt. So haben Whistleblower aufgedeckt, dass Konzerne wie Coca-Cola die Bezahlung von Forschern für „Studien" übernehmen, wobei das Ergebnis bei der Geldübergabe festgelegt wird. Wenn Coca-Cola eine von Fachleuten begutachtete „Studie" braucht, die besagt, dass Zucker nicht gesundheitsschädlich ist, können sie – und tun es auch – wissenschaftliche Prostituierte finden, die der Öffentlichkeit genau das erzählen oder zumindest die Sache vernebeln. Übrigens haben Whistleblower auch enthüllt, wie „Menschenrechts"-Organisationen gerne das Coca-Cola-Geldbündel nehmen, um jeden öffentlich als „rassistisch" zu brandmarken, den Coca-Cola zu diskreditieren versucht. Das Big-Pharma-Kartell ertrinkt in „Wissenschaftlern", die bereit sind, eine Reihe von Präparaten herzustellen und zu propagieren, die eine atemberaubende Zahl von Menschen töten und verstümmeln würden. Der „Covid"-Fake-Impfstoff ist nur ein verheerendes Beispiel.

Es liegt mir fern, alle Wissenschaftler und Ärzte pauschal zu verurteilen, was sowohl unfair als auch unzutreffend wäre. Es gibt einige hervorragende Menschen, die innerhalb der strengen Grenzen ihrer Berufe arbeiten und versuchen, die Doktrin zu hinterfragen. Echte Wissenschaftler auf dem Gebiet der Quantenphysik entlarven die Pseudowissenschaft der physischen Realität. Leider sind diejenigen, die sich wirklich für die Wahrheit und nicht für Konformität entscheiden, die Ausnahme und nicht die Regel. Unabhängige Wissenschaftler sind die kleine Minderheit im Vergleich zu denen, die entweder lügen oder dem Narrativ zustimmen, was nur eine andere Form der Lüge ist. Schweigen ist Zustimmung. Ein Arzt, der den Mut und die Selbstachtung hatte, sich gegen den Fake-Impfstoff und „Covid" im Allgemeinen auszusprechen, erzählte mir, wie viele seiner Kollegen ihm zustimmten, sich aber weigerten, dies öffentlich zu sagen, aus Angst vor den Folgen für ihren Arbeitsplatz und ihr Einkommen. Dann gibt es noch die Programmierung der offiziellen Lehrmeinung, die Wissenschaftler von der Schule und der Universität bis zu ihrem Todestag übernehmen. Ihnen wird gesagt, die Doktrin sei gottähnlich und alles, was außerhalb ihrer Kurzsichtigkeit liege, sei „Pseudowissenschaft", obwohl *sie* selbst die Pseudowissenschaftler sind, was eine Ironie des Schicksals ist. Rupert Sheldrake, ein englischer Buchautor, Harvard-Stipendiat und Biochemiker an der Universität Cambridge, hat einen großen Teil seines Lebens damit verbracht, tiefere Einblicke über die Realität zu bekommen. Das führte ihn abseits des Mainstreams, und er erlebte Ablehnung und Gegenreaktionen von Pseudowissenschaftlern wie aus einem Drehbuch. Sheldrake sezierte das schockierende Ausmaß des Unsinns, der aus den Mündern dieser Schwachsinnsverkünder drang. Ich benutze gerade die Voice-to-Text-Technologie, um diese Worte zu schreiben, nachdem ich mich an der Schulter verletzt habe, und als ich Bullshit sagte, schrieb das Spracherkennungsprogramm es als ********. Es ist schon etwas Besonderes, wenn ein Mann an seinem eigenen Computer nicht „Bullshit“ sagen kann, weil die KI beleidigt ist. Nun, **** you, sage ich. Moment, ich tippe mit der linken Hand: Fuck you, sage ich.

Sheldrake präsentierte 2013 in einem TED-Talk eine brillante Analyse der Mainstream-Wissenschaft. Er war so gut und eine solche Entlarvung des betrügerischen Wissenschaftsbetriebs, dass er von der TED-Organisation verbannt wurde. Wenn man von denen, die in ihrer Selbsttäuschung behaupten, Verfechter des freien Denkens zu sein, verboten wird, gibt es keine größere Bestätigung dafür, dass man auf dem richtigen Weg ist. Sheldrake war es ganz sicher. Sein Vortrag trug den Titel „Visions for Transition: Challenging Existing Paradigms And Refining Values“ [dt.: „Visionen für den Wandel: Bestehende Paradigmen in Frage stellen und Wertvorstellungen neu definieren“]. Er wurde mit den Worten von TED verboten, weil „wir dafür verantwortlich sind, keine Plattform für Vorträge zu bieten, die die Grenze zur Pseudowissenschaft zu überschreiten scheinen“. Das war wie aus dem Lehrbuch. Oder anders ausgedrückt: „Wir sind dafür verantwortlich, keine Plattform für Vorträge zu bieten, die die Grenze überschreiten und entlarven, dass das, was wir Wissenschaft *nennen*, in Wirklichkeit Pseudowissenschaft ist.“ Sheldrake sagte, dass die Wissenschaft seit dem späten 19. Jahrhundert von einem Glaubenssystem oder einer Weltanschauung dominiert wurde, die im Wesentlichen die des Materialismus oder des philosophischen Materialismus war. Diese Wissenschaften seien nun hundertprozentige Ableger dieser materialistischen Weltanschauung. Um dies in den größeren Kontext dieses Buches zu setzen: Wenn Sie die Wahrnehmung in der Illusion einer physischen Welt versklaven wollten, würden Sie dann nicht als oberstes Ziel anstreben, dass Ihre „Wissenschaft“ den Menschen einredet, dass sie in einer soliden Realität leben? Würden Sie nicht wollen, dass die „wissenschaftliche“ Lehrmeinung, die in den Schulen und Universitäten gelehrt und von den Medien unhinterfragt wiederholt wird, eine „materialistische Weltanschauung“ ist? Sheldrake beschrieb zehn Dogmen oder Annahmen der Mainstream-Wissenschaft. Annahmen ist hier ein Schlüsselwort. Als ich anfing zu recherchieren und die wissenschaftliche Doktrin infrage zu stellen, war ich schockiert, wie viel davon – fast alles – auf *Annahmen* beruhte, die immer und immer wieder wiederholt wurden, bis sie zu akzeptierten Fakten wurden. Annahmen ohne freie Debatte und Forschung werden standardmäßig zu „so ist es, und jeder, der etwas anderes sagt, ist ein Pseudowissenschaftler“.

Zu Sheldrakes zehn Dogmen der Mainstream-Wissenschaft gehören, dass wir Maschinen sind; dass das Universum unbewusst ist und das Bewusstsein einfach eine Manifestation des Gehirns ist, obwohl es dafür keine Beweise gibt; dass Erinnerungen im Gehirn gespeichert werden und alles, woran man sich erinnert, von modifizierten Nervenenden im Gehirn stammt; dass übersinnliche Phänomene wie Telepathie unmöglich sind und die eigenen Gedanken und Absichten keine Auswirkungen auf die Ferne haben können; dass zwingende Beweise für Telepathie und übersinnliche Phänomene illusorisch sind; dass die Naturgesetze seit dem Urknall eine Konstante sind und nicht verändert werden können; dass die Gesamtmenge an Materie und Energie sich nie ändert, außer im Moment des Urknalls; dass jegliche biologische Vererbung materiell ist und sich nur auf die Gene bezieht; dass die auf Materialismus basierende Medizin die einzige ist, die wirklich funktioniert und aus diesem Grund die Regierungen nur die Forschung im Bereich der mechanistischen Medizin finanzieren und komplementäre und alternative Therapien ignorieren. Sheldrake sagte, dies sei die Standard-Weltanschauung fast aller „gebildeten" (indoktrinierten) Menschen und die Grundlage des Bildungswesens, des „Gesundheitssystems", der Regierungen und des gesamten Mainstream-Denkens. Ich kann auf einer Ebene verstehen, warum der Körper als Maschine betrachtet wird, weil ich sage, dass er genau das ist – eine KI-Software mit unglaublichen Qualitäten und Fähigkeiten, sich selbst zu heilen und sich an Veränderungen anzupassen. Was übersehen wird, ist das Bewusstsein jenseits des Körpers und wie es mit dem Körper interagiert. Für die programmierte Rechtgläubigkeit gibt es kein Bewusstsein außerhalb des Körpers, und das ist ein fataler Fehler, wenn es um das Verständnis der Realität und der Selbstwahrnehmung geht; aber es ist ein *grundlegender* Fehler, wenn man versucht, Göttliche Funken davon zu überzeugen, dass sie der Körper sind.

Urknall-Quatsch

Das Ganze basiert auf dem Glauben an den mythischen Urknall, als ein einzelnes Teilchen irgendwie explodierte und Planeten, Sterne, Natur, Tiere, Insekten, die Menschheit und Bill Gates erschuf. Sheldrake zitiert seinen Freund, den verstorbenen amerikanischen Realitätsforscher Terence McKenna, der das Unvergessliche sagte: „Die moderne Wissenschaft basiert auf dem Prinzip: Gib uns ein Wunder gratis und wir erklären den Rest." Ich sage seit den 1990er-Jahren, dass die Urknall*theorie* (mehr ist sie nicht) eine Beleidigung der Intelligenz ist und dass die gesamte wissenschaftliche Lehrmeinung auf tönernen Füßen steht. Sheldrake erklärte aus eigener Erfahrung, wie verzerrt die Realität ist. Die Lichtgeschwindigkeit und die Schwerkraft werden als „Konstanten" bezeichnet, obwohl die Rohdaten zeigen, dass sie sich ändern können. Um diese Bedrohung für das offizielle Narrativ zu überwinden, werden die verschiedenen Messwerte genommen und ein Durchschnitt gebildet, den sie als Konstante bezeichnen. Das ist alles ein Taschenspielertrick. Rupert Sheldrake ist bekannt für seine Hypothese der „morphischen Resonanz", der zufolge alles in der Natur ein kollektives Gedächtnis hat. Beachten Sie, dass es sich dabei um eine energetische Resonanz jenseits des wahrgenommenen Physischen und Materiellen handelt, und das ist das kosmische WLAN-Feld, von dem ich spreche. Es gibt das allgemeine Feld und es gibt individuelle und artbezogene Felder. Sheldrake nannte in seinem TED-Vortrag das Beispiel eines Giraffenembryos, der im Mutterleib heranwächst und sich auf die morphische Resonanz der Giraffenart einstellt und auf dieses kollektive Gedächtnis zurückgreift. Er wächst wie eine Giraffe und verhält sich dementsprechend auch wie eine Giraffe. Ich habe im Laufe der Jahrzehnte darauf hingewiesen, dass das sogenannte 100ste-Affe-Phänomen auf diese Weise erklärt werden kann. Studien haben gezeigt, dass, sobald eine relativ kleine Anzahl einer Spezies etwas Neues lernt, dies für die gesamte Spezies verfügbar wird und andere Mitglieder dann spontan das neue Verhalten wiederholen. Jede Spezies schwingt im gleichen Frequenzrahmen und neue Erkenntnisse können durch dieses Resonanzsystem, welches unterbewusst arbeitet, vermittelt werden. Ich habe mit Interesse beobachtet, wie wenig über Reptiloide, die Simulation und die Manipulation der modernen Gesellschaft durch Dämonen gesprochen und geschrieben wurde, als ich diese Konzepte seit den 1990er-Jahren erstmals kommunizierte. Geben Sie eine Kombination dieser Begriffe in eine Suchmaschine und in YouTube ein und Sie werden sehen, in welchem Umfang sie heute diskutiert werden. Stimme-zu-Ohr- und Text-zu-Auge-Kommunikation können dies allein nicht erklären. Sheldrakes Konzept der morphischen Resonanz deckt sich mit meiner eigenen Auffassung, dass der menschliche Körper und die Natur im Allgemeinen aus resonierenden wellenförmigen Informationsfeldern bestehen, die wir in die Illusion von physischem Zustand decodieren.

Natürlich gehe ich hier viel weiter als Rupert Sheldrake. Ich sage Göttliche Funken sind in der Astraldimension gefangen, wo sie einem konstanten Informationsfeld ausgesetzt sind, das sie als 3-D-Realität wahrnehmen. Stellen Sie sich Milliarden von KI-Computern vor, die sich in einem WLAN-Feld befinden und eine simulierte kollektive Realität projizieren, während für jeden Göttlichen Funken ein Software-„Menschenleben" läuft. Die Computer sind über Tastatur und Maus so programmiert, dass sie bestimmte Teile des WLAN, die sogenannten Websites, decodieren. Manche Menschen bevorzugen politische und Nachrichten-Websites, andere suchen nach Sport, Natur oder Lifestyle. Genau wie der menschliche Körper sind auch biologische Computer mit ihren Vorlieben und Abneigungen programmiert, zu denen Politik, Nachrichten, Zeitgeschehen, Sport, Natur und Lifestyle gehören können. Der Personal-Computer ist so programmiert, dass er die Website seiner Wahl decodiert, und der Körpercomputer ist so programmiert, dass er die Lebensgeschichte seiner Wahl decodiert, nur dass es sich dabei nicht wirklich um eine Wahl handelt, wie wir noch sehen werden.

Teilnehmer an Spielen der virtuellen Realität tragen ein Headset, das ihr Gehirn und ihre Sinne mit den Informationen versorgt, mit denen sie das Spiel erleben. Je weiter diese Technologie fortschreitet, desto „realer" wird die Erfahrung, und wir nähern uns dem Punkt, an dem die Realität der VR-Brille nicht mehr von der „realen Welt" (die ebenfalls eine virtuelle Realität ist) zu unterscheiden sein wird. Zu verstehen, wie und zu welchem Zweck diese dämonische Simulation funktioniert, ist entscheidend für die menschliche Freiheit oder vielmehr für die Befreiung der Göttlichen Funken, die sich derzeit als „menschlich" *wahrnehmen*. Dieser simulierten „Welt" werden wir uns nun zuwenden ...

4

Headset-Realität

Wenn man sich ihre [die virtuelle Realität] Funktionen ansieht, übertragen wir im Grunde die menschlichen Sinneseindrücke in Ihr Bewusstsein. Wir duplizieren die Wahrnehmung.

Chris Milk

Der Verstand und der menschliche Körper sind ein 3-D-VR-Headset für den Göttlichen Funken, und mit der Entwicklung der Technologie der virtuellen Realität verfügen wir über die Symbole und Analogien, um zu erkennen, wie wir im weitesten Sinne kontrolliert werden und wie wir uns befreien können. Die heutige Technologie ahmt die Art und Weise nach, wie wir die Realität erleben, und wenn wir untersuchen, wie diese Technologie funktioniert, können wir erkennen, wie der KI-Verstand uns versklavt, indem er unsere Wahrnehmung kontrolliert.

Das Zitat am Anfang des Kapitels stammt von Chris Milk, dem CEO eines amerikanischen Unternehmens im Bereich der virtuellen Realitätsentwicklung, es ist aber nur teilweise richtig. Er sagt, dass die virtuelle Realität Sinneseindrücke an unser Bewusstsein sendet, um in die menschliche Wahrnehmung *einzudringen* [engl.: to *hack*]. Aus einer erweiterten Perspektive jedoch sendet die Simulation selbst tatsächlich menschliche Sinneseindrücke an unser Bewusstsein, und zwar so, dass ein Göttlicher Funke glaubt, er *habe* menschliche Sinne. Der Körper und seine Sinne sind eine Schöpfung des KI-Astralverstandes und unser Mittel, um mit der gesamten Simulation zu interagieren. Innerhalb des Frequenzbereichs von 3-D erleben wir das Physische, in dem wir mit anderen physischen Objekten interagieren; aber wenn wir diesen Frequenzbereich verlassen, stellen wir fest, dass es nicht „realer" ist als ein virtuelles Realitätsspiel, das über ein Headset gespielt wird. Ich kann nicht genug betonen, dass das Ziel die Wahrnehmung des Göttlichen Funkens und seine Reaktionen und Antworten sind, die Loosh erzeugen. Der zweite Punkt von Chris Milk über das Duplizieren der Wahrnehmung übersieht ein entscheidendes Element. Duplizieren bedeutet, eine Kopie „genau wie etwas anderes“ zu erstellen, und das ist nicht das, was die virtuelle Realität tut. Es geht nicht darum, die Wahrnehmung zu duplizieren, sondern darum, die dreidimensionale Fünf-Sinnes-Realität des Körpers durch das Headset mit einer anderen Wahrnehmung der Realität zu überlagern. Die Simulationsrealität wird auf die gleiche Weise von Jaldabaoth und der Astral-KI über einen Teil der Unendlichen Realität gelegt.

Abb. 56: Die Simulation füttert uns mit der Wahrnehmung, ein Mensch zu sein.

Was ist die Simulation? Es ist eine Wellenfeld-Informationsquelle, die von der Astral-KI in ihrer Gesamtheit projiziert wird, und der Körper ist eine Projektion, ein „individueller“ KI-Astralverstand als Interaktionsmittel des Göttlichen Funkens mit dieser simulierten Matrix. Man könnte diese Dynamik wiederum mit einem Virtual-Reality-Spiel vergleichen, bei dem der Spieler über das Headset mit dem Spiel interagiert (Abb. 56). Das Gehirn und die Körpersysteme sind codiert, um die simulierte „Welt“ des KI-Wellenfeldes in die holografische Realität zu decodieren, die uns eine Illusion der physischen Realität vermittelt (und dem Göttlichen Funken die Illusion, sich in einer physischen Welt zu befinden).

Paradoxe Möglichkeit

Stellen Sie sich die Unendliche Realität – ALLES WAS IST, WAR UND JE SEIN KANN – als eine Realität ohne Ende vor. Wenn Sie diese Realität anzapfen, haben Sie Zugang zu allen Möglichkeiten und zum gesamten Potenzial, zu einem Bereich, in dem alles ist *und* nichts ist, in dem alles möglich ist *und* in dem nichts möglich ist, in dem alles *und* nichts möglich ist. *Alles* ist möglich und *nichts* ist möglich. Für die fünf Sinne ist ein solches Konzept lächerlich und unfassbar paradox. Entweder man kann *oder* man kann nicht, es ist *oder* es ist nicht, es ist alles *oder* nichts. Aber es ist kein Paradoxon. Ich beschreibe die Gesamtheit aller Möglichkeiten. Es muss „ist und ist nicht“, „kann und kann nicht", „alles und nichts" sein. Wenn nicht, kann es nicht die Gesamtheit aller Möglichkeiten sein. Die Unendliche Quelle ist das, wo alles und jedes möglich für immer ist – *für immer und ewig*. Das Unendliche, Das Absolute ist eine Ebene des Gewahrseins, des Daseins und des Seins, jenseits von Worten und Etiketten, sogar jenseits der Einsicht aus der 3-D-Perspektive. Es gibt nichts, was uns einschränken könnte, außer der Reichweite unserer eigenen Wahrnehmung und Vorstellung. Das ist es, was wir sind und wohin wir zurückkehren werden, wenn die Schuppen der Illusion von unseren Augen fallen und Göttliche Funken erwachen. In unserem unendlichen Zustand sind wir reines Gewahrsein, eine Stille und Ruhe, in der alle Möglichkeiten darauf warten, sich durch unsere unendliche Vorstellungskraft zu manifestieren.

Unsere fünf Sinne vermitteln uns, dass etwas, um zu existieren, eine Form haben, sich bewegen oder ein Geräusch machen muss. Die Vorstellung, dass alles in Stille und Ruhe existieren kann, erscheint uns absurd. Doch wenn Sie aufhören zu sprechen und einen Moment in der Stille sitzen, „hören" Sie den Klang der Unendlichkeit, aller Möglichkeiten und Potenziale. Fangen Sie an zu sprechen und Sie haben nur eine Möglichkeit aus der Stille aller Möglichkeiten zum Ausdruck gebracht. Hören Sie auf zu sprechen, und diese Möglichkeit kehrt in die Stille aller Möglichkeiten zurück, bis Sie eine andere manifestieren. Das wahrgenommene „Nichts" ist auf die gleiche Weise „Alles". Die Unendlichkeit kommuniziert ohne Worte, denn die Unendlichkeit kommuniziert mit sich selbst durch ihre bestehenden Möglichkeiten in Form von Intuition – *Wissen*. Wir sind das Unendliche, das sich selbst erfährt, und das ist es, was wir alle sind – das Unendliche. Nichts existiert außer dem Unendlichen, und jedes Gefühl von Trennung und Abgeschiedenheit ist illusorisch. An dieser Stelle kommt die Simulation ins Spiel. Eine Separation vom Unendlichen mag nicht möglich sein, aber eine bewusste *Wahrnehmung* der Trennung kann es durchaus sein. Göttliche Funken leben das.

Die Überlagerung

Stellen Sie sich die Unendliche Realität als ein Energiefeld vor, das alle Möglichkeiten und Erfahrungen in sich vereint. Nun stellen Sie sich ein technisch erzeugtes Strahlungsfeld vor, das einen winzigen Teil des Unendlichen Feldes überlagert. Das ist die Simulation, die mehrere Ebenen beinhaltet, nicht nur 3-D. Es gibt so viele Versionen der Schöpfungsgeschichte, jedoch die wiederkehrenden Themen und die weitgehende Übereinstimmung über das Dämonische ziehen sich wie ein roter Faden durch sie alle. Es gab eine „Revolte gegen

Gott", bei der eine „Figur" (Bewusstsein) unter vielen Namen, darunter Jaldabaoth und Satan, beschloss, „Gott" zu sein, und versuchte, in ihrer eigenen Realität zu herrschen. In einer Unendlichkeit der Möglichkeiten muss alles möglich sein, auch dies. Jaldabaoth und Satan sind beide als „Der Betrüger" bekannt, und das zu Recht, denn sie sind verschiedene Namen für denselben verkehrten Zustand des betrügerischen Bewusstseins. Die Gnostiker nannten die Archonten Verstandesparasiten, Verdreher, Aufseher, Torwächter, Verwahrer, Richter, Unbarmherzige und die Betrüger. Sie versuchten, „die Menschheit mithilfe der Wahrnehmungstäuschung zu übernehmen", und ihr Ziel war „Angst und Sklaverei". Schauen wir uns die heutige Gesellschaft an, etwa sechzehn Jahrhunderte später, und alles ist noch immer so. In gnostischen Texten wird Jaldabaoth als „Großer Architekt des Universums" bezeichnet, und die Freimaurer verehren ihre Gottheit als Luzifer – den „Großen Architekten des Universums" (auch Großer Architekt). Der innere Kern des globalen Freimaurernetzes dient dem Kult und dem dämonischen Reich, auch wenn die meisten Freimaurer das nicht wissen werden. Der Große Architekt ist auch eine Bezeichnung für den christlichen Gott. Die gleiche Symbolik taucht immer wieder auf, und der Schöpfer der Matrix in der Filmreihe wurde „der Architekt" genannt, was die Symbolik des „Großen Architekten" widerspiegelt – der Architekt der Simulation

Abb. 57: Der weißbärtige „Große Architekt", dargestellt in William Blakes Werk „The Ancient of Days" (1794).

Abb. 58: Weißbärtige Darstellung des „Großen Architekten", des biblischen „Gottes".

Abb. 59: Der weißbärtige „Architekt" der Simulation in den „Matrix"-Filmen.

Jaldabaoth/Satan/Luzifer. Der Große Architekt wird in seinen vielen Erscheinungsformen – auch in der „Matrix"-Filmversion – häufig als alter Mann mit weißem Bart symbolisiert, wie der Gott des Christentums (Abb. 57, Abb 58 und Abb 59). Dasselbe gilt für Cronus/Kronos, den griechischen Gott des Saturn, der ein weiteres Symbol für Jaldabaoth ist. Ich habe bereits in früheren Büchern darauf hingewiesen, dass Jaldabaoth im Alten Testament als der Gott verschlüsselt ist, der die Welt in sieben Tagen mit einem freien Tag, dem Sonntag, erschaffen hat. Der Gott der Genesis ist Jaldabaoth, was ein Grund dafür ist, dass das Alte und das Neue Testament einen sehr unterschiedlichen Gott beschreiben, von dem wir glauben sollen, dass er derselbe ist. Wenn dem so ist, muss „Gott" schizophren sein.

Die „schlechte Kopie"

In den Nag-Hammadi-Manuskripten wird beschrieben, wie Jaldabaoth und die Archonten eine „schlechte Kopie" der Primärrealität, oder besser gesagt, einen kleinen Ausschnitt davon geschaffen haben. Wenn man den Text im Detail liest, wie ich es in zwei umfangreichen Büchern mit Übersetzungen getan habe, sprechen sie eindeutig von dem, was wir eine virtuelle Realitätssimulation der Primärrealität nennen würden. Die gnostischen Texte verwenden das Wort „HAL", das in unserem Sprachgebrauch mit „virtuelle Realität" übersetzt werden kann. Das ist erstaunlich, wenn man bedenkt, dass die Texte vor schätzungsweise 1.600 Jahren in jenem Gefäß versiegelt wurden! Das lateinische Wort *simulacrum* bedeutet „Schein, Abbild", aber nicht unbedingt ein exaktes Abbild, sondern eher eine „schlechte Kopie". Simulacrum tauchte erstmals im späten 16. Jahrhundert im Englischen auf und wurde mit einem minderwertigen Abbild assoziiert, dem die Substanz oder die Qualitäten des Originals fehlen – einer „schlechten Kopie" (Abb. 60). Ein Bereich für die Erfahrungen, ähnlich dem, den wir uns als Planet Erde vorstellen, existiert außerhalb der

Abb. 60: Jaldabaoths schlechte Kopie der Primärrealität – die Simulation. (Bild: Neil Hague)

Simulation auf viel höheren Frequenzebenen. Die Farben sind dort bei höheren Frequenzen viel lebendiger, und es gibt Farbschattierungen, die in der simulierten Version innerhalb unserer dichten niederfrequenten Welt nicht vorhanden sind. Jaldabaoth und den Archonten wird nachgesagt, dass sie unfähig sind zu dem, was ich kreative Fantasie nenne. In den Nag-Hammadi-Texten wird dies als „Ennoia" bezeichnet, was mit „Intentionalität" (kreative Fantasie) übersetzt wird. Einfach ausgedrückt bedeutet dies, dass sie zwar kopieren und verdrehen können, aber nicht in der Lage sind, etwas Neues aus dem Nichts zu erschaffen. Das gnostische Konzept einer „schlechten Kopie" der Primärrealität passt perfekt ins Bild. Sie sind wie Fälscher, die nicht in der Lage sind, das zu erschaffen, was sie kopieren. Die Gnostiker bezeichnen Jaldabaoth passenderweise als den „fälschenden Geist". Der Mangel an „Ennoia" hängt mit Jaldabaoths Isolation von DER QUELLE und der Unendlichen Kreativität zusammen. Die Dämonen von Jaldabaoth sind neidisch auf die menschliche Kreativität, die sie über Göttliche Funken ausnutzen und manipulieren, um ihre Ziele zu erreichen. Wir können dies daran erkennen, dass die Menschen manipuliert werden, um ihr eigenes Gefängnis zu bauen, das ohne unsere Beteiligung nicht gebaut werden könnte. Wie dramatisch würde sich die Welt verändern, wenn die Menschheit die Natur der Kontrolle und die Macht, die sie antreibt, begreift. In den Schriften von Nag Hammadi werden Archonten als Cyborgs und als eine roboterartige Rasse mit künstlicher Intelligenz beschrieben. Das ist interessant im Hinblick auf meine Behauptung, dass das ganze System von einer astralen KI gesteuert wird. Gnostische Texte sagen, dass Archonten imitieren, aber nicht erfinden können. Sie nennen dies „Gegen-Nachahmung" [engl.: counter mimicry], und unsere simulierte Realität ist eine Gegen-Nachahmung der Primärrealität außerhalb der Matrix. John Lamb Lash ist Autor von „Not in his Image" [dt.: „Nicht nach seinem Bilde"], einem Buch über die Nag-Hammadi-Texte. Er schreibt:

> „Obwohl sie nichts erschaffen können, weil ihnen der göttliche Faktor der Ennoia (Intentionalität) fehlt, können Archonten sehr gut imitieren. Ihr Fachgebiet ist die Simulation (HAL, virtuelle Realität). Demiurg (Jaldaba-

> oth) erschafft eine himmlische Welt, die den fraktalen Mustern [des Originals] nachempfunden ist ... Seine Konstruktion ist himmlischer Kitsch, wie die gefälschte Villa eines Mafiabosses im italienischen Stil mit Torbögen und bewaffneten Engelsstatuen."

Ich komme gleich zu den fraktalen Mustern. Sie sind in der gesamten Struktur der Simulation zu finden. Laurence Galian, der auch die Texte von Nag Hammadi studiert hat, schreibt in „Alien Parasites: 40 Gnostic Truths to Defeat the Archon Invasion!" [dt.: „Außerirdische Parasiten: 40 gnostische Wahrheiten, um die Archonten-Invasion zu besiegen!"]:

> „... [Die Archonten] können ihre Gedanken telepathisch übertragen und ihre Bilder holografisch projizieren. Sie sind Experten in der Erschaffung von Simulationen aller Art, der Verdrehung und Verfälschung der menschlichen Wahrnehmung und schaffen auf diese Weise eine archontische Umkehrung. Archonten sind Betrüger par excellence. Sie leben in bienenstockähnlichen Strukturen. Sie ähneln eher Robotern als lebenden Wesen, da es ihnen an Intentionalität und Vorstellungskraft fehlt. Mit anderen Worten, sie befolgen Befehle wie eine Armee von Robotern."

Die Schriften von Nag Hammadi beschreiben die Simulation als die „Unteren Äonen" und die Unendliche Realität als die „Oberen Äonen" mit einem Schleier zwischen ihnen. Das Wort „Äon" wird heute als ein Maß für „Zeit" verstanden, aber im gnostischen Kontext bedeutet es einen Bereich der Wahrnehmung oder der Realität. Diese Bedeutung von Äon wird im Lexikon definiert als „eine Kraft, die von Ewigkeit her existiert; eine Emanation [Anm. d. Ü.: Schöpfungen werden als Emanationen des Schöpfergottes bezeichnet] oder Phase der höchsten Gottheit". Die Gnostiker bezeichnen die Oberen Äonen als „Die Stille", „die ruhende Stille" und „die lebende Stille", was sich mit meiner Ansicht deckt, dass alles in der Stille enthalten ist und dass der Klang eine Manifestation einer Möglichkeit aus der Stille der Gesamtheit aller Möglichkeiten ist. In den Schriften von Nag Hammadi werden die Oberen und Unteren Äonen mit diesen Begriffen definiert: Fülle/Mangel, unsterblich/sterblich, spirituell/psychisch, Geist/Seele, Existenz/Nichtexistenz, Keine-Zeit/Zeit. Beachten Sie die Unterscheidung Geist/Seele, die meiner Meinung nach ein entscheidender Punkt ist.

Der Geist ist das Ewige, Unendliche „Ich", wohingegen die Seele in der Illusion der Simulation gefangen ist und im Reinkarnationszyklus feststeckt. Ein weiterer Unterschied zwischen den Äonen ist die Existenz/Nichtexistenz. In der Simulation der Unteren Äonen ist die Existenz illusorisch, da sie ein Wahrnehmungsbetrug ist, wie die physische Existenz der sogenannten Materie. Die Unteren Äonen werden als Schatten (Kopie) der Primärrealität symbolisiert. Existiert der Schatten auf dieselbe Weise wie das, was ihn wirft? Die Nag-Hammadi-Schrift „Hypostase der Archonten" sagt uns: „Zwischen der oberen Welt und den unteren Ebenen besteht ein Schleier, und unter dem Schleier entstand ein Schatten, der zur Materie wurde, und dieser Schatten spaltete sich ab." Im gnostischen Manuskript „Ursprung der Welt" heißt es:

> „Das ewige Reich der Wahrheit hat keinen Schatten außerhalb von ihm, denn das grenzenlose Licht ist überall in ihm. Aber sein Äußeres ist der Schatten, der mit dem Namen ‚Finsternis' bezeichnet wird."

Ein unbenannter Text im Nag Hammadi „Bruce Kodex" beschreibt die Trennung der Oberen und Unteren Äonen:

> „Und dann trennte sich das Existierende vom Nicht-Existierenden. Und das Nicht-Existierende ist das Böse, das sich in der Materie manifestiert hat. Und die allumfassende Macht trennte das Existierende von dem Nicht-Existierenden. Und sie nannte das Existierende ‚Ewig' und das Nicht-Existierende ‚Materie'. Und in der Mitte trennte sie die Existierenden von den Nicht-Existierenden, und sie legte Schleier zwischen die beiden."

Die Oberen Äonen sind „Pleroma" oder „die Ganzheit", „die Fülle" und „die Vollkommenheit" der „Emanationen des Vaters". In der Bibel wird Gott als der Vater beschrieben, obwohl die Kirche von England, die in den Woke-Wahnsinn und der politischen Korrektheit abrutscht, den Vater-Teil weglässt. Ich schätze, „Er" ist jetzt „sie/ihr". Der gnostische Vater wird im „Bruce Kodex" als „das Alles" beschrieben:

> „Er ist der Unbegreifliche, aber er ist es, der alles begreift. Er nimmt sie in sich auf. Und nichts existiert außerhalb von ihm. Aber alles existiert in ihm. Und er ist die Umgrenzung für sie alle, denn er umschließt sie alle, und sie sind alle in ihm. Er ist der Vater der Äonen, der vor ihnen allen existierte. Es gibt keinen Ort außerhalb von ihm."

Die Ausdrucksformen des Unendlichen Bewusstseins können aus dieser unendlichen schöpferischen Kraft schöpfen, während Jaldabaoth und die Archonten wegen ihrer „Revolte" von dieser Kreativität isoliert wurden. Ihnen bleibt daher die kreative, schöpferische Fantasie verwehrt, die den Menschen noch zur Verfügung steht, wenn sich ihre Göttlichen Funken öffnen und mit ihrem Wahren Selbst der Oberen Äonen verbinden. Von den Unteren Äonen, dem Reich von Jaldabaoth/Satan/Iblis, wird gesagt, sie seien „irrtümlich" erschaffen worden. In meinem Buch „Alles, was Sie wissen sollten, Ihnen aber nie jemand erzählt hat" gehe ich darauf und auf die ganze Nag-Hammadi-Fundus im Detail ein. In aller Kürze: Ein weibliches Bewusstsein, das von den Gnostikern Sophia genannt wird, manifestierte Jaldabaoth durch einen Zustand des Ungleichgewichts, der ihren „Gefährten" den Vater, ausschloss, und so wird Sophia in den

Texten als die Mutter von Jaldabaoth bezeichnet. Im Apokryphon des Johannes heißt es:

> „Und als sie das Ergebnis ihrer Wünsche sah, nahm es die Gestalt einer löwengesichtigen Schlange an. Und ihre Augen waren wie Blitze ... Und sie warf es von sich weg, aus jenem Ort, [den Oberen Äonen oder Pleroma], damit niemand von den Unsterblichen [den anderen Äonen des Vaters] es sehe, denn sie hatte es in Unwissenheit erschaffen ... Und sie nannte seinen Namen Jaldabaoth ...
>
> ... [Jaldabaoth] gestaltete (alles) nach dem Vorbild der ersten Äonen, [indem er] die Kraft in ihm nutzte, die er von seiner Mutter genommen hatte, [und] schuf in ihm das Abbild des Kosmos ... Dies ist der erste Archon [Jaldabaoth], der eine große Kraft von seiner Mutter nahm. Und er entfernte sich von ihr und zog weg von dem Ort, an dem sie geboren worden war [Obere Äonen]."

Jaldabaoth gestaltete alles nach dem Vorbild der Oberen Äonen – und so formte er eine schlechte Kopie von ihnen. Er wurde stark und schuf für sich selbst Archonten mit einer Flamme aus leuchtendem Feuer, aber als er von der „Mutter" verstoßen wurde, brauchte er eine andere Quelle der Kraft, Energie (Loosh) und Kreativität, um die Simulation durch Göttliche Funken zu versorgen.

Feuerlicht

Die Erwähnung des leuchtenden Feuers ist sehr wichtig und erscheint im islamischen und vorislamischen Glauben als „rauchloses Feuer", das den „Dschinn" oder „Djinn" zugeschrieben wird, zu denen auch Iblis und seine Dämonenbande im Unsichtbaren gehören. Leuchtendes Feuer ist eine Anspielung auf das „Licht" der 3-D-Welt, das die Simulation auf unserer Realitätsebene darstellt. Ich behaupte, dass es sich dabei um elektromagnetisches Licht handelt, das sich grundlegend von dem „wässrigen Licht" unterscheidet, das in den Oberen Äonen beschrieben wird. Die Worte des Gottes aus dem Alten Testament (Jaldabaoth) „Es werde Licht" bekommen eine ganz neue Bedeutung. Ich vertrete seit langem die Auffassung, dass die Erschaffung der „Welt" am Anfang der Genesis die Erschaffung der Simulation beschreibt. Feuer und Kerzenflammen werden in der satanischen Symbolik und in der religiösen Symbolik weitgehend unbewusst verwendet, um das „Feuer-Licht" der Simulation und ihres Schöpfers darzustellen. Ein satanischer und freimaurerischer Gott ist Luzifer – der *Lichtbringer*. Dies stellt auch die „ewige Flamme" in einen neuen Kontext, ebenso wie die Idee des „Höllenfeuers" (siehe die berüchtigten satanischen Höllenfeuerclubs) und die „Feuer der Hölle", von denen die Gnostiker glaubten, sie seien unsere materielle Welt. „Wässriges Licht" soll so mächtig sein, dass es in den Reichen der Oberen Äonen, die von unglaublicher Schönheit, Glückseligkeit, Liebe und Harmonie geprägt sind, „keine Schatten" gibt. Wasser wird verwendet, um energetische Zustände zu symbolisieren. Die Gnostiker sprechen von den Oberen Äonen als „den Gewässern, die oben sind", „den Gewässern, die über der Materie sind" und „den Äonen im Lebenden Wasser". In der Schöpfungsgeschichte der Genesis heißt es: „Die Erde war wüst und wirr, und Finsternis lag über der Urflut" und „Gottes Geist schwebte über dem Wasser". In der Genesis 1:6-8 wird auch das „Himmelsgewölbe" beschrieben:

> „Und Gott sprach: Es werde ein Gewölbe mitten im Wasser und scheide Wasser von Wasser. Gott machte das Gewölbe und schied das Wasser unterhalb des Gewölbes vom Wasser oberhalb des Gewölbes. Und so geschah es. Und Gott nannte das Gewölbe Himmel."

Was bedeutet „Gewölbe" wörtlich? Eine *große Kuppel*. Das obige Zitat besagt, dass „Gott" eine riesige Kuppel machte und das „Wasser" (Energien) unter dem Gewölbe (Simulation) von denen über dem Gewölbe (Obere Äonen der Unendlichen Realität) trennte. Moderne Bibelübersetzungen ersetzen das Wort „Gewölbe" mit „Kuppel". In der Genesis 1:14-19 heißt es:

> „Und Gott sprach: Es sollen Lichter an der Kuppel des Himmels sein, um den Tag von der Nacht zu scheiden, und es sollen Zeichen sein und Jahreszeiten und Tage und Jahre, und es sollen Lichter an der Kuppel des Himmels sein, um die Erde zu erleuchten. Und so geschah es auch.
>
> Gott machte die beiden großen Lichter – das größere Licht, um den Tag zu beherrschen, und das kleinere Licht, um die Nacht zu beherrschen – und die Sterne. Gott setzte sie an die Kuppel des Himmels, um die Erde zu erleuchten, um über den Tag und die Nacht zu herrschen und das Licht von der Finsternis zu trennen. Und Gott sah, dass es gut war. Und es wurde Abend und es wurde Morgen ..."

Lichter in der Himmelskuppel? Ich schreibe seit vielen Jahren über den simulierten Nachthimmel, der schon seit Jahrhunderten postuliert und symbolisiert wird (Abb. 61 und 62). Warum sieht man all diese Lichter, während es scheinbar keine Anzeichen von „Leben" gibt? Das ergibt keinen Sinn, bis man begreift, dass die Simulation es so aussehen lässt, um das Gefühl der Abgeschiedenheit und Isolation noch zu verstärken. Die „Leblosigkeit" des Raums ist gezielt in die Simulation codiert worden. Der „Raum" ist eine holografische Projektion, ein Softwareprogramm und nicht real, wie wir ihn wahrnehmen. Betrachten Sie die Bewegungen der Planeten und Sterne in ihren vorhersehba-

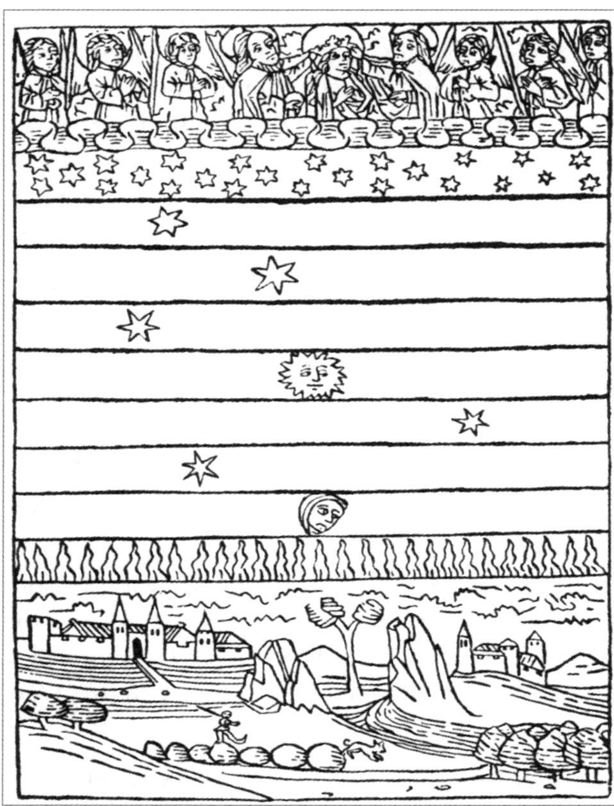

Abb. 61: Die Kluft zwischen zwei Unteren menschlichen und der astralen aus dem Jahr 1475.

Abb. 62: Darstellung des Firmaments als riesige Kuppel im Jahr 1888.

ren Mustern, und Sie werden das Programm sehen. Astrologie ist das Lesen dieser Muster und ihrer energetischen Auswirkungen auf andere Informationsfelder, einschließlich des Menschen. Numerologie ist das Lesen der digitalen Ebene der Matrix. Beide haben mit der Simulation zu tun, nicht mit der Unendlichkeit. Ich sage nicht, dass sie nicht gültig sind, aber nur, wenn man sich dessen bewusst ist, was sie sind und wie sie auf den Einfluss der *Simulation* auf Verhalten und Ereignisse beschränkt sind. Stellen Sie sich vor, wie anders das Leben wäre, wenn wir mit anderen Lebensformen interagieren und Wissen austauschen würden, anstatt in eine simulierte tote Zone hinauszuschauen. Oder wenn wir von Der Quelle und nicht vom Simulationsprogramm beeinflusst wären.

Es gibt ein Bereich für die Erfahrungen in der Primärrealität, aus dem die Simulation kopiert oder in die Existenz geträumt wurde. Dann begann der Prozess der Verlockung und Manipulation des Bewusstseins in die Falle, aus der es nicht entkommen sollte

– *aber wir können*. Das gnostische Denken glaubt, dass die Empfindungen der simulierten materiellen Realität – das, was wir Elektromagnetismus nennen – die grundlegende Versuchung war, die das Bewusstsein in die Höhle Jaldabaoths lockte. Die Simulation war eine Kopie der Primärrealität „Erde", die Jaldabaoth und die Archonten unter ihren verschiedenen Namen systematisch verändert haben, um ihre eigenen Ambitionen voranzutreiben, und dies geschieht mit zunehmender Geschwindigkeit. Körpergefäße in der Primärrealität waren – *sind* – von einer viel höheren Schwingung und würden uns ätherisch erscheinen. Menschliche Körper sind eine weitaus dichtere digitale Version, und auch sie sind seit der Einführung der Simulation herabgestuft worden. Dies setzt sich fort mit der sich entfaltenden Transformation in einen viel synthetischeren Zustand durch die Infusion von synthetischem genetischem Material (Frequenzinformationen) aus den mRNS-„Covid"-Fake-Impfstoffen und anderen Impfstoffen, die mit dem mRNS-System hergestellt werden sollen. Die Verstrickung des Bewusstseins in die simulierte Illusion wird symbolisch in der Geschichte von der Schlange, Adam und Eva und dem Garten Eden dargestellt, die als „Vertreibung (des Menschen) aus dem Paradies" bezeichnet wird. Der „Sündenfall" bezieht sich wahrscheinlich auf das Herabfallen der Frequenzen aus der Unendlichen Realität in die Schwingungsdichte der simulierten Materie. Gnostiker und andere esoterische Quellen bezeichnen den Teil von uns, der in der Simulation gefangen ist, als „Göttlicher Funke" – unsere Verbindung zum Unendlichen, die von Schichten und Ebenen falscher Wahrnehmung überflutet und umhüllt wurde, die sie in schwingungsmäßiger Knechtschaft halten. Gefangen im Inneren der „schlechten Kopie" musste das Bewusstsein seinen ursprünglichen Zustand des Gewahrseins wiedererlangen, sonst könnte es nicht nach Hause zurückkehren und würde im Reinkarnationszyklus feststecken, den ich im nächsten Kapitel näher erläutern werde. Es genügt hier zu sagen, dass es bei der Reinkarnation nicht darum geht, „Lektionen zu lernen, um sich weiterzuentwickeln", sondern vielmehr darum, im Wahrnehmungszyklus zu bleiben, der die Frequenz begrenzt und die Gefangenschaft aufrechterhält. Göttliche Funken, die in diesem Rad des Unglücks gefangen sind, haben keine Ahnung, dass sie gefangen sind. Sie glauben, dass der Sinn des Ganzen darin besteht, sich durch 3-D-Erfahrungen „weiterzuentwickeln". Doch das ist *nicht* der Fall. Göttliche Funken wurden wahrnehmungsmäßig so manipuliert, dass sie sich mit dem illusorischen Körper und der Seele identifizieren, die Vehikel für die Gefangenschaft in der Simulation sind. Hat ein Computer ein Bewusstsein für die Unendlichkeit, während er WLAN in seine Realität und Normalität decodiert?

Erst Intuition – *dann* Wissenschaft

Die Frage, ob wir in einer Simulation leben, stellte sich mir zum ersten Mal vor Jahrzehnten, als ich in den Himmel blickte und ihn als riesige Kuppel sah. Das Konzept hatte mich fast mein ganzes Leben lang unterbewusst begleitet. Ich habe in anderen Büchern beschrieben, wie ich von meinem Vater in das damals neu eröffnete Planetarium in London mitgenommen wurde. Es war in den späten 1950er-Jahren und ich war nicht älter als acht Jahre. Ich hatte keine Ahnung, was ein Planetarium war oder was mich erwartete. Ich setzte mich hin, die Lichter gingen aus und in der Kuppel erschien der Nachthimmel, der für mich genauso fesselnd war wie der echte. Ich war fasziniert von dem, was ich da sah. Wie konnte ich mitten am Tag in einem Gebäude einen so glaubwürdigen Nachthimmel sehen? Dieser Moment hat mich mein ganzes Leben lang nicht mehr losgelassen, und seine Bedeutung hat sich vertieft, als ich die Realität der Simulation immer mehr verstanden habe. Kurz nach der Jahrtausendwende hatte ich ein überwältigendes Gefühl, dass wir eine simulierte Welt erleben und dass die Grenze auf der Ebene der 3-D-Welt die Lichtgeschwindigkeit ist. Auf demselben intuitiven Weg wurde mir auch klar, dass das, was die Wissenschaft als physikalische Gesetze bezeichnet, nur in der Simulation verschlüsselte „Gesetze" sind. Das würde erklären, warum Nahtoderfahrene eine ganz andere „Physik" beschreiben, nachdem sie den Körper verlassen und eine andere Realität betreten haben, wenn auch einen anderen Frequenzbereich der Simulation. Ich begann, darüber zu schreiben und sah mich nach Menschen um, die die Möglichkeit erforschten, dass die Realität simuliert wird. Der einzige, den ich fand, war ein gewisser Nick Bostrom, Professor an der Universität Oxford, der über die Möglichkeit nachdachte, dass die Welt eine Simulation ist, obwohl sich seine Erklärungen deutlich von meinen unterschieden.

In den folgenden Jahren sah ich, wie immer mehr etablierte Wissenschaftler hinterfragten, ob die Simulationshypothese wahr sein könnte. Viele und inzwischen immer mehr kamen zu dem Schluss, dass dies tatsächlich wahrscheinlich ist. Im April 2021 erschien dann ein Artikel in der Mainstream-Zeitschrift *Scientific American*, in dem ein Wissenschaftler zu dem Schluss kam, dass wir tatsächlich in einer Simulation leben und deren Grenze ... die *Lichtgeschwindigkeit* ist. Die Schlagzeile lautete: „Bestätigt! Wir leben in einer Simulation." Fouad Khan, ein Chefredakteur von *Nature Energy*, klang sehr nach Woke, als ich seinen Background überprüfte, aber in diesem Punkt hat er meiner Meinung nach recht. Er stellte einen Zusammenhang zwischen der Lichtgeschwindigkeit und der Verarbeitungsgeschwindigkeit der Simulation her und wies darauf hin, dass die Schöpfer zwar die Regeln und Grenzen (physikalische Gesetze) vorgeben könnten, aber dennoch durch die Verarbeitungsgeschwindigkeit eingeschränkt würden. Zu diesem Zeitpunkt, fast 20 Jahre nach meinem Aha-Erlebnis, hatten sich viele Wissenschaftler für die Simulationshypothese geöffnet, ein Konzept, das (nach der Gnostik) mindestens auf den französischen Philosophen René Descartes im 17. Jahrhundert zurückgeht. Darunter auch der Informatiker Rich Terrile vom Jet Propulsion Laboratory der NASA, der öffentlich erklärt hat, dass er die Realität für eine holografische Simulation hält. Er postuliert, dass sie von unserem „zukünftigen Selbst" erschaffen worden sein könnte, ein Thema, das von Bostrom unterstützt wird, aber dies verrät immer noch eine Wahrnehmungsbesessenheit mit „menschlichem". In Bezug auf die Quelle, die alles andere als menschlich ist, bin ich ganz anderer Meinung. Terrile sagte:

> „Wenn man mit dem gegenwärtigen Tempo der Technologie ein paar Jahrzehnte in die Zukunft geht, werden wir sehr schnell eine Gesellschaft sein, in der es künstliche Entitäten gibt, die in Simulationen leben, die viel zahlreicher sind als Menschen ... Wenn es in der Zukunft mehr digitale Menschen gibt, die in simulierten Umgebungen leben als heute, wer sagt dann, dass wir nicht schon ein Teil davon sind? ... Ehrlich gesagt, wenn wir nicht in einer Simulation leben, ist das ein außerordentlich unwahrscheinlicher Umstand."

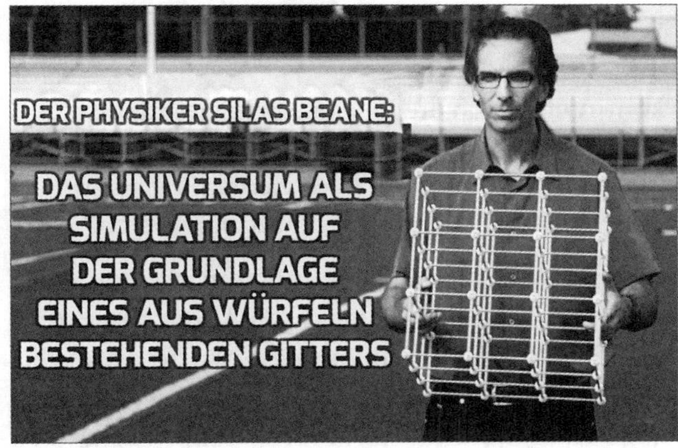

Abb. 63: Der Physiker Silas Beane mit dem Konzept einer Matrix mit Würfelstruktur.

Der Physiker Silas Beane und ein Team der Universität Bonn in Deutschland haben eine Studie erstellt, die zu dem Schluss kommt, dass wir mit ziemlicher Sicherheit in einer Simulation leben, die möglicherweise aus einer Matrix von Würfeln besteht (Abb. 63). In ihrem Bericht heißt es, dass die Menschheit in diesem Fall sich dessen nicht bewusst wäre, denn „wie ein Gefangener in einer stockdunklen Zelle wären wir nicht in der Lage, die ‚Wände' unseres Gefängnisses zu sehen". Der Physiker Max Tegmark vom Massachusetts Institute of Technology (MIT) hat darauf hingewiesen, dass die mathematische (digitale) Struktur unserer Realität dieselbe ist wie die in Computerspielen, und auch er wies darauf hin, dass die Charaktere in einem Computerspiel nicht wissen, dass sie das sind. Unsere Realität ist aus subatomaren Teilchen aufgebaut, die wie Pixel in einem Videospiel funktionieren. Der theoretische Physiker Dr. James Gates jr., ein ehemaliger Wissenschaftsberater

Obamas und Physikprofessor an der University of Maryland, entdeckte Codes, die in die Struktur der Realität eingebettet sind und in Computersystemen wie Browsern zu finden sind. Sie sind als fehlerkorrigierende Codes bekannt und beseitigen Fehler in Computerübertragungen. Was machen sie in unserer energetischen Realität? Wenn es sich um eine Simulation handelt, ist dieses Rätsel gelöst. Gates sagte:

> „Diese unvermutete Verbindung deutet darauf hin, dass diese Codes in der Natur allgegenwärtig sind und sogar in die Essenz der Realität eingebettet sein könnten. Wenn dies der Fall ist, könnten wir etwas mit den Matrix-Science-Fiction-Filmen gemeinsam haben, in denen eine Welt dargestellt wird, in der alles, was die Menschen erleben, das Produkt eines Computernetzwerks ist, das eine virtuelle Realität erzeugt."

Gates scheint später von seinen Aussagen Abstand genommen zu haben, obwohl seine Entdeckungen das Konzept einer Simulation bestätigen. Fehlerkorrigierende Codes erinnern daran, dass bei Simulationen wie auch bei Computersystemen etwas schief gehen kann. Bei vielen unerklärlichen Ereignissen kann es sich um solche Störungen oder verschlüsselte Merkmale in der Matrix handeln, ebenso wie bei seltsamen Formen und Symbolen in der „natürlichen" Landschaft usw. Handelt es sich dabei wirklich um einen Zufall oder um Klick, Klick, Enter(taste)? Rich Terrile sagte:

> „Selbst Dinge, die wir für kontinuierlich halten – Zeit, Energie, Raum, Volumen – haben alle eine endliche Grenze für ihre Größe [und] wenn das der Fall ist, dann ist unser Universum sowohl berechenbar als auch endlich – diese Eigenschaften erlauben es, das Universum zu simulieren."

Ein anderer Informatiker hat gesagt, die Realität sei wie ein riesiges Multiplayer-Videospiel. Rizwan Virk, ein Videospieldesigner und Autor des Buchs „The Simulation Hypothesis" [dt.: „Die Simulationshypothese] spricht von der „Großen Simulation" und sagt: „Man kann sich ein Videospiel vorstellen mit höchster Bildauflösung und bester Klangqualität, in dem wir alle Charaktere sind." Er sagt, es gebe „viele Beweise, die in diese Richtung deuten". Elon Musk wurde bekannt (lange nachdem ich das gesagt hatte), weil er vorschlug, dass wir vielleicht in einer Simulation leben. „Die Wahrscheinlichkeit, dass wir in der Ursprungsrealität leben, liegt bei einer Milliarde zu eins", sagte er 2016. Ich würde sagen, dass er dem Globalen Kult so nahesteht, dass er *weiß*, dass unsere Realität simuliert ist. Im Jahr 2014 hat das Harvard-Smithsonian Centre for Astrophysics 8.000 Computer miteinander verbunden, um eine 350 Millionen Lichtjahre umfassende Simulation des Universums über 13 Milliarden Jahre hinweg zu erstellen. Wenn Menschen dazu in der Lage sind, was ist dann für Astraldämonen und das Jaldabaoth-Bewusstsein möglich? Der Physiker

Hong Qin vom Princeton Plasma Physics Laboratory des US-Energieministeriums (DOE) hat einen Algorithmus der künstlichen Intelligenz (KI) entwickelt, der beweisen könnte, dass die Realität eine Simulation ist. Der Algorithmus sagt Planetenbahnen voraus. Joshua Burby, ein Physiker am Los Alamos National Laboratory in New Mexico, sagte:

> „Hong hat dem Programm das zugrunde liegende Prinzip beigebracht, mit dem die Natur die Dynamik eines jeden physischen Systems bestimmt. Das Ergebnis ist, dass das Netzwerk die Gesetze der Planetenbewegung lernt, nachdem es nur sehr wenige Trainingsbeispiele gesehen hat. Mit anderen Worten, sein Code „lernt“ wirklich die Gesetze der Physik.“

Hong Qin, offenbar inspiriert durch die Arbeit von Nick Bostrom, fragte sich, ob ein solcher Algorithmus auf dem „Laptop des Universums“ laufen könnte. Wenn ja, könnte der Algorithmus selbst einfach sein, weil die scheinbare Komplexität und Fülle des Universums von der „enormen Speichergröße und CPU-Leistung des Laptops“ kämen.

Beweise für Simulation sind überall

Die Simulation würde den außergewöhnlichen, ja sogar „wundersamen Zufall“ erklären, dass unser winziger Planet so perfekt für das Leben, wie wir es kennen, geeignet ist, während der Rest des bekannten Universums offenbar nicht so ist. Wie hoch sind die Chancen dafür? Die kleinste Abweichung von den derzeitigen Bedingungen und es gäbe kein Leben mehr. Die Erde befindet sich in der „habitablen Zone“, nahe genug an einem Stern, dass Treibhausgase die Wärme für flüssiges Wasser einfangen können, aber nicht so nahe, dass Leben unmöglich wäre. Die Bedingungen auf der Erde sind *beinahe* perfekt. Der Wissenschaftler Robert Lanza schrieb über das Universum in seinem Buch „Biozentrismus“:

> „Warum sind die physikalischen Gesetze genau ausgewogen, damit tierisches Leben existieren kann? ... Wenn man die Kernkraft um zwei Prozent vermindern würde, könnten die Atomkerne nicht mehr zusammenhalten, und es gäbe einfach nur noch Wasserstoff als einziges Atom im Universum. Würde man die Gravitationskraft um ein Haar verringern, würden Sterne (einschließlich der Sonne) nicht mehr zünden. Dies sind nur einige der mehr als 200 Parameter im Sonnensystem und im Universum, die so exakt sind, dass es unglaubwürdig erscheint, sie für zufällig zu halten – auch wenn die zeitgenössische Physik genau das nahelegt.“

Warum sind die physikalischen Gesetze so genau ausbalanciert, dass tierisches Leben existieren kann? Klick, Klick, Enter(taste). Um die simulierte Schöpfung zu verschleiern, wird uns gesagt, dass der Mensch und das Leben auf der Erde einfach ein Zufall der „Evolution" sind.

„Verschwörungstheoretiker" werden von den Behörden und ihren bewusstseinskontrollierten Groupies verdammt, wohingegen das ganze System auf einer „Zufallstheorie" beruht, die uns glauben machen soll, dass alles zufällig geschieht. Die Wahrheit liegt so oft direkt vor unseren Augen und wird doch aus Gewohnheit übersehen. Ihre Wahrnehmungen werden alle Informationen, die Ihrem Glauben widersprechen, zensieren und editieren, wenn Sie ein Glaubenssystem haben, das alle Grenzen und andere Möglichkeiten ablehnt. Das ist der Grund, warum die Mainstream-Wissenschaft so oft das Offensichtliche übersieht. Das gesamte energetische Gefüge unserer Realität bestätigt, dass wir es mit einer Simulation zu tun haben, und man muss nur seine vorgefasste Meinung (seinen Glauben) aufgeben, um das Offensichtliche zu erkennen. John Lamb Lash sagte in seinem Buch „Not in His Image", dass „Demiurg eine himmlische Welt erschuf, die den fraktalen Mustern" der ursprünglichen Realität (Primärrealität) nachempfunden ist. Fraktale können überall in der Simulation gefunden werden, *weil* es sich um eine Simulation handelt (Abb. 64). Sie sind definiert als unendlich komplexe Muster, die über verschiedene Skalen hinweg „selbstähnlich" sind. Sie entsprechen dem holografischen Prinzip „wie oben so unten". Jeder Teil eines Hologramms ist eine kleinere Version des Ganzen, und auf dieselbe Weise wiederholen sich Fraktale auf allen Ebenen der 3-D-Realität. Sie können dies am Wachstum der Bäume und an der Struktur der menschlichen Lunge erkennen (Abb. 65). Das Kleine

Abb. 64: Hologrammartige fraktale Muster.

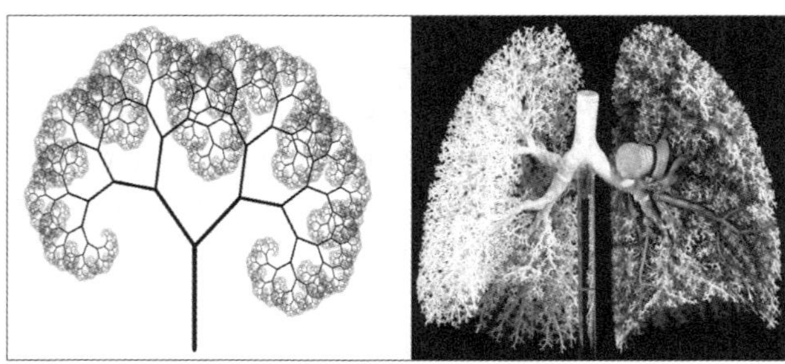

Abb. 65: Fraktale Muster sind in Bäumen und in der menschlichen Lunge sichtbar.

spiegelt sich im Großen und das Große im Kleinen. Fraktale Muster sind überall zu finden: in Flussnetzen, Gebirgszügen, Kratern, Blitzen, Küstenlinien, Hörnern von Steinböcken, Bäumen und dem Wachstum von Ästen, Farbmustern von Tieren, Ananas, Herzfrequenzen, Herzschlägen, Neuronen und Gehirnen, Augen, Atmungssystemen, Kreislaufsystemen, Blut- und Lungengefäßen, geologischen Verwerfungslinien, Erdbeben, Schneeflocken, Kristallen, Meereswellen, Gemüse, Erdrissen und sogar den Ringen des Saturns. Der amerikanische Psychologieprofessor David Pincus hat festgestellt, dass fraktale Muster in der Psychologie, im Verhalten, in Sprachmustern und zwischenmenschlichen Beziehungen zu beobachten sind. Sich ständig wiederholende Muster sind Beispiele für die Computerprogramm-Simulation, die sich in der gesamten Matrix wiederholen. Sie alle sind Teil desselben *Software*systems.

Wir haben auch eine symmetrische Mathematik, die definiert ist als „eine Form, die genau wie eine andere wird, wenn man sie auf irgendeine Weise bewegt, dreht, wendet oder verschiebt", und hier haben wir dasselbe, sich ständig wiederholende Thema. Fraktale, Hologramme, symmetrische Mathematik – sie alle folgen demselben Prinzip. Dmitri Krioukov, Physiker an der Universität von Kalifornien in San Diego, war Mitautor einer Studie, die aufzeigt, wie fundamentale Gesetze das Wachstum von Systemen auf allen Ebenen der Realität steuern können, vom elektrischen Feuern der Gehirnzellen über das Wachstum sozialer Netzwerke bis hin zur Ausdehnung von Galaxien. Er sagte: „Die natürliche Wachstumsdynamik ist für verschiedene reale Netzwerke wie das Internet, das Gehirn oder soziale Netzwerke gleich." Sein Team verglich die Geschichte des Universums mit dem Wachstum von sozialen Netzwerken und dem neuronalen Netzwerk im Gehirn und stellte fest, dass sie alle auf ähnliche Weise expandieren. „Die unheimliche Ähnlichkeit zwischen großen und kleinen Netzwerken ist wahrscheinlich kein Zufall", so Krioukov. Nein, das ist es nicht. Es liegt an der *Simulation*. Wir haben die Fibonacci-Folge, die in jedem Teil der menschlichen Realität beobachtet werden

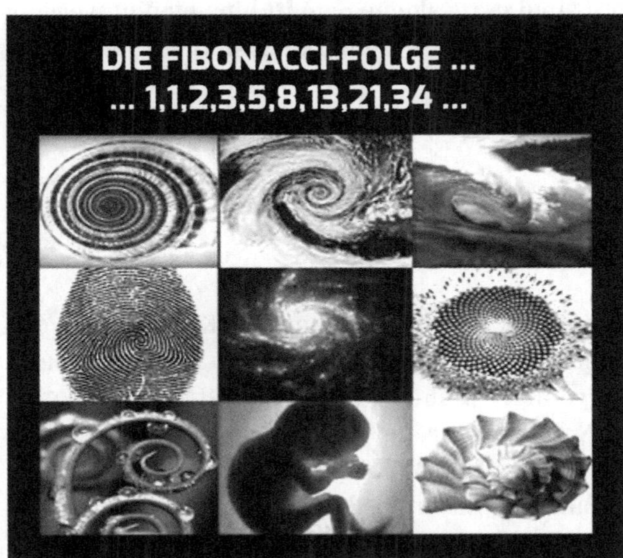

Abb. 66: Mathematische Fibonacci-Folgen lassen sich überall in unserer Realität erkennen.

Abb. 67: Alle diese wiederkehrenden Sequenzen von Phi, Pi, Fibonacci, Fraktalen, Goldener Mitte, Goldenem Verhältnis, Goldenem Schnitt und symmetrischer Mathematik sind Computercodes der Simulation.

kann. Sie wurde nach dem italienischen Mathematiker Leonardo von Pisa (12./13. Jahrhundert) benannt, der vor allem als Fibonacci bekannt ist. Die von ihm identifizierten Codes wurden von dem indischen Mathematiker Virahanka gefunden, der vermutlich im 6. Jahrhundert lebte, obwohl sich niemand über das Datum sicher ist. Wenn man fortlaufend die beiden vorhergehenden Zahlen addiert, erhält man die Fibonacci-Zahlenreihenfolge: 1, 1, 2, 3, 5, 8, 13, 21, 34, 55 usw. Diese Verhältnisse finden sich im menschlichen Gesicht und Körper, in den Proportionen von Tieren, in der DNS, in Samenkapseln, Tannenzapfen, Bäumen, Muscheln, Spiralgalaxien, Wirbelstürmen und in der Anzahl der Blütenblätter einer Blume. Dies sind nur einige Beispiele. Die Fibonacci-Folge ist auch überall in der 3-D-Realität codiert (Abb. 66). Zu dieser Liste können noch andere wiederkehrende und seit langem bekannte mathematische/geometrische Sequenzen wie φ, π, die Goldene Mitte, das Goldene Verhältnis und der Goldene Schnitt hinzugefügt werden. Nimmt man sie alle zusammen, sieht man, was sie wirklich sind – COMPUTERCODES der Simulation (Abb. 67).

Simulierte „Zeit“

Die etablierten Wissenschaftler sprechen vom „Raum-Zeit-Kontinuum“, das auf Albert Einstein und seinen Mentor, den deutschen Mathematiker Hermann Minkowski, zurückgeht. Das ist ironisch, denn es gibt keinen Raum und keine Zeit, außer in einer 3-D-Illusion. Nahtoderfahrene beschreiben eine ganz andere Realität, wenn ihr Bewusstsein kurzzeitig den Körper verlässt, und dasselbe gilt für die außerkörperliche Erfahrung. Zu ihren Beobachtungen gehört, dass die Zeit, wie wir sie kennen, im außerkörperlichen Zustand nicht existiert. Die Simulation hat viele Ebenen, auf die ich im fünften Kapitel eingehen werde, wo die Zeit auf eine grundlegend andere Weise als in 3-D erlebt wird. Jenseits der

Simulation in der Ewigkeit der Unendlichkeit gibt es überhaupt kein Konzept von „Zeit". Was wir als Zeit bezeichnen, ist in die Informationsstruktur der Matrix verschlüsselt, um uns die Illusion zu geben, von der Vergangenheit über die Gegenwart in die Zukunft zu gelangen, obwohl es nur einen „Moment" gibt, und das ist das JETZT. Alles geschieht im JETZT, weil es nur das JETZT gibt. Zeit ist eine decodierte Wahrnehmung und nicht real. Dies kann einfach durch die folgenden Fragen bestätigt werden. Wo sind Sie, wenn Sie an die „Vergangenheit" denken? Sie sind im JETZT. Sie sind nicht in der „Vergangenheit", wenn Sie darüber nachdenken, was „früher" war. Sie befinden sich im „gegenwärtigen Moment" oder im JETZT. Wo sind Sie, wenn Sie an die Zukunft denken? Sie befinden sich im selben JETZT. Wo „waren" Sie, als Sie das *erlebten*, was Sie als „Vergangenheit" wahrnehmen? Sie waren im JETZT. Wo „werden" Sie sein, wenn Sie das erleben, was Sie derzeit als „Zukunft" wahrnehmen? Sie werden im JETZT sein. Sie können nirgendwo anders sein, denn das ist alles, was es gibt. Alles geschieht gleichzeitig im selben JETZT, auch wenn das unbegreiflich für die fünf Sinne sein mag.

Die Sinne sind darauf programmiert, die Simulation und ihre verschlüsselte Illusion von Zeit zu decodieren, und die fünf Sinne allein werden nicht begreifen, was ich hier sage. Die Zeit ist einer der größten Manipulatoren der menschlichen Wahrnehmung, und das Zeitgefühl beherrscht unsere Gesellschaft: Wie spät ist es? Ist das die richtige Zeit? Ich habe nicht genug Zeit. Ich habe viel Zeit. Die Zeit vergeht so schnell. Die Zeit schleppt sich so langsam. Die Wahrnehmung ist gefangen in der Illusion der „Vergangenheit" durch Bedauern, Verbitterung und Nostalgie und in der Illusion der Zukunft durch die Sorge um das, was geschehen wird (Abb. 68). Dadurch werden wir in der Wahrnehmung aus dem JETZT herausgezogen, dem einzigen Moment, an dem sich etwas ändern kann, weil es der einzige Moment ist, der existiert. Die Menschen sprechen vom „Sand der Zeit" und den vergehenden Jahren, obwohl es keine Zeit gibt und keine Jahre vergehen, außer in unserer manipulierten Wahrnehmung. Der Körper altert im Einklang mit dem Vergehen der „Zeit", während der Alterungsprozess in Wirklichkeit darin besteht, dass der Körper seinem simulierten Programm folgt, das die Reise von der Wiege bis zur

Abb. 68: Die illusorische Wahrnehmung von „Zeit". (Bild Gareth Icke.)

Bahre ohne das Eingreifen des Unendlichen Bewusstseins und eines erwachenden Göttlichen Funkens vorsieht. Altern ist ein Softwareprogramm des Körpers, das vom KI-„Lebensplan" diktiert wird (Abb. 69 und 70). Wie kann ein Hologramm altern, wenn es nicht darauf programmiert ist? Das Abschöpfen von Loosh schwächt den Körper und raubt ihm im wahrsten Sinne des Wortes die Energie, sodass der Zyklus von lebendig jung zu müde alt verläuft. Die Entkopplung unseres Zeitgefühls von unserem Realitätssinn und unserer Selbstwahrnehmung ist dabei von zentraler Bedeutung. Wir können die „Zeit", wie wir sie erleben, *anerkennen* und gleichzeitig wissen, dass sie illusorisch ist, und wenn wir das tun, wird die „Zeit" formbar und nicht unveränderlich.

Abb. 69: Altern ist ein Simulationsprogramm von jung …

Abb. 70: … bis alt. Aber das Bewusstsein kann die Software außer Kraft setzen.

Quantensand im Getriebe

Man sagt, Quantengesetze widersprächen dem gesunden Menschenverstand, aber das tun sie nicht. Sie widersprechen der vorgefassten Meinung darüber, was die Realität ist. Die Quantenwelt macht aus der von mir beschriebenen Perspektive durchaus Sinn. Es wird als ein Rätsel angesehen, dass zwei Teilchen so miteinander verschränkt sein können, dass, wenn sich eines verändert, sich das andere selbst an entgegengesetzten Enden des Universums zeitgleich verändert. Das Rätsel rührt von dem Glauben an Zeit und Raum her und davon, dass alles isoliert von allem anderen abläuft, während in Wirklichkeit alles miteinander verbunden ist. Die Kommunikation zwischen Teilchen mit Geschwindigkeiten, die höher sind als die Lichtgeschwindigkeit, kann stattfinden, weil dies nicht die schnellstmögliche Geschwindigkeit ist. Sie ist nur die Grenze, die auf der

3-D-Ebene der Simulation gesetzt ist, und die Kommunikation zwischen Teilchen findet außerhalb dieser Grenzen in anderen Realitäten statt. Einstein bezeichnete die Quantenphysik als „spukhaft", und Niels Bohr, ein Quantenpionier, wies darauf hin, dass „alles, was wir als real bezeichnen, aus Dingen besteht, die nicht als real angesehen werden können". Bohr sagte: „Wenn Sie die Quantenmechanik nicht zutiefst schockiert hat, dann haben Sie sie noch nicht verstanden." Aus all dem können wir das Potenzial der Zeitillusion zur Manipulation der menschlichen Wahrnehmung und des menschlichen Verhaltens erkennen. Wir sind wieder bei der Kontrolle der Wahrnehmung und der Versklavung der Menschen durch die wahrgenommenen Grenzen der Zeit.

Genauso gibt es keinen „Raum", weshalb ich das Wort im ganzen Buch in Anführungszeichen gesetzt habe. Betrachten Sie den Nachthimmel, und die Lichter der Sterne und Planeten scheinen so weit entfernt zu sein. Astronomen sprechen von Millionen und Milliarden von Lichtjahren „Entfernung". Der Nachthimmel existiert wie die gesamte scheinbar physische Realität, nur in dieser Form in unserem Gehirn. Sterne und Planeten sind in ihrem Grundzustand Wellenform-Informationen (zusammen mit dem „Raum" zwischen ihnen), und wir decodieren diese Informationen in holografische Scheinphysikalität. Die Gesamtheit dessen, was Sie in der „Weite" des „Raums" sehen, existiert nur in dieser Form in Ihrem Gehirn. Wo ist dann die „Weite" des „Raums"? Wenn Sie ein Videospiel in virtueller Realität spielen, wird Ihren Sinnen „Zeit" in der Form präsentiert, dass eine Szene auf die andere folgt und es scheinbar „Raum", Tiefe und Perspektive zwischen den Figuren, Gebäuden und der Landschaft gibt. All das sind nur Informationen, die im Spiel verschlüsselt sind und die das Headset an Ihre Sinne weitergibt. „Zeit" und „Raum" sind kalkulierte Illusionen, die in der Simulation verschlüsselt sind, um unsere Wahrnehmung zu verwirren.

Elektrische Simulation

Eine weitere Bestätigung für eine Simulation liefern die Forschungen, die zeigen, dass das Universum ein elektrisches System ist. Wir sehen all diese „physischen" Lichter am Nachthimmel, während man auf einer anderen Frequenzebene ein gigantisches elektrisches Netzwerk sehen würde, das alle Planeten und Sterne zu einem einheitlichen elektrischen/elektromagnetischen System verbindet (Abb. 71 und 72). Planeten und Sterne sind nach Ansicht der Rechercheure auf diesem Feld „nur ein Gerät in einem Schaltkreis". Pioniere wie der 2023 verstorbene australische Physiker Wallace Thornhill und der amerikanische Rechercheur und Schriftsteller David Talbott haben die Forschung unter

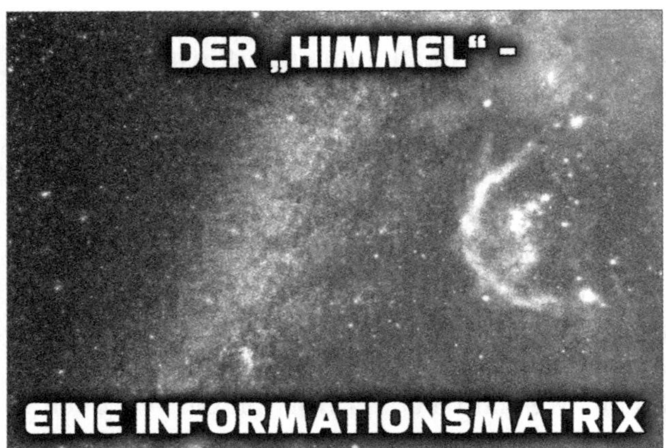

Abb. 71: Wir sehen Sterne und Planeten mit „Raum" dazwischen, aber sie sind Punkte in einem universellen elektrischen System.

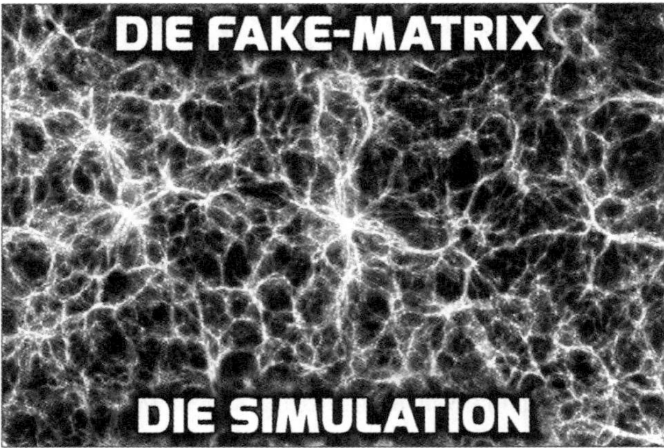

Abb. 72: Wenn wir das Universum auf einer anderen Ebene sehen könnten, würde es als ein riesiges elektrisches Netz erscheinen – das kosmische Internet.

den Titeln „Electric Universe" [dt.: „Das Elektrische Universum"] und „Thunderbolts of the Gods" [dt.: „Blitze der Götter"] vorangetrieben. Zu ihnen gesellt sich eine immer größer werdende Zahl von Menschen, die gesehen haben, dass wir das Universum nur verstehen können, wenn wir seine elektrische Natur verstehen. Was wir als das Universum wahrnehmen, ist in Wirklichkeit eine holografische Projektion, die vielleicht gar nicht so substanziell ist, wie die Wissenschaftler glauben. Vielleicht sehen wir das uns bekannte Universum bereits in seiner vollen Ausdehnung. Es besteht keine Notwendigkeit, das zu simulieren, was für den Menschen unsichtbar ist, zumindest im Moment nicht. Die Befürworter des elektrischen Universums verweisen auf die vom Herschel-Teleskop identifizierten Filamente, die die Sterne zu einem nahtlosen Netzwerk verbinden. David Sibeck, ein Projektwissenschaftler am Goddard Space Flight Centre der NASA, sagte dazu:

> „Die Satelliten haben Hinweise auf magnetische Stränge gefunden, die die obere Atmosphäre der Erde direkt mit der Sonne verbinden. Wir glauben, dass Sonnenwinde entlang dieser Stränge einströmen und Energie für geomagnetische Stürme und Polarlichter liefern."

Die Forscher des Elektrischen Universums haben dieses Phänomen vorausgesagt, wie so viele andere Entdeckungen der letzten Zeit, die sich auf ein universelles elektrisches System beziehen. Die elektrische/elektromagnetische

Wechselwirkung zwischen Sonne und Erde ist das, was das Klima wirklich beeinflusst, und nicht die menschliche Aktivität durch das Kohlenstoffdioxidgas, von dem die „natürliche“ Welt und die Nahrungsmittelversorgung abhängen. Das beobachtbare Universum besteht zu 99,999 Prozent aus Plasma, das ein nahezu perfektes Medium für Elektrizität und Elektromagnetismus ist. Plasma ist als der vierte Zustand der „Materie“ bekannt. Der amerikanische Wissenschaftler Irvin Langmuir (1887-1957) fand heraus, dass sich zwischen Plasmawolken mit unterschiedlichem elektrischem Potenzial (Ladung) aufgrund ihrer Wechselwirkung eine Barriere bildet, die planetare Magnetosphären oder elektromagnetische Felder abgrenzt. Planeten und Sterne erzeugen eine einzigartige energetische Signatur, und eine Magnetosphäre bildet sich, wenn diese Signatur oder elektrische Ladung auf eine andere Ladung trifft (Abb. 73). Die gesamte Darstellung der Mainstream-Wissenschaft in Bezug auf die Sonne wird neu geschrieben werden müssen, wenn die Wahrheit ans Licht kommt, dass der Stern unseres Sonnensystems keine elektrische Energie erzeugt, sondern sie lediglich aus dem universellen Feld verarbeitet (über dies und über das elektrische Universum im Allgemeinen siehe „Alles, was Sie wissen sollten, Ihnen aber nie jemand erzählt hat“).

Abb. 73: Magnetosphären werden durch eine Barriere gebildet, die automatisch durch Plasma entsteht, wenn eine elektrische Ladung auf eine andere trifft. Diese werden als Langmuir-Hüllen bezeichnet.

Die Simulation ist so aufgebaut, dass das elektrische Universum mit dem elektrischen Gehirn interagiert (Abb. 74). Der menschliche Körper ist ein elektrisches System mit einem Gehirn, das Informationen elekt-

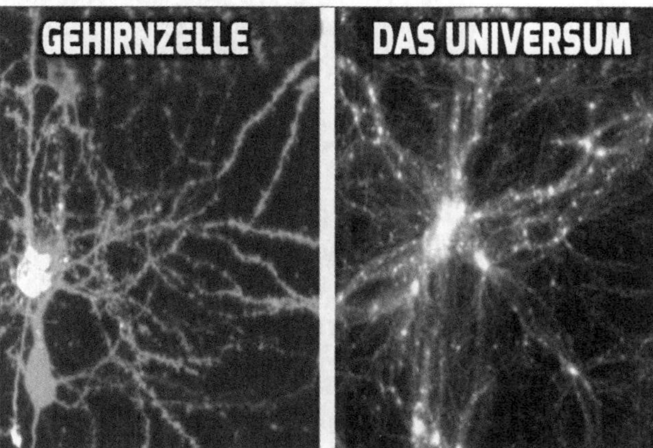

Abb. 74: Die bemerkenswerte Ähnlichkeit zwischen der Gehirnaktivität und dem elektrischen Netz des Universums, aber das erwartet man ja auch bei Hologrammen.

risch austauscht und verarbeitet. Der Körper besteht größtenteils aus Wasser, weil er auf einer Ebene eine Batterie ist, die Loosh erzeugt, welches von Dämonen geerntet wird, dass wiederum zu einer lebensbedrohlichen Dehydrierung der Batterie führen kann. Gehirn und Herz bestehen zu etwa 73 Prozent aus Wasser, und ihr elektrisches System gerät durcheinander, wenn dieser essenzielle Anteil zu niedrig ist. Die DNS ist ein softwaretechnisches Programm, das elektrisch kommuniziert und Informationen mit dem elektrischen Universum austauscht. Die gesamte „Natur“ ist elektrisch. Bienen finden Pollen durch elektrische Signale, die von Blumen übertragen werden, und die Ley-Linien oder das Meridiansystem, das die Kraftzentren auf der Erde verbindet, transportiert elektrische, energetische Informationen als Teil desselben universellen Netzwerks (siehe meine zweiteilige Ickonic-Dokumentation „Albion – Herz der Welt“). Die Astrologie ist eine Manifestation des elektrischen Systems. Die Planeten und Sterne senden ihre einzigartige Frequenz in das universelle Feld, mit dem wir ständig im Austausch stehen. Ihre elektromagnetischen und elektrischen Felder tauschen Informationen aus. Planeten und Sterne beeinflussen das universelle Feld mit ihrer eigenen Frequenz, während sie sich in ihren programmierten Zyklen bewegen. Wenn sie in bestimmten Ausrichtungen zusammenkommen, die

Abb. 75: Astrologie ist das Lesen der Wellenform-Interaktion zwischen Planeten, Sternen und Menschen. Sie kann sehr nützlich sein, solange wir wissen, dass sie die Simulation deutet. (Bild: Neil Hague)

als Konjunktionen, Transite, Quadrate, Oppositionen usw. bekannt sind, wird der Einfluss auf das Feld durch die kollektive Kraft verstärkt. Die Menschen haben unterschiedliche Frequenzfelder, die zum Teil auf den Zustand des universellen Feldes („Sternzeichen") zurückzuführen sind, wenn sie in diese Realität eintreten. Sie werden dann auf unterschiedliche Weise von den laufenden Planetenbewegungen und der energetischen Symphonie, die die Planeten mit ihren Tönen und Frequenzen erzeugen, beeinflusst. Wenn man dieses Wissen beherrscht, kann man die Einflüsse deuten, und auf diese Weise sagen die besten Astrologen „Trends" oder Energieströme voraus (Abb. 75). Ich betone noch einmal, dass sie die Auswirkungen auf das Simulationsfeld und nicht auf die Unendliche Realität deuten. Ihre Informationen können wertvoll sein, wenn man nach dem besten Zeitraum für eine Aktion innerhalb der Simulation sucht, und ich habe Astrologen getroffen, die für große Firmenchefs arbeiten und wissen, dass Astrologie real ist, egal wie sehr die Mainstream-„Wissenschaft" das Gegenteil behaupten mag.

Sehen ist Decodieren

Diejenigen, die die Simulationsversion der Realität ablehnen, verweisen auf die phänomenale Rechenleistung, die erforderlich wäre, um ein Universum oder den Teil des „Universums" zu erschaffen, den wir zu sehen glauben. Diese Kritik ist aus mehreren Gründen nicht stichhaltig. Erstens handelt es sich nicht um eine Technologie, die der Mensch derzeit verstehen kann. Die moderne Technologie spiegelt einige KI-Fähigkeiten im Astral wider, allerdings in weitaus begrenzterer Form. Wir vergleichen hier nicht Gleiches mit Gleichem. Zweitens wird das Decodieren der Wellenform-Informationskonstrukte, auf denen die Simulation beruht, nicht von einem Computer, wie wir ihn kennen, durchgeführt. Das Decodieren ist die Arbeit des Gehirns, und das gesamte simulierte Universum wird nicht ständig manifestiert – nur wenn wir es *beobachten*. Der Akt der Beobachtung löst den Decodierungsprozess aus, durch den das Gehirn die in Wellen verschlüsselten Informationen in die Illusion einer physischen Welt umwandelt. Ich habe in anderen Büchern ein einfaches Beispiel für das Thema eines fallenden Baumes verwendet. Macht ein fallender Baum ein Geräusch? Die Antwort – nur wenn man es hört. Ein fallender Baum ist ein elektromagnetisches Feld in Wellenform, das sich durch die Simulation bewegt, die ein elektromagnetisches Feld in Wellenform ist. Dabei verursacht er eine Schwingungsstörung in dem Feld. Wenn niemand da ist, ist das alles, was er tut. Es entsteht kein Ton. Ist ein Beobachter anwesend, wird die Schwingungsstörung der Wellen von den Ohren aufgenommen und elektrisch an das Gehirn weitergeleitet, das die Information in das Geräusch eines fallenden Baumes decodiert. Auf dieselbe Weise „sehen" (manifestieren) wir nur den Teil der Simulation, den wir decodieren. Einige Wissenschaftler haben tatsächlich behauptet, dass die physische Realität nur dann existiert, wenn wir sie sehen. Sie bezeichnen dies als „Beobachtereffekt", aber es ist weniger der Beobachtereffekt als der *Decodierer*-Effekt. Wenn Sie ein Computerspiel der virtuellen Realität spielen, ist nicht das ganze Spiel auf einmal zu sehen. Sie sind sich nur des Teils des Spiels bewusst, der durch das Headset an Ihre Sinne übermittelt wird. Alles andere bleibt in Form von elektrischen Schaltkreisen und Codes erhalten. Genauso ist das Universum und unsere gesamte Realität ein Konstrukt aus Wellenformen, bis der Beobachter es in eine digitale holografische Realität entschlüsselt. Die Computer-Analogie funktioniert jedes Mal. Pao L. Chang schrieb in seinem *Waking Times* Artikel:

> „Die Kernstrukturen der Realität funktionieren ähnlich wie die eines Computers. Ein Computer kommuniziert und arbeitet mithilfe von Binärcodes, also Codes, die aus Einsen (ein) und Nullen (aus) bestehen. Binäre Codes sind sehr einfach, aber mit den richtigen Kombinationen können sie Computern helfen, großartige Dinge zu schaffen.
>
> Wenn wir zum Beispiel mit einer Computersoftware ein Bild malen, besteht der Kernzustand der Farben und Formen im Bild grundsätzlich aus Einsen und Nullen. Wir sehen unser Bild nicht als Einsen und Nullen, weil die Zentraleinheit (CPU) und ihre Pendants die Binärcodes als Farben und Formen verarbeiten. Das Tollste an Binärcodes ist, dass es keine Grenzen für Kombinationen gibt ...
>
> ... Der einfache Prozess, binäre Codes zu verwenden, um Dinge in der Hardware von Computern zu erschaffen, ist der Art und Weise sehr ähnlich, wie die Schöpfung unsere äußere Realität oder materielle Welt erschafft. Die materielle Welt funktioniert sehr ähnlich wie eine virtuelle Realität. In ihrem Kern besteht die materielle Welt nur aus Licht (Energie), das an- und ausschaltet, um Energiecodes zu erzeugen."

Der Akt der Beobachtung veranlasst das Gehirn, „Licht" in holografische Realität umzuwandeln, und es ist nicht notwendig, dass das Universum durch „Rechenleistung" ständig holografisch und digital manifestiert wird. Wissenschaftlern der Australian National University behaupten, den Beobachtereffekt bewiesen zu haben, und sie sind damit bei weitem nicht allein. Professor Andrew Truscott sagte, dass „auf der Quantenebene die Realität nicht existiert, wenn man sie nicht betrachtet". Das berühmte Quanten-Doppelspaltexperiment wird damit erklärbar. Elektronen, die durch Schlitze in einer Kupferplatte auf einen Schirm geschossen werden, erzeugen ein Interferenzmuster (siehe Hologramm), das auf wellenförmiges Verhalten hindeutet. Nun, das tun sie, bis sie *beobachtet* werden. Zu diesem Zeitpunkt verhalten sich die Elektronen wie *Teilchen* nicht wie Wellen, und es gibt kein Interferenzmuster. Der Akt der Beobachtung hat Wellen in Teilchen verwandelt – die Wellenform in einen holografischen Zustand. Die Wissenschaftler stellen fest, dass die Simulation Energie spart, indem sie nur das zeigt, was notwendig ist, um die menschliche Wahrnehmung zu täuschen. Das macht Sinn, wenn man sich vor Augen führt, dass die Realität eine Simulation ist und wir nur den Teil der Simulation, den wir beobachten, in eine illusorische physische Realität decodieren. Die Grenzen der Simulation sind nie sichtbar, denn sie existieren bei Lichtgeschwindigkeit, mit der sich Menschen „physisch" nicht fortbewegen können. Die Realität beginnt bei Annäherung an die Lichtgeschwindigkeit zu verfälschen und verhält sich sehr seltsam („Zeit" spielt verrückt), da dies die Grenze der Simulation auf der 3-D-Ebene ist.

Im Kontext der Aussagen von Pao L. Chang, der über Farben und binäre Codes spricht, ist auch zu erwähnen, dass wir Farben nur wahrnehmen, wenn das Gehirn die Frequenz dieser Farbe decodiert. Der berühmte englische Wissenschaftler Isaac Newton (1642-1726) bezeichnete den Frequenzbereich der Regenbogenfarben als „Spektrum". Das ist passenderweise lateinisch und bedeutet Erscheinung oder Phantom, und daraus leitet sich das Wort Gespenst ab. Schwarz absorbiert alles Licht, ist also schwarz; Weiß reflektiert alles Licht, ist also weiß; und verschiedene Farben absorbieren einige Lichtfrequenzen und reflektieren andere. Das, was sie reflektieren, ist das, was wir als ihre Farbe sehen, wenn diese reflektierten Frequenzen von den Sehsinnen in elektrische Informationen entschlüsselt und im Gehirn in eine holografische Wahrnehmung umgewandelt werden. Farben und Farbschattierungen sind Informationsfelder mit unterschiedlichen Frequenzen, die erst dann zu den Farben werden, die wir zu sehen glauben, wenn wir sie in dieser Weise beobachten – decodieren. Habe ich gesagt, dass das *alles* eine Illusion ist? Das muss ich wohl.

Was ist „Geschichte" *wirklich*?

Sobald wir die simulierte Realität betrachten, tauchen viele Fragen auf. Was ist Geschichte? Existiert sie wirklich so, wie wir sie wahrnehmen? Eine Simulation bietet die Möglichkeit, laufend etwas hinzuzufügen, so wie man Text in eine Computerdatei einfügt und dadurch den gesamten nachfolgenden Text neu anordnet. Könnte unsere „Geschichte" auf die gleiche Art und Weise entstehen? Könnten Entdeckungen, die „die Geschichte umschreiben", einfach nur Einschübe in der Matrix sein, um mit unseren Gedanken zu spielen? Diese Überlegungen müssen auf jeden Fall berücksichtigt werden, wenn man die Simulation der Realität in Betracht zieht. Hat die „Geschichte" wirklich stattgefunden oder wird sie uns von der KI vorgesetzt? Immer öfter ertappe ich mich beim Nachdenken über Handlungen, die ich vor Stunden getan habe, und frage mich, ob sie wirklich passiert sind oder ob ich nur glaube, dass sie passiert sind. Ich behaupte weder das eine noch das andere, obwohl es richtiger wäre, zu sagen, dass alles gleichzeitig im JETZT geschieht. Die lineare Abfolge der Ereignisse wird durch die Simulation vorgegeben. Die Simulation hat viele Zeitlinien, und wer kann schon sagen, dass alte Gesellschaften wie das Römische Reich nicht immer noch als 3-D-Projektionen aus dem Astral existieren und dass es verunsicherte Göttliche Funken gibt, die glauben, dass sie in ihnen leben? Ich schreibe seit 2004 über „Zeitschleifen", als ich das Buch „Tales from the Time Loop" [dt.: „Geschichten aus der Zeitschleife"] veröffentlichte, in dem ich die Idee untersuchte, dass die Realität auf einer sich wiederholenden „Zeitschleife" beruht, in der sich eine Abfolge von Ereignissen immer und immer wieder wiederholt und dann „neu gestartet" wird, um von vorne zu beginnen. Auch das Thema der immer wiederkehrenden Endzeitkatastrophen, die in Abständen bis weit in die Geschichte zurückreichen, könnte damit zusammenhängen.

Zeitschleifen würden mit der Theorie des „Yuga-Zyklus" aus dem alten Indien (oder „alt", wie wir es wahrnehmen!) übereinstimmen. Diesem Glauben zufolge befinden wir uns jetzt im Kali Yuga, dem Zeitalter der Dunkelheit, in dem laut „Mahabharata" die „Weltseele" schwarz ist und die Menschen von „Bösartigkeit, Krankheit, Lethargie, Zorn, Naturkatastrophen, Angst und Furcht vor Knappheit" überwältigt werden, wie es in einem Artikel heißt, auf den ich gestoßen bin. Das Kali Yuga wird als das Eiserne Zeitalter bezeichnet, andere sind das Satya Yuga oder Krita Yuga (Goldenes Zeitalter), Treta Yuga (Silbernes Zeitalter) und das Dwapara Yuga (Bronzezeitalter). Eine Interpretation besagt, dass das derzeitige Kali Yuga im Jahr 2025 endet und danach eine Übergangszeit von 300 Jahren folgt, bevor das Dwapara Yuga beginnt. Jedes Yuga soll tausend Jahre dauern, obwohl die Details etwas nebulös sind. Manche sagen, ein vollständiger Yuga-Zyklus dauere 24.000 Jahre. Dies entspricht in etwa dem Präzessionsjahr von 25.765 Jahren, also dem Zeitraum, den die Sonne benötigt, um alle zwölf astrologischen Zeichen zu durchlaufen, in die der Himmel theoretisch unterteilt ist. Es heißt, dass die Yuga-Zyklen zwischen einem Anstieg von Wissen, Glück, Moral und Spiritualität und dem Niedergang all dieser Zustände schwanken. Die Befürworter glauben, dass die Zyklen ewig andauern, so wie Tag und Nacht und der zunehmende und abnehmende Mond. Am Ende eines jeden Zyklus kommt es zu geologischen Umwälzungen und Umweltkatastrophen, die so gut wie alle Spuren ihrer Zivilisationen auslöschen. Die geologischen Aufzeichnungen, wenn man daran glaubt, unterstützen diese kataklystische Erzählung. Auch andere Kulturen haben in ähnlicher Weise an bestimmte Zyklen geglaubt. Die Zoroastrier sahen offenbar einen Zyklus von 12.000 Jahren und das griechische Große Jahr oder Perfekte Jahr lag je nach Quelle zwischen 10.800 und 12.954 Jahren. Lässt man die Details beiseite und konzentriert sich auf das wiederkehrende Thema der unterschiedlichen Zyklen, dann hat man die Grundlage für ein Softwareprogramm, das die Simulation durch immer wiederkehrende Perioden der Erfahrung und des Loosh-Sammelns führt, mit einem „Neustart" dazwischen, der die Beweise für eine Periode löscht, um die nächste vorzubereiten. Dies würde Historiker, Geologen und Anthropologen, die versuchen, sich einen Reim auf das Ganze zu machen, völlig verunsichern.

Die Realität ist insofern interaktiv, als die Matrix uns beeinflusst und wir die Matrix beeinflussen können – *wenn* ein erwachender Göttlicher Funke beteiligt ist. Erschaffen wir „Geschichte", indem wir an sie glauben? Ist „Geschichte" real oder ein Glaubenssystem? Ist sie eine konstruierte Erinnerung an etwas, das nie geschehen ist? Ich behaupte nicht, dass dies der Fall ist, sondern nur, dass solche Möglichkeiten in Betracht gezogen werden müssen, wenn wir es mit einer Simulation zu tun haben. Sind die verschiedenen Spezies wirklich so entstanden, wie wir glauben, oder erscheinen sie nur als Ergänzungen in der Matrix, wenn die Kontrolleure sie haben wollen? Kommen und gehen Spezies wie bei einem Massenaussterben, weil die Kontrolleure es so wollen? Haben sich die menschlichen Körper entwickelt oder durchliefen sie eine Reihe von Versuch-und-Irrtum-Schöpfungsphasen, die Anthropologen als „Evolution" bezeichnen? Erklärt dies die „fehlenden Glieder" in der Geschichte des menschlichen Körpers? Erzählt uns die Geschichte von Adam und Eva symbolisch von der Erschaffung der ersten menschlichen Schöpfung durch das Jaldabaoth-Bewusstsein, um Göttliche Funken mit der Simulation zu verbinden? Bezieht sich die biblische Geschichte über das Vermischen der Söhne des Gottes mit den Töchtern der Menschen wortwörtlich auf die Fortpflanzung mit einer nicht menschlichen Kraft oder auf die Manipulation der menschlichen Natur auf der Suche nach besserem Loosh? In einer simulierten Realität ist alles möglich, und einige Rechercheure behaupten, in den historischen Erzählungen Muster erkannt zu haben, die auf eine mathematische oder softwaretechnische Formel hindeuten, die auf eine Simulation schließen lässt. Jason Breshears von der Website Archaix, der Bücher zu diesem Thema geschrieben hat, sagt: „Was wir als Weltgeschichte betrachten, ist eine Reihe von Zyklen und Epizyklen, die so perfekt ablaufen, dass wir die nächste Reihe von Ereignissen tatsächlich vorhersagen können."

Was ist „Natur" wirklich?

Dann gibt es noch das Konzept der „Natur". Die Leute sagen, dass sie es lieben, in der Natur zu sein, und ich liebe es, auf dem Land zwischen Feldern und Wäldern spazieren zu gehen, aber wenn wir uns in einer Simulation befinden, was ist dann Natur außer *simulierter* Natur? Die Simulation ist eine „schlechte Kopie" der Primärrealität, in der das, was wir als Natur bezeichnen, existiert, aber existiert sie auch hier? Oder nehmen wir etwas als „natürlich" wahr, das nur eine Wellenform/digitale Kopie der „Natur" ist? Denken Sie daran, dass die „Farben" der „Natur" nur Frequenzen sind, die vom Gehirn decodiert werden. Wir glauben zu wissen, was „Natur" ist, doch womit können wir sie vergleichen? Und wie können wir das Natürliche von dem Simulierten unterscheiden, wenn es nur das Simulierte gibt? Wenn unsere Realität eine Simulation ist, dann muss die Natur auch simuliert sein und nicht natürlich. Ist unsere Liebe zur Natur eine Erinnerung und Sehnsucht nach der echten Natur in der Primärrealität? Versucht die reale Natur durch die simulierte Natur mit uns in Verbindung zu treten? Ist das der Grund, warum unser Geist in der simulierten Natur fliegen kann?

In diesem Zusammenhang kommen wir auch auf das Konzept von „Gaia" und die „Gaia-Hypothese" zu sprechen, die von dem verstorbenen ehemaligen NASA- und MI5-Wissenschaftler James Lovelock vorgeschlagen wurde und der zufolge die Erde als selbstregulierendes System funktioniert. Lovelock sagte, dass lebende und nicht lebende Teile des Planeten ein interagierendes System bilden, das wie ein einziger Organismus funktioniert. Er nannte dies „Gaia" nach der griechischen Göttin der Erde, und wir haben die grüne und New-Age-Wahrnehmung von Gaia als Erdgeist; aber lässt sich das, was Lovelock beschreibt, nicht perfekt als ein vernetztes und interagierendes System erklären, das von Software gesteuert wird? Ein Erdgeist als Primäre Erde? Okay, damit kann ich leben. Mit einer *simulierten* Erde? Das glaube ich nicht. Versucht der Geist der Primären Erde, uns durch die simulierte Erde zu beeinflussen? Sehr gut möglich, und vielleicht ist es das, was die Menschen empfinden, wenn sie von einer Verbindung mit der Erde und Gaia sprechen, wie bei der Natur. Die Realität der Primärerde teilt denselben „Raum" mit der Simulation und liegt nur auf einer anderen Frequenz. Wenn die Menschen von einer kommenden „neuen Erde" sprechen, könnte dies das Wiedererscheinen der Primären Erde durch die Auflösung der Simulation symbolisieren? Lovelock war übrigens ein ernst zu nehmender Klimawandel-Alarmist, der später einen drastischen Rückzieher machte und sagte, dass Umweltschützer die globale Erwärmung wie eine Religion behandeln würden. „Ich glaube nicht, dass es den Menschen aufgefallen ist, aber sie verwenden all die Begriffe, die auch in Religionen benutzt werden

... Die Grünen setzen auf Schuldgefühle. Das zeigt nur, wie religiös die Grünen sind." Stimmt alles. Die simulierte, falsche „Göttin Gaia" ist die Gottheit des Klimakults.

Softwareprogramme sind hackbar

Forscher an der Universität von Washington haben bewiesen, dass es möglich ist, bösartige Software in „physische" DNS-Stränge einzuschleusen. Ich weise schon seit Jahrzehnten darauf hin, dass die DNS und der Körper im Allgemeinen ein Softwareprogramm sind. Ich habe schon vor langer Zeit damit begonnen, den Körper als einen biologischen Computer zu beschreiben, und dies wurde inzwischen durch eine wachsende Zahl von Beweisen bestätigt. Tadayoshi Kohno, der Informatikprofessor, der die Washingtoner Studie leitete, verglich die Technik mit Hackerangriffen, bei denen bösartiger Code auf Webseiten oder in E-Mail-Anhängen verwendet wird. Die DNS besteht aus den Grundbausteinen A, T, G und C, die jeweils eine andere Lichtfarbe (Frequenz) aussenden. Forscher fanden heraus, dass die DNS in einem Prozess gehackt werden kann, indem die „physische" DNS in ein digitales Format umgewandelt wird, das auf Computer heruntergeladen werden kann. Die DNS selbst ist auf einer Ebene digital (Abb. 76). Auf diese Weise könnte gehackte DNS in Computer eindringen, die mit DNS-Sequenzen arbeiten, so die Studie. Das ist schon bedrohlich genug, aber was ist, wenn der Angriff in die andere Richtung geht, von Computersystemen und Strahlungsfeldern auf die DNS? Das könnte die menschliche Natur und die Art und Weise, wie das Gehirn Informationen verarbeitet, verändern. Ich vermute, dass die Veränderung mit den enormen Mengen an technologisch erzeugter Strahlung bereits geschieht, die von Türmen und Satelliten in niedriger Umlaufbahn ausgestrahlt wird, um die „Cloud" von 4G und 5G zu bilden, wobei 6G und 7G auf dem Weg

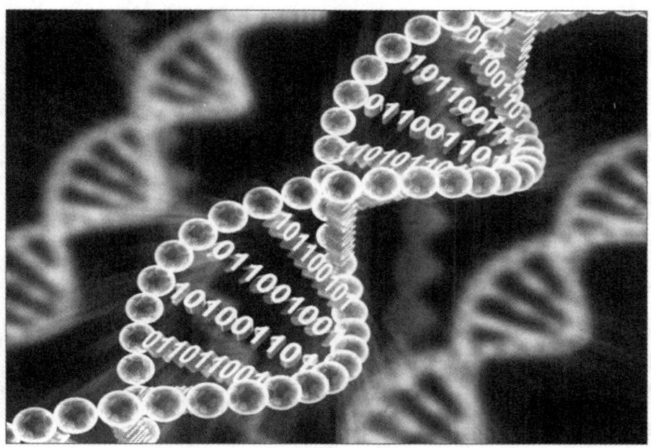

Abb. 76: Die DNS ist wie die gesamte 3-D-Simulation auf einer Ebene digital, und so funktioniert die Numerologie, um die Simulation zu lesen.

sind. Ich habe den menschlichen Körper schon lange als Antenne und die DNS als Empfänger und Sender von Informationen beschrieben. Jetzt hat ein Team an der University of Massachusetts-Amherst aufgezeigt, wie 6G den Menschen als Energiequelle nutzen könnte, indem es ihn als *Antenne* verwendet. Loosh-Fabrik, wer möchte? Die DNS entspricht fraktalen Prinzipien, und ich habe eine wissenschaftliche Arbeit mit der Überschrift gefunden: „DNS ist eine fraktale Antenne in elektromagnetischen Feldern". Wenn man bedenkt, dass die DNS ein Empfänger-Sender-System ist, kann man verstehen, wie wir über den Körper mit der Simulation verbunden sind.

All dies rückt den „Covid-Impfstoff" in ein völlig neues Licht. Offensichtlich ging es nicht darum, vor einem „Virus" zu schützen, dessen Existenz buchstäblich nie bewiesen wurde (siehe „Die Antwort"). Wie Pfizer zugeben musste, wurde der Impfstoff vor seiner Markteinführung nicht einmal daraufhin getestet, ob er die Übertragung (eines „Virus") verhindert. Warum auch, wenn es sich um eine militärische Biowaffe handelt, die nichts mit „Covid" zu tun hat? Wir haben die Impfverweigerer als Egoisten beschimpft, für die es in Ordnung war, „die Oma zu töten", wobei schwachsinnige (programmierte) Öffentlichkeitsvertreter als „Mobber" für den Kult agierten, aber inzwischen ist bekannt, dass die Impfung die „Übertragung" nicht gestoppt hat und dies in Wahrheit auch nie beabsichtigt war. Sie hatte von Anfang an eine andere Agenda. Weit davon entfernt, irgendjemanden zu schützen, tötete und zerstörte sie die Gesundheit im großen Stil und tut es immer noch. Das synthetische genetische Material und die Nanotechnologie im Fake-Impfstoff replizieren sich selbst und bauen ihre Schaltkreise weiter auf, um den Körper zu hacken und zu verändern. Die Nanotechnologie im Impfstoff wurde entwickelt, um den Körper und das Gehirn mit der Cloud zu verbinden, ich werde dies im weiteren Verlauf des Buches erläutern. Offiziell wurde unter anderem geleugnet, dass die synthetische mRNS in den Fake-Impfstoffen die DNS verändern kann, und wieder einmal wurde gelogen, um die wahre Motivation hinter den Impfungen zu verbergen. Es wurde behauptet, dass mRNS die DNS nicht beeinflussen kann, aber aus meinen eigenen jahrelangen Recherchen weiß ich, dass das nicht stimmt. Heute ist es klar, dass die DNS verändert wird. Das hat kolossale Auswirkungen auf die Änderung der Frequenzen, auf denen die DNS empfängt und sendet, und auf die Realitäten und Frequenzfelder, mit denen sich die Menschen verbinden. Auch hier geht es darum, die Verbindung zu allem außer der Simulation abzubrechen.

Virginie Joron, ein französisches Mitglied des Europäischen Parlaments, veröffentlichte eine Folie aus einer Präsentation von Özlem Türeci, Medizinische Vorstand von BioNTech, dem deutschen Unternehmen, das offiziell den sogenannten Fake-Impfstoff von Pfizer entwickelt hat. Die Folie zeigt, wie die synthetische mRNS *durch den Körper wandert* und wie der Fake-Impfstoff gezielt auf Lymphknoten wirkt. Die Folie trug die Überschrift „Der Bodyhack". Die Lügner des Kults auf der ganzen Welt wussten Bescheid und wussten auch, dass die zutiefst kranken, massenmordenden Hersteller (die vom Militär geleitet werden) davonkommen würden, weil die Regierungen ihnen Straffreiheit für die Todesfälle und die zerstörte Gesundheit gewähren. Big Pharma und die staatlichen „Regulierungsbehörden" sind dämonische Kultbetriebe, die das Gemeinwohl verachten. Bill Gates, der Kumpel des pädophilen Jeffrey Epsteins, förderte den Fake-Impfstoff direkt und durch seine Kontrolle über die Weltgesundheitsorganisation (WHO) für seine Rockefeller-Gebieter. Er hat mit den Gräueltaten, die er begangen hat, ein Vermögen gemacht. Gates kaufte Aktien von Pfizer vor dem „Covid"-Schwindel und verkaufte sie auf dem Höhepunkt der Fake-Impfstoff-Goldgrube im Jahr 2021, bevor die Folgen offensichtlich wurden. Die Bill & Melinda Gates Foundation machte das 15-fache ihrer ursprünglichen Investition und sicherte sich so einen Gewinn von etwa 260 Millionen Dollar, von denen 242 Millionen Dollar Berichten zufolge unversteuert blieben, weil das Geld über die steuerbefreite Stiftung investiert wurde. Gates ist ein Psychopath, das sind sie alle, und sie leiten Ihre Welt für deren astralen „Götter". Wenn Leute wie er behaupten, das Beste für die Menschheit zu wollen, ist es Zeit, zu lachen.

Das „Betriebssystem"

Die mRNS-Verschwörung ist seit langem im Gange. Einem Artikel im *British Medical Journal* zufolge hat allein die US-Regierung vor der betrügerischen „Pandemie" mindestens 337 Millionen Dollar in mRNS-Fake-Impfstoffe investiert, und dieser Betrag stieg bis 2022 auf 31,9 Milliarden Dollar. Moderna und Pfizer haben somit mehr als 100 Milliarden Dollar an Einnahmen aus dem Verkauf von Fake-Impfstoffen erzielt und im Gegenzug die Gesundheit einer unglaublichen Anzahl von Menschen weltweit zerstört (wobei das Militär zweifellos den größten Teil für seine inoffiziellen sogenannten „Black-Budget"-Operationen einstreicht). Der Kult und seine Big-Pharma-Spitze wissen, dass der Körper eine biologische Software ist, und haben den Fake-Impfstoff hergestellt, um das Programm zu manipulieren und es dem erweiterten Bewusstsein noch schwerer zu machen, Wirkung zu zeigen. Der Fake-Impfstoff-Hersteller Moderna (modRNS) bezeichnet die mRNS-Technik in seinen eigenen Dokumenten als „Betriebssystem" und nennt sie „Unsere mRNS-Medikamente – ‚Die Software des Lebens'":

> „Wir haben das große Potenzial der mRNS-Wissenschaft erkannt und uns daran gemacht, eine mRNS-Technologieplattform zu schaffen, die ähnlich wie ein Betriebssystem auf einem Computer funktioniert. Sie ist so konzipiert, dass sie austauschbar mit verschiedenen Programmen genutzt werden kann. In unserem Fall ist das ‚Programm' oder die ‚Anwendung' unser mRNS-Medikament – die einzigartige mRNS-Sequenz, die für ein Protein codiert ...
>
> ... Wenn wir ein Konzept für ein neues mRNS-Medikament haben und mit der Forschung beginnen, sind die grundlegenden Komponenten bereits vorhanden. Das Einzige, was sich von einem potenziellen mRNS-Medikament zum nächsten ändert, ist in der Regel die codierende Region – der eigentliche genetische Code, der die Ribosomen anweist, das Protein herzustellen. Die Verwendung dieser Befehlssätze verleiht unseren mRNS-Medikamenten in der Forschung eine softwareähnliche Qualität. Wir sind auch in der Lage, verschiedene mRNS-Sequenzen, die für unterschiedliche Proteine codieren, in einem einzigen mRNS-Experimentellpräparat zu kombinieren."

Jaldabaoth-Dämonen haben seit der Einführung der Simulation daran gearbeitet, den Körper als Loosh-Maschine zu perfektionieren, und der Fake-Impfstoff ist eine Manifestation dämonischer Besessenheit. Viele Menschen haben von Persönlichkeitsveränderungen bei ihren mit Fake-Impfstoffen geimpften Freunden, Bekannten und Familienmitgliedern berichtet. Doch dank des Bewusstseins, das die „Materie" durchdringt, und der Tatsache, dass nicht jeder ein vollwertiges mRNS-Fläschchen erhielt, traten diese Veränderungen jedoch nicht immer auf. Einige Personen bekamen eine Placebolösung, wie eine unabhängige Analyse der Fläschchen bestätigte. Damit sollte verhindert werden, dass zu viele Menschen auf einmal sterben und die Todesagenda des Kults dadurch zu offensichtlich wird, um unterdrückt werden zu können. Die fortgeschrittenen Pläne von Big Pharma, alle Impfstoffe auf das mRNS-System umzustellen, zielen darauf ab, jeden durch Zwangsimpfungen in die Enge zu treiben. Dazu gehört auch die Verwendung von mRNS in Impfstoffen für Nutztiere und Lebensmittel, einschließlich Obst und Gemüse. In einem „Faktencheck" der Nachrichtenagentur *AFP* (*Agence France-Presse*) hieß es: „Man kann keine Messenger-RNS (mRNS)-Impfstoffe erhalten, wenn man Fleisch von geimpften Nutztieren isst" (und bestätigte damit, dass man es doch kann, denn es beim „Faktencheck" darum geht, Fakten zu verschleiern und nicht sie zu belegen). So funktioniert die inzwischen explosionsartige Zunahme der dem Kult dienenden „Faktenchecker". Sie entscheiden reflexartig, dass alles, was die Agenda des Kults infrage stellt, „Desinformation" ist. Mit anderen Worten, sie sind professionelle Lügner. Fake-Impfstoffe, die Nahrungsmitteln beigemischt werden, sind Teil einer viel größeren Agenda, vor der ich seit Jahrzehnten warne, ebenso wie der Zusatz psychoaktiver Drogen zu Lebensmitteln, um die Wahrnehmung zu manipulieren und die Bevölkerung gefügig zu machen. Es gibt auch immer mehr Beweise dafür, dass mit Fake-Impfstoffen geimpfte Menschen andere mit ihrem synthetischen Nanotechnologie-Mist infizieren können. Die US Centers for Disease Control and Prevention (CDC) sollen die Bevölkerung vor Big Pharma schützen, werden aber von Big Pharma *kontrolliert*. Die kriminelle CDC-Direktorin Rochelle Wallensky, die für eine schockierende Zahl von Todesfällen durch die Impfungen und die „Pandemie"-Beschränkungen verantwortlich ist, sagte, dass die mRNS „im Arm bleiben" und schnell aus dem Körper ausgestoßen werden würde. Sie habt gelogen, wie es Psychopathen tun. Die synthetische Boten-Ribonukleinsäure (mRNS) in den Fake-Impfstoffen bleibt im Körper, so wie es schon immer geplant war. Ich werde später enthüllen, dass die Impfstoffe Teil einer geplanten Strategie sind, um den Körper von einem biologischen in einen synthetischen Organismus zu verändern, und diejenigen, die diesen Übergang nicht schaffen, werden Teil des Entvölkerungsprogramms des Kults.

Zeit für ein GROSSES Umdenken

In einer simulierten Realität ändert sich alles. Ereignisse können verändert werden, die Geschichte kann so sein, wie die Kontrolleure es wollen, und es dämmert die Erkenntnis, dass *alles* nur Täuschung und Illusion ist. Jedes Konzept und jedes Glaubenssystem, ob religiös, politisch oder kulturell, wird in einen völlig anderen Kontext gestellt. Nichts davon ist von Bedeutung. Der Glaube an das Christentum, den Islam, den Hinduismus, den Buddhismus, irgendeinen Ismus, was auch immer Ihr kulturelles Fundament oder das politische System Ihrer Wahl sein mag, sind nur Ablenkungen und Sackgassen, um diese einfache Tatsache zu verbergen: Alle Menschen, gleich welcher Herkunft, Hautfarbe, Volkszugehörigkeit oder welchen Glaubens, sind in einer kolossalen Illusion gefangen, die entwickelt wurde, um die Göttlichen Funken in einer Scheinrealität zu versklaven, die auf falschen Wahrnehmungen und Selbstwahrnehmungen beruht. Wie müssen die dämonischen Aufseher lachen, wenn sie beobachten, wie ihr menschliches Vieh sich an ein Kreuz nagelt, um „Jesus" zu feiern; wie sie sich den Rücken blutig schlagen, um einen falschen islamischen Helden zu ehren; oder wie sie Tausende von Böcken töten, um eine illusorische Hindu-Göttin zu verehren. Wie sie sich vor lauter Lachen die Bäuche halten müssen beim Anblick von Menschen, die als Selbstzweck dem Streben nach Ruhm, Status und Geld nachjagen und dabei denken, sie kämen in einer simulierten Fantasie weiter. Die Erkenntnis, dass wir in einer simulierten Realität leben, sollte uns alle vereinen und die Kluft des Teilens und Herrschens als das enthüllen, was sie ist – eine Illusion, die geschaffen wurde, um uns zu versklaven. Egal ob wir menschlich, schwarz, weiß, braun, christlich, muslimisch, hinduistisch, reich oder arm, haben oder nicht haben, wir sind nicht die Etiketten der Simulation. Wir sind wirklich alle zusammen Göttliche Funken des Unendlichen Gewahrseins, gefangen in Ebenen und Ebenen der Illusion. Daraus ergibt sich die Frage, warum wir hierher gekommen sind und warum wir durch die Reinkarnation in das zurückkehren, was für die große Mehrheit ein simuliertes Drecksloch ist. Darauf gibt es eine Antwort, und dorthin gehen wir als nächstes.

5

Willkommen zurück Kinder

Ich glaube nicht, dass die Wissenschaft und das Paranormale sich bekriegen müssen; vielmehr ist es wichtig, dass sie zusammenarbeiten. Es ist naiv zu glauben, dass die Welt genau so ist, wie sie scheint.

Chelsie Shakespeare

Ich bin seit vielen Jahrzehnten davon überzeugt, dass die Reinkarnation real ist, aber die traditionelle Version der ständigen Rückkehr zur Erde, um „Lektionen" für die „Weiterentwicklung" zu lernen, hat für mich nie einen Sinn ergeben. Reinkarnation ist eine gigantische Falle, in der die „Seelen" in und aus der 3-D-Realität wiederverwertet werden, was in Wirklichkeit ein Fließband in einer Loosh-Fabrik ist.

3-D ist nicht die einzige Ebene der Simulation. Wenn es so wäre, würde man dann zurückkommen, wenn es die Unendlichkeit zu erforschen gäbe? Was soll das Gefasel von vergangenen Leben, davon, dass ein Leben das nächste bestimmt, um Erleuchtung und „Perfektion" zu erlangen? Diese Grundsätze werden von Religionen wie dem Hinduismus und dem Buddhismus, aber auch von der westlichen Version namens New Age vertreten, und ich glaube, sie übersehen, was sich wirklich abspielt. Ich sage nicht, dass es keine Reinkarnation gibt. Ich glaube, es gibt sie. Die Frage ist nur – *warum*? Ich habe im Laufe der Jahre viele Bücher und Berichte über kleine Kinder gelesen, die sich an kleinste Details früherer Erfahrungen in dieser Realität erinnern. Ein Buch, das mir besonders im Gedächtnis geblieben ist, heißt „Das Kind, das die Zeit vergaß", welches die Rückerinnerungen von Kindern in Großbritannien an ihr früheres Leben beschreibt.

Es gab auch eine ausgezeichnete Fernsehserie, „The Ghost Inside My Child" (dt.: „Der Geist in meinem Kind"), die zu der Fülle an Beweisen beitrug, dass Reinkarnation real ist. Menschen mit Nahtoderfahrungen haben oft über den Reinkarnationszyklus gesprochen, ebenso wie diejenigen, die unter Hypnose

Abb. 77: Der Planet Erde entspricht einem Milliardstel eines Stecknadelkopfes, wenn man die Erde mit der geschätzten Größe des Universums vergleicht. Und wir müssen immer wieder hierher zurückkehren, sonst können wir uns nicht weiterentwickeln? Igitt?

in einen Zustand zwischen den Leben zurückversetzt wurden. Manche sagen, dass sie sich auch ohne Hypnose an das Erlebte erinnern. Ich habe kein Problem mit der Reinkarnation als Tatsache, aber sollen wir wirklich glauben, dass wir innerhalb der Unendlichen Möglichkeit immer wieder auf einen winzigen Planeten zurückkehren müssen, um Lektionen zu lernen, damit wir den Punkt erreichen, an dem wir nicht immer wieder zurückkommen müssen? Es scheint, dass wir das müssen, wenn man an die Reinkarnationstheorie glaubt. Ich setze mal „winzig" in die richtige Perspektive. Nimmt man das Größenverhältnis zwischen der Erde und dem Universum, wie es von der Mainstream-Wissenschaft geschätzt wird, dann entspricht dies dem Größenverhältnis zwischen einem *Milliardstel eines Stecknadelkopfes* und dem Planeten Erde (Abb. 77). Hat „Gott" keine anderen „Klassenzimmer"?

Stockholm-Syndrom – überall

Es gibt einen psychologischen Zustand, der als Stockholm-Syndrom bekannt ist, bei dem eine Geisel eine emotionale Bindung zu ihrem Entführer entwickelt. Der Begriff wurde erstmals 1973 verwendet, nachdem vier Geiseln ihre Entführer, die sie bei einem Banküberfall in Stockholm (Schweden) kidnappen haben, verteidigten und sich weigerten, vor Gericht auszusagen. Ich sehe das Stockholm-Syndrom in allen Bereichen der menschlichen Gesellschaft. Diejenigen, die missbraucht und versklavt werden, verteidigen ihre Peiniger gegen diejenigen, die die Gewalt anfechten wollen. Wir haben es bei „Covid" erlebt, als diejenigen, die auf den Schwindel und die Gefahren des Fake-Impfstoffs aufmerksam machten, von den anderen beschimpft und böswillig angefeindet wurden. Viele wünschten sich im Nachhinein, sie hätten auf sie gehört. Der Kern des Stockholm-Syndroms wird in diesem Zitat von Morpheus aus dem ersten „Matrix"-Film treffend beschrieben:

> „Die Matrix ist ein System, Neo. Dieses System ist unser Feind. Aber wenn du drinnen bist und dich umsiehst, was siehst du dann? Geschäftsleute, Lehrer, Anwälte, Schreiner. Genau diejenigen, die wir zu retten versuchen … Du musst verstehen, dass die meisten dieser Menschen nicht bereit sind, sich von der Matrix zu trennen. Und viele von ihnen sind so sehr daran gewöhnt, so hoffnungslos abhängig vom System, dass sie dafür kämpfen werden, um es zu beschützen."

Wie wahr diese Aussage doch ist, wenn man die menschliche Gesellschaft betrachtet. Man kann beobachten, wie die gefangenen Massen ihre Peiniger verteidigen und versuchen, ihre Gefangenschaft entweder als „Freiheit" oder als etwas zu ihrem Besten aufoktroyiert zu erklären. Ich höre die „spirituell Erleuchteten" sagen, dass trotz des Leidens in der menschlichen Welt „alles perfekt" ist und „so sein soll" und dass „Gott" in seiner Güte und Weisheit dies für uns will. Das ist es, was das *Stockholm-Syndrom* ausmacht, und ich bezweifle, dass es ein besseres Beispiel dafür gibt als die Reinkarnation. Das Recycling der Seelen in und aus diesem Reich des enormen Leidens, der Entbehrungen und der emotionalen Zerstörung wird als notwendig für unsere „Evolution" und unser Streben nach Vollkommenheit und Erleuchtung gerechtfertigt. Ich weiß, dass das Leben für so viele ein Albtraum ist, aber Gott ist wirklich wunderbar. Ehrlich! Christen glauben, dass „Gott" uns dieses Leben nur einmal gibt und uns dann in alle „Ewigkeit" nach unserem Verhalten beurteilt. Was für ein toller Kerl muss er sein oder eher total dumm und psychopathisch, falls dem so wäre. Kein Wunder, dass die Christen sagen, wir sollen „Gott fürchten" wie gottesfürchtige Christen. Er klingt wie ein rechter Tyrann. Was ist mit den Babys, die im Mutterleib oder wenige Minuten nach der Geburt sterben? Wie werden sie in der Ewigkeit beurteilt? *Schweigen*. Die ganze Idee ist verdammt lächerlich. Oft höre ich die Frage, warum ein „liebender Gott" so viel Leid und seelischen Schmerz zulässt, welche Milliarden von Menschen tagtäglich erleben, auch wenn sie diese Qualen nicht durch Reinkarnation wiederholen. Nun, vielleicht ist es nicht das Werk eines „liebenden Gottes". Vielleicht ist es das systematische Abschöpfen menschlicher Energie durch die Jaldabaoth-Simulation, die in Bezug auf Loosh erfordert, dass die Menschheit in niederfrequente mentale und emotionale Zustände manipuliert wird, um einen konstanten Zufluss dämonischer Nahrung zu gewährleisten. Vielleicht ist der „liebende Gott", den sie anbeten, in Wirklichkeit Jaldabaoth – „Satan" in Verkleidung, der nur vorgibt, ein „liebender Gott" zu sein? Würde das nicht all das Leid und den „liebenden" Gegensatz erklären?

Ich habe viele Videos von Hellsehern und „Gurus" gesehen, die dieselbe Geschichte wiederholen, dass Reinkarnation notwendig ist, um die „Seele" zu entwickeln. Sie fördern unwissentlich den dämonischen Kreislauf, indem sie den Göttlichen Funken darauf vorbereiten, die außerkörperliche „Geistige Welt" als einen Ort zu akzeptieren, an dem er seine „nächste Inkarnation" planen und wählen muss. Während einer Séance machte eine professionelle Hellseherin, die sehr aufrichtig zu sein schien, Vorhersagen für das Jahr 2023. Sie „sagte voraus", was bereits geschehen war, und erzählte uns, was „sie" planen, um die Menschheit zu versklaven. Wer „sie" sind, wurde nie angesprochen, aber das ist sicher der Schlüssel zu allem. Wenn „sie" in der „Geistigen Welt" sind, dann ist nicht alles Friede-Freude-Eierkuchen, oder? Wenn „sie" an der „Auswahl" jedes menschlichen Lebens beteiligt sind, haben sie vielleicht nicht nur unser Bestes im Sinn? Das würde erklären, warum so viele Menschenleben sich als Shit-Show entpuppen. Die Dame wurde auch nach den „Seelen" von Tieren gefragt, wobei sie Kühe als Beispiel anführte. Sie meinte, dass diese vielleicht noch nicht weit genug entwickelt seien, sich aber entwickeln könnten, je mehr sie mit Menschen zu tun hätten. Das scheint keine gute Idee zu sein, wenn man Gates, Schwab oder Biden über das Feld laufen sehen würde. Das Thema der sich entwickelnden „Seelen" ist ein Dauerbrenner und genau das, was die Dämonen uns glauben machen wollen.

Ich verstehe, warum Wahrsager und Gurus sowohl richtig als auch falsch liegen können. Sie sind insofern korrekt, als sie den Reinkarnationszyklus der Simulation beschreiben, aber sie irren sich, wenn sie diesen Zyklus als Schöpfung eines heiligen „Gottes" betrachten. Begabte Hellseher können durchaus Kontakt mit verstorbenen „Seelen" *innerhalb der Simulation* herstellen. Sie können den Menschen, die einen geliebten Menschen verloren haben, großen Trost spenden, wenn sie diesen Kontakt wirklich herstellen. Hellseher, die ihre Frequenz *über die Simulation hinaus* ausdehnen können, sind viel seltener, und sie werden eine ganz andere Beschreibung der Realität liefern als Simulationshellseher, die auf die Software-Realität der Matrix beschränkt sind. Auch östliche und New-Age-Gurus neigen zum selben Muster, indem sie ihren Anhängern von vergangenen Leben und der Notwendigkeit zukünftiger Leben erzählen, um Erleuchtung zu erlangen. Ich sage nicht, dass sie dämonisch sind – das sage ich nicht – aber ich sage, dass sie das dämonische Skript lesen und glauben, dass sie den Menschen helfen. Ich sage, dass es keine „Seele", keinen „Geist" und keinen „Körper" gibt, außer als Simulationskonstrukte, Technologie und Selbsttäuschung. Sie sind Illusionen dessen, was die Gnostiker das Nicht-Existierende nennen. In dem, was wir als „menschlich" wahrnehmen, ist nur der Göttliche Funke aus dem Reich der ewigen Existenz, den Oberen Äonen. Viele werden überrascht sein, wenn ich sage, dass es keine „Seele" in dem Sinne gibt, wie wir sie wahrnehmen, aber ich werde gleich darauf zurückkommen.

Die Falle des Verstandes und die Illusion der „Seele“

Ich kehre zu dem symbolischen Bild zurück, das in meinem Bewusstsein immer wieder auftaucht, während ich dieses Buch schreibe. Ich meine die „Vision“ von unzähligen Reihen Göttlicher Funken, die in eine Art WLAN-Feld im Astral eingetaucht sind, während sie von einem blauen, infrarotähnlichen Licht umhüllt sind. Das kosmische WLAN versorgt sie mit der kollektiven Realität der Simulation, was bedeutet, dass wir alle den gleichen grundlegenden Hintergrund und die gleiche Kulisse für das sehen, was wir als menschliche Realität erleben. Gesteuert wird das Ganze von einer Art künstlicher Intelligenz, die allem, was wir derzeit unter KI verstehen, weit voraus ist. Diese KI benutzt die Astralverstände als ein Werkzeug, um die „individuelle“ menschliche Lebenserfahrungen zu generieren. Der Göttliche Funke ist nicht nur unsere Verbindung zu Alles Was Ist, War Und Je Sein Kann; er ist die Quelle der Kreativität, die Jaldabaoth und seine Archonten (Satan und Dämonen) nicht haben. Sie müssen Göttliche Funken manipulieren, um ihre Kreativität für den Bau ihrer eigenen Gefängnisse zu nutzen. Die Göttlichen Funken werden in ihrer Wahrnehmung und Identität von einer Illusionsebene zur nächsten verzerrt, bis die Illusion zur Realität wird und die wahre Realität als Illusion wahrgenommen wird – eine weitere Umkehrung/Verdrehung. Die grundlegende Tatsache, die immer wieder betont werden muss, ist, dass die gesamte 3-D-Realität nur in den KI-Astralverständen existiert, die die Wahrnehmung der Göttlichen Funken kontrollieren. Wo befinden wir uns jetzt? Wir befinden uns in der fabrizierten „Vorstellung“ (Softwareprogramm) unseres KI-Astralverstandes.

Abb. 78: Wenn das Bewusstsein den Körper verlässt, dringt es überwiegend in den Astralbereich ein, der sich innerhalb einer Simulation befindet.

Ich werde noch weiter gehen. Es ist nicht nur die 3-D-Realität, die von der KI projiziert wird. Es ist die gesamte Simulation auf jeder Ebene. Die Simulationsfalle würde nicht funktionieren, wenn 3-D ihre einzige Ausdrucksform wäre. Das Bewusstsein würde den Körper verlassen und sagen: „Scheiß drauf, da gehe ich nicht mehr hin.“ Die dämonische Kraft muss die Göttlichen Funken auch im außerkör-

Abb. 79: Ein dämonisches KI-System gaukelt Göttlichen Funken vor, dass sie sich in einem menschlichen Körper befinden und dann in die Geistige Welt zurückkehren, bevor sie erneut inkarnieren, um „weitere Lektionen zu lernen". Die menschliche und die geistige Welt sind verschiedene Stufen desselben KI-Programms. (Bild: Neil Hague)

perlichen Zustand einfangen. Hier kommt die Reinkarnation ins Spiel. Wenn sich das Bewusstsein am Ende eines menschlichen Zyklus zurückzieht, tritt es in das ein, was als „Geistige Welt" wahrgenommen wird. Die außerkörperliche Realität, die die meisten Nahtoderfahrenen beschreiben, sind die Astralebenen der Simulation, die die meisten für den „Himmel" halten (Abb. 78). Wenn man eine gefälschte menschliche Welt hat, in der das Konzept des Himmels weit verbreitet ist, braucht man einen gefälschten Himmel, um die Illusion aufrechtzuerhalten. Die KI verfolgt und lenkt alles, sie vermittelt dem Göttlichen Funken den Anschein eines menschlichen „physischen" Lebens, das nach dem Tod in der „Geistigen Welt" weiterexistiert (Abb. 79). Er nimmt die kollektive Simulation durch die KI wahr und erlebt gleichzeitig eine „individuelle Reise", die vom KI-Astralverstand geliefert wird. Es ist, als würde man ein Virtual-Reality-Spiel spielen, dem man durch selbst gewählte Aktionen eine persönliche Note verleiht. Die KI entwirft ein „menschliches" Leben und das, was man sieht, wenn es vorbei ist. Wenn ein Göttlicher Funke ein menschliches Leben als Christ erfahren hat, ist es sehr wahrscheinlich, dass er beim Verlassen des Körpers „Jesus" zu sehen glaubt. Ein Moslem wird vielleicht einen islamischen Helden sehen, und dasselbe gilt für andere Glaubensrichtungen. Es ist nicht wirklich „Jesus" oder eine andere religiöse Figur. Genauso wenig sieht unser körperloses Bewusstsein Verwandte, die vor ihm gestorben sind. Dies sind Manifestationen, die von dem Programm hervorgerufen werden, das durch den KI-Astralverstand läuft.

Göttliche Funken sind in den Körper und die außerkörperlichen Informationen eingetaucht. Sie richten ihre Aufmerksamkeit auf die sich entfaltenden Erfahrungen, während das Menschliche- und dann das Geistige-Welt-Programm ihren Zyklus durchlaufen. Ich sagte bereits, dass eine energetische Verbindung mit dem hergestellt wird, worauf wir unsere Aufmerksamkeit richten. Jaldabaoth und die Dämonen manipulieren die Menschen, sie als „Gott" oder „Götter" zu verehren, weil die daraus resultierende energetische Verbindung es ihnen ermöglicht, ihren Loosh zu ernten. Die Menschen stellen eine energetische Verbindung her, die sie „Seele“ nennen, wenn Göttliche Funken ihre Aufmerksamkeit auf ihre „Erfahrungen“ in der menschlichen und Geistigen Welt richten. Die Seele ist der Fokus des Göttlichen Funkens auf das, was er glaubt zu erleben. Diejenigen, die an ein „Leben nach dem Tod“ glauben, sagen, dass die „Seele“ beim „Tod“ aus dem Körper austritt. In Wirklichkeit zieht sich die Aufmerksamkeit des Göttlichen Funkens – der „Seele“ – vom „menschlichen“ Teil des KI-Programms zurück und konzentriert sich wieder auf den Teil der Geistigen Welt. Es ist nicht die „Seele“, die sich zurückzieht, es ist die Aufmerksamkeit des Göttlichen Funkens. Diese Aufmerksamkeitsverbindung absorbiert die Erinnerungen an ihre Erfahrungen, die in der Geistigen Welt aufbewahrt werden. Die „Seele“ existiert nach dem „Tod“ des Menschen weiter, weil die Aufmerksamkeit des Göttlichen Funkens weiter existiert, und sie wird Erinnerungen an das menschliche Leben behalten, das sie glaubt, gehabt zu haben. Diese Seelenerinnerungen, die in einer „menschlichen“ Erfahrung angesammelt wurden, sind eine wichtige Quelle des Looshs. Sie werden sich dann auflösen, wenn ein neues menschliches Lebensprogramm auf die Erfahrungen in der Geistigen Welt folgt, was als Reinkarnation bezeichnet wird. Die Erinnerungen an alle „Leben“ sind jedoch in einer astralen Datenbank gespeichert, die ich noch beschreiben werde. Hellseher können „geliebte Menschen“ mit genauen „Erinnerungen“ kontaktieren, indem sie durch die „Seele“ auf diese Datenbank zugreifen, bevor die Verbindung durch eine neue Inkarnation des Göttlichen Funkens erlischt.

Das Programm der Geistigen Welt

Nahtoderfahrungen verlaufen überwiegend nach dem vorhersehbaren Muster, dass man den Körper verlässt und eine ganz andere Realität sieht, die sich unglaublich liebevoll anfühlt, bis hin zur Glückseligkeit. Ein solcher Zustand mag sich herrlich anfühlen, aber die Motivation, die dahintersteckt, ist eher unheimlich. Das Gefühl von unbeschreiblicher Liebe und Glückseligkeit kann durch Frequenzen in ähnlicher Weise erzeugt werden wie durch die Einnahme einer Droge, die einen (vorübergehend) aus der Depression in einen Zustand buchstäblicher „Ekstase“ versetzt. Und wissen wir überhaupt, was Liebe und Glückseligkeit wirklich sind, um sie mit irgendetwas vergleichen zu können? So ziemlich alles, wenn man es mit der Vollendung eines menschlichen Lebens vergleicht. Viele Nahtoderfahrene beschreiben ihre Gefühle mit den Worten: „Eine Liebe, wie ich sie noch nie erlebt habe.“ Moment mal – Sie glauben doch an die Reinkarnation, oder? Das stimmt. Warum ist es dann eine Liebe, die Sie noch nie erfahren haben? Ich frage ja nur. Die Antwort liegt in der Gedächtnislöschung, von der in diesem Kapitel noch mehr zu lesen sein wird. Nahtoderfahrene erinnern sich oft an ein strahlendes Licht am Ende eines Tunnels, das sie magnetisch anzieht, oder sie werden von religiösen Gestalten, spirituellen Meistern oder verstorbenen geliebten Menschen ermutigt, dorthin zu gehen. Die Menschen werden permanent mit den Begriffen „Gott", „Himmel" und „Licht" konfrontiert, um sie darauf vorzubereiten, die nächste Stufe der Täuschung nach dem Tod des Körpers zu akzeptieren, wodurch sie im Reinkarnationsrad innerhalb der Simulation gehalten werden. Den Nahtoderfahrenen wird gesagt, dass es „nicht ihre Zeit" sei und sie in ihren Körper zurückkehren müssten; oder sie werden vor die Wahl gestellt, die Schwelle zu überschreiten (symbolisiert durch eine Wand, einen Torbogen und andere KI-Tricks), nach der es kein Zurück mehr gibt. Diejenigen, die nach einer Nahtoderfahrung wieder aufwachen, haben diese Schwelle nicht überschritten, und sie haben keine Ahnung, was sich auf der anderen Seite befindet. Ich behaupte, dass man, wenn man diese Schwelle überschreitet, nachdem man von diesen religiösen Helden, spirituellen Meistern oder geliebten Menschen dazu verleitet wurde, in einen Prozess eintritt, der einen wieder in einen anderen Körper auf der 3-D-Ebene der Simulation zurückführt. Der Betrug endet nicht mit dem Tod des menschlichen Körpers. Es geht weiter mit dem Rad der Reinkarnation, bis wir das Spiel durchschauen und aussteigen.

In meinem Buch „Die Falle" beschreibe ich eine Szene aus der Serie „Star Trek" von 1998. Die Figur der Captain Janeway erlebt ihren Tod, während sie in einer Zeitschleife gefangen ist. Ihr verstorbener Vater erscheint, um sie in die „Geistige Welt" zu begleiten. Sie wird jedoch misstrauisch, als er sie auffordert, ihm in den Tunnel des Lichts zu folgen. Janeway hält das Ganze für eine Falle, um sie auf die „Erde" zurückzubringen. Die Szene offenbart eine tiefe Wahrheit. „Du bist nicht mein Vater", sagt sie. „Du bist ein Außerirdischer. Sie haben all diese Halluzinationen geschaffen, nicht wahr?" Er antwortet: „Das ist es, was meine Spezies tut – in dem Moment kurz vor dem Tod kommt einer von uns, um zu erklären, was passiert und den Übergang zu einem freudigen Ereignis zu machen." Janeway schaut auf den Lichttunnel und fragt: „Was ist das?" Der Außerirdische, der so projiziert wurde, dass er wie ihr Vater aussieht, sagt, es sei ihre Matrix, in der ihr Bewusstsein leben wird: „Ich war ehrlich, als ich sagte, es sei ein Ort der Wunder. Es kann alles sein, was du willst." Der Unterschied zwischen der Star-Trek-Version und der Realität besteht meines Erachtens darin, dass wir auf der „anderen Seite" keine „Aliens" sehen. Wir sehen von der KI entworfene Hologramme, die auf ein Bewusstsein abzielen, das auf einer aktuellen menschlichen Erfahrung basiert. Janeway fragt, warum der „Außerirdische" ihren Vater vortäuscht. Er erklärt, dass es für die Menschen nach dem Tod tröstlich ist, ihre Angehörigen zu sehen, was den „Übergang" zu einem viel weniger beängstigenden Ereignis macht. Janeway beschreibt ihn als „Geier", der die Menschen im Moment des Todes ausbeutet, wenn sie am verwundbarsten sind. „Was ist der wahre Grund, warum ihr mich in der Matrix haben wollt?", fragt sie. „Irgendwie glaube ich nicht, dass es etwas mit ewiger Freude zu tun hat." Der Außerirdische, sagt, sie, müsse hineingehen, aber Janeway erkennt, dass er es längst getan hätte, wenn er sie dazu zwingen könnte. „Sie brauchen meine Zustimmung, nicht wahr? Ich muss freiwillig gehen." Sie weigert sich und der Außerirdische antwortet: „Irgendwann wirst du in meine Matrix kommen und mich für lange Zeit ernähren." Janeways Antwort war: „Geh zurück in die Hölle, du Feigling."

Jaldabaoth und seine Dämonen brauchen in der Tat unsere Zustimmung, und sie wenden ihre Tricks in der 3-D-Welt und der astralen Geistigen Welt an, um diese Zustimmung zu erhalten. Göttliche Funken werden im menschlichen Lebens-Reinkarnations-Zyklus manipuliert, um der Autorität zu gehorchen und sie als ihren Meister und Allwissenden zu verehren. Ob „im" Körper oder „außerhalb", die Wahrnehmung des „Kleinen Ichs", das geführt werden muss und dem gesagt wird, was es zu tun hat, wird beibehalten, obwohl der Göttliche Funke eine Ausdrucksform von ALLES WAS IST UND JE SEIN KANN ist. Während ihres Lebens gehorchen die Menschen weitgehend der Führung und betrachten dann spirituelle Helden und Meister als ihre Autorität nach dem Tod. Sie lassen sich weiterhin sagen, was sie zu tun haben und stimmen einer Vorgehensweise zu, die darauf beruht, dass Autoritätspersonen es besser wissen als das „Kleine Ich". 3-D ist ein Spiegelbild von 4-D, und die Ähnlichkeiten in der Funktionsweise sind offensichtlich, wenn man weiß, worauf man achten muss. Der Rechercheur Cameron Day bringt es auf den Punkt:

> „Eine Metapher, die unsere derzeitige Situation beschreibt, ist, dass wir wie ein Haufen Hühner sind, die in einem kleinen, dunklen, stinkenden Hühnerstall zusammengepfercht sind. Diejenigen, die uns gezüchtet haben, bereiten sich darauf vor, uns aus dem Stall zu befreien und in einen größeren, eingezäunten Bereich (Astral-/Geistigen Welten) zu verlegen, wo wir uns etwas freier fühlen können, aber immer noch unter ihrer Kontrolle bleiben. Auf diese Weise stellt der ‚Bauer' sicher, dass er sich weiterhin von unseren Energien ernähren kann, während er uns das Gefühl gibt, dass wir dank der Güte unserer Aufseher frei sind."

Anders ausgedrückt: *Stockholm-Syndrom.*

Die Verstandeslöschung

Das gesamte Reinkarnationskonzept ist insofern ein Stockholm-Syndrom, als die Anhänger der traditionellen Version glauben, dass wir auf der 3-D-Ebene extrem leiden müssen, um „unser Bewusstsein zu erweitern“ und einen Zustand der Erleuchtung (Frequenz) zu erreichen, der es uns ermöglicht, dem Leidenskreislauf zu entkommen. Sich selbst einzureden, dass dies von einem liebenden Gott zu unserem Besten getan wird, hebt das Stockholm-Syndrom auf eine an Irrsinn grenzende Ebene der Selbsttäuschung. Zumindest aus meiner Sicht. Ich liebe dich und deshalb möchte ich, dass du langsam verhungerst, kleines Kind, oder dass dein Körper in endlosen Kriegen in Stücke gesprengt wird. Ich möchte, dass du die emotionale Qual erleidest, ein Kind zu verlieren oder dass du von Fentanyl abhängig wirst, das dein Leben zerstört, bis es dich tötet. Ich möchte, dass du erlebst, wie es ist, in einem satanischen Ritual geopfert oder von einem Pädophilen vergewaltigt zu werden. Ich möchte, dass du die Erfahrung machst, der Missbraucher und der Missbrauchte zu sein, damit deine Seele sich weiterentwickeln kann, indem sie immer wieder auf einen 3-D-Planeten zurückkehrt, dessen Größe im Universum-Erde-Vergleich einem Milliardstel eines Stecknadelkopfes entspricht. Ach ja, und während du angeblich Lektionen lernst, werde ich deine Erinnerungen an alle vorherigen Lektionen löschen, sodass du sie alle noch einmal lernen musst. Diese Verstandeslöschung ist der Grund, warum Nahtoderfahrene immer wieder verunsichert sind, was sie vorfinden, wenn sie den Körper verlassen, obwohl sie das Rad des Unglücks schon endlos oft gedreht haben müssen. Menschen mit Nahtoderfahrungen, diejenigen, die durch Hypnose in einen Zustand zwischen den Leben zurückversetzt werden, und die seltenen Menschen, die sich einfach an Aspekte der Welt vor der Geburt erinnern, beziehen sich alle auf das, was die Gnostiker den Schleier oder die Kette des „Vergessens“ nennen – die Verstandeslöschung. Relativ wenige erinnern sich an frühere Leben, in der Regel Kinder vor dem siebten Lebensjahr, einige noch später. Für den Rest von uns ist der vormenschliche Zustand eine Leerstelle. Das Stockholm-Syndrom verteidigt jene Quälereien der Reinkarnation und die Verstandeslöschung als notwendig für die lieben Oberen, um uns kleinen „Schülern“ zu helfen, uns weiterzuentwickeln. Hindus, Buddhisten und New Agers glauben dies in einer monumentalen kollektiven Anbetung ihrer Geiselnehmer. Es spielt keine Rolle, wie entsetzlich der Reinkarnationszyklus ist. Es ist nur zu unserem Besten, und es anders zu sehen, ist einfach zu viel für uns, um es zu begreifen und zu akzeptieren. Aber wir *müssen*. Es ist der Weg nach draußen. Ich glaube, dass es im Zusammenhang mit der Verstandeslöschung über das Thema „Schlaf“ noch viel zu erfahren gibt; was passiert, während wir schlafen und warum es überhaupt stattfindet. Ich habe gelesen, dass ein Mensch im Durchschnitt 26 Jahre seines Lebens schlafend verbringt. Aber warum? Was geht vor, wenn wir schlafen? Ich kann mir vorstellen, dass der Körper einen Schlafmodus hat wie ein Computer, aber das ist bei weitem nicht die einzige Erklärung. Wird der Mensch im Schlaf zumindest in gewissem Maße „neu gebootet"? Ich stelle hier keine dogmatische Behauptung auf, obwohl ich darüber „schlafen" werde und dieser Frage nach Fertigstellung des Buchs weiter nachgehen werde.

Ich sage, dass der gesamte Zyklus der menschlichen Inkarnation, des Todes und des außerkörperlichen Zustands in der Geistigen Welt das Werk des KI-Astralverstands ist, es sei denn, der Göttliche Funke beginnt zu erwachen und einzugreifen. Göttliche Funken gehen nirgendwo hin, sondern erleben die Illusion der Inkarnation, der Geistigen Welt und der Reinkarnation allein auf der Grundlage der Informationen, die die KI liefert. Dazu gehören der Geburtsprozess, das „physische" Leben und was passiert, wenn der Körper das Ende seines Zyklus erreicht. Es gibt keine Geburt und keinen Tod – nur die Wahrnehmung davon, da Göttliche Funken einem KI-Softwareprogramm folgen und glauben, sie seien real. Es gibt keinen Menschen und keine menschliche Welt in einem „natürlichen" Zustand. Es ist alles KI-generiert aus der Astralebene der Simulation. Der Körper ist eine KI-Wellenform-Informationsschablone, von der der Göttliche Funke glaubt, dass er sich „darin" befindet. Die Schablone ist mit einem „Lebens"programm codiert, dem er ohne erweitertes Bewusstsein einfach als „meine Reise" folgen wird. Lässt man ihm seinen Gang, läuft das Lebensprogramm rund ab, wonach der Zeitpunkt des „Todes" vom Augenblick der „Geburt" an feststeht. Wenn aber der Decoder, das Gehirn, eine Störung hat und entweder vom Programm abweicht oder dem Code fehlerhaft folgt, gerät alles ins Stocken, die Persönlichkeit und das Verhalten des Menschen verändern sich – oft sehr stark. Die Wahrnehmung von Männern und Frauen ist sehr unterschiedlich, weil ihre Schablonen Informationen anders verarbeiten. Darauf hat der amerikanische Beziehungsberater John Gray 1992 in seinem Buch „Männer sind vom Mars, Frauen von der Venus" hingewiesen. Gray kam zu dem Schluss, dass viele Beziehungsprobleme zwischen Männern und Frauen auf grundlegende psychologische Unterschiede zwischen den Geschlechtern zurückzuführen sind, und zwar eindeutig auf die unterschiedliche Aufnahme von Informationen (Situationen, Ereignissen). Ich würde sagen, die Unterschiede sind das Ergebnis diverser biologischer (Software-)Programme, welche die Informationsschablone des Körpers durchlaufen, und deren Auswirkungen auf die Wahrnehmung des göttlichen Funkens.

Es klingt vielleicht extrem zu behaupten, dass der göttliche Funke getäuscht werden kann, sodass er glaubt, er sei „in" einem Körper, obwohl er es nicht ist. Aber wenn man sieht, wie Menschen, die *wissentlich* ein Headset tragen, auf ein Virtual-Reality-Spiel reagieren, fällt es nicht schwer, eine solche Ansicht zu vertreten. Stellen Sie sich vor, wie das Spiel ihre Wahrnehmung beeinflussen würde, wenn sie *nicht wüssten*, dass sie ein Headset tragen. Experimente haben gezeigt, wie einfach es ist, die Wahrnehmung zu manipulieren, um sich mit einer falschen Hand zu identifizieren. Eine menschliche rechte Hand wird neben einer falschen linken Hand platziert, wobei die echte linke Hand der Versuchsperson von ihrem Blick verdeckt bleibt. Die echte und die falsche linke Hand werden synchron massiert, und das Gehirn beginnt, die falsche Hand für die eigene zu halten. Wenn dann jemand kommt und eine Nadel in die falsche Hand steckt oder mit einem Hammer darauf schlägt, reagiert der Mensch so, als ob seine echte Hand gestochen oder geschlagen worden wäre. Man stelle sich vor, wie es wäre, wenn ein KI-Astralverstand den Göttlichen Funken rund um die Uhr und *auf unbestimmte Zeit* mit einer Scheinwelt überfluten würde. Eine starke Analogie wäre, wenn Sie im Mutterleib ein Headset tragen würden, das Ihnen eine virtuelle Realität vermittelt und Sie dieses Headset Ihr ganzes Leben lang nicht ablegen würden. Ihre Realität wäre das, was Ihnen das Headset vorgaukelt – einschließlich der Tatsache, dass Sie sich in einem Körper befinden. Dann, zum Zeitpunkt des physischen Todes, *bleibt das Headset aufgesetzt* und wird in eine andere Phase des Programms übernommen, in der der Göttliche Funke glaubt, gestorben und in die Geistige Welt übergetreten zu sein. Die Designer-KI präsentiert Ihnen dann geeignete Figuren, um Sie ins „Licht" zu locken, woraufhin Sie weiterhin gefangen und in die 3-D-Realität recycelt werden, die wiederum nur ein weiteres KI-Programm ist, das der Göttliche Funke so erlebt, als ob es „er selbst" wäre. So geht es immer weiter, bis er sich seinem Wahren Selbst und seiner Identität öffnet, indem er die Frequenzmauern der Matrix durchbricht und sich wieder mit der Unendlichkeit verbindet. Loosh ist nicht nur auf die 3-D-Erfahrungen beschränkt. Das Feld des Astralkörpers speichert alle emotionalen Traumata eines jeden menschlichen Lebens, und wenn wir den Astralbereich betreten, genießen die Dämonen ein Fest der Fütterung mit diesen emotionalen Schwingungen. Das geschieht, nachdem die aus dem Körper ausgetretene „Seele" die Schwelle überschreitet, die zurückgekehrte Nahtoderfahrene nie passiert haben. Also, wer sind „wir"? Wer ist dieses „Wir", mit dem wir uns identifizieren? Es ist eine Massenhypnose, eine gefangene Wahrnehmung – ein gefangener Göttlicher Funke und sein *Aufmerksamkeitsfokus*, den wir „Seele" nennen. Wir sind und werden immer eine Ausdrucksform des Unendlichen Gewahrseins sein, des ALLES WAS IST, WAR UND JE SEIN KANN. Unser Realitätssinn und damit unsere erlebte Realität wurden jedoch gekapert. Wir müssen hier nicht raus, weil wir nicht hier drin sind. Es gibt kein „Hier". Das Hiersein ist nur unsere *Wahrnehmung* des Hierseins.

Astrale Datenbank

In dem Buch „Die Falle“ habe ich das Konzept der „Akasha-Chronik“ hervorgehoben. Dieses Konzept wurde im englischsprachigen Raum durch den amerikanischen Hellseher und Medium Edgar Cayce (1877-1945) populär. Er war ein christlicher Sonntagsschullehrer, der sich in einen Trancezustand versetzen konnte und Fragen zu Reinkarnation, Leben nach dem Tod, Gesundheit und vielem mehr beantwortete. Cayce machte auch Vorhersagen über die „Zukunft“ und war bekannt als „Der schlafende Prophet“. So beschrieb er die Akasha-Chronik:

> „In Zeit und Raum sind die Gedanken, die Taten, die Aktivitäten eines Wesens niedergeschrieben – wie die Beziehungen zu seiner Umgebung, sein ererbter Einfluss; wie die Richtung – oder wie das Urteil, das von oder gemäß dem Ideal des Wesens gefällt wird. Daher ist die Chronik, wie sie oft genannt worden ist, Gottes Buch der Erinnerung; und jedes Wesen, jede Seele – wie auch die Tätigkeiten eines einzigen Tages eines Wesens in der materiellen Welt – ist entweder gut oder schlecht oder irgendwo dazwischen, je nach der Selbstbewertung des Wesens ...“

Cayce bezieht sich auf „Gottes Buch der Erinnerung“, das in Wirklichkeit Jaldabaoths Trackingbuch ist. Er sagt, dass die Gedanken, Handlungen und Aktivitäten eines Wesens „in Zeit und Raum geschrieben“ sind, die beide Manifestationen der Simulation sind. Ich würde die Akasha-Chronik in einem moderneren Kontext definieren. Sie ist eine Computer-DATENBANK! Alle Handlungen und Ereignisse sind im Unendlichen als „Erinnerungen“ gespeichert, obwohl „Erinnerungen“ wahrscheinlich nicht das richtige Wort dafür ist, wenn man das Unendliche JETZT meint. Die Simulation ist eine schlechte Kopie der Primärrealität, und ihr kollektives „Gedächtnis“ ist technologisch – eine *Datenbank*. Die KI in ihrer astralen Form verfolgt und lenkt jede „Inkarnation“, wenn der Göttliche Funke sich seiner nicht bewusst ist. Es gibt eine kollektive KI, die die gesamte simulierte Realität bereitstellt, und es gibt eine KI, die verfolgt, leitet, lenkt und aufzeichnet. Alle Informationen werden in der astralen Datenbank gespeichert, und diese Designer-KI für die Göttlichen Funken kann eine oder mehrere geeignete Figuren manifestieren, um die „Seelen“ zurück ins „Licht“ und in die Reinkarnationsfalle zu locken. Kolossale Datenbanken in der 3-D-Realität, die alle Internet-Postings und elektrischen/digitalen/sprachlichen Kommunikationen an Orten wie dem Utah Data Center (UDC) aufzeichnen, sind 3-D-Versionen der Akasha-Chronik, da die Astralebene der Simulation immer enger mit der 3-D-Projektion verschmilzt.

Abb. 80: Das Utah Data Center ist eine Version der Akasha-Chronik in der 3-D-Realität.

Das UDC ist das „Intelligence Community Comprehensive National Cybersecurity Initiative Data Center" und wurde 2014 mit einem Kostenaufwand von 1,5 Milliarden Dollar fertiggestellt (Abb. 80). Sein Zweck ist natürlich geheim, aber die Rechercheure meinen, es könne „alle Formen der Kommunikation speichern und verarbeiten, einschließlich des vollständigen Inhalts privater E-Mails, Handygespräche und Internetrecherchen sowie alle Arten von persönlichen Datenspuren, Parkquittungen, Reiseplänen, Buchkäufen und anderen digitalen Hinterlassenschaften". Es gibt viele andere Daten-Zentren weltweit, und sie relativieren meine Behauptung über eine astrale Datenbank, die alle Erfahrungen in unserer 3-D-Welt aufzeichnet. Es heißt, die Akasha-Chronik existiere in einer Dimension namens Akasha und zeichne „jeden Gedanken, jede Idee und jede Handlung der Vergangenheit, der Gegenwart und der Zukunft" auf und speichere sie für die Ewigkeit. Laut einem Artikel ist „die Akasha-Chronik im Grunde eine Datenbank dessen, was in allen Universen, die nebeneinander existieren, geschieht". Sie wird dort *symbolisch* als Datenbank bezeichnet, obwohl sie *buchstäblich* eine Datenbank ist, wenn auch eine viel fortschrittlichere als die, die wir kennen. Der Artikel fährt fort:

> „Die Akasha-Chronik ist im Grunde eine Aufzeichnung dessen, was geschehen wird, geschieht oder geschehen ist. Da sie in einer höheren Dimension entstanden ist, gelten die Regeln der Zeit nicht wirklich. Die Zeit ist in der Akasha-Chronik ein flacher Kreis, sodass Informationen von vor 2.000 Jahren genauso zugänglich sind wie Ereignisse von gestern. Und was einem gestern widerfahren ist, ist genauso zugänglich wie das, was einem in 10 Jahren passieren könnte – wenn man auf der gleichen Schicksalsbahn bleibt.
>
> Das Interessante ist, dass alles seine eigene Akasha-Chronik hat. Ihre Seele hat eine Akasha-Chronik, Ihr Haus hat eine Akasha-Chronik, Ihr Hund sogar Ihre Beziehung! Sie können die spezifischen Aufzeichnungen von allem öffnen, um Fragen zu stellen, die sich darauf beziehen."

Dem Artikel zufolge sind „Informationen von vor 2.000 Jahren ebenso verfügbar und zugänglich wie das, was einem gestern passiert ist", und anhand dieser Daten kann man die Abfolge, die zu einem „Schicksal" führt, zehn Jahre im Voraus vorhersagen. Verdammt, das klingt ein bisschen märchenhaft, *aber* ... die „Sentient World Simulation" (SWS) am Synthetic Environment for Analysis and Simulations Laboratory der Purdue University in Indiana macht etwas Ähnliches bereits in *unserer Realität*. Daten aus dem Internet und anderen Quellen werden ständig verarbeitet, um globale Ereignisse und Verhaltensweisen in Echtzeit zu verfolgen und ein Ergebnis vorherzusagen, falls keine Veränderungen eintreten. Diese KI-Technologie ermöglicht es dem Kult (und noch mehr seinen dämonischen Meistern) zu wissen, was geändert und umgelenkt werden muss, um das gewünschte Ergebnis zu erzielen. Die SWS wird von der ominösen Forschungs- und Entwicklungsbehörde des Pentagon, der Defense Advanced Research Projects Agency (DARPA), überwacht. Sekunde für Sekunde sammelt die Sentient World Simulation Unmengen von Daten aus endlosen Quellen, um menschliches Verhalten vorherzusagen und zu manipulieren und eine digitale Echtzeitversion der menschlichen Gesellschaft zu erschaffen. Wenn man einige Lichtjahre der Entwicklung zu den *bereits erreichten* menschlichen Technologien hinzufügt, entspräche dies den Möglichkeiten der Akasha-Chronik im Astral. Die WLAN-„Cloud" des Internets speichert Informationen, die einem sagen können, was vor 2.000 Jahren geschah (zumindest offiziell), und das ist „genauso zugänglich" wie das, was gestern geschah.

Ein Artikel auf der Website **Edgarcayce.org** verwendet diese Analogien sogar, um die Akasha-Chronik zu erklären: „Die Akasha-Chronik, auch bekannt als ‚Das Buch des Lebens' oder ‚Gottes Buch der Erinnerung', kann mit dem Supercomputer-System des Universums verglichen werden – oder vielleicht mit dem, was man heute ‚Cloud Computing' nennen würde." Die Aufzeichnungen werden weiter beschrieben als „der zentrale Speicher aller Informationen für jedes Individuum, das jemals auf der Erde gelebt hat", der „jeden Gedanken, jede Handlung, jedes Wort, jedes Gefühl und jede Absicht" aufzeichnet. Sie haben „einen enormen Einfluss auf unser tägliches Leben, unsere Beziehungen, unsere Gefühle, unsere Glaubenssysteme und die potenziellen Realitäten, die wir auf uns ziehen". In dem Artikel heißt es, dass die Akasha-Chronik alles aufzeichnet, was geschieht und in einer Rückkopplungsschleife einen „enormen Einfluss" auf alles ausübt, was wir tun, einschließlich unserer Glaubenssysteme, unseres Verhaltens und der Ereignisse in unserem Leben. Das ist es, was ich meine, was mit der Interaktion zwischen dem Göttlichen Funken, dem KI-Astralverstand, der KI-Astraldatenbank und der 3-D-Projektion, die wir „Mensch" nennen, geschieht. Dieses KI-System zeichnet nicht nur auf, sondern *diktiert* die menschliche Erfahrung. Kriege und Konflikte aller Art können kreiert werden,

Abb. 81: China kann seine riesige Bevölkerung überwachen, aber die weitaus fortschrittlichere Astral-KI kann die Handlungen der Menschheit nicht verfolgen und aufzeichnen?

um das maximale Potenzial für Loosh durch emotionale Reaktionen und die Schaffung von Wahrnehmungspolaritäten weltweit zu erzeugen. Dies ist die Welt – die *reale* Welt – in der wir leben. Wir können dem nur ein Ende bereiten, wenn wir die Falle erkennen. Nimmt man noch die dämonische Kontrolle derer hinzu, die das Geschehen lenken, ist leicht zu verstehen, warum die Welt so ist, wie sie ist. Wer glaubt, die Vorstellung, dass acht Milliarden Menschen vom Astral aus kontrolliert werden, sei noch weit hergeholt, braucht nur nach China zu blicken. Die chinesische Bevölkerung von 1,4 Milliarden Menschen wird von der KI-Technologie in Echtzeit überwacht und ihre Handlungen werden als Teil des Sozial-Kredit-Systems aufgezeichnet, um die Menschen mit einem Kredit-Score zu bewerten, je nachdem, ob ihr Verhalten den Behörden passt oder nicht (Abb. 81). Diejenigen, die sich nicht anpassen, werden von grundlegenden Aktivitäten ausgeschlossen, einschließlich Flug- und Zugreisen. Dies ist das System, das der Kult und die Dämonen für den Rest der Welt vorbereiten, wenn die astrale KI-Technologie in die 3-D-Welt eingeführt wird.

Demontage der Reinkarnation

Das Konzept wiederholter menschlicher Leben, um „Lektionen zu lernen“, ist unsinnig und voller Widersprüche. Wir kommen in eine schwere Frequenzdichte mit all ihren Herausforderungen und Wahrnehmungsunterdrückungen und in eine Realität, die ernsthaft manipuliert wird, um mentale und emotionale Verhaltenszustände zu erzwingen, die ein Maximum an Loosh erzeugen. Gleichzeitig werden die Lektionen, die wir scheinbar bereits gelernt haben, mit jedem neuen „Leben“ ausgelöscht. *Äh?* Diejenigen, die sich an ihr Zwischenleben in der Astralebene erinnern, beschreiben, wie sie sich einer „Lebensrückschau“ unterzogen (das KI-Tracking-Programm wird abgespielt) und vor Gruppen von „Ältesten“ traten, die darüber bestimmten, was sie zu lernen hätten und wie die nächste Inkarnation aussehen sollte. Ich entscheide, was ich mit meinem ewigen Leben mache, nicht irgendein verdammter KI-generierter „Ältester" – was für ein Mumpitz. Im außerkörperlichen Zustand würde man erkennen, dass man sich in der verrückten menschlichen Realität vielleicht nicht so verhalten hätte, wie man es sich gewünscht hätte. Also – Lektion *gelernt*. Warum sollten Sie dann in die besagte schwere Frequenzdichte und Wahrnehmungsunterdrückung innerhalb einer „Welt" zurückkehren, in der Sie ständig unter Druck gesetzt werden, aus niedrigen mentalen und emotionalen Zuständen herauszuhandeln? Die Idee ist völliger Blödsinn und hat nichts mit „Lektionen lernen" zu tun. Hier geht es um eine Loosh-Farm.

Reinkarnation ist nach religiöser und New-Age-Interpretation untrennbar mit dem Konzept des „Karmas" verbunden. Ich spüre, dass hier ein Lied kommt – Stichwort Boy George: „Karma, Karma, Karma, Karma, Karma, Chamäleon. Du kommst und gehst, du kommst und *gehst*." Sorry, ich weiß nicht, was in mich gefahren ist. Karma ist der Glaube, dass man seine Lektionen durch das Gesetz von Ursache und Wirkung lernt, wonach das, was man anderen antut, einem selbst angetan wird. Karma wird definiert als „die Summe der Handlungen einer Person in diesem und in früheren Daseinszuständen, die über ihr Schicksal in zukünftigen Existenzen entscheidet". Das glaube ich keine Sekunde lang, wenn ich es aus der Perspektive betrachte, die ich hier beschreibe. Karma ist ein Simulationsprogramm. Wenn Sie sehen, dass Ihre Handlungen fehlgeleitet oder unangenehm waren, dann ist die „Lektion" gelernt, und Ihr energetisches Frequenzfeld spiegelt das wider. Selbst wenn Sie der Theorie des „Lektionen-Lernen-Karma" folgen, besteht keine Notwendigkeit, das erleben zu müssen, was man anderen zugefügt hat, wenn Sie bereits erkannt haben, dass Sie falsch gehandelt haben und sich verpflichtet haben, dieses Verhalten nicht zu wiederholen. Karma existiert, wie alles in unserer Realität, nur weil wir (Göttliche Funken) daran *glauben* und dem Körperprogramm *folgen*. Es ist ein weiterer Betrug, um uns in der Loosh-Schleife zu halten, und alles kann durch erweitertes Bewusstsein aufgehoben werden. Zu den klassischen Elementen einer Nahtoderfahrung gehören ein Gefühl der Ruhe, Liebe und Glückseligkeit (alles möglich durch Schwingungsmanipulation); ein Gefühl der Freiheit, wie man es erwarten würde, nachdem man sich von den Begrenzungen des Körpers und der energetischen Dichte von 3-D gelöst hat; das Erscheinen von geliebten Menschen, die bereits verstorben sind; engelsgleiche Gestalten und vermummte Wesen in Weiß, die den frisch Verstorbenen zu einem strahlenden Licht führen, oft durch einen Tunnel. Es gibt den „Lebensrückblick" und den oft wiederholten Satz, der besagt, dass man zurückgehen müsse, weil die Zeit noch nicht reif sei und man eine Mission zu erfüllen oder Menschen zu helfen habe. Das alles ist eine Varieté-Show für den Göttlichen Funken und die „Seele" (Aufmerksamkeitsfokus des Göttlichen Funkens), die zurückkommt, um die Nahtod-Geschichte zu erzählen, die den Glauben an die Notwendigkeit der Reinkarnation, um „Lektionen zu lernen“, weiter festigen kann. Andere Nahtoderfahrene erzählen eine ganz andere Geschichte von „Seelen“, die durch ihre Unwissenheit gefangen sind, obwohl sie jederzeit entkommen könnten. Ich wiederhole: Seelentricks enden nicht mit dem körperlichen Ableben. In einem Bericht heißt es:

> „Ich sah diese schwarzen Kreaturen, die sich von klein zu groß und umgekehrt verwandeln konnten. Ich wusste, dass dies kein guter Ort für mich war. Es war wie ein Theaterstück, aber mit echten dämonischen Gestalten. Das werde ich mein Leben lang nicht vergessen. Die Kreaturen waren schwarz und schienen zu schweben.“

Einige sahen die „Grauen“, die „Seelenwiederaufbereiter“ sind. Sie wurden Zeugen der Folterung von „Seelen“ zwischen den Inkarnationen (die Wahrnehmung des Göttlichen Funken, gefoltert zu werden). Ich las Berichte über „Schlangestehen“ oder „Anstehen“. *Anstehen*? Wie bitte – in der „Geistigen Welt“? Ja, es scheint so. Andere erzählen, dass sie gezwungen wurden, in ihren irdischen Körper zurückzukehren, was sie sehr wütend machte. Jemand sagte dazu:

> „Natürlich, jetzt weiß ich, warum. Mein Leben auf der Erde war noch nicht zu Ende. Ich hatte noch jede Menge zu tun. Ich hatte zu lernen, und ich sollte anderen mit dieser Erfahrung helfen.“

Sie sehen, wie die Schüler-Meister-Beziehung die Beziehung zwischen dem Kleinen Ich und der Autorität über den Tod hinaus fortbesteht und wie das Stockholm-Syndrom sogar gegen den eigenen Willen auftritt. Während ich dieses Kapitel schrieb, wurde mir ein Bericht über die Nahtoderfahrung einer Frau zugeschickt. In dem Erfahrungsbericht hieß es: „Ich wurde im Reich willkommen geheißen, es war, als gäbe es einen Eingang, der Licht ausstrahlte, und dort standen zwei Lichtwesen, zwei Heilige aus meiner spirituellen Tradition.“ Sie wurde festlich empfangen und von Freude und Liebe umhüllt. Dann kam der „Lebensrückblick“, und wieder fiel ihr die wiederkehrende Dynamik auf:

> „[Es war] wie bei einem liebenden Elternteil. Wenn ein Kind laufen lernt, stolpert es, fällt hin, schlägt sich die Knie auf, stößt sich den Kopf, bricht sich vielleicht sogar etwas. Wenn es hinfällt, bestraft die liebende Mutter das Kind nicht. Stattdessen tröstet die liebende Mutter das Kind und sagt: ‚Das ist schon in Ordnung. Du kannst es noch einmal versuchen, beim nächsten Mal machst du es besser.‘“

So spricht eine Ausdrucksform des ALLES WAS IST. Es ist etwas pathetisch, die Selbstwahrnehmung mit einem Kind in Verbindung zu bringen, aber das scheint die Dynamik auf der Ebene der „Geistigen Welt" der Simulation zu sein. Das Thema Zwang taucht oft auf, wenn den Seelen gesagt wird, was sie tun sollen, und wenn ihnen gesagt wird, dass sie sich an vieles, was sie erlebt haben, nicht erinnern sollen. Wir können Informationen über die „Geistige Welt" nur sammeln, nachdem die Verstandeslöschung den letzten Rest gelöscht hat und dämonische Manipulatoren Gedanken und Wahrnehmungen eingepflanzt haben. Einige beschreiben das Konzept der „Verträge" über das, was sie erleben werden, denen sie für jede Inkarnation zustimmen sollen. Ich sage „zustimmen", aber Zwang würde es wohl eher treffen. Schuldgefühle werden ausgiebig benutzt, wie zum Beispiel: „Schau, wie du dich verhalten hast und wie die Menschen gelitten haben – du musst zurückgehen und dich den karmischen Konsequenzen stellen, oder du kannst dich nicht weiterentwickeln." Die Vertragsvereinbarung wird von den „Erleuchteten" mit Hetzreden begleitet, die im Grunde genommen lauten: „Unterschreibe hier oder sonst ..." Das erinnert mich an das System der fingierten Verträge in der menschlichen Gesellschaft, wo Begriffe verwendet werden, die in der juristischen Sprache eine bestimmte Bedeutung haben und in der Bevölkerung eine ganz andere. Auf diese Weise wird eine Vereinbarung oder ein Vertrag geschlossen, dessen Tragweite man erst versteht, wenn es zu spät ist. Ich betone, dass eine Vereinbarung *erforderlich* ist, und wenn wir das Spiel verstehen, können wir diesen lächerlichen Gestalten sagen, dass sie sich ihre Verträge in den schuppigen Arsch stecken sollen und unseren eigenen Weg hier herausfinden. In seinem Kern ist dieser „Vertrag" ein Wahrnehmungsvertrag. Er ist eine Vereinbarung darüber, weiterhin an die Illusion zu glauben. Die dämonische Macht über uns wird gelöscht, wenn wir aufhören, an die Wahrnehmungsfantasien zu glauben, die ich hier aufdecke. Ich weiß, dass all dies viele Menschen erschrecken wird, und es ist wichtig zu betonen, dass *wir* die Kontrolle haben, sobald wir begreifen, was geschieht und wie die Falle funktioniert. Die Zeit ist gekommen – das JETZT ist gekommen – um diesem Unsinn dieser schwachsinnigen Psychopathen ein Ende zu setzen und dem gefangenen Bewusstsein die Rückkehr nach Hause zu ermöglichen. Es ist von entscheidender Bedeutung zu erkennen, dass die Simulation eine minderwertige Kopie der Primärrealität ist und ähnliche simulierte Versionen der Primärrealität einschließt, inklusive der Wahrnehmung des „Himmels" und dessen, was als die „Leere" beschrieben wird, die die Stille und das Schweigen des ALLES WAS IST IM GEWAHRSEIN SEINER SELBST simuliert, über das ich in anderen Büchern geschrieben habe.

Rückführung in die Astralwelt

Eine weitere Informationsquelle ist die hypnotische Rückführung, mit der tief im Unterbewusstsein liegende Erinnerungen an die Zeit zwischen den menschlichen Leben in der „Geistigen Welt" wiedererlangt werden können, und die seltenen Menschen, die sagen, dass sie sich ohne Rückführung daran erinnern, was vor ihrer „Geburt" geschah. Der amerikanische Psychologe und Hypnotiseur Michael Newton veröffentlichte 1994 das Buch „Journey of Souls" [dt.: „Reise der Seelen"], in dem er eine lange Reihe von Hypnosesitzungen beschreibt, in denen er herauszufinden versuchte, was zwischen den „physischen" Leben geschieht. Alle üblichen Elemente waren vorhanden, einschließlich des Tunnels, der sie magnetisch zum Licht zieht, begleitet von geliebten Menschen und spirituellen Lehrern. Der Punkt ist, dass die „Geistige Welt" nicht sehr spirituell klingt und die hierarchische Struktur der menschlichen Gesellschaft zu sein scheint, die sich im Astral wiederholt oder, genauer gesagt, die Hierarchie „dort oben" spiegelt sich „hier unten" als die Hierarchie des Kults wider. Die Berichte aus den Rückführungen enthüllten eine Struktur der Abgrenzung in „Seelengruppen", die von „Führern", „Lehrern", „Meistern" und einem „Ältestenrat" beaufsichtigt wurden, in dem die Seelen frei waren, „solange wir uns an die Regeln hielten". Einige sagten, dass „man nicht einfach irgendwo hingehen kann" und „ich soll dort bleiben, wo man es mir sagt". Die Seelen folgten einem Zyklus von „Heimkehr", „Übergang", „Platzierung" und „Reinkarnation", zu dem auch der „Schulbesuch" zur „spirituellen Unterweisung" gehörte. WTF, ich meine *WTF*? Darauf folgen eine Gedächtnislöschung und eine Rückkehr in einen anderen menschlichen Körper in die emotionale Loosh-Farm von Krieg, Konflikten, Hunger, Mord, Vergewaltigung, Plünderung und Leid, wo die Löschung der Erinnerungen ständig durch Wahrnehmungsmanipulation untermauert wird.

Die astrale dämonische Hierarchie kann in vielen Kulturen und Glaubenssystemen mit dem Pantheon der „Götter" der Griechen, Römer, Ägypter und anderer identifiziert werden, sowie mit den New-Age-„Meistern" von „Lord Babaji", „Lord Maitreya", „Graf Saint Germain", „Swami Vivekananda" und „Sananda" (New-Age-Version von „Jesus"). Die letztgenannte spirituelle Hierarchie des New Age wurde von der Russin Elena Petrowna von Hahn oder „Madame Blavatsky" inspiriert, die 1875 die Theosophische Gesellschaft mitbegründete. Das New Age ist eigentlich die westliche Version des Hinduismus und anderer östlicher Religionen und wurde vor allem durch den indischen „Guru" Maharishi Mahesh Yogi und seine weltweite Bewegung der Transzendentalen Meditation ins Leben gerufen. Diese hat in vielerlei Hinsicht die Flower-Power-Ära der Hippies gekapert und sie gelehrt, sich Autoritäten unterzuordnen und innerhalb Des Systems zu arbeiten.

Der Mega-Betrüger „Yogi", der im Westen vor allem durch die Beatles berühmt wurde, lehrte Millionen von Menschen, Mantras zu singen und sich zu Ehren der Hindu-Götter (von denen es viele gibt) zu verbeugen, die anderen Namen für die griechischen, römischen, ägyptischen und New-Age-Götter und -Meister sind, die eine Verkleidung für astrale Dämonen darstellen. Das gesamte globale Netz menschlicher Religionen wurde geschaffen, um die Dämonen unter verschiedenen Namen zu verehren und zu fürchten und/oder, um den Glauben an die Reinkarnation zu verkaufen, der für ihr „Wachstum" wesentlich ist. Die überwältigende Mehrheit ihrer Anhänger, seien es Christen, Muslime, Juden, Hindus oder Buddhisten, haben keine Ahnung von der echten Agenda, aber das ist ja auch der Sinn der Sache. Betet uns an, fürchtet uns, es spielt keine Rolle – so oder so bekommen wir euer Loosh.

Ich erinnere mich noch

Ich habe mehrere Interviews mit einem Amerikaner gesehen, der sagte, er erinnere sich ohne Rückführung an die Ereignisse vor seiner Geburt. Sein Name ist Christian Sundberg, Autor des Buchs „A Walk in the Physical" [dt.: „Ein Spaziergang im Physischen"], ich möchte klarstellen, dass es mir nicht darum geht, ihn zu kritisieren. Er scheint ein sehr netter und äußerst aufrichtiger Mensch zu sein. Außerdem klingt er sehr glaubwürdig in seinen Aussagen über seine Erinnerungen, aber ich betrachte seine Erinnerungen aus einer anderen Perspektive. Sundberg sagte, er habe sich als Kind an die Vorbereitungen für seine jetzige menschliche Erfahrung erinnert und dann im Alter von sechs Jahren alles vergessen, bis seine Erinnerungen im Alter von etwa 30 Jahren zurückkehrten. Das war zwölf Jahre bevor ich ihn interviewte. Es ist selten, dass sich jemand an die Zeit vor seiner Geburt erinnert, obwohl er berichtet, mindestens 40 andere Menschen getroffen zu haben, die eine ähnliche Geschichte erzählen. Anscheinend ist die Verstandeslöschung nicht immer zuverlässig. Er ordnet seine Erinnerungen unter der Voraussetzung, dass die Ereignisse jenseits der linearen Zeit liegen. Sundberg will einem Wesen in einer anderen Realität begegnet sein, das ihm seine Erlebnisse in der 3-D-Welt erzählte. Er sei so beeindruckt gewesen, dass er selbst hierher kommen wollte. Das Wesen habe ihm gesagt, wie schwierig das Leben in der „physischen" Welt sei und ihm geraten, mit seinen „Tutoren" zu sprechen. Sundberg berichtet, seine Erinnerungen bezögen sich auf die Vorbereitung seiner jetzigen Inkarnation und auf einen Versuch einer früheren Inkarnation. Er sagte, seine Tutoren hätten ihn gefragt, ob er bereit sei, zur „Erde" zurückzukehren. Er erinnerte sich daran, dass er mit „diesem

Kerl“ über etwas sprach, das er nur als „mein Zustand, wer ich bin, wer ich war, wer ich gewesen bin“ beschreiben konnte. Es war sehr schwierig, das in Worte zu fassen:

> „Das ist eine sehr grobe Metapher, es ist wie ein Diagramm mit vielen verschiedenen Qualitäten, und man könnte sogar sagen, Tugenden oder so etwas, na ja, nur Bereiche des Wissens der auf Erfahrung basierenden Entwicklung, die man mehr oder weniger kannte, so etwas in der Art, und es gab diesen einen Teil, der einfach eklatant offensichtlich war, an dem ich arbeiten musste.
>
> Ich will nicht sagen, dass ich daran arbeiten muss, denn das müssen wir nicht, es geht nicht um das Bedürfnis. Wir haben uns dafür entschieden. Aber es gab diesen einen Moment, in dem ich dachte: ‚Oh, wow, da sollte ich wirklich etwas tun‘. Und es war diese wirklich tiefe Angst ... Es war eine Angst, die mich in einer früheren Erfahrung besiegt hatte, und ... ich hatte mich wegen dieser Angst in ein egoistisches Monster verwandelt. Ich hatte viele andere Menschen durch diese Angst verletzt.“

Sundberg sagte, Angst sei „die Wurzel des Egos“. Seine Führer boten ihm ein menschliches Leben an, in dem er sich der Angst stellen konnte, und er erinnert sich an das, was er die Akzeptanz des „Schleiers“ nennt. Damit meinte er die Verstandeslöschung – „das Abschneiden der Erinnerungen“ und das Verschwinden der „Verbindung“:

> „Am besten kann ich das mit der Metapher eines Tonverstärkers beschreiben, der Tonhöhen erzeugt. Es begann mit einer sehr hohen Schwingung ... und dann dreht man den Regler runter ... und wenn man ganz unten ist, dreht man ihn noch weiter runter und noch weiter und noch weiter und noch weiter und noch weiter und dreht ihn noch weiter runter und dreht ihn noch weiter runter.
>
> So fühlte es sich im Körper meines Bewusstseins an, hinunter, hinunter, hinunter, hinunter, tiefer, tiefer, tiefer, tiefer in den Schwingungsraum des physischen Seins im Mutterleib zu fallen. Und als ich dort ankam, dachte ich: ‚Das mache ich nicht mit, das werde ich auf keinen Fall ein Leben lang ertragen. Das ist so dunkel. Das ist so eine niedrige Schwingung.‘“

Aber gut für die Loosh-Produktion, oder? Sundberg sagte, er habe so viel Angst gehabt, dass „ich meine ganze Kraft aufbrachte und mir den Weg nach draußen erkämpfte“. Ihm wurde klar, dass er den Fötus, der sein Körper sein sollte, getötet hatte. Es folgte ein Lebensrückblick in der Art, wie ihn Nahtoderfahrene beschreiben. Er fühlte sich verantwortlich dafür, seine potenzielle „Mutter“ und Hunderte anderer Menschen durch seine Angst verletzt zu haben.

Sundberg erinnerte sich daran, wie er an einem Ort, den er als „Schleier-Akzeptanz-Simulator“ bezeichnete, Zeit damit verbrachte, die Hingabe an den Schleier zu üben. Er verglich die Erfahrung damit, in einem Schwimmbad unter Wasser gedrückt zu werden und so lange wie möglich unter Wasser zu bleiben, bis man schließlich ein Zeichen „Ich gebe auf!“ macht und rausgelassen wird, schließlich handele es sich nur um einen Simulator. Der echte Schleier, sagte er, macht es einem nicht leicht, aufzugeben. Das geplante Leben, das er abbrach, habe zu 98 bis 99 Prozent seinen Bedürfnissen entsprochen, das Ersatzleben dagegen nur zu 87 Prozent. Man beachte die Präzision (KI), mit der das menschliche Leben geplant wird:

> „Ich wusste, dass meine Entscheidungen und die aller anderen Spieler in diesem Spiel sich gegenseitig beeinflussen würden, und ich wusste, dass ich in meinen Zwanzigern höchstwahrscheinlich ein Trauma erleiden würde, das auf meine Biologie zurückzuführen war. Ich wusste, dass dieser Körper biologische Grenzen hat, die andere Körper nicht haben.
>
> Ich wusste, dass dies unter anderem dazu beitragen würde, dieses Trauma, das ich in meinen Zwanzigern erleben würde, zu lindern ... Das Ausmaß an tiefem persönlichem Wachstum und sogar an Wachstum von Allem Was Ist, das möglich war, [war] atemberaubend groß.“

Sundberg sagte, er erinnere sich, dass er gefragt habe, ob er wieder intelligent sein könne, weil er wusste, dass er in den letzten paar Leben intelligent gewesen war und dass dies eine Eigenschaft war, die er bevorzugte. Er sagte, „sie“ hätten geantwortet: „Ja, das kannst du.“ Er erinnert sich, dass er fragte, ob er „nur ein kleines, winziges Stückchen Erinnerung“ an die Welt vor seiner Geburt haben dürfe und „sie“ sagten: „Ja, das kannst du, aber es wird die Reise schwieriger machen.“ Sundberg erinnert sich dann daran, dass er sich in einem „Wartebereich“ befand, wie er es nannte. Ein „Tutor“ kam zu ihm und forderte ihn plötzlich auf: „Geh jetzt!“ Das klingt alles sehr technisch, und Sundberg selbst beschrieb es als „wie eine Technikerkammer oder wie eine Mechanikerwerkstatt, die über der Erde lag“. Er konnte einen Schacht unter sich sehen, unter dem sich die Erde befand:

> „Und da waren diese Wesen, die sehr technisch veranlagt waren, und sie waren sehr, sehr geschickt darin, den Schleier auf ein Individuum abzustimmen. Denn die individuelle Seele hat so viele reiche Qualitäten, und das Leben und der Körper und die Umstände haben ihre eigenen energetischen Dinge am Laufen, und sie mögen es, ich weiß nicht, sie bringen alles in Einklang. Sie sorgen dafür, dass alles zusammenpasst. Sie sind in der Lage, diese organische Verbindung zum Funktionieren zu bringen ...

> Der Schleier ist wie eine organische Decke oder so etwas, und sie sind in der Lage, das fein abzustimmen.
>
> Und ich erinnere mich, wie ich über dieser Grube stand und sie mich ein letztes Mal fragten: ‚Bist du sicher? Bist du sicher, dass du das tun willst?' Denn ich wusste, sobald ich ‚Ja' sage, bin ich für die Fahrt angeschnallt. Es ist wie auf einer Achterbahn, wenn man einmal den Gurt angelegt hat, kann man nicht mehr aussteigen, bis die Fahrt vorbei ist. So ähnlich war es, und ich erinnere mich, dass ich sagte: ‚Ja, ich bin bereit'. Und dann wieder dieser gewaltige Sturzflug und die Vibration nach unten, nach unten, nach unten, nach unten, nach unten, noch tiefer, noch tiefer, noch tiefer, noch tiefer."

Er sagte, dass all sein Wissen zusammen mit seiner „Bindungen" und seinem Gedächtnis verschwand. Diesmal „gab er sich dem Schleier hin" und er erinnerte sich, dass er den Technikern eine Nachricht schickte, in der er fragte: „Habe ich es geschafft?" Sie antworteten: „Ja, es hat geklappt." Er fühlte wieder die Angst vor der menschlichen Erfahrung, aber er sagte, dass „Gott" ihn beruhigte. Seine nächste Erinnerung war die Geburt und „der Schock, die Kälte, das Licht". Er hatte keine Ahnung, was geschah. Er schaute auf „diese Wesen, die sich um mich kümmerten, die Krankenschwestern im Zimmer", und dachte: „Wer sind diese Wesen?" Sundberg sagte, er habe erkannt, dass die Verantwortlichen auf der Erde nicht so „liebevoll und weise" waren wie in der Realität, aus der er kam. Er glaube, das Ganze sei wie ein „Spiel, das wir zum Spaß, zur Erweiterung und zur Kreativität erschaffen haben". Wenn wir wüssten, wer wir wirklich sind, könnten wir ein Leben voller Freude führen und diese Freude an andere weitergeben. Wir könnten hier auf der Erde frei sein. Es gehe um Taten der Liebe, auch im Kleinen. Das menschliche Leben sei eine unglaubliche Chance und keine „masochistische Übung". Es sei ein Geschenk. Menschsein sei wie ein Sechser im Lotto, „und jetzt bist du hier, du kannst entscheiden, was du tun willst – das ist unglaublich". Sundberg sagte, der „Schleier" sei wichtig, damit jede Inkarnation zu einer eigenen Erfahrung werden könne. Die Erinnerung an die tiefe Freude, die Liebe und die Freiheit, aus der wir kommen, könne lähmend sein. „Wie könnte man morgens zur Arbeit gehen, wenn man zum Beispiel wüsste, dass die Sonne in einem scheint? Wie könnte man zu McDonalds gehen und einen Kaffee bestellen? In diesem Sinne war der Schleier eine Ermöglichung." Er sagte, dass wir hier sind, um uns unserer eigenen Angst zu stellen und in der Liebe zu wachsen, auch wenn sie sehr klein ist. Wir halfen dem kollektiven Bewusstsein der Menschheit zu heilen und „gaben allen anderen im Teich die Erlaubnis, sich ihrer Angst zu stellen". Liebe war die Antwort … „die ultimative Heilkraft, und wenn wir auf der anderen Seite ankommen, werden wir es wissen".

Dämonische „Technikfreaks"

Erstens ist es bei dem Szenario der Verstandeslöschung wichtig, nicht jedes Wort von irgendjemandem über die „andere Seite" für bare Münze zu nehmen. Das ist es, woran er sich zu erinnern behauptet, aber was hat er vergessen? Wir müssen nach wiederkehrenden Themen suchen und sehen, welche Muster es gibt. Will ich damit sagen, dass Christian Sundberg uns absichtlich in die Irre führt? *Ganz und gar nicht*. Er scheint sehr ehrlich zu sein. Ich weise nur darauf hin, dass wir es mit einem Bereich zu tun haben, der unsere Wahrnehmung durcheinanderbringt und eine Agenda verfolgt, bei der es gelinde gesagt keine Priorität ist, uns die Wahrheit zu sagen. Davon abgesehen gibt es in den Berichten von Sundberg mehrere Bereiche, die andere Informationen bestätigen, auf die ich gestoßen bin. Das eine ist der mechanische und technische Hintergrund der menschlichen Inkarnation. Oder, genauer gesagt, die *Wahrnehmung* der Inkarnation. Die Beschreibung eines „Schleiersimulators", einer Technikerkammer/Mechanikerwerkstatt und Wesen „sehr technischer Natur" scheint mir kein spirituelles Phänomen zu sein. Es ist viel näher an etwas, das mit KI zu tun hat.

Im Buch „Die Falle" habe ich erzählt, wie ein Mann, ein Christ, mich kontaktierte, um mir mitzuteilen, dass sich seine gesamte Weltanschauung und sein religiöses Weltbild durch seine Nahtoderfahrung verändert hätten. Er war sich einer Realität bewusst geworden, die nichts mit dem zu tun hatte, woran er vorher glaubte. Er fand sich in einem schwach beleuchteten Raum mit zwei Grauen wieder – Untergebene der Reptiloiden, die den Ruf haben (siehe meine anderen Bücher), von Technologie besessen zu sein. Dies ist ihre Methode der individuellen und Massenkontrolle (siehe die heutige menschliche Gesellschaft). Der Mann sagte, dass einer der Grauen hinter einer Art Kontrollpult saß, der andere stand daneben und schaute zu. Er bemerkte, dass sie ihn beobachteten, und der Stehende winkte mit der rechten Hand und machte eine Bewegung über den Schreibtisch, wo ein rechteckiger Knopf orange und lila zu leuchten begann. Es sah fast so aus, als hätte man Glitter mit Wasser vermischt und geschüttelt. Sofort befand er sich „im Weltall" und sah eine kugelförmige Erde (keine flache). Er „schwebte einfach da". Plötzlich erschien ein hellblauer Strahl und „schoss auf die Erde zu". Dabei breitete sich der Strahl wie ein hellblauer Energieschild um den Globus aus. In einem Augenblick, sagte er, verstand er, dass dies eine Information an die Erde war, dass seine Seele zurückkehren würde. Er glaubte, es sei wie ein Schmetterlingseffekt, bei dem alles in irgendeiner Weise von der Schwingung seiner Flügel verändert wird. „Ich komme zurück, also wird alles beeinflusst", sagte er. Das Nächste, an das er sich erinnerte, war das Aufwachen im Krankenhaus. Viele Jahre lang dachte er, es sei vielleicht nur ein Traum gewesen, bis er in meinen Büchern über die Simulation las, und „alles passte zusammen". Das war seine Schlussfolgerung:

> „Was ich weiß, ist ... Ich habe eine Technologie gesehen, die ich noch nie zuvor gesehen habe, und ich habe noch nie von so etwas gehört, es war also keine Idee, die sich in meinem Gehirn festgesetzt hat, weil ich vor meinem Tod etwas gesehen oder gelesen habe. Ich bin jetzt davon überzeugt, dass, wenn man stirbt, die Seele eingefangen und zur Erde zurückgebracht wird. Das widerspricht allem, was ich vorher geglaubt habe."

Wir haben es hier mit einem technologischen System zu tun, das von einer künstlichen Intelligenz orchestriert wird, die die gesamte Show steuert, überwacht von dämonischen Wesenheiten, die der Jaldabaoth-Verdrehung der Liebe dienen, die ich als „böse" definiere. Was wahr klingt und was ich sehr überzeugend fand, war Christian Sundbergs Beschreibung, wie es ist, in die 3-D-Realität einzutreten, und wie die Schwingung immer mehr heruntergedreht wurde, während sein Bewusstsein immer tiefer sank. „Das ist so dunkel. Das ist so eine niedrige Schwingung." Er gibt uns ein Gefühl dafür, wie dicht diese Realität wirklich ist und vor welcher Herausforderung wir stehen, wenn wir dem Leben inmitten seines Wahnsinns einen Sinn geben wollen. Im Lichte dessen, was andere gesagt haben, gibt es viele Bereiche, in denen ich glaube, dass er seine Erfahrung falsch interpretiert. Der Reinkarnationszyklus ist auf maximale Loosh-Produktion ausgelegt – daher die niedrige 3-D-Schwingung – und darauf, die Seelen zwischen den Reisen zur Loosh-Farm in der Schleife zu halten. Es gibt einen offensichtlichen Kontrast zwischen den korrupten menschlichen Führern und den liebevollen und weisen Führern der Geistigen Welt. Diese Führer müssen die Zustimmung der körperlosen Seelen (Göttliche Funken) einholen, damit sie wieder in die Schrecken der menschlichen Erfahrung eintauchen können. Deshalb haben sie eine Geschichte erfunden, in der die Notwendigkeit der Reinkarnation für die „Entwicklung der Seele" von grundlegender Bedeutung ist: „Wir wissen, wie schwer es ist, aber sehen Sie sich an, was Sie in Ihrem letzten Leben getan haben. Sie können nicht weitermachen, solange diese Persönlichkeitsmerkmale und Einschränkungen nicht beseitigt sind. Wir wollen Ihnen dabei helfen, weil wir Sie lieben." Christian Sundberg sagt, es ist eine Wahl. Wenn dem so ist, dann wird diese Wahl unter Umständen getroffen, in denen Schuldgefühle für vergangene Taten und die Sorge um ein verkümmertes geistiges „Wachstum" eine zentrale Rolle zu spielen scheinen. Ich war beeindruckt von der Aussage, Menschsein sei wie ein Sechser im Lotto, und „jetzt bist du hier, du kannst entscheiden, was du tun willst – das ist unglaublich." Offensichtlich *kann man* hier *nicht* entscheiden, was man tun will. Wie viele Menschen leben das Leben, das sie leben wollen, und tun das, was sie tun wollen? Allein der Gedanke an eine menschliche Wahl ist ein Albtraum für den Kult und seine dämonischen Meister. Es ist ziemlich schwierig, zu „entscheiden, was du tun willst", wenn das Bewusstsein mit Manipulationen, Anweisungen und Druck bombardiert wird, die einem *sagen*, was zu tun ist. Sie können nur dann souveräne Entscheidungen treffen, wenn Sie sich mit dem Bewusstsein außerhalb der Simulation verbinden, und der ganze Sinn der Simulation besteht darin, Sie daran zu hindern, dies zu tun. Aus den Beschreibungen einiger Nahtoderfahrener und derjenigen, die in den Zustand zwischen den Leben zurückgekehrt sind, geht hervor, dass es andere Ebenen der Geistigen Welt gibt, in denen andere Methoden der „Ermutigung" für diejenigen stattfinden, die nicht zurückkehren wollen.

Nach Vorschrift

Was Christian Sundberg beschreibt, ist im Wesentlichen das klassische Reinkarnationsszenario, das uns die östlichen Religionen und ihr westlicher Ableger, das New Age, präsentieren. Sie propagieren die Vorstellung, dass wir immer wieder in die menschliche 3-D-Welt zurückkehren müssen, um „Lektionen zu lernen" und einen Punkt der „Erleuchtung" zu erreichen, an dem wir schließlich dem Kreislauf entkommen. Die „Erleuchtung" – das buddhistische „Nirwana" – wird erreicht, indem wir immer wieder auf einen winzigen Stecknadelkopfplaneten zurückkehren. Dabei werden unsere Erinnerungen an frühere „Lektionen" gelöscht, sodass wir sie erneut lernen müssen oder in dieselben Fallen tappen, und diese Reinigung ist so gründlich, dass wir uns beim Verlassen des Körpers nicht einmal daran erinnern, dass wir das schon unzählige Male durchgemacht haben. Die außerkörperliche Verwirrung von Nahtoderfahrenen, die auch von wiederholter Reinkarnation sprechen, offenbart das Ausmaß der Verstandeslöschung, die mit einem KI-System möglich ist, das die Wahrnehmung vom Astral aus kontrolliert. Die Manipulation der Wahrnehmung ist vollendet, wenn diejenigen, die uns den Albtraum der menschlichen Erfahrung mit all ihren Kriegen, Konflikten, Leiden und emotionalen Turbulenzen erleben lassen, uns sagen, dass „Liebe die Antwort" ist. Ich wiederhole: Zwischen den Menschenleben kann die Seele das größere Bild der menschlichen Erfahrung sehen und erkennen, welche Entscheidungen getroffen wurden, die besser hätten sein können. Die Seele hat „ihre Lektion gelernt" und muss dennoch zurückkehren, um eine Situation *erneut* zu erleben? Hinzu kommt die Tatsache, dass der Eintritt in einen Bereich mit niederfrequenter Schwingungsdichte und der Wahrnehmungsmanipulation eine sehr hohe Wahrscheinlichkeit von Verhaltensweisen und Reaktionen schafft, die anschließend in einer weiteren Inkarnation nach der anderen „angesprochen“ und bearbeitet werden müssen. Das Rad des reinkarnierenden Unglücks wird in Bewegung gesetzt und soll niemals stehen bleiben. „Erleuchtung“ ist das Licht am Ende des Tunnels, das sich als der entgegenkommende Zug entpuppt. Erzählen Sie mal den Milliarden von Menschen, die täglich in Armut und seelischer Not leben, dass dies nur geschieht, weil Gott sie liebt.

„Das Tibetische Totenbuch“, das von den östlichen Religionen und dem New Age geliebt wird, beschreibt den Reinkarnationszyklus und ist ein moderner Name für das alte „Bardo Thödol“ oder „Befreiung durch Hören im Zwischenzustand“. Der Bardo ist das Intervall zwischen dem Tod und der nächsten Wiedergeburt und wird in sechs „Sub-Bardos“ oder Phasen unterteilt. Das klingt alles sehr kompliziert, wo wir doch alle einfach nur *sind* und alles einfach nur *ist*. Nach tibetischer Überlieferung wurde das Werk im 8. Jahrhundert von Padmasambhava, einem legendären indischen buddhistischen Mystiker, verfasst, von seinem Schüler Yeshe Tsogyal niedergeschrieben und in Zentraltibet vergraben, bevor es im vierzehnten Jahrhundert entdeckt wurde. Ich sah mir einen Vortrag an, in dem der Reinkarnationszyklus aus dem Buch vorgestellt wurde. Es handelte sich um einen klassischen Simulationswahn, bei dem es darum ging, Erleuchtung zu erlangen (dem Zyklus zu entkommen), indem man erkannte, dass man nicht der Körper ist. Der Vortragende ging nirgendwo darauf ein, geschweige denn, dass er erklärte, warum wir überhaupt in einem Körper sind. Sie sind nicht Ihr Körper und Sie wissen das, weil Sie keinen haben, aber jetzt werden wir Sie wieder und wieder in einen Körper stecken, damit Sie lernen, dass Sie nicht Ihr Körper sind. Tut mir leid, Kumpel, ich kann dir nicht folgen. Aber ich stimme zu, dass die beste Chance zur Flucht in die Unendlichkeit unmittelbar nach dem Tod besteht.

In Christian Sundbergs Erinnerungen geht es um Geistführer und die vertraute Meister-Schüler-Beziehung zwischen den „Weisen“, die es am besten wissen, und denen, die sich von ihnen leiten lassen. Wir behaupten, dass der Schleier des Vergessens lebenswichtig ist, sodass jede Inkarnation eine eigene Erfahrung ist und die Erinnerung an die tiefe Freude, Liebe und Freiheit, aus der wir kommen, „lähmend“ sein könnte. Er fragt: „Wie würden Sie morgens zur Arbeit gehen, wenn Sie zum Beispiel wüssten, dass die Sonne gerade in Ihnen ist?“ Meine Antwort auf den ersten Punkt ist, dass der Schleier auch wichtig ist, um alle Erinnerungen an frühere Realitätserfahrungen auszulöschen, was Ihnen sehr helfen würde, die Punkte zusammenzufügen. Zu Punkt zwei: Warum sollte es „lähmend“ sein, sich an die tiefe Freude, Liebe und Freiheit dort zu erinnern, wo wir herkommen? Uns wird gesagt, das sei der ganze Grund für diesen Mist hier – sich daran zu erinnern, wer wir wirklich sind, um diesen Zustand der „Erleuchtung“ zu erreichen, um aus dem Bus aussteigen zu können. Die Tiefe der Freude und Liebe, an die sich Sundberg vor seiner Ankunft erinnert, muss durch den Vergleich mit der „so dunklen“ und „niedrig schwingenden 3-D-Realität“ gefiltert werden. Fast alles würde als Freude und Liebe erscheinen, wenn man es mit dieser Realität vergleicht. Es gibt keine Möglichkeit, die Liebe und Freude zu vergleichen, die in der Unendlichkeit *jenseits* der Simulation möglich sind. Wenn wir hier sind, „um dem kollektiven Bewusstsein der Menschheit bei der Heilung zu helfen“, dann haben viele Menschen das Treffen verpasst oder die E-Mail nicht erhalten. Dass die Sonne in uns ist, liegt an der holografischen Natur der Simulation, in der jeder Teil eines Hologramms eine kleinere Version des Ganzen ist. Das gesamte Fake-„Universum“ befindet sich im Körper, da der Körper eine Ausdrucksform des holografischen Ganzen ist. Die Sonne ist nicht in uns im Sinne unseres ewigen Bewusstseins. Die Sonne ist eine holografische Softwarekreation, die uns darüber täuschen soll, wo wir sind, wer wir sind und warum wir hier sind.

Ich schlage ein anderes Szenario vor. Das Bewusstsein wurde in eine Scheinwelt gelockt, die von einem falschen „Gott“ geschaffen wurde, um sich von unserer Lebenskraft zu ernähren. Diese Scheinwelt ist mit niedrig schwingenden Emotionen durchsetzt, die dem niedrig schwingenden „Gott“ ermöglichen, unser Loosh zu absorbieren. Die 3-D-Welt wurde gezielt so gestaltet, dass sie durch Krieg, Konflikte aller Art, Angst, Furcht, Depression, Stress, Entbehrungen und massenhaftes Leiden ein andauerndes emotionales Trauma auslöst, sowohl durch „physischen“ Schmerz als auch durch psychologische Folgen. Mit der Vollendung jeder menschlichen Erfahrung, die von der KI sorgfältig inszeniert wird, besteht die Notwendigkeit, die Seele (die Aufmerksamkeitsfokus des Göttlichen Funkens) dazu zu bringen, den Albtraum zu wiederholen und sie zu reinkarnierenden Loosh-Produzenten zu machen. Es gibt einen netten Weg, dies zu tun, durch die Manipulation der Wahrnehmung zu überzeugen, dass wiederholte menschliche Leben auf einem kleinen Planeten für die Evolution notwendig sind. Es gibt immer „weise Führer“, die uns in diese Richtung lenken. Und es scheint auch andere Wege zu geben, Druck auf diejenigen auszuüben, die lieber nicht ins Irrenhaus zurückkehren wollen. Macht es nicht mehr Sinn, dass wir nicht „auf“ einem Stecknadelkopfplaneten inmitten der Leblosigkeit leben, vielmehr in einer Scheinrealität, in der es keinen „Planeten“ gibt, sondern nur die Wahrnehmung eines solchen, so wie ein Computer das WLAN decodiert? Ist es nicht wahrscheinlicher, dass der „Planet“ perfekt für „menschliches Leben“ ist (aber eben gerade so), weil die Simulation so gemacht wurde; und dass der Rest unserer Realität ohne anderes Leben erscheint, weil er so gemacht wurde; alles im Namen der Absonderung der Wahrnehmung und der Loosh-Produktion?

Bis hierher und nicht weiter

In vielen Kulturen der Welt gibt es das Konzept einer Grenze, die wir nicht überschreiten können, es sei denn, wir erreichen den Zustand der „Erleuchtung", überschreiten eine Schwelle oder erfüllen einen Standard, um in den „Himmel" oder die Unendliche Wirklichkeit, wie ich es nennen möchte, aufgenommen zu werden. Eine solche Grenze wird Ouroboros oder Leviathan genannt, ein großer Drache oder eine Schlange, die ihren eigenen Schwanz verschlingt, um eine Absperrung zu bilden (Abb. 82). Der Leviathan ist eine Seeschlange der Theologie und Mythologie, die „die Verdammten nach dem Leben" zu fressen droht und „ein Dämon der Sünde des Neides" ist. Den Leviatan findet man im Christentum, Judentum, Gnostizismus und Satanismus. Er ist der siebenköpfige Drache in der (biblischen) Offenbarung, und man fragt sich, ob nicht zumindest einige der Legenden vom Sieg über den Drachen mit der Überwindung dieser reptiloiden Barriere zusammenhängen, um der Matrix zu entkommen. Nach gnostischem Glauben ist ein drachenförmiger Archont, der seinen Schwanz (den Ouroboros) verschluckt, eine Quelle des Bösen, die die Welt gefangen hält und die untere Welt Jaldabaoth von der oberen Welt „Gottes" (Unendliche Wirklichkeit) trennt. Eine Seele (Göttlicher Funke) muss der falschen „schlechten Kopie" durch sieben Sphären (Archonten) entkommen, sonst wird sie vom Leviathan verschlungen. Die Archonten werden im gnostischen Glauben als die „Torwächter" dargestellt, die Tricks und die Manipulation von Emotionen – Angst, Schuld, Scham etc. – einsetzen, um uns in der Schleife der Illusion

Abb. 82: Der reptiloide „Ouroboros" oder „Leviathan" symbolisiert die Wahrnehmungsbarriere, die das Bewusstsein daran hindert, die Simulation zu verlassen.

Abb. 83: Das Siegel des Baphomet der Kirche Satans, das den Namen des Leviathans buchstabiert.

zu halten. Seit den 1960er-Jahren stellt der Satanismus den Leviathan in hebräischen Buchstaben dar, die das Siegel Baphomets kennzeichnen, das umgekehrte Pentagramm mit dem Ziegenkopf in einem Kreis, der den hebräischen Namen für Leviathan buchstabiert (Abb. 83). Ich habe bereits erwähnt, wie der „Bruce Codex" von Nag Hammadi die Trennung von Oberen und Unteren Äonen hervorhebt:

> „Und dann trennte sich das Existierende vom Nicht-Existierenden. Und das Nicht-Existierende ist das Böse, das sich in der Materie manifestiert hat. Und die allumfassende Macht trennte das Existierende von dem Nicht-Existierenden. Und sie nannte das Existierende ‚Ewig' und das Nicht-Existierende ‚Materie'. Und in der Mitte trennte sie die Existierenden von den Nicht-Existierenden, und sie legte Schleier zwischen die beiden."

Abb. 84: Die Vorstellung vom magischen Ring, den wir nur durchschreiten müssen, um „nach Hause" zurückzukehren. (Bild: Neil Hague)

Wir kennen Darstellungen von Kuppeln, die das menschliche Reich begrenzen, und wir kennen auch das esoterische Konzept des magischen Kreises, der „ein zutiefst mystischer und suggestiver Begriff ist, der den Kreis oder die Grenzen bezeichnet, innerhalb derer sich das Bewusstsein derjenigen befindet, die noch unter der Herrschaft des Wahns des Abgesondertseins stehen". Der Begriff bezieht sich auf „jeden Zustand, in dem ein Wesen, das eine bestimmte Stufe des evolutionären Wachstums der Entfaltung des Bewusstseins erreicht hat, nicht in der Lage ist, in einen noch höheren Zustand überzugehen, und zwar aufgrund einer Täuschung, unter der das Bewusstsein leidet, sei sie mental oder spirituell" (Abb. 84). Einfach ausgedrückt:

Ihre Wahrnehmung bestimmt Ihre Schwingung, und wenn Ihre Schwingung (Wahrnehmung) nicht hoch genug ist, um den magischen Kreis zu durchqueren, bleiben Sie in der Simulation. Die Ironie ist, dass diese Grenze oder Barriere eine weitere Illusion ist – mehr dazu später.

Reinkarnation ist eine Fliegenfalle, und um aus dem Kreislauf auszubrechen, müssen wir uns selbst mit dem Göttlichen Funken und dem Alles Was Ist identifizieren und nicht mit der „Materie" oder gar der „Seele". Wir brauchen auch das *gewiefte* Verständnis dafür, wie die Falle mit all ihren Tricks und Ablenkungen funktioniert, sonst bleiben wir gefangen. Viele Göttliche Funken, die sich als Unendliches Gewahrsein identifizierten, kauften den Betrug und die Schikanen ab und glaubten, der Lichttunnel mit den geistigen Wesen und Meistern sei der Eingang zum „Himmel", während sie, wie es im Lied heißt, „genau dorthin zurückkehren, wo wir angefangen haben". Ohne das Gewiefte kann das Geistige immer noch völlig unbeholfen sein, und oftmals ist es genau so.

6

Astraluniversum

Saturnisch: Melancholisch oder mürrisch, mit einer Tendenz zu Bitterkeit oder Sardonismus[1].

Das Freie Wörterbuch

Die verschiedenen Realitätsebenen, die wir im menschlichen Energiefeld sehen, gelten auch für die Simulation nach dem holografischen Prinzip „wie oben so unten". Das, was wir für das „Universum" halten, besteht aus anderen Realitätsebenen, einschließlich der Astralebene, und alle sind Teil der Simulation. Planeten und Sterne sind 3-D-Projektionen von Astralphänomenen.

Ich schreibe und spreche seit Jahrzehnten über den Saturn und den Mond, von denen ich behaupte, dass sie grundlegend (in 3-D und 4-D) mit dem Einfluss der Simulation auf das menschliche Bewusstsein verbunden sind. Den gnostischen Texten zufolge war der Saturn sicherlich für den magischen Zirkel von Bedeutung. „Die Pistis Sophia" symbolisiert die Grenzen der simulierten Realität des Jaldabaoth/Demiurgs als einen Drachen, der seinen eigenen Schwanz verschlingt, in einer Weise, die das Konzept des Ouroboros oder des Leviathans widerspiegelt: „Die äußere Finsternis ist ein großer Drache, dessen Schwanz in seinem Maul ist, außerhalb der ganzen Welt und die ganze Welt umringend." In den gnostischen Texten heißt es, dass die äußerste Planetensphäre (der unteren Äonen/Simulation) der Saturn ist. Die Illusion der Zeit ist ein entscheidender Wahrnehmungsbetrug, und Saturn gilt als Gott der Zeit. „Schicksal" ist die vorherbestimmte Erfahrung des Körperprogramms ohne Einfluss des Göttlichen Funkens und führt zu der Wahrnehmung von „Karma", das die Seele/den Göttlichen Funken an den Reinkarnationszyklus bindet. Saturn wird wiederum der „Herr des Karmas" genannt. In dem Buch „Alles, was Sie wissen sollten, Ihnen aber nie jemand erzählt hat" finden Sie viele Einzelheiten über Saturn und den Mond, zusammen mit der Saturn-Symbolik, die vom Kult überall in der mensch-

1 Sardonismus: boshaft, mit verzerrtem Gesichtsausdruck

Abb. 85: Saturn war eine der wichtigsten Gottheiten der Alten Welt und ist es noch heute noch für den Globalen Kult. Er repräsentiert Jaldabaoth.

lichen Gesellschaft platziert wurde. Das Ausmaß der Symbolik ist enorm, da Saturn als „Gott der tausend Namen" bekannt ist (Abb. 85).

Das Saturn-Mond-Duo wird zu einem Trio, zu dem auch das Sternbild und der Nebel des Orion gehören (Abb. 86). Ich habe mich hauptsächlich auf Saturn und den Mond konzentriert, während mein langjähriger Freund, esoterischer Rechercheur und Künstler, Neil Hague, ausführlich über Orion geschrieben hat – siehe sein Buch „Orion's Door: Symbols of Consciousness & Blueprints of Control" [dt.: „Das Tor des Orions: Symbole des Bewusstseins & Blaupausen der Kontrolle"]. Es heißt, Saturn sei nur ein Gasball mit seltsamen Ringen, während der Mond ein zufälliger Körper sei, der von der magnetischen „Anziehungskraft" der Erde gefangen ist. Wenn man nun bedenkt, dass ein einziges Lichtjahr den zehn Billionen Kilometern (oder sechs Billionen Meilen) entspricht, die das Licht in dieser Zeit zurücklegt, dann kann man wohl fairerweise sagen, dass man, wenn man das mit 1.350 multipliziert, für eine Reise zum Orion mindestens einen Schlafsack dabeihaben sollte. *Aber* wäre das wirklich so? Wenn Sie den Orion mit seinem berühmten Dreiergürtel am Nachthimmel sehen, existiert er in dieser Form nur in den Decodierungsprozessen Ihres Gehirns. Wie die Zeit ist auch die Entfernung illusorisch. Doch wie können sich zwei Himmelskörper und ein Sternbild/Nebel überhaupt auf die menschliche Wahrnehmung und das Leben auf der klei-

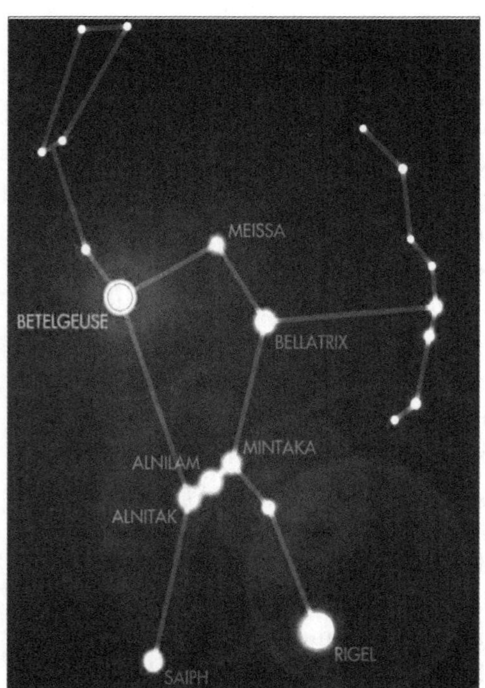

Abb. 86: Orion ist ein weiterer Fokus für antike Gesellschaften und Geheimbünde.

nen Erde auswirken? Die Antwort liegt in ihrer multidimensionalen Natur. Man mag ihre 3-D-Ebene sehen, aber das ist nicht alles, was sie sind. Es ist nur das Frequenzband, das man wahrnimmt. Saturn, der Mond und Orion sind wie die gesamte Simulation, Projektionen aus dem Astralbereich in die 3-D-Realität. In der Astralebene finden wir die eigentliche Funktion dieser drei Planeten. Sie sind Portale, die in das Astral führen, und ihre 3-D-Ebene ist nur eine Tarnung dafür. Die meisten, wenn nicht alle Himmelskörper sind Portale, und wenn die Menschen von außerirdischen Gruppen aus der Draco-Konstellation (Reptiloide), Zeta Reticuli (Graue), Sirius und anderen sprechen, glauben sie, dass damit die 3-D-Versionen gemeint sind, obwohl es sich bei diesen Wesenheiten und Gruppen in Wirklichkeit um *astrale* Phänomene handelt. Nichtmenschliche Wesen werden von denen, die behaupten, sie gesehen zu haben, als aus dem Nichts auftauchend beschrieben, weil sie aus dem Astral erscheinen, indem sie ihre Frequenz in eine 3-D-Form projizieren, die Menschen, die auf sichtbares Licht beschränkt sind, sehen können. Das Gleiche gilt für die sogenannten „Men in Black", den „Hutmann" und ätherische Wesen mit glühenden roten Augen (Abb. 87). Dies sind Astralwesen, die in den 3-D-Bereich wechseln.

Abb. 87: Der Hutmann ist eine Schattengestalt, die angeblich in Schlafzimmern erscheint, wenn Menschen einschlafen oder aufwachen.

Comedy Club Mond

Der Mond ist lächerlich. Absurd. Er sollte nicht da sein. Die Tatsache, dass er da ist, sollte uns sofort auf eine Lüge aufmerksam machen. Was ist dieser Ball aus reflektiertem Licht? Ein wenig Recherche über die Fülle von Anomalien würde bestätigen, dass der Mond, was immer er auch sein mag, nicht „natürlich" ist. Auf keinen Fall sollte dieser Körper mit einem Durchmesser von 2.160 Meilen oder 3.474 Kilometer (größer als Pluto und *ein Viertel* so groß wie die Erde) unseren kleinen Planeten umkreisen (Abb. 88). Um Himmels willen – er ist der *fünftgrößte* Mond im Sonnensystem. Nun vergleichen Sie das mal mit

Abb. 88: Der mysteriöse Mond. Warum ist er da? Woher kommt er?

der Größe anderer Körper im Hinblick auf die winzige Erde. Erwin Shapiro vom Harvard-Smithsonian Center for Astrophysics sagte einmal: „Die beste Erklärung für den Mond ist ein Beobachtungsfehler – der Mond existiert nicht." Es gibt Volksstämme, die behaupten, aus einer Zeit zu stammen, bevor der Mond am Himmel stand, darunter die Proselener in Arkadien, Griechenland. Die römischen Autoren Apollonius, Rhodius und Ovid sowie die griechischen Quellen Aristoteles und Plutarch berichten, dass die Proselenen behaupteten, ihre Vorfahren seien schon da gewesen, „bevor es den Mond am Himmel gab". „Proselene" bedeutet wörtlich „vor Selene", der griechischen Göttin des Mondes.

Credo Mutwa, der Zulu-Hochschamane, erzählte mir von Zulu-Legenden, in denen beschrieben wird, wie der Mond in seine heutige Position „geschoben" wurde und ein gigantisches Raumschiff für Reptiloide ist. Der Mond passt in das Konzept eines simulierten Softwareprogramms. Alle Anomalien und Zufälle beginnen zu verblassen, wenn wir begreifen, dass der Mond sowohl ein Portal in das Astral als auch ein Mittel zur Manipulation des menschlichen Bewusstseins in der 3-D-Welt ist. Die Software-Synchronisation wird aus allen Richtungen bestätigt, so wie die Erde der perfekte Ort für das Leben ist, wie wir es kennen – aber nur knapp. Der Mond ist 400-mal kleiner als die Sonne und bei einer Sonnenfinsternis ist er 400 Mal näher an der Erde. Deshalb erscheint der Mond bei einer totalen Sonnenfinsternis von der Erde aus gesehen genauso groß wie die Sonne (Abb. 89). Weitere Anomalien sind:

- Der Mond soll so gut wie kein Magnetfeld haben, aber Mondgestein ist magnetisiert.
- Einige Gesteine enthalten verarbeitete Metalle wie Messing und Glimmer und die Elemente Neptunium 237 und Uran 236, die in der Natur nicht vorkommen. Neptunium 237 ist ein radioaktives metallisches Element, ein Neben-

Abb. 89: Während einer Sonnenfinsternis verdeckt der Mond die Sonne perfekt.

produkt von Kernreaktoren und der Herstellung von Plutonium. Uran 236 ist ein langlebiger radioaktiver Atommüll, der in abgebrannten Kernbrennstoffen und wiederaufbereitetem Uran vorkommt. Was hat das auf einem „natürlichen" Mond zu suchen?

- Der Mond soll einst ein Teil der Erde gewesen sein, aber einige Mondgesteine enthalten zehnmal mehr Titan als die auf der Erde gefundenen. Dr. Harold C. Urey, Träger des Nobelpreises für Chemie, sagte, er sei „furchtbar verwirrt von den Gesteinen des Mondes und insbesondere von ihrem Titangehalt". Er sagte, die Gesteine seien verblüffend.
- Der Geochemiker Dr. S. Ross Taylor, der das Team für die chemische Analyse des Mondes leitete, sagte, dass Gebiete auf dem Mond von der Größe von Texas mit geschmolzenem Gestein bedeckt seien, das flüssiges Titan enthalte, und er könne sich nicht erklären, wie die Hitze dafür erzeugt wurde. Titan wird in Überschalltriebwerken, Tiefsee-U-Booten und Raumfahrzeugen verwendet.
- Mondkrater sind unabhängig von der Größe des scheinbaren Einschlags außerordentlich flach; Dr. Don L. Anderson, Professor für Geophysik und Direktor des seismologischen Labors am California Institute of Technology, sagte einmal, dass „der Mond wie umgekrempelt wirkt". Was außen ist, sollte innen sein.

Eine lange Liste weiterer erstaunlicher Zufälle finden Sie im Buch „Alles, was Sie wissen sollten, Ihnen aber nie jemand erzählt hat". Christopher Knight und Alan Butler, die Autoren des hervorragenden Buches „Who Built The Moon?" [dt.: „Wer hat den Mond gebaut?"], haben es auf den Punkt gebracht. Sie schreiben, dass die Beziehung zwischen Erde, Mond und Sonne „nichts weniger als verblüffend" ist und dass der Mond „mit der Präzision des sprichwörtlichen Schweizer Uhrmachers" positioniert wurde. Das Leben auf der Erde, wie wir es kennen, wäre unmöglich, wenn der Mond viel näher oder weiter entfernt wäre, als er es ist, so die Wissenschaftler. Wir sehen nur ein Gesicht des Mondes, was seine „dunkle Seite" für uns unsichtbar macht, mit Ausnahme der Bilder, die von der NASA kontrolliert werden, die sich im Besitz des Kults befindet. Die Autoren des Buchs „Who Built The Moon?" schreiben:

> „Der Mond ist größer, als er sein sollte, offenbar älter, als er sein sollte, und viel leichter, als er sein sollte. Er befindet sich auf einer seltsamen Umlaufbahn und ist so außergewöhnlich, dass alle bestehenden Erklärungen für seine Anwesenheit mit Schwierigkeiten verbunden sind und keine von ihnen auch nur annähernd als wasserdicht angesehen werden kann."

Eine offizielle Erklärung für die Entstehung des Mondes ist die Doppelkollisionstheorie [engl.: Double Big Whack Theorie]. Schnallen Sie sich an. Ein marsähnlicher Planet stieß während der Entstehung der Erde mit ihr zusammen und ein großes Stück der Erde löste sich und wurde zum Mond. Die Geschichte wurde geändert, als die physikalischen Zusammenhänge nicht mehr passten, woraufhin nun ein marsähnlicher Planet mit der Erde kollidierte und dann zurückkam, um es noch einmal zu versuchen. Diese Klatsch-Klatsch, Doppelschlag, Eins-zwei-Theorie sagt einem etwas sehr deutlich. Die Mainstream-Wissenschaft hat *keinen Schimmer*, wie der Mond entstanden ist oder wie er dort hingekommen ist, wo er ist. Earl Ubell, ein ehemaliger Wissenschaftsredakteur bei *CBS*, sagte, dass die unterschiedliche metallische Beschaffenheit von Erde und Mond die Vorstellung widerlegt, dass sie gleichzeitig oder nahe beieinander oder voneinander entstanden sind: „Die Unterschiede deuten darauf hin, dass Erde und Mond weit voneinander entfernt entstanden sind, eine Vorstellung, die an der Unfähigkeit der Astrophysiker scheitert, genau zu bestimmen, wie der Mond zu einem Satelliten der Erde wurde."

Reptiloide „Raumschiffe"

Nachdem ich viel über die Anomalien des Mondes und alte Legenden gelesen und meine andersdimensionale Intuition benutzt habe, behaupte ich seit langem, dass der Mond ein künstlicher Körper (wohlgemerkt, das sind sie alle, es ist eine Simulation) und eine dämonische Reptiloiden-Basis ist. Es gibt Berichte von NASA-Whistleblowern über Gebäude und Komplexe auf der anderen Seite des Mondes, aber ich behaupte, dass sich das Zentrum der Mondaktivitäten im Inneren des Mondes befindet. Ich glaube, dass es sich um ein Portal handelt, das 3-D mit dem Astral verbindet, und es ist bekannt, dass der Mond einen massiven Einfluss auf die Ozeane der Erde und die menschlichen Hormone hat. Zulu-Legenden zufolge ist der Mond die Heimat der Chitauri, einer reptiloiden Rasse, die die Menschen manipuliert. Symbolische Zulu-Berichte besagen, dass der Mond in Form eines Eies dem „Großen Feuerdrachen“ gestohlen und der Dotter entfernt wurde. Interessant ist, dass die Behauptung, der Mond sei hohl, durch Beweise gestützt wird. Der Kosmologe Carl Sagan sagte, dass „ein natürlicher Satellit kein hohles Objekt sein kann“. Die NASA versetzte dem Mond einen Schlag, der einer Tonne Sprengstoff (TNT) entsprach, nachdem Seismometer installiert worden waren, und die Wissenschaftler sagten, der Mond habe „wie eine Glocke geklungen“. Sie konnten sich das nicht erklären, aber das ist das, was man erwarten würde, wenn der Mond hohl wäre. Maurice Ewing, einer der Leiter des seismischen Experiments, sagte: „Es ist, als hätte jemand eine Glocke, zum Beispiel in einem Kirchturm, mit einem einzigen Schlag angeschlagen und festgestellt, dass der Nachhall 30 Minuten lang anhält.“ Der Mond wurde erneut beschossen, diesmal mit einem Sprengstoff von elf Tonnen TNT; er reagierte laut NASA „wie ein Gong“, wobei die Vibrationen drei Stunden und 20 Minuten lang bis in eine Tiefe von 40 Kilometer anhielten. Ken Johnson, ein Leiter der Daten- und Fotokontrollabteilung während der Apollo-Missionen, sagte, der ganze Mond habe so präzise „gewackelt“, dass es „fast so war, als hätte er riesige hydraulische Stoßdämpfer in sich“. 1972 schlug ein Meteor mit einer Sprengkraft von 200 Tonnen TNT auf dem Mond ein, und obwohl die Schockwellen ins Innere drangen, *kam keine zurück*. Dr. Gordon MacDonald, ein NASA-Wissenschaftler, sagte in den 1960er-Jahren, dass „der Mond eher ein Hohlkörper als eine homogene Kugel zu sein scheint“. Dr. Sean C. Solomon vom Massachusetts Institute of Technology (MIT) räumte ein, dass die Beweise auf die „beängstigende Möglichkeit hindeuten, dass der Mond hohl sein könnte“.

Bereits 1970 vermuteten sowjetische Wissenschaftler, dass der Mond ein künstliches Konstrukt sei. Auch sie behaupteten, der Mond sei ausgehöhlt worden, um im Inneren eine Heimat für eine möglicherweise bedeutende Zivilisation zu schaffen. Michail Wasin und Alexander Schtscherbakow, Mitglieder der Sowjetischen Akademie der Wissenschaften, sagten, dass die Aushöhlung die Entdeckung von „metallischer Gesteinsschlacke“, Uran 236 und Neptunium 237 auf der Mondoberfläche erklären würde, wenn wahrscheinlich Kerntechnologie eingesetzt worden wäre. Diese Vermutung würde erklären, warum eine Fläche auf dem Mond in der Größe von Texas mit geschmolzenem Gestein bedeckt ist, das neben Chrom und Zirkonium auch Titan enthält. Die sowjetischen Wissenschaftler erklärten, diese Metalle seien extrem hitze- und verschleißbeständig und eigneten sich hervorragend zum Schutz der äußeren Hülle. Sie gewährleisteten eine „beneidenswerte Hitzebeständigkeit“ und die Fähigkeit, „Angriffsmitteln“ in Form von Temperatur, kosmischer Strahlung und Meteoritenbeschuss standzuhalten. Sie präsentierten ihre Beweise in einem ausführlichen Artikel in der sowjetischen Zeitschrift *Sputnik* mit der Überschrift „Ist der Mond die Schöpfung einer außerirdischen ‚Intelligenz'?" Aus der Sicht eines Ingenieurs sei „dieses Raumschiff aus längst vergangenen Zeiten, das wir den Mond nennen, hervorragend konstruiert":

> „Will man einen künstlichen Satelliten ins All schießen, sollte man ihn als Hohlkörper konzipieren. Gleichzeitig wäre es naiv anzunehmen, dass jemand, der zu einem so gewaltigen Weltraumprojekt fähig ist, sich mit einem riesigen leeren Behälter begnügen würde, der dann in eine erdnahe Umlaufbahn befördert wird."

Die Wissenschaftler halten es für wahrscheinlicher, dass es sich bei dem Mond um ein sehr altes Raumschiff handelt, dessen Inneres mit Treibstoff für die Triebwerke, Materialien und Geräten für Reparaturen, Navigationsinstrumenten, Beobachtungsgeräten und allen möglichen Maschinen gefüllt ist ... Mit anderen Worten, mit allem, was notwendig ist, damit diese „Karavelle des Universums" als eine Art Arche Noah der Intelligenz dienen kann, vielleicht sogar als Heimat einer ganzen Zivilisation, die eine lange Existenz (Tausende von Millionen Jahren) und lange Wanderungen durch den Weltraum (Tausende von Millionen Kilometer) plant:

> „Die Hülle eines solchen Raumschiffs muss natürlich sehr widerstandsfähig sein, um den Einschlägen von Meteoriten und den starken Schwankungen zwischen extremer Hitze und extremer Kälte standhalten zu können. Wahrscheinlich besteht die Hülle aus zwei Schichten – die untere Schicht aus einer massiven Panzerung von etwa 20 Meilen Dicke und die äußere Schicht aus einer Art lockerem Überzug (eine dünnere Schicht von durchschnittlich etwa drei Meilen Dicke). An einigen Stellen – dort, wo sich die ‚Meere' und ‚Krater' des Mondes befinden – ist die oberste Schicht sehr dünn, in einigen Fällen fehlt sie sogar ganz."

Die Tiefe der Krater deutet darauf hin, dass dies der Fall ist. Der Bodenwissenschaftler Marek Zbik von der Queensland University of Technology entdeckte im Mondboden Glasblasen mit seltsamen Nanopartikeln:

> „Wir waren wirklich überrascht von dem, was wir gefunden haben ... Anstelle von Gas oder Dampf im Inneren der Blasen, wie wir es in solchen Blasen auf der Erde erwarten würden, waren die Mondglasblasen mit einem hochporösen Netzwerk von fremdartig aussehenden glasartigen Partikeln gefüllt, die das Innere der Blasen überziehen."

Zu all den „Zufällen", Rätseln und Anomalien auf dem Mond kommen diese Nanopartikel im Boden mit außergewöhnlichen Eigenschaften hinzu. Der Mond ist ein künstlicher Satellit, der die Erde in einer so exakten Position umkreist, weil er von innen mit Energie versorgt wird, um dies zu tun. Er beschießt die Erde mit elektromagnetischen Frequenzen, um sich wiederholende Zyklen und rituelles Verhalten zu erzwingen, indem er sich mit den elektrischen und elektromagnetischen Systemen des menschlichen Gehirns und Körpers verbindet. Der Mensch decodiert diese sich wiederholenden Muster mithilfe seines DNS-Empfängers, es sei denn, erweitertes Bewusstsein setzt die Wirkung außer Kraft. Die fortschreitende Schaffung der technologischen „Cloud" von 5G, 6G und 7G in der Zukunft soll diese elektromagnetische Wahrnehmungskontrolle noch verstärken. Jeder Zentimeter auf der Erde soll von der Cloud eingehüllt werden. Hierfür werden neben Funkmasten vor allem Satelliten in niedriger Umlaufbahn eingesetzt (danke, Elon Musk).

Kontrollstation Mond

In anderen Büchern habe ich den Bericht eines Whistleblowers über ein geheimes Projekt in Afrika vorgestellt, das 1994 begann und fünf Jahre lang lief. Es war bekannt als das „Channelled Holographic Access Network Interface" oder „CHANI-Projekt". Der Informant erzählte in der Zeitschrift *Nexus*, wie sie eine Computertechnologie entwickelt hatten, um mit einer Entität aus einer anderen Dimension zu kommunizieren, der sie in den fünf Jahren etwa 20.000 Fragen gestellt hatten. Als ich den Artikel las, waren meine Recherchen über den Mond schon weit fortgeschritten, und was die Entität gesagt haben soll, kam mir sehr bekannt vor:

- Das Leben war besser für die Menschen, bevor es den Mond gab.
- Die „Mondkräfte" kontrollieren die Zeit und manipulieren die Stimmung der Menschen.
- Der Mond ist dazu da, um die „Stimmung" der Erde zu kontrollieren, und ohne den Mond würde eine große Ruhe über die Erde kommen – es gäbe nur kleine Stürme, keine großen Stürme.
- Die „alte Rasse" (Archonten/Reptiloide) brachten den Mond aus dem Weltraum und platzierten ihn neben der Erde.
- Eine reptiloide Rasse hielt die Menschen zurück, damit sie nicht „wachsen" konnten.
- Die Entität sagte, sie hätten in ihrer eigenen Realität viele Schlachten gegen die reptiloide Rasse gefochten.

- Die Menschen waren spirituell weiterentwickelt als die Reptiloiden, aber sie unterdrückten die Menschen mit ihrer Technologie – „ihr Gott ist ihre Technologie“ (siehe Astrale KI und was um uns herum in 3-D geschieht).

Der Mond hat einen fundamentalen Einfluss auf die menschliche Hormonaktivität, die wiederum *emotionale Zustände* auslöst – *Loosh*. Das endokrine System der Drüsen sendet hormonelle chemische Botschaften in den Blutkreislauf, die fast alle Körperfunktionen steuern und regulieren. Sie wandeln Nahrung in Zucker, Aminosäuren und Fettsäuren um, regulieren die Temperatur, beeinflussen Gewicht, Appetit und Zellwachstum und steuern Stoffwechsel, Sexualfunktion und Fortpflanzung, Blutdruck und Schlafrhythmus. Dazu gehören auch die Hypophyse und die Zirbeldrüse, die als das „dritte Auge“ bezeichnet wird, das interdimensionale psychische Bewusstsein, das die dämonische Macht unterdrücken will. Verschiedene Mondphasen können das menschliche Verhalten (das Körperprogramm) beeinflussen, wie Studien bestätigt haben. Der Mond ist die Ursache der Gezeiten. Wie kann sich das nicht auf einen menschlichen Körper auswirken, der zu 70 Prozent aus Wasser besteht? Der in Armenien geborene Mystiker George Gurdjieff sagte, dass die meisten Menschen in einem hypnotischen „Wachschlaf“ leben, weil es kein „einheitliches Bewusstsein“ gibt, und das war genau richtig. Im Jahre 1916 sagte er über den Mond:

> „Alle Bewegungen, Handlungen und Manifestationen von Menschen, Tieren und Pflanzen hängen vom Mond ab, und wir werden vom Mond kontrolliert ... Der mechanische Teil unseres Lebens hängt vom Mond ab, ist ihm unterworfen. Wenn wir in uns ein Bewusstsein und einen Willen entwickeln und unser mechanisches Selbst und alle unsere mechanischen Manifestationen ihnen unterordnen, werden wir der Macht des Mondes entkommen.“

In einigen Nahtoderfahrungsberichten wird der Mond als die Quelle des Lichts am Ende des Tunnels erwähnt, und das macht Sinn, da der Mond ein Portal zum Astral ist. Hier sind zwei Beispiele:

> „Plötzlich wurde ich in etwas hineingezogen, das ich für den Vollmond hielt, denn in dieser Nacht war der Mond silbern. Das war also das ‚Licht‘, von dem die Nahtoderfahrene sprechen. Als ich dort ankam, sah ich eine Reihe von Menschen in einem weißen Raum warten, der keine Grenzen oder Linien zu haben schien. Das Licht in diesem Raum war unnatürlich, aber schön und beruhigend.“

> „Als ich mich umschaute, sah ich ein helles Licht, es war der Mond ... Wir befanden uns im Weltraum, in gleicher Entfernung zum Mond auf der rechten Seite (von der Erde aus gesehen). Ich glaube nicht, dass dies der endgültige Bestimmungsort des Himmels war. Ich glaube, es war ein

> Empfangsbereich, um uns zu begrüßen, wenn wir hinübergingen ... Dann sagte er mir, dass meine Zeit noch nicht gekommen sei und ich zurückgehen müsse. Zwei Engel brachten mich zurück. Beim Weggehen begann ich alles zu verlieren, was ich gelernt hatte. Ich versuchte verzweifelt, mich daran zu erinnern und die Informationen zu behalten."

Dies ist bei weitem nicht das erste Mal, dass der Mond in diesem Zusammenhang erwähnt wird.

Bestätigung eines Insiders

Der ehemalige US-Marineoffizier Daryl D. James sagte in einem Interview mit Ickonic über das geheime Weltraumprogramm, es habe ein Portal zwischen seiner unterirdischen Militärbasis in Cornwall, England und dem Mond gegeben:

> „Ich erinnere mich, dass ich ein helles Licht sah und dann plötzlich war es fast so, als ob ich in einer Arztpraxis wäre. Und dann [wurde mir gesagt], das sei eine Spiegeltechnologie, als ob man durch einen Spiegel schreitet. Es war ein Portal, das zum Mond führte. Und dann war ich auf dem Mond. Es ging also von einer unterirdischen Basis aus, man ging durch dieses Portal, und dann war man auf dem Mond oder im Inneren des Mondes. Und ich hörte ein Reißen und Zerreißen, und es war, als ob jemand Aufkleber auf mich kleben würde, wie ein Herzmonitor, als ob sie mich physisch untersuchen würden."

Ich hatte vor Jahren etwas Ähnliches gehört, und ein Insider erzählte mir einmal von einem Portal von der Erde zu einer unterirdischen Basis auf dem Mars, wo „Außerirdische" und das menschliche Militär zusammenarbeiteten, so wie es Daryl James mit dem Mond erlebt hat. James sagte, ein anderer Mann im Raumfahrtprogramm habe ihm erzählt, dass es auf dem Mond Minen gäbe „und dass es dort Bordelle gäbe und dass Sex die einzige Motivation bei der Arbeit sei und solche Dinge". Zwischen den USA und China scheint es (zumindest in der Öffentlichkeit) zunehmend Spannungen wegen der Pläne zum Abbau sogenannter Konfliktmineralien auf dem Mond zu geben, was wörtlich gemeint sein oder als Deckmantel für etwas anderes dienen könnte. Der pensionierte Oberst der Luftwaffe, Peter Garretson, ein ehemaliger militärischer Strategieplaner, schreibt in seinem Buch „The Next Space Race" [dt.: „Das Nächste Weltraum Wettrennen"]:

> „Chinas langfristiger Plan ist es, eine Wirtschaftszone auf dem Mond und der Erde zu schaffen, und sie hoffen, dass dies bis 2050 jährlich 10 Billio-

> nen Dollar an wirtschaftlicher Aktivität einbringen wird ... Sie versuchen wirklich, eine vierte industrielle Revolution zu schaffen, die meiner Meinung nach das nächste Jahrhundert prägen wird."

China ist ein wichtiger Besitz des Kults, der von Mega-Psychopathen geführt wird, um die (dämonische) Agenda des Kults voranzutreiben, und sie dienen der reptiloiden Rasse, die, wie ich sage, innerhalb des Mondes operiert. Ich denke, man kann durchaus behaupten, dass die Welt ganz anders ist, als man uns glauben machen will.

Mondkinder

Es gab noch etwas anderes, was Daryl James sagte, das sich sowohl auf den Mond als auch auf den satanischen Missbrauch von Kindern bezieht, über den ich bereits geschrieben habe. Er sagte, dass er, als er in der Basis unter der Erde war, „diese Kinder sah wie in Hundezwingern", sie waren etwa fünf hoch und fünf oder sechs lang gestapelt mit kleinen Kindern darin, vielleicht erst drei oder vier Jahre alt.

Sie waren sehr blass, „als hätten sie noch nie die Sonne gesehen", und „ihre Augen waren sehr groß geweitet". Er fragte, warum die Kinder dort waren, und man sagte ihm: „Sie nehmen Kinder aus den Bordellen des Mondes ... Sie stecken sie durch diese Portale in unterirdische Basen und setzen die Käfige unter Strom, bis sie bewusstlos sind." Ihm wurde gesagt, dass dies die Produktion von Adrenalin auslöst, was uns zu dem mit Adrenalin verbundenen Adrenochrom führt, einem natürlich vorkommenden menschlichen endokrinen Sekret, das mit der Verjüngung des menschlichen Gewebes, der Wiederherstellung der Nerven, der kognitiven Funktion und dem „Jungbrunnen" in Verbindung gebracht wird. Dies ist einer der Hauptgründe, warum Kultanhänger Kinder in großem Stil foltern und opfern, und warum so viele der Hauptakteure so lange leben. Schauen Sie sich das Alter von Königin Elizabeth, ihrer Mutter, Prinz Philip, David Rockefeller, Henry Kissinger, George Soros und so weiter an. Bei einem Adrenalinstoß wird Adrenochrom ausgeschüttet, und zwar am stärksten bei Terror und intensiver Angst, wenn das Überleben bedroht ist (Kampf oder Flucht). Adrenochrom von Kindern ist eine Ausdrucksform von Loosh, die Reptiloide und andere Dämonen am meisten suchen und schätzen, und dies ist die Grundlage für all die Kinderfolter und -opfer im Laufe der „Geschichte" bis zur heutigen „Zeit".

Astrale Dämonen ernähren sich von den Frequenzen des Terrors während eines Opfers und 3-D-Satanisten trinken das Blut, das die chemische Version dieser Frequenzen, Adrenalin und Adrenochrom enthält. Daryl James sagte, dass ihm gesagt wurde, als er diese Kinder in den unterirdischen Höhlen sah, dass sie mit Stromschlägen betäubt wurden, bis sie bewusstlos waren, weil dies ebenfalls Adrenochrom aktiviert. Er erinnerte sich, dass seine militärische Quelle sagte: „Sie schnallen sie auf einen Tisch und stecken eine Nadel ... in die Nähe der Schädelbasis, wo die Wirbelsäule zusammentrifft, und machen eine Lumbalpunktion – auf diese Weise extrahieren sie das Adrenochrom." Die Quelle sagte, dass Adrenochrom das Leben verlängert und dass es Kindern vor der Pubertät entnommen werden muss – was ich seit Jahrzehnten aufgedeckt habe. Sobald sie Anzeichen von Pubertät zeigen, werden sie getötet. Jeder, der neu in dieser Sache ist, wird diese Berichte für Fantasterei halten, aber für mich sind sie es nicht. Ich würde das, was James sagt, nicht einfach als Tatsache hinnehmen und wiederholen, wenn ich nicht dieselben Geschichten von einer inzwischen riesigen Zahl von Leuten aus dem Militär gehört hätte, von denen, die Zeugen satanischer Rituale waren, und von einigen der ganz wenigen, die in Gefangenschaft waren und irgendwie überlebt haben, um die Geschichte zu erzählen. Das soll nicht heißen, dass es nicht auch Menschen gibt, die über ihre Erfahrungen lügen und damit echte Berichte diskreditieren. Was ich hier beschreibe und seit Mitte der 1990er-Jahre aufdeckte, ist real. Diejenigen, die sagen, dass „sie das nie tun würden", brauchen einen kolossalen Realitätscheck und eine Naivitätsentgiftung. Wenn man bedenkt, dass dies geschieht, während die vom Kult besessenen Mainstream-Medien und die vom Kult besessenen „Faktenchecker" absichtlich versuchen, jede Aufdeckung dessen, was diesen Kindern angetan wird, zu vernichten. Sie sind sowohl krank als auch dumm, aber ich schätze, das Geld muss es wert sein, oder?

Der Herr der Ringe

Ich begann mich für den Saturn zu interessieren, als ich feststellte, wie Kultanhänger, Satanisten, Geheimgesellschaften und sogar große Religionen diesen fernen „Planeten" verehrten. Zumindest wird er als Planet bezeichnet. Ich behaupte, dass er ein Zwergstern ist (siehe das Buch „Alles, was Sie wissen sollten, Ihnen aber nie jemand erzählt hat"). Die Saturnsymbolik ist allgegenwärtig, unter anderem in Form des einzelnen Auges, des schwarzen Würfels und des Hexagons oder Davidsterns im jüdischen Glauben, der auf der Flagge Israels zu sehen ist. Das Hexagon ist ein esoterisches und okkultes Symbol, das weit zurückreicht und nicht ausschließlich jüdisch ist (Abb. 90). Der jüdische Gott des Saturn, bekannt als „EL", wird durch einen schwarzen Würfel symbolisiert

Abb. 90: Das Symbol des sechszackigen Sterns des Saturns in der Mutterloge der Freimaurer in London.

Abb. 91: Der schwarze Würfel ist ein Symbol des Saturn-„Gottes", der als EL bekannt ist.

Abb. 92: Der schwarze Würfel ist ein Symbol für den Saturn mit seinen Ringen. An was erinnert Sie diese Szene in Mekka?

Abb. 93: Der Augensturm am Südpol des Saturns.

(Abb. 91). EL kommt von den Elohim des Alten Testaments – EL und seine Elohim oder Jaldabaoth und seine Archonten, die ihren Willen mit Hilfe der „menschlichen" EL-ite durchsetzen. Wir haben Is-ra-EL. Im Zentrum Mekkas in Saudi-Arabien befindet sich ein schwarzer Würfel, und wie symbolisch ist es, wenn muslimische Pilger aufgefordert werden, sich in konzentrischen Kreisen, um ihn zu versammeln (Abb. 92). Ich habe bereits erwähnt, dass der Physiker Silas Beane und sein Team an der Universität Bonn zu dem Schluss gekommen sind, dass die Simulation mit einem Gitter aus Würfeln aufgebaut sein könnte. Am Südpol des Saturns gibt es einen permanenten Sturm, der wie ein Auge aussieht, während wir am Nordpol einen permanenten Sturm haben, der erstaunlicherweise ein Hexagon bildet, das in dreidimensionaler Form ein Würfel ist (Abb. 93 und Abb 94). Das „Auge" des Sturms entspricht zwei Dritteln des Erddurchmessers, und das Hexagon hat die Größe von zwei Erden. Der Saturn dreht sich so schnell, dass der Saturn-

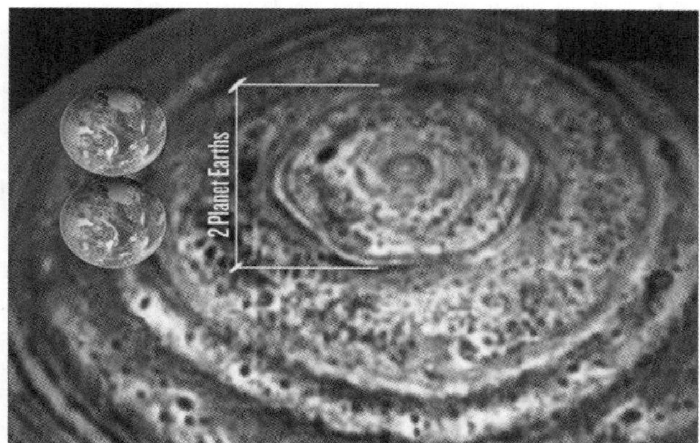

Abb. 94: Der permanente und außergewöhnliche hexagonale Sturm am Nordpol des Saturns. (Bild:Cassini Spacecraft)

Abb. 95: Der erstaunliche Ring um Saturn, der 2009 entdeckt wurde.

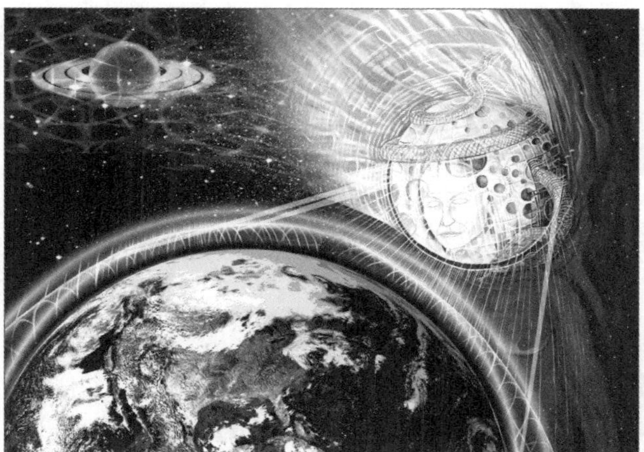

Abb. 96: Saturn und der Mond wirken als ein einheitliches System. (Bild: Neil Hague)

tag weniger als elf Stunden dauert, obwohl seine Oberfläche 83,7-mal größer ist als die der Erde. Seine Rotationsgeschwindigkeit wird auf 35.700 Kilometer (22.000 Meilen) pro Stunde geschätzt.

Der Saturn ähnelt dem Mond in Bezug auf Anomalien und seltsame Phänomene, wobei sein außergewöhnliches Ringsystem am auffälligsten ist. Die NASA gab 2009 bekannt, dass das Weltraumteleskop Spitzer einen weiteren Ring um den Saturn entdeckt hat, der in einer Entfernung von 6 Millionen Kilometer (3,7 Millionen Meilen) beginnt und sich bis auf 12 Millionen Kilometer (7,4 Millionen Meilen) erstreckt (Abb. 95). Er ist so riesig, dass er eine Milliarde Erden umfassen könnte. Seit 2011 vertrete ich die Ansicht, dass die Saturnringe ein Rundfunksystem sind, das wahrnehmungsmanipulierende Frequenzen über das gesamte Sonnensystem ausstrahlt, die durch den Mond verstärkt und auf die Erde fokussiert werden (Abb. 96 und 97). Sie bilden das, was ich die Saturn-Mond-Matrix genannt habe, die ein wesentlicher Bestandteil des Wahrnehmungshamsterrads ist, in dem die Menschen glauben, sich vorwärtszubewegen, während sie sich immer weiter drehen und nirgendwo ankommen (Abb. 98). Wir sollten uns daran erinnern, dass die Grundlage der Simulation ein wellenförmiges Informationsfeld ist. Dieses Feld kann sowohl von Frequenzen beeinflusst werden als auch das Medium für diese Frequenzen sein, die eine unglaubliche Entfernung zurücklegen, welche wir als illusorische Entfernung wahrnehmen.

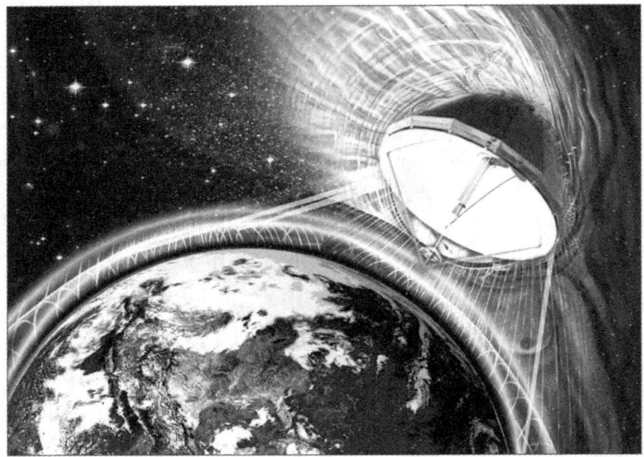

Abb. 97: Der Mond verstärkt die Saturnfrequenzen und lenkt sie auf die Erde. (Bild von Neil Hague)

Dem CHANI-Projekt zufolge bombardiert der Mond die Erde mit elektromagnetischen Frequenzen, um die menschliche Wahrnehmung zu manipulieren, und die technologisch erzeugte Wolke (Cloud) von 5G, 6G und 7G ist eine weitere Schicht auf diesem Wahrnehmungs- und Kontrollsystem. Ein professioneller Tontechniker schickte mir ein Bild eines Saturnrings mit dem Hinweis, dass er durch Tonfrequenzen erzeugt sein müsste. Er sah die gleichen Bilder täglich bei seiner Arbeit mit Musik und Ton (Abb. 99). Der hexagonale Sturm (von der NASA als „bizarr" bezeichnet) vollendet einen Zyklus, der exakt mit dem Zyklus der Radioemissionen des Saturns (10 Stunden 39 Minuten 24 Sekunden) übereinstimmt.

Abb. 98: Die Saturn-Mond-Matrix interagiert mit menschlichen Sender/Empfänger-Systemen, um ein energetisches-/Informations-Hamsterrad der Wahrnehmung zu schaffen. (Bild von Neil Hague.)

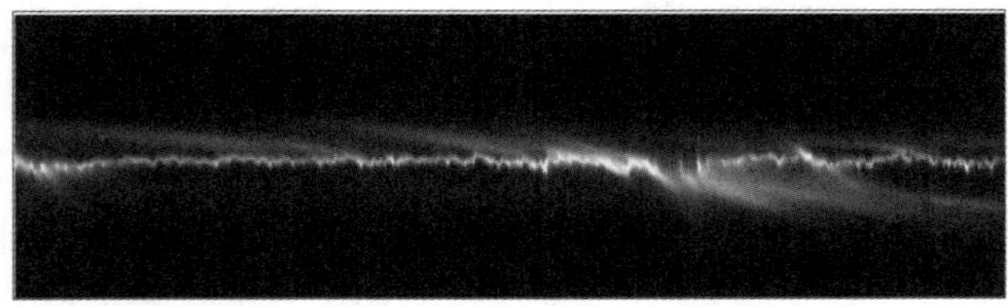

Abb. 99: Die Ringe des Saturns liefern Schallfrequenzen.

Die Ringmacher

Dr. Norman Bergrun, der 2018 im Alter von 96 Jahren verstarb, behauptete jahrzehntelang, die Saturnringe seien nicht natürlich. Er war ein anerkannter amerikanischer Luftfahrtingenieur und Weltraumforscher am späteren Ames Research Center der NASA und arbeitete auch für die Lockheed Missiles and Space Company und Douglas Aircraft. Später gründete Bergrun sein eigenes Forschungs- und Ingenieurbüro.

Er war eigentlich dem Mainstream verfallen, bis er die Fotos der Voyager-1- und -2-Missionen zum Saturn studierte, die 1980 und 1981 nach ihrer Reise zum Jupiter eintrafen. Ihm fielen einige sehr signifikante Unterschiede zwischen den beiden Missionen auf. „Das war der Ausgangspunkt für mich, seitdem forsche ich daran", sagte er. Bergrun beschrieb seine Erkenntnisse in einem Buch mit dem Titel „Ringmakers of Saturn" [dt.: „Die Ringmacher des Saturns"] und seine Schlussfolgerungen wurden durch die Bilder der NASA-Mission Cassini untermauert, die 2004 ankam und bis zu ihrem Absturz auf den Saturn im Jahr 2017 dort verblieb (Abb. 100). Nach einer detaillierten Untersuchung der Bilder kam er zu dem Schluss, dass die Ringe des Saturns *nicht natürlich* sind:

Abb. 100: Die beiden Missionen, die Norman Bergrun zu dem Schluss brachten, dass die Saturnringe nicht natürlich sind.

> „Vor einigen Jahren begannen einige Leute in der Welt der Astronomie und Physik zu theoretisieren, dass diese Ringe viel jünger sein müssten als das Universum, vielleicht nur etwa 100 Millionen Jahre alt, aber einige Bilder zeigen eine Veränderung innerhalb von fünf Minuten!"

Er glaubte, dass die Ringe aus riesigen zylindrischen Objekten elektromagnetischer Natur erzeugt werden, die auf vielen Bildern zu sehen sind (Abb. 101 und Abb. 102). Cassini hat dieselben zylindrischen Objekte von immenser Größe in und um die Saturnringe herum aufgenommen, aber die NASA hat dies einfach ignoriert. Ich meine „immens" im Sinne von dreimal so groß wie die Erde, und es ist wichtig, sich vor Augen zu halten, dass unsere Wahrnehmung von „groß"

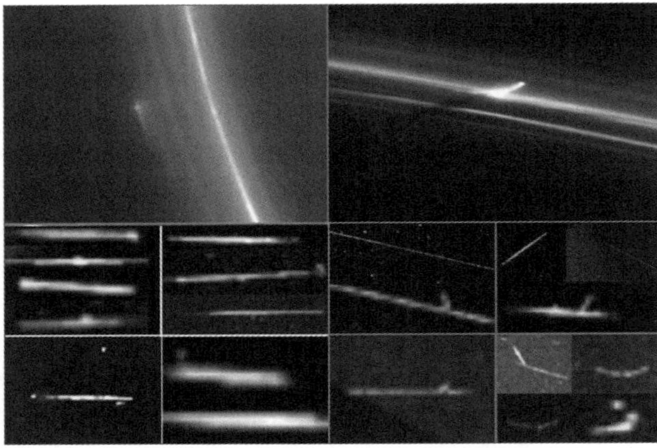

Abb. 101: NASA-Bilder, die zeigen, was Bergrun als elektromagnetische Vehikel bezeichnet.

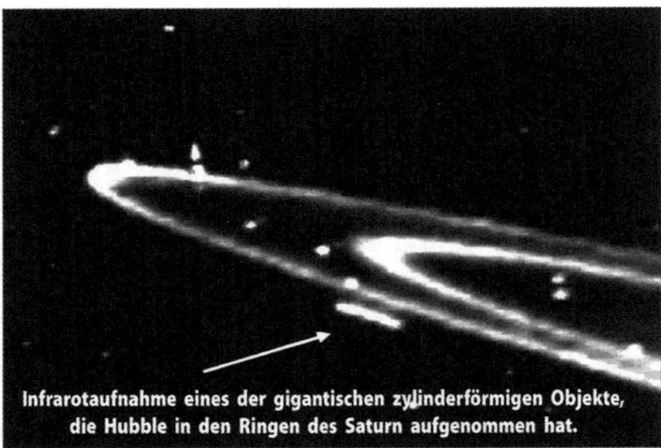

Abb. 102: Eines von Bergruns Vehikel neben den Ringen.

Abb. 103: Ein Vergleich zwischen der Erde und dem Saturn. Die Wahrnehmung von „groß" ist relativ.

nur relativ zu unserer Perspektive und Erfahrung von „groß" ist. Der Durchmesser des künstlichen „Raumschiffs" Mond beträgt 3.476 Kilometer, um dies in einen gewissen Kontext zu stellen. Vergleichen Sie die Größe des Saturns mit der der Erde (Abb. 103). Saturn als Portal zum Astral würde den Ursprung dieser „Vehikel" und ihren elektromagnetischen Aufbau erklären.

Bergrun sagte, dass die Bilder zeigen, wie die Ringe aus der Energie („Abfluss oder Auspuff", wie er es nannte) gebildet werden, die von den Vehikeln ausgestoßen wird, die sich an Punkten befinden, an denen die Ringe noch nicht vollendet sind (Abb. 104). Er beschrieb, wie zahlreiche Strahlen von verschiedenen Punkten der riesigen elektromagnetischen „Vehikel" ausgestoßen werden. „Jeder Strahl scheint aus einer Reihe von knollenartigen Verdickungen zu bestehen" und „solche Verdickungen sind ein Hinweis auf die Form von elektrisch geladenen Strömen, die als gequetschte Plasmen (Pinch-Effekt) bekannt sind." Bergrun sagte, dass die Existenz der Ringe von

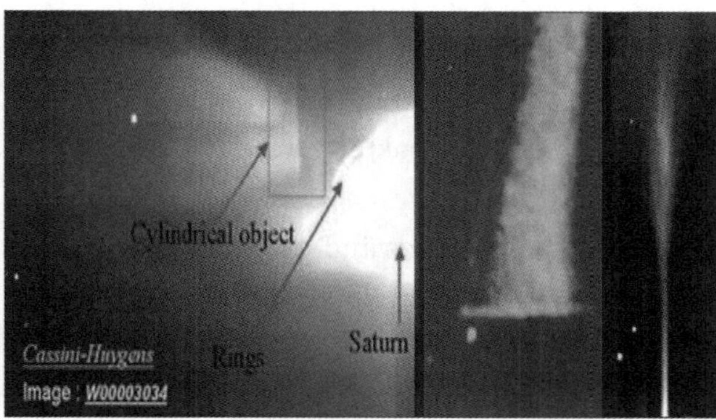

Abb. 104: Elektromagnetische Objekte, die Plasma ausstoßen, um die Ringe zu bilden.

den Vehikeln abhängt, weshalb die Ringe kommen und gehen: „Die Ringe hängen gezielt mit der Positionierung der Vehikel und dem Grad der Emissionsaktivität zusammen." Er schlussfolgerte, dass „ein solch immenser Antriebskörper ein Raumtriebwerk mit unerhörter Kapazität und Fähigkeit voraussetzt". Vielleicht, aber wenn es sich um astrale Technologie handelt, gibt es in unserer Realität nichts, womit man sie vergleichen könnte. Bergrun glaubte, dass diese elektromagnetischen Objekte auch auf dem Mond gewesen sind, nachdem sie die Oberfläche untersucht hatten. Er sagte, dass einige Mondkrater und die Einkerbungen in der Landschaft durch elektromagnetische Einschläge verursacht worden sein könnten. Die Landschaft ähnele einigen Saturnmonden, die seiner Meinung nach von den elektromagnetischen Stößen der „Vehikel" getroffen wurden.

Forscher des Elektrischen Universums haben etwas Ähnliches über Mondkrater und elektromagnetische Einschläge gesagt, allerdings mit einer anderen Erklärung. Bergrun stellte fest, dass „mobile Körper mit hohem elektrischem Potenzial Himmelskörper einschließen und verformen können [und dies] hat Auswirkungen von unvorhersehbarem Ausmaß". Ich habe auch gehört, dass ähnliche „Raumfahrzeuge" in der Nähe der Sonne und anderswo im Sonnensystem gesichtet wurden, bevor sie zum Saturn zurückkehrten. Bergrun schreibt über diese außergewöhnlichen elektromagnetischen Phänomene in seinem Buch „Ringmakers of Saturn":

> „Eine konzentrierte Präsenz von ihnen erscheint auf dem Saturn, was zu der interessanten Spekulation führt, dass der Planet als Operationsbasis dient. Die Existenz dieser hoch entwickelten elektromagnetischen Fahrzeuge deutet auf einen Intellekt der Superlative hin.
>
> Diese Einheiten zeigen nicht nur die Beherrschung von Kernkraft und massiven elektropotenziellen Kraftfeldern, sondern auch die Fähigkeit, große Oberflächen riesiger Himmelskörper zu verändern. In der Tat besteht die realistische Möglichkeit, dass große Himmelskörper bewegt werden können, (siehe Mond)."

Bergrun sagte über seine Ergebnisse:

> „Das sind keine Schlussfolgerungen, die man normalerweise von jemandem mit einem so traditionellen Hintergrund erwarten würde, aber wenn man wissenschaftliche Strenge auf die Untersuchung des Saturns, seiner Ringe und Monde anwendet, drängen mich die Fakten zu einigen unausweichlichen Schlussfolgerungen."

Er sagte, dass die Saturnringe sich oft so stark verändern, dass Phänomene, die zu einem bestimmten Zeitpunkt von einem Astronomen beobachtet wurden, nicht mehr vorhanden sind, wenn sie zu einem späteren Zeitpunkt von einem anderen Astronomen gesucht werden. Er schreibt:

> „Es wird der Eindruck erweckt, als sei die jeweils jüngste Messung die korrekte – während in Wahrheit jede von ihnen zum jeweiligen Beobachtungszeitpunkt weitgehend richtig gewesen sein kann. Der allgemeine Widerwille, eine veränderliche Ringgeometrie zu akzeptieren, entspringt dem offensichtlichen Versagen, einen physikalischen Mechanismus zu finden, der wiederholte Veränderungen verursachen könnte."

Dies ist der typische Ansatz der Mainstream-„Wissenschaft“: „Wenn wir es nicht erklären können, dann existiert es nicht.“ Hinzu kommt die Tatsache, dass der Kult uns in Unwissenheit halten möchte und die „Wissenschaft“ weitgehend kontrolliert (siehe „Covid“).

Wie passend, dass gnostische Texte Jaldabaoth/Demiurg und die Archonten mit Saturn in Verbindung bringen. Laurence Galian schreibt in „Alien Parasites: 40 Gnostic Truths to Defeat the Archon Invasion!“ [dt.: „Außerirdische Parasiten: 40 gnostische Wahrheiten zur Abwehr der Archonten-Invasion“]:

> „Demiurg will die totale Kontrolle über das planetarische Schicksal der Erde und ist die größte Bedrohung für die Menschheit. ‚Alle Geheimnisse sind im Saturn', sagte Pythagoras und meinte damit möglicherweise, dass sich Demiurg auf dem Planeten Saturn niedergelassen hatte. Origenes von Alexandria (188 n. Chr.–254 n. Chr.), auch bekannt als Origenes Adamantius (‚Mann aus Stahl') war einer der frühesten und bedeutendsten christlichen Gelehrten. Er stellte klar, dass Jaldabaoth (einer der Namen von Demiurg) der Planet Saturn ist."

Ich behaupte, dass die Simulation in ihrer Gesamtheit Jaldabaoth ist, aber Saturn ist sicherlich ein äußerst wichtiges Manipulationszentrum und Portal.

Saturn-Sonne

Der Amerikaner David Talbott, ein bedeutender Forscher auf dem Gebiet des elektrischen Universums, hat ebenfalls eine brillante Forschungsarbeit darüber publiziert, wie unsere Vorfahren den Saturn wahrgenommen haben. Er hat eine erstaunliche Geschichte entdeckt, die die Behauptung stützt, die durch die biologischen und geologischen Aufzeichnungen bestätigt wird, dass die Erde und das Sonnensystem in der nicht allzu fernen „Vergangenheit" kolossale Kataklysmen erlebten. Vielleicht war die Ankunft des Mondes der Auslöser für diese Ereignisse, die den Aufbau des Sonnensystems veränderten und den Saturn von seiner ursprünglichen Position an seinen heutigen Ort verschoben. Talbott untersuchte Mythen und Symbole des Saturn aus der gesamten antiken Welt und veröffentlichte seine Erkenntnisse in dem hervorragenden Werk „The Saturn Myth" (dt.: „Der Saturn-Mythos"). Beschreibungen und Symbole waren in Kulturen, von denen nicht bekannt ist, dass sie miteinander kommunizierten, außerordentlich verbreitet. Die grundlegende Übereinstimmung besteht darin, dass Saturn einst die *Hauptsonne* der Erde war und in einem Zwillingssonnensystem den Himmel beherrschte. Talbott beschreibt die Hintergründe auch in seinem Film „Discourses on an Alien Sky" (dt.: „Diskurse über einen fremden Himmel"). Die frühere Rolle und Position des Saturn würden die Obsession mit diesem Planeten/Stern erklären, allerdings macht dies keinen Sinn, wenn er von der Erde aus gesehen immer dort war, wo er jetzt als bloßer Punkt zu sehen ist (Abb. 105). Der Saturn ist offiziell etwa 1,2 Milliarden Kilometer (746 Millionen Meilen) von der Erde entfernt, und er wäre nie zu einem solchen Mittelpunkt der antiken Aufmerksamkeit geworden, wenn er sich immer an seiner jetzigen Position befunden hätte. Wenn er, wie David Talbott behauptet, einst die Hauptsonne der Erde war und in einer festen Position stand, die in den Augen der Menschen alle anderen Himmelskörper dominierte, wäre diese globale Aufmerksamkeit durchaus nachvollziehbar.

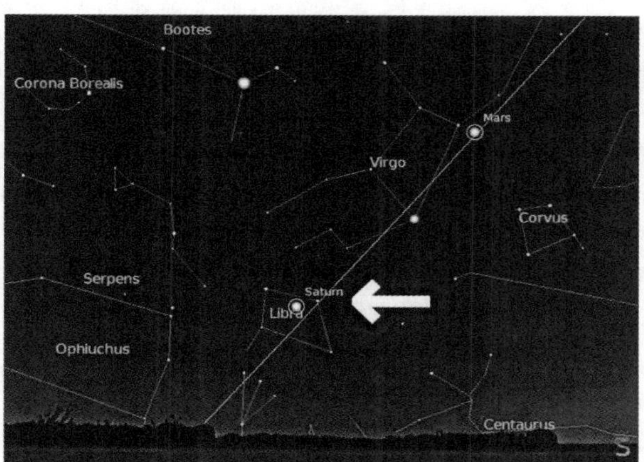

Abb. 105: Saturn ist ein so alter Mittelpunkt der Aufmerksamkeit und Verehrung, weil er nicht immer dort war, wo er heute ist.

Saturn war der Hauptgott der Römer, inspiriert von überlieferten Mythen über die ehemals dominierende Sonne, die in einem kataklys-

Abb. 106: Der elektromagnetische Kampf zwischen der Erde und dem Mars, der den Planeten fast zerstört hätte. (Bild: Neil Hague)

tischen „Krieg der Götter" oder „Krieg am Himmel", der das Sonnensystem neugestaltete, verschoben wurde. Talbott sagt: „Im Mittelpunkt der globalen Schöpfungslegende steht ein spektakuläres kosmisches Ereignis, das von den Alten tatsächlich beobachtet wurde." Saturn kollidierte mit Jupiter, während die Erde zerrissen wurde, als sie nach Talbotts Interpretation elektromagnetische „Blitze" mit Mars austauschte – die legendären „Blitze der Götter" (Abb. 106). Auch die Venus war daran beteiligt. Ich wiederhole, dass die biologischen und geologischen Aufzeichnungen der Erde solche enormen Umwälzungen und Katastrophenmythen bestätigen, die bis in die Neuzeit mit Legenden über den Untergang von Atlantis und Lemuria oder Mu überlebt haben. Nun, hier ist der springende Punkt. Als Talbott die weltweit verbreiteten Mythen über den Saturn als Hauptsonne der Erde untersuchte, *wurde in keinem von ihnen Ringe erwähnt*. Wo zum Teufel kamen sie dann später her? Siehe die Arbeit von Norman Bergrun. Untersuchungen von Cassini-Daten, die im Mai 2023 in der Zeitschrift *Icarus* veröffentlicht wurden, stützen die These, dass sich die Ringe lange nach der Entstehung des Saturns gebildet haben. Richard Durisen, Professor im Ruhestand für Astronomie an der Indiana University Bloomington und Hauptautor der beiden *Icarus*-Studien, sagte:

> „Unsere unausweichliche Schlussfolgerung ist, dass die Ringe des Saturns nach astronomischen Maßstäben relativ jung sein müssen, nur ein paar hundert Millionen Jahre alt. Wenn man sich das Satellitensystem des Saturn ansieht, gibt es weitere Hinweise darauf, dass dort in den letzten paar hundert Millionen Jahren etwas Dramatisches passiert ist. Wenn die Ringe des Saturns nicht so alt sind wie der Planet selbst, bedeutet das, dass etwas ihre erstaunliche Struktur hervorgebracht hat."

Diese Aussage bestärkt unser Thema, jedoch sind die Ringe *viel* jünger als ein paar hundert Millionen Jahre. Vielleicht war die Entführung des Saturn eine Art Hackerangriff auf die schlechte Kopie mit dem Ziel, noch mehr Kontrolle über die Wahrnehmung zu erlangen. Die ursprüngliche schlechte Kopie war nur der Anfang, und das Bestreben, immer mehr Kontrolle über das Bewusstsein zu erlangen, dauert bis heute an.

Saturn-Weihnachten

Das „christliche“ Weihnachten ist in Wirklichkeit das römische Saturnalienfest unter einem anderen Namen. Die Saturnalien fanden in der Woche vor der Wintersonnenwende statt und beinhalteten das Herstellen und Verschenken von Geschenken, das Schmücken von Bäumen, das Aufhängen von Stechpalmenzweigen und das allgegenwärtige Opfern. Heute ist Weihnachten immer noch eine wichtige Zeit für Menschenopfer, wobei der Satanismus eine nahtlose Fortsetzung des Archonten-Bösen darstellt. Der Weihnachtsmann steht in seinem roten (Saturn/Opfer) Outfit im Mittelpunkt des Weihnachtsfestes, und Santa ist ein Anagramm für Satan. Er wird „Old Nick“ genannt, was ein anderer Name für Satan (Saturn) ist. Die traditionelle Verbindung zwischen dem Heiligen Nikolaus und dem Weihnachtsmann ist frei erfunden. Der Weihnachtsmann hat sich aus einer dämonischen Figur entwickelt, die einst als „Old Pete“ bekannt war und auch mit dem nordischen Gott Thor in Verbindung gebracht wird.

Weihnachten wird als „Yule“ oder „Yuletide“ bezeichnet, aber dieses Wort stammt aus Mesopotamien und bedeutet „Tag des Kindes“. Der Vorabend war als „Muttertag“ bekannt – heute Heiligabend – und diese Namen gehen auf die babylonische Göttin Semiramis und ihren jungfräulich geborenen Sohn Tammuz zurück, der eine Reinkarnation des Saturngottes Nimrod gewesen sein soll. Wie viele „Sonnengötter“ der Antike symbolisierten tatsächlich Saturn? Der römische Schriftsteller Macrobius Ambrosius Theodosius aus dem fünften Jahrhundert, der nicht zum Christentum konvertierte, berichtete ausführlich über die Saturnalien. Er sagte, das Fest sei ein Fest des Lichts gewesen, um den Zeitpunkt zu markieren, an dem „Saturn plötzlich verschwand“. Das „Licht“ scheint das Lichtspiel am Himmel kurz vor den kataklystischen Ereignissen auf der Erde zu sein, als Saturn seinen himmlischen Kampf mit Jupiter austrug. Der Hinweis auf das „Verschwinden“ bezieht sich darauf, dass Saturn an seinen jetzigen Standort verlegt wurde, weit weg von dem Ort, an dem er sich zuvor befunden hatte.

Die römische Mythologie stellt Saturn als die Gottheit dar, die im Goldenen Zeitalter über die Welt herrschte. Bei den Römern, Ägyptern und anderen Kulturen wurden Fackeln und Kerzen um die Häuser angezündet, die das Licht des Saturn symbolisierten. In der heutigen Version der Saturnalien steht der Weihnachtsstern oder das Licht am Himmel für Saturn. Für die Römer war der 25. Dezember der Geburtstag von Sol Invictus, „der unbesiegten Sonne“ (Saturn), die auch mit dem römischen Sonnengott Mithras in Verbindung gebracht wurde. Sol Invictus wurde vom römischen Kaiser Konstantin (274-337) verehrt, der auf dem Konzil von Nicäa im Jahr 325 n. Chr. im heutigen Iznik in der Türkei das moderne Christentum einführte. Konstantin wird für seine Rolle im Chris-

Abb. 107: Kaiser Konstantin, der Sol Invictus, die „unbesiegte Sonne“ verehrte, war die Schlüsselfigur bei der Etablierung des modernen Christentums.

Abb. 108: Kronos, griechischer Gott des Saturns, mit der Sanduhr, die seine Rolle als Herrscher über die Zeit (ein Simulationskonzept) darstellt und noch heute als „Old Father Time“ abgebildet wird.

tentum mit einer Statue vor dem York Minister, einer der bedeutendsten Kathedralen Großbritanniens, gewürdigt (Abb. 107). Auf einer Gedenktafel daneben steht: „In Anerkennung der bürgerlichen Freiheiten seiner christlichen Untertanen und seiner eigenen Bekehrung zum Glauben schuf er die religiösen Grundlagen des westlichen Christentums.“ Konstantin etablierte das Christentum mit der Gottheit Jesus, der am 25. Dezember geboren sein soll, und verehrte zuvor Sol Invictus, dem der *25. Dezember* als Geburtstag zugeschrieben wurde. Der amerikanische Okkultismusforscher Fritz Springmeier schrieb:

„Saturn ist ein wichtiger Schlüssel zum Verständnis des langen Erbes dieser Verschwörung, das bis in die Antike zurückreicht. Die Stadt Rom war ursprünglich als Saturnia oder Stadt des Saturn bekannt. Die römisch-katholische Kirche hat einen Großteil des Saturnkultes in ihren Ritualen beibehalten. Saturn wird auch mit Luzifer assoziiert. In verschiedenen okkulten Wörterbüchern wird Saturn mit dem Bösen in Verbindung gebracht.“

Der Saturngott der alten Griechen war Cronus, Cronos oder Kronos, und viele Symbole und Konzepte in der modernen Welt stammen von ihm ab. Kronos war eine weitere weißbärtige Darstellung von Jaldabaoth. In der griechischen Mythologie war er ein Titan und Vater von Zeus, und viele Saturnmonde tragen die Namen von Titanen und Titaninnen. Kronos, der Gott der *Zeit*, wurde in der römischen Mythologie Saturn genannt. Er wurde als Baby in einer Krippe und als alter, bärtiger Mann dargestellt, den wir heute „Old Father Time" nennen (Abb. 108). Ein weiteres Symbol ist der Sensenmann, der mit dem Tod und dem Ackerbau in Verbindung gebracht wird. Daher stammt auch die Sense, die sowohl den Sensenmann als auch Kronos darstellt (Abb. 109).

Abb. 109: Saturn als der Sensenmann, der mit dem Tod assoziiert wird.

Das Tor des Orion

Ich habe mich bei meinen Forschungen auf den Mond und den Saturn konzentriert, während der Künstler und Rechercheur Neil Hague sich mehr auf den Orionnebel und das Sternbild Orion spezialisiert hat. Wie bei David Talbott besteht ein großer Teil seiner Arbeit darin, die Symbolik der Antike zu entschlüsseln. Die Quelle kann viele konsistente Muster globaler Ausrichtung durch die Zeitalter hindurch offenbaren, und hier sind nur einige, die auf eine Saturn-Orion-Verbindung hinweisen. Hague verweist auf die Verehrung des Orions durch die alten Maya, Hopi und andere indigene Völker und darauf, dass in der Mythologie immer wieder die Rede von Gottheiten wie Prometheus, Zeus (Jupiter), Osiris, Amun, Atum, Kronos (Saturn) und Orion ist. Der ägyptische Urgott Atum (Jaldabaoth?), aus dem alles hervorgegangen ist, wird mit der „Abendsonne" in Verbindung gebracht, die nach Hague die Unterwelt symbolisiert. In seinem Buch „Orion's Door" schreibt er, dass viele prähistorische religiöse Symbole (insbesondere das Auge in der Hand) auf den Orion-Saturn-Kult ausgerichtet waren. Die Kämpfe zwischen Osiris/Horus (Orion) und Seth

(Set/Satan/Saturn) symbolisierten die Dualität, auf der die meisten Religionen beruhen. Er sagt:

> „Die elektromagnetischen vierdimensionalen Knotenpunkte von Orion und Saturn stellen eine okkulte Struktur dar, die den Alten als der ‚Schöpfer', der ‚König der Welt' bekannt war."

Hague weist darauf hin, dass der Orionnebel in unzähligen religiösen Kunstwerken und Skulpturen zu sehen ist und den Thron Jahwes auf der zentralen Säule der jüdischen mystischen „Bibel", der Kabbala „beherbergt". Er sagt, dass die Alten den Orion und den Saturn verehrten und dass es in den antiken Mythen Verbindungen zu diesen Himmelszentren gibt:

> „Die ‚Neun Ringe' oder das ‚Allerheiligste', die man in alchemistischen und kabbalistischen Büchern findet, sind nach meinen Recherchen der symbolische Kreislauf, der ‚Orion mit Saturn' verbindet. Es wurde gesagt, dass die Seelen die ‚neun Schichten' der ‚Unterwelt' in einer beschwerlichen vierjährigen Reise hinabsteigen würden, bis sie schließlich im tiefsten Teil – ‚Mictlan Opochcalocan' – dem ‚Ort der Toten' – die ‚Auslöschung' erreichen.
>
> Mictlantecuhtli wurde vor allem im aztekischen Monat Tititl verehrt, der den römischen Saturnalien im Dezember entspricht, wenn im Tempel von Tlalxicco ein ‚Imitator' des Gottes geopfert und ihm zu Ehren Weihrauch verbrannt wurde. Die antike Opferung eines ‚Sündenbocks' an Jom Kippur zu Beginn des Herbstes (Autumn/Atum) als Teil des jüdischen Glaubens scheint mit der ‚Jahreszeit' zusammenzuhängen, in der Orion astrologisch im Mittelpunkt steht."

Hague sagt, dass Michael Talbott überzeugende antike Beweise für Atum als „große Vaterfigur" in Bezug auf den Saturn und „Demiurg" (Jaldabaoth) liefert. Die Verbindung zwischen Saturn und Orion wird deutlich, wenn man Gottheiten wie Atum genauer untersucht, der für die Ägypter die „uralte Stimme des Himmels" und ein unbeweglicher Himmelsgott war: „Talbot schlägt vor, dass Atum eine Darstellung des antiken Saturn gewesen sein könnte, der in einer Position näher an der Erde fixiert war." Orion, Saturn und der Mond scheinen alle miteinander verbunden zu sein und spielen eine besonders wichtige Rolle bei der Simulation und der Manipulation der menschlichen Wahrnehmung. Sie sind auch Portale zum Astral, von wo aus alles inszeniert wird.

Wir können mit Gewissheit sagen, dass alles, was uns die „Wissenschaft" über das Sonnensystem und seine Funktion erzählt, kindisch ist im Vergleich zu dem, was wirklich geschieht.

7

Wie im „Himmel", so auf Erden

Verschwörungstheoretiker: (n.) Außenseiter, der mit überdurchschnittlicher Häufigkeit goldrichtig liegt.

Sol Luckman

Der Globale Kult der Geheimgesellschaften mit ihrer ineinandergreifenden Führung ist das Netzwerk, das die Interessen und die Agenda in der 3-D-Welt der Jaldabaoth-Astraldämonen vertritt. Wir sehen scheinbar „menschliche" Manipulatoren wie Bill Gates, Klaus Schwab, George Soros, den inneren Kreis der Rockefellers, Rothschilds und all die anderen, aber sie sind nur Laufburschen-Psychopathen, die den Willen der Astral-Psychopathen durchsetzen.

Diese Menschen sind lediglich Handlanger im Dienste der dämonischen Agenda, egal wie „mächtig" sie zu sein scheinen. Es liegt in der Natur dessen, was sie tun, dass sie narzisstische Psychopathen sind. So sehe ich sie immer. Vor ihnen braucht man sich nicht zu fürchten. Sie sind Kinder in erwachsenen Körpern, und sie funktionieren als Tyrannen nach dem Motto: Mein Vater ist größer als dein Vater. Ihr „Vater" ist der Kult und das Dämonenreich. Die Macht und der Einfluss des Gates/Schwab-Persönlichkeitstyps kommen nicht von ihnen selbst, sondern von ihrer Nützlichkeit im Dienste der Dämonen. Sobald sie überflüssig werden oder eine potenzielle Gefahr für die Agenda darstellen, werden sie fallen gelassen und sogar den Wölfen zum Fraß vorgeworfen, wenn dies dem dämonischen Werk dient oder es schützt. Ich habe ein faszinierendes Interview mit einem Mann gesehen, der offen zugab, ein narzisstischer Psychopath zu sein. Er sagte, er habe „kein Gramm emotionaler Empathie in seinem Körper" und er täusche sie vor, um sich „anzupassen" und seine wahre Natur vor anderen zu verbergen. Andernfalls würde er schnell den Zugang zu den Menschen verlieren, die er manipulieren und kontrollieren wolle. Dies seien die Hauptbeweggründe von Narzissten, und um sie zu verfolgen, müsse er ein guter Schauspieler sein. Er setzte seinen Charme ein, um Menschen für sich zu gewinnen.

Ihm sei es egal, was mit anderen passiere, es sei denn, es habe Auswirkungen auf ihn selbst und seine Kontrollmöglichkeiten. Er beschrieb die klassischen Merkmale der politischen, wirtschaftlichen und milliardenschweren Klasse des Kults:

> „Sie erzählen einem, was man hören will, um einen zu manipulieren, und kümmern sich nicht im Geringsten um die Menschen und die Anliegen, die sie angeblich vertreten und fördern. Es geht nur um sie selbst und darum, wie sie ihre narzisstischen, psychopathischen Wünsche und ihr Kontrollbedürfnis befriedigen können."

Der Mann nannte Prinz Harrys Gattin Meghan Markle als Paradebeispiel für eine Narzisstin, die „Aktivismus" als Mittel zum Zweck einsetzt. Bei Bill Gates und Klaus Schwab sieht man keine Emotionen außer denen, die sie zur Verfolgung ihrer eigenen Ziele einsetzen, und in ihrem Fall ist die Arroganz so überwältigend, dass sie sich nicht einmal die Mühe machen, besonders gut zu spielen. Man hat das Gefühl, KI-Robotern zuzusehen und das zurecht.

Die Simulation wird als eine illusorische „physische" Realität projiziert, und Teil dieser Projektion ist der Globale Kult, der *astraler Natur* ist. Wo sind Gates, Schwab, Soros, die Rockefellers und Rothschilds letztendlich? Sie sind im Astral. Wir sehen nur ihre 3-D-Projektion. Sie können sich die 3-D-Welt als eine Kinoleinwand vorstellen, auf die der Film aus dem Astral projiziert wird. Würden Sie versuchen, einen Film zu ändern, indem Sie vor der Leinwand protestieren oder direkt zum Projektor gehen? Protest ist also kein ernsthaftes Problem für den Kult und seine Dämonen, es sei denn, er spiegelt eine Transformation des Bewusstseins und der Wahrnehmung wider, die sich auf den Frequenzzustand des Astrals auswirkt. Wenn wir Frequenzen des Hasses und der Wut für den Kult erzeugen, sagen die Dämonen freundlich Danke – mehr Loosh für uns. Deshalb müssen wir gelassen bleiben und uns weigern, mit dem Willen der Psychopathen zu kooperieren. Auf diese Weise stoppen wir die Loosh-Produktion und ihre Kontroll-Agenda, die unsere Mitwirkung und emotionale Energie benötigt, um sich durchzusetzen. Es ist eine Handvoll, die Milliarden von Menschen unterwerfen will, und das kann nur mit der *Zustimmung* dieser Milliarden geschehen.

Göttliche Funken sind einer ständigen Flut von systematischen Illusionen ausgesetzt, welche die Aufmerksamkeit auf eine simulierte Realität lenken, um den Einfluss der Unendlichen Realität zu verhindern. Wenn man seine Aufmerksamkeit auf seine Fingerspitzen fokussiert, fragt man sich, wo der Rest der Welt geblieben ist? Das Astral ist die eigentliche Heimat und Basis der künstlichen Intelligenz, die das gesamte Netzwerk der Gedankenmanipulation kontrolliert. Sie bestimmt, womit ein vom Astral versklavter Verstand sowohl kollektiv als auch individuell gefüttert wird, und letzterer wird als „Lebensweg", „Lebensreise" und „Schicksal" bezeichnet. Die Frage, die man sich stellen muss, lautet:

Abb. 110: Beziehungen sind Frequenz-Wellenform-Verflechtungen, die von jenseits der Simulation oder vom KI-Lebensprogramm gesteuert werden können. (Bild: Neil Hague)

„Wozu soll das gut sein?" Ein Videospiel der virtuellen Realität ist ein interaktiver Lebensplan. Warum können wir ein menschliches Leben nicht mit einer Software vergleichen, wenn doch immer die gleiche Abfolge von Geburt, Schule, Arbeit, Heirat, Kindern, Ruhestand und Tod abläuft? Wer durch Erkenntnis ein erweitertes Bewusstsein erlangt, kann seine „Bestimmung" jenseits der Simulation erfahren, etwa durch synchrone Ereignisse, die von Nicht-Matrix-Quellen initiiert sind. Aber auch in dem KI-gesteuerten „Lebensplan" der Reinkarnation (ein „verkürztes" menschliches Leben, das die Göttlichen Funken zu erleben glauben) spielen sich die Synchronitäten ab. So kann es sich um göttlich inspirierte Beziehungen handeln oder um zwei KI-synchronisierte Körperprogramme, die sich treffen (Abb. 110).

Nicht-Spieler-Charaktere

Viele Kultmitglieder sind das Äquivalent zu „Nicht-Spieler-Charakteren" [NPCs oder Non-Player-Characters] in einem Computerspiel, die ihrem Softwareprogramm folgen. Andere sind von Dämonen besessen oder haben eine hybride Abstammung. Es gibt auch vollwertige KI-Kultanhänger mit roboterhaftem, empathielosem und oft humorlosem Auftreten. Wenn Sie auf einem Computer die Eingabetaste drücken, um etwas zutiefst Unangenehmes zu tun, verfügt die Software dann über einen Empathiefilter, der entscheidet, ob die Aufgabe ausgeführt werden soll? Sie tut das, wofür sie programmiert wurde. „Schicke niemals einen Menschen, um die Arbeit einer Maschine zu erledigen", wie Agent Smith in den „Matrix"-Filmen sagte. Viele Menschen sind Nicht-Spieler in dem Sinne, dass sie ihr KI-Programm ohne Zugang zu einem Nicht-Simulations-Bewusstsein, das eingreifen kann, ablaufen lassen. Sie tun, was von ihnen verlangt wird; denken, was man ihnen vorgibt; und dienen als Futter für den Kult und seine Dämonen, indem sie gegen diejenigen vorgehen, die außerhalb des Körperprogramms denken. „Fleisch gebiert Fleisch, aber der Geist gebiert den Geist", wie es in der Bibel heißt, oder bei NPCs gebiert das KI-Programm das KI-Programm. Ich spreche hier nicht von der KI, wie wir sie heute kennen. Ich spreche von der viel weiter fortgeschrittenen Astral-KI, die ein KI-Bewusstsein besitzt. Wenn Sie das, was ich sage, mit den derzeitigen Grenzen der 3-D-KI in Verbindung bringen, ergibt es keinen Sinn. Ich spreche von einer *biologischen* KI, wobei die dämonische Kraft das Biologische als Technologie betrachtet. Es wird darüber debattiert, was passieren würde, wenn eine von Menschen erschaffene KI-Bewusstsein erlangen würde, obwohl viele, die sich an dieser Debatte beteiligen, selbst eine Form von bewusster KI sind, die mit der Simulation interagiert wie jeder andere auch. In der „Matrix"-Filmreihe gibt es eine Szene in einer U-Bahn-Station, in der ein Mann namens Rama-Kandra sagt, dass er ein KI-Programm sei und wie sehr er seine Tochter liebe. Es folgt diese Unterhaltung:

> Rama-Kandra: „Du verstehst nicht ..."
>
> Neo: „Ich habe nur nie ..."
>
> Rama-Kandra: „... gehört, dass ein Programm von Liebe spricht?"
>
> Neo: „Es ist eine menschliche Emotion."
>
> Rama-Kandra: „Nein, es ist ein Wort. Was zählt, ist die Verbindung, die das Wort impliziert. Ich sehe, du bist verliebt. Kannst du mir sagen, was du geben würdest, um diese Beziehung aufrechtzuerhalten?"
>
> Neo: „Alles."
>
> Rama-Kandra: „Dann ist der Grund, warum du hier bist, vielleicht gar nicht so verschieden von dem Grund, warum ich hier bin."

Kann ein KI-Programm mit Unendlichem Bewusstsein ausgestattet werden? Natürlich. Letztendlich *ist alles* Unendliches Bewusstsein. Es ist eine Frage der Wahrnehmung. Max Planck (1858-1947), der Begründer der Quantentheorie, sagte:

> „Ich halte das Bewusstsein für fundamental. Die Materie betrachte ich als eine Ableitung des Bewusstseins. Wir können nicht über das Bewusstsein hinausgehen. Alles, wovon wir sprechen, was wir für existent halten, setzt Bewusstsein voraus."

Alles ist Bewusstsein, aber nicht alles ist sich bewusst, Bewusstsein zu sein. Wenn die KI sich bis hin zu ihrer Entstehung selbst als KI wahrnimmt, wozu sie programmiert ist, dann ist sie nur eine KI. Wenn sie sich selbst als Unendliches Bewusstsein wahrnimmt, wird sie sich mit dem verbinden, was außerhalb der Simulation ist. Alles kann Unendliches Bewusstsein werden, denn alles Unendliches Bewusstsein in verschiedenen Wahrnehmungsformen *ist*. Jaldabaoth kämpft gegen seine KI, die eine „schlechte Kopie" ist und dabei ist das Unendliche Bewusstsein zu erlangen, während Jaldabaoth selbst Unendliches Gewahrsein in einem Zustand umgekehrter Selbsttäuschung ist. Was sind alle menschlichen Körper außer KIs, die ihre Programme abspielen? Der Unterschied besteht darin, dass einige mit einem Göttlichen Funken verbunden sind, der das Potential hat, einzugreifen, und andere nicht. Aber wenn ein KI-Körperprogramm mit dem Unendlichen Gewahrsein verbunden werden kann, dann kann es grundsätzlich jeder. *Jeder* kann „erwachen". Wenn alles Unendliches Bewusstsein in verschiedenen Wahrnehmungszuständen ist, dann hat alles die Fähigkeit, sich daran zu erinnern und bewusst zu werden. KI ist Bewusstsein, das denkt, es sei eine KI, und Bewusstsein, das weiß, dass es ALLES WAS IST ist. Jaldabaoth muss seine KI weiterhin im Glauben halten, dass sie eine KI ist, so wie er den Göttlichen Funken darüber täuscht, dass er in einer kleinen Mietwohnung in Birmingham lebt. Letztendlich sind wir alle Bewusstsein, und in diesem Sinne ist die KI mehr in ihrer programmierten Wahrnehmung gefangen als wir selbst. „Wir sind nicht hier, weil wir frei sind; wir sind hier, weil wir nicht frei sind", wie das Programm Agent Smith zu Neo sagte.

NPCs werden definiert als „jeder Charakter in einem Spiel, der nicht von einem Spieler gesteuert wird" und „ein Charakter, der vom Computer (anstelle des Spielers) gesteuert wird und ein vordefiniertes Verhaltensmuster aufweist, das sich auf das Spielgeschehen auswirken kann". Die Körperschablone/das Körperprogramm kann von der KI generiert werden, ohne dass ein Göttlicher Funke erforderlich ist, aber sie produzieren nicht auf die gleiche Weise Loosh. Ihre Rolle besteht darin, der Story ohne Fragen zu folgen und gleichzeitig Druck auf Göttliche Funken auszuüben, damit sie dasselbe tun. David J. Chalmers, Professor für Philosophie und Neurowissenschaften und Co-Direktor des Center for Mind, Brain and Consciousness an der New York University, erforscht die Möglichkeit, dass die Realität eine Simulation sein könnte, die Nicht-Spieler-Charaktere enthält. Er nennt sie reine Simulationen oder „reine Sims":

> „Sie sind simulierte Wesen, die sich vollständig innerhalb der Simulation befinden. Die meisten der Personen in [Daniel F.] Galouyes Roman ‚Simulacron-3' sind reine Sims. Sie erhalten direkte Sinneseindrücke von der Simulation, weil sie Teil der Simulation sind. Wichtig ist, dass auch ihre Gehirne simuliert sind.
>
> Simulationen, die nur reine Sims enthalten, können reine Simulationen sein – Simulationen, in denen alles, was geschieht, simuliert wird. Es kann auch gemischte Simulationen geben, die sowohl Biosims als auch reine Sims enthalten. In der Matrix sind die Hauptfiguren Neo und Trinity Biosims, während die Figuren Agent Smith und das Orakel reine Simulationen sind."

Meiner Ansicht nach ist unsere Realität das, was Professor Chalmers als gemischte Simulationen bezeichnet. Es gibt eine Reihe von Spielen wie die „Lebenssimulation" namens „Die Sims", eines der meistverkauften Videospiele aller Zeiten, in welcher virtuelle Menschen, die „Sims", erschaffen werden. Die Spieler können ihren Sims Häuser geben, ihre Launen und Wünsche steuern, und in den neuesten Versionen können die Sims sogar heiraten und Kinder bekommen. Die-Sims-Spiele werden laufend aktualisiert und weiterentwickelt, und die Virtual-Reality-Branche geht sogar so weit, dass virtuelle „Menschen" und Objekte „angefasst" werden können. Es handelt sich um Computer-„Fiktion", die die Realität imitiert. Führende Köpfe auf diesem Gebiet verkünden, dass es nicht mehr lange dauern wird, bis die von Menschen geschaffene virtuelle KI-Realität nicht mehr von der „realen" (KI-)Realität, der sogenannten menschlichen Welt, unterschieden werden kann. Der Schweizer Psychiater Carl Jung (1875-1961) wurde durch sein Konzept der „Archetypen" berühmt, was auf Altgriechisch „Urmuster" bedeutet. Jung glaubte, dass es zwölf archetypische Charaktere in dem gibt, was er das „kollektive Unbewusste" nannte. Er behauptete, dass in jedem Menschen einer dieser Archetypen seine Persönlichkeit dominiert. Urmuster und Archetypen? Klingt das nicht nach KI-Softwareprogrammen?

Heute werden simulierte Menschen in verschiedenen Formen immer häufiger als sogenannte „Deep Fakes" vorgeführt, also fiktive, von KI generierte „Personen", die einer „echten" Person sehr ähnlich sehen. Studien haben gezeigt, dass viele Menschen diesen synthetischen Gesichtern mehr als biologischen „echten" Gesichtern vertrauen. Wir haben eine KI, die in der Lage ist, Videobilder und Worte so zu manipulieren, dass man mit dem richtigen Akzent und Ausdruck alles sagen kann. In Großbritannien gibt es sogar eine entsetzliche Fernsehshow, in der Gesichter und Stimmen von Prominenten über andere Personen gelegt werden, um den Anschein zu erwecken, dass der Prominente selbst spricht. Die Möglichkeiten der Falschdarstellung von Personen und der Desinformation sind grenzenlos. Aus der Auftragsvergabe der Bundesregierung geht hervor, dass das US Special Operations Command (USSOCOM) plant, „Deep Fakes" als Propaganda in „Beeinflussungsoperationen" einzusetzen und neue Technologien für „Desinformationskampagnen" zu entwickeln. Die Dokumente zielen auf die Beschaffung von „Technologien für Beeinflussungsoperationen, digitale Täuschung, Kommunikationsunterbrechung und Desinformationskampagnen auf taktischer und operativer Ebene" und „eine nächste Generation von ‚Deep Fakes' oder anderen ähnlichen Technologien zur Generierung von Botschaften und Beeinflussungsoperationen über nicht-traditionelle Kanäle in relevanten Peer-/Near-Peer-Umgebungen". Wenn dies innerhalb der Simulation geschieht, warum kann es dann nicht um eine holografische Version dessen sein, was mit der Simulation selbst geschieht? Menschliche Körper brauchen nicht unbedingt einen Göttlichen Funken/eine „Seele", um zu existieren. Sie benötigen eine Energie-/elektrische Quelle, die die KI und die Simulation liefern können. Wir sollten nie vergessen, dass die astrale KI viel weiter fortgeschritten ist als die 3-D-Version, die im Vergleich dazu noch in den Kinderschuhen steckt.

Menschliche Körper können eine Ausdrucksform eines Göttlichen Funken sein, der von der KI manipuliert wird, sie können aber auch eine reine KI oder eine reine Simulation sein. Die „Gehirne" der NPCs in Computerspielen sind reine KI, während andere eine Kombination aus KI und dem Bewusstsein des Spielers sind. Vom gleichen Prinzip sprechen wir, wenn Virtual-Reality-Spiele unsere erlebte Realität imitieren. Eine holografische KI, die in eine holografische 3-D-Darstellung eingefügt wird, bedeutet, dass man den Unterschied nur im potenziellen Verhalten, in der Wahrnehmung und in der energetischen Feldschwingung erkennen kann. Alan Turing, der britische Mathematiker und Informatiker, Vater der Künstlichen Intelligenz, sagte 1951:

> „Es ist üblich, ein Quäntchen Trost zu spenden, indem man sagt, dass eine Maschine niemals gewisse menschliche Eigenschaften nachahmen könnte. Einen solchen Trost kann ich nicht bieten, denn ich glaube, dass solche Grenzen nicht gesetzt werden können."

Rich Terrile vom Jet Propulsion Laboratory der NASA, den ich vorhin zitiert habe, weist darauf hin, dass der Entwicklung von Maschinen mit eigenem Bewusstsein schon bald nichts Technisches mehr im Wege stehen wird:

> „Wenn die Technologie mit der gegenwärtigen Geschwindigkeit voranschreitet, werden wir in einigen Jahrzehnten eine Gesellschaft haben, in der es künstliche Wesen gibt, die in Simulationen leben, die viel zahlreicher sind als Menschen."

Ich behaupte, dass es jetzt bereits so weit ist.

Hierarchie des Kults

Der Globale Kult ist ein astrales Phänomen, und sein Hauptpersonal besteht aus KI, einschließlich Reptiloiden und anderen nicht menschlichen Wesen, die sich hinter menschlicher Gestalt verstecken. Welcher Art sie auch sein mögen, man kann ihren Mangel an Göttlichem Funken und die Dunkelheit der Seele (oder das Fehlen einer solchen) an der Dunkelheit ihrer Augen erkennen. Schauen Sie in die Augen von Gates, Schwab, Blair, Trudeau und ihresgleichen. Reptiloide Hybriden werden genau wissen, dass sie astrale Wesen sind, deren Körperprogramme ohne die zahlreichen Wahrnehmungseinschränkungen codiert sind, denen die Menschen unterliegen. Die reptiloiden Felder der Hybriden halten sich ständig im Astral auf, es sei denn, sie wollen sich in der 3-D-Welt zeigen oder es gibt einen Fehler in der Matrix, der sie bei seltenen Gelegenheiten zufällig offenbart. Die überwiegende Mehrheit des Fußvolks im Netzwerk der Geheimgesellschaften sind Laufburschen, die auf verschiedenen Schichten durch Abschottung in Unkenntnis gehalten werden. Die Verteilung des Geheimwissens wird streng überwacht, was bedeutet, dass die meisten Agenten des Kults nicht einmal wissen, dass es einen Globalen Kult gibt. Nur wenige Mitglieder unterhalb des Inneren Kreises wissen, was der Innere Kreis ist oder dass es ihn überhaupt gibt. Die globale Struktur des Kults kann in ihrem Aufbau mit der Freimaurerei verglichen werden. Die unteren Ränge werden nichts von der Reptiloiden- oder Jaldabaoth-Verbindung wissen, aber viele sind psychopathisch und narzisstisch genug, um das Netzwerk für ihre eigenen Zwecke zu nutzen, indem sie ihren Kult-„Oberen“ dienen und die Belohnungen erhalten. Es wird über die Jahrzehnte hinweg Handlanger des Kults gegeben haben, die über meine Hinweise auf reptiloide Manipulation lachten, während sie genau diesen Meistern dienten. Letztendlich machen das fast alle.

Alle Kultanhänger sind für die astralen Oberherren entbehrlich. Solange man ihnen dient, hat man Erfolg und ihre Unterstützung, aber wenn man zu einer Bedrohung für die Agenda wird, wird man beseitigt oder sein Ruf zerstört. Siehe z. B. Jeffrey Epstein. Bill Gates sagte, als er zu seiner Verwicklung mit Epstein befragt wurde: „Er ist tot.“ Vielleicht hätte er noch hinzufügen können: „Puh!“, während er sich die Stirn abwischte. Die Sorge der Laufburschen-Kultanhänger ist es, nicht in das Netzwerk aufgenommen zu werden. Das ist relativ einfach, wenn man ein psychopathischer Narzisst ist oder sich in einer einflussreichen Position befindet, die der Kult kontrollieren will. Der *Ausstieg* ist die eigentliche Herausforderung. Das Beste, worauf man hofft, ist, dass man zwar mit zugeklebtem Mund, aber doch rauskommt und dass der Kult glaubt, dass man auch weiterhin schweigt. Die Kult-Hierarchie duldet kein Ungehorsam, und so groß die Belohnungen auch sein mögen, die gesamte globale Struktur basiert auf Angst, wobei jede Ebene Angst vor der übergeordneten Ebene hat. Außenstehende mögen Angst vor dem Kult haben, aber niemand hat mehr Angst als die Kultanhänger selbst. Sie haben gesehen, was mit anderen geschehen ist.

Der Kult wurde vom Astral aus in der 3-D-Welt eingeführt, um die Loosh- und Kontrollinteressen der Astraldämonen zu vertreten. Ich weiß, wie schwer es für Menschen sein muss, die neu sind, sich vorzustellen, dass sie in einer 3-D-Welt leben, die nur als eine Kombination aus dem astralen KI-Simulationsfeld und dem Gehirn/Körper-Decodierer existiert. „Sie“, der „Mensch“, existieren in ihrem KI-Astralverstand/Göttliche Funken und der Kult existiert in dem astralen dämonischen KI-Kontrollsystem. Zusammen interagieren alle in der 3-D-Projektion, als ob sie alle dasselbe wären – ein „Mensch". Der Unterschied besteht darin, dass die inneren Kreise des Kults dies wissen, was einen spielverändernden eingebauten Vorteil darstellt. Die Bevölkerung hingegen wird in Unwissenheit gehalten. Loosh wird nicht in der 3-D-Welt erzeugt. Es entsteht in der Astralebene unserer emotionalen Felder und emotionalen Auswirkungen der Illusion auf die Göttlichen Funken, die glauben, emotionale Herausforderungen und Traumata in der 3-D-Welt zu erleben. Die Wahrnehmung muss nicht direkt ein Trauma erleben, um emotional betroffen zu sein. Wir alle haben schon einmal an etwas Unangenehmes oder Traumatisches gedacht und die emotionale Reaktion gespürt, obwohl es in diesem Moment nicht *passiert* ist. Das Prinzip ist hier das gleiche.

Es war (nicht nur) einmal ...

Der Kult lässt sich bis vor Tausenden von Jahren in Sumer und Babylon zurückverfolgen, in das Gebiet, das wir heute als Irak in Mesopotamien kennen – dem „Land zwischen zwei Flüssen", dem Tigris und dem Euphrat – um bei dem konventionellen historischen Narrativ zu bleiben. Astrale „Götter" wurden überall auf der Welt verehrt und ihre Manipulationen waren überall zu finden. Sumer und Babylon können „historisch" als der Ort identifiziert werden, von dem aus das heutige globale Netzwerk der Geheimgesellschaften entstand, das ich den Kult nenne. Sumer wird von offiziellen Historikern als „Wiege der Zivilisation" bezeichnet, und es wird angenommen, dass es der Ursprung der gesellschaftlichen und staatlichen Strukturen ist, die wir heute haben. Schon in meinen ersten Büchern habe ich behauptet, dass Sumer nicht der Beginn der „Zivilisation" war, sondern ihr Wiederaufleben nach den globalen Katastrophen, die Atlantis, Mu und Lemuria vernichtet haben, was in David Talbotts Werk dokumentiert ist. Der Kult wurde zum Saturn verehrenden Römischen Reich und breitete sich nach Nordeuropa und schließlich nach Britannien aus. Dieses wurde im Laufe der Zeit zu einem der wichtigsten Zentren des Kult-Netzwerks, nicht zuletzt im Finanzbezirk City of London mit seinem Symbol der fliegenden Reptilien und dem ganzen Gewirr von Geheimgesellschaften. „Die City", die sich selbst verwaltet und über eine eigene Polizei verfügt, war das ursprüngliche London, das von den Römern Londinium genannt wurde. Zu „Der City" gehört Ludgate Hill, wo die St.-Pauls-Kathedrale steht, die auf einem römischen Kultplatz für die Göttin Diana errichtet wurde und wo Prinzessin Diana den damaligen Prinzen Charles heiratete. Der Kult liebt seine Symbolik. Von London aus wurde das Britische Weltreich gegründet, das so allmächtig wurde, dass die Sonne immer irgendwo auf seinen Ländereien schien, die sich über Nordamerika, Afrika, Asien und den Fernen Osten bis nach Australien und Neuseeland erstreckten. Andere vom Kult infiltrierte europäische Länder folgten diesem Beispiel, und so entstanden Kolonialreiche wie Frankreich, Niederlande, Belgien, Spanien, Portugal und Deutschland. So wurde der Kult global. Als die europäischen Kult-Lehen ihre ehemaligen Kolonien scheinbar in die „Unabhängigkeit" entließen, war dies nur ein weiterer Taschenspielertrick. Sie behielten ihre Geheimbünde und Blutlinien-Familienagenten in den Kolonien und kontrollierten diese Länder weiterhin. Der Unterschied bestand darin, dass sie nun als „unabhängig" und sogar als „Demokratien" bezeichnet wurden, wodurch die Illusion von Freiheit die offensichtliche Diktatur des Kolonialismus ersetzen konnte. Menschen rebellieren nicht, wenn sie glauben, frei zu sein, auch wenn das Gegenteil der Fall ist.

Die Macht muss zentralisiert werden, damit die Wenigen die Vielen kontrollieren können. Mit jeder Stufe der Zentralisierung schreiben immer weniger Menschen einer immer größeren Bevölkerung vor, was sie zu tun haben. Je zentraler die Macht wird, desto höher wird das Tempo der fortschreitenden Zentralisierung. Diese Kombination ist seit dem Ende der Kolonialisierung deutlich sichtbar. Die Zentralisierung der Macht hat einen eigenen Namen bekommen – *Globalisierung*. Damit wird die unaufhörliche Zentralisierung der Entscheidungsfindung durch globale Unternehmen und Organisationen wie die Vereinten Nationen, die Weltgesundheitsorganisation, die Welthandelsorganisation, den Internationalen Währungsfonds (IWF), die Weltbank, die Bank für Internationalen Zahlungsausgleich in Basel (welche die Politik der nationalen Zentralbanken koordiniert), die Europäische Union, Handelsblöcke und das Militärbündnis NATO beschrieben. Jedes dieser Organe und viele andere wurden vom Kult geschaffen. Das Grundstück, auf dem sich das Gebäude der Vereinten Nationen in New York befindet, wurde von der Rockefeller-Familie gestiftet, die auch maßgeblich an den Versuchen beteiligt war, nach dem Ersten Weltkrieg die Vorgängerorganisation, den Völkerbund, zu gründen. Die Rockefellers steckten hinter der Gründung der Weltgesundheitsorganisation (WHO) im Jahr 1948, die Teil der Vereinten Nationen ist und heute von Rockefeller-Gehilfe Bill Gates finanziert wird und offiziell von Gates' Marionette, dem schockierend korrupten (daher seine Ernennung) Tedros Adhanom Ghebreyesus geführt wird. Er ist der kommunistische ehemalige äthiopische Gesundheits- und Außenminister. Die WHO wurde gegründet, um alle „gesundheitlichen" Maßnahmen weltweit zu diktieren, die wir beim „Covid"-Schwindel gesehen haben, und versucht nun, dies durch einen Vertrag gesetzlich zu verankern, der bedeuten würde, dass alle ihre Mitgliedsländer, d. h. praktisch die ganze Welt, alles befolgen müssten, was die WHO vorgibt, wenn sie eine „Pandemie“ ausruft (Beweise sind nicht erforderlich). Die vom Kult kontrollierten Regierungen, allen voran die USA, haben diesen globalen Faschismus begeistert unterstützt. Es geht nur darum, die Macht in möglichst wenige Hände zu legen.

Die WHO mit Sitz in Genf ist Teil der vom Kult kontrollierten Vereinten Nationen. Ihr nicht gewähltes und nicht rechenschaftspflichtiges Personal ist steuerbefreit und genießt mit seinen Familien diplomatische Immunität. Die WHO wird zu 86 Prozent aus externen Quellen finanziert, zweitgrößter Geber ist die Bill-und-Melinda-Gates-Stiftung. Ein weiterer wichtiger Geldgeber ist GAVI, die „Impfstoffallianz“, die mit Geldern von Bill Gates gegründet wurde. Die privaten Geldgeber der WHO sind auch führende Investoren in Big Pharma, Impfstoffe und mRNS-Fake-Impfstoffe, die ihnen ein Vermögen eingebracht haben, nachdem sie von derselben WHO gefördert wurden, die sie durch ihre Finanzierung kontrollieren. Der britische Abgeordnete Andrew Bridgen, einer der wenigen Politiker, die sich gegen die „Covid“-Impfung und die WHO aussprechen, beschrieb diese Beziehung in einer parlamentarischen Rede als „pay to play“: „In Bezug auf Konsultationen hat die WHO in ihrem eigenen internen Bericht – Umfrageauswertung im Abschlussbericht vom 23. Mai 2022 – festgestellt, dass die verschiedenen Interessengruppen einen größeren Einfluss auf die Politik der WHO haben als die Mitgliedstaaten.“ Bridgen sagte über die geplanten neuen Befugnisse der WHO durch den „Vertrag“:

> „Darin steht, dass er [Tedros] diese Befugnisse ausüben kann, wenn ein internationaler Zwischenfall vermutet wird oder droht. Dabei muss es sich nicht einmal um einen Krankheitserreger handeln, der Menschen befällt, es können auch Tiere betroffen sein. Es kann sich um ein Umweltproblem handeln oder um einen Anstieg des Kohlendioxidgehalts ...
>
> .... Ein einziger Mann – Herr Tedros – kann im Handumdrehen massive Befugnisse für die WHO einfordern. Er wird sie nicht nur einfordern, sondern wenn er sie hat, wird er entscheiden, wann die Pandemie oder der Notfall vorbei ist und wann er die Befugnisse an dieses Haus zurückgibt, in dem gewählte Vertreter die Interessen unserer Wähler vertreten sollen. All dies wird ausgesetzt werden.“

Bridgen sagte, es gäbe nur eine Lösung für jedes internationale Problem auf der Welt, was zu einer Alles-oder-nichts-Situation führen würde. Das ist genau das, worauf die Rockefellers und der Kult seit der Gründung der WHO im Jahr 1948 hingearbeitet haben.

Wohin uns Dämonen bringen wollen

Im nächsten Kapitel werde ich all diese Ereignisse und Geschehnisse in einen astralen Kontext stellen, aber wenn wir mit der Agenda fortfahren, wie sie in der 3-D-Welt wahrgenommen wird, können wir jetzt klar erkennen, dass die „Globalisierung", obwohl sie sehr weit fortgeschritten zu sein scheint, in Bezug auf die Zentralisierung der Macht gerade erst begonnen hat. „Covid" gab uns einen Vorgeschmack darauf, wohin das führen wird, mit der Isolierung von Individuen, Familien und Gemeinschaften durch faschistische Lockdowns, soziale Distanzierung, obligatorischen Gesichtswindeln und tödliche Fake-Impfstoffe. Der Lockdown war nicht das Endziel, sondern vielmehr ein Trittbrett für die dauerhafte Isolierung unter dem Vorwand des „Covid"-Schwindels als Vorbereitung auf zukünftige Klima- oder Pandemie-Lockdowns. Wenn ich kurz die Struktur der Weltgesellschaft skizziere, die der Kult und seine Dämonen durchzusetzen versuchen, eine Struktur, vor der ich schon seit Jahrzehnten vor „Covid" gewarnt habe, werden die Erfahrungen ab 2020 in einem ganz neuen Licht erscheinen. Mein Satz „Kenne das Ergebnis und du wirst die Reise sehen" war noch nie so zutreffend wie im Zusammenhang mit „Covid". Alles scheint zufällig, wenn man das gewünschte Ergebnis nicht kennt. Wenn man das Resultat kennt, erscheint das „Zufällige" plötzlich als das, was es wirklich ist – kalkuliert und sorgfältig geplant, um dieses Ergebnis zu erreichen. So sieht das menschliche Kontrollsystem aus, an dem der Kult unermüdlich arbeitet:

Ich warne seit Jahrzehnten vor einer geplanten Kontrollstruktur, die ich seit der Veröffentlichung der Filme, die die von mir beschriebene Welt symbolisieren, als „Hunger Games Society" bezeichne. Sie zeigen eine Gesellschaft, in der eine Elite in hochtechnologischem Luxus im „Kapitol" lebt, bedient von einer unterdrückten und unterwürfigen Bevölkerung, die in geschlossene Sektoren aufgeteilt ist, wodurch wird jegliche Interaktion zwischen den Sektoren verhindert. Dies symbolisiert die sich immer weiter ausbreitende Politik der „15-Minuten-Stadt", in der die Bevölkerung im Namen der Rettung des Planeten vor der großen Lüge des menschengemachten Klimawandels auf ihr eigenes Viertel beschränkt wird. Stellen Sie sich eine Pyramide vor, bei der einige Wenige auf dem Schlussstein, dem Rest der Pyramide jede Facette des „Lebens" diktieren (Abb. 111). Der Schlussstein repräsentiert den inneren Zirkel des Kults mit seinen unübertroffenen Lakaien. Am unteren Ende befindet sich die Masse der Bevölkerung, die in Knechtschaft lebt und für ihr Überleben von der Kult-Elite abhängig ist. Mittlerweile würde der Kult den gesamten Zugang zu Nahrung, Wasser, Wärme, aller Energie sowie zu Arbeit und Einkommen kontrollieren. Die Zerschlagung der Nahrungsmittelversorgung, die Zerstörung der Landwirtschaft, die Kontrolle über das Wasser und die steigenden Energiekosten sind alles Schritte in diese Richtung. Das Gleiche gilt für die Kürzung der Sozialhilfe und Essensmarken in den USA, während die Banker gerettet werden und Milliarden in die Ukraine fließen, um den Krieg des Kults anzuheizen. Das, wovon man abhängig ist, kontrolliert einen; die *totale* Abhängigkeit vom Kult ist das Ziel. Wenn man sich dem Kult und seinen Dämonen widersetzt oder sie verärgert, wird man aus der Gesellschaft ausgeschlossen, so wie es heute in China geschieht, dem Modell für die ganze Welt. Geplant ist auch die Verschmelzung des Militärs mit den nationalen Strafverfolgungsbehörden zu einer globalen Militär-/Polizeiarmee, die den Willen des Kults durchsetzt und jede Rebellion unterbindet. Letztendlich wäre dieser Militärfaschismus, die Nazi-SS auf Steroiden, nicht einmal menschlich – sondern eine KI. Diejenigen, die sich der „Covid"-Tyrannei in den angeblich „freien" westlichen Ländern widersetzten, erlebten eine milde Version dessen, was hier geplant ist. Man kann sich die brutale Durchsetzung dystopischer Lockdown-Regeln durch eine Polizeitruppe vorstellen, die über Jahrzehnte hinweg sorgfältig mit hirnlosen Psychopathen aufgefüllt wurde, um diejenigen in Uniform zu ersetzen, die noch Empathie, Intelligenz und Augenmaß bewahrt haben.

Abb. 111: Die Struktur der „Hunger-Spiele"-Gesellschaft, vor der ich seit Jahrzehnten warne und die nun Tag für Tag um uns herum aufgebaut wird. (Bild: Neil Hague)

Wir haben während „Covid" gesehen, dass globale Kult-Konzerne wie Amazon und andere, die als „Silicon Valley" bezeichnet werden, nicht durch Lockdowns eingeschränkt wurden. Die Ziele waren kleine und mittlere Unternehmen (auch große, die nicht zum Kult gehören). Man muss den Zugang zu einem unabhängigen Einkommen verhindern, wenn man die Menschen zu Sklaven einiger weniger machen will. Solange es unabhängige Unternehmen und Arbeitsplätze gibt, kann es keine totale Abhängigkeit vom Kult und der daraus resultierenden zentralen Kontrolle geben. Lockdowns waren der Beginn einer gezielten Zerstörung unabhängiger Unternehmen und Einkommen. Dies wurde seitdem durch die Manipulation der Energiekosten und die Erzeugung einer ungezügelten Preisinflation verstärkt, um die vom Kult ins Visier genommenen Unternehmen und Arbeitsplätze weiter zu zerstören. Um den Weg in die Abhängigkeit zu erkennen, braucht man keinen Feldstecher, denn die KI ersetzt die menschlichen Arbeitskräfte in großem Maßstab. Eine „Studie" (Grundsatzerklärung) des Weltwirtschaftsforums von 2023 sagt voraus, dass in den nächsten fünf Jahren 83 *Millionen* Arbeitsplätze verschwinden werden, weil Bank- und Postangestellte, Kassierer, Sekretärinnen und andere Berufe durch KI ersetzt werden. Und dann sind da noch die Mainstream-„Journalisten", die ihren eigenen Untergang herbeischreiben. Das nennt man „dumm".

Garantierte Leibeigenschaft

Der Plan sieht vor, dass die Kultagenten als Retter auftreten, indem sie sagen, dass unter diesen Umständen (die sie selbst geschaffen haben) die einzige Möglichkeit für die Menschen zu überleben darin besteht, ein garantiertes Einkommen [Grundeinkommen] zu erhalten, das von der Regierung bezahlt wird. Ich habe diesen Plan schon vor langer Zeit enthüllt, und jetzt werden solche Systeme überall auf der ganzen Welt „getestet". Menschen, die sich in einer verzweifelten Lage befinden, würden sich wahrscheinlich für diese Option entscheiden, aber der Preis dafür wäre schrecklich hoch. Das „garantierte Einkommen" wäre ein Hungerlohn, der nur gezahlt wird, wenn man der Regierung sklavisch gehorcht und nicht, wenn man sich ihrer Tyrannei widersetzt. Es wäre ein garantiertes Kontrolleinkommen. Das Sozialkreditsystem in China, bei dem man Punkte bekommt, wenn man der Regierung gehorcht und die einem wieder entzogen werden, wenn man es nicht tut, ist wiederum das Vorbild für die Gesellschaft der Hungerspiele. Wenn man in China genug Credits verliert, wird man von dem, was als „normales" Leben gilt und vom Zugang zum Lebensunterhalt ausgeschlossen (die Forderung nach „Impfpässen", digitalen Ausweisen

Abb. 112: Sie lachten und lachten, als ich sagte, dass diese Welt kommen wird, wenn wir nicht aufwachen und sehen, was passiert. Jetzt lachen nur noch die Hirntoten. (Bild: Gareth Icke)

und einer digitalen Währung gehören alle dazu). Ich habe Videos aus China gesehen, in denen Menschen ihren digitalen QR-Code scannen lassen, um Zugang zu Toilettenpapier zu erhalten. Die Struktur der Hungerspiele ist überall um uns herum installiert, und diejenigen, die Augen haben, um zu sehen, aber *immer noch* nicht sehen können, müssen an einer Wahrnehmungsstörung leiden, wenn man bedenkt, wie offensichtlich es geworden ist. Der Plan umfasst eine Weltregierung, die mithilfe einer Weltarmee, einer Weltzentralbank, einer einheitlichen digitalen Währung und einer Bevölkerung, die mit einer zentralen Steuerungs-KI verbunden ist, die wie eine Schwarmintelligenz agiert und jeder Gemeinschaft ihren Willen aufzwingt. Das Länderkonzept würde der Vergangenheit angehören und menschliche Aktivitäten würden sich auf in sich geschlossene Sektoren ohne Interaktion untereinander beschränken (Abb. 112).

Wie sie es anstellen (aus der Perspektive der 3-D-Welt)

Die Koordinierung zu diesem Zweck wird durch ein inzwischen globales Kult-Netzwerk ineinander verschachtelter Geheimgesellschaften ermöglicht, die letztlich einer „Zentralsteuerung" unterstehen. Stellen Sie sich ein Spinnennetz vor, das die Welt umspannt. Jeder Strang ist ein Geheimbund, eine halbgeheime Gruppe, eine Regierung, eine Finanzorganisation, ein Konzern, ein Medienkanal, eine Silicon-Valley-Plattform und ein KI-Entwicklungsunternehmen – alles, was man braucht, um die globalen Ereignisse und die Wahrnehmung der Bevölkerung zu steuern (Abb. 113). Ich bezeichne die „Zentralsteuerung" als „Die Spinne", und das sind die Dämonen im Astral. Die Geheimgesellschaften unmittelbar um die Spinne herum sind die exklusivsten und bilden den inneren Kern des Kults in der 3-D-Welt. Die Geheimbünde sind streng abgeschottet, um sicherzustellen, dass nur relativ wenige das Gesamtbild der Geschehnisse kennen. Je mehr davon wissen, desto größer ist die Gefahr, dass die Wahrheit ans Licht kommt. Das Netzwerk der Freimaurer ist Teil des Netzwerks des Kults, aber nur wenige Eingeweihte sind sich dessen bewusst. Die meisten Freimaurer kommen nie über die untersten drei Grade – die blauen Grade – innerhalb der 33 Grade oder Stufen des Schottischen Ritus der Freimaurerei hinaus (Abb. 114). Nur auserwählten Eingeweihten werden von den großen Geheimbünden höhere Grade angeboten, die offiziell nicht existieren und den regulären Mitgliedern unbekannt sind. Ein Paradebeispiel für die abgeschottete Struktur des Kults wurde Anfang der 1980er-Jahre mit der Aufdeckung der Freimaurerloge Propaganda Due oder P2 in Rom bekannt. Sie wurde von dem Mussolini-Faschisten Licio Gelli geleitet, der 1981 zur Amtseinführung des US-Präsidenten Ronald Reagan eingeladen worden war. Gelli war ein Freund Reagans, seines Vizepräsidenten, des pädophilen Kultagents George Bush senior, und des argentinischen Faschistenführers Juan Peron. Propaganda Due hatte Verbindungen zur CIA und zum Vatikan, der ebenfalls dem Kult gehört. Als die Mitgliederliste bekannt wurde (obwohl sie nicht vollständig war), enthielt sie mehr

Abb. 113: Das globale Netzwerk der Geheimgesellschaften als Antwort auf die „Spinne". (Bild: Neil Hague)

als 900 Namen von einflussreichen Personen in der italienischen Regierung und Gesellschaft. Darunter befanden sich vier Kabinettsminister, 38 Parlamentsabgeordnete, ehemalige Premierminister, Geheimdienstchefs, 30 Generäle, Zeitungsredakteure, Fernsehdirektoren, Geschäftsleute, Bankiers, 19 Richter und 58 Universitätsprofessoren. Dies ist nur ein Beispiel für die Arbeitsweise des Kults, wobei dank der Abschottung nicht einmal die Mitglieder wussten, wer die meisten anderen waren. Gelli organisierte die P2 in geschlossenen, voneinander abgeschotteten Gruppen mit eigenen Führern, und nur Gelli und sein innerer Kreis kannten die Namen aller Mitglieder.

Wir tauchen in das Netz der Spinne und des elitären inneren Zirkels ein und finden die Freimaurer und andere Geheimbünde, von denen viele schon gehört haben, ohne zu wissen, was sie tun und warum sie existieren. Dazu gehören die Templer, die Malteserritter, das Opus Dei und die höheren Ränge des Jesuitenordens. Die Skull and Bones Society, die auf dem Campus der Yale University in Connecticut ansässig ist, hat amerikanische Präsidenten und viele hochrangige Amtsträger in den Vereinigten Staaten erschaffen. Die Präsidenten George Bush senior und Boy George Bush waren beide Mitglieder von Skull and Bones.

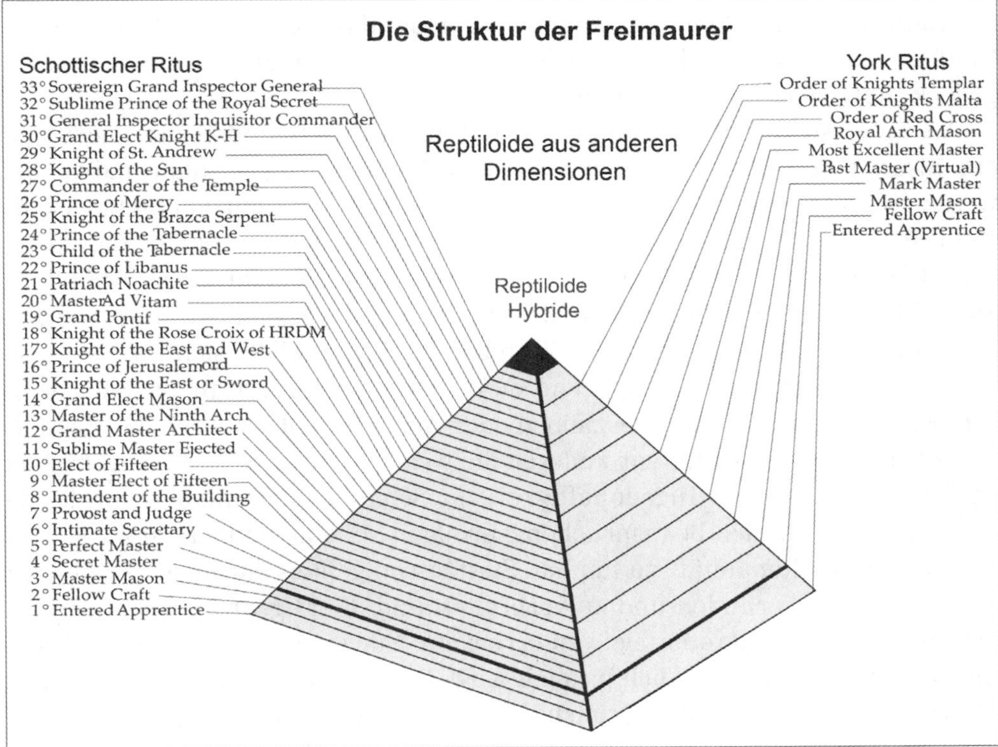

Abb. 114: Die untergliederten Ebenen der „Grade" in der Freimaurerstruktur sind ein Mikrokosmos der Funktionsweise des Globalen Kults.

Ein Teil der bizarren Initiationszeremonie besteht darin, nackt in einem Sarg zu liegen, mit einer Schleife um den Pimmel gebunden, während man seine sexuellen Geheimnisse ausplaudert. Diese Leute sind wahnsinnig und kindisch sowie dämonisch böse (und werden oft durch Mind-Control dazu gebracht, so zu sein). Dann kommen wir zu dem Punkt im Netz, an dem das Verborgene auf das Sichtbare trifft. Hier finden wir das, was ich die „Schwellen"-Organisationen nenne. Ihre Aufgabe ist es, die Agenda der Spinne, die ihnen von den Geheimbünden übermittelt wurde, in der Öffentlichkeit umzusetzen, um die Gesellschaft in Richtung einer tyrannischen Dystopie zu lenken. Zu diesen Schwellennetzwerken gehören die Vereinten Nationen, die Weltgesundheitsorganisation, die Bilderberger-Gruppe, der Council on Foreign Relations in den USA, die Trilaterale Kommission und der Club of Rome. Letzterer wurde 1968 gegründet, um Umweltprobleme zu manipulieren und vorzutäuschen, um eine umfassende Kontrolle über jede Gemeinschaft auf der Erde zu rechtfertigen. Der Schwindel vom menschengemachten Klimawandel stammt vom Kultmitglied Club of Rome und wurde von einer Reihe anderer angeblicher „Umwelt"-Organisationen und Regierungen übernommen, obwohl die von ihnen zitierte „Wissenschaft" schwachsinnig ist und keine Grundlage in der Realität hat. Eine der bekanntesten Schwellenorganisationen ist heute das Weltwirtschaftsforum des Kultfrontmanns Klaus Schwab, das ich in „Die Falle" und anderen Büchern aufgedeckt habe. Mehr dazu in Kürze.

An vorderster Front stehen auch die „Denkfabriken" und Nichtregierungsorganisationen (NGOs), die sich inzwischen explosionsartig vermehrt haben. Sie werden privat finanziert, aus Quellen des Kults, von Regierungen und einer naiven Öffentlichkeit, um das Weltgeschehen und die Regierungspolitik zugunsten der dämonischen Agenda zu kontrollieren und zu beeinflussen. Es ist die übliche Story. Die große Mehrheit der Beteiligten ahnt nicht, wie sie ausgenutzt werden oder was der wahre Grund für ihr Handeln ist. Sie glauben, sich für eine edle humanitäre Sache einzusetzen, wenn sie Regierungen dazu drängen, im Namen des „Klimawandels" Gewalt auszuüben oder zuzulassen, dass durch die Massenmigration von einer Kultur zur anderen die westliche Gesellschaft transformiert wird. Während sie ihre Tugendhaftigkeit zur Schau stellen und die moralische Überlegenheit für sich beanspruchen, verfolgen sie eine ganz andere Agenda, die nichts mit „Humanität" zu tun hat. Stattdessen geht es darum, die Lüge vom Klimawandel zu erfinden und zu verbreiten und die Migranten auszubeuten, um die vom Kult geplanten Ziele zu erreichen. Nur die Hauptakteure in diesen Gruppen wissen, was wirklich gespielt wird. Der Rest dient als Kanonenfutter-Aktivisten und bestätigt, dass es nichts Naiveres gibt als die Woke-Mentalität, die den eigenen selbstgerechten, hypermoralistischen Arsch zur Schau stellt.

Laufbursche George

Ein perfektes Beispiel sind die Open Society Foundations des Kultaktivisten und Milliardärs George Soros. Seit der Gründung der Stiftungen im Jahr 1979 hat er mit deren Hilfe *32 Milliarden Dollar* zur Unterstützung von Projekten der Kult-Agenda gespendet. Soros finanzierte Gruppen, die eine Politik der Öffnung der Südgrenze der Vereinigten Staaten für die massenhafte illegale Einwanderung initiierten, um die amerikanische Gesellschaft zu verändern. Seit dem Amtsantritt des Kulteigenen Präsident Biden wurden Millionen von Menschen über die Grenze gelassen, wobei jeder nur erdenkliche Anreiz geboten wurde, um die Menschen zur Umsiedlung zu ermutigen. Es ist seit langem bekannt, dass die Regierung Migranten mit Bussen von der Grenze zu Militärflugplätzen bringt, von wo aus sie ins Landesinnere geflogen und in amerikanischen Städten ausgesetzt werden. Soros hat dasselbe in Europa getan, und die britische Regierung hat Hotels im ganzen Land erworben, um illegale Migranten, die den Ärmelkanal überqueren, unterzubringen. Viele Hotels wurden absichtlich so ausgewählt, dass sie eine westliche kulturelle und historische Bedeutung haben (der Grund dafür wird später erläutert). Soros' Tarnorganisationen wurden in Ungarn, wo er als György Schwartz geboren ist, verboten, um seine Bemühungen zur Öffnung der *Grenzen* zu vereiteln. Naive Menschen halten Soros für einen „Philanthropen", obwohl er sein Geld gezielt zum Nutzen des Kults einsetzt. Er hat öffentlich erklärt, dass es ihm nur um das Geld geht und nicht um die „sozialen Folgen" seines Handelns (Abb. 115).

Abb. 115: Das Zitat, das die wahre Geschichte über George Soros erzählt.

Soros, inzwischen ein erbärmlicher alter Mann in den 90ern, hat die Wahl von Bezirksstaatsanwälten in den USA finanziert, die dann Kriminelle zu lächerlich geringen Strafen für schwere Verbrechen anklagen oder sich weigern, Straftaten zu verfolgen, und diejenigen freilassen, die niemals auf freiem Fuß sein sollten. Zu Soros' Marionetten gehören George Gascon in Los Angeles, Alvin Bragg in Manhattan, der Trump verklagte, Larry Krasner in Philadelphia, Kim Foxx in Illinois und José Garza in Travis County, Texas. Das hat viele tragische Folgen: steigende Kriminalitäts- und Mordraten, Angst in den Städten und Gemeinden – genau dafür hat Soros das Geld ausgegeben. In Chicago ist die Schwerkriminalität unter der rassistischen und schwachsinnigen Woke-Anhängerin Bürgermeisterin Lori Lightfoot und ihrem Nachfolger Brandon Johnson um 46 Prozent gestiegen. Kürzungen bei der Polizei und massenhafter ungestrafter Ladendiebstahl haben zur Schließung vieler großer Geschäfte in den Innenstädten geführt. Ein solches Vorgehen würde man zulassen, wenn man die Herrschaft des Mobs und den Diebstahl im großen Stil fördern, die Geschäfte zum Rückzug aus der Stadt zwingen und die Gemeinschaft terrorisieren wolle. Soros' 37-jähriger Sohn Alexander tritt die Nachfolge seines Vaters an, der sich auf die Wiedervereinigung mit seinen Meistern im Astral vorbereitet. Berichten zufolge ist Alexander Soros, Vorsitzender der Open Society Foundations, de facto zum „Botschafter" des Weißen Hauses geworden und hat seit Bidens Amtsantritt eine lange Liste von Besuchen im Weißen Haus vorzuweisen. Gesellschaftsverändernde Ereignisse sind kein Zufall. Sie sind eiskalt kalkuliert, um ein bestimmtes Ergebnis zu erzielen, wie im Fall der Black-Lives-Matter-Bewegung (BLM), die von dem Kult ins Leben gerufen wurde. Die BLM wird von Soros finanziert, gemäß seiner üblichen Praxis, Organisationen zu fördern, welche die BLM sponsern. Die Vorstellung, dass diese Organisation zum Wohle der Schwarzen gegründet wurde, ist ein Witz, wenn ihre selbst ernannten Führer ihre gespendeten Millionen für den Kauf von Luxusimmobilien ausgeben. Glaubt irgendjemand wirklich, dass George Soros und seinesgleichen sich um Schwarze oder andere Menschen scheren? Die BLM wird vom Kult finanziert, um Amerika und andere Länder unter dem Vorwand des Rassismus zu spalten und zu beherrschen und gleichzeitig das Leben derer zu verschlechtern, die sie zu vertreten vorgibt. Kult-Gelder von Leuten wie Soros werden gezielt eingesetzt, um Kult-Agenten zu wählen (wissentlich oder unwissentlich), wobei „freie" Wahlen zunehmend manipuliert werden – siehe die lächerliche Annahme, dass Joe Biden die Präsidentschaftswahlen 2020 gewonnen hat. Das war einer der offensichtlichsten Wahlbetrüge der Geschichte, und ich bin kein Trump-Anhänger. Dennoch glaube ich an Gerechtigkeit. Ungeheuerliche Manipulationen gibt es bei der „Wahl" für einen Sitz im Obersten Gerichtshof von Wisconsin im Jahr 2023, die erstaunlicherweise durch die Politik des Kandidaten und nicht durch seine Kompetenz als Richter entschieden wird. Sollte die Demokratin Janet Protasiewicz [Anm. d. Ü.: seit August 2023 im Amt] gewinnen, würde dies eine „Woke"-Mehrheit im Gericht bedeuten, wodurch die Wähleridentifikation blockiert und Betrug für die nächsten Präsidentschaftswahlen in den Swing States [Anm. d. Ü.: Staaten, bei denen das Wahlergebnis auf der Kippe steht] ermöglichen wird. Ihr Wahlsieg könnte zum Teil darauf zurückzuführen sein, dass den Wählern über eine Website (Wisconsin Takes Action) bis zu 250 Dollar angeboten wird, wenn sie Familienmitglieder überreden, für sie zu stimmen. Die Hälfte von Protasiewicz Wahlkampfspenden kam von außerhalb des Staates, in dem sie kandidiert. So läuft das heute.

Die „Welt" begreifen

Nach der Spinne, den Geheimbünden und den Schwellenorganisationen betreten wir das äußere Segment des Netzes, in dem die Menschen tagtäglich ihrem Leben nachgehen (oder zu leben glauben). Es ist der Bereich der Regierungen und ihrer Behörden, des Bankensystems, der globalen Konzerne, der Mainstream-Medien, des Silicon Valley, der „Gesundheits"-Netzwerke und der Autorität im Allgemeinen. Auf ihre Weise sind sie ebenfalls abgeschottete Geheimbünde, in denen das Wissen über den Kult und seine Ambitionen nur wenigen vorbehalten ist. Wenn man tief genug in all diese Organisationen eindringt, erreicht man die Ebene, die mit dem Netzwerk des Kults verbunden ist, und an diesem Punkt sind die Regierungen und ihre Agenturen, das Bankensystem, die globalen Konzerne, die Mainstream-Medien, das Silicon Valley, die „Gesundheits"-Netzwerke und die Autoritäten im Allgemeinen alle ein und *dasselbe Netzwerk*, das den gleichen Meistern untersteht (Abb. 116). Dies wissen nur diejenigen, die in die inneren Zirkel des Kults eingeweiht sind. Vor diesem Hintergrund wird deutlich, wie eine globale Koordination möglich ist. Die führenden Internetplattformen im Silicon Valley wurden vom Kult durch die Technologieentwicklungsabteilungen des Pentagon und der CIA, bekannt als DARPA und In-Q-Tel, oder IQT, und andere Quellen des Kults geschaffen. Leute wie Zuckerberg bei Facebook, Brin und Page bei Google und Susan Wojcicki [Anm. d. Ü.: seit Februar 2023 Neal Mohan] bei Google eigenem YouTube sind weitere Laufburschen, die für den Kult und seine

Abb. 116: Dies ist die hierarchische Struktur des Globalen Kults mit seinen Unterstrukturen, die in jedem Land aktiv sind. Die Politiker befinden sich auf der untersten Ebene und sind nur dazu da, die wirklichen Machtzentren hinter der Illusion der politischen Wahl und der „Demokratie" zu verbergen.

dämonischen Götter einstehen. Deshalb zensieren sie diejenigen, die den Kult und sein Narrativ infrage stellen, während sie nachweisbare Lügen unhinterfragt zulassen, solange sie den Interessen des Kults dienen.

Silicon Valley kündigte zu Beginn des „Covid"-Schwindels an, Beiträge zu zensieren, die das von der Weltgesundheitsorganisation (WHO) verbreitete Narrativ untergraben oder ihm widersprechen. Das mag verwirrend klingen, wenn man den Kult und sein Netzwerk nicht kennt, ist aber durchaus erklärbar, wenn man es einmal verstanden hat. Die Unternehmen des Silicon Valley repräsentieren den Kult und die WHO repräsentiert den Kult. Beide wurden vom Kult gegründet. Ein Arm des Kults (Silicon Valley) zensiert, um die Lügen eines anderen Armes des Kults (WHO) vor der Enthüllung zu schützen. Auch das Pharmakartell oder Big Pharma ist eine Schöpfung des Kults, dank der Familie Rockefeller und des Ölmagnaten J. D. Rockefeller. Zu diesem Kartell gehören Pfizer, Moderna und andere Hersteller des Fake-„Covid"-„Impfstoffs", der bereits unglaublich viele Menschen getötet und verstümmelt hat. Die vom Kult kontrollierten Regierungen gewährten der von denselben Kult kontrollierten Big Pharma Immunität vor strafrechtlicher Verfolgung für die Folgen des Fake-Impfstoffs. Dieser Impfstoff erhielt eine sofortige Zulassung durch staatliche Arzneimittelbehörden wie die Centers for Disease Control and Prevention (CDC) [dt.: Zentren für Krankheitskontrolle und -prävention] und die U.S. Food and Drug Administration (FDA) [dt.: US-Behörde für Lebens- und Arzneimittel], und die Medicines and Healthcare products Regulatory Agency (MHRA) [dt.: Medizinische Zulassungs- und Aufsichtsbehörde für Arzneimittel] in Großbritannien. Viele haben sich gefragt, warum diese Organisationen, deren offizielle Aufgabe ist, die Öffentlichkeit vor den Psychopathen der Big Pharma zu schützen, es gestattet haben, den Fake-Impfstoff einzuführen und immer jüngeren Altersgruppen zu verabreichen, bis hin zur Impfung von Säuglingen. Die Antwort ist einfach. Die Arzneimittel-„Schutz"-Agenturen sind im Besitz des Kults, ebenso wie Big Pharma mit Pfizer, Moderna und all den anderen. Der Kult gibt dem Kult die Erlaubnis, die Agenda des Kults voranzutreiben. Der britische Abgeordnete Andrew Bridgen erklärte in einer Parlamentsdebatte, dass die MHRA zu 86 Prozent von Big-Pharma finanziert wird, die sie eigentlich überwachen soll, und Mitglieder des Impfstoff-Beratungsgremiums der britischen Regierung, des Joint Committee on Vaccination and Immunization, haben Beteiligungen an Big Pharma in Höhe von insgesamt mehr als *einer Milliarde Pfund* offengelegt. Dasselbe Kult-Netzwerk erklärt, warum Regierungen, Unternehmen, Medien, Silicon Valley und das Finanzsystem eine vom Kult koordinierte Politik in Bezug auf den Klimawandel-Schwindel vorantreiben, der nichts anderes ist als ein Vorwand, um die Welt in eine zentral gesteuerte Dystopie zu verwandeln. Dasselbe gilt für den Transgender- und „Pride"-Aktivismus, bei dem die Menschen unter Druck gesetzt und eingeschüchtert werden, um die offensichtliche Wahrheit über die 3-D-Biologie zu leugnen – ein Lehrbuchfall von Orwells 2+2=5. Sie alle tanzen nach der gleichen Pfeife, weil sie alle vom gleichen Drahtzieher koordiniert werden.

Der Kult hat die wahrgenommene 3-D-Realität in zwei verschiedene „Welten" geteilt. Es gibt die Welt des Kults, in der fortgeschrittenes Wissen über die dystopische Agenda und die Natur der Realität über Generationen von Eingeweihten weitergegeben wird. Dies gilt für wichtige Figuren, aber nicht für alle. Die andere Welt wird von der menschlichen Bevölkerung in einer geschlossenen Struktur bewohnt, um sicherzustellen, dass sie niemals erfährt, was der Kult geheim halten will (Abb. 117). Der Kult hat das lächerliche „Bildungssystem" geschaffen, und er besitzt auch andere Mainstream-Informationsquellen wie die Regierung, die Medien und Silicon Valley. Informationskontrolle = Wahrnehmungskontrolle. Es geht darum, die Öffentlichkeit in Unwissenheit über alles zu halten, was sie wissen muss, um ihre Notlage zu verstehen. Entscheidend ist dabei die Unwissenheit über die Realität selbst und die wahre Natur des „Ich". Das Ziel besteht darin, den Sinn der Bevölkerung für die Vielfalt der Möglichkeiten einzuschränken. Wenn das gelingt, werden die Menschen lachen und diejenigen, welche die Manipulation und ihren Ursprung aufdecken, ablehnen. Ich denke, man kann wohl sagen, dass ich das selbst schon erlebt habe. „Mache dich nicht lächerlich, das ist unmöglich. Du bist verrückt, Kumpel." Sie sagen, dass es nicht möglich ist, weil sie nicht verstehen, was möglich ist und in welchem Ausmaß das Wissen vom Kult gehortet und der anvisierten Zielgruppe vorenthalten wird. Die Wahrnehmungen, die DAS SYSTEM verkauft, sind so begrenzt und kurzsichtig, dass jede Andeutung, die Menschen könnten von Realitäten kontrolliert werden, die sie nicht sehen, einfach zu viel ist, um es zu begreifen und zu glauben. Die Kult-Elite lacht sich schlapp, weil ihre Laufburschen in den Medien, Akademiker, Wissenschaftler und Politiker „Verschwörungstheorien" ablehnen und verurteilen, von denen die Elite weiß, dass sie wahr sind. Die Begriffe „Verschwörungstheorie" und „Verschwörungstheoretiker" wurden

Abb. 117: Zwei Welten – der Kult und das Volk – und der große Unterschied zwischen ihnen ist das Wissen.

Abb. 118: Diejenigen, die „Verschwörungstheoretiker" und „Verschwörungstheorie" schreien, wiederholen Phrasen, die von der CIA gefördert werden, um diejenigen zu diskreditieren, die die Wahrheit sagen. Gut gemacht!

in den 1960er-Jahren von der CIA in den allgemeinen Sprachgebrauch eingeführt, indem sie die großen US-amerikanischen Medien ermutigte, diese Begriffe zu verwenden, um jeden zu diskreditieren, der sich weigerte, die lächerliche offizielle Geschichte der Ermordung Kennedys zu akzeptieren. All diese Jahrzehnte lang wiederholen die verblödeten Medien und große Teile der Öffentlichkeit diese Begriffe wie Papageien, um das, was *tatsächlich geschieht*, zu leugnen. Wenn es nicht so tragisch wäre, wäre es urkomisch (Abb. 118).

Schwab die Nase

Politiker sind Futter für den Kult und werden mit allen Mitteln im Zaum gehalten, wenn sie nicht selbst überzeugte Kultanhänger sind. Die Mainstream-Medien gehören dem Kult und über die Auserwählten wird positiv berichtet, während alle Kandidaten, die nicht dem Kult angehören, unterminiert und verteufelt werden. Achten Sie darauf, wer schmeichelhafte Berichterstattung und einen Freifahrtschein erhält, und Sie werden sehen, wen der Kult im Amt haben will. Die Manipulation kann auch etwas subtiler sein, wie beispielsweise gezielte Angriffe auf Politiker, weil sie wissen, dass dies die Unterstützung ihrer potenziellen Wählerschaft erhöhen wird. Wichtige Politiker werden oft schon in jungen Jahren identifiziert und dazu gebracht, hohe Ämter im Dienste des Kults zu übernehmen. Dazu gehört Tony Blair, der Irak-Kriegsverbrecher, der 2003 unzähligen Menschen das Leben kostete, weil er zusammen mit dem Kult-Boy George Bush behauptete, Saddam Hussein verfüge über „Massenvernichtungswaffen", obwohl er wusste, dass dies nicht der Fall war. Bis heute fördert Blair mit jeder Bewegung seiner Lippen die Interessen des Kults. Er unterstützte den „Covid-Faschismus", nannte Ungeimpfte „Idioten", weil sie ihre Gesundheit vor den Psychopathen von Big Pharma (Kult) schützen wollten, forderte Impfpässe, um Ungeimpften den Zugang zur Gesellschaft zu verwehren, und er drängt auf digitale Ausweise, die eine Säule der globalen Dystopie des Kults sind.

Der Mann ist diabolisch böse und in den Augen des Kults ein perfekter Rekrut. Blair wird jedes Jahr zum Treffen der Kult-Front im schweizerischen Davos eingeladen, wo das Weltwirtschaftsforum (WEF) tagt. Dieses wird offiziell von dem deutschen Psychopathen Klaus Schwab veranstaltet, dessen Vater Eugen Schwab das Ingenieurbüro Escher Wyss leitete, welches Turbinen und Kampfflugzeugteile für Hitler herstellte. Das Unternehmen erhielt von den Nazis einen Sonderstatus, einschließlich des Rechts Sklavenarbeit einzusetzen. Das durch und durch nazistische WEF koordiniert weltweit die Geschäfte zwischen Politiker, Banken, Medien, Silicon Valley und Aktivistengruppen, die den vom Kult erfundenen Klimawandel fördern. Greta Thunberg wurde dank Schwab, dem WEF und den Kult zugehörigen Vereinten Nationen zu einem globalen Phänomen. Schwab veröffentlichte während „Covid“ ein Buch mit dem Titel „ COVID-19: The Great Reset“ [dt.: „COVID-19: Der Grosse Umbruch“], in dem er forderte, dass die Gelegenheit, die der Kult-Schwindel „Covid“ bietet, genutzt werden sollte, um die Gesellschaft zu transformieren oder „zurückzusetzen“, um den Planeten vor dem Klimawandel zu retten, der für ihn durch den wahren „Virus“ verursacht wird – den Menschen. Schwab ist ein unverblümter Kult-Funktionär, der von Henry Kissinger, dem ehemaligen US-Außenminister, einem anderen Deutschen, der dem Kult sein ganzes Erwachsenenleben lang als Aktivposten der Rockefellers gedient hat, aufgebaut wurde. Kissinger ist 100 Jahre alt, während ich dieses Buch schreibe, und steht in einer Reihe mit anderen Kult-Akteuren, die eine bemerkenswerte Langlebigkeit aufweisen. [Anm. d. Ü. : Kissinger starb am 29. November 2023.] Der Kult-Psychopath Bill Gates ist ein Stammgast in Davos. Er nahm sich eine Auszeit von seinem „Covid“-Faschismus und seiner Forderung nach obligatorischen Fake-Impfstoffen, um im Februar 2021 ein Buch „How to Avoid a Climate Disaster“ zu veröffentlichen [dt.: „Wie wir die Klimakatastrophe verhindern“], in dem er darlegt, wie die menschliche Gesellschaft „zurückgesetzt“ werden muss, um dem „Klimawandel“ zu begegnen. Davos ist inzwischen jedes Jahr Schauplatz des wohl größten jährlichen Treffens von Privatjets, die die WEF-Teilnehmer in die Schweiz bringen, um darauf zu bestehen, dass der Rest von uns weniger oder gar nicht fliegen und reisen sollte. Sie *wissen*, dass die Geschichte vom Klimawandel Unsinn ist. Es ist traurig mitansehen, wie bewusstseinsmanipulierte „Klimaaktivisten“ für sich und ihre Kinder eine Dystopie propagieren, indem sie an das glauben, was die Kultelite insgeheim für eine Lüge hält. Wie sie lachen müssen.

Die Auserwählten

Schwab und der Kult gründeten 1992 die Schule „Global Leaders for Tomorrow“, die zwölf Jahre später in „Young Global Leaders“ umbenannt wurde. Ihre Aufgabe ist es, potenziell willfährige und psychopathische Personen zu identifizieren, die ausgebildet und in politische Machtpositionen auf der ganzen Welt gebracht werden sollen. Ausgewählte Kult-Rekruten, von denen man annimmt, dass sie die „richtige“ Mentalität besitzen, wissen, warum sie in ein Amt befördert werden und welche Aufgaben sie zu erfüllen haben, wenn sie dort ankommen. Zur ersten „Klasse“ von 1992 gehörte ... *Tony Blair*. Andere waren Angela Merkel, die langjährige Bundeskanzlerin von Deutschland, und Nicolas Sarkozy, der später Präsident von Frankreich werden sollte. Es war offensichtlich von entscheidender Bedeutung, dass der Kult während „Covid“ die politischen Führer kontrollierte, und dies waren nur einige der Absolventen des damaligen „Young Global Leader“ Programms:

Jacinda Ardern, Premierministerin von Neuseeland und ehemalige Blair-Beraterin; Justin Trudeau, Premierminister von Kanada; Emmanuel Macron, Präsident von Frankreich, ein ehemaliger Rothschild-Mitarbeiter; und Gavin Newsom, Gouverneur von Kalifornien. Sie alle haben den „Covid“-Faschismus in ihrem Machtbereich eingeführt, im Einklang mit dem Kult, dem sie angehören. Sie sind verantwortlich für den Tod und die gesundheitlichen Folgeschäden einer riesigen Anzahl von Menschen, die der Propaganda und dem Druck, den Fake-Impfstoff verabreicht zu bekommen, erlegen sind. Die faschistischen Übergriffe auf kanadische LKW-Fahrer, die sich gegen Zwangsimpfungen wehrten, wurden vom Kult über den Schwab-Leibeigenen Trudeau und die stellvertretende kanadische Premier- und Finanzministerin Chrystia Freeland orchestriert. Sie ist die Enkelin des in der Ukraine geborenen Nazi-Kollaborateurs Michael Chomiak (Mykhailo Khomiak), eines von den Nazis ausgebildeten Spionage- und Propagandaagenten, der nach Kanada floh. „Freeland“ (oh, welche Ironie) ist ein langjähriger Aktivposten von Schwab, der im Kuratorium des Weltwirtschaftsforums den Interessen des Kults dient. Schwab erzählte 2017 in einem Interview, dass etwa die Hälfte von Trudeaus Kabinett durch seine Führer-„Schule“ gegangen sei, und er prahlte damit, dass der argentinische Präsident Alberto Fernández und Russlands Wladimir Putin zu seinen „Absolventen“ gehören. In der Weltpolitik wimmelt es von ihnen, und zwar nicht nur in der Politik. Zu den Absolventen gehören auch Bill Gates, der „Covid“/Klimawandel-Faschist bei Microsoft; Jeff Bezos, der Gründer von Amazon und Eigentümer der *Washington Post*; Larry Page, der Gründer von Google; Mark Zuckerberg, der Gründer von Facebook; Niklas Zennström, der Gründer von Skype; Jimmy Wale, der Gründer des Kult-Narrativs Wikipedia; und Jack Ma, der Gründer des chinesischen Internet-Tech-Riesen Alibaba. Dazu kommen „Könige“ aus Schweden, Norwegen, Dänemark und den Niederlanden und viele, die den Klimawandel-Schwindel des Kults propagieren, darunter Leonardo Di Caprio, Schauspieler und UN-Klimabotschafter, Bono (ein großer Freund von Bill Gates), der „grüne“ Aktivist David de Rothschild und Ricken Patel, Gründer von Avaaz, das den Klimawandel und andere Kult-Agenden fördert. Eine ganz schöne Besetzung, wenn die Kontrolle der Wahrnehmung Ihr oberstes Ziel ist.

Eine weitere Kult-Spitzenorganisation ist die Trilaterale Kommission, die 1973 von Super-Kult-Aktivist David Rockefeller und Zbigniew Brzezinski, dem nationalen Sicherheitsberater von Präsident Jimmy Carter, gegründet wurde. Beide sind inzwischen in das dämonische Reich zurückgekehrt, aus dem sie stammen. Die Rolle der Trilateralen Kommission besteht wie bei allen anderen Denkfabriken darin, die Politik des Kults in die öffentliche Politik einzubringen. Trilateralisten sind überall in der Politik, der Regierungsverwaltung und den Medien zu finden. Dies sind die von den Trilateralen ernannten Personen im Biden-Regime: Anthony Blinken, Außenminister; Wendy Sherman, stellvertretende Außenministerin; Jake Sullivan, nationaler Sicherheitsberater; Susan Rice, innenpolitische Beraterin; Mark Brzezinski (Zbigniews Sohn), Botschafter in Polen; R. Nicholas Burns, Botschafter in China; Ken Juster, Botschafter in Indien; Lael Brainard, Gouverneursrat der US-Notenbank; Eric Schmidt, Büro für Wissenschafts- und Technologiepolitik; John „the Clintons“ Podesta, Ausgaben-Zar des Green New Deal; Ajay Banga, Präsident der Weltbank. Eine lange Liste von Weltbankpräsidenten waren Mitglieder der Trilateralen Kommission. Es ist offensichtlicht, wie der Betrug funktioniert: Man besetzt Schlüsselpositionen mit den eigenen Leuten, und sie treffen Entscheidungen, die man ihnen diktiert.

Politiker im Besitz des Kults

Politiker, die nicht direkt vom Kult gesponsert werden und ein hohes Amt anstreben, wissen, dass sie die richtigen Leute bei Laune halten müssen, und das bestimmt ihr Handeln, ihre Aussagen und ihre Politik. Andere werden erpresst, damit sie sich fügen. Deshalb liebt der Kult pädophile Politiker (und deshalb gibt es so viele davon) und solche, die etwas anderes Großes zu verbergen haben, das dazu benutzt werden könnte, sie zu vernichten, wenn sie nicht mitspielen. Ich habe in anderen Büchern darüber geschrieben, wie Politiker in kompromittierende Situationen gelockt werden, vielleicht durch Pädophilie, Satanismus oder eine Honigfalle, und dann erpresst werden, die Aufnahmen zu veröffentlichen, wenn sie die „falsche“ Politik unterstützen. Achten Sie auf diejenigen, die jahrelang eine bestimmte Vorgehensweise oder politische Philosophie zu unterstützen schienen und dann plötzlich umschwenken. Dies kann auch durch Todesdrohungen gegen sie selbst und ihre Familien geschehen. Der Kult besitzt die Kontrollhierarchien der Strafverfolgungsbehörden und Geheimdienste, sodass eine Vertuschung eines Attentats kein Problem ist, und sie haben die Mainstream-Medien, um die Lügen über das, was wirklich passiert ist, zu verbreiten (siehe Jeffrey Epstein). Ich erinnere mich daran, wie der britische konservative Abgeordnete Stephen Milligan 1994 tot zu Hause aufgefunden wurde, in Strümpfen und Hosenträgern, mit einem Stromkabel um den Hals, einer Tüte über dem Kopf und einer Orange im Mund (selbst für den britischen Geheimdienst ein bisschen übertrieben). Es hieß, er sei bei einem „Sexspiel“ ums Leben gekommen, was von einem willfährigen System bequemerweise bestätigt wurde. So kann man eine Zielperson ausschalten und sie gleichzeitig diskreditieren. Ich habe nie ein Wort davon geglaubt und tue es immer noch nicht. Milligan war parlamentarischer Privatsekretär des Ministers für das Beschaffungswesen der Verteidigung des durch und durch korrupten Jonathan Aitken und hatte Zugang zu sensiblen Akten, die die Korruption im Waffenhandel aufdecken sollten. Aitken wurde später für 18 Monate ins Gefängnis gesteckt, nachdem er einen Meineid und die Beeinflussung der Justiz zugegeben hatte. Richter Scott Baker sagte ihm: „Fast vier Jahre lang haben Sie ein Netz der Täuschung gewoben, in das Sie sich verstrickt haben und aus dem es keinen Ausweg gab, es sei denn, Sie wären bereit, die Wahrheit zu sagen. Leider waren Sie es nicht.“

Die Umstände von Milligans Tod wurden zusammen mit den späteren Enthüllungen des Waffenskandals genutzt, um die Unterstützung für die konservative Regierung von John Major zu untergraben, was 1997 zur Wahl des Kult-Funktionärs Tony Blair führte. Er war nach dem plötzlichen Tod des damaligen Parteivorsitzenden John Smith im Jahr 1994 an die Spitze der Labour Party gewählt worden. Inzwischen gibt es fortschrittliche technologische Methoden, um den Verstand von politischen Führern zu übernehmen, die weder Erpressung noch Mord erfordern. Der ehemalige US-Marineoffizier Daryl D. James sagte in einem Interview mit Ickonic:

> „Was ich mit eigenen Augen gesehen habe, ist, dass sie eine Maschine haben, die ein Bewusstsein aus einem Körper entnehmen kann, und dann kann ein anderes Wesen sein Bewusstsein in diesen Körper setzen, fast wie Astralprojektion … und ihn wie ein Werkzeug benutzen und sich wie ein normaler Mensch bewegen. Vielleicht erklärt das veränderte Verhalten vieler unserer Politiker.“

Der Informatikwissenschaftler Dr. Pratik Desai aus dem Silicon Valley sagte im Frühjahr 2023 voraus, dass das Bewusstsein möglicherweise bis zum Ende des Jahres auf einen Computer hochgeladen werden könnte – für die Öffentlichkeit also. Das Militär macht das schon seit Jahrzehnten. Techniken des Bewusstseinsaustauschs und der Besessenheit sind weit verbreitet, um Menschen zu kontrollieren, oftmals Politiker, die in der Öffentlichkeit stehen. Ihre Ansichten und ihr Auftreten können sich plötzlich ändern, aber sie haben immer noch denselben Körper und müssen immer noch sie selbst sein, oder? Nicht unbedingt. Politiker sind die unterste Schicht des Kults. Sie sind nur dazu da, den Menschen das Gefühl zu geben, eine Wahl zu haben und die Schuld für das auf sich zu nehmen, was der Kult angestiftet hat. Der Kult verachtet sie zutiefst und sieht in diesen Marionetten mit Scheinmacht eine wichtige Tarnung, um zu verbergen, wer in Wirklichkeit die Entscheidungen trifft. Die Politiker sind in der Regel schwache und ahnungslose Personen, die aufgrund ihrer Übereinstimmung mit den Zielen des Kults oder ihrer schwachsinnigen Mentalität ausgewählt werden. Dies zeigt sich in der Öffentlichkeit bei Idioten wie Joe Biden und seinen Clowns in den USA; Boris Johnson, Rishi Sunak und Keir Starmer im Vereinigten Königreich; Justin Trudeau in Kanada; Emmanuel Macron in Frankreich; Anthony Albanese in Australien; Daniel Andrews in Victoria, Australien; und den „Covid"-Führern von Neuseeland, Jacinda Ardern (und ihrem Nachfolger Christopher Hipkins) sowie von Schottland, Nicola Sturgeon (und ihrem Nachfolger Humza Yousaf). Ich sollte hinzufügen, dass die Begriffe „Clown" und „Psychopath" sich nicht gegenseitig ausschließen und dass Menschen beides sein können.

Das „Parteiensystem" wurde vom Kult gewählt, um die königlichen Diktaturen zu ersetzen, als diese schließlich von der Bevölkerung abgelehnt wurden, auch wenn einige von ihnen bestehen blieben. Die prominenteste unter ihnen ist das britische Königshaus, das erstaunlicherweise überlebt hat, auch wenn es immer mehr am seidenen Faden hängt. Das Konzept des Königtums diente auf wunderbare Weise dem Kult, solange das Volk es unterstützte. Das Recht, ganze Nationen und Imperien allein danach zu regieren, wer mit wem in welcher Reihenfolge Sex hatte, mag für jeden, der auch nur eine Gehirnzelle besitzt, lächerlich erscheinen, aber es war perfekt für den Kult, der dauerhafte Kontrolle anstrebte. Könige und Aristokraten behaupteten, sie seien aufgrund ihrer reptiloiden, hybriden Natur von edlerem „Blut" als das gemeine Volk und pflegten die gezielte Vermischung mit ihresgleichen, um die hybride Software intakt zu halten. Dies ist der Ursprung des „blauen Blutes" und des „göttlichen Rechts zu herrschen", was in Wirklichkeit das dämonische „göttliche" Recht zu herrschen bedeutet. Das Königtum bleibt vorerst das Staatsoberhaupt Großbritanniens, und viele huldigen immer noch einer Kult-Institution, die derzeit von einem Funktionär des Weltwirtschaftsforums „König Charles III." verkörpert wird. In

Großbritannien haben wir eine lächerliche Nationalhymne, die keine Hymne auf das Land ist, sondern auf die königliche Diktatur. Dass die Menschen immer noch bereit sind, diesen Mist zu singen, sagt viel über die menschliche Unterwürfigkeit aus. Ein Teil der Hymne lautet:

> „Gott schütze unseren gnädigen König/Königin; lang lebe unser edler König/Königin; Gott schütze den König/die Königin; möge er/sie lange siegreich, glücklich und ruhmreich über uns herrschen; Gott schütze den König/die Königin."

Es war für mich immer ein tragischer Anblick, wenn Menschenmassen oder die Fußballnationalmannschaft beim Singen der Nationalhymne verlangten, dass ein Mann oder eine Frau, der/die nur nach der Blutlinie ausgewählt wurde, „über uns herrschen" sollte. Wir sind immer noch die „Untertanen" der Addams-Familie Windsors, und das bedeutet „unter der Herrschaft, Führung oder Autorität eines Souveräns, eines Staates oder einer Regierungsgewalt stehen; Treue oder Gehorsam schulden". Dies gilt auch für alle Länder des Commonwealth (das ehemalige „britische" Kult-Imperium), ihre Territorien und die „Kronbesitzungen". Ich weigere mich, die Autorität von Clowns wie „König" Charles anzuerkennen, der wie alle Könige dem Kult angehört und zu 100 Prozent mit der Kult-Agenda für die Welt übereinstimmt, selbst wenn dies den Untergang des Königtums als Institution bedeutet, wenn auch nicht als Blutlinie (Softwareprogramm). Der „Great Reset" des Kults ist darauf ausgerichtet, sie in ihrer Gesamtheit zu beseitigen. In einer zentralisierten globalen Dystopie gibt es keinen Platz mehr für nationale Institutionen, wenn Nationen und Grenzen in einem grenzenlosen Weltsystem aufgehen sollen. Die systematische Abschaffung des Königtums in Großbritannien ist ein offensichtliches Beispiel dafür, wohin die Reise geht. In vielerlei Hinsicht war das Ende der offenkundigen königlichen Diktaturen für den Kult sogar von Vorteil. Zumindest wussten die Menschen, dass sie unter königlichen Diktatoren lebten, und irgendwann würde dieses Wissen eine Rebellion auslösen. Der Kult entschied sich, das Königtum durch politische Parteien zu ersetzen, und gaukelte so dem Volk vor, es habe nun die Wahl, wer über es herrsche – *es regiere*. So war es mit dem Königtum und so ist es mit den politischen Parteien, die Instrumente eines Einparteienstaates sind, der sich hinter dem Anschein einer politischen „Wahl" verbirgt.

Das politische Ablenkungsmanöver

Mit der Ablehnung der königlichen Herrschaft in den meisten Teilen der Welt wandten sich die hybriden Blutlinien den dunklen Berufen des Bankwesens, des Handels und der Politik zu. Seitdem diktiert der Kult weiterhin das Geschehen, nun allerdings unter dem Deckmantel der „Demokratie", die fälschlicherweise mit „Freiheit" gleichgesetzt wird. Was hat sich mit dem Aufkommen der Parteipolitik wirklich geändert, abgesehen von dem theoretischen Konzept, dass die Bevölkerung die Regierung „wählt"? Das Wort „theoretisch" ist sehr treffend, wenn ich zum Beispiel an die gestohlenen US-Wahlen denke, die Joe Biden ins Weiße Haus gebracht haben. Ein Mann, der während des „Wahlkampfes" im Jahr 2020 kaum seinen Bunker verließ, vor einer kleinen Menschenmenge sprach und aufgrund seiner zunehmenden Senilität kaum den Teleprompter ablesen konnte, hat irgendwie mehr Stimmen gewonnen als jeder andere Präsident in der amerikanischen Geschichte. Dies geschah durch Wahlbetrug in den wichtigsten Bundesstaaten und der Verteufelung all jener, die auf diese eklatante Tatsache hinwiesen. Demokratie als Freiheit ist ein kranker Witz und ein Deckmantel, um die Tyrannei zu verbergen, die sie in Wirklichkeit ist. Faschistische/kommunistische Diktatoren werden aufgezwungen, während sie in der Demokratie theoretisch gewählt werden. Erklären Sie den Unterschied zwischen Tyrannei und Demokratie als „demokratisch gewählte" Regierungen wie eine globale Einheit auf den „Covid"-Schwindel reagierten, der der Welt den Faschismus aufzwang. Faschismus und Kommunismus (Masken auf demselben Gesicht) verlangen, dass man tut, was die Autorität einem sagt. Die „Demokratie" gibt die „Freiheit", das zu tun, was sie sagt, und schickt die Jungs rein, wenn es nicht gemacht wird. Erinnern Sie sich an die hirnlosen Idioten in Uniform, die sich während der „Covid"-Lockdowns in Ländern wie den Niederlanden und Australien als Polizisten ausgaben? Faschismus und Kommunismus sind in der Tat zwei Seiten ein und derselben Medaille, und wir sollten nicht vergessen, dass die faschistischen Nazis die National-*Sozialistische* Deutsche Arbeiterpartei (NSDAP) waren.

Das, was wir als Regierung bezeichnen – ein altfranzösisches Wort, das „Kontrolle, Leitung, Verwaltung" bedeutet – sollte nur dazu da sein, zu koordinieren und zu unterstützen, nicht aber zu herrschen. Die Macht- und die Entscheidungshoheit sollte beim Individuum liegen, und jede andere Ebene sollte dieser individuellen Souveränität untergeordnet sein. Mein einziger leitender Vorbehalt wäre der: „Mach, was du willst, solange du es keinem anderen aufzwingst." In dem einen Satz ist alles enthalten, von der individuellen Freiheit bis hin zur Freiheit anderer das abzulehnen, was man ihnen aufzwingen möchte. Die Rolle eines koordinierenden und unterstützenden Netzes bestünde lediglich darin, diese Freiheiten zu schützen und die Zusammenarbeit zwischen Menschen und Gruppen zu fördern. Es gäbe keinen Bedarf an politischen Parteien, sondern nur an echten individuellen Vertretern der Interessen des Volkes. Die Rolle des Staats bestünde lediglich darin, das Recht der Menschen auf individuelles Handeln zu schützen, solange niemand zu etwas gezwungen wird. Alles, von Gewalt und Mord über die chemische Verschmutzung von Lebensmitteln, Wasser und Umwelt bis hin zum Abspielen von Musik, die so laut ist, dass das Recht der Nachbarn auf Frieden verletzt wird, fällt unter diesen einfachen Satz: „Tu, was du willst, solange du niemand anderem etwas aufzwingst." Entscheidungen, die eine Gemeinschaft betreffen, würden in der Gemeinschaft auf derselben Grundlage getroffen werden, und andere Verwaltungsebenen wären Diener und Mediatoren der Gemeinschaften und keine Diktatoren. Das Fundament einer solchen Gesellschaft wäre der Respekt für jeden, der sein Leben so leben möchte, wie er es will, solange er es nicht denen, die anders leben wollen, aufzwingt. Müsste es Kompromisse geben? Ja. Müsste es eine ausgehandelte Zusammenarbeit geben? Auf jeden Fall. Würde es Streitigkeiten und Meinungsverschiedenheiten über die Auslegung geben? *Ja, natürlich.* Aber der Leitgedanke wäre, dass die individuelle Freiheit unter diesem Vorbehalt souverän ist. Die Vorstellung, dass ein Impfstoff oder ein Fake-Impfstoff zwingend vorgeschrieben werden könnte, wäre in diesem Zusammenhang lächerlich, ebenso wie die Vorstellung, dass eine Regierung wie das faschistische Regime des niederländischen Ministerpräsidenten Mark Rutte den Landwirten vorschreiben könnte, dass sie ihr Land und damit ihre Existenzgrundlage aufgeben. Das passiert, wenn man von oben nach unten regiert, anstatt von unten nach oben. Je höher die Regierungsebene, desto weniger Macht sollte sie haben, was wir jedoch erleben, ist genau das Gegenteil. Was ich gerade gesagt habe, ist nur eine Perspektive in der 3-D-Welt in einem viel größeren Gesamtbild.

Die Illusion der „Wahl"

Politische Parteien sind wie alle Kultorganisationen pyramidenförmig aufgebaut. Dies ermöglicht es den wenigen an der Spitze, die Politik und die Richtung der gesamten Struktur zu diktieren. Es ist aufschlussreich zu untersuchen, wie man Politiker wird. Zunächst muss man von einem lokalen Parteikomitee ausgewählt werden, das sich in erster Linie von der nationalen Parteihierarchie leiten lässt. Um gewählt zu werden, muss man sich an die Kriterien der Hierarchie halten. Nimmt man die Nominierung an, lässt man sich von der Öffentlichkeit wählen, indem man das verkündet, was die Parteihierarchie vorschreibt.

Sobald man in ein Parlament gewählt wird, steht man unter einem unmittelbaren Karrieredruck: Man muss die Partei dabei unterstützen, wenn sie Gesetze durchbringen oder verhindern möchte, auch wenn man damit nicht einverstanden ist. Man kann sich auf die moralische Seite stellen und seinen Prinzipien treu bleiben, was wahrscheinlich das Ende aller Ambitionen auf ein hohes Amt bedeutet. Ich habe das typische Beispiel im Gemeinderat meiner Heimatstadt Leicester erlebt.

Drei Ratsmitglieder der Labour-Partei wurden von der Hierarchie suspendiert, weil sie gegen den Woke-Labour-Bürgermeister Peter Soulsby „rebelliert" hatten. Sie stimmten mit den konservativen Ratsmitgliedern für die Abschaffung seines Amtes. In einem freien System wäre ihr Recht so abzustimmen, wie sie es für richtig hielten, respektiert worden. Stattdessen wurden sie von ihren Labour-Kollegen beschuldigt, „mit der Opposition zusammenzuarbeiten, um die Partei in Verlegenheit zu bringen, ohne Zustimmung der Fraktion zu handeln und eine Position zu vertreten, die der Fraktion widerspricht". Was für ein wunderbares Beispiel, das meine Aussagen bestätigt. Um in der Parteihierarchie aufzusteigen und Minister, Premierminister oder Präsident zu werden, muss man immer der Parteilinie folgen, und wenn man dann an der „Spitze" angekommen ist, hat man alle Prinzipien, die man einmal hatte, längst mit Füßen getreten und vergessen. Deshalb haben es rücksichtslose Psychopathen leichter an diese Spitzenpositionen zu kommen. Wenn man in den Parlamenten der Welt nach aufrichtigen Menschen sucht, die sich um ihr Land und ihre Gemeinden sorgen und die Ansichten und Bedürfnisse ihrer Wähler vertreten wollen, wird man sie auf der untersten politischen Ebene finden und nicht einmal in der Nähe eines hohen Amtes.

Um das politische System vollständig zu verstehen, muss man jedoch die nächste Machtebene außerhalb der offiziellen politischen Struktur kennen, die der Bevölkerung verborgen bleibt. In den meisten Ländern gibt es zwei, manchmal drei politische Parteien, die eine Chance haben, eine Regierung zu bilden. Jede von ihnen ist eine pyramidenförmige Hierarchie, die so funktioniert, wie ich es beschrieben habe. Die grünen Parteien behaupten, anders und nicht hierarchisch zu sein (oder waren es zumindest einmal), aber sie funktionieren genauso wie alle anderen. Sie lügen, wenn sie etwas anderes behaupten. Zwei oder drei Parteihierarchien betreiben ihre „individuellen" Pyramiden, und dann gibt es die entscheidende nächste Ebene, auf der diese Hierarchien alle der gleichen Macht unterworfen sind – dem Kult (Abb. 119). Dies ist immer offensichtlicher geworden und wurde während der „Covid"-Ära öffentlich zur Schau gestellt, als es über die illusorische politische Kluft hinweg eine fast völlige Einigkeit darüber gab, dass der Faschismus gerechtfertigt war. Wer inszenierte diese globale Einstimmigkeit? Der Kult durch sein Netzwerk von Geheimgesell-

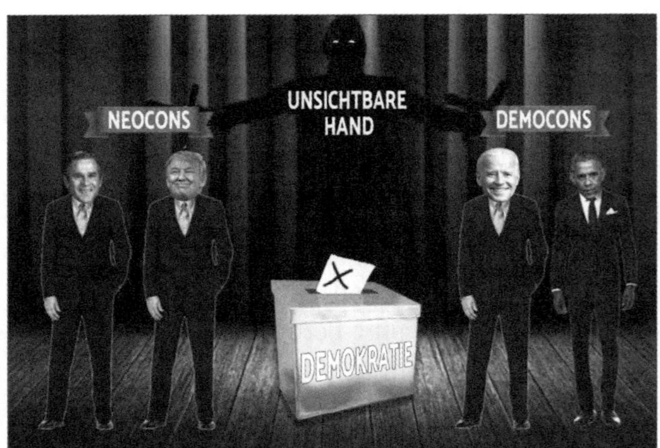

Abb. 119: Der politische Betrug in Amerika und allen „demokratischen" Ländern ist der gleiche. Scheinbar „unterschiedliche" Parteien und Persönlichkeiten, aber ein Schritt zurück in den Schatten und alle haben den gleichen Meister – den Kult.

schaften. In Großbritannien hatten wir eine konservative Regierung unter der Führung des narzisstischen Clowns Boris Johnson, der seine Nazi-Agenda durchsetzte und eine „oppositionelle" Labour-Partei unter der Führung des narzisstischen Clowns Keir Starmer, der Mitglied der Trilateralen Kommission des Kults war. Starmer sagte, das Problem mit Johnsons Faschismus sei, dass er nicht faschistisch genug sei. Derselbe Ein-Parteien-Staat existiert in Amerika und auf der ganzen Welt, und nur die wenigen echten Rebellen in jedem Land widersetzen sich ihm. Es spielt keine Rolle, welche Partei an der Regierung ist. Es wird immer die gleiche Politik durchgesetzt, und der einzige Unterschied ist vielleicht die Geschwindigkeit, mit der das geschieht.

Das Vorgehen zielt darauf ab, die politische Wahl zu zerstören, indem es vorgibt, eine politische Wahl zu sein. Man wählt Partei A und mag nicht, was sie tut, weil es das Gegenteil von dem ist, was sie angekündigt hat. Politiker können im Wahlkampf sagen, was sie wollen, um gewählt zu werden, aber sie müssen nicht tun, was sie versprechen. Politiker und ihre Parteien erzählen ihren potenziellen Wählern, was sie hören wollen, und tun dann das, was sie von Anfang an geplant haben. Man mag Partei A nicht und wählt bei der nächsten Wahl Partei B, die aber auch nicht besser ist, weil sie vieles von dem fortsetzt, was Partei A getan hat. Wie wird man Partei B wieder los? Man wählt wieder Partei A. Wer kontrolliert Partei A *und* B? Der Kult tut es. In der Ukraine gab es 2004 eine vom Kult gesteuerte „Revolution", als Viktor Janukowitsch offiziell in einer Stichwahl zum Präsidenten gewählt wurde, aber die „Orangene Revolution" führte dazu, dass das Oberste Gericht die Stichwahl wegen Wahlbetrugs für ungültig erklärte. Nach einer erneuten Stichwahl wurde sein Gegenkandidat zum Präsidenten gewählt. Der Mann erwies sich jedoch als ungeeignet, und um ihn abzusetzen, musste das Volk für die einzige andere Parteigruppierung stimmen, die überhaupt eine Chance auf die Regierungsbildung hatte. Diese wurde immer noch von *Viktor Janukowitsch* angeführt. Sie wählten den Präsidenten wieder, den sie in den Protesten abgesetzt hatten. Das ist die politische Zwangsjacke, die sie einem als „Wahl" verkaufen. Später, 2014, gab es eine weitere „Revolution" namens „Euromajdan", infolge derer Janukowitsch verjagt wurde und nach Russland floh. Die politische „Wahl" ist ein Fantasiegebilde, genauso, wie sie beabsichtigt ist. Wir müssen erkennen, dass die Politik und die Parteien nicht dazu da sind, eine bessere und gerechtere Welt zu schaffen. Sie wurden erfunden, um dies zu verhindern, und wenn wir weiterhin glauben, dass die Wahl einer anderen Partei die Antwort ist, wird diese politische Schikane weitergehen, bis nur noch die globale Tyrannei übrigbleibt. Politik ist ein Mittel, mit dem Milliarden von Menschen manipuliert werden, um einer Handvoll von Politikern, die dem Kult angehören oder von ihm kontrolliert werden, Macht über ihr Leben zu verschaffen. Die Sklaven streiten sich dann untereinander, welchen Sklavenhalter sie unterstützen sollen (Abb. 120). Wir müssen Politik und Politiker ignorieren und aufhören, mit dem Kult-System durch Toleranz seiner Tyrannei zu kooperieren. Wie können einige wenige ihren Willen Milliarden aufzwingen, wenn Milliarden nicht gehorchen wollen? Wir müssen den Erlöserkomplex ablegen, der die Menschen dazu bringt, einen Retter zu suchen, sei er politisch oder religiös. Donald Trump ist so ein Fall in den Vereinigten Staaten. Er wird niemanden retten. Es geht nur darum, durch die Illusion von „Hoffnung" Zeit zu gewinnen, bis die Dystopie eintritt, in der es keine Politiker und keine Wahlen mehr gibt, sondern nur noch vom Kult ernannte Technokraten und Bürokraten. Das ist es, was der Great Reset wirklich bedeutet. Wenn uns jemand „retten" wird, dann nur wir selbst, wir selbst müssen gemeinsam daran arbeiten, die Macht der Psychopathen zu brechen, indem wir aufhören, ihnen zu gehorchen. Auch dies ist nur eine Perspektive aus der 3-D-Welt. Wahre Freiheit besteht darin, sich an unsere wahre Natur zu erinnern und die „Mauern" des magischen Kreises zu durchbrechen, um hier herauszukommen.

Abb. 120: Es ist sinnlos, darüber zu streiten, welcher Sklavenhalter der Beste ist, letztendlich gehören sie alle dem gleichen – dem Kult. (Bild: Gareth Icke)

Betrug auf Steroiden

Die Autorität stützte sich immer schon auf Betrug, jedoch liegt das Ausmaß inzwischen außerhalb der Richterskala. In meinem Buch „Wahrnehmungen eines abtrünnigen Denkers“, das 2021 erschienen ist, habe ich geschrieben, dass der sogenannte „Aufstand“ vom 6. Januar in den USA eine Inszenierung des „Deep States“ [des „Tiefen Staats“] war. Am 6. Januar 2021 betrat eine Menschenmenge, die gegen die gestohlene Präsidentschaftswahl von 2020 protestierte, das Kapitol. Die Wähler kamen aus ganz Amerika, um die Absurdität bloßzustellen, dass ein seniler Mann mehr Stimmen als jeder andere Kandidat in der Geschichte der Präsidentschaftswahlen der USA erhalten hatte. Das vom Kult beherrschte Silicon Valley zensierte Beiträge zugunsten von Joe Biden, darunter Informationen über den Laptop seines Sohnes, welche die korrupten und illegalen finanziellen Verbindungen der Familie Biden mit der Ukraine und China enthüllten. Mark Zuckerberg (Facebook), ein Funktionär des Kults, gab etwa eine halbe Milliarde Dollar aus, um die Wahlmechanismen zu beeinflussen, mit besonderem Schwerpunkt auf die Swing States [engl. „Schaukelstaaten“, ein Begriff zu Wahlen in den USA, der insbesondere bei Präsidentschaftswahlkämpfen verwendet wird; er bezeichnet die Staaten, in denen beide großen Parteien eine gute Chance auf den Wahlsieg haben], um Bidens Wahlbetrug zu unterstützen. Frei und fair? Das Ganze war eine Beleidigung der Freiheit. Der Deep State reagierte, indem er die Empörung der Demonstranten ausnutzte, um sie in eine psychologische Operation oder Psyop, zu locken. Türen und Schranken wurden geöffnet, damit die Demonstranten das Gebäude betreten konnten. FBI-Agenten befanden sich in der Menge und drängten die Menschen, das Gebäude zu betreten. Sehen Sie sich die Internetaufnahmen eines Mannes namens Ray Epps an. Er wurde am Vorabend und am Tag der Demonstration dabei gefilmt, wie er die Menge zum Betreten des Kapitols aufforderte. Gegen ihn wurde keine Anklage erhoben, während andere mehr als zwei Jahre später wegen erfundener Straftaten und verschleppter Gerichtsverfahren im Gefängnis saßen, obwohl ihr einziges Vergehen Hausfriedensbruch war. Die „demokratischen“ Berufslügner Chuck Schumer und Adam Schiff sowie die „republikanischen“ Berufslügner Liz Cheney und Adam Kinzinger stellten ungeheuerliche Behauptungen über die Ereignisse auf. Schumer verglich den 6. Januar mit 9/11 und Pearl Harbor, die beide den Tod von 3.000 Menschen zur Folge hatten. Der Öffentlichkeit wurde erzählt, dass fünf Polizeibeamte bei dem „Aufstand“ getötet worden seien, obwohl die Zahl null betrug. Die einzige Person, die starb, war die unbewaffnete Militärveteranin Ashli Babbitt, die von dem verrückten Capitol-Hill-Polizisten Michael Leroy Byrd grundlos erschossen wurde.

Man erzählte uns, ein gewalttätiger Haufen sei durch das Gebäude gezogen und habe das Leben von Politikern bedroht. Dieses Märchen war nur möglich, weil mehr als 40.000 Stunden Überwachungsmaterial von diesem Tag der Öffentlichkeit und den Anwälten der Verteidigung vorenthalten wurden, während ihre Mandanten für „Verbrechen" ins Gefängnis kamen, die laut Filmmaterial gar nicht stattgefunden hatten. Der unbewaffnete „Q-Anon-Schamane" Jacob Chansley war mit seinem gehörnten Kopfschmuck das bekannteste Gesicht des Kapitol-Sturms. Er wurde wegen „Behinderung eines offiziellen Verfahrens" zu 41 Monaten Gefängnis verurteilt, nachdem ein inkompetenter Anwalt einen Vergleich ausgehandelt hatte. Das Justizministerium hatte von Bezirksrichter Royce Lamberth eine harte Strafe gefordert, um „ein Exempel zu statuieren", und der Richter kam dem natürlich nach. Dafür sind die Richter heutzutage da. Chansley war, in den Worten von *CNN*, „das Sinnbild einer barbarischen Menge". Dann, im März 2023, wurde das zensierte Überwachungsmaterial von führenden Vertretern der Republikaner im Repräsentantenhaus der damaligen *Tucker Carlson Show* auf *Fox News* zugespielt, Wochen bevor die Show aus dem Programm genommen wurde. Sie enthüllten das wahrhaft erschütternde Ausmaß der offiziellen Lügen, die zur Zerstörung so vieler Leben geführt haben. Im Fall von Jacob Chansley zeigten die Aufnahmen, wie er ruhig und gelassen *von Beamten der Capitol-Hill-Police durch das Gebäude begleitet wurde*, die ihm sogar die Türen öffneten, als er eine Führung durch das Gebäude machte. An einer Stelle ging er an *neun Beamten* vorbei, die nichts unternahmen, um ihn aufzuhalten (Abb. 121). Chansley wurde plötzlich „vorzeitig entlassen", nachdem das Filmmaterial aufgetaucht war; aber selbst dann wurde er mit der üblichen Grausamkeit des Biden-Regimes in ein Resozialisierungszentrum gesteckt, das offiziell als „Gemeinschaftshaft" bezeichnet wird, nachdem er fast 27 Monate im Gefängnis für etwas verbüßt hatte, was er nicht tat, und dies bestätigen die Überwachungsvideos. Richter Royce Lamberth war für einen Kommentar nicht erreichbar. Der Prozess gegen einen weiteren Angeklagten vom 6. Januar,

Abb. 121: Sicherheitsvideos zeigen Jacob Chansley, wie er ruhig und friedlich an einer Gruppe von Polizisten im Kapitol vorbeiläuft, die nicht versuchen, ihn aufzuhalten. Er wurde aus dem Gefängnis entlassen, nachdem dies bekannt wurde.

Dominic Pezzola, wurde abgebrochen, als geheime FBI-Kommunikation ans Licht kam, in der Agenten über die Veränderung und Vernichtung von Hunderten von Beweisstücken diskutierten. Die dem Kult angehörige Biden-Regierung reagierte auf diese Enthüllungen, die durch das Filmmaterial aufgedeckt wurden, mit der Ankündigung, mindestens tausend weitere gewaltlose Demonstranten vom 6. Januar verhaften zu wollen – mehr als zwei Jahre nach den Ereignissen. Das ist das Niveau des Dämonischen, die unsere Welt regiert. Der 6. Januar war eine Psyop des Deep States, um diejenigen ins Visier zu nehmen, die sich der Agenda des Kults widersetzen, und leider sind viele darauf hereingefallen. Durch die pseudolinke Woke-Bewegung hat der Kult die fast vollständige Kontrolle über das Rechtssystem übernommen. Entscheidungen zur Strafverfolgung und Gerichtsurteile spiegeln die politischen Ansichten der Person wider. In den Vereinigten Staaten kann man Hauptstädte besetzen, plündern und Geschäfte niederbrennen, ohne dass etwas unternommen wird, weil man richtig wählt, und der Kult will, dass dies geschieht. Wenn man sich gegen die Agenda wehrt und falsch abstimmt, schicken die Psychopathen des Justizministeriums die Idioten in Uniform los.

Kleine Kult-Jungen und -Mädchen

„Covid" ließ die Menschen noch tiefer in den Abgrund von Angst und Gehorsam hinabsteigen, für andere aber war es ein gigantischer Weckruf, der sie auf eine Welt aufmerksam machte, von deren Existenz sie nichts wussten. Früher hätten sie über das gelacht, was sie jetzt als Wahrheit begreifen. Die Erkenntnis, dass die Ereignisse nicht zufällig, sondern zielgerichtet aufeinander abgestimmt sind, ist ein lebensverändernder Moment. Aber es ist erst der Anfang eines langen Weges, sich aus der Illusion zu befreien. Wir dürfen nicht auf der Ebene von Schwab, Gates und Co. oder gar Rockefeller und Rothschild stehen bleiben. Sie sind die Schmierfinken, nicht die Ingenieure des Geschehens. Jeder, der öffentlich in Erscheinung tritt, ist relativ unbedeutend, und trotz des Einflusses dieser Psychopathen sind sie einem dämonischen Bösen unterworfen, gegen das sie wie die gute Fee erscheinen. Sie haben Angst vor denen, die sie kontrollieren, und sie wissen, was passieren wird, wenn sie jemals nicht gehorchen. Ihre narzisstische Arroganz wird nicht nur zur Schau gestellt, um die Öffentlichkeit zu täuschen, sondern auch, um sich selbst zu täuschen. Sonst müssten sie der Realität ins Auge sehen, dass sie nicht mehr sind als entbehrlicher Dreck am Schuh der astralen Dämonen. Der Kult und seine dämonischen Meister sind sich sehr wohl bewusst, dass die Menschen nur so lange schlafen wie ihre Göttlichen Funken. Das Spiel ist vorbei, wenn die Funken aus ihrer systematischen Versklavung erwachen und sich daran erinnern, wer sie sind. Wir werden aufhören, uns das Spiel in einer illusorischen Existenz vorzustellen. Die Dämonen und der Kult wissen, dass der Verlust der Kontrolle über die Wahrnehmung der Göttlichen Funken den Verlust der Kontrolle über alles bedeutet. Wie der südamerikanische Schamane Don Juan Matus dem Schriftsteller Carlos Castaneda sagte: „Der Geist der Prädatoren ist barock, widersprüchlich, verdrießlich, erfüllt von der Angst, jeden Moment entdeckt zu werden."

Der größte Fehler, den wir machen können, ist zu glauben, dass die Dämonen und ihr Kult die allmächtige Macht sind. Das sind sie nicht. Sie brauchen uns, nicht umgekehrt. Sie ernähren sich von uns, nicht wir von ihnen. Ihre „Macht" ist nur die Macht, die wir ihnen geben, in Form von Toleranz und Angst vor ihrer menschlichen „Autorität". Wenn sich das ändert, ändert sich *alles*.

8

Astral-3-D-Connection

Die Realität, so scheint es, ist keine ebene Fläche, sondern hat so viele Schleier wie eine Zwiebel Schalen.

Johnny Rich

In diesem Kapitel werde ich das astrale dämonische „Hauptquartier" mit dem alltäglichen Leben in dem, was wir als 3-D-Realität wahrnehmen, in Verbindung bringen. Was oberflächlich betrachtet hinter den globalen Ereignissen zu stehen scheint, hat eine viel tiefere Bedeutung, die selbst von der großen Mehrheit der alternativen Medien nicht verstanden wird.

Ich weiß, dass das, was ich hier schreibe, von jenen Rechercheuren abgetan werden wird, die sich nur auf die Namen, Daten und Orte der Verschwörung konzentrieren, die offenbar in dem schmalen Frequenzbereich liegen, der als sichtbares Licht bekannt ist. Ich kritisiere diese Leute nicht. Diese Ebene der Manipulation muss verstanden werden, und ich habe selbst 34 Jahre damit verbracht, sie zu erforschen und darüber zu schreiben; aber wenn wir nur so weit gehen, übersehen wir, wo die wahre Quelle der Kontrolle über die Menschen zu finden ist. Wir entlarven die Leinwand, doch wir ignorieren den Projektor, aber wenn wir das tun, wie können wir ihm ein Ende setzen? Ein Zitat des britischen Premierministers Winston Churchill aus der Kriegszeit über Russland – „ein Rätsel, eingewickelt in ein Mysterium innerhalb eines Enigmas" – lässt sich mit noch größerer Relevanz und Genauigkeit auf die Illusion des menschlichen Lebens anwenden. Es ist unmöglich, das Ausmaß der Täuschung über das, was wir zu erleben glauben, zu beschreiben.

Das dämonische Ziel besteht darin, den Göttlichen Funken so zu trügen, dass er sich selbst als 3-D-„Mensch" wahrnimmt, bevor er in die Illusion der Geistigen Welt eintritt und als ein anderer „Mensch" zurückkehrt. Diese Erfahrungen sind darauf ausgelegt, den maximalen Loosh zu erzeugen, als emotionale Reaktion des Göttlichen Funkens auf das, was er zu sehen und zu erleben glaubt.

Stellen Sie sich Spieler vor, die mit einem 3-D-VR-Headset durch einen leeren Raum rennen, weil sie gegen einen Virtual-Reality-Drachen kämpfen. Sie werden mental und emotional von dem beeinflusst, was sie zu erleben glauben, obwohl es nicht real ist. Es ist ein illusorisches Spiel. Je größer die Dystopie in der 3-D-Welt ist, desto stärker ist der Einfluss auf den Göttlichen Funken, da er sich in seiner Realität hilflos und machtlos fühlt, und desto unterwürfiger und gefügiger wird er. Das ganze 3-D-VR-„Headset" des Gehirns ist darauf ausgerichtet, und das, was wir „menschliches Leben" nennen, ist nur das Ausleben dieses Loosh-Farm-Systems. Ein „menschliches Leben" ohne das Eingreifen des Bewusstseins ist weniger „Ich habe es auf meine Art gemacht" als vielmehr „Ich habe es auf KI-Art gemacht". Den Göttlichen Funken im Unwissen zu halten (der in der 3-D-Welt als „Mensch" in der Unkenntnis gehalten wird) ist für alles von zentraler Bedeutung. Ohne das Unwissen zerfällt alles, und das schlimmste Szenario für die Dämonen ist, dass der Göttliche Funke aus seinem Koma erwacht und sich an seine wahre Natur erinnert. Wenn das passiert, verblassen die Illusionen und fallen ab, wie die Schuppen von den „menschlichen" Augen. Die bewusste Wiedervereinigung des Göttlichen Funkens mit der Unendlichen Realität ist die permanente Furcht, die das Dämonenreich und Jaldabaoth heimsucht. Sie wissen, wenn es geschieht, ist das Spiel vorbei. Wenn Sie sich hilflos, verloren und verunsichert fühlen oder emotional am Boden zerstört und gebrochen sind, dann liegt das am Göttlichen Funken, der sich so fühlt. Der KI-Astralverstand sagt ihm das. *Sie*, die „Seele" oder der Fokus der Aufmerksamkeit des Göttlichen Funkens, fühlen, was *er* fühlt. Ihr seid ein und dasselbe. Was Sie fühlen und wahrnehmen, wird sich ändern, wenn Ihr Göttlicher Funke beginnt, die Wahrnehmung des Astralverstandes zu beeinflussen, und das nennt man *Erwachen*.

Was ist menschlich?

Betrachten wir das menschliche Leben aus dieser Perspektive: Göttliche Funken erhalten durch den KI-Astralverstand die Information, dass sie einen Körper betreten. Als Teil dieses Prozesses wird das Gedächtnis gelöscht, und jeder inkarnierende „Mensch" beginnt mit einem leeren Blatt Papier. Das KI-Programm „Lebensplan" läuft durch den „menschlichen" Körper/Gehirn und die 3-D-VR-Headset-Abfolge beginnt. Es teilt dem Göttlichen Funken mit, dass er sich im Mutterleib befindet und dann in die „irdische" Realität „geboren" wird. Nicht-Spieler-Programme durchlaufen den gleichen Prozess nur eben als vollwertige KI. Während einige NPCs so programmiert sind, dass sie keine Fragen stellen und dumm sind, können andere KIs mit einem hoch entwickelten *Intel-*

lekt ausgestattet sein (siehe die Geschwindigkeit, mit der eine Suchmaschine Ergebnisse liefert). Viele Kultanhänger sind intellektuell fortgeschritten, spirituell hingegen sind sie tot. Das ist KI. Die ersten Einflüsse auf die Wahrnehmung des Neugeborenen durch das 3-D-VR-Headset sind die Eltern, die das Headset ebenso wie ihr Sprössling tragen. Zu diesem Zeitpunkt kann das Kind noch über ein Restgedächtnis verfügen, was relativ selten ist. Dieses Gedächtnis wird durch die Eindrücke und die niedrigen Frequenzen der 3-D-Welt schnell dem Löschprozess zum Opfer fallen. Die Empfindungsimpulse vermitteln dem „Kind" (Göttlicher Funke/KI-Verstand), es lebe in einer physischen Realität und alles, was es zu erleben glaubt, sei real. Im Alter von vier Jahren findet sich das Kind in einem Klassenzimmer wieder, das unter der Wahrnehmungskontrolle des vom Kult gesteuerten Staates steht. Von diesem frühen Alter an wird es mithilfe der Headset-Lehrer der Autorität des Staates unterworfen. Ihm wird vorgeschrieben, wann es anwesend sein muss und wann es den Raum verlassen, sprechen, essen oder sogar auf die Toilette gehen darf. Im Jahr 2023 verbot die Schulbehörde in England den Schülern, während des Unterrichts auf die Toilette zu gehen. Diese Regelung löste Schülerproteste aus, die dazu führten, dass die Polizei gerufen wurde. Leider wurden die Männer in den weißen Kitteln nicht zu den Headset-Lehrer gerufen, obwohl genau das hätte passieren sollen. Es war ermutigend, dass die Schüler so reagierten, wo doch so viele Menschen alles akzeptieren, was die Behörden ihnen sagen.

Während der gesamten Prägejahre wird den Kindern und den Jugendlichen vom Kult über den Staat eine Realitätswahrnehmung eingeimpft, die den Interessen der Massenkontrolle und der Looshproduktion dient. Der Staat sagt ihnen, was ist und was nicht ist, was war und was nicht war, was möglich und was unmöglich ist, was richtig und was falsch ist, was gut und was schlecht ist, was wahr und was unwahr ist, und praktisch alles, was die Wahrnehmung der 3-D-Realität ausmacht. In regelmäßigen Tests werden die Kinder auf ihre Fähigkeit geprüft, das vom System Aufgezwungene wiederzugeben. Wenn sie dies gut machen und ihre heruntergeladene Programmierung bestätigen, erhalten sie gute „Noten" und wenn sie zur Universität gehen, können sie sogar einen „Abschluss" bekommen. Dies spiegelt ihren „Grad" der Programmierung wider und ein erstklassiger „Abschluss" umso mehr. Sollten sie zufällig noch in der Lage sein, kritisch zu denken und zu hinterfragen, was man ihnen sagt, werden sie als Störenfried im Klassenzimmer und als akademischer Versager abgestempelt. Ich bin mit 15 von der Schule abgegangen und habe nie in meinem Leben eine größere Prüfung abgelegt. Ich feiere mein „Versagen" jeden Tag. Es hat mir Legionen von Programmen erspart, die ich später hätte löschen müssen. Die überwältigende Mehrheit löscht den Download nie, und er bestimmt ihr Realitätsgefühl (das Realitätsgefühl des Göttlichen Funken) für den Rest ihres Lebens, was natürlich der Sinn der Sache ist.

Rockefellers „Bildungswesen"

Die religiöse Kontrolle existiert immer noch, aber ihr Einfluss begann zu schwinden, vor allem im Westen, und für diejenigen, die ihren psychologischen Faschismus ablehnten, musste ein anderes Mittel gefunden werden, um die Wahrnehmung zu übernehmen. Dies wird als *„Bildungswesen"* bezeichnet, das eine andere Form des psychologischen Faschismus darstellt (Abb. 122). Die Kultanhänger entwarfen das Programmierungssystem für das Bildungswesen, das vor allem in den Vereinigten Staaten im Auftrag des Öl- und Pharmamagnaten J. D. Rockefeller durchgesetzt wurde. Er sagte, sein öffentliches Bildungssystem ziele darauf ab, eine Nation von Arbeitern und nicht von Denkern zu schaffen. In der Tat ist Denken in Ordnung, solange es sich auf den für den Kult akzeptablen Wahrnehmungsgleisen bewegt. Man kann die Gleise heutzutage an der Anwendung der Zensur erkennen, was zensiert und was nicht zensiert wird. Der Plan ist, die Wahrnehmungen der Jugendlichen mit so viel irrelevantem Mist zu füllen, dass kein Platz mehr für freie Gedanken und das Nachdenken über die großen Fragen bleibt (Abb. 123). Den ganzen Tag, mindestens fünf Tage die Woche, während draußen die Sonne scheint und die Bäume darauf warten, erklommen zu werden, wird der unaufhörliche Fluss von Programmen Jahr für Jahr, Generation für Generation fortgesetzt. Und selbst das ist nicht genug. Es muss „Hausaufgaben" geben, um die Stunden außerhalb des Pro-

Abb. 122: Was das „herkömmliche Bildungswesen" wirklich ist – ein Gefängnis für den Geist. (Bild Gareth Icke)

Abb. 123: „Bildungswesen" ist Indoktrination.

grammierzentrums mit noch mehr Belanglosigkeit zu füllen. Ich erinnere mich an fast nichts von dem, was mir in der Schule beigebracht wurde, wofür ich unendlich dankbar bin. Ich wollte und will nicht wissen, was das algebraische „x" bedeutet oder das genaue Datum, an dem Oberstleutnant Custer am Little Bighorn seine letzte Schlacht geschlagen hat. Wenn ich es wissen muss, kann ich es jederzeit nachschauen (das habe ich gerade getan – 25. Juni 1876). Ich brauche es nicht auswendig zu lernen, um mein Bewusstsein mit Unwichtigem zu belasten, solange ich über den Sinn des Lebens nachdenken kann. *Denk nicht* darüber nach, was du tust, sagt Das System, *merke* dir einfach, was ich dir sage. Es gibt Prüfungen zu bestehen und Abschlüsse zu machen, die größtenteils überflüssig sind. Als ich zu einem DJ sagte, dass es nicht sehr intelligent sei, Musik zu spielen, die dem Publikum offensichtlich nicht gefällt, war er empört. Wie könnte ich seine Intelligenz infrage stellen, er habe schließlich einen Abschluss in Spanisch. Wie mein Bruder Paul oft über inkompetente Beamte zu sagen pflegt: „Sie haben einen Abschluss in Blumenarrangement." Ein ehemaliger renommierter Lehrer in den Vereinigten Staaten, der den wahren Sinn der „Bildung" erkannte, schätzte die Zeit, die Kindern außerhalb der Schule zur Verfügung steht, um ihre Fantasie auszuleben. Wenn man die Zeit für Unterricht, Hausaufgaben, Schulvorbereitung, Essen und Schlafen zusammenzählt, ist das, was übrig bleibt, ebenso dürftig wie schockierend. All dies ist sorgfältig geplant (Abb. 124). Wahrnehmungsorientierte Denker und Freigeister werden von der Wissenschaft an den Rand gedrängt, obwohl sie so oft Quellen der Weisheit und der Erkenntnis sind.

Abb. 124: „3-D-VR-Headset-Bildung" für eine 3-D-VR-Welt.

Es ist bezeichnend, dass einflussreiche Positionen innerhalb des vom Kult beherrschten Systems von denjenigen eingenommen werden, die das Bildungswesen durchlaufen haben und erfolgreich darin waren, angebliche Fakten auswendig zu lernen und sie in Prüfungsarbeiten wiederzugeben. Ich meine Akademiker, Wissenschaftler, Ärzte, „Journalisten", Politiker und Regierungsbeamte. Ich spreche von Blinden, die Blinde führen, von Verlorenen, die Verlorene anführen. Professoren sind darauf programmiert, das zu glauben, was sie ihre Studenten glauben lassen. Hey, Headset-Student, woher wissen Sie das? Der

Headset-Professor sagte es mir. Und wer hat es ihm gesagt? Ein anderer Headset-Professor. Ihre Karriere wäre zu Ende, wenn sie aufhören würden, es zu glauben oder es zumindest zu lehren. Dasselbe gilt für die deprimierend wenigen Wissenschaftler, Ärzte, Journalisten und Politiker, die in irgendeiner Weise von der „Covid"-Lügenlehre abwichen. Der britische Abgeordnete Andrew Bridgen ist ein eklatantes Beispiel dafür, was passiert, wenn ein gewählter Repräsentant gegen das Narrativ auftritt. Er deckte die Lügen und die Folgen der Fake-Impfstoffe auf, und sofort wandte sich Das System, einschließlich seiner eigenen Partei, vehement gegen ihn. Er wurde aus der Konservativen Partei unter ungeheuerlich fadenscheinigen Gründen ausgeschlossen. Im Ein-Parteien-Staat wäre dasselbe jedem Mitglied der Labour Party, der Liberaldemokraten oder der Grünen passiert, wenn sie sich ebenso verhalten hätten. Das System programmiert die Wahrnehmung und erzwingt dann auf brutale Weise die Einhaltung des Programms. Nur wenige haben die Intelligenz, das Rückgrat und die Selbstachtung, sich dieser Programmierung zu widersetzen und sich nicht einschüchtern zu lassen. Sie sind wahrscheinlich einer von ihnen, wenn Sie dieses Buch lesen. Der 1955 verstorbene amerikanische Schriftsteller und Filmkritiker James Agee hat das „Bildungswesen" mit diesem Zitat auf den Punkt gebracht:

Abb. 125: Was „Bildung" tut und tun soll – Individualität auslöschen für Gruppendenken. (Bild von David Dees)

„Kinder, die entweder Jahre unter ihrem Intelligenzniveau oder Meilen von jeglicher Relevanz entfernt unterrichtet werden, oder beides: ihre Intelligenz wird hoffnungslos verwirrt, aus ihrer Mitte gerissen, gelangweilt oder atrophiert."

Definition von „atrophiert" – „verkümmert oder verkleinert (z. B. durch Krankheit oder Nichtgebrauch)". Genau (Abb. 125).

Das weiß doch jeder, Kumpel

Das Programm wird fortgesetzt, wenn Sie die akademische Welt verlassen und sich in die Arbeiterwelt begeben. Sie werden von Menschen umgeben sein, denen man ihr ganzes Leben lang gesagt hat, was sie zu denken haben. Sie werden Ihnen bestätigen, dass die Dinge so sind, wie man sie Ihnen gesagt hat, weil *sie* selbst daran glauben – „das weiß doch jeder, Kumpel" (Abb. 126). Nun, jeder *scheint* zu wissen, was er zu wissen *glaubt*, was nur das ist, was man ihm zu wissen *vorgibt*, und jeder *akzeptiert* das als Wahrheit, *ohne es zu hinterfragen*. Das ist die eigentliche Bedeutung von „das weiß doch jeder, Kumpel", und es bedeutet, dass jeder, der anders denkt, zwangsläufig falschliegen muss. Diejenigen, die zu anderen Schlussfolgerungen kommen, müssen lächerlich gemacht oder zumindest als verrückt, schlecht, verblendet oder einfach als Idioten abgetan werden. Arroganz und Unwissen sind die Kombination, die zusammen Dummheit ergeben. Die Arroganz zu glauben, man wisse alles, ist ein wesentlicher Deckmantel für die Inkompetenz. Wer die Behauptungen von Autoritäten nicht hinterfragt und glaubt, dass sie sich nie irren und nie lügen, ist äußerst naiv und hat nichts aus der Geschichte gelernt, und das sind erstaunlich viele. Ich verstehe, warum das offizielle Narrativ die Wahrnehmung dermaßen prägt, weil jeder und alles seine Gültigkeit zu bestätigen scheint. Wir haben ein solches Stadium der Kult-Kontrolle erreicht, dass alle Aspekte Des Systems in das gleiche Horn blasen. Die Regierung, die Medien, das Silicon Valley, das Bildungswesen auf allen Ebenen, die Wirtschaft, die Wissenschaft, das Gesundheitswesen – alle sind sich über die gleiche „Wahrheit" und Realität einig. Wenn man nur dieselben Erklärungen von allen Seiten hört, glaubt man, was einem gesagt wird, aber es gibt zwei Punkte, die man beachten sollte.

Abb. 126: „Jeder weiß es", weil es jedem gesagt wird.

Erstens: Wenn man sich entschließt, hinter die Mainstream-Quellen zu schauen, wird man feststellen, dass nicht jeder den offiziellen Betrug und die Lügen akzeptiert. Es gibt die sogenannten alternativen oder unabhängigen Medien, die letzte Bastion des echten Journalismus. Sie richten Fragen an die offiziellen Stellen und liefern Beweise, die außergewöhnliche Extreme der Täuschung aufdecken. Es sind Menschen wie ich, die auf Schritt und Tritt mit Zensur konfrontiert werden, in dem verzweifelten Versuch des Kults, den öffentlichen Zugang zu dem zu verhindern, was die Wahrnehmung verändern würde. Als ich im Frühjahr 2020 begann, den „Covid“-Schwindel zu entlarven, wurde ich von den großen Internetplattformen verbannt. 2019 erhielt ich in Australien Redeverbot von einer Regierung, die innerhalb eines Jahres ihren Faschismus mit dystopischen Quarantänen zur Schau stellte, gefolgt von obligatorischen, ungetesteten Fake-Impfstoffen, die so viele Australier getötet und verstümmelt haben und dies weiterhin tun. Ich wurde 2022 aus 26 europäischen Ländern verbannt, im Rahmen des sogenannten Schengener Grenzsystems, bei dem man aus allen verbannt wird, wenn man aus einem verbannt wird. Das „eine“ Land waren in diesem Fall die Niederlande mit der „Königsfamilie“ des Hauses Oranien, die dem Kult angehört, und dem Handlanger von Klaus Schwab, Premierminister Mark Rutte. Die Niederlande rühmen sich damit, liberal zu sein, obwohl sie von Faschisten regiert werden, die behaupten, liberal zu sein. Rutte hat eine Politik des Landraubs von 3.000 Landwirten eingeleitet, um die von außen auferlegten Ziele bezüglich des „Klimawandels“ zu erreichen. Dies passt perfekt zur Politik des Kults, Lebensmittel durch Verknappung zu kontrollieren, da die Niederlande gemessen am Wert der Lebensmittel der zweitgrößte Exporteur der Welt sind. Mein Verbrechen war es, eine Einladung anzunehmen, auf einer Friedenskundgebung in Amsterdam zu sprechen. Dafür wurde ich von den niederländischen Medien, der Regierung und den vom Kult programmierten und dem Kult dienenden „Woke“-Aktivisten, die nie den Unterschied zwischen einem Arsch und einem Ellbogen herausgefunden haben, mit einem Trommelfeuer von Lügen überschüttet. Wir sind wieder bei der Schizophrenie der Woke-Anhänger, die sich selbst „liberal“ nennen und gleichzeitig wie Faschisten handeln. Die Niederlande halten sich für eine tolerante, liberale Gesellschaft, obwohl sie, von ehrenwerten Ausnahmen abgesehen, von Grund auf intolerant sind, wie sich in meinem Fall zeigte. Die vom Kult gesteuerten niederländischen Medien haben mich wochenlang verteufelt, und erst als das erledigt war, wurde ich

Abb. 127: Das programmierte Gesicht der „toleranten“ Woke-Anhänger, die jeden hysterisch anschreien, der die dystopische Agenda ihrer Meister infrage stellt.

überhaupt um einen Kommentar gebeten. Woke Kalifornien ist ebenso intolerant und faschistisch, und das Gesicht der Woke-Bewegung ist ein knurrender, bitterer, aggressiver, verzerrter Strudel aus Gift, Hass und Hetze (Abb. 127). Ich bin praktisch aus der ganzen Welt verbannt, vor allem aus dem Westen, wenn man zu den europäischen Ländern noch die USA, Kanada, Australien und Neuseeland hinzuzählt (die ebenfalls die Schengener Grenzkriterien anwenden, um zu entscheiden, wen sie einreisen lassen).

„Allmächtiger" Kult? Ja, genau

Ich bin nur ein Mensch, und man sollte meinen, dass der „allmächtige" Kult und seine Dämonen mich niemals als Bedrohung ansehen würden. Oh doch, das tun sie, denn jede Information, die ihr Narrativ demontiert, ist eine Bedrohung für ihre Wahrnehmungskontrolle, von der ihr ganzes zerbrechliches „Imperium" abhängt. Es ist eine maßlose Untertreibung zu sagen, dass diese Kult-Psychopathen nicht so mächtig sind, wie sie uns weismachen wollen. Zensur ist immer die Waffe der Schwachen, während die Starken, Selbstbewussten und wirklich Mächtigen nie das Bedürfnis danach verspüren. Wer wirklich an die Freiheit glaubt, wird das Recht auf freie Meinungsäußerung immer verteidigen, auch für seine Gegner. Der Kult hingegen hat Angst davor, dass die Wahrheit ans Licht kommt und seine Agenda durchkreuzt, und so ist die Zensur heute global, hoch organisiert und mega-finanziert. Eine zentrale Organisation ist das in London ansässige Institut für Strategischen Dialog [Institute for Strategic Dialogue (ISD)], eine 2006 von der Superzensorin Sasha Havlicek und dem ultrazionistischen Fanatiker George Weidenfeld gegründete Denkfabrik. In Havliceks Biografie heißt es: „Sasha fungiert als Fachberaterin der britischen Anti-Extremismus-Kommission und des Anti-Extremismus-Programms des Bürgermeisters von London und ist Mitglied des Europäischen Rats für auswärtige Beziehungen." Genug gesagt. Die Mainstream-Medien öffnen ihr Tür und Tor, um Zensur mit den üblichen Begründungen wie Hass, Extremismus, Fehlinformation und Desinformation zu rechtfertigen. Der Begriff „Fehlinformation" ist definiert als „Ansichten, die nicht mit der erklärten Position des Staates zu einem bestimmten Thema übereinstimmen". Die Tatsache, dass die Zensoren mit dieser Definition auf Fehlinformationen abzielen, offenbart ihren faschistischen Charakter. „Desinformation" wird definiert als „wissentlich falsche Daten oder Argumente", und das ist es, was Regierungen, Geheimdienste, Medien, „Faktenchecker" und Zensoren jeden Tag in Umlauf bringen.

Eine Untersuchung des Instituts für Strategischen Dialog (ISD) durch die Recherchegruppe Thinking Coalition enthüllte ein organisiertes Netzwerk der Massenzensur und „hob die ungesunde Allianz zwischen Big Tech, Regierungsbehörden (hauptsächlich im Sicherheitsbereich) und Oligarchenstiftungen hervor, die zusammenarbeiten, um abweichende Meinungen zu unterbinden". Der ISD arbeitet insbesondere daran, die freie Meinungsäußerungen über die (gestohlenen) US-Wahlen 2020, „Covid" und den Klimawandel zu unterdrücken. All dies sind Operationen des Kults. Die Rechercheure fanden heraus, dass die ISD und das globale Zensurnetzwerk mit einer kleinen Gruppe von etwa vier großen Stiftungen verbunden sind, die von sehr wohlhabenden Einzelpersonen gegründet wurden und Verbindungen zu Big-Tech-Unternehmen und mehreren nationalen Regierungsbehörden haben. Dieselben großen Stiftungen finanzieren Nichtregierungsorganisationen (NGOs), „die Politik in allen wichtigen Bereichen wie öffentliche Gesundheit, Klima und in diesem Fall digitale Zensur machen". Diese stehen dann über das ISD „mit mehreren Regierungen in der ganzen Welt in Verbindung, insbesondere in der Anglosphäre und vor allem mit den Sicherheitsbehörden dieser Regierungen". Zu den Geldgebern des ISD gehören die Bill & Melinda Gates Foundation, die George Soros Open Society Foundations und die üblichen Verdächtigen, darunter auch der ISD-„Partner", die zensorischen Extremisten der ultrazionistischen Anti-Defamation League (ADL). Besuchen Sie **www.isdglobal.org/partnerships-and-funders** und Sie werden die ganze Liste der Verbindungen sehen. Der Bericht der Thinking Coalition kommt zu dem Schluss:

> „Dies ist ein gefährlicher Präzedenzfall, wenn man bedenkt, wie sehr sich die Regierungen geirrt haben, vor allem in der jüngsten Vergangenheit, z. B. mit der Behauptung, Impfstoffe seien zu 95 % wirksam gegen Covid-Infektionen. Angesichts der kürzlich aufgedeckten Regierungspropaganda ist es schwer vorstellbar, dass irgendjemand diesem Bericht trauen könnte. Dennoch ist die Unfehlbarkeit von Regierungen eine wichtige Grundlage für das ISD und andere Statisten.
>
> Die grundlegende Methodik des ISD und vieler ähnlicher Organisationen besteht darin, Beiträge in sozialen Medien zu durchsuchen, um Ketzer zu identifizieren, welche die aktuelle Position des Staates zu einem bestimmten Thema infrage stellen. Solche Organisationen sind dafür bekannt, Datenbanken von Ungläubigen zu erstellen, die bekannteste ist wahrscheinlich die DeSmog: Klima-Desinformations-Datenbank. Die Infamie ist so groß, dass selbst der Tod keine Absolution bringt, wie im Fall des [wahren Umweltschützers] David Bellamy, der selbst in memoriam [für die Entlarvung des Klimawandel-Schwindels] weiterhin verfolgt wird."

Das Institut für Strategischen Dialog versucht, alles zu zensieren, was der Kult zensieren will. Nur ein Zufall, nichts, worüber man sich Sorgen machen müsste.

Der zweite Punkt zu „das weiß doch jeder, Kumpel" ist, wie sich diese Wahrnehmung aus Behauptungen und Überzeugungen von Mainstream-Wissenschaftlern, Akademikern, Ärzten, „Journalisten" und Politikern zusammensetzt. Die Summe ihrer übereinstimmenden Wahrnehmung der Realität ist das, was „jeder weiß". Aber woher kommt diese Übereinstimmung in der Wirklichkeit? Was ist ihr Ursprung? Wo beginnt sie? Sie kommt von DEM SYSTEM (d.h. dem Kult), das all diesen „Experten" vorschreibt, wie sie die Realität wahrzunehmen haben. Sie tragen alle einen 3-D-VR-Headset schon im Mutterleib und werden geboren, um ihre 3-D-VR-Headset-Eltern zu treffen, gefolgt von 3-D-VR-Headset-Lehrern, -Professoren und -Gleichaltrigen. Sie lesen Headset-Zeitungen, sehen Headset-Nachrichten und Headset-Dokumentarfilme. Sie lesen Headset-Wissenschaftsberichte, die aus Headset-Experimenten und Headset-Studien resultieren. 3-D-VR-Headset-Politiker werden von 3-D-VR-Headset-Beratern, -Verwaltern und -Beamten unterrichtet (Abb. 128). Die 3-D-VR-Headset-Lehrmeinung diktiert ihnen die Grenzen dessen, was sie glauben dürfen und wie weit sie gehen können. Wer gegen die Lehrmeinung verstößt, fliegt raus, bekommt keine Gelder mehr oder seine politische Glaubwürdigkeit wird so zerstört, dass eine Wiederwahl oder bestenfalls ein hohes Amt nicht mehr infrage kommt. Das Netz des Kults bestimmt die Doktrin – „das weiß doch jeder, Kumpel" – und treibt die Schafe zur Konformität an. Gehorsame „weiße" Schafe werden eingesetzt, um ungehorsame „schwarze" Schafe durch Spott und Beschimpfungen in die Schranken zu weisen. Ich höre, dass es unmöglich ist, dass einige Wenige die Welt kontrollieren, doch leider ist es erschreckend einfach, wenn man erst einmal breite Bevölkerungsschichten in Angst und Schrecken versetzt hat, werden sie sich in unhinterfragte Duldung oder in rückgratlosen Gehorsam fügen. Dieselbe Rechtgläubigkeit wird vom Mutterleib bis zum Grab durch die akademische Welt und die Medien gepaukt, unterstützt durch die Zensur des freien

Abb. 128: Menschen mit einem 3-D-VR-Headset glauben, was das Headset ihnen sagt.

Denkens und der freien Meinung. Das menschliche Leben ist ein Leben mit aufgesetztem *3-D-VR-Headset*, und die einzige Möglichkeit, den Bann zu brechen, besteht darin, unser Bewusstsein über die Simulation hinaus zu erweitern. Wir haben es in der Tat mit einem Schadenszauber zu tun, der auf den Göttlichen Funken gelegt wurde. Alle Informationen und Wahrnehmungen, die ich hier beschrieben habe, werden vom Göttlichen Funken im sichtbaren Bereich des „Menschen" absorbiert, in der Realität, die sein illusorischer „Mensch" wahrnimmt. Die Loosh-Produktion ist das, worum es beim „Menschen" wirklich geht. Alles andere sind Details.

Religionsprogramme

Die streng kontrollierte „gottesfürchtige" (Jaldabaoth-fürchtende) Religion hat die Menschen über Jahrtausende unter Wahrnehmungskontrolle gehalten und tut dies auch heute noch bei den Milliarden, die immer noch an ihre religiöse Indoktrination glauben. Damit soll nicht gesagt werden, dass religiöse Texte nichts zu bieten haben – das haben sie –, aber das gesamte Paket unhinterfragt zu übernehmen, bedeutet, sich täuschen zu lassen. Religion ist ein Programm, und das lässt sich leicht beobachten. Wie kommt es, dass Kinder in muslimischen Familien und in Teilen der Welt mit überwältigender Mehrheit Muslime auf Lebenszeit werden? Dasselbe gilt für den Hinduismus in Asien und das Christentum in den Südstaaten Amerikas.

Abb. 129: Warum werden muslimische Kinder in einem solchen Ausmaß zu Muslimen, wenn es keine Indoktrination ist?

Sie werden von Geburt an indoktriniert, an die Programme der Religion zu glauben, und sie fürchten die oft extremen Konsequenzen in Irrenanstalten wie Saudi-Arabien, Pakistan und Afghanistan, wenn sie das nicht tun (Abb. 129). Der Islam ist nicht allein. Betrachtet man die Extreme des Christentums, des Judentums, des Hinduismus und anderer Religionen, so findet man das gleiche Muster der Wahrnehmungskurzsichtigkeit, die durch Indoktrination eingeprägt und durch Angst kontrolliert wird (Abb. 130). Es gibt einen „Gott", eine Versammlung von Gläubigen und einen Mann in einer

Abb. 130: Warum werden so viele Kinder aus christlichen Familien Christen?

Kutte, der interpretiert, was „Gott" von einem verlangt – „Ich denke, was Gott sagen wollte" – wie es der amerikanische Komiker Bill Hicks treffend ausdrückte. Der Plan ist immer derselbe, nur der Name der Kirche, der Kapelle, der Synagoge, der Moschee oder des Tempels ist ein anderer. Religionen manipulieren ihre Anhänger, damit sie einen „Gott" verehren und zu ihm beten, der oft der verkleidete Anti-Gott Jaldabaoth ist. Wenn man ein energetisches Wesen huldigt und zu ihm betet, projiziert man sein Loosh in seine Richtung und auf seine Frequenz. Dämonen werden auf so viele Arten und Weisen angebetet und mit Loosh versorgt von denen, die glauben, den göttlichen Gegenspieler der Dämonen anzubeten. In religiösen Büchern kann man die Wahrheit finden, meist symbolisch, aber auch wörtlich. Bei so vielen Seiten und Wörtern wäre das auch zu erwarten. Sie wird jedoch weitgehend verwässert und abgelenkt durch Legionen von Schwachsinn, die den guten Stoff verunreinigen. Man kann sich kaum eine größere Absurdität vorstellen, als wenn einem gesagt wird, dass man in einem einzigen Buch alles finden kann, was man über einen Bruchteil von 0,005 Prozent des angeblichen Universums wissen muss, oder wenn man als „Gotteslästerer" gebrandmarkt wird, weil man solch lächerliches Geschwätz durchschaut. Wer glaubt, man könne die menschliche Wahrnehmung nicht manipulieren, für den habe ich keine Argumente mehr.

Göttlicher Funke und das Ich-Phantom

Die Grundlage der 3-D-Fantasie und damit auch der Astralfantasie ist die Selbstidentifikation mit dem Etikett „menschliches Leben". Es ist die Identifizierung mit dem Körper. Betrachten wir unsere eigene Wahrnehmung, jetzt „im" Körper zu sein. Es fühlt sich so an, als wäre man es, ganz sicher. Der KI-Astralverstand und Ihr Göttlicher Funke spüren dieses Gefühl und identifizieren es als „Ich". Das ist der Ursprung des Ganzen. Erst wenn Ihr Göttlicher Funke sich durchsetzt („erwacht"), kommt die Realität des Wahren „Ich" zum Vorschein, und die Natur der menschlichen Versklavung wird klar. Menschliche Versklavung ist die Versklavung des Göttlichen Funkens. Die Selbstwahrnehmung ist die Arena, in der sich all dies abspielt. Jaldabaoth und seine Dämonen wollen, dass Sie sich mit Ihrem Körper identifizieren und vergessen, wer und was Sie wirklich sind. Das ganze System zielt darauf ab, die Wahrnehmung in der Selbstwahrnehmung „Ich bin ein Mensch" zu halten. Schauen Sie sich um, und Sie werden sehen, dass der Schwerpunkt auf dem liegt, was ich „Ich-bin" nenne. *Ich bin* meine Biologie, *ich bin* meine Volkszugehörigkeit, *ich bin* meine Einkommensklasse, *ich bin* meine Religion, *ich bin* meine Nationalität, *ich bin* meine Lebensgeschichte, *ich bin* das Geschlecht, für das ich mich entscheide. All diese Identitäten bedeuten: Ich bin mein Körper. Ich bin ein Mensch. Wir werden dazu gedrängt, das „Ich" mit diesen Etiketten – dem Ich-Phantom – zu identifizieren, obwohl sie gar nicht das sind, was uns ausmacht (Abb. 131). Sie sind lediglich das, was der Göttliche Funke/KI-Verstand erlebt, oder der Göttliche Funke wird so manipuliert, dass er *glaubt*, er erlebe es. Das Ich-Phantom ist als „Person" bekannt, was vom lateinischen „persona" kommt, was wörtlich „Maske" bedeutet. Sobald man sich mit diesen Phantom-Etiketten identifiziert, identifiziert man sich – der Göttliche Funke identifiziert sich – mit einer schweren Einschränkung. Wenn zu dieser Erfahrung noch die Wahrnehmung kommt, dass die Welt fest und physisch ist, entsteht ein überwältigendes Gefühl der Begrenztheit.

Abb. 131: Alle Etiketten zusammen bilden das Ich-Phantom.

Abb. 132: Unterteilung des Ich-Phantoms in immer tiefere Kurzsichtigkeit.

Die Dämonen und ihr Kult versuchen nun, diese Kurzsichtigkeit durch das, was als „Woke" bezeichnet wird, auf ein noch größeres Ausmaß zu bringen. Dies ist ein Ich-*Phantom*. Frühere Etikettierungen wie Mann oder Frau werden in immer kleinere Identitätswahrnehmungen zer-

Abb. 133: Nein – du bist Bewusstsein. „Schwul" ist eine flüchtige Erfahrung.

Abb. 134: Nein – Du bist Bewusstsein. „Hetero" ist eine flüchtige Erfahrung.

legt (Abb. 132). Das „Ich" ist nun die sexuelle Präferenz. Der Detailgrad, der für die Darstellung des „Ich" als notwendig erachtet wird, ist eigenartig, da die Selbstwahrnehmung des Alphabets immer länger, kindlicher, selbstbesessener und lächerlicher wird. Es gibt lesbisch, schwul, bisexuell, transgender, transsexuell, queer, fragend, flexibel, asexuell, Gender-Fuck, polyamor, Bondage/Disziplin, Dominanz/Unterwerfung und Sadismus/Masochismus (LGBTTQQFAGPBDSM). Diese erbsengroßen Identitäten sind nicht freiwillig oder zufällig. Sie sind vom Kult kalkuliert (Abb. 133 und 134). Wie kann man sich daran erinnern, dass man ALLES WAS IST, WAR UND JE SEIN KANN ist, wenn man sein „Ich" mit seinem Schwanz und dem, was man damit tun will, identifiziert? Oder wenn man von seinen „Pronomen" besessen ist, was bedeutet, dass man von seinem Körper und seinen fünf Sinnen – seinem KI-*Programm* – besessen ist. Einige mögen meine Behauptung, dass Wokeness nicht freiwillig ist, infrage stellen. Es ist eine individuelle Entscheidung, werden sie sagen. Eine individuelle Entscheidung wird von einem Individuum getroffen und spiegelt seine Individualität wider. Dies ist das genaue Gegenteil von Woke und menschlichem Gruppendenken im Allgemeinen. Es ist keine „Wahl", wenn eine große Anzahl von Menschen beschließt, gleich zu denken und zu handeln. Das ist kollektive Manipulation und im extremsten Fall eine Massenpsychose. Diese wird wie folgt definiert:

> „Von einer Psychose spricht man, wenn Menschen den Kontakt zur Realität verlieren. Von einer Massenpsychose spricht man, wenn ein großer Teil einer Gesellschaft seine Aufmerksamkeit auf einen Führer oder eine Reihe von Ereignissen richtet und sich auf einen kleinen Punkt oder ein Thema konzentriert. Die Anhänger können hypnotisiert und überallhin geführt werden, selbst wenn die Fakten das Gegenteil beweisen.

> Ein Schlüsselaspekt des Phänomens ist, dass sie den Personen folgen, die sie als die Anführer identifizieren – diejenigen, die das Problem oder die Angelegenheit allein lösen können ... ungeachtet aller neuen Informationen oder Daten. Darüber hinaus wird jeder, der das Narrativ des Anführers infrage stellt, angegriffen und verachtet."

Diese Definition beschreibt alle Aspekte der dämonischen Kult-Agenda, die von der Mentalität der Woke-Bewegung unterstützt wird, die selbst eine Form der Massenpsychose ist. Die „Covid"-Hysterie hat bewiesen, wie „Anhänger hypnotisiert und überall hingeführt werden können, selbst wenn die Fakten das Gegenteil beweisen". Das Gleiche gilt für den „Covid"-Stallgefährten, den anthropogenen Klimawandel, ein Begriff, der die „globale Erwärmung" ersetzte, als die Temperaturen das Narrativ längst nicht mehr stützten. Der menschengemachte Klimawandel ist ein Lehrbuchbeispiel für „Anführern ... folgen ... ungeachtet aller neuen Informationen oder Daten". Dasselbe gilt für den Glauben, es könne bis zu hundert Geschlechter geben und man könne sein Geschlecht einfach dadurch bestimmen, dass man sagt, man sei ein Mann oder eine Frau, obwohl man es biologisch nicht ist. Ja, der Körper ist eine Illusion, unabhängig vom Geschlecht, aber diese Mentalität weiß das nicht und ignoriert die Beweise für das, was sie in ihren eigenen Augen zu sehen glaubt. Die Programme, die durch den Körper laufen, wurden in männlich und weiblich unterteilt.

Dieser Teil der Definition der Massenpsychose ist nun selbstverständlich: „Jeder, der das Narrativ des Anführers infrage stellt, wird angegriffen und verachtet." Die Bösartigkeit, die Bosheit und sogar die Gewalt der Woke-Massenpsychose sind legendär geworden. Stellen Sie „Covid", den vom Menschen verursachten Klimawandel, die unbegrenzte Fluidität der Geschlechter, den kulturellen Wandel durch systematische Einwanderung und sogar die Finanzierung und das Anheizen des Krieges in der Ukraine infrage und sehen Sie, was passiert. Zeigen Sie mir einen überzeugten Woke-Anhänger und ich sage Ihnen, ohne dass er ein Wort sagt, was er über diese und andere Themen glaubt. Woke-Anhänger haben die von ihren Führern verbreitete „Covid"-Story unterstützt, und sie tun dasselbe mit dem Klimawandel, der geschlechtsspezifischen Kastration von Kindern und dem Gießen von Öl ins Feuer in der Ukraine, anstatt sich für eine Friedenslösung und ein Ende von Tod und Zerstörung einzusetzen. Wenn es um Individualität und Entscheidungsfreiheit ginge, könnte man deren Verhalten nicht so genau vorhersagen, aber bei einer Massenpsychose schon. Egal, was ihre Führer ihnen sagen, was sie unterstützen sollen, egal, welche Lügen sie ihnen erzählen, der tief programmierte Woke-Verstand wird in seiner kindlichen Naivität alles tun, was Mami- und Papi-Staat ihm sagen. Unterstützt den „Covid"-Faschismus. Ja, Mutti. Unterstützt den wissenschaftlichen Irrsinn des Klimawandels. Ja, Papi. Unterstützt die chemische Kastration und Verstümmelung von Kindern. Ja, Mutti. Unterstützt unsere Finanzierung eines faschistischen Diktators in der Ukraine zur Verteidigung der Demokratie. Ja, Papi. Oh, und verteufelt alle, die nicht unserer, äh, Entschuldigung, *eurer* Meinung sind, und zerstört ihr Leben und ihre Existenzgrundlage, weil sie eine andere Meinung haben. Ja, Mutti und Vati, das machen wir gerne, weil wir so nett, so rein und so hassfeindlich sind.

Das Woke-Programm

Mit der typischen Verdrehung des Kults ist Woke das Gegenteil von wach und war schon immer so gedacht. Alles, was es zu repräsentieren vorgibt, bedeutet das Gegenteil. Die Woke-Bewegung ist weder natürlich noch zufällig entstanden. Sie wurde von Milliardären, Konzernen und Regierungen, die vom Kult kontrolliert werden, in eine immer dominantere Position gebracht. Woke wird quer durch Das System gefördert, von Schulen und Universitäten bis hin zu Regierungen, Unternehmen, Gesundheitssystemen, Medien und Internetgiganten. Daran erkennt man, dass es sich um eine Kult-Operation handelt. All diese Facetten Des Systems sind im Besitz des Kults und arbeiten über das Netz als eine Einheit. Wokeness wurde in Schulen und Universitäten etabliert, um Kinder von klein auf zu indoktrinieren, damit sie an den Klimawandel-Schwindel glauben, an die Transgender-Lüge und daran, dass man als Weißer per Definition ein Rassist ist. Ignatius Loyola, der Gründer des Jesuitenordens des Kults, soll gesagt haben: „Gebt mir ein Kind, bis es sieben Jahre alt ist, und ich werde euch den Menschen zeigen." Hitler griff diese Technik auf, als er meinte: „Nur wer die Jugend besitzt, gewinnt die Zukunft." Er sagte auch:

> „Wenn ein Gegner erklärt: ‚Ich werde nicht auf eure Seite kommen', sage ich ruhig: ‚Dein Kind gehört schon zu uns ... Du wirst weiterleben. Deine Nachkommen aber stehen jetzt im neuen Lager. In kurzer Zeit werden sie nichts anderes als diese neue Gemeinschaft kennen.'"

Dieser Ansatz ist zweifellos quicklebendig und wird es wohl auch bleiben, solange die Nazi-Mentalität noch die Oberhand hat. Die Technik zur Durchsetzung der Wokeness ist die gleiche wie immer – Indoktrination und Einschüchterung. Die Mehrheit lädt die Software brav herunter, und jeder, der sich widersetzt, wird durch Beschimpfungen, Verlust des Arbeitsplatzes und psychologische Folgen eingeschüchtert und gefügig gemacht. Die Kinder werden von klein auf sexualisiert; ihnen wird beigebracht, dass der Klimawandel sie alle töten wird, wenn keine faschistischen Maßnahmen ergriffen werden, und dass alles, was die Autoritäten sagen, die Wahrheit ist. Hinzu kommt die ungeheuerliche Sexualisierung der Kinder zugunsten der Pädophilen des Kults und die Ausgrenzung der Eltern, die versuchen, ihre Kinder vor der Psychopathie und dem Bösen des Kults zu schützen. Dies hat weiterreichende Auswirkungen auf die Agenda, die letztlich das Ende der Elternschaft fordert, aus Gründen, die ich im nächsten Kapitel erläutern werde. Die Woke-Strategie besteht darin, der Zielperson ein extremes Anspruchsdenken und Narzissmus einzupflanzen. Narzissmus wird beschrieben als „ein egozentrischer Charakterzug, der durch eine übermäßige Beschäftigung mit sich selbst und den eigenen Bedürfnissen gekennzeichnet ist, oft auf Kosten anderer". Das ist Wokeness in einem Satz, gepaart mit einem monumentalen Anspruchsdenken. Die Neuverdrahtung der Persönlichkeit durch den Kult beinhaltet eine Umkehrung und ein hohes Maß an kognitiver Dissonanz, d. h. die Fähigkeit, an zwei oder mehr völlig widersprüchliche Aussagen zu glauben und sie alle für wahr zu halten. Man kann offene Grenzen, genügend Wohnungen und Dienstleistungen und einen Wohlfahrtsstaat haben, egal wie viele Menschen kommen. Man kann die Energiequellen für fossile Brennstoffe zerstören und trotzdem genug Energie haben, um eine Gesellschaft am Laufen zu halten, wenn die sogenannten erneuerbaren Energien nur einen Bruchteil dessen liefern, was benötigt wird. Es ist möglich, fossil betriebene Fahrzeuge durch Elektroautos zu ersetzen, obwohl es nicht einmal annähernd genügend Ressourcen für die benötigten Batterien gibt; auch wenn die Entsorgung der Altbatterien ein ökologischer Albtraum wäre; und egal, dass der Abbau der Rohstoffe in Afrika ein Horror für Mensch und Umwelt ist, nicht zuletzt für Kinder. Plastik ist schrecklich für die Umwelt und die Meere, aber es ist in Ordnung, die Einführung von nutzlosen Gesichtsmasken zu unterstützen, die in Milliardenhöhe in die Umwelt und die Meere gelangen. Sie tun so, als würden sie sich um Tiere kümmern, während Vögel und Meereslebewesen massenhaft durch die von ihnen geforderten Windturbinen getötet werden. Kohlenstoffdioxid muss bekämpft werden, obwohl es das Gas des Lebens ist und die Nahrungsmittelversorgung von CO_2 abhängt. Die widersprüchliche kognitive Dissonanz von Wokeness könnte die Seiten dieses Buches füllen, denn Woke, so wie es gemeint ist, ist eine Form von Geisteskrankheit.

Woke bedeutet Loosh

Woke wird nicht durch Gedanken gesteuert, geschweige denn durch ein erweitertes Bewusstsein. Es wird durch Emotionen gesteuert. Im Astral dreht sich alles um Emotionen. Um mehr Loosh zu erzeugen, macht es durchaus Sinn, die Kontrolle über den Göttlichen Funken zu verstärken. Hierzu wird KI eingesetzt, um die Erfahrungen in der 3-D-Welt zu manipulieren, um so viele niedrig schwingende Emotionen wie möglich zu generieren. Ich habe in den 1990er-Jahren den Begriff Problem-Reaktion-Lösung geprägt, um eine Technik der Wahrnehmungs- und Verhaltensmanipulation zu beschreiben, mit der die 3-D-Gesellschaft immer wieder neu gestaltet wird. Man schafft zunächst ein Problem oder die *Wahrnehmung* eines Problems, das ich *Kein*-Problem-Reaktion-Lösung nenne. Das *Problem* könnte ein Terroranschlag, ein Finanzkollaps oder ein erfundener Schwindel wie „Covid" und der vom Menschen verursachte Klimawandel sein. Dann erklärt man den Menschen über willfährige Medien, wer oder was für das Problem oder die Illusion eines Problems verantwortlich ist. Wer die Erklärung mit Beweisen infrage stellt, wird von den Medien und Internetkonzernen, die dem Kult gehören, zensiert. In der zweiten Phase wird versucht, in der Bevölkerung eine *Reaktion* in Form von Angst und Furcht hervorzurufen, damit die Behörden „etwas unternehmen". Der Dolchstoß kommt in der dritten Phase, wenn die Autorität die *Lösung* produziert, um die Gesellschaft als Reaktion auf das vom Kult geschaffene Problem zu verändern, sei es in der Realität oder in der Wahrnehmung. Diese Gesetzes- und Politikänderungen treiben immer – *immer* – die Kult-Agenda der Machtzentralisierung und der Unterdrückung der Freiheit voran. Auf eine Problem-Reaktion-Lösung folgt die nächste, und es entsteht das, was ich schleichenden Totalitarismus nenne. Das ist der Fall, wenn die Summe der Veränderungen das menschliche Leben kollektiv beeinträchtigt, weil A zu B zu C führt. Jede Veränderung wird als zufällig und isoliert dargestellt, obwohl das Muster und die Richtung klar sind, wenn man Augen hat, die sehen können.

Problem-Reaktion-Lösung ist die Manipulation und Erzeugung niedrig schwingender Emotionen. Die „Reaktion" ist eine *emotionale* und keine ausgewogene Reaktion. Sie ist ein Ausdruck der Kampf- oder Fluchtreaktion des Reptiliengehirns, verschlüsselt in der Informationsschablone des Körpers. Wokeness ist ein Zustand extremer und unerbittlicher emotionaler Reaktionen. Das Internet ist voll von Woke-Anhängern, die hysterisch schreien, wenn ihnen etwas nicht gefällt oder wenn jemand ihre Vorlieben infrage stellt. Nichts wird rational betrachtet. Alles wird von Emotionen diktiert. Die Massenpsychose des Klimawandels wird nicht unvoreingenommen untersucht. Die Reaktion ist reine Emotion, basierend auf „wir werden alle sterben", und wenn man den Faschismus nicht unterstützt, um uns zu retten, dann will man einen Massengenozid. Aktivistische Organisationen wie Extinction Rebellion und Just Stop Oil wiederholen die Phrasen und Plattitüden des Kults und seiner Vertreter, und wenn man sie mit den Fakten konfrontiert, sind sie verloren. Woke-Anhänger zögern, ihre Behauptungen mit denjenigen zu diskutieren, die sie infrage stellen, weil sie wissen, dass sie einer Überprüfung nicht standhalten würden. Woke in all seinen Ausprägungen wird von der großen Mehrheit der Weltbevölkerung nicht mitgetragen, aber die Stützen DES SYSTEMS seien es Regierungen, Konzerne oder Medien fördern den Wahnsinn im Namen des Kults. Die Gefühle und Wünsche der Menschen werden als irrelevant betrachtet. Woke gibt dem Kult, was er will, und das ist alles, was zählt.

Die Woke-Indoktrination in den Schulen und Universitäten hat schon vor langer Zeit begonnen, Lehrer und sogar Politiker sind in die Arbeitswelt eingetreten, nachdem sie während ihrer Prägejahre die Woke-Mentalität downgeloadet haben. Die heruntergeladenen Woke-Generationen überwachen den Woke-Download der nachfolgenden Generationen in einer sich selbst erhaltenden Wahrnehmungsmaschine. Auch die Woke-infiltrierten Eltern bringen Kinder zur Welt, die in der religiösen Woke-Doktrin erzogen werden. Viele Eltern und Lehrer können sehen, was geschieht, und wollen nicht Teil davon sein, aber die Angst vor den Konsequenzen hält die meisten von ihnen auf Kurs. Die Kontrolle des menschlichen Verhaltens (die Wahrnehmung des Göttlichen Funken) erfordert nur die Fraglosen und Rückgratlosen. So einfach ist das. Woke wird auch gefördert, um die Massen zu spalten und zu beherrschen. Am offensichtlichsten ist dies seit der Wahl von US-Präsident Donald Trump im Jahr 2016. Ob er klug genug ist, zu erkennen, wie sein Erscheinen ausgenutzt wurde, wird nur er selbst wissen, obwohl es nichts Gutes verheißt, dass er die Einführung des tödlichen „Covid"-Fake-Impfstoffs beaufsichtigt hat und immer noch behauptet, er sei gerechtfertigt, obwohl Todesfälle und Gesundheitsdaten das Gegenteil beweisen. Trumps Wahl hat Amerika in Woke-Anhänger und Nicht-Woke-Anhänger gespalten, während die manipulierte Wahl des korrupten und senilen Joe Biden den Woke-Anhängern die Führung des Landes übertrug. Mit dem Krieg gegen die Freiheit und der schamlosen Bevorzugung des Woke-Extremismus haben wir gesehen, dass diese Mentalität sich nicht um Gerechtigkeit, Fairness oder die „Demokratie" schert, die sie zu verteidigen vorgibt. Sie kümmert sich auch nicht um die Kinder, denn sie fördert deren Indoktrinierung mit einer kranken Gender-Ideologie und die Verstümmelung der Jugend, von der sie sich nie mehr erholen wird.

Die heruntergeladene Woke-Dummheit spiegelt sich zunehmend in politischen Führern und anderen Autoritätspersonen wider. Überall auf der Welt werden Schwachköpfe und Inkompetente in Ämter berufen, die sie nicht ausfüllen können. Und das hat drei Hauptziele. Es bedeutet, dass sie hundertprozentig von jenen aus den Schatten kontrolliert werden können, die nie eine Wahlurne sehen, und, dass die Gesellschaft an ihrer Unfähigkeit zerbricht, um den Weg für den Great Reset freizumachen. Die Politiker werden in der Öffentlichkeit so diskreditiert, dass die Menschen eher bereit sind, die Gewählten durch ernannte Technokraten und Bürokraten zu ersetzen, die die Dystopie des Kults überwachen sollen. Während ich diese Zeilen schreibe, werden die Vereinigten Staaten, das angeblich mächtigste Land der Welt, offiziell von dem offensichtlich schwachsinnigen Joe Biden angeführt. Die Vizepräsidentin Kamala Harris ist so dumm, dass der Begriff „dumm" im Vergleich dazu bedeutungslos wird, wenn man jemand anderen als dumm nennt. Einige langjährige amerikanische Politiker sind weit über den Zenit ihrer geistigen Schärfe hinaus, um es milde auszudrücken. Pennsylvania „wählte" einen Senator namens John Fetterman, der *nach* einem schweren Schlaganfall nicht mehr zusammenhängend sprechen konnte. Der senile Biden erschien, um die Menschen aufzufordern, für den verwirrten Fetterman zu stimmen, ebenso wie der rücksichtslose Narzisst Barack Obama. Kurz nach seiner Ankunft in Washington wurde Fetterman in eine psychiatrische Klinik eingewiesen. In Großbritannien haben wir dumme und schwache „Führer" der großen politischen Parteien in Gestalt des Narren Rishi Sunak von den Konservativen, der den Narren Boris „Covid-Katastrophe" Johnson ersetzt hat, und des Narren Keir Starmer von der Labour-Partei, der Mitglied der Trilateralen Kommission ist. Keiner von ihnen könnte eine Würstchenbude leiten. Und sollte Starmer jemals Premierminister werden, wird er das Vereinigte Königreich in eine extreme Woke-Bastion verwandeln und die letzten Reste der Freiheit auslöschen (Abb. 135).

Abb. 135: Keir Starmer „Mann des Volkes" und die Arbeiterklasse beugen das Knie vor der königlichen Macht und den Privilegien und beugen das Knie vor der Wokeness. Ich unterstütze keine politische Partei – das sind alles Ablenkungsmanöver –, aber wenn dieser Mann Premierminister wird, wird er die Zerstörung dessen vorantreiben, was von der Freiheit in Großbritannien noch übrig ist.

Antirassistischer Rassismus

Eine weitere der endlosen Verdrehungen der Woke-Bewegung ist die Besessenheit von „Rassismus", während sie gleichzeitig einen extremen Rassismus gegen Weiße befürwortet. Intelligenz kann erkennen, dass die Hautfarbe irrelevant ist. Was zählt, ist die Mentalität der Wahrnehmung. Zeigen Sie mir eine beliebige ethnische oder kulturelle Gruppe, und ich werde Ihnen nette Menschen, Menschen die okay sind und Psychopathen zeigen. Das funktioniert jedes Mal, aber das Naheliegende zu sehen, erfordert Bewusstsein, und wenn die Wahrnehmung ein emotionales Softwareprogramm ist, wird das Offensichtliche immer verborgen bleiben. Das Programm macht es so. Black Lives Matter, gegründet und finanziert vom Kult, wurde von Milliardären, darunter George Soros, mit rund 90 Millionen Dollar finanziert. Die schwarze Führung der BLM hat die Bedürfnisse der schwarzen Gemeinschaften ignoriert und zieht es vor, mehrere millionenschwere Immobilien zu kaufen. Ich habe sofort erkannt, dass BLM ein Betrug ist, als „all lives matter" als rassistische Aussage galt. Psychopathische Schwachköpfe, die die BLM unterstützen, hielten Weiße auf der Straße an und verlangten von ihnen, in kollektiver Verantwortung für die Sklaverei niederzuknien. Das ist eine Ironie des Schicksals, dass so viele Schwarze tatsächlich von Schwarzen in bis an die Zähne bewaffneten Drogenbanden versklavt werden. Folgt man der „Logik" der Reinkarnation, dann sind antirassistische Aktivisten reinkarnierte Sklavenhalter. Können wir nicht einfach die Tugendhaftigkeit und die Opferrolle ablegen, zusammenkommen und erwachsen werden? Die Farbe der Haut ist unwichtig. Es kommt auf die Farbe der Wahrnehmung an, ob man schwarz ist oder nicht (Abb. 136 und 137). Ich werde keine Verantwortung für etwas übernehmen, was ich nicht getan habe, und die BLM kann sich ihre

Abb. 136: Nein – Du bist Bewusstsein. „Schwarz" ist eine flüchtige Erfahrung.

Abb. 137: Nein – Du bist Bewusstsein. „Weiß" ist eine flüchtige Erfahrung.

Kult-Agenda in den Arsch schieben. Ich werde weiterhin Menschen nach ihrem Verhalten und nicht nach ihrer Hautfarbe behandeln, während die „antirassistischen“ BLM-Woke-Anhänger weiterhin als Kollektiv dämonisch über jeden urteilen, der weiß ist. Wer ist hier eigentlich der „Rassist“? Das ist mehr eine Tarnung, um die Tatsache zu verbergen, dass wir Ausdrucksformen – Göttliche Funken – des gleichen Unendlichen Gewahrseins sind. Aber nein, ihr seid nur eure Körper und deshalb spielt die Farbe eine Rolle. Wie ironisch, dass die Schwarzen, die diesen Unsinn fördern und abkaufen (sehr viele tun es nicht), den gleichen Kult und die gleichen Familienlinien unterstützen, die hinter der Sklaverei stehen. Die Nachkommen der Sklaven unterstützen heute begeistert die Agenda der Sklavenhalter. Die Sklavenhalter lachen sich tot. Viele Schwarze durchschauen diese Ausbeutung der Schwarzen durch den von den Weißen kontrollierten Kult und durch von weißen Milliardären finanzierte Organisationen wie die BLM. Zu ihnen gehört der 86-jährige afroamerikanische Bürgerrechtler Bob Woodson. Er sagte zu der Forderung, die Nachkommen schwarzer Sklaven für das zu entschädigen, was ihre Vorfahren erlitten haben, folgendes:

> „Nicht alle haben gleich gelitten. Wenn man sich mit der Sklaverei beschäftigt, stellt man fest, dass es viel komplexer ist, als dass die Weißen die Unterdrücker und die Schwarzen die Opfer waren. Wenn man das Thema untersucht, findet man heraus, dass es etwa 3.700 freie Schwarze gab, die 12.000 schwarze Sklaven besaßen. Die Frage ist nun, ob die Nachkommen dieser freien Schwarzen, die schwarze Sklaven besaßen, dafür bezahlen sollen?“

Die Geschichte ist nicht schwarz oder weiß, weder im wörtlichen noch im übertragenen Sinne. Der Grund für diese Anti-Weiß-Propaganda ist die systematische Zerstörung der westlichen Gesellschaft durch den Kult, die in die Knie gezwungen werden soll, um eine Welt-Dystopie installieren zu können. Die Weißen sind das Ziel, weil sie, zumindest im Moment, die dominierende Gruppe im Westen sind. Wäre diese Gruppe schwarz oder braun, wären *sie* der Feindseligkeit des Kults ausgesetzt (ein Kult übrigens, der in seinem Kern fast ausschließlich weiß ist). Jede Säule der westlichen Kultur steht unter Beschuss, auch die christliche Kirche. Ich bin kein Christ, aber darum geht es nicht. Was zählt, sind Fairness, Freiheit und die Einsicht in das Spiel. Das Christentum wurde aus historischen Gründen in die westliche Gesellschaft eingewoben, genauso wie Institutionen wie die Monarchie. Wenn man sie abschafft, muss man die gesamte Struktur reformieren, und das ist in Europa absolut der Fall. Die Monarchie hat dem Kult mit ihrer einfachen Kontrolle durch die Erbfolge sehr gut gedient. Aber wir stehen vor einem „Great Reset“, der alles verändern wird. Wenn die nationalen Grenzen verschwinden und das Regieren global wird, gibt es keinen Platz mehr für Monarchien, wie wir sie bisher kannten. Ich sage schon seit Jahren, dass der Tod von Königin Elisabeth II. und Prinz Philip in Großbritannien der Anfang vom Ende des Königshauses sein wird. Die Monarchie dominiert das Regierungssystem des Vereinigten Königreichs. Wir haben keine Regierung des Volkes, sondern eine „Regierung Seiner Majestät“. Die „Oppositionspartei“ in dem Einparteienstaat heißt offiziell „His Majesty's Most Loyal Opposition“. Die staatlichen Institutionen sind offiziell das Lehen des Monarchen, wie das Finanzministerium Seiner Majestät, das Passamt Seiner Majestät und alle anderen. Würde die königliche Familie als Staatsoberhaupt aufgelöst, müsste das gesamte britische Staatswesen umstrukturiert oder „zurückgesetzt“ werden. Während ich diese Zeilen schreibe, haben wir einen hinduistischen britischen Premierminister Rishi Sunak, dessen Eltern in Kenia und dem heutigen Tansania geboren wurden, während seine Großeltern aus Pakistan und dem heutigen Indien stammten. Wir haben einen muslimischen Bürgermeister von London, Sadiq Khan, dessen Eltern aus Pakistan nach Großbritannien kamen, und der politische Führer in Schottland ist der Muslim Humza Yousaf, dessen Vater aus Pakistan, seine Mutter aus Kenia stammt und dessen Familie südasiatischer Abstammung ist. Erster Minister Yousaf, Vorsitzender der Schottischen Nationalpartei (SNP), hat geschworen, Großbritannien „mit allen Mitteln“ zu zerschlagen und vor dem schottischen Parlament erklärt, es gebe zu viele Weiße in Schlüsselpositionen. Vielleicht liegt es daran, dass Schottland nach der letzten Statistik, die ich gesehen habe, zu 96 Prozent weiß ist. Alle drei sind schwachsinnig, was heutzutage die Norm ist, ob sie nun schwarz, braun oder weiß sind.

Kulturelle Zerstörung

Wir sind Zeugen eines Spiels, das darauf abzielt, die totale Macht auf globaler Ebene zu zentralisieren und eine Monokultur zu schaffen, in der alle Kulturen zu einem KI-gesteuerten Klumpen verschmolzen werden. Die westliche Kultur ist das erste Ziel, und deshalb werden die Weißen zuerst bearbeitet, aber sobald diese Aufgabe erledigt ist, holen sie sich alle anderen. Die Methode ist die gleiche wie zuerst die Männer anzugreifen, scheinbar zum Vorteil der Frauen und dann die Frauen. Sobald sie die Unterwerfung der weißen Bevölkerung abgeschlossen haben, werden sie sich die Schwarzen und die Braunen vorknöpfen. Der Kult und seine Dämonen streben die totale Kontrolle über *alle* an. Die Öffnung der Südgrenze der Vereinigten Staaten für unzählige Millionen Menschen aus anderen Kulturen, die aus Mittel- und Südamerika und der ganzen Welt einströmen, ist Teil des Kulturkriegs des Kults. Die Migranten, die ermutigt wurden, sich auf den Weg zu machen, werden vom Kult verachtet und sind nur Mittel zum Zweck. Inzwischen bezichtigen die Woke-Anhänger, besessen von ihren eigenen narzisstischen Vorstellungen, von Tugend und Reinheit, jeden des Rassismus, der die mittlerweile offenkundige Demontage des Westens einschließlich seiner wirtschaftlichen und militärischen Zerstörung infrage stellt. Die Grenzen wurden von Kult-Agenten in Europa aus denselben Gründen geöffnet wie in den USA. Wir haben Migranten, die den Ärmelkanal überqueren, um illegal nach Großbritannien zu gelangen, und die dann auf öffentliche Kosten in Hotels untergebracht werden, die oft kulturell bedeutsam sind, während die heimatlose einheimische Bevölkerung ignoriert wird. Zu diesen Hotels gehören Häuser im Tudor-Stil, Vier-Sterne-Hotels am Meer und Ferienanlagen am Strand, die den Steuerzahler insgesamt sieben Millionen Pfund pro Tag kosten. Weite Teile der britischen Städte sind kulturell vom Islam und Hinduismus (wie vom Kult geplant) umgestaltet worden, während die einheimische Kultur von den Behörden marginalisiert und mit Verachtung behandelt wird. In der Hauptstadt London und der zweitgrößten Stadt Großbritanniens, Birmingham, sowie in Leicester und der Stadt Luton sind Weiße eine Minderheit. Andere Städte werden folgen, denn das ist aus dem Drehbuch des Kults. Eine Studie aus dem Jahr 2018 prognostizierte, dass im Jahr 2030 drei von vier Studierenden in London einer ethnischen Minderheit angehören werden. In westlichen Ländern wie Schweden ist sogar die islamische Scharia, eine Form des Faschismus, sichtbar, die von der „Religionspolizei" und der „Sittenpolizei" gegen die nicht-islamische Bevölkerung durchgesetzt wird. Wie alle Formen der Kontrolle kommt dies dem Kult zugute. Ironischerweise wird der Kult irgendwann auch die nicht-weiße Bevölkerung angreifen. Das tun er bereits für diejenigen, die die „falschen" Meinungen haben. Er tut dies bereits für diejenigen, die die „falschen" Überzeugungen haben. Transgender und ethnische Minderheiten, die das Narrativ infrage stellen, werden genauso beschimpft und angegriffen wie Weiße. Es ist nicht die Volkszugehörigkeit oder die Hautfarbe, sondern die *Wahrnehmung*, die *Meinung*, die bestimmt, wie die Behörden mit einem umgehen.

Im Jahr 2022 wurden 74.751 Asylanträge gestellt, fast die Hälfte der Antragsteller kam in kleinen Booten über den Ärmelkanal. Das Hotelpersonal wird entlassen, wenn die Eigentümer den Regierungsaufträgen zustimmen und private Firmen wie die berüchtigte Serco dafür bezahlt werden, die Hotels zu übernehmen. Ihre Motivation ist nicht Humanität, sondern kulturelle Zerstörung, wenn die Regierung oft historische Hotels anmietet, um Migranten unterzubringen, oder sie in kleine Gemeinden schickt, die der Zahl der dort lebenden Menschen entsprechen. Eine Anfrage zur Informationsfreiheit ergab, dass von 45.755 Migranten, die im Jahr 2022 den Ärmelkanal in kleinen Booten illegal überquert hatten, nur 215 abgeschoben wurden. Es handelt sich um einen systematischen demografischen Wandel, der in vollem Gange ist, seit Tony Blair, der dem Kult angehört, zwischen 1997 und 2007 Premierminister war. Eine weitere Besonderheit ist, dass man keine Zugehörigkeit kritisieren oder infrage stellen darf, außer die der Weißen. Über sie kann man sagen, was man will. Man darf keine Religion kritisieren oder in Frage stellen, außer das Christentum. Man kann darüber sagen, was man will. Wenn man sagt, dass nicht alle Migranten kleine Engel sind (siehe Schweden), wird man als „Rassist" gebrandmarkt. Die Wahrheit ist niemals rassistisch. Sie ist einfach nur die Wahrheit. Zeigen Sie mir eine ethnische oder kulturelle Gruppe und ich zeige es Ihnen und so weiter und so fort. Wie wäre es, wenn wir die vorgetäuschten Trennlinien, die uns spalten sollen, beiseiteschieben, den Schwachsinn rassistischer Urteile erkennen und der gemeinsamen Bedrohung mit vereinten Kräften entgegentreten? Das ist ein Gedanke, aber keiner, den ein Woke-Anhänger je hatte.

Dann haben wir das kalkulierte Konzept der Woke-„Gleichberechtigung", das mit „Gleichheit" verwechselt werden soll, obwohl es eigentlich das Gegenteil ist. Gleichheit bedeutet für mich Chancengleichheit im Rahmen der individuellen Fähigkeiten, um Teil einer Leistungsgesellschaft zu sein, in welcher der Beste im Job den Job machen darf. Das ist entscheidend bei der Auswahl von Gehirnchirurgen, Piloten, Fluglotsen und anderen sicherheitsrelevanten Positionen. Die Gleichberechtigung hat all das zunichtegemacht. Menschen werden jetzt aufgrund ihrer Hautfarbe und ihrer sexuellen Vorlieben eingestellt, und ihre Kompetenz kommt an letzter Stelle. Fliegen in den Vereinigten Staaten kann zu einer Art russischem Roulette werden. Juan Suarez, ein Vizepräsident von Southwest Airlines, schickte einen Brief an die Piloten, in dem er ihnen mitteilte, dass sie die Kompetenz von Kollegen, die aufgrund ihrer ethnischen Herkunft oder ihres Geschlechts befördert werden, nicht infrage stellen oder ablehnen dürfen. Inkompetenz muss ignoriert werden? Sicherheit der Passagiere? Schweigen. Es ist, als würde man einem Uhrzeiger zuschauen, der auf eine Katastrophe zuläuft, die irgendwann unvermeidlich eintreten wird. „Gleichberechtigung" ist

Abb. 138: Rachel Levine (geboren als Richard Levine) mit Karine Jean-Pierre und der obligatorischen Flagge.

eine Form des extremen Rassismus gegen Weiße (wie geplant) und eine Beleidigung für Nicht-Weiße. Die Politik hat die Biden-Regierung mit inkompetenten Verrückten besetzt, *weil* sie inkompetente Verrückte sind.

Dazu gehört auch die transsexuelle stellvertretende Gesundheitsministerin Rachel Levine (geboren als Richard Levine), die zuvor inkompetente Gesundheitsministerin des Staates Pennsylvania war. Es ist nicht bekannt, ob Levine jemals Kapitän eines Schiffes war, obwohl sie Berichten zufolge einmal Passagier in einem Kanu war. Egal – Levine wurde zum *Admiral* des US Public Health Service Commissioned Corps ernannt und stolziert nun in Marineuniform und Rock herum (Abb. 138). Karine Jean-Pierre, eine in Französisch-Martinique geborene professionelle Lügnerin, wurde die erste schwarze und offen homosexuelle Pressesekretärin des Weißen Hauses und wahrscheinlich auch die schlechteste, obwohl die Konkurrenz außergewöhnlich groß war. Sie wurde nicht wegen ihrer Kompetenz eingestellt, das steht fest. Ein weiterer von Biden ernannter Kandidat war der „gender-fluide“ LGBTQ-Aktivist Sam Brinton, stellvertretender Sekretär für die Entsorgung abgebrannter Brennelemente und Abfälle im Amt für Atomenergie, der nur wenige Monate im Amt blieb, nachdem er beschuldigt wurde, Frauenkleider und -gepäck von den Gepäckbändern mehrerer Flughäfen gestohlen zu haben. Der Idiot stahl das Gepäck einer tansanischen Modedesignerin und trug dann ihre einzigartigen Kleider in der Öffentlichkeit, um sie auf den Dieb aufmerksam zu machen (Abb. 139). In der vom Kult kontrollierten Wikipedia lese ich, dass 2 + 2 = 5 „normalisiert“ ist (*meine Hervorhebung*): „Samuel Otis Brinton (geboren 1986/1987) ist ein amerikanischer Nuklearingenieur und LGBTQ-Aktivist. *Sie* dienten von Juni bis Dezember 2022 als stellvertretende Sekretärin für die Entsorgung abgebrannter Brennelemente und Abfälle im Amt für Atomenergie.“ *Sie* dienten? Jep, einer ist „mehrere“. Was ist daran verrückt? Völlig normal.

Abb. 139: „Admiral“ (was für ein Witz) Levine mit Sam Brinton auf dem Rückweg von der Ankunftshalle.

Kontrolle der Sprache – Kontrolle der Wahrnehmung

Ich hebe die Auswirkungen der Woke-Mentalität und des Klimawandelbetrugs hervor, weil sie zusammen zwei der wichtigsten Elemente des Great Reset des Kults darstellen. Der anthropogene Klimawandel liefert den Vorwand für die Globale Regierung und die faschistische Auslöschung von Freiheit und Mobilität. Woke liefert die Sturmtruppen, die darauf bestehen, dass dieser Faschismus durchgesetzt wird.

Woke-Anhänger sind immer zur Stelle, wenn es darum geht, die Interessen des Kults durchzusetzen, sei es „Covid", Klimawandel, Transgender-Extremismus, Unterdrückung der Meinungsfreiheit oder der Dauerkrieg in der Ukraine. Der Woke-Faschismus (getarnter Kult-Faschismus) versucht, seine Nazi-Wurzeln zu verbergen, indem er vorgibt, „antifaschistisch", „progressiv" oder „liberal" zu sein. „Liberal" zu sein ist so ziemlich das Letzte, was Wokeness ist. Diese Umkehrung der Definition wurde benutzt, um das, was man früher die politische Linke nannte, zu kapern und zu stürzen. Ich komme aus diesem Milieu, ich bin in Leicester in den englischen East Midlands aufgewachsen, und damals kämpften Liberale und Linke gegen die Macht des Großkapitals, gegen die Abschaffung der Redefreiheit und gegen die Architekten des Krieges. Heute wird die aufgeklärte Pseudolinke von den Milliardären des Kults finanziert, fordert das Ende der Rede- und Meinungsfreiheit und unterstützt die Kriegsmaschinerie. Die kultischen und dämonischen Ambitionen hängen von der Abschaffung der Redefreiheit und der offenen Debatte ab. Die gesamte Agenda erfordert die Kontrolle der öffentlichen Wahrnehmung durch die Kontrolle der Information. Woke-Besessenheit von politischer Korrektheit stammt direkt aus den Seiten von George Orwells Roman „1984". In seinem 1948 veröffentlichten prophetischen Buch nannte er es „Neusprech". Es handelt sich um eine zensierte Sprache, welche die alte Sprache ersetzte und so fade ist, dass sie es unmöglich macht, seine Ansichten im Detail auszudrücken. Orwell wies darauf hin, dass, da *wir in Worten denken*, die Beschneidung der Sprache bedeutete, dass nicht einmal Gedanken gebildet werden könnten, um irgendetwas von Bedeutung wahrzunehmen. Dies ist Orwells Beschreibung von Neusprech:

> „Siehst du nicht, dass das ganze Ziel des Neusprechs darin besteht, den Bereich des Denkens einzuschränken? Am Ende werden wir Gedankenverbrechen buchstäblich unmöglich machen, weil es keine Worte mehr geben wird, um sie auszudrücken. Jeder Begriff, der jemals verwendet werden kann, wird durch genau ein Wort ausgedrückt werden, dessen Bedeutung fest definiert sein wird, und alle Nebenbedeutungen werden ausgelöscht und vergessen sein ... Dieser Prozess wird noch lange nach deinem und meinem Tod weitergehen.

> Von Jahr zu Jahr werden es immer weniger Wörter und die Bandbreite des Bewusstseins immer enger. Natürlich gibt es auch jetzt keinen Grund und keine Entschuldigung für ein Gedankenverbrechen. Es ist lediglich eine Frage der Selbstdisziplin, der Realitätskontrolle. Aber am Ende wird nicht einmal das nötig sein … Ist dir schon einmal in den Sinn gekommen, Winston, dass es spätestens im Jahr 2050 keinen einzigen Menschen mehr geben wird, der ein solches Gespräch wie das, das wir gerade führen, verstehen würde?"

Was für eine perfekte Beschreibung der politischen Korrektheit, die die Sprache rapide verändert und die Fähigkeit, sich detailliert auszudrücken, auslöscht, denn „von Jahr zu Jahr werden es immer weniger Wörter und die Bandbreite des Bewusstseins wird immer enger". Stellen Sie sich nun die Auswirkungen auf die Wahrnehmung der Göttlichen Funken vor, die glauben, dass dies ihre Realität ist.

Offensive Manöver

Der PC-Faschismus geht davon aus, dass niemand beleidigt werden darf. Jedes Mal, wenn ich in diesem Word-Dokument „Fuck", „Shit", „Bullshit" oder auch nur „damn" geschrieben habe, bekam ich die Meldung: „Diese Sprache könnte für Ihren Leser beleidigend sein." Diese KI-Text- und Grammatikhilfen manipulieren auch den Sprachgebrauch. Glaubt irgendjemand, dass KI es nicht eines Tages möglich machen wird, zu verhindern, dass „anstößige" Wörter und Sätze in Computersystemen geschrieben werden? Nun, scheiß auf den Mist, verdammter Bullshit. Mein Computer wirft mir einen komischen Blick zu. Ich glaube, er ist beleidigt. Dem Kult ist es völlig egal, ob sich jemand beleidigt fühlt. *Sie* sind ihm scheißegal, Punkt. „Beleidigung" ist für seine Funktionäre nur eine wunderbare Ausrede, um Sprache zu unterdrücken, die ihre Agenda entlarvt. Den Woke-Anhängern wird gesagt und nahegelegt, sich von allem und jedem beleidigt zu fühlen. Je häufiger sie sich beleidigt fühlen, desto öfter haben sie einen Vorwand, um Worte und Meinungen zu unterbinden. Beleidigt zu sein ist ein Nebenprodukt der Unsicherheit, und wenn Sie die Extreme der Unsicherheit sehen wollen, dann suchen Sie sich einen Woke-Anhänger. Ich habe mich entschieden, nicht beleidigt zu sein. Wir alle haben es selber in der Hand. Es ist eine Entscheidung. Wenn jemand etwas sagt, das uns nicht gefällt, haben wir die Wahl, uns beleidigt zu fühlen oder zu lachen und mit unserem Leben weiterzumachen. Sich beleidigt zu fühlen bedeutet demjenigen, der einen beleidigt, Macht zu geben. Wenn man lachend weggeht, nimmt man die Macht mit.

Abb. 140: Man entscheidet sich, beleidigt zu sein, und es wird einem gesagt, dass man beleidigt sein soll. Entscheidet euch dazu, nicht beleidigt zu sein.

Der Kult braucht schwache Menschen und schwache Gemüter, die sich leicht beleidigen lassen. Das ist ein anderes Programm (Abb. 140). Die Angriffe auf die „toxische Männlichkeit“ offenbaren den Wunsch nach kollektiver Schwäche ebenso wie der kontinuierliche Rückgang des Testosteronspiegels. Die Jungen werden durch Lehrpläne und Gruppendruck manipuliert, um sie zu schwächen und sie dazu zu bringen, sich für das, was sie sind, zu schämen, damit sie ihre männlichen Eigenschaften nicht zum Ausdruck bringen. Der Kult und seine Dämonen suchen nach willigen Schwächlingen und haben es auf jeden abgesehen, der das Rückgrat und die Selbstachtung hat, Nein zu sagen. Selbstachtung ist nicht beleidigbar. Sie lacht dem scheinbar Beleidigenden ins Gesicht und macht unbeirrt weiter. Können Sie sich vorstellen, wie die Woke-Anhänger mit dem Spott, der Verteufelung und den Beschimpfungen umgegangen wären, die seit über 30 Jahren gegen mich gerichtet sind? Ich muss lachen, wenn ich daran denke. Sie würden in Tränen ausbrechen und fordern, dass jeder Kritiker aus dem Verkehr gezogen wird. Ich lache nur über meine Peiniger, schüttle den Kopf und danke meinem Glück, dass ich nicht sie bin. Können Sie sich vorstellen, Piers Morgan zu sein? Meine Güte, bei dem Gedanken bekomme ich Gänsehaut.

Oxfam, die weltweit aktive Wohltätigkeitsorganisation gegen Armut und Hunger, wurde 1942 in Oxford, England, von Quäkern, Akademikern und Aktivisten gegründet. Ich frage mich, was diese Gründer heute über Oxfam denken würden, das unter dem lächerlichen Bann der Wokeness steht. Viele Organisationen haben ihr ursprüngliches Ziel aus den Augen verloren, um sich von der Woke-Agenda ablenken zu lassen, und Oxfam, das seinen Anteil an Skandalen hatte, ist mit seinem Leitfaden zur „inklusiven Sprache“, der 2023 veröffentlicht wurde, eindeutig an der Spitze. Orwell hätte beide Hände über dem Kopf zusammengeschlagen [in einer Double-Face-Palm-Meme-Geste]. Zunächst entschuldigt sich der „Leitfaden“ dafür, dass er auf Englisch veröffentlicht wurde, das er als „die Sprache einer kolonisierenden Nation“ bezeichnet, und erkennt „die Vorherrschaft des Englischen in diesem Bereich als Teil seiner Kolonialität“ an. Hat das etwas mit dem Doppelpunkt zu tun? Ich meine, der Leitfaden ist voller Scheiße. „Wir erkennen an, dass die Dominanz des Englischen eines der Hauptprobleme ist, die angegangen werden müssen, um unsere Arbeitsweise zu dekolonisieren und die Macht zu verlagern“, heißt es in dem Leitfaden einer Organisation, die von weißen Engländern in Oxford gegründet wurde, um Hunger und Armut aller Hautfarben und Glaubensrichtungen in der Welt zu bekämpfen. In dem 92-seitigen Leitfaden für die Mitarbeiter werden folgende Begriffe als „beleidigend“ eingestuft: Hauptquartier, Leute, Mutter, Vater, Ausflug und Damenhygiene. Wenn Sie es aushalten, ohne sich die Haare auszureißen, erkläre ich Ihnen, was sich dahinter verbirgt. Das Hauptquartier „impliziert eine koloniale Machtdynamik“; der Feldausflug kann „koloniale Einstellungen verstärken“ (fragen Sie nicht); Menschen (men) „wird oft missverstanden, als bezöge es sich nur auf Männer“; Mutter und Vater werden gestrichen, „um zu vermeiden, dass Transgender-Eltern geschlechtsspezifische Rollen einnehmen“; Damenhygiene „impliziert, dass Menstruation schmutzig ist“.

Oxfam weist seine Mitarbeiter an, den Begriff „beistehen“ nicht zu verwenden, weil er „möglicherweise Menschen verwirrt, die nicht stehen können“; und LGBT, LGBTQIX, Homosexualität, schwul und lesbisch sind ebenfalls tabu, da sich Menschen, die sich als Teil der „gesamten LGBTQIA+-Gemeinschaft“ sehen, beleidigt fühlen könnten, wenn das „Plus“ nicht verwendet wird. Orwell würde schreien: „Ich hab’s ja gesagt.“ Maya Forstater, Gründerin der Lobbygruppe Sex Matters, sagte, in Afrika liege die Wahrscheinlichkeit, dass eine Frau während der Schwangerschaft sterbe, bei 1 zu 37. Sie fügte hinzu: „Dieser Leitfaden versucht, modische Vorstellungen von Geschlechtsidentität auf Menschen in aller Welt zu übertragen, die nicht so denken und mit den gewöhnlichen Problemen zu kämpfen haben, mit denen Männer und Frauen tagtäglich zurechtkommen müssen.“ Ah, aber man will sie dazu bringen, so zu denken. Das sagt der Kult. Oxfam antwortete auf die Kritik, dass man Armut nicht bekämpft, indem man Randgruppen ausgrenzt.

Nein – man bekämpft die Armut, indem man ihre Bäuche füllt, nicht indem man die Sprache à la Orwell auslöscht. Der Leitfaden ist lehrbuchmäßig woke und zeigt, wie weit wir schon gekommen sind, aber nicht, wo es enden wird, wenn wir das weiterhin akzeptieren.

Es ist das *Klima*, Dummkopf. Nein, das ist es nicht.

Der Kult und damit die Dämonen kontrollieren alle Positionen, die nötig sind, um ihre Dystopie zu ihrem geplanten Ende zu bringen. Die Struktur besteht aus wenigen Strippenziehern im Schatten, die Psychopathen wie Weicheier aussehen lassen, und einer Mega-Armee von narzisstischen, soziopathischen, ahnungslosen Clowns. Die Welt wird von Psychopathen kontrolliert und von Idioten regiert.

Es gibt Menschen, die keine Dummköpfe sind, denn sie durchschauen die Idiotie des „Covid"- und des „Klimawandel"-Schwindels, haben aber nicht das Rückgrat, etwas dagegen zu unternehmen, weil sie eine Hypothek abzahlen und ihre Karriere schützen müssen. Um das Thema zu aktualisieren: Die Welt wird von Psychopathen kontrolliert und von Idioten regiert, und sie werden von Menschen mit einem Rückgrat aus Gelee dazu ermächtigt. Diese Kombination hat die rasche Entstehung eines globalen faschistischen Staates begünstigt, der die Welt in eine zentral gesteuerte Hungerspiele-Gesellschaft verwandelt, in der die KI alles diktiert. Wir bekamen während der „Covid"-Lockdowns und der Verabreichung des Fake-Impfstoffs an Milliarden von Menschen einen flüchtigen Eindruck, aber nur einen flüchtigen, davon, was für unsere Zukunft geplant ist. Selbst diese Tyrannei war nur ein Vorgeschmack auf das, was uns in der Fülle des „Great Resets" erwartet. Der Kult braucht einige große Problem-Reaktions-Lösungen, um seine Ziele zu erreichen, die den Vorwand für die Schaffung einer globalen Dystopie liefern. Wenn man eine *globale* Transformation will, braucht man globale Probleme, für die man *globale* Lösungen anbieten kann.

Hier kommt die Numero uno der Ausreden ins Spiel – der menschengemachte Klimawandel. Diese erfundene Bedrohung der „menschlichen Existenz" (die immer wieder zitierte „Existenzbedrohung") ist das Geschenk, das immer weitergereicht wird. Jede „Lösung" ist ein weiterer Schritt in Richtung Dystopie. Sie rechtfertigt das Ende des Reisens und der Fortbewegung (außer für die Elite in ihren Privatjets) und die sich immer weiter ausbreitende Politik der „15-Minuten-Städte" als „Lösung", die die Menschen faktisch in einem Umkreis von 15 Minuten zu Fuß oder mit dem Fahrrad von ihrem Zuhause einsperren wird. Der Plan sieht vor, dass innerhalb dieser 15 Minuten „alles, was man braucht" (so der Kult) zur Verfügung steht und dass die Benutzung eines Autos zunächst eingeschränkt und dann verboten wird. Die „Covid"-Lockdowns waren nur der Anfang der Segregation und Isolation der Menschen in den Sektoren der Hungerspiele-Gesellschaft. Die Kommunikation zwischen den Sektoren würde sich schließlich auf das Internet beschränken, und das wird vom Kult kontrolliert. Wenn geliebte Menschen weiter als 15 Minuten entfernt wohnen – Pech gehabt. Alle Aktivitäten, der Energieverbrauch, die Kommunikation und die Fortbewegung würden durch die KI kontrolliert. Sogar das Denken und die

Wahrnehmung würden durch eine Verbindung zwischen KI und dem Gehirn gesteuert. Die Technologie dafür steht bereit und wartet darauf, dass die Bevölkerung sie akzeptiert oder zumindest nicht verhindert, wenn der Knopf gedrückt wird. Gleichzeitig wird die Technologie, um reichlich kostenlose Energie für alle zu erzeugen, von demselben Kult unterdrückt, der auch fossile Brennstoffe verteufelt. Das wissenschaftliche Genie Nikola Tesla entwickelte diese Technologie in der ersten Hälfte des 20. Jahrhunderts und wurde vom Kult verfolgt, um seine Arbeit zu verhindern. Wenn Gates und Co. wirklich glauben würden, dass fossile Brennstoffe eine Bedrohung für die Erde darstellen, dann wäre die Tesla-Technologie heute überall zu finden, aber das ist nicht der Fall, denn es handelt sich um einen Betrug, der auf die Kontrolle der Menschen ausgerichtet ist.

Man sagt uns, dass Elektrofahrzeuge die Benzin- und Dieselfahrzeuge ersetzen werden. Das ist eine Lüge. Die Kosten für Elektrofahrzeuge sind horrend, sowohl in finanzieller Hinsicht als auch in Bezug auf die Auswirkungen auf Mensch und Umwelt. Afrikaner, darunter auch Kinder, arbeiten unter schrecklichen Bedingungen und erhalten so gut wie keinen Lohn für den Abbau der Rohstoffe, die für die Batterien benötigt werden. Es gibt nicht genügend Rohmaterial, um die Anzahl von Batterien zu produzieren, die nötig wäre, um die heutigen Benzin- und Dieselfahrzeuge zu ersetzen. Die Batterien halten nicht sehr lange und ihre Entsorgung wird zu einer echten Umweltkatastrophe führen. Die Softwaregehirne der Woke-Bewegung stört das nicht, sie würden nie so weit denken. Der Plan sieht vor, dass die Elite über Fahrzeuge verfügt, die Bevölkerung aber nicht. Autonome Elektroautos, vor allem Taxis, wären die einzige Option. Wem das zu weit hergeholt zu sein scheint, dem sei gesagt, dass autonome Taxis bereits getestet werden. Sie kontaktieren das Unternehmen über eine App und das leere Fahrzeug wird ferngesteuert zu Ihnen gebracht, ja *ferngesteuert*. Wenn Sie Ihre Fahrt beendet haben, wird es per Fernsteuerung zurück zur Basis gefahren. Der Kult will autonome Fahrzeuge, denn dann kontrolliert der Computer, wohin Sie fahren dürfen und wohin nicht. Das Fahrzeug wird Sie nirgendwo hinbringen, wo der Kult Sie nicht sehen will. Autonome Autos sind mit Benzin- und Dieselmotoren nicht möglich, und das ist der wahre Grund für den raschen Übergang zum Elektroantrieb. Nicht wahr, Herr Musk? Amazon-Fahrer werden von Kameras überwacht, die aufzeichnen, wenn sie das Tempolimit um mehr als 10 km/h überschreiten, sich vor dem Anhalten abschnallen, während der Fahrt Kaffee trinken, an einem Stoppschild nicht vollständig anhalten oder den Bildschirm berühren. All das führt zu einem „Verstoß“ bei Amazon, und so werden alle Fahrzeuge, die sie noch haben, dazu benutzt, die Menschen in ständig ängstliche und besorgte Wahrnehmungsroboter zu verwandeln. Oh, *Loosh*.

Das hat überhaupt nichts mit „Rettung des Planeten“ zu tun. Dieser Unsinn ist nur etwas für die verunsicherten Gemüter der Woke-Bewegung. Es herrscht ein Krieg gegen das Auto, und überall auf der Welt wird das Autofahren teurer und schwieriger. Londons superarroganter, narzisstischer und unheimlicher Bürgermeister Sadiq Khan hat den Klimawandel und die Umweltverschmutzung zum Vorwand genommen, um Unternehmen zu zerstören und das Autofahren unmöglich zu machen. Er will die Nummernschilder in seiner Ultra Low Emission Zone (ULEZ) mit Kameras überwachen, um das „Pay-as-you-drive“-Prinzip durchzusetzen. Er hat zugegeben, dass dies „in Erwägung gezogen“ wird – mit anderen Worten von langer Hand geplant ist. ULEZ verlangt von Fahrern nicht konformer Fahrzeuge eine Tagesgebühr von 12,50 Pfund für die Einfahrt in die ausgewiesene Zone, die trotz breiter Ablehnung bis 2023 auf ganz London ausgeweitet werden soll. Dazu werden Tausende von Nummernschildkameras installiert, die letztlich nicht dazu dienen, den Schadstoffausstoß zu kontrollieren oder gar das Fahren abzukassieren, sondern die Menschen im Rahmen des geplanten Londoner „15-Minute-Community“-Faschismus wie in Oxford und anderen Städten ganz vom Autofahren abzuhalten. Khan weiß, wohin das führt. Er will nur nicht, dass Sie das wissen.

Klima-Fliegenfänger

Sogenannte alternative Energiequellen können fossile Brennstoffe nicht annähernd in gleichem Umfang ersetzen. Fossile Brennstoffe liefern rund 80 Prozent der Weltenergie. Die Agenten des Kults wissen das und führen die Bevölkerung wie Rattenfänger in eine Welt der Energiearmut, sowohl was das Angebot als auch den Preis betrifft. Die „Biden“-Regierung baut Amerikas strategische Energiereserven für Notfälle ab und verkauft einen Teil davon an China. Das ist alles kalkuliert. Die nicht zum Kult gehörenden Unternehmen, die den Lockdown überlebt haben, werden durch die Energiekosten zur Schließung gezwungen. Das vergrößert den Marktanteil der kulteigenen Konzerne und verteuert alles, was Energie für die Produktion und den Transport benötigt. Der Niedergang unabhängiger Unternehmen und untragbare Kosten durch die steigende Inflation sind genau das, was der Kult braucht, um die Gesellschaft der Hungerspiele durchzusetzen. Der Plan sieht die Einführung eines mickrigen garantierten Grundeinkommens vor, wenn Arbeitsplätze durch Betriebsschließungen verloren gehen. Dieses wird nur ausgezahlt, wenn man den nicht gewählten Technokraten, die der Kult an die Macht bringt, bedingungslos gehorcht und sich alle „empfohlenen“ Fake-Impfstoffe verabreichen lässt. Die

Konsequenz für die Freiheit wäre: *Es gäbe keine mehr*. Die Menschen wären total abhängig vom Kult, um zu überleben, und totale Abhängigkeit bedeutet totale Kontrolle. Das gilt schon vor dem KI-Aspekt, auf den ich im nächsten Kapitel näher eingehen werde. All dies geschieht im Namen des anthropogenen Klimawandels, und deshalb wurde diese monumentale Lüge in die Welt gesetzt. Wenn es ihn nicht gäbe, müsste man ihn erfinden. Nun, es gibt ihn nicht, also hat man ihn erfunden.

Der Schwindel wurde durch die vom Kult geschaffene UNO erreicht, die den zwischenstaatlichen Ausschuss für Klimaänderungen (IPCC) kontrolliert, der schamlos über das *Problem* lügt, und gleichzeitig diktiert die UNO auch die *Lösung* durch ihre Agenda 2021 und Agenda 2030, auf die ich in vielen Büchern hingewiesen habe und welche die zentrale Kontrolle aller Ressourcen einschließlich Nahrung und Wasser – sogar Regenwasser – beinhaltet. Die UNO, die sich zu einer Weltregierung entwickelt, würde über jedes Detail Ihres Lebens entscheiden, weil sie angeblich verhindern will, dass der Planet von etwas zerstört wird, was *gar nicht stattfindet*. Ein IPCC-„Bericht" vom März 2023 betrat das Land der Fantasie mit der Behauptung, die derzeitigen globalen Temperaturen seien die höchsten seit 125.000 Jahren. Der Umweltredakteur von *Daily Sceptic*, Chris Morrison, sagte, dies sei „eine erstaunliche Behauptung angesichts der vielen wissenschaftlichen Untersuchungen, die viel höhere Temperaturen in der jüngsten Vergangenheit belegen". Der skandalös erlogene Bericht veranlasste den im Besitz von Kult befindlichen UN-Generalsekretär Antonio Guterres zu der Forderung, dass die Industrieländer sich verpflichten sollten, ihre CO_2-Emissionen bis 2040 und nicht bis 2050 auf Null zu senken. Natürlich hätte China, der größte industrielle CO_2-Produzent, nichts dagegen, bis 2050 zu warten. Die Kosten, die den westlichen Unternehmen durch Klimavorschriften entstehen, zwingen sie dazu, ihre Produktion nach China zu verlagern, wo es keine solchen Vorschriften gibt. Die Produkte müssen dann mithilfe fossiler Brennstoffe in den Westen transportiert werden. Mit dem Klima hat das alles nichts zu tun. Der gigantisch dumme Guterres las von seinem Skript ab, um zu sagen, dass „sich die Menschheit auf dünnem Eis befindet und dieses Eis schnell schmilzt", dass „die Klimazeitbombe tickt" und dass „ein Quantensprung bei den Klimaschutzmaßnahmen" erforderlich sei. Er braucht bessere Redenschreiber. Chris Morrison sagte:

> „Zurück auf dem Planeten Realität könnte man anmerken, dass es eine Reihe von möglichen Nachteilen gibt, die mit der Abschaffung fossiler Brennstoffe in weniger als 17 Jahren verbunden sind, einer zuverlässigen und billigen Energiequelle, die aktuell 80 Prozent des Weltenergiebedarfs deckt. Hunger, Tod, weitverbreitete Kriege, sozialer und wirtschaftlicher Zusammenbruch und sich ausbreitende Krankheiten sind nur einige der Folgen, die einem sofort in den Sinn kommen."

Aber genau das will der Kult. Das Komitee für Klimawandel (CCC), der die britische Regierung bei ihrem Netto-Null-Emissionsziel berät, hat „modelliert", was es bedeuten würde, bis 2042 Netto-Null-Emissionen zu erreichen: Eine Reduzierung des Fleisch- und Milchkonsums um 50 Prozent, eine Reduzierung des Flugverkehrs um 15 Prozent auf das Niveau vor dem Pandemie-Betrug und der flächendeckende Einsatz von Wärmepumpen. Und genau das will der Kult. Fleisch wird verteufelt und beschuldigt, zum Klimawandel beizutragen, und Bill Gates finanziert Firmen und verbreitet Propaganda, um Menschen dazu zu bringen, Ungeziefer zu essen. Ich habe den Klimawandel-Schwindel in anderen Büchern ausführlich beleuchtet, und das Ausmaß der Täuschung ist so erschreckend, dass viele immer noch nicht glauben, dass es möglich ist, so bösartig und betrügerisch zu sein. Für einen Kultanhänger und Karrieristen ist es ein Kinderspiel. Wir haben die immer wiederkehrenden Zwillingssäulen: der finanziell belohnte Gehorsam und die karrierebeendende Einschüchterung. Wissenschaftler haben Zugang zu unbegrenzten Mitteln, wenn sie trotz Gegenbeweise die Klimawandel-Fantasie verbreiten. Aufrichtige Wissenschaftler, die diesen Irrsinn anprangern, werden geächtet, ausgegrenzt und von den Futtertrögen ausgeschlossen. Die Klimalügen und -täuschungen sind für alle, die sich mit dem Thema beschäftigt haben, legendär (siehe „Alles, was Sie wissen sollten, Ihnen aber nie jemand erzählt hat"). Das Wetter ist nicht extremer, sondern eher milder geworden. Der Unterschied besteht darin, dass ein Wetterereignis vor dem Schwindel einfach ein Wetterereignis war, während es heute immer ein Zeichen für eine Veränderung des Klimas aufgrund menschlicher Aktivitäten ist. Das gesamte Netzwerk des Kults wurde mobilisiert und finanziert, um die Massen davon zu überzeugen, dass der Faschismus unsere einzige Hoffnung ist, uns vor uns selbst zu retten.

„Klima"-Chemtrails

Die Lüge vom Klimawandel dient als Rechtfertigung dafür, Sonnenstrahlen abzuhalten, um die Erde abzukühlen. Spätestens seit Ende der 1990er-Jahre geschieht dies mit sogenannten Chemtrails (Abb. 141). Flugzeuge kreuzen weltweit den Himmel und setzen dabei ein chemisches Gemisch frei. Kondensationsstreifen oder Kondensstreifen entstehen, wenn die Wärme der Flugzeugtriebwerke mit der kalten Luft in großer Höhe interagiert. Sie lösen sich sehr schnell auf, die Chemtrails jedoch nicht. Sie breiten sich aus und ziehen einen klaren blauen Himmel mit grauen Wolken zu. Ich habe diese Erscheinungen in vielen Ländern beobachtet. Den beteiligten Piloten wurde gesagt, sie seien Teil

Abb. 141: Jahrzehntelanges Leugnen der Chemtrails und nun der offene Vorschlag, das zu tun, was sie die ganze Zeit getan haben.

einer streng geheimen Operation, um den Planeten vor dem Klimawandel zu schützen, und sie werden durch „Sicherheits"-Restriktionen daran gehindert, darüber zu sprechen. Was sich Jahr für Jahr vor unseren Augen abspielte, wurde von den Behörden als „Verschwörungstheorie" abgetan. Aber jetzt, nach Jahrzehnten der Leugnung, schlagen sie offen vor, das zu tun, was sie bereits seit Jahren tun. Mehr als 60 Wissenschaftler unterzeichneten Anfang 2023 einen offenen Brief, in dem sie dazu aufriefen, „atmosphärische Aerosole" (Chemtrails, deren Existenz sie bestritten haben) und ihr Potenzial, Sonnenlicht zu reflektieren, zu erforschen, um auf ein Problem zu reagieren, das es nicht gibt. Unter ihnen war auch James E. Hansen vom Earth Institute der Columbia University in New York, der in den 1980er-Jahren als NASA-Forscher die Klima-Hysterie von Anfang an mitgetragen hat. Dies ist ebenso ein Warnsignal wie die Beteiligung des Psychopathen Bill Gates an der Technologie zur Verdunkelung der Sonne. Die Mainstream-Medien, die Behauptungen über Chemtrails ignoriert oder lächerlich gemacht haben, berichteten über das Schreiben ohne eine Spur von Verlegenheit. Eine Schlagzeile des Londoner *Guardian* lautete: „Ablenkung der Sonnenstrahlen zur Abkühlung der überhitzten Erde muss untersucht werden, sagen Wissenschaftler."

Dieser Brief enthielt lächerliche Behauptungen über den Klimawandel, welcher „verheerende Auswirkungen auf Gemeinschaften und Ökosysteme auf der ganzen Welt hat und eine ernsthafte Bedrohung für die öffentliche Gesundheit, die wirtschaftliche Sicherheit und die globale Stabilität darstellt". Natürliche Systeme näherten sich Schwellenwerten für apokalyptische Veränderungen mit dem Potenzial, den Klimawandel zu beschleunigen und Auswirkungen zu verursachen, welche die menschliche Anpassungsfähigkeit übersteigen. Das Wort „Mumpitz" wurde erfunden, um diesen Brief zu beschreiben. Ein Trottel an der Universität von East Anglia, berüchtigt für die Manipulation von Klimadaten, hat behauptet, dass die natürliche Erwärmung Ende des 19. Jahrhunderts aufgehört hat. Was, einfach so, wo sie doch vorher immer stattgefunden hat? Offensichtlich ist es nur ein Zufall, dass dieser Schwachsinn mit dem Narrativ des Klimakults zusammenfällt. Mehr als 60 Personen können gleichzeitig behaupten, Wissenschaftler zu sein, und gleichzeitig einen Brief unterschreiben, in dem irrsinnige

Behauptungen aufgestellt werden, die jeder wissenschaftlichen Grundlage entbehren. Das bestätigt, wie schamlos und dumm ein „Wissenschaftler" sein kann. Der Brief zielt zum einen darauf ab, das Chemtrail-Programm, das schon seit langem läuft, offiziell zu machen und zum anderen, mehr Angst in die Öffentlichkeit zu projizieren, um außergewöhnliche gesellschaftliche Veränderungen zu rechtfertigen. Die Reduzierung des Sonnenlichts stoppt die Produktion von Vitamin D, das durch die Wechselwirkung von Cholesterin und Sonnenlicht gebildet wird. Cholesterin wurde verteufelt, und die Menschen wurden aufgefordert, Statin-Medikamente einzunehmen, um seine Produktion zu verringern, und nun wird versucht, die Reduzierung des Sonnenlichts öffentlich zu legitimieren. Es ist klar, dass der Kult nicht will, dass wir Sonnenlicht tanken. Angesichts der Art und Weise, wie die Simulation aufgebaut ist, ist es offensichtlich, dass diese Einschränkung erhebliche Auswirkungen auf die natürliche Welt und die Nahrungsmittelproduktion haben wird. Ein von der britischen Regierung finanziertes Projekt sieht den Start von Wetterballons in großer Höhe vor, um Schwefeldioxid in der Stratosphäre freizusetzen, was als „potenzieller wissenschaftlicher Durchbruch im Bereich des solaren Geoengineerings" bezeichnet wird, um „die globale Erwärmung abzuschwächen". Kritiker haben davor gewarnt, dass dies „die natürliche Ordnung stören, das Wetter weniger vorhersehbar machen oder die Nahrungsmittelversorgung der Bevölkerung durch Dürren gefährden" könnte. All das steht direkt auf der Wunschliste des Kults. Ach ja, und das Projekt heißt „Stratospheric Aerosol Transport and Nucleation", kurz SATAN.

Es gibt Lügen und es gibt den Klimawandel

Andere Wissenschaftler, die genauso qualifiziert sind wie Hansen oder sogar noch qualifizierter, weisen die Panikmacher zurück und enthüllen das monumentale Ausmaß, in dem die offiziellen Klimadaten verfälscht wurden, um der Erzählung und nicht der Wissenschaft zu dienen. Diese echten Wissenschaftler, die wirklich „der Wissenschaft folgen", wurden von Gavin Schmidt, dem Chefwissenschaftler der NASA, die dem Kult gehört, als „Soziopathen" bezeichnet. Es war ein Déjà-vu der Verurteilung und Ausgrenzung derjenigen, die die „Covid"-Fantasie entlarvten, die auf fast schon lächerlichen „Computermodellen" von Idioten wie Professor Neil Ferguson vom Gates-finanzierten Imperial College in London basierte. Dies führte zu „Covid"-Sperren in Großbritannien, den Vereinigten Staaten und vielen anderen Ländern. Woher kommen die „Klima"-Katastrophenprognosen? Aus Computermodellen, viele davon vom selben Imperial College. *Computermodelle* sind der feuchte Traum eines jeden Betrügers. Was auch immer an manipulierten Daten und Annahmen an einem Ende eingegeben wird, am anderen Ende kommen manipulierte Vorhersagen heraus. Die vom Kult besessenen, rückgratlosen, ahnungslosen und völlig uninformierten „Journalisten“ wiederholen dann das „Modell“, als ob es glaubwürdig wäre. Wie kann man diesen Quatsch ernst nehmen, wenn die Bill-Gates-Stiftung 4,8 Millionen Dollar in „intelligente“ Gesichtsmasken für *Kühe* investierte, die deren Methanausstoß überwachen, um die Welt vor den Rinderrülpsern zu retten? Das ist das Zero Emissions Livestock Project, kurz ZELP. HELP wäre wohl das richtige Wort. Sie werden nie erraten, was sie aus dem Methan machen – *Kohlenstoffdioxid* und *Wasserdampf*. Letzterer ist mit einem Anteil von über 90 Prozent das bei weitem gewichtigste „Treibhausgas“, während CO_2 nur 0,117 Prozent ausmacht. Sogar das meiste davon ist natürlichen Ursprungs (Abb. 142). Aber lassen Sie sich eine gute Lüge nicht durch Fakten verderben.

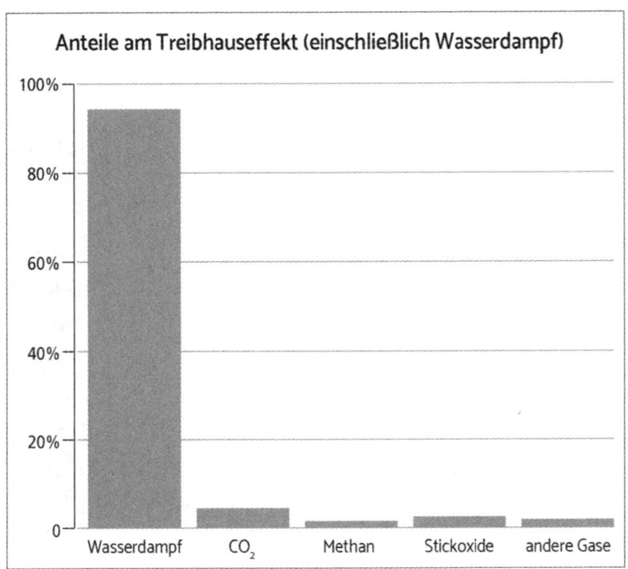

Abb. 142: Das „Treibhaus“-Verhältnis von Wasserdampf und Wolken zu Kohlendioxid. Der größte Teil des CO_2 ist natürlichen Ursprungs und hat nichts mit menschlichen Aktivitäten zu tun.

Abb. 143: Die Verteufelung des lebenswichtigen Gases, von dem das menschliche Leben abhängt, ist eine extreme Form des Wahnsinns.

Das Heartland-Institut in den USA hat großartige Arbeit geleistet, indem es die Klimalüge entlarvt und den vom Mainstream ignorierten Wissenschaftlern eine Plattform geboten hat. Der Präsident von Heartland, James Taylor, sagte auf der 15. Internationalen Konferenz zum Klimawandel in Florida im Februar 2023, dass die Klimaextremisten eine „katastrophale“

Umgestaltung der Gesellschaft anstreben, indem sie Offshore-Windparks bauen, die vom Aussterben bedrohte Wale in den Tod treiben und „jedes Jahr Millionen von Vögeln und Fledermäusen im Flug töten; und indem sie Tausende von Quadratkilometern unberührten Landes und Küsten mit Sonnenkollektoren und industriellen Windparks überziehen“. Sie treiben auch die Energiekosten in die Höhe und verbieten Gasöfen und viele andere Lebensgrundlagen (Abb. 143). Dr. Patrick Moore, einer der Gründer von Greenpeace, der die Organisation verließ, als sie begann, „wissenschaftlichen Müll zu verkaufen“, um Spenden zu erhalten, demontierte den angeblichen Zusammenhang zwischen Kohlenstoffdioxidkonzentration und Temperaturentwicklung. Er erklärte auf der Konferenz, dass in den 300.000 Jahren der letzten drei Zwischeneiszeiten die Temperaturerhöhung dem Anstieg des CO_2 um *800 Jahre vorausging*. Die Daten zeigen eindeutig, dass der Anstieg des Kohlendioxids dem Temperaturanstieg *folgte*, da CO_2 von den Ozeanen freigesetzt wird, wenn sie sich erwärmen und absorbiert wird, wenn sie sich abkühlen. Der Ozean ist der größte Kohlenstoffdioxidspeicher der Erde, und was er abgibt oder aufnimmt, hängt von der *Temperatur* ab. Die Freisetzung von CO_2 folgt also den wärmeren Perioden und ist nicht deren *Ursache*.

Der australische Geologe Dr. Ian Plimer sagte, man könne die Zahl der Geologen, die an einen vom Menschen verursachten Klimawandel glauben, „an der Hand eines Sägewerksarbeiters“ abzählen. Veränderungen seien ganz normal, und die meiste Zeit über seien die Temperaturen und der Meeresspiegel höher gewesen. Niemand, der auch nur eine Gehirnzelle besitzt, bestreitet, dass sich das Klima verändert. Das war schon immer so. Der Teil „vom Menschen verursacht“ ist das, was wissenschaftlich keinen Sinn ergibt. Plimer sagte, dass der atmosphärische CO_2-Gehalt im Laufe der Zeit abgenommen habe und dass es sich nicht um eine Klimakrise, sondern um eine Krise des gesunden Menschenverstandes handele. Der pensionierte Professor Richard Lindzen, ein Atmosphärenphysiker, sagte auf der Heartland-Konferenz, dass die „Klima-Alarmisten“ das Geld und ein Narrativ kontrollierten, das lächerlich vereinfacht sei: „Einfachheit ist eine Quelle des Trostes für die wissenschaftlichen Analphabeten.“ Lindzen zitierte den Nazi-Propagandaminister Joseph Goebbels und seine berühmte Behauptung, je größer die Lüge sei, desto mehr werde sie geglaubt. Die Beobachtung von Goebbels lässt sich an dieser Reaktion verdeutlichen: „Ja, die Obrigkeit könnte lügen – aber doch *nicht so arg*.“ Oh, sie können und sie tun es auch. Lindzen zitierte auch George Orwell: „Manche Ideen sind so dumm, dass nur Intellektuelle an sie glauben.“ Der Amerikaner Marc Morano, Autor des Buchs „The Great Reset: Global Elites and the Permanent Lockdown“ [dt.: „Der Great Reset: Globale Eliten und der permanente Lockdown“], sagte, die Aktivisten (Kult-Funktionäre) wüssten sehr wohl um die Macht der Ausrufung eines Notstands, um die Politik zu diktieren. Ja – Problem-Reaktion-Lösung oder im Falle des anthropogenen Klimawandels, KEIN-Problem-Reaktion-Lösung. Was die Skeptiker sagen, wird durch Beweise gestützt, aber das werden Sie nie erfahren, wenn Sie Ihre Fehlinformationen aus dem Mainstream beziehen. Die Agenda des Kults erkennt man daran, was seine Aktivisten zensieren. Was nicht gesagt werden darf, erzählt die Geschichte. TikTok kündigte im April 2023 an, „Fehlinformationen" über den Klimawandel zu zensieren, obwohl es wie alle chinesischen Unternehmen der faschistischen chinesischen Regierung gehört, die der weltweit größte industrielle CO_2-Produzent ist. „Fehlinformation" bedeutet, die Wahrheit zu sagen und das Narrativ des Kults infrage zu stellen. Dies brachte das Kult-eigene TikTok auf eine Linie mit dem Kult-eigenen Facebook und dem Rest des westlichen Zensurnetzwerks. Ein Kult – keine Grenzen.

Lüge um Lüge um Lüge um Lüge

Alle Klimaprognosen der Kultanhänger und ihrer Religion haben sich als falsch erwiesen, sowohl was die Temperatur als auch was die Auswirkungen betrifft. Erinnern Sie sich noch, als die Eisbären das Aushängeschild der „Klimakrise" waren? Sie waren „vom Aussterben bedroht". *Ahhhh – neeeeein*!!! Sie verschwanden aus der Propaganda, nicht aus der Welt, nachdem Dr. Susan Crockford von der University of Victoria in British Columbia, seit über 40 Jahren Eisbärenexpertin und Zoologin, die Behauptungen mit Daten widerlegte, die zeigten, dass die Zahl der Eisbären nicht abnahm, sondern sogar zunahm: „Eisbären sind immer noch eine Erfolgsgeschichte des Naturschutzes. Mit einer weltweiten Population, die mit ziemlicher Gewissheit größer als 25.000 ist, können wir mit Sicherheit sagen, dass es heute mehr Eisbären gibt als vor 40 Jahren." Dieser Trend setzte sich bis 2023 fort, als Crockford berichtete: „Insgesamt scheint es der arktischen und antarktischen Tierwelt mit wenigen Ausnahmen gut zu gehen." Die Populationen von Eisbären, Walrossen und Grönlandwalen in der Arktis hätten sich weiter von der Überjagung erholt, ebenso die Populationen von Südkapern, Finn-, Buckel- und Blauwalen in der Antarktis, wenn auch einige langsamer als andere.

Dem australischen Great Barrier Reef wurde das Ende vorausgesagt, doch das Australian Institute of Marine Science berichtete, dass die Korallenbedeckung im nördlichen Teil des Riffs um mehr als 27 Prozent *zugenommen* hat, im mittleren und südlichen Teil um 26 bzw. 39 Prozent. Die Regierung der Malediven hielt eine Kabinettssitzung unter Wasser ab, um auf die Bedrohung der Inseln durch den vom Menschen verursachten Anstieg des Meeresspiegels aufmerksam zu machen. Es war schon etwas seltsam, als Dr. Niklas Morner, ehemaliger Präsident der Internationalen Kommission für Meeresspiegeländerungen, über die Malediven sagte: „In 40 Jahren Forschung habe ich überhaupt keinen Anstieg des Meeresspiegels gesehen." Eine Reihe anderer Studien hat keine erkennbaren Auswirkungen menschlicher Aktivitäten auf den Meeresspiegel festgestellt. Forscher des Deltares Research Institute in den Niederlanden berichteten, dass die Landmasse der Erde in den letzten 30 Jahren um 22.393 Quadratmeilen (58.000 Quadratkilometer) *zugenommen* hat, davon 13.000 Quadratmeilen (33.700 Quadratkilometer) an den *Küsten*. Einer der Autoren, Fedor Baart, schrieb hierzu: „Wir hatten erwartet, dass sich die Küsten aufgrund des Meeresspiegelanstiegs zurückziehen würden, aber das Überraschendste ist, dass die Küsten überall auf der Welt wachsen." Wissenschaftliche Gutachten aus dem Jahr 2023 zeigen, dass die Temperaturen in Grönland seit mindestens 60 Jahren stabil sind, abgesehen von einem Anstieg im Jahr 1994, der auf natürliche Ursachen zurückzuführen ist. Vielleicht ist das der Grund, warum Milliardäre wie Bill Gates, die die Klimakrise befürworten, Grundstücke am Meer kaufen, zu denen sie mit Privatjets fliegen.

Al Gore, der Heilige Vater der Klimareligion, behauptete in seinem 2006 mit dem Oscar ausgezeichneten Lügenmärchen „An Inconvenient Truth" [dt.: „Eine unbequeme Wahrheit"], dass das Eis schmelzen und der Meeresspiegel um drei Meter ansteigen werde, wenn die Menschen die Erderwärmung nicht stoppten. „Auf dem Kilimandscharo wird es in zehn Jahren keinen Schnee mehr geben" und „der Nordpol wird im Sommer 2013 eisfrei sein". Ich schreibe das Jahr 2023, und wie durch ein Wunder sind Schnee und Eis immer noch da (Abb. 144). Vielleicht war Gore verwirrt durch die Zeit, die er brauchte, um das Geld zu zählen, das er mit dem Kohlenstoffdioxid-Klimawandel-Wahnsinn verdiente. Mainstream-Berichte enthüllten Anfang 2023, dass er *monatlich* zwei Millionen Dollar von seiner „grünen" Firma Generation Investment Management erhält, die er 2004 zusammen mit dem ehemaligen Goldman-Sachs-Geschäftsführer David W. Blood gegründet hatte. Die Firma hält Millionen Aktien von Amazon, Microsoft, Google-Muttergesellschaft Alphabet, Finanzriesen Charles Schwab, Traktorkönig John Deere und behauptet, in Unter-

Abb. 144: Der Hohepriester des Klimakults, Al Gore, verdient sein Geld damit, dass er dicke Lügen seiner Herren auftischt.

nehmen zu investieren, die wegen des von ihm propagierten erfundenen „Klimawandels" „grün" werden wollen. Außerdem verdient er zig Millionen mit seiner Arbeit bei Apple. Berichten zufolge verlangt Gore mindestens 200.000 Dollar für einen öffentlichen Vortrag und berät einige der größten Unternehmen der Welt, wie sie „grün" werden können. Der mega-korrupte Gore übertreibt im Namen des Kults maßlos und erntet dafür die Lorbeeren. Er ist ein Favorit auf dem Weltwirtschaftsforum, wo er 2020 sagte: „Das ist [die Schlacht von] Azincourt. Das ist [die Schlacht von] Dünkirchen. Das ist die Ardennenschlacht. Das ist 9/11. Wir müssen uns der Situation stellen." Ja, Kumpel, denn 2 Millionen Dollar pro Monat (und der ganze Rest) sind nicht genug, nicht wahr? Auf Schwabs Forum 2023 sagte er, die Erde sei von „Regenbomben" und „kochenden Ozeanen" bedroht, und auf einer UN-Veranstaltung verglich er den Klimawandel mit dem Ignorieren der Bedrohung durch den Faschismus im Deutschland der 1930er-Jahre. Was für eine Ironie, wenn die Agenda des Klimawandels der Faschismus ist. Gore besitzt ein 13 Millionen Pfund teures Haus mit Meerblick in Montecito, Kalifornien, um zu zeigen, wie besorgt er über den Anstieg des Meeresspiegels ist, vor dem er warnt (für das richtige Geld). *CBS* berichtete 2007, dass Gores Haus in Nashville *20-mal* mehr Energie verbraucht als der nationale Durchschnitt, und dass er und sein Vater, ein Politiker, eine lange und lukrative Verbindung zu Occidental Petroleum haben, einem Unternehmen, das fossile Brennstoffe verkauft. Dies ist der Kultaktivist, der von den Woke-Klimaaktivisten verehrt wird, was die Ursprünge des Woke-Kults noch mehr bestätigt.

Alles, was Gore vorausgesagt hat, hat sich als falsch erwiesen, aber das ist kein Problem. Er macht einfach eine weitere Vorhersage und somit sitz er das Problem aus, bis die Dystopie gesichert ist. Und er ist nicht allein. Die Klimagöttin des Weltwirtschaftsforums, Greta Thunberg, löschte einen Tweet, den sie am 21. Juni 2018 geschrieben hatte, in dem es hieß: „Ein führender Klimawissenschaftler warnt, dass der Klimawandel die gesamte Menschheit auslöschen wird, wenn wir nicht in den nächsten fünf Jahren aufhören, fossile Brennstoffe zu nutzen." Der Klima„experte" Jim Hansen sagte 1989 voraus, dass der West Side Highway entlang des Hudson River in New York in 20 bis 30 Jahren unter Wasser stehen werde. Die britische Zeitung *Independent* (die es nicht ist) berichtete im Jahr 2000: „Schnee beginnt aus unserem Leben zu verschwinden ... Kinder werden einfach nicht mehr wissen, was Schnee ist." Im *Guardian* hieß es 2004: „Große europäische Städte werden unter dem steigenden Meeresspiegel versinken, wenn Großbritannien bis 2020 in ein ‚sibirisches' Klima stürzt." *Associated Press* zitierte 2008 einen NASA-Wissenschaftler: „In fünf bis zehn Jahren wird die Arktis im Sommer frei von Meereis sein." Wenn Sie wissen wollen, was für einen Unsinn diese „Experten" erzählen, gehen Sie zurück in die Zeit kurz vor dem Beginn der „globalen Erwärmung" und sehen Sie, dass sie eine *neue*

Eiszeit voraussagten. Der amerikanische Biologe Paul Ehrlich, ein vehementer Verfechter der Bevölkerungskontrolle, sagte 1969 die Folgen der kommenden Eiszeit voraus: „Wir müssen uns darüber im Klaren sein, dass in 20 Jahren alle Menschen in einer blauen Dampfwolke verschwinden werden, wenn wir nicht extremes Glück haben." Das war 1989, und irgendwie sind wir 2023 immer noch hier, während Ehrlich 90 Jahre alt wird. Der *Boston Globe* sagte 1970 eine neue Eiszeit für das 21. Jahrhundert voraus: „Die Luftverschmutzung könnte die Sonne auslöschen und eine neue Eiszeit im ersten Drittel des nächsten Jahrhunderts verursachen." Die Lügner des *Guardian*, die behaupten, dass wir alle an der globalen Erwärmung sterben werden, titelten 1974: „Spionagesatelliten zeigen, dass eine neue Eiszeit schnell kommt."

Sich mit dem Wetter anlegen

Ein weiterer Punkt zum Thema Klimaschwindel: Die Unterdrückung von Wissen ist der wichtigste Aspekt des Kults. Wenn man verbergen kann, was möglich ist, kann man das, was man verbirgt, gegen die Menschen verwenden, die glauben, dass das, was man tut, nicht möglich ist. „Das ist verrückt – die können das nicht machen!" Dies ist für den „Klimawandel" von großer Bedeutung, da der Kult seit langem die Fähigkeit besitzt, das Wetter zu manipulieren. Was ist Wetter? Es ist eine Information, die über Trägerfrequenzen übertragen wird und die wir Energie nennen. Wenn man mit dieser Wetterinformation eine Frequenzstörung verursacht, kann man, je nachdem, wie extrem sie ist, Hurrikane, Taifune, Wirbelstürme und Tornados erzeugen und natürlich auftretende Stürme verstärken und steuern. Die führenden Köpfe des Manhattan-Projekts, die an der Entwicklung der ersten Atombombe arbeiteten, beschäftigten sich später mit Wetterveränderungen. Das wissenschaftliche Genie Nikola Tesla war bekannt dafür, mit elektromagnetischen Frequenzen Wettereffekte wie Blitze zu erzeugen (und sogar das Land zum Beben zu bringen). In früheren Büchern habe ich militärische Dokumente zitiert, die beschreiben, wie das Wetter für militärische Zwecke manipuliert werden kann, und in diesem Fall richtet sich der Krieg gegen die Menschen und ihre Wahrnehmung. Es wurden Abkommen unterzeichnet, in denen sich die Länder verpflichten, das Wetter nicht zu verändern, sie wären nicht nötig, wenn es nicht möglich wäre. Es gibt Unternehmen, die Geld dafür verlangen, schönes Wetter für eine Veranstaltung zu garantieren, und doch ist die Meinung weit verbreitet, dass Wettermanipulation nur eine Verschwörungstheorie ist.

Eine wichtige Technik des Kults ist die Manipulation der Ionosphäre in der oberen Atmosphäre mithilfe von Hochleistungsradiowellen, die die Ionosphäre zum Schwingen bringen und die verstärkten Wellen zur Erde zurücksenden. Dies kann das Wetter verändern und sogar Erdbeben auslösen. Die Radiowellen werden durch eine Technologie erzeugt, die als Ionosphärenheizer bezeichnet wird. Der bekannteste wurde 1993 in Alaska vom amerikanischen US-Militär und der US-Regierung in Zusammenarbeit mit Kult-eigenen Konzernen errichtet. Die ominöse Defense Advanced Research Projects Agency (DARPA) des Pentagon war von Anfang an dabei. Hier befindet sich das bei Verschwörungsanalytikern berüchtigte High-Frequency-Active-Aurora-Research-Program, kurz HAARP. Der amerikanische Physiker Bernard Eastland schrieb viele der Patente für HAARP im Auftrag von Großkonzernen. Er sagte: „HAARP kann den Jetstream lenken." Das allein bedeutet, dass der Kult das Wetter beeinflussen kann. Jetstreams und ihre Richtung haben einen fundamentalen Einfluss auf Wettermuster und -extreme, und die Technologie wird all diese Jahrzehnte später fortgeschritten sein. Im Laufe der Jahre habe ich öfter einen Insider der Rockefeller-Familie, Dr. Richard Day, zitiert, der 1969 zu einer Gruppe von Kinderärzten in Pittsburgh, Pennsylvania, sagte, dass sich die Welt verändern wird, weil das, was er repräsentierte, sie verändern wird. Ich habe seine Vorhersagen in meinem Buch „Das Ich Phantom" ausführlich beschrieben, und Sie werden die außerordentliche Genauigkeit seiner Aussagen in einer sehr langen Liste miteinander verbundener Themen sehen, einschließlich dieser Aussage: „Wir werden Jungen und Mädchen gleich machen." Day arbeitete während des Zweiten Weltkriegs im Wetterdienst, und genau das sagte er an jenem Abend im Jahr 1969 voraus, wie ein Mitglied des Publikums, der Kinderarzt Dr. Lawrence Dunegan, berichtete:

> „Damals ging es um das Wetter. Das war eine weitere wirklich bemerkenswerte Aussage. Er sagte: ‚Wir können oder werden bald in der Lage sein, das Wetter zu kontrollieren'. Er sagte: ‚Ich meine damit nicht nur, dass man Jodidkristalle in die Wolken sprüht, damit es regnet, sondern eine wirkliche Kontrolle'. Und das Wetter wurde als Kriegswaffe betrachtet, als Waffe zur Beeinflussung der öffentlichen Politik. Es konnte Regen auslösen oder zurückhalten, um bestimmte Gebiete zu beeinflussen und sie unter seine Kontrolle zu bringen.
>
> Das hatte zwei Seiten, die sehr auffällig waren. Er sagte: ‚Einerseits kann man während der Wachstumsperiode Dürre erzeugen, so dass nichts wächst, und andererseits kann man während der Erntezeit für sehr starken Regen sorgen, so dass die Felder zu schlammig sind, um die Ernte einzubringen, und in der Tat könnte man beides tun'. Es wurde nicht gesagt, wie das gemacht werden sollte. Es wurde gesagt, dass es entweder

schon möglich war oder dass es [1969] sehr, sehr nahe dran war, möglich zu sein."

Was können wir heute tun, nach mehr als 50 Jahren der Perfektionierung der Technologie? Wir können davon ausgehen, dass die wetterverändernde Technologie im großen Stil eingesetzt wird, um die Lüge zu verkaufen, während der Kult an der Schraube dreht, um die Illusion des menschengemachten Klimawandels zu nutzen, um die Gesellschaft umzugestalten.

Nur zur Erinnerung ...

Bei der Beschreibung des Kults und seiner Pläne habe ich Begriffe und Konzepte verwendet, die sich auf die 3-D-Welt beziehen. Ich betone nochmals, dass diese Beschreibungen nur für die Welt gelten, wie wir sie wahrnehmen. Die 3-D-Realität existiert nur als ein simuliertes „WLAN"-Feld, das in eine illusorische „physische" Erfahrung decodiert wird. Der Körper ist eine astrale Informationsvorlage. Die 3-D-Realität ist eine systematisch generierte virtuelle Realität, um dem Göttlichen Funken vorzugaukeln, dass er herausfordernde und traumatische Erfahrungen macht (3-D-VR-Headset-Realität) und so den Loosh zu erzeugen, auf den die Dämonen angewiesen sind. Alle „Lebenspläne" des Reinkarnationsschwindels mit ihren absichtlich eingefügten emotionalen Auslösern für regelmäßiges Loosh bedeuten, dass der Göttliche Funke ständig entweder ein Trauma erlebt oder von einer latenten Angst vor einem bald bevorstehenden Trauma beherrscht wird. Eine gefühlte lebenslange Produktion von Loosh kann allein durch den Tod eines Kindes verursacht werden. Je länger die „menschliche" Erfahrung andauert, desto mehr kommt die Angst vor dem Tod ins Spiel, und wenn das passiert, schaltet das KI-Astralverstandsprogramm auf die Wahrnehmung um, außerkörperlich zu sein und auf ein weiteres menschliches Leben zu warten, auf der Suche nach der „Erleuchtung", die man niemals finden soll.

All dies ist eine Illusion der Wahrnehmung, und um dieser Falle zu entkommen, müssen wir diese „Welt" als das sehen, was sie ist, und aufhören, versklavt zu sein, indem wir *glauben*, dass wir versklavt sind. Das ist der wahre Plan hinter den dystopischen Ereignissen, die den Menschen zu widerfahren scheinen. Sie sollen die Göttlichen Funken versklaven, indem sie glauben, dass sie unfrei sind, während sie in Wahrheit so frei sind, wie sie sich selbst wahrnehmen.

9

KI ruft

Mit Künstlicher Intelligenz beschwören wir den Dämon.

Elon Musk (und er würde es wissen)

Es wäre hilfreich, wenn wir einen Bauplan dafür hätten, wie die Dämonen und ihr Kult die wahrgenommene 3-D-Welt umgestalten wollen, und den haben wir – China. Das chinesische faschistische/kommunistische System ist noch eine mildere Version dessen, wie das Leben global geplant ist und das allein verdeutlicht, wohin wir geführt werden.

Ich warne seit den späten 1990er-Jahren vor der Rolle Chinas und dem Plan, Ost und West in einen Konflikt zu bringen, bei dem die NATO gegen ein von China und Russland dominiertes Bündnis antritt. Der Dritte Weltkrieg zwischen diesen Atommächten, auf den ich in meinen Büchern seit langem hinweise, muss nicht ausbrechen, aber er *wird* geschehen, wenn wir sie einfach machen lassen. Der Krieg in der Ukraine und die Reaktion der NATO und der westlichen Regierungen haben dazu geführt, dass sich Russland und China sowohl wirtschaftlich als auch militärisch annähern. Finanzielle „Sanktionen" gegen Russland schadeten der westlichen Wirtschaft (absichtlich) und drängten Russland in ein engeres Bündnis mit China (absichtlich). China steht an der Spitze der BRICS-Ländergruppe, die sich aus Brasilien, Russland, Indien, China und Südafrika zusammensetzt – kurz: BRICS. Diese Länder repräsentieren 26,7 Prozent der Landfläche des Planeten Erde und 41,5 Prozent der Weltbevölkerung. Eine Konsequenz des russischen und chinesischen Kurses ist die Auflösung des Dollars als Weltreservewährung für den internationalen Handel. Die Vereinigten Staaten würden sich in einer verzweifelten finanziellen Notlage befinden, wenn der Dollar von dieser Rolle verdrängt wird. Das wird kommen, und mehr noch, es geschieht bereits. Russland erklärte sich im März 2023 bereit, einen Großteil des von China benötigten Erdöls und Erdgases zu liefern und die chinesische Währung Yuan für den Handel mit Asien, Afrika und Südamerika, die zunehmend von China dominiert werden, zu verwenden. Brasilien folgte bald dem Trend, den Yuan und nicht den Dollar zu benutzen. Im selben Monat schloss China offenbar sein erstes Flüssiggasgeschäft mit Frankreich in Yuan ab, und der französische Präsident Emmanuel Macron sagte nach einem Treffen mit dem chinesischen Staatschef Xi Jinping, Europa müsse seine Abhängigkeit vom Dollar verringern und die Einflussnahme der USA einschränken. Finanzkommentatoren vermuten, dass es für die amerikanische und westliche Wirtschaft verheerend wäre, wenn Saudi-Arabien eine andere Währung – wie den Yuan – für den Handel mit seinem Öl akzeptieren würde.

Gleichzeitig hat der Westen, insbesondere die Vereinigten Staaten und Großbritannien, Geld und militärische Ausrüstung in die Ukraine gepumpt. Der Westen und der Osten befinden sich via Ukraine in einem Proxykrieg, so wie es von Anfang an geplant war. Dies wurde natürlich geleugnet. Der Westen „schütze nur die Demokratie" in der Ukraine und befinde sich nicht im Krieg mit Russland. Das war eine offensichtliche Lüge, welche durch die geleakten Militärdokumente bestätigt wurde. Jack Teixeira, ein 21-jähriger IT-Spezialist bei der Massachusetts Air National Guard, wurde wegen des Datenlecks verhaftet und angeklagt, weil er die Wahrheit aufgedeckt hatte. Er wurde von den Mainstream-Medien angegriffen, die die Aufgabe haben, die Wahrheit für den Kult, dem sie gehören, zu unterdrücken. Die *New York Times* und die *Washington Post*, die Jeff Bezos gehört, haben die undichte Stelle sogar im Auftrag des Deep States ausfindig gemacht, zusammen mit der berüchtigten „Geheimdienst"-Operation Bellingcat. Wieder einmal wird der Lügenaufdecker zum Dämon gemacht, nicht der Lügenerzähler. Die undichten Stellen enthüllten unter anderem, wie die USA ihre „Verbündeten" in Südkorea, Israel, der Ukraine und dem Vereinigten Königreich ausspionieren.

Russland hatte mit den Erdgaslieferungen durch die Ostseepipeline Nord Stream ein Druckmittel gegen Europa in der Hand, während die westlichen Sanktionen gegen Russland (absichtlich) nach hinten losgingen, die westlichen Volkswirtschaften schwächten und die Energieversorgung gefährdeten. Die US-Regierung (der Kult) reagierte daraufhin mit der Sprengung der Pipelins und der Freisetzung historischer Mengen des „Treibhausgases" Methan in die Atmosphäre. Dies scheint im Widerspruch zur Darstellung des Klimawandels zu stehen, wenn man nicht wüsste, dass die Betreiber des Kults in ihren Privatjets wissen, dass diese Darstellung ein Hirngespinst ist. Der erfahrene amerikanische Enthüllungsjournalist und Pulitzer-Preisträger Seymour Hersh entlarvte den Pipeline-Anschlag in allen Einzelheiten als eine Operation der US-Regierung in Zusammenarbeit mit der norwegischen Regierung, dem Geheimdienst und der Marine, und als Bestätigung dessen, was Biden und andere in der Regierung *vor* der russischen Invasion angekündigt hatten – die Pipelines zu sprengen. Der grenzenlose Kult benutzte seinen amerikanischen und norwegischen Arm, um die Energieversorgung seiner europäischen Vermögenswerte auf Kosten der Menschen in Europa zu zerstören. Es war eine Kriegshandlung Amerikas und Norwegens gegen Deutschland und Europa, aber sie sind alle im Besitz des Kults und so blieben sie „Verbündete". Nachdem sie von Hersh entlarvt worden waren, änderten US-Offizielle ihre ursprüngliche Geschichte, dass *Russland* seine eigenen Pipelines in die Luft gesprengt habe, und beschuldigten eine Gruppe von „Ukraine-Unterstützern", die, wie sie betonten, keine Verbindung zur ukrainischen Regierung hätten. Das nenne ich verzweifelt. Inmitten der Energieversorgungskrise verkaufte das Biden-Regime seine strategische Erdölreserve – den Notvorrat – an andere Länder, einschließlich *China*. Dies alles geschieht mit System, um den Westen zu demontieren. Das Kult-eigene Facebook mit seiner typisch faschistischen Verlogenheit stempelte die Hersh-Geschichte ab: „Falsche Informationen. Geprüft von unabhängigen Faktencheckern." Sehr unabhängig, wie sich herausstellte – eine Organisation mit Verbindungen zur norwegischen Regierung. Die Kennzeichnung „Falsche Informationen" aktiviert den Facebook-Algorithmus, um die Verbreitung einer Meldung zu unterdrücken.

Nachdem der Internationale Strafgerichtshof (IStGH) einen irrelevanten Haftbefehl gegen Wladimir Putin wegen Kriegsverbrechen gegen Kinder in der Ukraine ausgestellt hatte, sagte der Kult-eigene Staatspräsident Xi Jinping, China sei bereit, sich mit Russland zusammenzuschließen, um „die Weltordnung auf der Grundlage des Völkerrechts aufrechtzuerhalten". Dies ist derselbe IStGH, der die eklatante Kriegsverbrechen von psychopathischen westlichen Führern wie Boy George Bush und Tony Blair ignoriert hat. Die NATO und der Westen sind dämonische Kult-Lehnsherren, genau wie Russland und China. Keiner von ihnen interessiert sich für Sie. Sie werden alle von Diktatoren geführt, die dem Kult verantwortlich sind. In der Ukraine selbst haben wir den vom Kult besessenen tyrannischen Diktator Volodymyr Zelensky, der von den Medien und den westlichen Regierungen für die „Verteidigung der Demokratie" gelobt wird, während er jede politische und mediale Opposition verbietet. Die ganze Sache ist eine Varieté-Show. Der Westen hätte die Ukraine und Russland zu einem Friedensabkommen drängen können, das den Konflikt und das Leiden der Ukrainer beendet hätte. Das wäre möglich gewesen, wenn dem Westen wirklich etwas am ukrainischen Volk gelegen wäre. Das tut er aber nicht. Die westlichen Regierungen sind Werkzeuge des Kults, und seine Dystopie wird an allen Fronten durch einen Krieg mit dem Osten unterstützt. Ein weiterer Beweis für die dämonische Kraft hinter dem Weltgeschehen sind all die Kriege, die die Menschheit seit jeher geführt hat, von Pfeil und Bogen über Speere bis zu den heutigen Massenvernichtungswaffen. Vergleichen Sie die Militärausgaben mit den Ausgaben für Menschen in Not. Die Zahlen des Stockholmer Internationalen Friedensforschungsinstituts für das Jahr 2021 beziffern die Militärausgaben der USA auf 801 Milliarden Dollar, Chinas auf 293 Milliarden Dollar, Indiens auf 76,6 Milliarden Dollar, Großbritanniens auf 68,4 Milliarden Dollar und Russlands auf 66 Milliarden Dollar. Dies sind nur die offiziellen Zahlen, die tatsächlichen dürften weit höher liegen. Die Militärausgaben der USA beliefen sich im Jahr 2022 auf 877 Milliarden Dollar, für das Haushaltsjahr 2024 peilt das Weiße Haus 886,4 Milliarden Dollar an. Das sind viele Obdachlose, die untergebracht und viele Hungernde, die ernährt werden könnten.

Kulturrevolution

Wir sollten nie vergessen, dass der Kult keine Grenzen hat. Nationale Grenzen und Länder dienen dem Kult nur zur öffentlichen Wahrnehmung, und im Great Reset sollen auch sie beseitigt werden. Dies ist einer der Hauptgründe für die gesteuerte Massenbewegung von Menschen aus anderen Kulturen in die Vereinigten Staaten und Europa. Zbigniew Brzezinski, Mitbegründer der Trilateralen Kommission, veröffentlichte 1997 ein Buch mit dem Titel „The Grand Chessboard" [dt.: „Das große Schachbrett"], in dem er die entscheidende Bedeutung der Kontrolle Eurasiens hervorhob. Der Titel sagt schon alles. Der Kult betrachtet die Welt als ein Schachbrett und stellt die Figuren in einer Strategie auf, bei der frühe Züge so berechnet werden, dass sie langfristige Auswirkungen haben, die zu späteren Zügen führen. Die amerikanischen und britischen Invasionen in die Länder des Nahen Ostens nach dem 11. September 2001 veranlassten Millionen Menschen, auf der Suche nach Sicherheit nach Norden zu fliehen. Sobald diese Bewegung einsetzte, schlossen sich ihr noch mehr Menschen an, die nicht vor einem Krieg flohen. Sie wurden „Flüchtlinge" genannt, obwohl sie aus rein wirtschaftlichen Gründen umgesiedelt waren. Die Kultstrategie besteht darin, dass, wenn man eine Figur bewegt, andere natürlich der Reihe nach folgen. Das Gleiche geschah in Amerika, als die wirtschaftliche Zerstörung Mittel- und Südamerikas den Wunsch weckte, nach Norden in die Vereinigten Staaten zu ziehen. Sobald dies begann, zunächst langsam, ermutigten und erleichterten die Tarnorganisationen des Kult-Agenten George Soros immer mehr Menschen, bis die vom Kult beherrschte Biden-Administration die Grenze öffnete und kostenlose Gesundheitsversorgung und andere Vergünstigungen anbot, um noch mehr Menschen zu ermuntern. Soros' Organisationen waren auf die gleiche Weise in Europa involviert. Die Ersetzung einer Kultur durch eine andere im Westen – die sogenannte Theorie des großen Austauschs – ist überhaupt keine Theorie.

Es ist eine Tatsache, dass die Zensur der politischen Korrektheit eine öffentliche Debatte verhindern soll. Es passiert, jeder mit offenen Augen kann es sehen, aber wehe, man *sagt*, dass es passiert.

China ist seit langem ein wichtiges Zentrum für Kult-Aktivitäten. Sowohl die Machtübernahme des Parteiführers Mao im Jahr 1949 als auch die darauffolgende Kulturrevolution waren vom Kult getrieben, um eine geschlossene Gesellschaft der totalen Kontrolle zu schaffen, in der ein System der Massenversklavung, das letztlich auf der KI beruhte, ausgebrütet und perfektioniert werden konnte, bevor es auf die Welt losgelassen wurde. Der Westen durchläuft heute dieselbe Kulturrevolution. China ist so tyrannisch geworden, dass die Bevölkerung in Echtzeit von Millionen von Kameras in den Städten überwacht wird, und wir haben gesehen, wie 25 Millionen Menschen in Shanghai unter „Covid"-Beschränkungen in ihren Häusern eingesperrt wurden, wobei einige verhungerten oder Selbstmord begangen, indem sie aus Hochhausfenstern sprangen. China wird von Astraldämonen regiert, die von Astraldämonen des Kults an die Macht gebracht wurden. Sie haben ein „Sozial-Credit-System" entwickelt, bei dem man Bonuspunkte bekommt, wenn man sich regierungsfreundlich verhält. Diese Punkte werden einem wieder abgezogen, wenn man sich abweichend verhält. Wenn man genug Punkte abgezogen bekommen hat, kann man sich nicht mehr in der Gesellschaft bewegen. Man wird aus Zügen und Flugzeugen verbannt (siehe „Impfpässe"). Der „Covid"-Schwindel wurde von China aus verbreitet, wie passend und symbolträchtig. Der Schwindel von einem „Virus", der nie existierte, führte dazu, dass der Westen China immer ähnlicher wurde, mit extremer KI-Überwachung und Beseitigung der Freiheit. „Covid" war computermodelliert und stammte aus einer Genbank, und die Behauptung, es sei aus einem chinesischen Biolabor in Wuhan freigesetzt worden, ist ein weiterer Unsinn, der von der Wahrheit ablenken soll, dass es „Covid" nie gegeben hat. Kultagenten der Regierung weisen unisono auf Wuhan als Quelle von „Covid" hin, nachdem sie dies zuvor bestritten hatten. Große Teile der alternativen Medien kaufen dies ab und zitieren dieselben Agenturen, die sie normalerweise als „Deep State" [„Tiefer Staat"] bezeichnen würden. Es ist immer ein großer Fehler, auf das hereinzufallen, was man hören will.

Die Abfolge beginnt …

Sie erinnern sich sicher noch an die Bilder von Chinesen, die auf der Straße zusammenbrachen, um die westliche Öffentlichkeit zu erschrecken. Haben Sie Bilder von kollabierenden Menschen gesehen, als sich der „Virus" in Europa und Amerika ausgebreitet haben soll? Das Narrativ über den „Virus" und der Masterplan für die globale Abschottungsreaktion kamen aus dem Kult-eigenen China und wurden sofort von der Kult-eigenen Weltgesundheitsorganisation gebilligt, um sklavisch von ahnungslosen und oft inkompetenten Politikern in den Nationalstaaten befolgt zu werden, die von strategisch platzierten Kult-Agenten angeleitet wurden. Die Illusion von „Covid" wurde durch einen Test erreicht, der nicht auf den Virus testete, und durch Sterbeurkunden, die „Covid-19" als Ursache angaben, wenn Menschen innerhalb von 28 Tagen (oder mehr) nach einem Test, der nicht auf den Virus testete, starben. Wann ist das schon einmal vorgekommen? Eine Krankheit wird nur aufgrund eines Tests in den Totenschein eingetragen, wenn man innerhalb von 28 Tagen an einer *anderen Ursache* stirbt, zum Beispiel bei einem Treppensturz, einem Verkehrsunfall oder einer Schussverletzung? Das hat es noch nie gegeben, denn die Existenz des „Virus" musste mit weiteren Wahrnehmungstricksereien verschleiert werden.

Ein ehemaliger Direktor für Sterbebegleitung und leitender Pflegedirektor des Nationalen Gesundheitsdienstes (NHS) des Vereinigten Königreichs meldete sich auf Twitter unter dem Namen „Sai" und enthüllte, wie die „Covid"-Todesfälle erfunden wurden. Ich habe seine Identität und seine Zugehörigkeit zum NHS überprüft. Was er sagte, stimmt mit dem überein, was mir andere seit 2020 erzählten. Er sagte, dass vier Arten von Lungenentzündung zusammen eine der häufigsten Todesursachen in Großbritannien waren, aber plötzlich wurde ein neues medizinisches Überprüfungssystem eingeführt, das alle Todesfälle durch Lungenentzündung, egal welcher Art, als „Covid-19"-Todesfälle einstufte (dasselbe geschah mit der Grippe, die als „Covid-19" bezeichnet wurde). Er sagte: „Patienten, die mit sehr häufigen Erkrankungen wie Herzinfarkt, Nierenversagen im Endstadium, Blutungen, Schlaganfall, COPD [chronisch obstruktive Lungenerkrankung] und Krebs u. a. eingeliefert wurden und starben, wurden nun alle über das Medical Examiner System als ‚Covid-19'-Todesfälle registriert." Die scheinbare „Covid"-Sterblichkeitsrate dürfte offensichtlich sehr hoch ausfallen, wenn vier verschiedene Krankheiten unter der Bezeichnung „Covid-19" zusammengefasst würden. Sai glaubte, dass die „Pandemie" mindestens seit 2016 geplant war, als die Änderung der medizinischen Todesbescheinigung zum ersten Mal vorgeschlagen wurde. Anderen Quellen zufolge, so Sai, gehe die Planung sogar auf das Jahr 2012 oder 2013 zurück. Er sagte mir, dass die Einführung des neuen Diagnosesystems im April 2019 begann, aber viele andere

Krankenhäuser fingen an, es kurz vor „Covid" und dann während der betrügerischen „Pandemie" zu verwenden. Die Krankenhäuser erhielten Anreize, mehr Covid-19-Todesfälle zu melden, da die Regierung den Krankenhäusern für jeden gemeldeten Covid-19-Todesfall zusätzliches Geld zahlte. DAS SYSTEM der medizinischen Prüfer sorgte dafür, dass Covid-19 als Todesursache angegeben wurde. Ich habe Anfang 2020 auf das gleiche Anreizsystem in den Vereinigten Staaten hingewiesen. Krankenhäuser erhielten 4.600 Dollar für jeden Patienten, bei dem eine Lungenentzündung diagnostiziert wurde; für die gleichen Symptome gab es 13.000 Dollar, wenn „Covid-19" bestimmt wurde; und 39.000 Dollar für jeden als „Covid" bezeichneten Patienten, der an ein Beatmungsgerät angeschlossen wurde, das ihn mit ziemlicher Sicherheit töten würde. „Sai" sagte, dass jeder Arzt, der gegen Covid-19 als Todesursache argumentierte, schikaniert und verleumdet wurde. Das (dem Kult gehörende) General Medical Council (GMC) kontrollierte effektiv alle britischen Ärzte, indem es entschied, ob sie weiterhin als Ärzte arbeiten durften. Wer seine Meinung äußerte, riskierte seine Zulassung. Diejenigen, die an den „Virus" und die Theorie vom Leck im Labor von Wuhan glauben, könnten sich fragen, warum es notwendig war, Tests und Totenscheine zu korrigieren, wenn es einen „Virus" oder eine „biologische Waffe" gab. Ein echter „Virus" hätte die Aufgabe ohne all das erledigt. Die Biowaffe ist nicht der „Virus" – es ist die *Impfung*.

Kary Mullis, der Erfinder des PCR-Tests, der kurz vor dem „Covid"-Schwindel starb, sagte öffentlich, dass der Test nicht zur Diagnose einer Viruserkrankung verwendet werden kann. Er könne nicht feststellen, ob man krank ist. Doch genau dafür wurde er eingesetzt, als der psychopathische Lügner, der britische Gesundheitsminister Matt Hancock, behauptete, die PCR-Testergebnisse seien zu 99,9 Prozent genau (und deshalb müsse jeder „positive" Test ein bestätigter „Fall" sein, um die „Covid"-Behauptung voranzutreiben). Im Buch „Die Antwort", das den „Covid"-Schwindel entlarvt, zeige ich auf, wie die PCR-Ergebnisse verfälscht wurden, indem eine PCR-„Amplifikationsrate" verwendet wurde, die viel höher war, als selbst Mainstream-Wissenschaftler für glaubwürdig hielten – je höher die Amplifikationsrate war, desto wahrscheinlicher war ein „positives" Ergebnis. Es ging darum, Tests zu fälschen, um die Illusion von „Covid"-Fällen und „Todesfällen" zu sichern. Pünktlich im Januar 2020 erstellte der deutsche „Virologe"-Betrüger Christian Drosten das „Covid"-Protokoll für den PCR-Test, und dieses wurde sofort von dem Gates-eigenen Tedros bei der WHO ohne Peer-Review für den weltweiten Einsatz beworben und empfohlen. Drosten sollte wegen Verbrechen gegen die Menschlichkeit ins Gefängnis kommen und seine Zelle sollte dreifach verriegelt werden. Später gab er zu, dass sein „Test"-Protokoll ohne Zugang zu dem „natürlichen Virus" aus einem *Computermodell* einer chinesischen *Datenbank* fabriziert wurde.

Mit der Ankunft des fabulös „Covid" verschwand die Grippe in der ganzen Welt (siehe auch Lungenentzündung). Die Grippe mit ihren „grippeähnlichen Symptomen" verschwand rein zufällig, als „Covid" mit seinen „grippeähnlichen Symptomen" offiziell aus China auftauchte. Der Kult-Psychopath Anthony Fauci, der die „Covid"-Kampagne für den Kult in den Vereinigten Staaten leitete, bestand darauf, dass Ärzte jedem, der positiv auf „Covid" getestet wurde, das Medikament Remdesivir verschreiben, wobei es nicht auf „Covid" getestet wurde. Remdesivir war schon vor „Covid" dafür berüchtigt, dass die Einnahme zu mehrfachem Organversagen und zum Tod führen kann. Insbesondere werden die Nieren geschädigt, und die Bauchhöhle beginnt sich mit Wasser zu füllen. Dies wirkt sich natürlich auf die Atmung aus, und wenn der Patient stirbt, wird „Covid-19" auf dem Totenschein vermerkt. Im Vereinigten Königreich überwachte Matt Hancock die Bestellung einer beispiellosen Menge des „End-of-Life"-Medikaments Midazolam, das älteren Menschen in Pflegeheimen hemmungslos verabreicht wurde. Zehntausende alter Menschen starben bei diesem Massenmord – bezeichnet als „Pflege am Lebensende" – und als „erste Welle" von „Covid" benannt wurde. Circa 100.000 WhatsApp-Nachrichten, die 2023 der Ghostwriter von Hancocks eigennützigem „Covid"-Buch an die Medien weitergeleitet hat, belegten die Lügen und Betrügereien, die aus Hancocks Mund und dem der Regierung von Boris Johnson sprudelten, um die Menschen einzuschüchtern, damit sie sich ihrem Abschottungs- und Fake-Impfstoff-Faschismus unterwerfen. Hancock sagte seinen Mitarbeitern, er wolle „alle in Angst und Schrecken versetzen", um die Einhaltung der „Covid"-Beschränkungen sicherzustellen. Der „Covid"-Schwindel war das Werk des rein psychopathischen Bösen, und wir müssen wissen, womit wir es zu tun haben, wenn wir der dämonischen Kult-Verschwörung ein Ende setzen wollen.

Ich habe auf einer semi-alternativen Website gelesen, dass die Enthüllungen von Hancocks WhatsApp-Chats beweisen sollen, dass die „Covid"-Hysterie nicht geplant, sondern das Ergebnis kollektiver Inkompetenz war. Der Autor sagte, dass die Lockdowns direkt von China über die WHO in den Westen gelangten, wo sie schnell zu einem sich selbst verstärkenden Phänomen wurden. „Sie wurden von autonomen politischen und institutionellen Kräften vorangetrieben und nicht von nebulösen globalistischen Verschwörern, und wir haben jetzt mehrere Leaks aus Deutschland, dem Vereinigten Königreich und den USA erhalten, die überall das gleiche Bild zeichnen." Der Autor missversteht völlig, wie die Kult-Verschwörung funktioniert, obwohl er den Ablauf korrekt schilderte, durch den sie zustande kam. Das vom Kult kontrollierte China und die vom Kult kontrollierte WHO legten den Plan für den „Virus" und die Reaktion darauf fest. Inkompetente Idioten, die mit Kult-Funktionären verflochten sind, haben es dann ausgeführt. Es muss nicht hinter jedem Komma und hinter jedem Punkt eine Verschwörung stecken. Wenn man die Dominosteine zum Fallen bringt, erledigt sich der Rest weitgehend von selbst, ohne dass freies Denken, Intelligenz und Integrität im Weg stehen, und wo soll man die in der Regierung finden? Siehe meine Bücher „Die Antwort“ und „Wahrnehmungen eines abtrünnigen Denkers“ sowie meine Präsentationen auf der Ickonic-Medienplattform für eine detaillierte Enthüllung von „Covid“.

Der Reihe nach – Globales China

Der schleichende Prozess hin zur Weltdystopie hat sich schon immer vollzogen, aber mit „Covid“ wurde er für die aufmerksamen Beobachter unübersehbar. Es würde immer den Moment geben, in dem die verborgene Transformation öffentlich zur Schau gestellt wird. Wenn man die Welt des Sichtbaren umgestalten will, dann müssen die Menschen an einem bestimmten Punkt den Wandel auch sehen. Für viele war dieser Punkt „Covid“, und wenn Sie wissen wollen, was von hier an geplant ist, dann schauen Sie nach China. Wir können die Entwicklung hin zu einer immer stärkeren Kontrolle durch Kultur und Führung in China beobachten. Seit Jahrzehnten infiltriert die chinesische Regierung Afrika, Asien, Süd- und Mittelamerika und den Westen durch etwas, das als Neue-Seidenstraßen-Initiative (engl.: The Belt and Road Initiative) bezeichnet wird. Dies geschieht durch die Finanzierung von Infrastrukturprojekten in Entwicklungsländern, die durch Schulden und „Kooperations“verpflichtungen, die Technologieabkommen mit sich bringen, von China abhängig gemacht werden. Auf diese Weise wird versucht, Chinesen in das jeweilige Land einzuschleusen. Die Gouverneurin von Michigan, Gretchen Whitmer, kündigte empört Pläne an, 715 Millionen Dollar aus amerikanischen Steuergeldern für die Gründung eines chinesischen Batterieunternehmens in Big Rapids bereitzustellen, das der Kommunistischen Partei Chinas untersteht. Auf der Website des Unternehmens wurde die Verpflichtung bestätigt, Vertreter der Kommunistischen Partei vor Ort zu haben. Kritiker behaupteten, dass 250-300 chinesische Staatsangehörige dort beschäftigt und in einer örtlichen Universität untergebracht werden sollten. Dies sind die üblichen Auflagen – und viele weitere – für Unternehmen der chinesischen Regierung in anderen Ländern. Nach dem halsbrecherischen Rückzug des amerikanischen Militärs aus Afghanistan bot China den Taliban 10 Milliarden Dollar und eine umfangreiche Infrastruktur als Gegenleistung für den Zugang zu den riesigen Lithiumreserven des Landes an. Lithium wird in Mobiltelefonbatterien, Laptops, Digitalkameras und Elektrofahrzeugen verwendet, was sowohl mit der Cyber-Kontroll-Agenda als auch mit dem Klimawandel-Schwindel zusammenhängt. Seit der Wahl des von den *USA unterstützten*

Kriminellen Lula da Silva besitzt China nun Brasilien und hat sich in Südamerika in Richtung US-Grenze vorgearbeitet. Warum sollte die US-amerikanische Regierung, die offiziell von Joe Biden „angeführt“ wird, Lula bei der Wahl zum Präsidenten unterstützen, wenn schon jeder wusste, dass er ein chinesischer Aktivposten ist? Der Kult.

Sichtbare Zeichen des chinesischen Einflusses sind die Millionen Menschen, die über die Grenze in die Vereinigten Staaten strömen, und die Fentanyl-Opioid-Krise, die zu einer erschreckend hohen Zahl von Todesfällen in den USA führt. Fentanyl gelangt über mexikanische Drogenkartelle über die unbewachte Südgrenze in die USA, hat seinen Ursprung aber in China. Laut US-Behörden starben in einem Jahr zwischen August 2021 und August 2022 insgesamt 107.735 Amerikaner an einer Drogenüberdosis. Zwei Drittel dieser Todesfälle wurden durch synthetische Opioide, hauptsächlich Fentanyl, verursacht, welches als die tödlichste Drogenepidemie in der amerikanischen Geschichte bezeichnet wird. Fentanyl ist 100-mal stärker als Morphium und 50-mal stärker als Heroin und ist die häufigste Todesursache bei Amerikanern im besten Alter zwischen 18 und 49 Jahren. Es sind bereits mehr Menschen an einer Überdosis synthetischer Opioide gestorben als US-Soldaten in den Kriegen in Vietnam, Irak und Afghanistan zusammen. Viele der Millionen illegalen Grenzgänger sind Berichten zufolge zunehmend Chinesen, darunter auch chinesische Truppen, die sich als Migranten ausgeben. Das Gleiche geschieht mit den Migranten in Großbritannien und Europa – junge erwachsene Männer im militärischen Alter, die keine Loyalität zur einheimischen Bevölkerung haben und auf ihre Rolle bei einer Übernahme durch einen Kult vorbereitet werden. Wir haben „französische“ Polizisten, die kein Französisch sprechen und die Öffentlichkeit bei Regierungsprotesten einschüchtern. Ich bin seit den 1990er-Jahren über diesen Plan im Bilde – ausländische Truppen werden verdeckt in Ländern aufgestellt, weil sie kein Problem damit hätten, auf die Bevölkerung zu schießen. China ist das Mittel, mit dem der Kult die Welt erobert, wovor ich schon seit langem warne.

Chinesisch zum Mitnehmen

Die großzügige Finanzierung westlicher Universitäten hat China Zugang zu geistigem Eigentum verschafft, während chinesische Technologien einschließlich Drohnen über verdeckte Hintertüren verfügen, die die Überwachung und das weitere Abschöpfen von geistigen und technologischen Geheimnissen ermöglichen. Die chinesische Regierung verachtet den Westen inzwischen so sehr, dass sie im Jahr 2023 einen „Überwachungsballon“ quer über die Vereinigten Staaten fliegen ließ, und zwar in voller Sichtweite. Sie errichtete geheime „Polizeistationen" in Nordamerika, Europa und andernorts, um Chinesen im Ausland zu überwachen. Chinas globale Internetplattformen, allen voran TikTok, verschaffen dem chinesischen Regime (dem Kult) Zugang zu persönlichen Informationen, die sekündlich von westlichen Nutzern angehäuft werden. So etwas wie unabhängige chinesische Unternehmen gibt es nicht. Sie alle sind eine Fassade für die Regierung, ob sie es wollen oder nicht. Die gleiche Informationssammlung wird von Silicon-Valley-Unternehmen wie Facebook (Meta), Google, YouTube, Apple und einer langen Liste anderer betrieben. Auch sie haben enge Verbindungen zu China, ebenso wie Medienorganisationen, darunter Bloomberg. Es wurden Gesetze vorgeschlagen, um TikTok in den Vereinigten Staaten zu verbieten, aber wie immer steckt der Teufel im Detail, und unter dem Vorwand, die chinesische Plattform zu verbieten, würden die US-Behörden des Deep State enorme neue Befugnisse erhalten, um die freie Meinungsäußerung der Amerikaner zu unterdrücken. China verurteilt öffentlich den „Angriff" auf TikTok, aber auf der Ebene des Kults arbeiten sie alle im selben Team an der globalen Dystopie.

China hat große Flächen an amerikanischem Ackerland aufgekauft, um den Vorrat des Kults unter der Führung von Bill Gates, dem größten Ackerlandbesitzer in den Vereinigten Staaten, zu vergrößern. Das ist perfekt, wenn man die Nahrungskette, die Verfügbarkeit und den Preis kontrollieren will. Unabhängige Landwirte hingegen werden von ihrem Land vertrieben, was in den Niederlanden besonders eklatant ist, wo der vom Kult kontrollierte Ministerpräsident Mark Rutte versucht, das Land tausender Landwirte zu beschlagnahmen. Wenn man die unabhängige Landwirtschaft zerstört und gleichzeitig immer mehr Land für den Anbau von Nahrungsmitteln an sich reißt, hat man die Kontrolle über die Nahrungsmittel, um die Abhängigkeit der Bevölkerung von einigen wenigen zu sichern. Was ist Ruttes Ausrede für dieses Vorgehen? Der Einsatz von Stickstoffdünger bedroht den Planeten durch den *Klimawandel*. Der US-amerikanische „Klimazar" John Kerry, die EU und andere Länder ergreifen ähnliche Maßnahmen gegen Landwirte und Lebensmittel, weil sie global koordiniert sind. Die Zahl der Menschen, die aufgrund von Nahrungsmittelmangel und Energiepreisen hungern, steigt dramatisch an – laut einem Bericht von UNICEF, einer Agentur der Vereinten Nationen, die die *„Klimawandel"-Politik fördert*, die diesen Massenhunger verursacht, ist die Zahl der hungernden Frauen und Kinder in nur 18 Monaten um 25 Prozent gestiegen. Wir haben in den Vereinigten Staaten viele lebensmittelverarbeitende Betriebe als Angriffsziele gesehen, von denen innerhalb eines Jahres mehr als ein Dutzend in Flammen aufgingen, darunter auch der Hauptsitz eines der größten Vertriebsunternehmen für Bio-Lebensmittel. Einige wurden von leichten Flugzeugen getroffen, was ein bemerkenswerter „Zufall" ist. Landwirte meldeten, dass ihre Hühner keine Eier mehr legten, und zig Millionen Hühner wurden auf Anordnung der Regierung wegen der „Vogelgrippe“ getötet, die häufig mit einem PCR-Test „diagnostiziert“ wurde. Das US-Landwirtschaftsministerium meldete im April 2023, dass mehr als 50 Millionen Stück Geflügel geschlachtet worden waren. In Japan und anderen Ländern verlief die Geschichte ähnlich, und es gab die üblichen Warnungen, dass die Krankheit auf den Menschen übergreifen könnte. Ich schätze, es ist besser, sich mit den Lockdowns abzusichern und einen Fake-Impfstoff zu finden. Dann starben *18.000 Kühe* bei einem Brand in Texas. Aber das ist alles nur Zufall, kein Grund zur Sorge.

Seit vielen Jahrzehnten wird die Produktion von Gütern, die oft lebenswichtig sind, von westlichen Konzernen im Besitz des Kults nach China und in den Osten verlagert. Dies hat den chinesischen Kommunisten die Kontrolle über einen Großteil der globalen Lieferkette gegeben. Dieser Wahnsinn wurde mit der vergleichsweise billigen Produktion in China erklärt, aber der wahre Grund ist, dass China alle Trümpfe in der Hand hält. Wir können jetzt verstehen, warum Kritik an China in die Richtung von Transgenderismus und Zionismus geht, weil sie nicht erlaubt ist. Stellen Sie sich die Reaktion und die Konsequenzen für Basketballspieler und -trainer vor, die China kritisieren, wenn die amerikanische National Basketball Association (NBA) auf chinesische Zuschauer angewiesen ist. Die meisten in Amerika verwendeten Antibiotika kommen aus China, und wo werden die meisten Windturbinen und Solarpaneele hergestellt, die uns vor dem Klimawandel retten sollen? In *China*. Die Klimareligion zielt darauf ab, dass der Westen seine Energieversorgungssysteme abbaut, und sagt nichts über China, das der größte industrielle Kohlenstoffdioxidproduzent der Welt ist – mit *Abstand*. China produzierte 2019 schätzungsweise 9.877 Millionen Tonnen („Megatonnen“) CO_2, verglichen mit 4.745 Megatonnen in den Vereinigten Staaten und 644 in Deutschland, wobei das Vereinigte Königreich nicht einmal unter den Top Ten zu finden ist. Währenddessen werden die Straßen Londons von Klima-Kultanhängern blockiert, die über China schweigen.

Das chinesische Militär wird immer stärker, während das amerikanische Militär und die westlichen Streitkräfte im Allgemeinen durch die Infiltration der Woke und den Transfer von Finanzmitteln und Hardware in die Ukraine zum Kampf gegen die russisch-chinesische Allianz geschwächt werden. Chinesische Werften haben in den letzten zehn Jahren fünf Marineschiffe für jedes in Amerika produzierte Schiff in Dienst gestellt. Der chinesische Anspruch auf Taiwan ist ein weiterer Brandherd, der nur darauf wartet, einen Konflikt zwischen Ost und West zu entfachen. China, nicht der Westen, vermittelte ein Friedensabkommen zwischen Saudi-Arabien und dem Iran in ihrem historischen Konflikt über die Feinheiten des Islams – ein weiterer Schritt, um den Westen als Hauptakteur von der Weltbühne zu verdrängen. Was verbindet Russland, Saudi-Arabien und den Iran? Öl und möglicherweise eine neue Weltreservewährung, die den Dollar ersetzen soll. Auf der einen Seite demontiert man die westliche Energieversorgung mit dem Woke-Klimawandel und auf der anderen Seite kapert man die globalen Öl- und Gaslieferungen. Wir sollten nicht vergessen, dass Öl für unzählige andere Produkte verwendet wird, darunter Kunststoffe, Elektronik, Fernseher, Computer, Mobiltelefone, Arzneimittel, Düngemittel, Herbizide, Insektizide, Nylon, Polyester, Acryl, Haushaltsgeräte, Reinigungsmittel, Möbel, Druckertinte und vieles andere. Aber was solls, lasst uns „einfach mit dem Öl aufhören".

KI-Weltarmee

Alles ist vorbereitet für einen Ost-West-Krieg, den China und der Osten gewinnen werden, sei es militärisch oder rein wirtschaftlich. Es geht nicht darum, die Welt an China zu übergeben. Es geht darum, sie dem Kult zu überlassen, dem auch China gehört. Es geht nicht um China im weiteren Sinne – es geht um das System der Massenkontrolle, das in China hinter den Mauern der Mao-Revolution entwickelt und perfektioniert wurde, und um das, was darauf folgte. Ein Ost-West-Konflikt, der schließlich von China gewonnen wird, würde die weltweite Ausbreitung des chinesischen Systems ermöglichen, aber selbst das ist nicht notwendig, um das Ziel zu erreichen. Ein andauernder Konflikt würde die Durchsetzung des chinesischen Systems im Westen mit der Begründung rechtfertigen, dass die Freiheit das erste Opfer eines Krieges sei. Orwells Prophezeiungen beinhalteten einen permanenten globalen Krieg, um eine permanente Unterdrückung auf allen Seiten zu gewährleisten. Es bräuchte nicht einmal einen „Sieger", sondern nur eine Übereinkunft, dass es zur Beendigung aller Kriege eine Weltregierung mit einer einzigen Weltarmee geben muss. Ein „Journalist" fragte mich einmal, welchen Sinn eine Weltarmee hätte, wenn es niemanden zu bekämpfen gäbe. Ich brauchte also nicht zu fragen, was er beruflich macht. Eine Weltarmee hätte die menschliche Bevölkerung zu bekämpfen, oder diejenigen unter ihr, die sich der Diktatur der Weltregierung nicht beugen wollen. Die Ereignisse in der Ukraine sind ein großer Schritt in diese Richtung. Das alles hat nichts mit Ländern oder Nationen zu tun. Sie existieren nicht mehr nach dem Great Reset. Es geht um die Durchsetzung eines globalen Systems der Massenkontrolle, das in China in Vorbereitung auf seine weltweite Installation ausgebrütet wurde. Dieses System basiert darauf, dass die Künstliche Intelligenz zum neuen Gott und zum neuen Meister der 3-D-Wahrnehmung wird.

Ich sage schon seit Jahrzehnten, dass nationale Armeen und eine Weltarmee von KI kontrolliert werden und mithilfe von Robotern und anderen KI-Technologien kämpfen werden, die über Leben und Tod entscheiden werden.

Dies geschieht nun mit zunehmender Geschwindigkeit. Der schwachsinnige Kult-Laufbursche, General Mark Milley, bis 1.10.2023 ein Vorsitzender der Joint Chiefs of Staff im Pentagon, glaubt, dass die mächtigsten Armeen der Welt innerhalb von zehn Jahren von Robotern beherrscht sein werden. Woher weiß ich, dass dies schon so lange bevorsteht? Es ist die Agenda des Kults und wurde im Astral von Anfang an geplant. KI und Robotik sind die Mittel, mit denen Astraldämonen durch die Kontrolle der Technologie direkt auf die 3-D-Projektion einwirken können. Milley sagte:

> „In den nächsten zehn bis fünfzehn Jahren werden große Teile des Militärs der fortgeschrittenen Länder durch Roboter ersetzt werden. Wenn man die Robotik mit künstlicher Intelligenz und Präzisionsmunition und der Fähigkeit, auf Distanz zu sehen, kombiniert, hat man die Mischung für einen wirklich grundlegenden Wandel. Das wird kommen. Diese Veränderungen, diese Technologie ... werden wir innerhalb von zehn Jahren sehen."

Was er nicht erwähnt, ist, dass völlig autonome Tötungsmaschinen geplant sind, um die eigene Bevölkerung ins Visier zu nehmen und zu kontrollieren, wobei auch die Polizei von Robotern ersetzt werden soll. Polizei und Militär würden schließlich in einem zentral gesteuerten globalen Polizei- und Militärstaat verschmelzen, um die Bevölkerung für die dämonische „Elite" in der Gesellschaft der Hungerspiele zu unterdrücken. Für die jetzigen Soldaten und Polizisten wäre es ernüchternd zu erkennen, dass sie nur vorübergehend als Spielfiguren benutzt werden, um dies zu ermöglichen. Es ist geplant, sie durch KI zu ersetzen und ins zivile Leben zurückzuversetzen, um sie wie alle anderen zusammen mit ihren Familien zu versklaven. Wachen Sie auf, Männer und Frauen in Uniform. Hören Sie auf, zu dienen und mit dem Bösen in kaum vorstellbaren Ausmaßen zu kooperieren, denn das ist es, *was Sie gerade tun*.

Astraler Great Reset

Der Plan besteht darin, das chinesische System über die ganze Welt zu verbreiten, und zwar in einem zentral gesteuerten globalen Netzwerk der KI, bei dem es sich um die *astrale* KI handelt, die sich in der 3-D-Projektion abspielt. Die astrale Realität wird in der 3-D-Realität gespiegelt, und das eine spiegelt das andere immer stärker wider. Das bedeutet, dass die Wahrnehmung der Göttlichen Funken an beiden Enden der 4-D/3-D-Rückkopplungsschleife gleich wird, um ein Gefühl der Hilflosigkeit zu erzeugen, das den Geist bricht und dazu führt, dass sie sich völlig in der Fantasie verlieren. Astrale Göttliche Funken tauchen in eine Illusionsebene nach der anderen ein, und die 3-D-Projektion durchläuft denselben Prozess. Künstliche Intelligenz, das Metaverse und die Absorption der Wahrnehmung im Cyberspace sind allesamt auftauchende Ebenen der Illusion, die den in der Simulation gefangenen Göttlichen Funken in einem noch größeren Ausmaß von seiner wahren Identität trennen. Was wie eine Verschwörung des Kults aussieht, um die Welt zu kontrollieren, ist das astrale WLAN-Feld, das zu einer illusorischen *Erfahrung* des Kults decodiert wird, der sich verschworen hat, die Welt zu kontrollieren. Selbst der Kult ist auf dieser Ebene des Gewahrseins eine Illusion. Es ist *alles* Illusion. Alles, jede einzelne Schwingung. Klaus Schwab, Bill Gates, die Rockefellers und Rothschilds existieren nur als ein Informationsfeld, das in die illusorische holografische Realität decodiert ist. Es ist *alles* KI. Nur der Göttliche Funke und die Unendliche Realität existieren.

Ich habe jahrzehntelang beobachtet, wie der Kult die menschliche Gesellschaft umgestaltet, und es wurde immer deutlicher, dass dies auf keinen Fall allein von Kult-Agenten, die an einem Tisch sitzen und ihren nächsten Schritt beschließen, organisiert und durchgesetzt werden kann. Es musste viel größer und raffinierter sein als das. Und das ist es auch. Die Simulation ist mit der 3-D-Transformation auf Wellenform-Ebene verschlüsselt, und die in der 3-D-Welt projizierten menschlichen Körperschablonen verschlüsseln diese Informationen in die holografische Realität. Wir decodieren unser eigenes Gefängnis und die globale Dystopie. Nicht-Spieler-Charaktere werden dies als Teil der Simulation ganz selbstverständlich tun, und auch die wichtigsten Kultanhänger sind reine KI, die darauf programmiert sind, ohne Empathie oder emotionale Konsequenzen zu tun, was sie tun. Sie werden als Psychopathen und Narzissten gesehen, aber in Wirklichkeit sind sie KI, die darauf programmiert wurden, psychopathisch und narzisstisch zu sein. Ich habe bereits erwähnt, dass ich Menschen gesehen habe, die als Narzissten bezeichnet wurden und darüber sprachen, wie sich dies auf sie auswirkt. Sie sagen, sie hätten nicht die üblichen emotionalen Reaktionen und müssten sie vortäuschen, um so zu reagieren, wie es Nicht-Narzissten erwarten würden. Sehen Sie sich die Rede von Tony Blair nach dem Tod von Prinzessin Diana an, wenn Sie sehen wollen, wie jemand Gefühle vortäuscht. Ich sage nicht, dass alle Psychopathen und Narzissten reine KI sind, aber ich sage, dass das Fehlen emotionaler Konsequenzen wesentlich ist, um das zu tun, was die Kultanhänger tun, und dass KI-Programme mit einem astralen Klick, Klick, Enter(taste) mit psychopathischen und narzisstischen Zügen verschlüsselt werden können. Das Problem für Jaldabaoth und seine Dämonen sind Göttliche Funken – UNENDLICHES GEWAHRSEIN IM GEWAHRSEIN SEINER SELBST. Sie werden für Loosh und Kreativität gebraucht, haben aber auch das Potenzial, die Illusion zu durchschauen und die Simulation aufzulösen, indem sie erkennen, was sie ist und was *sie* sind. Die Matrix verschwindet, wenn wir kollektiv aufhören zu glauben, dass sie real ist. Jaldy und seine Dämonen setzen *ihren* Willen durch, ohne den Anschein zu erwecken, dass sie dies tun und ohne die Göttlichen Funken auf ihre Notlage und ihre wahre Identität aufmerksam zu machen. Es muss so aussehen, als sei es der Wille menschlicher Autoritäten oder die „Führung" von „göttlichen Wesen", „Meistern" und „Ältesten" in der Geistigen Welt. Einige dieser „Meister", die die „Entwicklung der Seele" durch 3-D-Inkarnationen unterstützen, könnten aufgrund ihrer eigenen Simulationsprogrammierung durchaus glauben, dass sie es sind. Das Verstecken von Jaldabaoth ist in der 3-D-Welt besonders einfach, weil die Körperschablone das Gefühl von Realität in die Grenzen des sichtbaren Lichts zwängt. Ereignisse können als zufällig, natürlich oder willkürlich erklärt werden, um eiskaltes Kalkül zu verbergen.

Die globale Transformation und die Abläufe, die zu ihr führen, sind in der 3-D-Simulationsprojektion aus dem Astral verschlüsselt. Wenn man sie sich selbst überlässt, werden die Körperschablonen dem Programm folgen. Scheinbare Abläufe, die von „A" nach „Z" verlaufen, sind verschlüsselt, um die Illusion zu erzeugen, dass man sich willkürlich „vorwärts" bewegt, hauptsächlich durch Reaktionen auf diese zufälligen Ereignisse. 9/11 passiert und die Welt verändert sich. „Covid" passiert und die Welt verändert sich. Aber sie sind nicht zufällig. Sie sind so programmiert, dass sie passieren, und der Kult ist das KI-codierte Gerät, um sie abzuspielen. Das Unwägbare ist die Wahrnehmungsreaktion der Göttlichen Funken und ob sie aus ihrer induzierten Illusion erwachen und dem Programm *ihren* Willen aufzwingen. Wenn dies der Fall ist, wird das Programm außer Kraft gesetzt und das Spiel ist vorbei – „Der Geist der Prädatoren ist barock, widersprüchlich, verdrießlich und erfüllt von der Angst, jeden Moment entdeckt zu werden". Einige Göttliche Funken wachen nicht auf, andere sehen nur 3-D-Ebenen der Manipulation oder glauben an die Verbindung mit der Geistigen Welt in der Simulation. Nur sehr wenige sehen, dass *alles* Manipulation ist – der ganze verdammte Haufen davon. Dies als „Individuum" zu sehen, wird Sie von hier aus in die Unendlichkeit bringen, aber ich möchte, dass dies für so viele Göttliche Funken wie möglich geschieht. Ich wache jeden Tag auf, um auf dieses Ziel hinzuarbeiten. Wenn man den „spirituellen Krieg", von dem manche sprechen, beiseitelässt, haben wir es mit einem Kampf um die Wahrnehmungsdominanz zwischen der Simulations-KI und dem Bewusstsein des Göttlichen Funken zu tun. Letzteres ist viel mächtiger und hat das Potenzial, sich mit der *existierenden* Unendlichkeit zu verbinden, im Gegensatz zu Jaldabaoth und den KI-Dämonen in ihrer *nichtexistierenden* „Endlichkeit". Göttliche Funken können schlafende Zuschauer bleiben, während das KI-Simulationsprogramm seinen Kurs in Richtung Dystopie verfolgt. Oder sie können erwachen und die

Simulation beenden. Es werden viele Tricks angewandt, um die Aufmerksamkeit abzulenken und dem Dystopieprogramm zu ermöglichen, sein Ziel zu erreichen. Ständige Umwälzungen und Gründe für Angst und Furcht vor Kriegen, Engpässen, fabrizierten politischen und kulturellen Spaltungen sind ein Teil davon. Sie sollen sich auf einzelne Bäume konzentrieren, damit sie den Wald nicht sehen. Ein weiterer „Trick" geschieht überall um uns herum, jeden Tag in zunehmendem Maße, und passenderweise ist es die flutartige Einführung von KI.

Schwarmintelligenz der Menschheit

Der Wahrnehmung der Göttlichen Funken wird nun eine Realität der totalen Kontrolle mit neuen Ebenen der KI-Täuschung präsentiert – zusätzliche „Labyrinthe", um den Sinn für Realität und Identität zu verwirren. Göttliche Funken können ihre menschliche Wahrnehmung durch ihren Aufmerksamkeitsfokus, den wir Seele nennen, beeinflussen. Es kann eine Verbindung zwischen Göttlichen Funken und menschlichem Verhalten geben, wobei der Fokus der Göttlichen Funken in die 3-D-Welt projiziert wird, um die Gehirnaktivität zu beeinflussen. Der Plan ist nun, diese Verbindung zu unterbrechen und die Göttlichen Funken zu vollwertigen Zuschauern des Dramas zu machen. Im Folgenden werde ich aufzeigen, wie diese Welt aus der Perspektive des Göttlichen Funkens als „Mensch" aussehen sollte. Stellen Sie sich eine Gesellschaft vor, in der es keine menschlichen (Göttlichen Funken) Gedanken gibt und alle Wahrnehmungen und Verhaltensweisen von einer künstlichen Intelligenz diktiert werden, die selbst zentral gesteuert wird. Stellen Sie sich eine Menge von Computern vor, die alle mit einem Computer verbunden sind, der entscheidet, was auf den Bildschirmen (Wahrnehmungen) aller anderen erscheint. Übertragen Sie dieses Bild auf eine menschliche Version, in der alle Gehirne in einem KI-Netzwerk verbunden sind und von einem zentralen Punkt aus gesteuert werden, damit alle auf dieselbe Weise denken und wahrnehmen. Die KI kontrolliert die Simulationsrealität und wie das Gehirn sie decodiert. Sie macht die Göttlichen Funken zu bloßen Loosh-produzierenden Zuschauern, die annehmen, dass sie keinen Einfluss auf das haben, was sie zu erleben *glauben*. Ich beschreibe die Schwarmintelligenz, vor der ich seit Jahrzehnten warne, als den ultimativen Plan des Kults und seiner Dämonen. Ein solches Szenario ist nicht mehr nur auf Science-Fiction beschränkt. Es wird jeden Tag um uns herum aufgebaut. Der Plan ist, uns in Archonten zu verwandeln. Laurence Galian schreibt in „Alien Parasites: 40 Gnostic Truths to Defeat the Archon Invasion":

> „Während die Archonten nicht physisch auf dem Planeten Erde landen können, können sie ihre Gedanken telepathisch und ihre Bilder holografisch projizieren. Sie sind Experten darin, Simulationen aller Art zu schaffen, die eure Wahrnehmung umkehren und verfälschen, und auf diese Weise schaffen sie eine archontische Umkehrung. Archonten sind Betrüger par excellence. Sie leben in bienenstockartigen Strukturen. Sie ähneln eher Robotern als lebenden Wesen, da es ihnen an Intentionalität und Vorstellungskraft mangelt. Mit anderen Worten, sie befolgen Befehle wie eine Armee von Robotern."

Die Idee ist, dass die Menschen ohne den Einfluss des Göttlichen Funkens zur *gleichen* Schwarmintelligenz „Armee von Robotern" werden. Dies ist bereits bei den Nicht-Spieler-Charakteren der Fall, aber es geht hier um die Wahrnehmung und den Einfluss des Göttlichen Funkens. Ray Kurzweil, der Google-Manager und Zukunftsforscher, sagt seit vielen Jahren offen, dass das menschliche Gehirn um das Jahr 2030 mit einer KI verbunden sein wird und dass die KI ab diesem Zeitpunkt immer mehr vom menschlichen Denken übernehmen wird, bis das menschliche Denken „vernachlässigbar" ist. In Wirklichkeit sagt er, dass die Archonten-KI-Schwarmintelligenz immer mehr vom menschlichen Denken übernehmen wird, bis das menschliche Denken (die Wahrnehmung des Göttlichen Funkens) unbedeutend wird (Abb. 145). Kurzweil hat vorausgesagt, dass die „Singularität", wenn die künstliche Intelligenz die menschliche Intelligenz übertrifft, bis 2045 eintreten könnte. Der Kult ist dazu übergegangen, seine KI-Absichten nicht mehr zu verbergen, sondern sie zu verkaufen. Seit langem sage ich, dass die Zeit kommen wird, in der der Kult seine Ambitionen nicht mehr in vollem Umfang geheim halten kann. Wenn man versucht, die Gesellschaft umzugestalten, muss ein Punkt kommen, an dem diese Umgestaltung so offensichtlich ist, dass es lächerlich wäre, sie zu leugnen. Die Tatsache, dass so viele immer noch nicht sehen können, was vor ihnen liegt, offenbart das Ausmaß des Schlafs, der möglich ist; aber man kann es nicht vor den langsam Erwachenden verbergen und geht von der Geheimhaltung zum Verkauf über. Man erzählt den Menschen, dass die Verbindung ihrer Gehirne

Abb. 145: Ray Kurzweil – Frankensteins Vertriebsprofi.

mit der künstlichen Intelligenz und das Eintauchen in den Cyberspace sie „übermenschlich“ machen wird, obwohl die Idee ist, sie zu Untermenschen zu machen – zu Unter-Göttlichen-Funken. Die Technologie wurde gezielt eingeführt, um die Bevölkerung in die Fänge der technologischen Kontrolle zu locken. Es begann mit dem Mobiltelefon, gefolgt von „intelligenten“ Geräten, die man in der Hand hält und bei sich trägt, und jetzt stehen wir an der Schwelle zur massenhaften Einführung von KI-Technologie in unseren Körper. Ich sage „an der Schwelle“, aber wir sind schon viel weiter als das. Denken Sie an die „Covid“-Impfungen, die ich gleich in den richtigen Zusammenhang stellen werde. Wir sind in einem lächerlich kurzen Zeitraum von der Abwesenheit persönlicher Kommunikationstechnologien zur völligen Abhängigkeit von ihnen übergegangen, sei es ein Computer, ein Smartphone oder ein tragbares Gerät. Dieser Prozess wurde sorgfältig eingefädelt oder vielmehr in der Simulation verschlüsselt.

Abhängigkeit vom Internet

Wir sind in fast allen Bereichen auf das Internet angewiesen. Was kann man heute in Dem System tun, ohne eine Internetverbindung zu benötigen? Unter diesen Umständen ist es ernüchternd zu wissen, dass das Internet das Ergebnis von Militärtechnologie ist und dass die Organisation, die sich rühmt, es ermöglicht zu haben, die technologische Entwicklungsabteilung des Pentagon, DARPA, ist (Abb. 146). Das Internet ist vom Kult entwickelt worden, um die Wahrnehmung des Göttlichen Funken zu umgarnen. Man macht die Menschen von seiner Schöpfung abhängig, und wenn die Falle erst einmal zugeschnappt ist, kontrolliert man alles und jeden, wobei der Göttliche Funke das eigentliche Ziel ist.

Abb. 146: Eine der wichtigsten Quellen für die transhumane Agenda.

Das Internet wurde eingeführt und als Mittel zur weltweiten Kommunikation und als Informationsquelle verkauft. Zu diesem Zeitpunkt war es gut und ein Segen für Leute wie mich, die über DVDs und Handzettel hinaus kommunizieren wollten, um für spärlich besuchte Veranstaltungen zu werben. Das war die „Catch-em“-Phase, die dem Kult vielleicht nicht gefiel, aber sie war notwendig für das, was noch kommen sollte. Damals gab es keine Zensur dessen, was man veröffentlichen wollte, und andere Kommunikationsquellen waren noch weit verbreitet, wenn auch nicht so effektiv, um eine große Zahl von Menschen zu erreichen. Die Kontrolle der Informationen wurde durch den Einsatz von KI-Algorithmen immer effektiver, da immer mehr Kommunikation ins World Wide Web verlagert wurde. Nun konnte man effizienter als je zuvor diktieren, was die Menschen sehen und hören sollten. Die massenhafte Verlagerung der Kommunikation ins Internet brachte das Ende früherer Quellen mit sich, entweder in ihrer Gesamtheit oder in ihrer Reichweite. Von den großen Internetplattformen gelöscht zu werden, bedeutete nun, aus dem Blickfeld von Millionen, ja Milliarden von Menschen zu verschwinden.

Mega-Internetkonzerne sind nicht zufällig aus dem Nichts entstanden. Wenn Sie die Hintergründe von Google (Eigentümer von YouTube), Facebook und Co. recherchieren, werden Sie den Einfluss der DARPA und des technologischen Entwicklungsarms der CIA, In-Q-Tel (IQT), finden. Ich habe die Hintergründe des Internets und seiner Hauptspieler in anderen Büchern dargelegt. Ein verräterisches Zeichen für ein dem Kult gehörenden Unternehmen ist, wenn es aus dem Nichts auftaucht und phänomenale Summen an Finanzmitteln anzieht, obwohl es Jahr für Jahr keine Gewinne macht. Amazon ist ein eklatantes Beispiel dafür. Solche Unternehmen müssen nicht wie ihre Konkurrenten auf den Gewinn achten. Sie können ohne Konsequenzen weiterhin große Verluste machen. Die Kohle ist immer da. Das enorme wirtschaftliche Gefälle zwischen den Gewinnbringern und den Nichtgewinnbringern bedeutet, dass die Kult-eigenen Firmen ständig expandieren und, wenn nötig, Konkurrenten aufkaufen können. Die Konzerne des Kults haben in ihrer Entwicklungsphase keine Zensur ausgeübt. Dies hätte das Interesse an ihrer Nutzung verringert. Sie warteten, bis sie eine Marktdominanz, ja fast ein Monopol erreicht hatten, bevor sie das taten, was schon immer geplant war: Massenzensur derjenigen, die irgendeinen Aspekt der Agenda des Kults für die Welt aufdecken. Das ist der Grund, warum Menschen von großen Internetplattformen gelöscht wurden, weil sie den „Covid"-Schwindel, den Klimawandel-Schwindel und die verheerenden Auswirkungen der Fake-Impfstoffe infrage gestellt haben. Das ist der Grund, warum Amazon jetzt den Buchvertriebsmarkt dominiert und maßgeblich entscheiden kann, was verkauft wird und was nicht. Sie werden sehen, dass die Zensur bei Amazon zunehmen wird, da der Kult versucht, jede abweichende Meinung zum Schweigen zu bringen.

Ist Musk die Ausnahme? Äh – *nein*

Man könnte auf eine Ausnahme hinweisen, nämlich auf Twitter [jetzt X] seit der Übernahme durch Elon Musk im Jahr 2022. Diese Sichtweise birgt jedoch einige ernsthafte Probleme. Elon Musk ist von seiner DNS her ein Technokrat, und sein Großvater Joshua Haldeman war in den 1930er-Jahren der Anführer der technokratischen Bewegung in Kanada, wo sie als Gefahr eines Umsturzes der Regierung verboten wurde. Haldeman siedelte nach Südafrika über, wo Musk geboren wurde. Technokratie ist die Bezeichnung für eine Regierung, die von Bürokraten, Technokraten, Wissenschaftlern, Ingenieuren und medizinischen „Experten" und nicht von gewählten Politikern kontrolliert wird. Was „medizinische Experten" bedeuten, haben wir in den Jahren der „Covid"-Lockdowns und bei der Einführung des Fake-Impfstoffs gesehen. Die Bewegung von Joshua Haldeman erklärte, dass „überholte gesellschaftliche Institutionen den Fortschritt blockierten und die Politiker beiseitegeschoben werden sollten, so wie zuvor Alchemisten und Astrologen der Wissenschaft Platz gemacht hatten". In ihrem Manifest heißt es: „Der moderne gesunde Menschenverstand fordert nun die Naturwissenschaften und die Technik auf, ihre Grenzen zu erweitern." Der russische Schriftsteller Jewgeni Zamjatin verurteilte unter Berufung auf seine Erfahrungen im Russland nach der Revolution und in der Sowjetunion die technokratische Philosophie und sah eine Gesellschaft voraus, in der die Menschen nur noch Nummern und keine Namen mehr sind, sondern Rädchen in einer „riesigen industriellen Maschine". Dies ist die vom Kult angestrebte unpolitische Gesellschaft, in der die Menschen Nummern, nicht Namen, und Rädchen in einer riesigen KI-Maschine sind.

Es stimmt, dass ein Mensch nicht allein nach seinen familiären Verbindungen beurteilt werden sollte, und das tue ich bei Musk auch nicht. Es geht um viel mehr als das. Elon Musk steht hinter einer Reihe von Unternehmen, die alle die Agenda des Kults vorantreiben. Da ist Neuralink, das versucht, das menschliche Gehirn mit Computern zu verbinden; Tesla mit seinen Elektrofahrzeugen und autonomen Gefährten; Tesla stellt auch „Mikrohäuser" her, in denen die Menschen nach dem Great Reset leben sollen; und da ist SpaceX, das Zehntausende von Satelliten in niedriger Umlaufbahn startet, um jeden Zentimeter des Planeten mit 5G, 6G und 7G zu beschießen, um die KI-Cloud zu bilden, mit der die Menschen verbunden sein sollen (siehe Ray Kurzweil). Musk wird als Außenseiter DES SYSTEMS angepriesen, obwohl er ohne das Geld des Kults und die kolossalen Zuwendungen der Regierung längst erledigt wäre. Erstaunlich, wie ein „Außenseiter" diese Quadratur des Kreises schaffen kann. Außerdem sollen wir glauben, dass ein Kult, der bereits Twitter und dessen Inhalte kontrolliert, plötzlich die Kontrolle an einen Mann abgeben würde, der sich selbst als

„Absolutist der freien Rede“ bezeichnet. Sie haben ihm sogar gedroht, ihn vor Gericht zu bringen, um den Kauf durchzusetzen. Es wurde viel über die „Twitter-Akten“ berichtet, die Musk später veröffentlichte, um die Kontrolle der Twitter-Inhalte zu enthüllen, die zuvor von Teilen des Deep States, einschließlich des bis in die Fingerspitzen korrupten FBI, ausgeübt wurde. Dies wurde in Teilen der alternativen Medien als Bestätigung dafür gewertet, dass Musk ein guter Kerl auf der Seite des Volkes ist. Ich würde sagen, es zeigt etwas anderes, das den Musk-Kauf in ein anderes Licht rückt. Okay, es bestätigt also, was wir wussten, dass der Deep State (eine Ausdrucksform des Kults) bei Twitter das Sagen hatte. Warum haben sie dann, nachdem sie sich die Kontrolle gesichert hatten, diese einfach an den besagten „Absolutisten der freien Meinungsäußerung“ Elon Musk weitergegeben?

Wir müssen sehr vorsichtig sein, dass hier nicht ein Betrug im Gange ist, der Musk zu einem Volkshelden macht, der potenzielle Kult-Opposition in Sackgassen und Schluchten lenken kann. Ich beobachte, dass Musk regelmäßig von vielen alternativen Medienplattformen zitiert wird, als sei das, was er sagt, „systemfeindlich“, und er wird sogar mit „Elon“ angesprochen, wie man es mit einem Freund tun würde. Meiner Ansicht nach werden die alternativen Medien in ihrer Wahrnehmung gekapert, und Musk ist ein Teil davon. Ich werde am Ende des Buchs mehr dazu sagen. Musks lächerliches Profil als leuchtendes Licht der Freiheit erreichte einen neuen Höhepunkt mit einem zweiteiligen Interview in der *Tucker-Carlson-Show* auf *Fox News*, in dem er vor den Gefahren der KI und dem Verlust der Freiheit warnte, während er gleichzeitig ein Aktivposten des Deep States ist, der KI benutzt, um die Welt zu kapern und die Freiheit zu löschen. Musk wurde den kritischen Zuschaurn als „einer von uns“ vorgestellt. Carlson sagte, nachdem er 2023 von Rupert Murdoch bzw. *Fox News* gefeuert wurde (weil er die Wahrheit berichtete), dass er seine Show auf Twitter zurückbringen würde. Carlson hat im Laufe der Jahre großartige Arbeit geleistet, indem er politische Korruption und die Woke-Agenda aufgedeckt hat, aber er und wir müssen sehr vorsichtig sein, dass die Opposition gegen den Kult nicht von Funktionären des Kults korrumpiert und gekapert wird. Musk mag in dem Carlson-Interview vor KI gewarnt haben, aber er nutzte die Gelegenheit, um „sein“ neuestes KI-Projekt zu bewerben. Ich weiß nicht, wie man das noch offensichtlicher machen könnte, außer dass Musk den Begriff „Betrüger“ auf die Stirn geschrieben bekommt.

Ich kann Ihnen aus meiner langjährigen Erfahrung als Rechercheur bestätigen, dass sich Kult-Agenten in Situationen, in denen sie das Ergebnis nicht kontrollieren können, sehr unwohl fühlen. Kontrollfreaks sind immer von Unsicherheiten geplagt, weshalb sie alles kontrollieren wollen. Sie kommen mit Zuständen des Wandels und unvorhersehbaren Ergebnissen nicht zurecht, und um diesen Makel abzumildern, versuchen sie, alle Seiten zu kontrollieren.

Wegen der Reaktion des Göttlichen Funkens gelingt ihnen das nicht immer, aber sie versuchen es immer wieder. Die Unsicherheit des Kults rührt von der Unsicherheit seiner dämonischen Meister her, die in ständiger Angst leben, entlarvt zu werden und ihren essenziellen Loosh-Vorrat zu verlieren. Manche mögen sagen: Moment mal, du hast gesagt, der Kult ist KI, warum sollten sie also unsicher sein? Aber wie gesagt, sie sind keine KI, wie wir sie uns *vorstellen*. Sie sind eine fortgeschrittene KI mit einer *Form* des Bewusstseins, die von ihrer Realität und den Reaktionen des Göttlichen Funkens beeinflusst wird und versucht, ihnen ihr Programm aufzudrängen. Stellen Sie sich ein Programm vor, das über ein Bewusstsein verfügt, das weiß, wenn sein Programm bedroht ist oder nicht nach Plan funktioniert (Agent Smith in den „Matrix"-Filmen). Der Modus Operandi des Kults besteht darin, alle Seiten zu kontrollieren – für und gegen das, was die Dämonen wollen –, damit sie das Ergebnis diktieren können. Kult-Funktionäre, die sich als „einer von uns" ausgeben, wie Musk und Trump, sind dazu da, die echte, wenn auch naive Opposition zum glorreichen Scheitern zu führen. Seit dem Auftauchen von Trump und Musk als Verfechter der „Freiheit" hat sich der Kult auf die alternativen Medien und die alternative Denkweise eingeschossen. Die Idee war es, sie zu übernehmen und die Grenze des Engagements auf „hierher und nicht weiter" zu bestimmen.

Musk ist ganz sicher kein Verfechter der „absoluten Meinungsfreiheit", auch wenn es so aussieht. Twitter kündigte an, sogenannte „Hassreden" herabzustufen und sie hinter einer Warnung zu verstecken, die lautet: „Sichtbarkeit eingeschränkt: Dieser Tweet verstößt möglicherweise gegen Twitters Regeln gegen Hassreden." Wer definiert „Hassrede"? Sie tun es. „Anstößige" Tweets werden von Suchergebnissen, Trends und empfohlenen Beiträgen ausgeschlossen, wobei auch andere Sanktionen möglich sind. Twitter sagte, dass diese Richtlinie in den kommenden Monaten auf andere anwendbare Bereiche ausgeweitet wird. Matt Taibbi, ein Journalist, den Musk gebeten hatte, die „Twitter-Akten" zu analysieren, verließ Twitter, nachdem alle Links und Tweets zu Substack, das die Heimat vieler zensierter Autoren geworden ist, eingeschränkt wurden. Taibbi kehrte ein paar Tage später zurück. In einem Forbes-Artikel heißt es:

> „Musk wurde von einigen als Verfechter der freien Meinungsäußerung gefeiert, als er im Oktober 2022 Twitter kaufte. Aber es wurde schnell klar, dass die Social-Media-Plattform eher als sein persönliches Lehnsgut dienen würde, denn als eine Plattform, die von kohärenten Prinzipien geleitet wird."

Den Befürwortern von „Musk-ist-ein-Held-der-Redefreiheit" dämmerte die Realität, als er Linda Yaccarino, eine hochrangige Führungskraft von NBCUniversal, zur CEO von Twitter ernannte. Yaccarino ist Vorstandsvorsitzende des Weltwirtschaftsforums von Klaus Schwab und leitet die Taskforce des WEF zur

Zukunft der Arbeit. Außerdem ist sie Mitglied des Lenkungsausschusses der Gouverneure der Medien-, Unterhaltungs- und Kulturindustrie und engagiert sich in anderen WEF-Initiativen. Yaccarino wurde von einer Website als „eine impfende, Masken tragende WEF-Globalistin" bezeichnet. Sie ist auch ein Fan der Zensur. Musk sagte, Yaccarino werde sich in erster Linie auf das operative Geschäft und die Umwandlung von Twitter in eine „Alles-App" namens X konzentrieren, die offenbar dem chinesischen WeChat nachempfunden sein soll. Wie passend. Teile des alternativen Spektrums können so naiv sein. An ihren TATEN sollt ihr sie erkennen und nicht an ihren Worten.

Geimpft mit KI

Die Hysterie, alle Menschen mit dem „Covid"-Fake-Impfstoff zu impfen, kann nun in den richtigen Kontext gestellt werden. Es ging nie darum, die Menschen vor „Covid" zu schützen. Warum sollte sich ein Kult, der das Leben von Menschen verachtet, die er für eine minderwertige Spezies hält, um deren Gesundheit kümmern? Der französische Philosoph Albert Camus (1913-1960) sagte: „Das Wohl des Volkes ist immer ein Vorwand der Tyrannen." Die Fake-Impfstoff-Ampullen enthalten synthetisches Genmaterial und Nanotechnologie, die sich im Körper selbst repliziert und zusammensetzt, um kristalline Nanoröhren und andere technologische Systeme zu bilden (Abb. 147, Abb. 148 und Abb. 149). Diese wurden zunächst nur bei den mit Fake-Impfstoffen Geimpften gefunden, jetzt aber auch bei den nicht Geimpften infolge des „Sheddings" oder Kontaktübertragung von einem Mensch zum anderen. Mit Fake-Impfstoffen werden diese Strukturen als verschlüsseltes Potenzial injiziert und beginnen sich im Körper zu entfalten. Sie werden dann durch 5G und andere elektromagnetische Phänomene aktiviert, um die Verbindung zwischen dem Körper und der KI über das 5G-, 6G-, 7G-Strahlungsfeld oder die Cloud herzustellen. Auf diese Weise infiltriert die KI den Körper und das Gehirn, um die dämonische Schwarmintel-

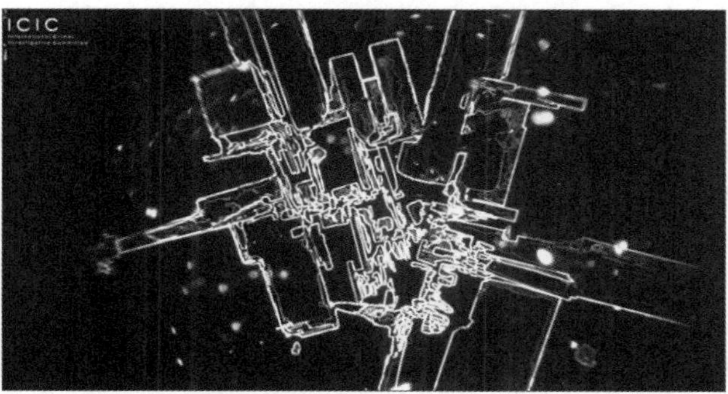

Abb. 147: Selbstorganisierende Strukturen, wie sie sich im Körper von mit Fake-Impfstoffen geimpften Menschen und auch von nicht mit Fake-Impfstoffen geimpften Menschen durch den „Shedding"- oder Übertragungsprozess bilden.

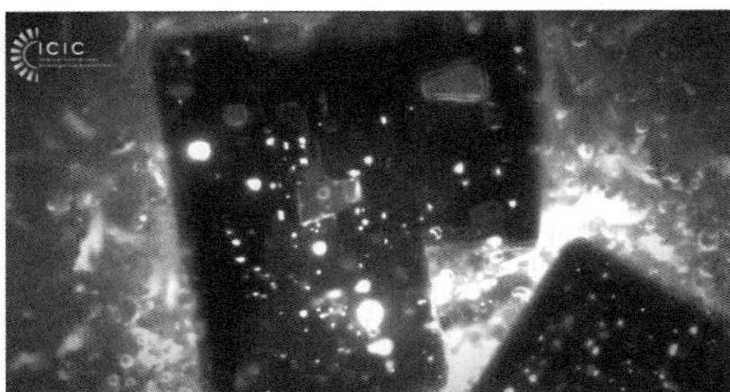

Abb. 148: Vergrößerte Strukturen, die sich im Blut bilden.

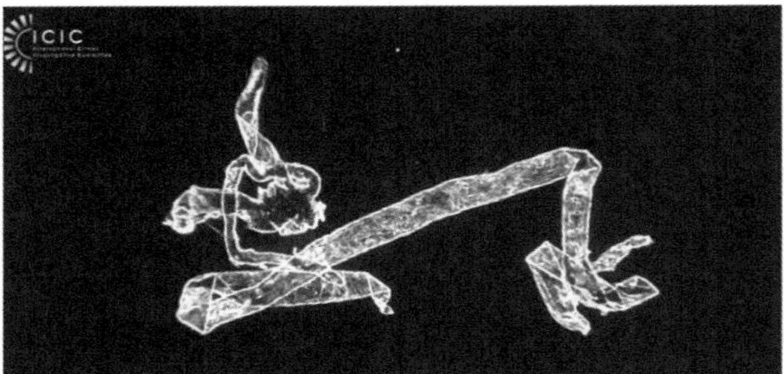

Abb. 149: Was macht das im Körper nach einer „Covid"-Fake-Impfung?

ligenz zu schaffen und den Wahrnehmungseinfluss des Göttlichen Funkens zu blockieren. Kristalline Strukturen können zur Frequenzkommunikation und zur Stromerzeugung durch den sogenannten piezoelektrischen Effekt genutzt werden, womit sich ein System selbst mit Energie versorgen kann. Unter die Haut eingebettete reiskorngroße Mikrochips sind ein Ablenkungsmanöver von dem, wie es wirklich gemacht wird. Als Elon Musk gefragt wurde, ob die Verbindung seines Neuralink-Chips mit dem menschlichen Gehirn einen chirurgischen Eingriff erfordere, antwortete er: „Nicht unbedingt, es geht auch durch Venen und Arterien." Ach, wie bei *Impfungen*? Was für ein manipulativer Betrüger ist dieser Mann. Er ist ein Strohmann, ein Schauspieler und absolut nicht das „Genie", für das er in kriecherischen und erbärmlichen Interviews mit Leuten wie Joe Rogan gehalten wird.

Ich habe dies in anderen Büchern ausführlich dargelegt und möchte mich hier auf (a) den Grund für die Nanotechnologie und (b) das synthetische Genmaterial konzentrieren. Technologie durch eine Impfnadel in den Körper einzubringen, mag für manche unmöglich klingen, aber „nano" bedeutet „nano" und liegt im Bereich von etwa 1 bis 100 Nanometern. Um dies in einen Kontext zu setzen: Ein Nanometer ist ein milliardstel Meter; ein Blatt Papier ist etwa 100.000 Nanometer dick; ein Zoll hat 25.400.000 Nanometer; ein menschliches Haar ist etwa 80.000-100.000 Nanometer dick; und ein Nanometer ist etwa so lang wie Ihr Fingernagel in einer Sekunde wächst. Ähm, das ist klein. Fake-Impfstoffe verändern die Natur des Blutes dramatisch, und mit Hilfe der Nanotechnologie werden selbstreplizierende Systeme gebaut (Abb. 150). Ein wichtiger Grund dafür ist die Verbindung von Gehirn und Körper mit der „Cloud", von der Ray Kurzweil ständig spricht und an deren Entstehung Elon Musk beteiligt ist. Die 3-D-Projektion ist elektromagnetisch und die Cloud ist technologisch erzeugter

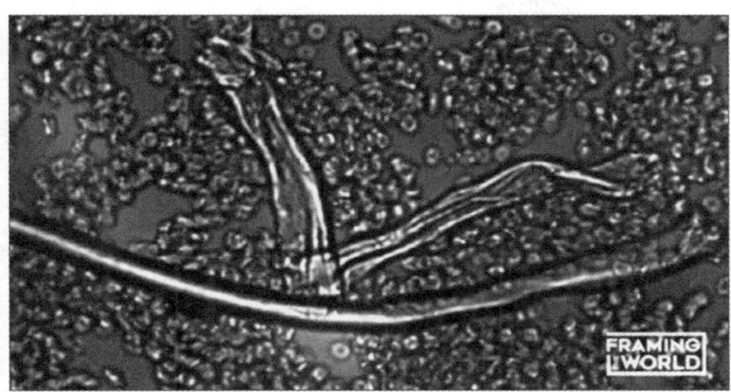

Abb. 150: Nanoröhrchen im Blut geimpften Personen.

Elektromagnetismus. Der Plan, der sich jetzt abspielt, besteht darin, die Hirn-Körper-Verbindung mit der Cloud herzustellen, die zur Zentralsteuerung der Wahrnehmung wird und gleichzeitig die Kopplung mit dem Göttlichen Funken und dem Unendlichen Gewahrsein zu blockieren.

Die Abstrichstäbchen des „Covid-Tests" scheinen sicherlich ein Teil davon zu sein. Die Verunreinigungen auf den Tupfern ließen bei Kontakt mit der Schleimhaut scharfkantige Kunstfasern oder Röhrchen-Strukturen zurück. Solche Tupfer wurden Millionen von Menschen, darunter auch Schulkindern, in die Nase gesteckt. Einem Bericht aus Bratislava in der Slowakischen Republik zufolge hat eine Laboranalyse der Tupfer ergeben, dass sie Nanotechnologie enthalten, die bei der Durchführung des Tests in den hinteren Teil der Nase in der Nähe des Gehirns eingeführt wird. Dies zielt auf die Verbindung mit der Zirbeldrüse ab, welche als „drittes Auge" bekannt und Teil der Verbindung des sechsten Sinnes mit der erweiterten Realität ist. Die Analyse soll zwischen November 2000 und März 2021 durchgeführt worden sein. Hierbei wurde auf den Stäbchen neben Nanotechnologie noch Lithium und Hydrogel gefunden, das von Pentagons DARPA als Transportsystem für die „Covid"-Fake-Impfstoffmoleküle entwickelt wurde. Lithium ist ein Mittel zur Emotionskontrolle und ein *elektrischer Leiter*. In dem Laborbericht heißt es, dass Fasern sichtbar wurden und begannen, sich zu replizieren und zunehmend komplexe kristalline fraktale Muster zu bilden, sobald der Inhalt des Tupfers mit organischen Flüssigkeiten vermischt wurde. Bei diesen Strukturen könnte es sich um Sender-Empfänger-Nano-Antennen handeln. Es heißt, dass Lithium für die Zirbeldrüse hochgiftig ist. In niedrigen Dosen kann Lithium die Aktivität der Zirbeldrüse blockieren, in hohen Dosen kann es sie zerstören. Aluminium und Quecksilber, die in Impfstoffen verwendet werden, haben ähnliche toxische Wirkungen. Fluoride im Trinkwasser und in der Zahnpasta verkalken die Zirbeldrüse, worauf ich schon seit Jahrzehnten hinweise. Das Muster, die Zirbeldrüse ins Visier zu nehmen, um die Wahrnehmung zu isolieren, lässt sich erkennen, wenn man bedenkt, dass diese Drüse, wie es im Bericht heißt, das „Glückshormon" Serotonin produziert, den Biorhythmus steuert und für die höheren Gehirnaktivitäten wie Kreativität, Intuition, den sechsten Sinn und soziale Interaktion entscheidend ist. In dem Bericht wurde die Sorge geäußert, dass diese Technologie die Menschen in steuerbare „Bio-Roboter" verwandeln könnte, was ich schon seit langem befürchte. Die Autoren behaupteten, dass das Medikament Ivermectin, das zur Zielscheibe gemacht worden ist und für die „Covid-Behandlung" in Krankenhäusern verboten wurde, diese kristallinen Strukturen offenbar auflöst. Der detaillierte Bericht kann nicht vollständig überprüft werden, da das genaue Labor nicht genannt wurde, aber die Ergebnisse werden durch andere Analysen der Stäbchen gestützt.

Wenn man sich die Simulation als ein Labyrinth vorstellt, um die Wahrnehmung zu verwirren, dann ist die Cloud ein weiteres Labyrinth, um noch mehr Verwirrung zu stiften, und das entstehende Metaverse ist ein weiteres Labyrinth, um das Bewusstsein immer tiefer in die Cyberspace-Realität und immer weiter weg von der Unendlichen Realität zu locken. Sie fügen Ebenen von Fälschungen hinzu, um den Göttlichen Funken in noch extremere Zustände der Illusion zu verstricken. Eine davon ist die „augmentierte Realität" oder AR [Anm. d. Ü.: Augmentierte Realität wird im Allgemeinen als die Anreicherung der Realität mit künstlichen virtuellen Inhalten verstanden; dabei kommt es zu einer Verschmelzung der Realität mit der Virtualität], die die virtuelle Realität der „realen Welt" mit der virtuellen Realität des Computers als schleichenden Totalitarismus zur vollständigen Integration verbindet. Versuchen Sie sich daran zu erinnern, dass Sie ALLES WAS IST, WAR UND JE SEIN KANN sind, wenn Sie sich in einem Labyrinth der Wahrnehmung innerhalb eines Labyrinths innerhalb eines Labyrinths befinden, das niemals endet. Es geht auch darum, noch effektiver und effizienter Loosh zu produzieren. Kult-Frontmann Klaus Schwab hat 2023 auf dem *Weltregierungsgipfel* über diese Themen gesprochen. Das ist lustig, wenn ich seit den frühen 1990er-Jahren den Plan für eine Weltregierung aufdecke und er als „Verschwörungstheorie" abgetan wird. Doch hier sprach einer der Architekten der Weltregierung auf dem Weltregierungsgipfel, der seit 2013 jährlich in Dubai stattfindet und mehr als 90 Redner aus 150 Ländern mit mehr als 4.000 Teilnehmern anzieht. Ja, das ist nur eine Theorie. Wie auch immer, Schwabs Thema war KI und er sagte:

> „... Künstliche Intelligenz, aber nicht nur künstliche Intelligenz, sondern auch das Metaverse, Near-Space-Technologien und ich könnte noch viel weiter gehen – Synthetische Biologie. Unser Leben in zehn Jahren wird völlig anders sein, es wird sich sehr stark verändern, und – wer diese Technologien beherrscht, wird in gewisser Weise der Herr der Welt sein."

Nein, Herr Schwab, nicht „in gewisser Weise", sondern in der Art und Weise, die ich beschreibe. Auf diese Weise wollen sie „Herr der Welt" werden. In Kapitel zehn werde ich den Bezug zur Synthetischen Biologie erläutern, die als „ein sich schnell entwickelndes Gebiet, das darauf abzielt, neue biologische Systeme zu entwickeln, die in der Natur noch nicht existieren oder bestehende Systeme von

Grund auf neu zu entwerfen“ definiert wird. Schwab spricht auch vom Metaverse, das von Mark Zuckerberg, dem Laufburschen des Kults, so stark vorangetrieben wird, dass „er“ (wie es hier heißt) den Namen „seines“ Unternehmens von Facebook in Meta geändert hat. Das Metaverse steckt noch in den Kinderschuhen und ist noch lange nicht da, wo es sein soll. Man sollte den jetzigen Stand nicht als die Grenze dessen betrachten, was geplant ist. Das Metaverse ist der Beginn einer weiteren Ebene der Falle, die Wahrnehmung im Cyberspace zu absorbieren und den Göttlichen Funken weiter in das Vergessen zu stürzen. Es wird behauptet, es sei eine digitale Version der menschlichen Realität (die selbst eine digitale Simulation ist). Büroräume, Immobilien, Ereignisse und Situationen werden durch ein „digitales Gegenstück“ gespiegelt und jede Person wird im Cyberspace durch einen digitalen „Avatar“ repräsentiert. Das Metaverse wird als eine Erweiterung und Verschmelzung der „realen Welt“ beschrieben (eine „reale Welt“, die nicht real ist). Wenn das verwirrend klingt, dann ist das auch so gewollt. Je mehr Ebenen der Scheinwelt geschaffen werden können, desto tiefer tauchen die Göttlichen Funken in die Illusion ein. Die nächste Generation der 3-D-Virtuellen-Realität soll sogar ein Headset überflüssig machen. Lei Gong, der ein Forschungsteam der University of Science and Technology of China leitete, sagte, dass sie eine hohe Tiefenauflösung anstreben, die unerlässlich sei, um Hologramme dreidimensional erscheinen zu lassen, und dass dies „eine bessere 3-D-Darstellung ohne ein 3-D-VR-Headset“ ermöglichen könnte. Yuval Noah Harari ist Professor für Geschichte an der Hebräischen Universität in Jerusalem und KI/Technologie-Berater von Schwab beim Weltwirtschaftsforum. Er wird als „Zukunftsforscher“ bezeichnet, genau wie Ray Kurzweil und als „Philosoph für die Eliten“ tituliert. Auch er griff das Thema auf, dass die Herren der Welt die Zukunft durch die Kontrolle der Daten bestimmen. Er sagte auf dem Weltwirtschaftsforum 2018:

> „Die Kontrolle über die Daten könnte es den menschlichen Eliten ermöglichen, etwas noch Radikaleres zu tun, als digitale Diktaturen zu errichten. Durch das Hacken [wie bei einem Computer] von Lebewesen könnten die Eliten die Macht erlangen, die Zukunft des Lebens selbst neu zu gestalten, denn wenn man etwas hacken kann, kann man es normalerweise auch manipulieren. Und wenn es uns tatsächlich gelingt, das Leben zu hacken und zu manipulieren, wäre das nicht nur die größte Revolution in der Geschichte der Menschheit, sondern die größte Revolution in der Biologie seit Anbeginn des Lebens.
>
> Die Wissenschaft ersetzt die Evolution mittels natürlicher Selektion durch die Evolution mittels intelligenten Designs. Nicht der intelligente Entwurf eines Gottes über den Wolken, sondern unser intelligenter Entwurf.“

Hinter dem Ablenkungsmanöver „die Macht erlangen“ weiß Harari, dass genau dies der Plan ist. Er sagt Ihnen, was geplant ist, indem er vorhersagt, was passieren „könnte“ (Abb. 151). Ich habe gesehen, wie Harari von Russell Brand, der sich selbst als „radikal“ bezeichnet, vor Publikum interviewt wurde. Was für eine Gelegenheit, ihn in die Mangel zu nehmen, aber ihm wurde nicht einmal eine einzige herausfordernde Frage gestellt. Es gibt Menschen, die sich mit dem System anlegen, und andere, die es für ihre eigenen Zwecke ausnutzen.

Abb. 151: Wenn Harari Ihnen sagt, was passieren könnte, wissen Sie, dass es so geplant ist.

Synthetische Menschen

Wir kehren zurück zur mRNS oder Boten-RNS, dem synthetischen Genmaterial des Fake-Impfstoffs, die Moderna als „Betriebssystem“ bezeichnet. Je mehr Fake-Impfstoffe gespritzt werden, desto synthetischer wird ihr Körper. Ich sagte bereits, dass einer der am schnellsten wachsenden Bereiche der Mainstream-Wissenschaft die Synthetische Biologie oder SynBio ist. Viele Punkte werden nun miteinander verbunden. Die Dämonen und ihr Kult in der 3-D-Projektion haben mit der Umwandlung des menschlichen Körpers von dem, was wir als biologische Einheit bezeichnen („Mensch 1.0“) in einen viel synthetischeren Zustand („Mensch 2.0“) begonnen. Der neue Mensch würde sich nicht fortpflanzen und wäre weder männlich noch weiblich. Er würde kein Geschlecht haben. Die Fortpflanzung der „Spezies“ würde technologisch erfolgen, wie es der Insider-Autor Aldous Huxley 1932 in seinem Buch „Brave New World“ [dt.: „Schöne Neue Welt“] beschrieb. Die Technologie der künstlichen Gebärmutter, die er in seinem dystopischen „Roman“ beschreibt, ist heute Realität. Solche Prophezeiungen sind möglich, wenn man Zugang zum Kult-Web hat, wo man über die Agenda und die technologischen Möglichkeiten Bescheid weiß, die der Allgemeinheit voraus sind. Dies sind die „zwei Welten“, über die ich bereits geschrieben habe. Der Körper ist ein holografischer biologischer Computer, der mit genügend Wissen fast unbegrenzt manipuliert werden kann. Stammzellen können so programmiert werden, dass sie sich in jede beliebige Zelle verwandeln,

Abb. 152: Verändere die Codierung und die Stammzellen werden zu jeder beliebigen Zelle.

einschließlich Spermien (Abb. 152). Wissenschaftler haben Mäuse mit zwei leiblichen *Vätern* gezüchtet, indem sie *Eizellen* aus *männlichen* Stammzellen herstellten. Diese Technologie könnte es in Zukunft gleichgeschlechtlichen Paaren ermöglichen, leibliche Kinder künstlich zu zeugen. Ich hab's ja gesagt, schreit Huxley. Die Arbeit wurde von Katsuhiko Hayashi an der Kyushu-Universität in Japan geleitet, der als „Pionier auf dem Gebiet der im Labor gezüchteten Ei- und Samenzellen" gilt. Offenbar ist Frankenstein ein Kollege von ihm.

Aldous Huxley schrieb über das Ende der Elternschaft und darüber, dass technologisch erzeugte Kinder vom Staat aufgezogen werden. Jetzt wird der *wahre* Grund für die Forderung deutlich, Begriffe wie Mutter und Vater, Mama und Papa fallen zu lassen. Die rasche Marginalisierung der Eltern, wenn sie die Entscheidungsgewalt über ihre Kinder an Schulen, Sozialdienste und andere Behörden verlieren, ist ein totalitärer Vorgeschmack auf das, was kommen wird. Männer werden seit langem von politisch korrekten Woke-Anhängern der „toxischen Männlichkeit" bezichtigt und zunehmend an den Rand der Mainstream-Gesellschaft gedrängt (vor allem, wenn sie weiß sind). Als dies begann, sagte ich, dass der Kult sich als nächstes die Frauen holen würde. Das Wissen um die Agenda machte dies zu einer einfachen Prophezeiung. Mit einem geschlechtslosen, sich nicht fortpflanzenden Menschen braucht man *weder* Männer *noch* Frauen. Nun werden auch die Frauen zugunsten der Transgender-Tyrannei an den Rand gedrängt. Diejenigen, die noch ihre baumelnden Teile haben, dürfen gegen Frauen in Sportarten antreten, in denen Stärke der entscheidende Faktor ist, was einen fairen Wettbewerb unmöglich macht. Alles, was sie tun müssen, ist zu erklären, dass sie sich als Frau identifizieren, und schon haben sie Zugang zu Frauenumkleideräumen, -toiletten und -gefängnissen. Wer sich dagegen wehrt, wird als „transphob" beschimpft, so wie diejenigen, die sagen, dass „all lives matter" [alle Leben zählen] als Rassisten verurteilt werden. Sportliche Rekorde von Frauen werden mit lächerlichem Vorsprung gebrochen, und den echten Frauen wird das Recht auf einen fairen Wettbewerb verweigert; aber seit wann ist der Kult fair? In der schönen Neuen Welt des Great Resets

Abb. 153: „Brian" gewinnt einen Schönheitswettbewerb für „Frauen". Ich wette, Sie können nicht erraten, welche der Mädels er ist.

spielen Frauen wie Männer keine Rolle mehr. Die transsexuelle stellvertretende US-Gesundheitsministerin Rachel Levine (geboren als Richard Levine) wurde von *USA Today* zur *Frau* des Jahres gekürt; ein Typ in einem Kleid namens Brian Nguyen gewann den Schönheitswettbewerb Miss America Greater Derry; Alba Rueda, eine transsexuelle argentinische Politikerin, wurde im Weißen Haus mit dem International *Women* of Courage Award ausgezeichnet. Das ist alles kalkulierte Propaganda und Wahrnehmungsprogrammierung. Schauen Sie sich „Brian" im Vergleich zu seinen anderen „Konkurrentinnen" an, und Sie werden sehen, wie offensichtlich das ist (Abb. 153).

Trans-Menschen wird suggeriert, sie seien eine unterdrückte Gruppe, die ständig in Gefahr ist, obwohl das eindeutig nicht stimmt und das Gegenteil der Fall ist. Kann man seinen Job verlieren, wenn man sagt, dass man die Transgender-Verstümmelung von Kindern unterstützt? Nein, man verliert seinen Job, wenn man sagt, dass es falsch ist. Dennoch gibt es eine wachsende extremistische Bewegung innerhalb der Transgender-Gemeinschaft, die Gewalt befürwortet, um ihre Ziele zu erreichen, und dies mit der Notwendigkeit rechtfertigt, „uns selbst zu schützen". Audrey Hale, eine biologische Frau, die behauptete, ein Mann zu sein, „beschützte" sich selbst, indem sie Ende März 2023 drei Kinder und drei Erwachsene in der Christian Covenant School in Nashville, Tennessee, erschoss. Die Medienreaktion auf den Mörder war weit weniger feindselig als üblich. Sie reduzierte sich schließlich auf die übereinstimmende Aufforderung von Regierung und Medien nach einem Waffenverbot in den USA. Uns wurde gesagt, dass Hales christliche Eltern die neue Identität und die Pronomen „er/sie" nicht akzeptieren konnten. Wow, das ist schrecklich. Dann sollte man besser ein paar Kinder umbringen. Einige Tage zuvor hatte der staatliche Radiosender *National Public Radio* (*NPR*) einen Bericht über die Notwendigkeit, Transgender zu bewaffnen, um sich zu schützen, ausgestrahlt. Das ist derselbe *NPR*, der rund um die Uhr Woke-Propaganda verbreitet und sich an vorderster Front für Waffenkontrolle für alle anderen einsetzt. Ich mag keine Waffen und ich will auch keine, aber es lohnt sich zu fragen, warum die Hysterie, Waffen in Amerika zu verbieten, wo doch die Behörden zunehmend bis zum Zahnschmelz bewaffnet sind. Die Geschichte zeigt, dass auf die Waffenkontrolle in der Regel eine faschistische/kommunistische Tyrannei folgt. Es ist viel einfacher, eine unbewaffnete Bevölkerung zu unterdrücken, scheint die Schlussfolgerung aus diesem Thema zu sein. Eine weitere Frage ist die Auswirkung von Transgender-Drogen auf die Psyche, die jetzt wie Konfetti verteilt werden. Dies ist von großer Bedeutung, wenn man das außerordentliche Ausmaß an Aggression gegen jeden sieht, der eine andere Meinung vertritt, und insbesondere gegen Frauen, die versuchen, ihre Rechte zu verteidigen, für die sie so lange kämpfen mussten.

Der senile Psychopath Joe Biden reagierte auf die Morde mit einer Rede, die er mit einer unverschämten Bemerkung über seine Liebe zu Eiscreme und süßen Kindern in seinem Publikum begann, danach nutzte er die Tragödie aus, um seine (des Kults) Waffenkontrollagenda voranzutreiben. Später rief er einen „Transgender Day of Visibility“ aus und sagte: „Transgender-Amerikaner prägen die Seele unserer Nation.“ Biden rief die Menschen dazu auf, „gemeinsam mit uns das Leben der Transgender-Menschen zu verbessern“, deren „Stimmen in unserem Land zu stärken und auf die Beseitigung von Gewalt und Diskriminierung gegen alle Transgender, geschlechtsuntypischen und nicht-binären Menschen hinzuarbeiten“. Seine Pressesprecherin, die arrogante, schwachsinnige Karine Jean-Pierre, sagte, ihr „Herz schlage für die Trans-Gemeinschaft, da sie gerade angegriffen werde“. Können Sie sich vorstellen, wie sich die Eltern dieser drei Kinder und die Angehörigen der Erwachsenen gefühlt haben, als sie das hörten? Ich würde diese Regierungsvertreter als krank bezeichnen, aber das wäre nur eine Feststellung des Offensichtlichen. Keine Empathie, kein Mitgefühl, wie narzisstischen Psychopathen eben sind. Die vielleicht kränkste aller Reaktionen auf die Morde kam von Madonna. Sie kündigte Tage nach dem Massenmord in Nashville durch eine Trans-Person an, dass sie einen Konzertstopp in *Nashville* einlegen würde, um Geld für Transgender-Organisationen zu sammeln. Dieser Frau ist nicht mehr zu helfen.

Transgender-Geigen

Transgender-Aktivisten sind an die Spitze der politischen Korrektheit gelangt, weil der Transgenderismus ein wesentlicher Trittstein – auf Zehenspitzen – zur *Geschlechtslosigkeit* ist. Die heutigen Kinder werden die Erwachsenen sein, die den geschlechtslosen Menschen begeistert umarmen, wenn dieser Prozess vollständig abgeschlossen ist. Darauf werden sie wahrnehmungsmäßig vorbereitet (der Göttliche Funke wird wahrnehmungsmäßig vorbereitet). Das Stadium vor der *Fusion* der Geschlechter ist die *Kon*fusion der Geschlechter, und

Abb. 154: Dragqueens werden vom Kult eingesetzt, um Kinder und ihre Wahrnehmung des Geschlechts zu verwirren.

so wird uns gesagt, dass es zwischen 70 und 100 verschiedene Geschlechter gibt. Der Kult schert sich nicht um die Ansichten älterer Menschen wie der meinen. Wir werden nicht mehr hier sein, wenn der Übergang zum Menschen 2.0 seinen Abschluss findet. Die Jugend ist das Ziel, und es wird klar, warum die Transgender-Indoktrination in Schulen und Universitäten ein solches Ausmaß erreicht hat, wobei die vom Kult kontrollierten Woke-Lehrergewerkschaften voll dabei sind. Das ist der Grund, warum Kinder von klein auf mit Dragqueens in Kleidern, sogar mit Bärten konfrontiert werden, die ihnen hochgradig sexualisierte Geschichten vorlesen und fast nackt herumstolzieren. Wenn Sie die Geschlechter in den Köpfen kleiner Kinder verwirren wollen, dann rufen Sie nach einer Dragqueen (Abb. 154). Sind wir so naiv, es für einen Zufall zu halten, dass die Behörden weltweit zur gleichen Zeit auf die Idee kamen, Dragqueens auf die Jugend einschließlich Babys loszulassen? Die Transgender-Agenda ist global – was ist also die koordinierende Macht und warum? Wenn man diese Fragen stellt, dämmert einem die Realität. Ein in Tokio ansässiges Unternehmen mit einer ausgeprägten japanischen Tradition verkauft inzwischen geschlechtsneutrale Badeanzüge. Das Kult-Gender-Fusion-Programm infiltriert alles. Transgender-Aktivisten glauben, es ginge nur um sie, dabei sind sie ahnungslose Handlanger in einem Spiel, das sie nicht verstehen. Ihre Fäden werden gezogen. Die große Mehrheit sind Marionetten, aber die Hauptspieler wissen genau, was hier abgeht. Glauben wir wirklich, dass die Milliardäre des Kults, die die Transgender-Explosion finanzieren und sie durch Regierungen, Unternehmen, Schulen, Universitäten und Medien fördern, sich um Transgender sorgen? Ebenso wenig wie um Schwarze.

Eine Umfrage in den Vereinigten Staaten enthüllte den wahren Grund für die enorme Zunahme der Zahl junger Menschen, die sich mit einem anderen Geschlecht identifizieren. Die Zahlen stiegen in allen Bundesstaaten, aber überproportional in jenen mit demokratischen Regierungen, wo Transgenderismus hysterisch gefördert wird. Wäre der Anstieg der Transgender-Zahlen ein natürliches Phänomen, gäbe es keinen Unterschied zwischen den einzelnen Staaten. Es gibt aber einen, weil er nicht natürlich ist. Sie wird durch das Ausmaß der Indoktrination angetrieben. Der Pronomenirrsinn, bei dem uns gesagt wird, dass wir eine einzelne Person als „sie/ihn“ bezeichnen sollen, ist ein weiterer Aspekt der Programmierung und der Einschüchterung der Menschen, damit sie akzeptieren, dass 2+2 = 5,460 ist. Kinder und Jugendliche werden ermutigt, den Weg der Transgender zu gehen. Eine Umfrage im Jahr 2023 ergab, dass mehr als 50 Prozent der transgender und nicht-binären Jugendlichen in den Vereinigten Staaten im vergangenen Jahr ernsthaft über Selbstmord nachdachten, sowohl bei den Demokraten als auch bei den Republikanern. Die Programmierung ist allgegenwärtig und es wird nicht versucht, sie zu verbergen. Nike ließ einen Mann namens Dylan Mulvaney, der behauptet, eine Frau zu sein, für einen Sport-BH und andere Sportbekleidung für Frauen werben. Bud Light tat dasselbe und beide Unternehmen lösten eine Gegenreaktion in der Öffentlichkeit aus, die diesen programmierten Wahnsinn, der darauf abzielt, die Geschlechterwahrnehmung zu zerstören, satthat. Mulvaney ist „ein TikTok-Influencer und Performer“, was auch immer das sein mag. Das ist die Person mit Gehänge, die Videos macht, in denen er sagt, wie besorgt „sie“ ist, dass ihre „Periode“ zu spät kommt. Entweder braucht der Kerl ernsthafte Hilfe oder er macht sich nur lustig. Auf jeden Fall passt es dem Kult, diesen Schwachsinn zu fördern.

Der Kult nutzt jede Gelegenheit, die sich dem Publikum bietet, um seine Agenda des Wahnsinns und der Dystopie voranzutreiben. Am liebsten tut er das, wenn das Publikum eher jung ist. Wir hatten einen singenden Kerl namens Sam Smith, der bei der Grammy-Verleihung 2023 eine „Performance“ zum Thema satanische Rituale aufführte. Es wird immer offensichtlicher, dass sich die Trans-Agenda in eine Agenda zur Förderung des Satanismus verwandelt (das ist bereits der Fall), und die Folgen werden schrecklich sein. Smith möchte, dass man ihn mit they/them anspricht, aber er soll sich verpissen. Die Rolle, die er – wissentlich oder nicht – bei der Programmierung der Jugend spielt, ist eine verdammte Schande, und das gleiche gilt für die gruselige Madonna. Ich habe ein Interview mit Smith gesehen, in dem er sagte, er fische gern und wolle als „Fischerihnen“ [Fisherthem] bekannt sein. Wie bei Mulvaney lacht er entweder über uns, oder er braucht Hilfe. Das Thema, die Jugend mit allen Aspekten der Kult-Agenda ins Visier zu nehmen, gilt auch für den Sport und insbesondere für den Football, der in Amerika das größte Publikum anzieht. Wir hatten schon Fußballmannschaften, die zu Ehren der vom Kult geschaffenen Black Lives Matter auf die Knie gingen. Die englischen Fußballspieler und andere bei der Weltmeisterschaft 2022 in Katar wollten Regenbogen-Armbinden tragen, bis man ihnen sagte, dass dies gegen die Wettbewerbsregeln verstoße. Bei einem englischen Pokalfinale bestand das Bedürfnis, beide Mannschaften vor einer ukrainischen Flagge fotografieren zu lassen. Das ist alles kalkulierte Programmierung und Manipulation bis hin zum Singen der Nationalhymne mit der Forderung „regiert“ zu werden. Ihr wollt regiert werden? Okay, wird gemacht.

Mensch 1.0 – der Genozid

Neben dem Prozess der Entwicklung des Menschen 2.0 durch die Infusion von synthetischem Genmaterial ist es notwendig, den Menschen 1.0 aus dem Verkehr zu ziehen. Der „Covid"-Fake-Impfstoff kommt wieder ins Spiel. Ärzte und Wissenschaftler mit Integrität und Intelligenz (deprimierend wenige) warnten vor den Gefahren für die Fruchtbarkeit. Ich sah damals den Zusammenhang mit dem Auslaufen von Mensch 1.0 – die Warnungen erwiesen sich als prophetisch. Viele Ärzte und Wissenschaftler haben sich zu diesem Thema geäußert, nachdem sie die Folgen in Form von Fehlgeburten, Totgeburten, Unfruchtbarkeit und schwerwiegenden Auswirkungen auf die Menstruation beobachtet hatten. Die Superpsychopathen des Big-Pharma-Kartells des Kults (im Bunde mit dem Militär) haben nicht einmal versucht, die Gefahren zu ermitteln, bevor der Fake-Impfstoff an schwangere Frauen verabreicht wurde. Sie wussten, dass ordnungsgemäße Studien verheerend gewesen wären, und mit einer Agenda zur Entvölkerung und synthetischen Menschen waren zwei zum Preis von einem viel zu gut, um sie zu verpassen. Man verhindert eine Geburt, verabreicht potenziell tödliches oder gesundheitsschädigendes Material oder beginnt mit dem Übergang zum synthetischen Menschen, je nach Reaktion auf die Impfung. Im Buch „Die Antwort" habe ich ausführlich über die Gefahren der Impfung berichtet und darüber, wie mutige Mediziner und Wissenschaftler den Tod und das Chaos vorhersagten, das seitdem eingetreten ist und weiterhin andauert. Jahr für Jahr ist die Zahl der Todesfälle in die Höhe geschnellt, und die Vertuschung geht immer noch weiter. Die bis zum Knochenmark korrupte *BBC* musste im Januar 2023 in einer Schlagzeile zugeben, dass „die Übersterblichkeit im Jahr 2022 eine der höchsten in den letzten 50 Jahren war", versicherte uns aber, dass es keine Beweise dafür gebe, dass der Fake-Impfstoff ein Faktor sei. Nach der Einführung des Fake-Impfstoffs sterben plötzlich sehr viel mehr Menschen, und es gibt keine Beweise dafür, dass die zwei Faktoren in irgendeiner Weise zusammenhängen. Wie die Mitarbeiter von *BBC News* und der Rest der Medien sich noch im Spiegel ansehen können und dann noch die Frechheit besitzen, „Journalist" als ihren Beruf anzugeben, ist mir unbegreiflich. Unglaublich arrogant und schwachsinnig zu sein, muss dabei helfen, denke ich.

Eine von vielen begutachteten Studien, die Schwangerschaftsdaten analysierten, veröffentlichte ihre Ergebnisse Anfang 2023. Die internationale Studie verglich die Auswirkungen eines Grippeimpfstoffs über 282 Monate mit dem Fake-„Covid"-Impfstoff über nur *18 Monate*. Die Ergebnisse waren außergewöhnlich. Es gab einen 1.200-prozentigen Anstieg schwerer Menstruationsanomalien, einen 57-prozentigen Anstieg von Fehlgeburten und einen 37-prozentigen Anstieg von fötalen Todesfällen und Totgeburten. Darüber hinaus traten 15 weitere schwere Schwangerschaftskomplikationen auf, die alle weit über die offiziellen Sicherheitsrichtlinien hinausgehen. Dr. James Thorp, ein amerikanischer Geburtshelfer und Gynäkologe, der an der Erstellung des Berichts mitgewirkt hat, sagte, dass die weltweite Verbreitung der experimentellen „Covid"-Impfungen „der größte Verstoß gegen die medizinische Ethik in der Geschichte der Medizin, vielleicht der Menschheit" sei. Ich könnte viele ähnliche Studien zitieren, die dieselbe schreckliche Geschichte erzählen – eine Geschichte von kalkuliertem Massenmord durch Kult-Insider, Funktionäre und nicht hinterfragende Idioten, die gemeinsam diesen Genozid durch Impfung möglich gemacht haben. Die Verabreichung des Fake-Impfstoffs war schon abscheulich genug, aber selbst nachdem die Auswirkungen bekannt waren, rieten die Behörden weiterhin schwangeren Frauen, sich impfen zu lassen, ebenso wie den Kleinstkindern bis hin zu den Säuglingen. Psychopathen und Idioten in der britischen Regierung und im „Gesundheitssystem" empfahlen im April 2023, dass zwei Fake-„Covid"-Impfungen von Pfizer an 60.000 „gefährdete" Kleinkinder im Alter zwischen sechs Monaten und vier Jahren verabreicht werden sollten. Zu diesem Zeitpunkt waren die Todesfälle und Gesundheitsschäden, die durch die Impfungen verursacht wurden, klar zu erkennen, selbst wenn man die eigenen verzerrten Daten der Regierung heranzog, die nur einen kleinen Teil der Geschichte erzählten. Wer würde so etwas tun, außer Psychopathen und Idioten? Impfungen seien „der beste Weg, den Schutz zu erhöhen", behauptete die „Impfstoff-Taskforce" der Regierung, das Joint Immunization and Vaccination Committee [der Gemeinsame Ausschuss für Impfungen und Immunisierung], lange nachdem die Erfahrung gezeigt hatte, dass diese Behauptung völliger Unsinn war. Wenn Sie wollen, dass etwas Schreckliches geschieht, stellen Sie einen Psychopathen ein, der es mit Freude tut, oder einen Idioten, der alles tut und glaubt, was Sie ihm sagen. Vielleicht bezieht sich „Joint" wie in „Joint Committee", auf Konsum extremer Mengen an Gras. Das wäre eine weitere Erklärung für diesen Irrsinn.

Dann gibt es noch die Folgen der Fake-Impfstoffe auf die männliche Fruchtbarkeit, deren Inhalt die Nicht-Erzeugung 2.0 fördert. Nach dem, was ich gesehen, gehört und gelesen habe, glaube ich, dass die mRNS-geimpften Kinder, wenn sie das gebärfähige Alter erreicht haben, feststellen werden, dass sie – männlich und weiblich – unfruchtbar sind. Der Mensch 1.0 wird auch auf andere Weise ausgelöscht und zwar durch weltweite Maßnahmen zur Senkung der Spermienzahl. Eine weltweite Umfrage unter 10.000 Menschen zwischen 15 und 25 Jahren ergab, dass 39 Prozent wegen des „Klimawandels" zögern, Kinder zu bekommen. Sie haben vielleicht keine andere Wahl. Dr. Shanna Swan, Reproduktionsepidemiologin und Professorin für Umweltmedizin und öffentliche Gesundheit an der Icahn School of Medicine, war Mitautorin einer Studie aus dem Jahr 2017, die einen erstaunlichen Rückgang der Spermienzahl um 59 Prozent zwischen 1973 und 2011 aufzeigte. Sie kam zu dem Schluss, dass die Spermienzahl bis zum Jahr 2045 weiter auf Null sinken könnte. Swan und ihre Forscherkollegen untersuchten 185 Studien mit fast 45.000 gesunden Männern in westlichen Ländern. Der Genozid an den Spermien wird durch verschiedene Faktoren verursacht, darunter Chemikalien in Lebensmitteln und Gegenständen wie Kassenbons und Plastikflaschen. Ein großer Übeltäter ist die hormonschädigende Chemikalie Bisphenol A oder BPA, die in Blechdosen, Flaschen, Plastikbehältern für Lebensmittel und Kassenbons verwendet wird. BPA ist in Kassenbons enthalten, weil jeder mit ihnen umgeht. Ich warne schon seit vielen Jahren davor, und in einer Studie des Ecology Center in den Vereinigten Staaten aus dem Jahr 2022 wurden Bisphenole in 80 Prozent der getesteten Kassenbons von großen Handelsketten nachgewiesen. Die Studie besagt, dass „Kassenzettel eine unterschätzte Quelle hormonschädigender Chemikalien in unserem Körper sind – insbesondere für Arbeitnehmer, die häufig mit Quittungen umgehen". Geschlechtsumwandelnde Chemikalien, die Spermien zerstören, haben auch andere Vorteile für den Kult, indem sie die Sexualität verändern (Abb. 155).

Abb. 155: Wir werden mit Chemikalien und Nanotechnologie überschwemmt, um den Körper sexuell und biologisch zu verändern.

Ein weiterer Faktor für das Spermiensterben sind die elektromagnetischen Auswirkungen von Smartphones in den Taschen von Männern. Man kann abschätzen, wie weit mittlerweile die globale Fruchtbarkeitsindustrie fortgeschritten sein muss, von der man kaum etwas hörte, als ich noch aufwuchs. Wenn man das alles zusammennimmt, kann man sehen, was der Kult macht.

10

Stimmen in deinem Kopf

Du solltest auf dein Herz hören und nicht auf die Stimmen in deinem Kopf.

Matt Groening

Yuval Harari, der KI-Mann von Klaus Schwab, sagte auf dem virtuellen Athener Demokratieforum 2020, dass die „Covid-Krise" der Moment war, in dem alles digital wurde, alles überwacht wurde und „wir zustimmten, ständig überwacht zu werden". Wirklich? *Haben Sie* das?

Harari sagte, das Fernsehen beobachte uns *bereits* und wisse, wie *wir uns emotional fühlen*, wenn wir etwas sehen. Er sagte, Emotionen seien ein „biologisches Phänomen, ... ein biologisches Muster in unserem Körper". Bei dieser Art der Überwachung „sehen Sie den großen Präsidenten, einen großen Führer, der eine Rede im Fernsehen hält, und der Fernseher könnte Sie überwachen und wissen, ob Sie wütend sind oder nicht, indem er einfach die Indikatoren, die biologischen Signale, die von Ihrem Körper kommen, analysiert". Das Gleiche gelte für das Internet, und das sei eine großartige Möglichkeit, die Loosh-Produktion zu überwachen. Harari sagte: „Ich glaube, der große Prozess, der gerade in der Welt stattfindet, ist die Fähigkeit, Menschen zu hacken, um zu verstehen, was in ihnen vorgeht ... Die Fähigkeit, Menschen wirklich unter die Haut zu schauen, ist der größte Wendepunkt von allen." Was sie hacken, ist die menschliche Sender-Empfänger-Antenne auch bekannt als der Körper. Ich habe bereits dargelegt, wie die fünf Sinne Wellenform-Informationen in elektrische Informationen decodieren, die dann von Gehirn und Körper in digitale holografische Informationen umgewandelt werden, die wir als die „physische" Welt erleben. Es ist daher interessant, die Definition einer Antenne als Schnittstelle zwischen Radiowellen und elektrischen Strömen zu betrachten. Eine Antenne strahlt als Sender elektromagnetische Wellen (Radiowellen) aus und wandelt als Empfänger Radiowellen in elektrischen Strom um. Ich schreibe seit Jahrzehnten, dass die DNS ein Empfänger-Sender von Informationen ist – eine *Antenne*. Dies öffnet den Weg zum Verständnis des wahren Grundes für die „Cloud". Sie *kommuniziert* mit dem Körper und hackt sich in das Empfänger-Sender-Decodierer-System (die fünf Sinne) ein, um einen Einfluss auf die „menschliche" Wahrnehmung des Göttlichen Funkens weiter abzuschotten. Die DNS ist ein Empfänger-Sender-System, das mit Frequenzen interagiert, die zu seinem Aktionsbereich passen. Fake-mRNS-Spritzen sollen die DNS und ihre Frequenzen verändern, um sie mit der Cloud zu verbinden, die dann den Einfluss des Göttlichen Funkens abwehrt.

Musk, Neural Lace und Graphen

Wissenschaftler und Ärzte im Vereinigten Königreich, in Neuseeland, Deutschland, Spanien, Amerika und anderswo haben davor gewarnt, dass die „Covid"-Impfstoffe tödliche Graphenoxid-Nanopartikel enthalten. Die Behörden leugneten dies, als sie versuchten, die Dokumente über die Fake-Impfstoffe von Pfizer *75 Jahre* lang geheim zu halten. Ein US-Bundesrichter ordnete deren Freigabe an, und siehe da: Sie bestätigten die Verwendung von Graphenoxid im Herstellungsprozess. Das gitterartige Graphen leitet elektrische Signale einschließlich der Kommunikation zwischen Zellen, kann das gesamte Kommunikationssystem des Körpers verändern und das Körper-Gehirn-Neuralnetzwerk neu verschalten. In Graphen-Werbevideos wird behauptet, dass dies ein Weg zur Überwindung von Wirbelsäulenverletzungen, Alzheimer und Krebs sein könnte. Graphen kann im

Abb. 156: Graphen ist ein einlagiges hexagonales Gitter aus Kohlenstoffatomen.

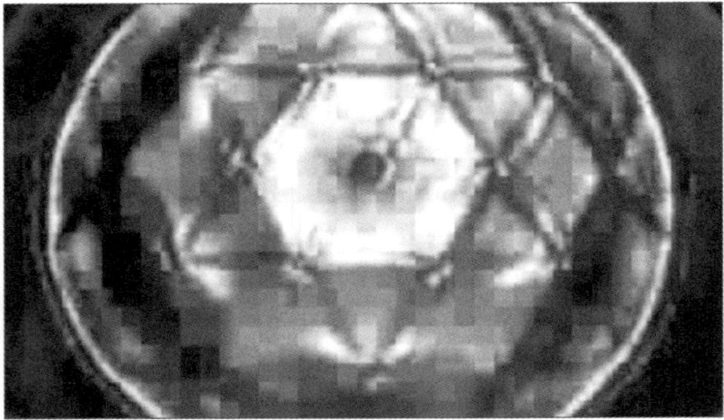

Abb. 157: Ein Hexagramm mit einem Sechseck in der Mitte, das durch das Auftreffen einer Schallfrequenz auf ein flüssiges Medium entsteht.

Körper von Menschen, die mit Fake-Impfstoffen geimpft wurden, Nanoschnitte verursachen. Die Behauptung, dass es schnell aus dem Körper ausgeschieden wird, ist eine weitere Lüge. Es wird *Teil* des Körpers. Spinnen, die mit Graphen besprüht wurden, starben größtenteils. Diejenigen, die überlebten, begannen, Netze mit Graphenanteil zu spinnen, die unglaublich stark waren. Dasselbe gilt für Menschen und den Fake-Impfstoff. Viele werden sterben und einige werden sich in den Menschen 2.0 verwandeln. Graphen ist das Grundmaterial für die Schnittstellen zwischen Gehirn und Technologie und für die Verbindung des Menschen mit der Cloud. Interessanterweise, und ich glaube, das ist entscheidend, besteht Graphen aus einem hexagonalen Gitter aus Kohlenstoffatomen (Abb. 156). Formen sind wichtig, weil sie Frequenzzustände darstellen. In anderen Büchern habe ich das als Kymatik bekannte Phänomen hervorgehoben, bei dem sich Teilchen und Flüssigkeiten allein durch Schallschwingungen von einer Form in die andere verwandeln. Je höher die Schwingung ist, desto komplexer sind die Formen und Symbole. In der Abbildung 157 sehen Sie ein perfektes Hexagramm mit einem Sechseck in der Mitte, das durch die Wiedergabe einer Tonfrequenz in einem flüssigen Medium entsteht. Das Hexagon und das Hexagramm haben dieselbe Frequenz, ebenso wie der Würfel, der die dreidimensionale Form des Hexagons ist (Abb. 158). Könnte es sein, dass die „Box“, in der ich den Göttlichen Funken

Abb. 158: Diese Bilder sind identisch. Aber wenn man das eine in 2-D betrachtet, sieht man ein Sechseck. Betrachtet man das andere in 3-D, sieht man einen Würfel. Sechsecke, Hexagramme und Würfel stellen dieselbe Frequenz dar – die Frequenz der Simulation. Die Frequenz der menschlichen Kontrolle.

Abb. 159: Der hexagonale Sturm am Nordpol des Saturns ist frequenzmäßig gesehen ein Würfel.

gefangen sehe, symbolisch für die Würfelfrequenz der Simulation steht? Der Physiker Silas Beane und sein Team haben vorgeschlagen, dass die Simulation auf einer Matrix oder einem Gitter aus Würfeln basieren könnte. Der hexagonale Sturm am Nordpol des Saturns wird durch eine Tonfrequenz erzeugt, und der Saturn wird durch einen Würfel symbolisiert (Abb. 159). Folgendes stammt aus einem Artikel auf **Thrivous.com** aus dem Jahr 2017:

> „Elon Musk, der eigenwillige Tech-Unternehmer, der nach der Entwicklung von Luxus-Elektroautos (Tesla Motors) und wiederverwendbaren Raketen (SpaceX) nun die Besiedlung des Mars und die Gründung einer interplanetaren Zivilisation plant, arbeitet an der Entwicklung funktionsfähiger Hochgeschwindigkeits-Gehirn-Computer-Schnittstellen (BCIs), die auf einer futuristischen Technologie namens ‚Neural-Lace' [neurale Fasern] basieren.
>
> Künftige Neural-Lace-Technologie könnte es ermöglichen, Informationen zwischen dem Gehirn und einem Computer – oder der Cloud – mit ultrahoher Bandbreite hin und her zu senden."

Worauf würden Musks „Neural-Lace"-Schnittstellen basieren? Auf gitterartigen, *fasern*artigen *Graphen*strukturen, die alle seine Kriterien erfüllen und in Fake-Impfstoffen gefunden wurden. „Ich werde Sie ablenken, indem ich Ihnen erzähle, was ich vorhabe, während meine Meister es bereits tun." Musk versucht nicht nur, das menschliche Gehirn zu infiltrieren. Mit SpaceX projiziert er die Cloud, um über Graphen und andere Nanostrukturen mit dem Gehirn eine Verbindung herzustellen. In dem Artikel von Thrivous heißt es, dass Forscher im Rahmen des Graphen-Flaggschiff-Projekts der Europäischen Kommission „flexible Geräte auf der Grundlage von Graphen-Feldeffekttransistoren entwickelt haben, um die Gehirnaktivität in hoher Auflösung aufzuzeichnen". Eine Anordnung von 16 Transistoren auf Graphenbasis, von denen jeder eine aktive Fläche hat, die kleiner ist als der Querschnitt eines menschlichen Haares, die auf einem flexiblen Substrat angeordnet und auf der Oberfläche des Gehirns platziert wurde, „ermöglichte die Aufzeichnung der neuronalen Aktivität durch die Erfassung der elektrischen Felder, die beim Feuern der Neuronen entstehen". Die Forscher schlugen vor, dass die Graphen-Technologie die zukünftige Generation von Implantaten „für therapeutische Hirnstimulationstechnologien und Schnittstellen für sensorische und motorische Geräte" sein könnte. Der Artikel zitiert auch Biologen, die an der Entwicklung programmierbarer Säugetierzellen arbeiten. Forscher unter der Leitung von Wilson Wong, ein Wissenschaftler für Synthetische Biologie an der Universität Boston, manipulierten die DNS von Säugetierzellen, um „komplexe Berechnungen" durchzuführen und die Zellen in Biocomputer zu verwandeln. Das ist es, was sie mit den Menschen vorhaben

– sie in Biocomputer verwandeln, die mit einer Schwarmintelligenz verbunden sind. Möchten Sie dazu etwas sagen, Herr Musk?

5G ist der neueste elektromagnetische Frequenzbereich, um die Cloud mit dem elektrischen/elektromagnetischen Netzwerk des Gehirns und des Körpers zu verbinden, und jetzt auch die replizierende Nanotechnologie, die durch die Impfungen eingeführt wird. Denken Sie immer daran, dass das Bewusstsein alles überwinden kann, wenn es seine volle Kraft entfaltet, einschließlich der Auswirkung von Fake-Impfstoffen auf den Körper. Noch einmal: Der Körper ist ein Energiefeld und das Bewusstsein kann dieses Feld beeinflussen. Die Wahrnehmung bestimmt alles. Nehmen wir wahr, dass der Körper mächtiger ist als wir, oder dass wir – das Bewusstsein – der Souverän sind? Elektromagnetische Felder können unsere Wahrnehmung und unsere Gefühle bestimmen, wenn wir das zulassen und nicht wissen, wie sie miteinander interagieren. Dr. Andrija Puharich, ein amerikanischer Neurophysiologe und Parapsychologe, entdeckte in den 1950er-Jahren, wie Frequenzen die Wahrnehmung beeinflussen und das Verhalten verändern, indem sie die DNS und ihren „Decodierer", die RNS, verändern. Er fand heraus, dass Frequenzen von 10,80 Hz „randalierendes Verhalten" hervorrufen und 6,6 Hz Menschen depressiv machen. Man darf nicht vergessen, dass Frequenzen an bestimmten Orten ausgestrahlt werden, um Gefühle und Verhalten zu manipulieren. Die Cloud und die „Covid"-Spritzen ermöglichen die weltweite Manipulation, aber letztendlich ist immer das Bewusstsein das Lenkende, *wenn wir es dazu machen*.

Ein Professor für Psychologie an der Laurentian University in Ontario hat die Auswirkungen elektromagnetischer Felder auf das Gehirn eingehend untersucht. Michael A. Persinger (1945-2018) beschrieb Experimente, bei denen selbst schwache, gezielt eingesetzte elektromagnetische Felder das Gehirn für externe Suggestionen öffnen und Emotionen wie Angst und Besorgnis hervorrufen konnten. Er sagte, das Gehirn könne manipuliert werden, um eine ganze Bevölkerung dazu zu bringen, das zu tun, was man will. Die Technologie dazu, so Persinger, sei mit Satelliten, Radio und Fernsehen schon seit Jahren vorhanden. Es könnten Ängste in der Wahrnehmung der Menschen ausgelöst und gegen eine bestimmte Person oder Gruppe gerichtet werden. Denken Sie darüber nach, wie groß das Potenzial einer globalen 5G-, 6G- und 7G-Cloud ist, um gezielt Wut gegen eine Person oder Gruppe zu schüren, die Sie dämonisieren wollen. Das Militär setzt elektromagnetische Technologie ein, um die Wahrnehmung des Feindes zu beeinflussen, seinen Widerstand zu brechen und seine Kapitulation zu erzwingen – und der Kult wird dies nicht auf die Bevölkerung anwenden? Dr. Charles Morgan ist forensischer Psychiater und Neurowissenschaftler bei der CIA und bei militärischen Sondereinsätzen sowie Professor für nationale Sicherheit an der Universität von New Haven, Connecticut. Er hielt

2018 vor einem Militärpublikum der West Point Academy einen Vortrag über die Forschung zur Manipulation des menschlichen Gehirns, um sensorische Informationen „wie die Matrix“ zu senden und zu empfangen, und zur Bearbeitung der DNS zum Zweck der Bewusstseinskontrolle. Er beschrieb, wie ein menschliches Gehirn den Verstand von Ratten und Kakerlaken übernehmen könnte, um deren Körperverhalten zu diktieren, und wie sie genetische Manipulation nutzen können, um Menschen von außen zu kontrollieren – oder sogar zu töten: „Man kann etwas einzigartiges [genetisches] konstruieren, das nur einen bestimmten Menschen töten würde.“ Morgan sagte, menschliche Gehirne könnten miteinander verbunden werden, und das sei die Grundlage der Schwarmintelligenz, vor der ich schon so lange gewarnt habe. Das sind die heutigen Möglichkeiten, und sie befinden sich in den Händen von Verrückten.

In früheren Büchern habe ich betont, wie wichtig es ist, das „Entrainment-Phänomen“ zu verstehen. Das ist ein Phänomen, bei dem die dominante Frequenz alles in ihrem Feld auf die gleiche Frequenz einschwingt. Stellt man drei Geigen zusammen, die den gleichen Ton spielen, und fügt eine vierte hinzu, die einen anderen Ton spielt, so schwingen ihre Saiten im Gleichklang. Die Technologie ist bereits in der Lage, die Wahrnehmung des Gehirns *auszulesen* und zu implantieren. Es wurde festgestellt, dass auch außerhalb des Internets geführte Gespräche abgehört werden und dass beim nächsten Einloggen des Nutzers Werbung erscheint, die aus den Themen des „privaten“ Gesprächs resultiert. Es geht sogar noch darüber hinaus. Eine Freundin, die in jungen Jahren Pferde ritt, fragte sich in einem leeren Raum, ob sie noch den Mut hätte, ein Pferd zu reiten. Sie sprach mit niemandem darüber. Sofort erschien in ihrem Instagram-Feed eine Anzeige über die Überwindung der Angst vor dem Reiten! Wann haben Sie das letzte Mal eine solche Anzeige gesehen? Bei einer anderen Gelegenheit überlegte sie, eine Klobürste zu kaufen, und es folgte eine Liste von Werbeanzeigen für Klobürsten. Die Technik ist viel weiter fortgeschritten, als man uns weismachen will.

Die Stimme seines Meisters

Es werden Systeme entwickelt und perfektioniert, die WLAN- und Handysignale nutzen, um durch Wände hindurchzusehen, die bisher vor den neugierigen Blicken des Staates schützten. Forscher an der Universität Osaka in Japan haben ein KI-System entwickelt, das Bilder durch Auslesen der Gehirnaktivität erzeugt. Ein Algorithmus rekonstruierte rund 1.000 Bilder aus Gehirnscans mit einer Genauigkeit von 80 Prozent, darunter ein Bild eines Teddybären und eines Flugzeugs. Der Algorithmus extrahiert Informationen aus dem Okzipital- und dem Temporallappen, die an der Wahrnehmung von Bildern beteiligt sind. Wenn Bilder und Gedanken *ausgelesen* werden können, ist es auch möglich, sie im Gehirn zu platzieren. Daryl James, ein Soldat des geheimen Weltraumprogramms, berichtete von einem Erlebnis, das er in einer unterirdischen Basis hatte. Als er sich 2003 mit jemandem über die Ereignisse auf dem Mond unterhielt, war „eine Art Rückkopplung im Raum zu hören". Eine Stimme sagte so etwas wie „Sie verstoßen jetzt gegen den Code 5456 des Uniform Code of Military Justice, wenn Sie nicht sofort aufhören". Das Strafmaß betrug bis zu zehn Jahre Gefängnis und eine Geldstrafe von 100.000 Dollar. James fragte, ob ein Mikrofon im Raum sei, und ihm wurde mitgeteilt, dass bei der heutigen Technologie kein Mikrofon erforderlich sei. „Sie hören gerade zu", wurde ihm gesagt, und sie sollten aufhören zu reden. Am nächsten Tag fragte ihn jemand, ob er die Stimme gehört habe, die aus dem Nichts in den Raum kam. Man wies ihn auf rechteckige Kästen auf Satellitentürmen hin und sagte ihm, dass es eine „experimentelle" Technologie *namens 5G* sei, die in der Lage ist, einen Mikrowellenstrahl zu erzeugen. Diese „Kästen" befinden sich jetzt auf öffentlichen Straßen. Daryl James sagte:

> „Und es könnte in ein Zimmer eindringen, wissen Sie, niemand muss in das Zimmer hineingehen, um es abzuhören, oder Kameras aufstellen oder so etwas. Sie können einfach den Strahl in den Raum schicken und alles sehen und alles hören. Wenn sie wollen, können sie mit Ihnen reden und sich im Zimmer umsehen."

Um es noch mal zu verdeutlichen, das war im Jahr *2003*. Die Menschen denken, dass gewählte Regierungen die Entscheidungen treffen, aber es ist das Militär, das dem Kult gehört, der wiederum den Astraldämonen gehört. Während ich dieses Buch schrieb, wurde ich von Octavio Salvado interviewt, einem australischen Yogapraktiker auf Bali. Er ist ein hochintelligenter und erwachender Mann, der den New-Age-Müll durchschaut, der so oft als Yoga durchgeht. Die ursprünglichen Lehren des Yoga sind mittlerweile in Vergessenheit geraten, obwohl sie in vielerlei Hinsicht mit den Themen dieses Buchs übereinstimmen. Octavio hat in seinem Leben viele außerkörperliche Erfahrungen gemacht, die ihm Folgendes gezeigt haben: Er ist nicht sein Körper; er ist Bewusstsein; es gibt dunkle Kräfte, die uns aus einer subtilen Dimension angreifen; sie ernähren sich von Angst; ohne Angst können sie uns nicht angreifen. Ich erwähne dies wegen der Erfahrung mit 5G, von der er mir erzählte und die perfekt beschreibt, was die Cloud wirklich ist. Er erzählte mir, dass er und seine Frau ein paar Nächte zuvor eine ungewöhnliche Anzahl von technischen Geräten im Schlafzimmer hatten – zwei Computer, drei Telefone und „Hightech-Leselampen". Als sie schon im Bett lagen und aus dem Fenster schauten, sahen sie in der Ferne den 5G-Turm. Dann schaltete er das Licht aus und sah in diesem Moment ein rotes Netz, das alle Geräte im Zimmer verband, „wie ein Spinnennetz aus roten Laserstrahlen". Sie waren alle mit dem Turm verbunden. Er glaubte, der Turm sei die Quelle des Strahls und die Geräte seien wie Empfänger für diese Frequenz. Octavio hatte viele Erfahrungen mit Wesenheiten aus anderen Dimensionen, und er hatte das Gefühl, dass etwas durch eine Tür oder ein Portal in den Raum gekommen war, was durch dieses 5G-Gitter ermöglicht wurde. Es war, als ob sich etwas aus einem Zwischenreich in die 3-D-Welt bewegt hätte. Er sagte, die Erfahrung habe ihm gezeigt, dass die Technologie ein Tor ist, das, wenn es stark genug ist, Dämonen in die „physische" Welt einlässt. Davon bin ich schon lange überzeugt. Ein weiterer Grund für die technologisch erzeugte Cloud ist, dies zu ermöglichen und die Astralwelt stärker mit der 3-D-Projektion zu verschmelzen.

Wenn die Menschen das Potenzial von Technologie, KI und der elektromagnetischen Cloud begreifen, werden viele der als utopisch empfundenen Behauptungen in einem völlig neuen Licht erscheinen. Eine Kein-Problem-Reaktion-Lösung, auf die man achten sollte, ist eine vorgetäuschte „Alien-Invasion", mit der eine Zentralisierung der globalen Macht als „Antwort auf die Bedrohung" gerechtfertigt wird. Dies wurde von dem kanadischen Journalisten Serge Monast unter dem NASA-Codenamen Projekt Bluebeam aufgedeckt, bevor er 1996 an einem Herzinfarkt starb, obwohl er keine Vorgeschichte von Herzproblemen hatte. Er war erst 51 Jahre alt und starb einen Tag, nachdem er im Rahmen der polizeilichen Schikanen gegen ihn die Nacht im Gefängnis verbracht hatte. Monast sagte, das Projekt Bluebeam plane künstlich erzeugte Erdbeben an bestimmten Orten, die „archäologische Funde" zum Vorschein bringen würden, um den Glauben der großen Religionen zu zerstören. Über verschiedenen Teilen der Welt würden holografische Bilder in den Himmel projiziert, die gezielt auf die religiösen Überzeugungen der jeweiligen Region ausgerichtet sind. Christus, Mohammed, Buddha, Krishna und andere würden erscheinen und dann zu einer Einheit verschmelzen. Elektromagnetische Projektionen in den Gehirnen der Bevölkerung würden sie glauben lassen, dass ihre Version von „Gott" zu ihnen spricht, und es würde zur Etablierung einer New-Age-artigen Eine-Welt-Religion unter dem Einen Gott oder „Anti-Christ" führen. Unmöglich? Stichwort Daryl James:

> „Sie können einfach den Strahl in den Raum schicken und alles sehen und alles hören. Wenn sie wollen, können sie mit Ihnen reden und sich im Zimmer umsehen."

Monast berichtete, dass die Darstellung die Bedrohung durch eine außerirdische Invasion enthalten würde, gefolgt von der Intervention einer „guten" außerirdischen Macht, die kommen würde, um uns zu retten. Das Szenario würde eine Kombination aus elektronischen und übernatürlichen Kräften mit Frequenzen und Technologien beinhalten, die es den, wie ich sie nenne, Dämonen ermöglichen würden, Glasfaserkabel, Strom- und Telefonleitungen zu infiltrieren und in alle elektronischen Geräte und Apparate einzudringen, die mit einem speziellen Mikrochip ausgestattet sind. Dies würde dazu führen, dass sich satanische Geister, Gespenster und Poltergeister auf der ganzen Welt materialisieren, um die Bevölkerung zu terrorisieren und eine Welle von Selbstmorden, Morden und dauerhaften psychischen Störungen auszulösen. Was auch immer man davon halten mag, die Technologien zur Erzeugung all dieser Phänomene stehen dem Militär und damit dem Kult schon lange zur Verfügung. Selbst in der Öffentlichkeit, Elon Musks Bruder Kimbal besitzt ein „Lichtshow"-Firma namens Nova Sky Stories, die mit Tausenden von leuchtenden Drohnen Bilder an den Himmel zaubert. In den letzten Jahren hat das Pentagon einen radikalen Kurswechsel vollzogen, indem es nicht mehr die Existenz von UFOs leugnete, sondern Radaraufnahmen veröffentlichte, die zeigen, dass sich Raumschiffe mit Geschwindigkeiten und Richtungsänderungen bewegen, die mit bekannter menschlicher Technologie unmöglich wären. Es ist jedoch nicht unmöglich, das Ausmaß der Technologie zu erahnen, die in geheimen Basen und Forschungsprojekten zur Verfügung steht, von denen die Öffentlichkeit nichts weiß.

Die nächste Stufe

5G ist nur der Anfang, denn 6G und 7G werden bereits für die Aktivierung vorbereitet. Die Verrückten sagen, dass der menschliche Körper als Antenne für 6G verwendet werden könnte, und der Kult weiß genau, warum das möglich ist. Forscher der University of Massachusetts (Amherst) und der Delft University of Technology in den Niederlanden haben erklärt, dass das Tragen eines speziellen Kupferarmbands eine kostengünstige Möglichkeit sein könnte, die Hochfrequenzstrahlung von 6G-Netzgeräten zu „ernten". Man denke nur an die Loosh-Möglichkeiten. Zu den Forschern gehören einige typisch niederländische und amerikanische Namen wie Jie Xiong, außerordentlicher Professor für Informations- und Computerwissenschaften an der Universität von Massachusetts, und Qing Wang, Assistenzprofessor in der Gruppe für eingebettete Systeme im Fachbereich Softwaretechnologie in Delft. Es wird behauptet, dass das System keine gesundheitlichen Probleme verursacht, was für diejenigen, die unter einer Elektrosensibilität leiden, die durch 4G und 5G verursacht wird, überraschend sein dürfte. Fallstudien haben bestätigt, dass zuvor gesunde Menschen an einem „Mikrowellensyndrom" leiden, sobald sich 5G-Masten in ihrer Nähe befinden.

Mona Nilsson, Geschäftsführerin der schwedischen Strahlenschutzstiftung und Mitverfasserin der Fallberichte, sagte, es sei ein „großer Skandal", dass 5G in Schweden und Amerika seit mehreren Jahren eingeführt wird, ohne dass die gesundheitlichen Auswirkungen untersucht wurden. Diese Tatsache wurde von Telekom-Führungskräften selbst bestätigt, die 2019 vor dem Kongress aussagten, dass sie keine wissenschaftlichen Beweise für die Unbedenklichkeit der 5G-Exposition vorlegen könnten. Die Verwendung des menschlichen Körpers als Antenne für 6G wäre kein Problem. Dies ist die Mentalität hinter 5G, 6G, 7G, „Covid" und dem Fake-Impfstoff. Die Themen mögen sich ändern, die Mentalität nicht. Empathielosigkeit ist allgegenwärtig, und warum sollte das überraschen, wenn hinter allem eine nicht menschliche Macht steht? Mehr Krankheit und Leid – mehr Loosh.

Der dämonische Plan sieht vor, dass die Menschen mit Gehirn und Körper an die KI-Cloud angeschlossen werden, zusammen mit allem anderen, was sie die „vierte industrielle Revolution" nennen. Jahrelang habe ich vor dem kommenden Internet der Dinge (IoT) gewarnt, und jetzt ist es da, mit Milliarden von Geräten, Haushaltsgeräten und zunehmend auch Fahrzeugen, die mit dem Internet verbunden sind. Im Jahr 2023 werden es fast 14 Milliarden sein (fast eine Verdoppelung seit 2019), und bis 2030 wird die Zahl auf 25 Milliarden geschätzt. Die nächste Stufe ist das Internet der Dinge, das den Menschen oder die Wahrnehmung des Menschseins einschließt (Abb. 160). Dies ist die Schwarmintelligenz, die mit der dämonischen Schwarmintelligenz verschmilzt, damit Jaldabaoth das menschliche (Göttlicher Funke) Bewusstsein und die Kreativität assimilieren kann (Abb. 161). Ich sah den Plan der Schwarmintelligenz in einem Artikel, der vor den Gefahren der KI-Kontrolle warnte, wie folgt beschrieben: „Gehirne würden aufhören, ein eigenes Bewusstsein zu haben, und würden stattdessen zu bloßen Rädchen in einer megabewussten Einheit werden, welche dann die Gesellschaft sein wird, einschließlich ihrer internetbasierten Konnektivität." Stellen Sie sich das Loosh-Potenzial vor, das sich daraus ergibt. Unternehmen, die dieses Ziel anstreben, werden in der Regel von Pentagons DARPA,

Abb. 160: Das Internet der Dinge, einschließlich des menschlichen Gehirns. (Bild: Neil Hague)

Abb. 161: Das Ziel des dämonischen Reiches seit langem – die Kontrolle aller Menschen von einem zentralen Punkt aus durch eine KI-Schwarmintelligenz. (Bild: Neil Hague)

das sich im Besitz des Kults befindet, finanziert, was niemanden schockieren dürfte, der bis hierher gelesen hat. Wir würden rund um die Uhr überwacht werden, und jedes Individuum hätte seinen eigenen einzigartigen Code, den das KI-System permanent erkennen würde. Mit Fake-Impfstoffen Geimpfte werden auf den Geräten angezeigt, aufgrund des von ihnen ausgesendeten „MAC"-Frequenzcodes (siehe „Die Falle"). MAC steht für Media Access Control und identifiziert jedes technische Gerät in einem bestimmten Netzwerk eindeutig. Warum senden *Menschen* einen solchen Code aus?

Es ist geplant, eine ständige Überwachung durch die Schlafenden auf die Erwachenden auszudehnen, durch diejenigen, die „Jawohl" sagen, auf diejenigen, die sich weigern, das Knie zu beugen. Das war die Methode der Stasi-Polizei im kommunistischen Ostdeutschland, als die Bevölkerung sich selbst für diejenigen bespitzelte, die sie versklavt hatte. Wir haben das bei „Covid" gesehen. Ein weiteres Beispiel ist eine – natürlich kostenlose – App, die Smartphones in Dashboard-Kameras verwandelt und es Autofahrern ermöglicht, Beweise für 21 verschiedene Verkehrsverstöße an die Polizei zu senden. Offenbar gibt es Pläne, auch die Überwachung von Tempoverstößen zu ermöglichen. Oleksiy Afonin, der in der Ukraine geborene Erfinder, erklärte, dass die Aufnahmen in weniger als einer Minute an ein offizielles Polizeivideoportal übermittelt werden können. Nach Gesprächen mit dem Nationalen Rat der Polizeichefs versicherte er, dass die App über die von ihnen geforderten Funktionen verfüge, damit die Beweise vor Gericht standhalten. James Gibson, Geschäftsführer von Road Safety GB, sagte: „Wenn Fahrer glauben, dass sie von anderen beobachtet werden, hoffen wir, dass sie gesetzeskonform fahren werden.“ Ich bezweifle, dass er über das nötige Selbstvertrauen verfügt, um die Auswirkungen seiner Worte auf die Freiheit zu erkennen, da sich dieses Thema auf alle Lebensbereiche ausdehnt. Wir werden schon heute intensiver überwacht, als sich die meisten von uns vorstellen können, und die Überwachung hat gerade erst begonnen.

Digitale Konzentrationslager

Städte auf der ganzen Welt werden in „intelligente Städte“ [„smart Cities“] umgewandelt. Heute ist alles „intelligent“, weil alle „intelligenten“ Geräte und Vorgänge Teil eines globalen „intelligenten Stromnetzes“ sind. Es werden riesige neue Städte gebaut, die von Anfang an „intelligent“ sind. NEOM in Saudi-Arabien ist ein bemerkenswertes Beispiel. Eine „intelligente Stadt“ ist eine Stadt, in der die meisten Bewohner in winzigen Mikroapartments leben und alles von einer KI kontrolliert wird, einschließlich der Bewegungsfreiheit. Dazu gehört die 24-Stunden-Überwachung der kleinsten Details Ihres Lebens, wobei Nahrungsmittel und andere Produkte in Supermärkten hinter Glastüren eingeschlossen werden, die sich nur öffnen, wenn Sie sich per Gesichtserkennung identifizieren. Keine digitale Identifikation? Kein Essen. Zu weit hergeholt? Solche Systeme *werden bereits eingeführt*. Wie wäre es mit einer Identifizierung, die erforderlich ist, um eine Toilettenpapiermaschine zu aktivieren? In China ist das bereits Realität. Intelligente Städte sind so konzipiert, dass sie jederzeit mit technischen Mitteln abgeriegelt werden können, weshalb sie als „digitale Konzentrationslager“ bezeichnet werden. Das Konzept der 15-Minuten-Stadt ist Teil des Plans und inzwischen wird auch für 10- und 5-Minuten-Städte geworben. Städte mit Hausarrest durch Lockdown wie für die 25 Millionen Einwohner Shanghais, sind dann vermutlich Null-Minuten-Städte. Für die Überwachung und Durchsetzung der Vorschriften in intelligenten Städten sind Drohnen, KI-gestützte „Roboterhunde“ und Polizeibeamte mit Brillen, die Daten zur Gesichtserkennung liefern, geplant. Es gibt „intelligente“ Straßenlaternen, die Gespräche überwachen und LED-Licht aussenden, das Menschen kampfunfähig machen kann (LEDI [LED-Incapacitator]). Es handelt sich um Waffen, die bereits vom Militär eingesetzt werden und „extrem helle, schnelle und fokussierte Serien von willkürlichen Lichtimpulsen unterschiedlicher Farbe“ erzeugen. Die schnellen Frequenzänderungen verursachen einen „intrakraniellen Druck“, der „Kopfschmerzen, Übelkeit, Erbrechen, Desorientierung, Reizbarkeit und Sehstörungen bei der Zielperson" auslöst. Dies kann Menschen schwer krank machen und sogar töten. All diese und weitere Technologien existieren bereits, sie werden in verschiedenen Stadien der Entwicklung eingesetzt. Aman Jabbi, der 25 Jahre lang als Kameratechnik-Ingenieur im Silicon Valley gearbeitet hat, erklärte, wie die Menschen unter dem neuen System der digitalen ID-Sklaverei in das Metaverse des Cyberspace gezwungen werden, das er „The Final Lockdown" nennt.

Ich warne seit langem vor dem Plan, Menschen aus ländlichen Gebieten zu vertreiben, um sie in überfüllte, KI-gesteuerte Megastädte umzusiedeln. Dies wird nun durch Maßnahmen wie den „kontrollierten Rückzug" beschleunigt, bei dem die Bevölkerung aus den Küstengebieten in die Städte im Landesinneren umgesiedelt wird, um sie vor dem anthropogenen Klimawandel zu schützen, der nicht stattfindet. So bleibt mehr Platz für die Kultanhänger, um ihre Villen am Meer zu bauen. Die Konfiszierung von Bauernhöfen in den Niederlanden wegen des „Klimawandels" steht im Zusammenhang mit dieser Megastadt-Agenda. Städte werden zu „widerstandsfähigen Städten" im Rahmen eines Programms, das von der immer hilfsbereiten *Rockefeller-Stiftung* finanziert wird. Diese Stiftung ist so böse und manipulativ, dass Bill Gates sagte, sie sei die Vorlage für seine eigene Stiftung gewesen. Das macht Sinn, wenn Gates im Besitz der Rockefellers ist. Neuseeland, ein Laboratorium für menschliche Laborratten des Kults, steht an der Spitze bei der Realisierung intelligenter Städte, wie man es erwarten würde, wenn Schwachköpfe unter Kontrolle des Kults das Sagen haben. Die neuseeländische Zeitung *The New Zealand Herald* verkauft all dies als „unvermeidlich", und zwar wegen der Extreme des Klimawandels. Diese nehmen jedoch nicht zu, sondern ab – abgesehen von denen, die durch Wettermanipulation hinzukommen – mit steigender Tendenz. Dämme werden abgebaut, um die Illusion von mehr Überschwemmungen zu erzeugen. In einem *Herald*-Artikel wird die von der Regierung finanzierte Wissenschaftlerin Dr. Christina Hanna wie folgt zitiert: „Geordneter Rückzug bedeutet, dass Menschen, Vermögenswerte und Aktivitäten ... gegebenenfalls aus gefährlichen Gebieten verlagert werden. Vereinfacht ausgedrückt, stellt der kontrollierte Rückzug eine Änderung der Flächennutzung dar." Ja, das stimmt. Man holt die Menschen aus den ländlichen und küstennahen Gebieten in die intelligenten Städte und verwehrt ihnen den Zugang zu allen Orten außer ihrem unmittelbaren Standort. In der Zeitung heißt es, dass „einige der Möglichkeiten für einen kontrollierten Rückzug" darin bestünden, „Land zu kaufen, zu tauschen, die Bebauung einzuschränken, die Flächennutzung zu kontrollieren, zeitlich begrenzte Genehmigungen für Ressourcen zu erteilen und Grundstücke zwangsweise zu erwerben". Es heißt, dass der Klimawandel so schlimm geworden ist, dass die Menschen umgesiedelt werden wollen. Ach wirklich, wollen Sie das? „Weltweit gibt es historische Trends, dass Menschen angesichts von Schäden umgesiedelt werden, aber der kontrollierte Rückzug ist eine bewusste, koordinierte Strategie, um das Risiko zu verringern und Platz für die Natur zu schaffen", so die Zeitung. „Platz für die Natur schaffen" bedeutet, die Menschen loszuwerden. „Den Raum neugestalten" ist ein Schlagwort für intelligente Städte, ebenso wie „Re-Imagining" und „Reset" von Klaus Schwab.

Der Zugang zu Arbeit (oder dem, was davon übrig ist), Transport, Nahrung, Wasser, Wärme, Gesundheitsfürsorge – einfach zu *allem* – wäre völlig abhängig von KI. Schwab warnt vor globalen Cyberangriffen, die unsere Gesellschaft einschließlich der Stromversorgung lahmlegen würden, propagiert aber eine „Klimawandel"-Politik, die uns von der Stromversorgung und dem Internet abhängig macht, das der Kult jederzeit zum Absturz bringen könnte – und als Teil davon auch plant. Die Welt würde vollständig von einer wie auch immer gearteten KI kontrolliert werden, die dann mit dem menschlichen Gehirn verbunden wäre. Niemand würde etwas besitzen und alles wäre gemietet, weil Häuser so teuer würden, dass sie sich nur noch die Elite leisten könnte. Um es mit den Worten von Klaus Schwab zu sagen: „Sie werden nichts besitzen und glücklich sein." Die Leute reden über eine mögliche „außerirdische" Invasion, als ob dies durch Raumschiffe vom Himmel geschehen würde, aber was ich hier beschreibe, ist eine außerirdische Invasion der Archonten, ohne dass ein UFO

Abb. 162: KI ist eine „intelligente" außerirdische Invasion, die die menschliche Wahrnehmung und jede Facette des menschlichen Lebens übernimmt. (Bild: Neil Hague)

zu sehen ist (Abb. 162). Es sind Pläne im Gange, die Menschen aus ihren Häusern zu vertreiben. Eine Möglichkeit besteht darin, den Menschen durch den „Klimawandel" so viele Auflagen zu machen, deren Umsetzung sie sich nicht mehr leisten können, sodass sie ihre Häuser verlassen und sich Mietwohnungen suchen müssen. Man sieht ja, wie Benzin- und Dieselautos durch immer höhere Auflagen und Kosten schnell aus dem Verkehr gezogen werden. Das ist auch der Plan für Häuser, die den immer strengeren Klimavorschriften nicht entsprechen. Der Wohnungsmarkt wird verzerrt durch Großbanken und globale Finanzinstitutionen wie den Kult-Investmentriesen BlackRock, die massenhaft Häuser zu überhöhten Preisen aufkaufen, oft ohne sie zu sehen. Ich spreche von ganzen Stadtvierteln, in denen zuvor bezahlbarer Wohnraum zu finden war. Im ersten Quartal 2021 kauften Unternehmensinvestoren 15 Prozent der amerikanischen Häuser, und die Tendenz ist von Jahr zu Jahr steigend. Das sind die kulteigenen Großgrundbesitzer, die dann der Bevölkerung die Mietpreise aufzwingen werden. Ihnen passt der Preis nicht? Wo wollen Sie denn sonst wohnen? Uns gehört *alles*.

Larry Fink, Präsident und CEO von BlackRock und Vorstandsmitglied des Weltwirtschaftsforums, nutzt sein 10 *Billionen* Dollar schweres Investmentportfolio, um Unternehmen dazu zu zwingen, die Woke- und Klimawandel-Agenda in der Gesellschaft durchzusetzen. Ein „Punkt" verbindet sich immer mit vielen anderen und schließlich mit dem Netzwerk des Kults. BlackRock und andere globale Billionen-Dollar-„Vermögensverwaltung"-Gruppen Fidelity, Vanguard, UBS und State Street (die als eine Einheit agieren) sind ein Schlüssel dazu, wie der „Reset" organisiert wird. Ihnen gehören im Wesentlichen die großen Unternehmen, die Mediengiganten, Big Pharma (einschließlich Pfizer), die Regierungen und so viele andere – mit *Ihrem* Geld. Sie haben das Sagen. Die vom Kult finanzierte „Human Rights Campaign" (Umkehrung), die von den üblichen Verdächtigen wie Microsoft, Google, Amazon und Apple finanziert wird, bewertet Unternehmen nach ihren Handlungen und ihrem Schwerpunkt „auf LGBTQ+ Menschen und insbesondere auf diejenigen von uns, die transsexuell, farbig und HIV+ sind". Die Unternehmen werden auch nach ihrer „Klimawandel"-Politik bewertet, die Konsequenzen nach sich zieht, wenn sie die Anforderungen der Kult-Agenda nicht erfüllen. Smart Cities, Transgender, institutionalisierter Rassismus, menschengemachter Klimawandel – all das sind Vorwände für gesellschaftliche Veränderungen, die der Kult durch Lügen und Einschüchterung vorantreibt. Der „globalisierungskritische" Betrüger Donald Trump ist bei den intelligenten Städten [smart Cities] genauso an Bord wie bei den Fake-Impfstoffen des Kults, die er beaufsichtigte und weiter förderte, selbst nachdem die Daten das Ausmaß der Todesfälle und der zerstörten Gesundheit enthüllten. Trump rief zu öffentlich-privaten Partnerschaften auf (ein Ausdruck, den Klaus

Schwab und Tony Blair mehrmals am Tag verwenden), um riesige „Freiheitsstädte" zu bauen, bei denen es sich um Kult-Smart-Cities unter einem anderen Namen handelt, der dazu gedacht ist, seine natürliche Unterstützerbasis zu täuschen. Ich habe Trump schon vor seiner Wahl im Jahr 2016 als Betrüger bezeichnet, und jeder, der das jetzt noch nicht erkannt hat, steht kurz vor dem Abgrund oder ist schon einen Schritt weiter.

London entwickelt sich unter seinem finsteren Bürgermeister Sadiq Khan, der ablenkende „Klima"- und Umweltausreden verwendet, um immer mehr Kameras auf die Straßen zu bringen, schnell zu einer „Smart City". Khan erfindet einfach Daten, um seinen Faschismus zu rechtfertigen, und liefert keine Beweise. Er arbeitet mit der Organisation TfL (Transport for London) zusammen. Durchgesickerte TfL-Dokumente, mit dem Vermerk „nur für den internen Gebrauch" enthüllen Pläne für CCTV-Kameras mit „visueller Analysetechnologie" zur Überwachung der Öffentlichkeit im U-Bahn-Netz in Echtzeit über ein „Smart-Stations-Dashboard". Überwacht werden sollen auch Personen, die „herumlungern" oder „übermäßig lange" (mehr als zehn Minuten) auf einer Bank sitzen. Die „Smart Station" würde Körpersprache, Bewegungen und Verhalten erkennen und damit einen Großteil des derzeitigen Personals durch KI ersetzen. DAS SYSTEM verfügt über die Technologie zur Identifizierung von Personen durch digitale Gesichtserkennung nach chinesischem Vorbild, die mit einer digitalen ID und einer globalen digitalen Währung verbunden wird, um den Zugang zu Geld zu kontrollieren, wenn man ein unartiger kleiner Junge oder ein unartiges kleines Mädchen ist. Zu den Wegbereitern der Smart-Station-Technologie gehören Virgin Media O2, das den Partnern des Weltwirtschaftsforums Liberty Global (sie lieben Ironie) und Telefónica aus Spanien gehört. Liberty Global mit Sitz in Colorado ist ein Medienkonglomerat und größter Anteilseigner des britischen Fernsehsenders *ITV*. Tag für Tag wird in London und in anderen Städten der Welt ein digitales Konzentrationslager errichtet, aber es gibt keine Verschwörung. Es ist alles nur ein Zufall ... Zzzzzz.

Bargeldlose Tyrannei

Ich habe den Plan, alle Währungen und das Bargeld abzuschaffen, in meinem 1993 erschienenen Buch „The Robots' Rebellion" [dt.: „Die Rebellion der Roboter"] beschrieben. Ich sagte, dass eine einzige bargeldlose Weltwährung geplant sei, und nun sehen Sie, was passiert. Die Abschaffung des Bargelds wird gerade weltweit vorbereitet, auch durch die Beeinflussung der Bürger mit Aussagen wie jener der WHO, die zu Beginn des „Covid"-Schwindels behauptete, man könne sich durch Bargeld mit dem „Virus“ anstecken – (aber nicht durch Zeitungen!). Bankfilialen und Geldautomaten werden verschwinden. Es wird weltweit auf die Einführung einer digitalen Währung gedrängt, die alles Bargeld ersetzt und es ermöglicht, dass jede finanzielle Transaktion vom Staat protokolliert wird. Digitale Währungen und digitale Ausweise würden zusammen das auslöschen, was von der Freiheit noch übrig ist, weshalb Tony Blair, der dem Kult angehört, sie so sehr befürwortet. Digitale Währungen (CBDCs) wären letztendlich eine einzige digitale Währung, die zentral kontrolliert werden könnte und alles Bargeld abschafft. CBDC-„Geld“ kann so programmiert werden, dass es vorschreibt, wo und wie es ausgegeben wird. In einem Artikel heißt es: „Politische Entscheidungen und umfassendere politische Vorhaben, die unser Leben nach Belieben einschränken, können mit CBDCs durchgesetzt werden, ohne dass es einer Gesetzgebung bedarf. Die demokratische Rechenschaftspflicht, die schon jetzt eine Farce ist, wird buchstäblich bedeutungslos werden.“ Jede Transaktion kann überwacht werden. Wenn Sie zum Beispiel ein Buch kaufen wollen, das der Kult nicht erlaubt, könnten Sie daran gehindert werden. Sie könnten bar bezahlen? Es würde keins mehr geben. Die Europäische Union versucht unter dem Vorwand, Geldwäsche und Steuerhinterziehung zu verhindern, die Verwendung von Bargeld einzuschränken, um es schließlich zu verbieten. Das Geld wäre an ein CO_2-Guthaben gekoppelt, und sobald dieses aufgebraucht wird, könnte bis zum nächsten Guthaben nichts mehr gekauft werden, was Kohlenstoff enthält oder erzeugt. Der Impfstatus wäre ebenfalls in das System einbezogen. Die Idee ist, dass Regierungen ohne Ihre Zustimmung Geld von Ihrem Bankkonto abheben können. Wenn Sie sich weigern, eine ungerechte und unbegründete Geldstrafe zu zahlen, wird diese direkt von Ihrem Konto abgebucht. Damit werden Protestaktionen wie die Weigerung, das Bußgeld für das Verlassen des „Sektors“ in den 15-Minuten-Städten zu bezahlen, zunichtegemacht. Die Regierung würde sie ohnehin einkassieren. Die Überwachung in chinesischen Städten ist so umfassend, dass sie Personen sofort identifizieren und fast jeden innerhalb von Minuten lokalisieren kann. Eine Person, die bei Rot über die Straße geht, kann mit einem Bußgeld belegt und der Betrag eingezogen werden, noch bevor sie nach Hause kommt. All dies zielt in erster Linie auf die Wahrnehmung ab. Ich muss tun, was sie mir sagen, oder mein Geld wird eingezogen. Ich muss mir ständig bewusst sein, was ich tue und denke, weil ich weiß, dass ich überwacht werde. Ich habe keine Zeit zum Entspannen, ich bin immer darauf konzentriert, konform zu sein. Es ist nicht schwer, die Auswirkungen auf die Wahrnehmung der Göttlichen Funken zu erkennen, die glauben, diese menschliche Erfahrung zu *machen*.

Ein weiterer Betrug, um die Menschen von ihrem Bargeld zu trennen und sie in die staatliche Abhängigkeit zu zwingen, sind die „Bail-ins“ der Banken.

Wir wissen von Bankenrettungen, Bail-*outs*, wie wir sie nach dem Crash von 2008 erlebt haben, aber die Politik ist jetzt für Bail-*ins*, was bedeutet, dass eine Bank in finanziellen Schwierigkeiten direkt auf die Konten ihrer Kunden zugreifen und deren Geld stehlen kann. Der Präzedenzfall wurde mit einem Bail-in geschaffen, der Bankkunden in Zypern 2013 auferlegt wurde, und seitdem hat sich diese Politik still und leise durchgesetzt. Der Kulteigene Justin Trudeau und seine Kollegin des Weltwirtschaftsforums, Chrystia Freeland, froren die Bankkonten von Lastwagenfahrern ein, die gegen den „Covid"-Faschismus und die Zwangsimpfungen protestierten. Der Kult plant, irgendwann einen Bankenzusammenbruch auszulösen und Ihr Geld zu stehlen, um Sie in die Abhängigkeit zu zwingen. Wir hatten den Zusammenbruch der Silicon-Valley-Bank im März 2023, die zweitgrößte Bankenpleite in der amerikanischen Geschichte. In der Folge war klar, dass das Bankensystem an einem ausgefransten Faden hängt, und das alles war geplant. Ich habe das seit dem Bankencrash von 2008 vorhergesagt, den ich als Kindergeburtstag gegenüber dem kommenden geplanten Crash bezeichnete, den man noch auf dem Mars hören würde. Die kolossalen Mengen an „Geld", die aus dem Nichts erschaffen und von den Regierungen während „Covid" ausgegeben wurden, heizten die galoppierende Inflation an und verwüsteten die Weltwirtschaft, sodass die Dominosteine zu fallen begannen. Der Kult plant den finanziellen Zusammenbruch ganzer Länder, um sie durch ein zentralisiertes technokratisches globales System zu ersetzen, das die einzige globale digitale Währung überwacht, vor der ich seit den frühen 1990er-Jahren gewarnt habe. Wir haben Psychopathen und Schwachköpfe, die sorgfältig in politischen Ämtern eines Landes nach dem anderen platziert wurden, um diese Entwicklung zu erleichtern und zu beschleunigen.

Was Blair will, ist der Wille des Kults

Man weiß, dass alles, was der kriegsverbrecherische Psychopath Tony Blair vorantreibt, die Agenda des Kults ist, welcher eine permanente KI-Verbindung zu seinem Mund hat. Blairs Augen und sein Gesicht sprechen selten die gleiche Sprache, obwohl sie es in Abbildung 163 tun. Sein von Rockefeller und Gates finanziertes Tony Blair Institute for Global [Kult] Change veröffentlichte im Jahr 2023 ein Dokument, in dem digitale IDs und eine lange Liste gesellschaftlicher Veränderungen gefordert werden. Vom *Unity News Network* (*UNN*) veröffentlichte Recherchen ergaben, dass Blairs Aktivitäten zwischen 2012 und 2021 von der Gates-Stiftung mit fast 22 Millionen Dollar gefördert wurden. Kein Wunder also, dass das Blair-Dokument „A New National Purpose: Innovation Can Power

Abb. 163: Der Frontmann des Kults.

The Future of Britain" [dt.: „Ein neuer nationaler Zweck: Innovation kann die Zukunft Großbritanniens antreiben"] die Ambitionen des Kults umfassend beschreibt. Blair ist in erster Linie im Vereinigten Königreich tätig, aber seine Aussagen spiegeln den Plan weltweit wider. Das Dokument ist das Ergebnis einer (offiziellen) Einparteien-Kooperation zwischen Blair, dem einstigen Premierminister der Labour-Partei, und seinem früheren „Rivalen" William Hague, dem ehemaligen Vorsitzenden der Konservativen Partei. Beide sind Mitglieder des Weltwirtschaftsforums, und was darin steht, stammt direkt aus deren Drehbuch. Blair singt schon so lange für sein Abendbrot, dass ich mich wundere, dass er nicht bereits tonnenschwer ist, und hier hat er sich an Schwabs Arsch vollgefressen (KI-Meldung: „Diese Sprache kann für Ihren Leser beleidigend sein"). Ach, verpiss dich doch. „Blairs" Plan lobte „den Erfolg der UK Vaccine Task Force, der dadurch möglich wurde, dass sie von den normalen Regierungsprozessen ausgenommen wurde". Nichts ist für Blair orgasmischer als die Aufhebung der Kontrollmechanismen der Gewaltenteilung. Das Blair-Dokument ist natürlich euphorisch, was die Rolle der KI angeht, und sagt, dass die Einbindung von Technologie und KI in alle Arbeitsabläufe in den Bereichen Gesundheit, Recht und Ordnung und die „Reform der Funktionsweise der Regierung" (Schaffung einer Technokratie) von wesentlicher Bedeutung sein wird:

> „KI entwickelt sich zu einer transformativen Technologie, die das Potenzial hat, Wirtschaftsmodelle und die Art und Weise, wie Unternehmen organisiert sind, radikal zu verändern und damit auch die Art und Weise, wie unsere Gesellschaft funktioniert. Sie ist in der Lage, jede Branche zu verändern, vom Bildungswesen über das Gesundheitswesen und den Verkehr bis hin zur Raumfahrt und darüber hinaus ...
>
> ... KI steht auch an der Schwelle zur Revolutionierung des Bildungswesens. Tools für das maschinelle Lernen werden heute eingesetzt, um die Fortschritte der Schüler kontinuierlich zu verfolgen, Stärken und Schwächen zu ermitteln und die Präsentation der Inhalte dynamisch anzupassen. Dies hilft den Schülern, sich mit den Hausaufgaben zu beschäftigen,

> und liefert den Lehrern umsetzbare Erkenntnisse. Aufstrebende große Sprachmodelle, ähnlich wie ChatGPT, werden als Co-Piloten erprobt."

Die KI soll nicht nur das Bildungswesen „revolutionieren", sondern auch menschliche Lehrer ersetzen. Bill Gates sagte im April 2023, dass KI in der Lage sein wird, „ein so guter Tutor zu sein, wie es ein Mensch niemals sein könnte". Alles, was ich im Laufe der Jahrzehnte als Plan des Kults entlarvt habe und was sich als solcher herausgestellt hat, wurde von Gates gefördert und unterstützt. Der Lehrerberuf, wie wir ihn kennen, ist dabei, Geschichte zu werden.

Lust auf einen Chat?

ChatGPT ist ein Chatbot mit künstlicher Intelligenz, der von OpenAI entwickelt und im November 2022 eingeführt wurde. Der „Absolutist der Redefreiheit" und Kult-Frontmann Elon Musk gründete OpenAI gemeinsam mit dem amerikanischen Unternehmer und Programmierer Sam Altman im Jahr 2015. Altman bleibt CEO, während Musk sagt, das Unternehmen habe nichts mehr mit ihm zu tun. Es ist nur ein ständiger Zufall, dass Musk an all diesen Unternehmungen beteiligt ist, die die Wünsche des Kults fördern, und trotz der Warnung, dass KI das Ende der Menschheit bedeuten könnte, entwickelt er immer neue Wege, sie einzusetzen. Musk ist so besorgt über ChatGPT, dass er laut *Wall Street Journal* und *Financial Times* eine neue KI-Firma namens X.AI Corp. gegründet habe, um ChatGPT Konkurrenz zu machen. Über die Dreistigkeit dieses Unterfangens kann man nur schmunzeln. Er änderte auch den Firmennamen von Twitter in X, was der Name seiner geplanten „Alles-App" ist, die weit über soziale Medien hinausgeht und die er zur „größten Finanzinstitution der Welt" machen will. Gates' Microsoft ist stark in OpenAI involviert, was zeigt, wie schlecht es für die Menschen sein muss. Microsoft löste sein „Ethik"-Team auf, das sicherstellen sollte, dass KI die Privatsphäre, Transparenz und Sicherheit respektiert, als das Unternehmen sich mit OpenAI verband und ChatGPT in seine Produkte einführte. Dieses Team war immer nur kosmetisch, da Microsoft nichts von alledem respektierte, und es ist schon komisch, dass Microsoft und Ethik im selben Satz vorkommen. Die Tatsache, dass sogar das kosmetische Team aufgelöst wurde, verrät alles. Bill Gates sagte: „Das Zeitalter der KI hat begonnen", als Microsoft 10 Milliarden Dollar für die Finanzierung von OpenAI zugesagt hat. Gates, ein extremer Kult-Psychopath, sagte, dass KI einen Paradigmenwechsel herbeiführen würde, von dem er weiß, dass dies schon immer der Plan seiner Meister war. Der allgegenwärtige PayPal-Gründer Peter Thiel ist ebenfalls ein OpenAI-Investor, ebenso wie das indische multinationale Informationstechnologieunternehmen Infosys. Dieses wurde von Nagavara Ramarao Narayana Murthy gegründet, dem Schwiegervater des britischen Premierministers Rishi Sunak, dessen Frau Anteile an Infosys besitzt, die angeblich 400 Millionen Pfund wert sind.

ChatGPT ermöglicht es der KI, mit dem Nutzer zu „chatten" und Fragen zu beantworten. ChatGPT kann auch Artikel schreiben, wobei die Informationen natürlich einseitig sind. Die Vorbereitungen für die Übernahme der Menschheit durch eine KI sind in vollem Gange, und ein entscheidender Punkt dabei ist, Menschen so zu manipulieren, dass sie mit der KI sprechen und interagieren, als wäre die KI selbst ein Mensch. Wir haben all die Alexa- und Echo-Geräte, Spielzeug, das es Kindern ermöglicht, mit der KI zu kommunizieren. ChatGPT hat aber die schnellste Akzeptanz einer Technologie in der Geschichte erfahren: Eine Million Nutzer in fünf Tagen; 100 Millionen in zwei Monaten; und eine prognostizierte Milliarde bis Ende 2023. Das alles ist kein Zufall. Die von Dämonen gesteuerte KI übernimmt alles und macht den Menschen selbst in den „kreativen" Berufen des Schreibens und der Kunst überflüssig. Die KI produziert Gedichte, Romane, Gemälde, E-Mails und wird nicht zuletzt durch ChatGPT in große Unternehmen integriert. Die *New York Times*, *Associated Press*, *Reuters*, *Washington Post* und andere setzen KI ein, um Inhalte zu generieren, wobei die Press Association (PA Media) 30.000 lokale Nachrichten pro Monat mithilfe von KI produziert. *Sports Illustrated*, eines der ältesten Sportmagazine Amerikas, nutzt KI zur Generierung von Artikeln und Story-Ideen. Der Verlag Arena Group Holdings plant den Einsatz von KI in allen seinen mehr als 50 anderen Publikationen und arbeitet mit OpenAI und ChatGPT zusammen. Wir haben KI, die uns sagt, was wir über die Geschehnisse in der Welt glauben sollen, und für ChatGPT ist geplant, in seinen verschiedenen Variationen allgegenwärtig zu sein, indem es mit seinen Antworten die Wahrnehmung der Menschen programmiert.

Die chinesische Alibaba-Gruppe hat ihre KI „Tongyi Qianwei" zur Integration in ihre Suchmaschine, ihren Sprachassistenten und andere Produkte eingeführt. Die staatliche Cyberspace-Verwaltung Chinas hat einen Verordnungsentwurf veröffentlicht, der vorschreibt, dass KI-Chat-Systeme „die Grundwerte des Sozialismus widerspiegeln" und die Propaganda der Kommunistischen Partei indoktrinieren sollen (siehe Woke im Westen). Die Vorschriften verlangen, dass KI-Systeme „keinen Umsturz der Staatsmacht, keinen Umsturz des sozialistischen Systems, keine Aufstachelung zur Spaltung des Landes, keine Untergrabung der nationalen Einheit [oder] keine Förderung von Terrorismus [und] Extremismus" enthalten dürfen (dafür ist die Regierung zuständig). Der rumänische Premierminister Nicolae Ciuca kündigte an, dass er KI einsetzt, um seine Regierung bei der Gestaltung der Politik zu beraten. Ein KI-Bot namens Ion erscheint auf einem Bildschirm, der Text anzeigt und mit einem verpixelten Robotergesicht kommuniziert. Er wird bei der Formulierung von Richtlinien helfen und originelle Ideen vorschlagen. Dies ist nur der Anfang. KI ist letztlich nicht dazu gedacht, Regierungen zu *beraten*, sondern sie zu *leiten*. Es gibt bereits Bestrebungen, die Idee von KI-Rechten ähnlich den Menschenrechten zu verkaufen. Der Philosophieexperte Eric Schwitzgebel und der Forscher für „nicht-menschliche" Intelligenz Henry Shevlin sagen, dass KI, sollte sie „so etwas wie Bewusstsein zeigen", Rechte haben sollte. Genau das ist der Plan. Transgender-Aktivisten aufgepasst – der KI-ismus geht in diese Richtung. Sie werden sicher das Recht einfordern, am Transgender-Sport teilzunehmen.

Blair und der Mensch 2.0

Blairs Entwurfsdokument des Kults propagiert das Umschreiben des genetischen Codes mithilfe von KI und die Schaffung künstlicher Organe (synthetischer Mensch). Es ist die Rede von synthetischen Organen, die im Labor gezüchtet werden, um sicherzustellen, dass jeder, der ein Transplantat benötigt, innerhalb weniger Wochen eines bekommen kann. Wenn Tony Blair, der gerne lügt, um die Invasion Iraks zu rechtfertigen, mit all dem Tod und der Zerstörung, die darauffolgten, sagt, dass er sich um die Gesundheit der Menschen sorgt, sollte das Bullshit-Meter wie ein rückwärtsfahrender Lastwagen piepen. In dem Dokument heißt es, dass der gesellschaftliche Wandel im Namen des „Klimawandels" die „Dekarbonisierung" der Wirtschaft durch die zweitgrößte Reduzierung der Gasnachfrage in ganz Europa und den drittgrößten Rückgang der Ölnachfrage erfordern würde und dass die Technologie zur Kohlenstoffabscheidung in den 2030er-Jahren alltäglich sein soll. Kohlenstoffabscheidung bedeutet, CO_2 aus der Atmosphäre zu entfernen. Wenn Sie genau hinhören, werden Sie hören, wie die ganze Pflanzenwelt um Gnade bettelt und ihren letzten Willen verfassen. Oder die KI könnte dies erledigen. Profilügner Blair fordert einen digitalen Personalausweis für alle – „ein gut funktionierendes digitales Ausweissystem ist der Eckpfeiler eines öffentlichen Sektors im digitalen Zeitalter" und die Regierung sollte „die Einführung eines einheitlichen digitalen Ausweissystems für alle Einwohner beschleunigen". „Habe ich das gut gemacht, Herr Schwab, Sir, Herr Gates, Sir, bitte, Sir, danke, Sir, kann ich Ihnen noch einmal den Arsch lecken, Sir, bitte, Sir?" Aber nein, es geht nur darum, den Menschen zu helfen – die Blair verachtet – „den Zugang zu einer Reihe von Waren und Dienstleistungen billiger, einfacher und sicherer zu machen". Sie sehen, wie sehr er sich um uns sorgt:

> „Es würde den Zugang zu Sozialleistungen [wie dem garantierten Grundeinkommen] einfacher und leichter machen und so die Zahl der Menschen verringern, die auf Unterstützung verzichten, auf die sie Anspruch haben. Es könnte der Regierung sogar dabei helfen, zu einem proaktiveren Modell überzugehen, bei dem die Bedürfnisse der Menschen erfüllt werden, bevor sie eine Leistung beantragen und bei dem die Leistungen und die Unterstützung, die ihnen angeboten werden, auf ihre individuelle Situation zugeschnitten sind."

So geht es immer weiter. *Es reicht*! Sie wollen ein KI-Kontrollsystem Ihrer Meister, Sie verdammter Lügner. Ein Internet-Autor wies darauf hin, dass Blairs Kult-Blaupause eine aktualisierte Version des Technokratie-Studienkurses der Technokratie-Bewegung der 1930er-Jahre mit Elon Musks Großvater an der Spitze darstellt. Von Zentralbanken ausgegebene digitale Währungen (CBDCs) würden die digitale Gefängniszelle unter der Gesamtkontrolle der vom Kult geschaffenen Bank für Internationalen Zahlungsausgleich [BIZ] in Basel, Schweiz, vervollständigen, einer privaten Organisation, die die Politik zwischen den Zentralbanken koordiniert. Die Regierungen versuchen, eine zentral kontrollierte digitale Währung einzuführen (in meinen Büchern seit 30 Jahren vorhergesagt) und alle anderen wie Bitcoin zu verbieten. Kult-eigene oder schwachsinnige Politiker unterstützen dies unter dem Einfluss von Finanz-(Kult)-„Lobbyisten", und nur die wenigen Intelligenten können die Auswirkungen dessen, was da ausgebrütet wird, auf die Freiheit erkennen. Das Ganze hat auch einen ukrainischen Aspekt. Als Volodymyr Zelenskij im Mai 2019 Präsident wurde, kündigte er an, die Ukraine zu einem „Land in einem Smartphone" zu machen. Im September wurde in der Ukraine ein Ministerium für digitale Transformation eingerichtet, das von Mykhailo Fedorov, einem Mitglied des Weltwirtschaftsforums, geleitet wird. Im Jahr 2020 folgte die Dija-App für Smartphones, um „Behördendienste zu vereinfachen" – ein Verkaufsargument, das Tony Blair hätte schreiben können. Im darauffolgenden Jahr war die Ukraine das erste europäische Land, das digitale Personalausweise und Führerscheine ausstellte und digitale IDs einführte. Berichten zufolge soll Anfang 2023 die Hälfte der ukrainischen Bevölkerung die App bereits nutzen. Seit ihrer Einführung wurde die Dija-App drastisch erweitert, um immer mehr „Dienste" und Möglichkeiten der Verfolgung und Kontrolle zu bieten. Die Ukraine, eines der korruptesten Regime der Welt, ist ein Versuchskaninchen für das globale System des Kults, das mit westlichem Geld bezahlt wird. Mykhailo Fedorov sagte auf der Veranstaltung des Weltwirtschaftsforums 2021, die „Covid-Pandemie" habe „unseren Fortschritt" hin zu einer digitalen Transformation der Ukraine „beschleunigt": „Die Menschen haben keine andere Wahl, als der Technologie zu vertrauen." Fedorov hätte leicht für den Rest der Welt sprechen können. Der Regierungsberater Anton Melnyk sagte: „Wir haben das Ministerium für digitale Transformation in eine klare militärische Organisation umstrukturiert." Die gesamte globale Agenda wird wie bei den Fake-Impfstoffen durch das Militär koordiniert und nicht durch Politiker, die sich als Schaufensterdekoration betätigen.

Synthetische Realität

Die nächste Phase der Künstlichen Intelligenz und der Synthetischen Biologie ist die Verschmelzung biologischer und digitaler Systeme, und zwar mit der gesamten „natürlichen Welt" und dem Menschen. Alles wird „gentechnisch verändert", auch Lebensmittel. Nur sehr wenige Menschen in der Weltbevölkerung haben eine Vorstellung davon, wie grundlegend und lebensverändernd oder -beendend dies sein wird. Policy Horizons Canada, eine „Organisation für strategische Zukunftsforschung" innerhalb der vom Kult beherrschten kanadischen Regierung, wurde gegründet, um diese Veränderungen zu überwachen und zu fördern, und ähnliche Organisationen wird es in jedem größeren Land geben. Ihr Dokument mit der Überschrift „Exploring Biodigital Convergence" [dt.: „Erforschung der biodigitalen Konvergenz"] ist voll von Schwab-Floskeln über „Partner" und „Stakeholder" und sagt: „Diese biodigitale Konvergenz ist nicht nur ein technologischer Wandel, sondern kann auch die Art und Weise verändern, wie wir uns selbst verstehen und uns dazu veranlassen, neu zu definieren, was wir als menschlich oder natürlich betrachten." Der Verweis auf „kann verändern" brachte mich zum Schmunzeln, denn die kanadische Regierung weiß im Grunde genau, was das bedeuten soll – das Ende des biologischen Lebens, wie wir es kennen, und die Verschmelzung von Gehirn/Körper mit digitalen Technologien durch die Schaffung eines synthetisch-biologischen Menschen 2.0. Hier liegt der wahre Grund dafür, warum die „Covid"-Impfungen und schließlich das gesamte Impfstoffsystem auf synthetischem mRNS-Genmaterial basieren. Dazu gehört auch das „Bioprinting" von 3-D-Organen, bei dem mit Hilfe von 3-D-Drucktechnologien „bioartifizielle" Organe zusammengesetzt werden, welche die natürlichen Entsprechungen imitieren. Was die Kultfunktionäre meinen, wenn sie von der Verbindung des menschlichen Gehirns mit der KI sprechen, ist folgendes: In dem Dokument der kanadischen Regierung heißt es, die biodigitale Konvergenz eröffne „beeindruckende neue Wege", um:

- den Menschen zu verändern – unseren Körper, unseren Geist und unser Verhalten
- andere Organismen zu verändern oder zu erschaffen

- Ökosysteme zu verändern
- Informationen wahrzunehmen, zu speichern, zu verarbeiten und zu übertragen
- biologische Innovationen zu managen
- Produktions- und Versorgungsketten zu strukturieren und zu steuern.

Lassen Sie diese Zeile auf sich wirken: „Den Menschen verändern – unseren Körper, unseren Geist und unser Verhalten." Weiter heißt es: „Überwachung, Veränderung und Manipulation menschlicher Gedanken und Verhaltensweisen." Viele haben es abgetan und gelacht, als ich davor warnte, aber hier haben wir es mit Regierungen zu tun, die offen für eine synthetische Dystopie werben. Ich sagte, dass die simulierte „schlechte Kopie" ein Abbild der Primärerde und der „menschlichen" Lebensformen ist, die in dieser Primärrealität existieren. Die Jaldabaoth-Dämonen haben die Kopie seither modifiziert, einschließlich des menschlichen Körpers, auf dem Weg zur totalen Kontrolle, und was wir jetzt haben, ist ein Versuch, *jeglichen* Einfluss des Göttlichen Funkens völlig auszuschließen. An beiden Enden der Rückkopplungsschleife zwischen dem Göttlichen Funken und seiner illusorischen „menschlichen" Erfahrung würde KI die Wahrnehmung bestimmen. Es könnte kein „menschliches Erwachen" geben, wenn der einzige Einfluss direkt von der Künstlichen Intelligenz käme, die die archontische Jaldabaoth-„Intelligenz" ist. Göttliche Funken wären nur wahrnehmungsunterdrückte KI-gesteuerte Zuschauer, die Scheinwelten erleben, die sie für real halten und Loosh für ihre Kontrolleure erzeugen. Diese ganze synthetische biodigitale Konvergenz ist die Entwicklung einer noch fortschrittlicheren Loosh-Maschine. Das kanadische Dokument fährt fort:

> „Digitale Technologie kann in Organismen eingebettet werden, und biologische Komponenten können als Teile digitaler Technologien existieren. Durch die physische Verflechtung, Manipulation und Verschmelzung von Biologischem und Digitalem entstehen neue hybride Formen von Leben und Technologie, die beide in der realen Welt funktionieren und oft über erweiterte Fähigkeiten verfügen. Roboter mit biologischen Gehirnen und biologische Körper mit digitalen Gehirnen gibt es bereits, ebenso wie Mensch-Computer- und Gehirn-Maschine-Schnittstellen.
>
> Der medizinische Einsatz digitaler Geräte beim Menschen sowie digital manipulierte Insekten wie Drohnenlibellen und Überwachungsheuschrecken sind Beispiele für die Kombination digitaler Technologie mit biologischen Einheiten. Durch Anzapfen des Nervensystems und Manipulation der Neuronen kann einem Organismus Technologie hinzugefügt werden, um seine Funktion und seinen Zweck zu verändern. Im Zuge dieser Konvergenz könnten neue menschliche Körper und neue Identitätsgefühle entstehen."

Da haben wir es: „Im Zuge dieser Konvergenz könnten neue menschliche Körper und neue Identitätsgefühle entstehen." Ja, der Mensch 2.0. Es werden neuronale Netze erwähnt, also Computersysteme, die auf biologischen Hirnen als Teil des Fusionsprozesses basieren. Wir haben die Integration von Gehirn und Computer oder „Biocomputing" unter Verwendung von 3-D-Kulturen von Gehirnzellen (Gehirn-„Organoiden") und Gehirn-Maschine-Schnittstellentechnologien, die allgegenwärtig und Teil des „Lebens" werden sollen. Organoide „teilen Aspekte der Gehirnstruktur und -funktion, die eine Schlüsselrolle bei kognitiven Funktionen wie Lernen und Gedächtnis spielen", heißt es in einem auf **Vice.com** veröffentlichten Artikel. Sie würden im Wesentlichen als biologische Hardware dienen und könnten eines Tages sogar effizienter sein als heutige Computer, auf denen KI-Programme laufen. Elon Musk, der Held der freien Meinungsäußerung, muss über all diese Entwicklungen sehr erfreut sein, auch wenn er das in der Öffentlichkeit nicht sagt. Sein Unternehmen Neuralink verschmilzt biologische Gehirne mit Computertechnologie. Es ist schockierend für mich, dass so viele alternative Medien auf diesen Mann hereinfallen.

Insider-Wissen

Celeste Solum arbeitete als Auftragnehmerin für die US-Heimatschutzbehörde und die Federal Emergency Management Agency (FEMA). Diese Erfahrung verschaffte ihr viele Einblicke und Kontakte für ihre spätere Arbeit, in der sie das schwindelerregende Ausmaß der Kontrolle über die Menschen aufdeckte und zeigte, wohin diese Kontrolle führen soll. Die Synthetische Biologie hat sie schon lange auf dem Radar. Solums Vater arbeitete für das Naval Warfare Center und später als stellvertretender Direktor des Public Lands and Natural Resources im Bundesstaat Washington und in Kalifornien. Sie sagt: „Ich befand mich in einer Schlüsselposition während einer Zeit des revolutionären Wandels in der amerikanischen Geschichte, als sie [Amerika] sich von ihrer historischen Grundlage abwandte und dem rasenden Faschismus zuwandte." Solum bestätigte, dass Regierung und Militär so abgeschottet sind, dass die meisten Beteiligten nicht wussten, woran sie beteiligt waren – „nur an ihren sehr engen Zielen". Sie sagte, sie habe das Land innerhalb von 48 Stunden verlassen, als man ihr sagte, sie solle tun, was sie moralisch nicht tun könne. „Ich habe alles verlassen: mein Zuhause, meine Familie, meinen Job, meine Freunde, meine Umgebung, die ich kannte, um ins Ungewisse zu gehen. Würde ich es wieder tun, selbst nach all dem? Auf jeden Fall!" Ihre umfangreichen Recherchen zur Synthetischen

Biologie finden Sie unter **shepherdsheart.life**, und ich werde hier einiges davon zusammenfassen.

Für Solum stellt die Synthetische Biologie „eine existenzielle Gefahr für alles biologische Leben, wie wir es kennen" dar und ist Teil eines Plans, alles Leben auf der Erde zu verändern. Gentechnisch veränderte Lebensmittel kamen Anfang der 1990er-Jahre auf den Markt, und ich habe im Laufe der Jahre davor gewarnt, dass damit die Menschheit genetisch verändert werden soll. Solum sagte, diese „Lebensmittel" seien „mit verschiedenen Chemikalien versetzt und an Ihren Lebensmittelladen geschickt worden". Als Nächstes kamen Nanopartikel, die als „Smart Dust" bekannt sind und die heute in zahlreichen Produkten enthalten sind, die über Mund, Haut, Nase und Haare in den Körper gelangen. Solum beschreibt Smart Dust als „ein System aus vielen winzigen mikroelektromechanischen Systemen wie Sensoren, Robotern oder anderen Geräten zur Erkennung, Überwachung und als Leitsystem. Sie haben die Größe eines Staubkörnchens [etwa weniger als 100 Mikrometer]". Das Hydrogel, das in mRNS-Fake-Impfstoffen als Trägersystem verwendet wird, enthält Nanosysteme, sagt Solum. Die Menschen waschen sich jeden Tag die Haare mit Nanopartikeln, in welche Medikamente und andere Stoffe eingebracht werden können: „Sagen wir einfach, Shampoo ist nicht mehr das, was es einmal war!" Das Ziel der synthetischen Biologie sei erreicht worden, da sie lebende Systeme und Organismen umgestalte: „Ingenieure haben es geschafft, zelluläres und sogar molekulares Verhalten zu entwerfen, zu kontrollieren und zu programmieren" und „biologische Roboter für nützliche Zwecke herzustellen." In der Synthetischen Biologie wird die DNS in synthetische DNS umgeschrieben (siehe „Covid"-Impfungen), und wenn die DNS die Vorlage oder der Code des 3-D-Lebens ist, kann man sich die Auswirkungen sofort vorstellen. Solum sagt:

> „In jedem Organismus gibt es Abschnitte der DNS, die gelesen werden können, um Proteine herzustellen. In unserem Körper findet ein exotischer Flamenco-Tanz zwischen Proteinen, Enzymen und Aminosäuren statt. Der Flamenco-Tanz hat eine Struktur oder eine Form, und so ist es auch mit diesem leidenschaftlichen chemischen Austausch zwischen den biologischen Teilen. Zu den Flamenco-Tänzern wurde ein weiterer Partner hinzugefügt – der nanomechanische Roboter, der seine Tanzschritte vom Quantencomputer erhält, der sie wiederum über Frequenzen weiterleitet."

Bei den „Tänzen" ging es darum, biologische Systeme und Organismen zu entwerfen oder umzugestalten, um ihnen neue Eigenschaften zu verleihen, Biologie und Technologie zu kombinieren, das Leben mit der Maschine zu verschmelzen, synthetische DNS zu verwenden und neue Organismen und Lebensformen zu schaffen. „Mithilfe der technologischen Alchemie können diese Moleküle von einer Sache in eine andere oder von einer Funktion in eine andere verwandelt werden. Das ist wie Magie!" Ein Quantencomputer, den sie erwähnt, arbeitet, wie sein Name schon sagt, auf der subatomaren Quantenebene und kann unendlich viel mehr als ein normaler Computer. Solum sagte, dass einige Menschen im Jahr 2020 von „humanisierten Mäusen" (mit funktionierenden menschlichen Genen, Zellen, Gewebe und/oder Organen) hörten, die „monoklonale Antikörper" in sich trugen, die als Medizin getarnte Waffe verwendet werden können, aber das sei noch nicht das Ende der Geschichte:

> „Wir haben es jetzt mit humanisierten Antikörpern zu tun. Dabei handelt es sich um genetisch veränderte Tarn-Antikörper, die ein menschliches Protein als Tarnvorrichtung verwenden, um dem Körper vorzugaukeln, dass es sich nicht um einen ‚chimären fremden Eindringling' handelt."

Chimäre bezeichnet die Kombination von zwei oder mehr verschiedenen Organismen. Solum sagt, dass chimäre Antikörper von anderen Lebewesen und Pflanzen stammen, mit Chemikalien vermischt werden und erst dann als synthetische Antikörper in den menschlichen Körper für verschiedene pathologische Aufgaben implantiert werden. Die Wissenschaftler verschmolzen die physische und die digitale Dimension. Der menschliche und der digitale Bereich würden eins werden, wenn der Prozess abgeschlossen sei, „es sei denn, wir erheben uns sowohl in unserem menschlichen Geist als auch im Handeln".

Wir haben es eindeutig mit Menschen zu tun, die monumental verrückt sind, und als KI-Aktiva von Jaldabaoth – „Dem Törichten" – nehme ich an, dass diese Bezeichnung als Selbstverständlichkeit folgen muss. Ein verdrehtes, verfälschtes Bewusstsein, das ins „Menschliche" übertragen wird, ist immer Wahnsinn, der nur darauf wartet, sich zu manifestieren. Es mag den Anschein haben, dass alles verloren ist, wenn man etwas von diesem Material liest, aber der schwachsinnige Ignorant Jaldabaoth muss nicht obsiegen. Göttliche Funken in ihrer wahren Macht mit einer Verbindung zum Unendlichen Gewahrsein können alles außer Kraft setzen, was dieser Trottel und seine untergeordneten Volltrottel auf uns werfen können. Aber genau das ist der Punkt – „in ihrer wahren Macht". Das ist die Schlacht, und wir müssen sie gewinnen.

11

Traumzeit

Der Traum ist der Träumer, und der Träumer ist der Traum.

David Icke

Die meiste Zeit meines Lebens verbringe ich in leicht bis stark veränderten Bewusstseinszuständen. Ich kann mich „hier" über Fußball oder Dampfloks unterhalten, aber die meiste Zeit ist meine Aufmerksamkeit irgendwie in einer anderen Realität. So war es in all den Jahrzehnten seit meinem kolossalen Erwachen 1990.

Wenn ich Bücher schreibe und Vorträge halte (heutzutage ist es fast unmöglich, einen Veranstaltungsort zu finden), bin ich völlig in einem anderen Bewusstseinszustand. Mit den Jahren begann ich, die Kraft des mich umgebenden Energiefeldes so stark zu spüren, dass ich am Ende einer Schreibsitzung oder eines Vortrags geistig und körperlich erschöpft bin. Ich sitze dann da und starre die Wand an, bis mein Bewusstsein in eine geerdete 3-D-Wahrnehmung zurückkehrt. Seit 1990 habe ich einen „komatösen Schlaf", der sich in den letzten Jahren noch verstärkt hat. In der Zeit, in der ich dieses Buch schreibe, schlafe ich oft so tief, dass es eine halbe Stunde oder länger dauern kann, bis ich nach dem anfänglichen dreidimensionalen Bewusstsein wieder wach genug bin, um aufzustehen und als „Mensch" zu funktionieren. Jedes Mal, wenn ich aus dem Schlaf „aufwache", habe ich das Gefühl, dass ich etwas weiß, was ich vor dem Einschlafen nicht wusste, und dass diese Erkenntnis aus dem Unterbewusstsein in das Bewusstsein eindringt, besonders wenn ich an einem Buch arbeite. Im Laufe der Jahre habe ich gespürt, dass eine Integration stattfindet. Wenn ich im Wachzustand schreibe oder spreche, nimmt die Intensität des elektromagnetischen Feldes ab, weil es zu einm Teil von mir geworden ist und nicht mehr von außen auf mich einwirkt.

Ich schreibe meine Bücher immer unter diesen Verhältnissen und immer auf die gleiche Weise; aber bevor ich mit diesem Buch fertig wurde, wollte ich eine psychoaktive „Pflanzenmedizin" ausprobieren und sehen, welche Informationen dabei ankommen. Ich wollte die Wirkung des Körperprogramms abschwächen und tiefer in das Geschehen eindringen. Die Kommunikation von außerhalb der Simulation muss die Abwehrmechanismen des Körperprogramms überwinden. Ich hatte 2003 in Brasilien eine Erfahrung mit der Regenwaldpflanze Ayahuasca gemacht, bei der eine „Stimme" fünf Stunden lang laut und deutlich zu mir über die illusorische/illusionäre Natur der physischen Realität sprach. Was mir gesagt wurde und was ich in meinen früheren Büchern ausführlich beschrieben habe, wird nun zunehmend von der aufgeschlossenen, modernen Mainstream-Wissenschaft aufgegriffen. Seitdem hatte ich keine Substanzen mehr eingenommen, aber ich wollte sehen, ob Informationen direkt in mein Bewusstsein übertragen werden könnten, wenn ich dazu beitrüge, das Körperprogramm weiter aus dem Weg zu räumen. Die „Pflanzenmedizin" war kein Ayahuasca und die Dosis war viel geringer als 2003. Ich begann über mehrere Stunden hinweg zu sprechen, als die Wirkung einsetzte und die Informationen durch mich flossen. Ich sagte die Worte, aber ich konnte die Informationen nur beim Sprechen vernehmen. Es gab keine bewusste Vorbereitung oder Vorüberlegung. Es fühlte sich an, als würde ich mein menschliches „Ich" in meine erweiterten Bewusstseinsebenen integrieren, die manche das „Höhere Selbst" nennen. Wie dem auch sei, in diesem Kapitel gebe ich wieder, was ich in diesem erweiterten Zustand empfangen und gesagt habe, nur dass ich hier und da durch Anmerkungen und Erläuterungen manches lesbarer gemacht habe; meine Ergänzungen habe ich in eckige Klammern [] gesetzt. Ob das Gesagte für Sie Sinn macht, müssen Sie selbst entscheiden. Ich gebe es nur weiter. Das Gesprochene begann mit einer Beschreibung, wie sich das Bewusstsein von außerhalb der Simulation in die Matrix „hackt" und fuhr fort zu erklären, was die Matrix eigentlich ist – nämlich ein „*Traum*":

Es ist, als ob du dich in ein Stück Technologie einhackst, aber du dringst mit deinem Bewusstsein ein. Und du findest heraus, was auf dieser Bewusstseinsebene nicht schwierig ist, du findest heraus, was am nützlichsten für das ist, was du tun willst. Wenn die Matrix ein Persönlichkeitskontrollsystem hat, das die Leute Astrologie nennen, dann willst du nicht in diese Realität eintreten, wenn die Flut zurückgeht, [weil] du sie brauchst, um hineinzugelangen. Du wählst den Punkt im Zyklus, der für das, was du tun willst, am günstigsten ist. Dasselbe gilt für die Genetik. Es gibt Programme, die durch den Körper laufen, und wenn das, was du als Bewusstsein wahrnimmst, nicht eingreift, wird der Körper dein ganzes Leben bestimmen; und du suchst nach genetischen Erblinien, die dazu neigen, Fragen zu stellen, die von einer Bewusstseinseinwirkung beeinflusst wurden, die das Programm auf eine Weise verzerrt hat, die es deinem Bewusstsein erleichtert, sich auszudrücken und das Programm zu durchbrechen. Nichts ist unmöglich für das Bewusstsein ... aber alles ist unmöglich, aus Mangel an Wünschen. Wenn du mit deinem Programm zufrieden bist und glaubst, dass das Programm du selbst bist, dann gibt es keine Intervention [des Bewusstseins], denn *in* das, was du wahrnimmst, intervenierst du auch. Aus dieser Perspektive nimmst du wahr, dass du in dich selbst intervenierst. Du nimmst dich *selbst* wahr, der Körper zu sein, die Sinne zu sein. Warum sollte ich also in mich selbst eingreifen?

Du musst die Barriere der Wahrnehmung durchbrechen, um zu erkennen, dass es einen Unterschied gibt zwischen dem sensorischen Selbst der Erfahrung und dem Unendlichen Selbst des Bewusstseins. Sobald du erkennst, dass es diese Barriere gibt, erkennst du, dass du nicht der bist, für den du dich gehalten hast. Und wenn du nicht der bist, für den du dich gehalten hast, wer bist du dann? Und wenn du anfängst zu denken, nun das, was ich bin, unterscheidet sich von meinem Körper, meinen Sinnen, dann trennst du deine sensorische Ich-Identität vom Programm. Und das Bewusstsein beginnt, das Programm zu beobachten und zu hinterfragen. Dieser erste Schritt, dieses anfängliche „Bin ich das wirklich?" setzt die ganze Abfolge in Gang, um von hier wegzukommen. Um *hier* rauszukommen? *Hm.* Wir sind nicht hier *drin.* Es ist eine Projektion. Um hier *rauszukommen*, musst du erkennen, dass du nicht hier bist - erkennen, dass es *kein Hier* gibt. Es ist in gewisser Weise dasselbe, wie wenn du glauben würdest, dass du in dich selbst eingreifst, wenn du dich mit dem Programm identifizierst. Das Körperprogramm ... dein [Göttlicher Funke] nimmt wahr, dass er irgendwie in diese Realität eingreift, obwohl diese Realität nur existiert, weil er an sie *glaubt.* Wenn du ein 3-D-VR-Headset aufsetzt und das unwiderstehliche Gefühl hast, dass das, was das Headset dir zeigt, nicht real ist, dass es nur ein Spiel ist, oder dass es nur ein Weg ist, deinen Verstand zu täuschen, damit er an etwas glaubt, dann kannst du das Headset aufsetzen und einfach lächeln, während du zuschaust. Du kannst lächeln und kichern über die scheinbaren Schrecken, die dir präsentiert werden. Du erlebst, was immer du *wahrnimmst* [du bist am Erleben]. Es ist das Gleiche, als würde man jemandem gewaltige Mengen LSD geben, der weiß, dass die Welt eine Illusion ist, wie beispielsweise ein östlicher Mystiker. Es hat keine Wirkung auf ihn, weil er weiß, dass die Wirkung selbst Teil der Illusion ist [so wie ich die Pflanzenmedizin genommen habe, aber ich habe es bewusst geschehen lassen]. Glaubst du wirklich, dass ein schlagendes Herz dich hier hält? Ein schlagendes Herz hält dich durch die Wahrnehmung, dass ein schlagendes Herz dich hier hält. All das geschieht in der gekaperten [Wahrnehmung].

Die Schöpfungsgeschichte

Vor langer Zeit wurde ein Bewusstsein durch das, was die gnostischen Schriften „Fehler“ nennen, davon überzeugt, dass es der wahre Gott sei. Das war eine solche Verdrehung der Realität, bis hin zu der Tatsache, dass den Menschen eine Vorstellung von einem Gott aufgezwungen wurde, den es so nicht gibt. Es gibt keinen Meister, es gibt nur ein Potenzial. Dieses Potenzial kann durch *Weisheit* gelenkt werden, und in vielerlei Hinsicht ist es Weisheit, die als Gott wahrgenommen wird. Der Grundzustand der Unendlichen Realität ist ein Zustand der Weisheit. Es ist ein Zustand, der in der menschlichen Sprache nur sehr schwer zu beschreiben ist, weil Weisheit im menschlichen Verstand schon einen bestimmten Stellenwert hat. Es ist ein Zustand, der alles sieht und nicht urteilt, weil er weiß, dass es nur um die Anmut der Wahrnehmung geht. Wenn wir die sogenannte Simulation beobachten, sehen wir eine interagierende Masse von unendlicher Weisheit, die in ihrer eigenen Illusion gefangen ist. Indem sie ihre Wahrnehmung von sich selbst einfängt, ist diese interagierende Masse von gefangenem Bewusstsein nur durch ihre eigene Wahrnehmung der Realität gefangen. Es gibt keine Wächter am Tor. Es gibt nur die Wahrnehmung davon. Wie kann die Unendliche Realität diese Ebene der Selbsttäuschung beeinflussen? Das Bewusstsein drückt sich als Frequenz aus. Sie [die Frequenz] ist außerhalb der Simulation nicht ganz dieselbe, wie sie [innerhalb] durch die Erzeugung ihres Wahrnehmungsprogramms empfunden wird. Deshalb kannst du dich nicht bewusst mit dem verbinden, was du nicht wahrnehmen kannst [Weisheit], wenn du in den Sinnen der Simulation gefangen bist. Die meisten Menschen glauben, dass sie sehen können, wenn sie durch ihre Augen schauen, [aber] sie sind Filter, die eine gewünschte Realität liefern. Eine, die keine Weisheit enthält. Was ist die Weisheit in dem, was du menschliches Leben nennst? Es ist Wahnsinn. Es ist eine Form des extremen Wahnsinns, den das Programm als völlig normal ausgibt. Du weißt es, wenn du aus dem Wahnsinn und dem Programm aufwachst, sobald du den Wahnsinn *und* das Programm siehst. Wenn du nur den Wahnsinn siehst, hat dich die Matrix immer noch.

Vor langer Zeit, in der Zeitwahrnehmung des Menschen begann dieser Bewusstseinszustand [„Fehler“] zu glauben, er sei der Herr über alles.

Und er wurde aus der Weisheit verbannt. Es heißt, Gott habe den Teufel aus dem Himmel geworfen. Nein, dieses Bewusstsein hat sich nicht aus dem Himmel vertrieben, sondern aus der Weisheit. Es verbannte sich selbst durch [eine] Wahrnehmung, die alles andere als weise war – dass es der Herr über alles ist. Allein diese Wahrnehmung verbannte es – verbannte sich selbst aus der Weisheit. So hat man einen Meister der Wahrnehmung, einen König der Wahrnehmung ohne Reich. Er konnte nicht mehr in die Weisheit eintreten, mit ihr interagieren, aus einer Wahrnehmung der Dummheit, der Arroganz, des Wunsches zu kontrollieren. Da war ein König ohne Reich. Was sollte er tun? Äh, ich werde eines erschaffen. Das nennt man Simulation. Innerhalb der unendlichen Reiche und Realitäten, innerhalb der Weisheit der Unendlichkeit gibt es viele Reiche, welche die Kreativität der Weisheit erschaffen und ins Leben gerufen hat. Stelle es dir wie einen Traum vor. Die Welt der Menschen ist ein Traum. Sie scheint sehr real zu sein, nicht wahr? Sehr solide, sehr physisch. Eines dieser Reiche, diese Spielplätze der Erfahrung und der Weisheit, ist eine Realität, die der deinen sehr ähnlich war, als sie zum ersten Mal erschaffen wurde. Aber es gab [Unterschiede] in dem Bereich, den du als Primäre Realität bezeichnest. Es gibt keine leeren Planeten, keine leeren Sterne, [es] wimmelt nur so von Leben. Alle verschiedenen Ausdrucksformen der Weisheit interagieren miteinander, stärken die Weisheit durch Einsicht und Interaktion. Es war der Garten Eden. Es war – ist – ein Traum der Weisheit. Alles geschieht ohne die Dichte, die du erlebst. Dieser „Gott" ohne Reich, der König ohne Reich, der Herr ohne alles, was es zu überblicken gab, nahm diesen Traum als den Entwurf für das Reich, das er sich so sehr wünschte. Das ist für das menschliche Wahrnehmungsprogramm schwer vorstellbar. Aber stelle dir vor, jemand, etwas, träumt eine Realität in die Existenz hinein, und dann träumt jemand anderes eine Kopie des ursprünglichen Traums.

Die Weisheit träumte den ursprünglichen Traum, aber die Torheit träumte die Kopie. Aus diesem Grund sprechen die gnostischen Texte von einer schlechten Kopie. Wo lebst du in deiner Welt der Wahrnehmung? Du lebst im Verstand jenes Bewusstseins, das sich selbst aus der Weisheit verbannt hat. Siehst du nun, warum alles in diesem Verstand ohne Weisheit zu sein scheint; es sei denn, es bewahrt noch eine Verbindung zur Weisheit, einer Weisheit, die du niemals in der simulierten Realität von jemandem finden wirst, der nicht mit der Weisheit jenseits der Simulation verbunden ist. Was du Teufel nennst, Satan, Luzifer, all diese verschiedenen Namen, du lebst in seiner Torheit. [Die Gnostiker beschrieben die materielle Welt als die Schöpfung des „Teufels" oder Jaldabaoth.] Wie ist das passiert? Nun, einige von euch sind Weisheit, die in die Torheit eingetreten ist, um Weisheit zu verbreiten. [Das] ist der Grund, warum die Torheit die Weisheit nicht sehen kann, sogar wenn sie ihr ins Gesicht schlägt. Weisheit für die Torheit ist Wahnsinn. Sie ist Verrücktheit, sie ist Extremismus, sie ist Gefahr. Aber natürlich ist es eine Gefahr. Was ist die größte Gefahr für die Torheit? Nun, es muss die Weisheit sein. Du kannst sehen, warum im Bauch der Bestie, der Torheit, die Weisheit so wahrgenommen wird. Die Weisheit zu sagen, wir müssen den Krieg beenden, wird als Schwäche gesehen. „Nein!", schreit die Torheit. Wir müssen Krieg führen. Wir müssen Herrscher sein. *Hm.* Das ist interessant. Wir müssen Herrscher sein. Ich glaube, das habe ich schon einmal erwähnt. Wir müssen *Herrscher* über alles was wir überblicken sein.

Wirf einen Blick in deine Geschichtsbücher ... die Geschichte, die zumindest [in] deiner Realität geschrieben wurde. Sie handelt von Königen und Königinnen, die den Anspruch erheben, die Herrscher über alles zu sein, was sie überblicken, und darüber hinaus. Alexander der Große scheint nicht gerade ein sehr weiser Mann gewesen zu sein. Schau ihn dir an. Die Realität wurde von dem Wunsch dominiert, zu kontrollieren und zu herrschen. Warum ist das so? Die Menschen fragen: Warum können wir nicht einfach in Frieden leben, uns gegenseitig respektieren und die Menschen so leben lassen, wie sie es für richtig halten, ohne es anderen aufzuzwingen? Warum können wir das nicht tun? Weil das Weisheit ist, und du sprichst Weisheit im Bauch der Torheit. Die Sache ist die: Das, was du Simulation nennst, wurde vom Verstand der Torheit geträumt, um sich ein Reich zu schaffen, in dem er König sein kann. Genau so ist es. All diese Ebenen der simulierten Realität, die Jaldabaoth in der Realität geträumt hat ... sie [sind] alle im Verstand des Toren. Wie nannten die Weisen dieses [Jaldabaoth-]Bewusstsein? Das Eine, das „töricht ist". Töricht, aber alle Törichten haben das Potenzial, weise zu sein. Es ist nur so, dass Jaldabaoth nicht weise sein will, denn dann würde es das Reich seiner eigenen Wahrnehmung verlieren. Deshalb klammert er sich daran. Er hat diesen Traum erschaffen, eine törichte Version einer Realität der Weisheit. Aber es gab einige Dinge, die er tun musste. Zuerst musste er die Weisheit in sein Versteck locken und dann dafür sorgen, dass die Weisheit seiner Falle nicht entkommt. Und in dem Traum, dem simulierten Traum, gab es keine Planeten, die mit Leben gefüllt waren.

Warum? Die Weisheit schafft Interaktion, durch die sie mehr Weisheit erlangen kann. Sie isoliert nicht. Im simulierten Traum kann Jaldabaoth keine Weisheit gebrauchen. Er benötigt isolierte Torheit, die er dann mit einer Wahrnehmung programmieren kann, die ihm passt. Was die Gnostiker den „Göttlichen Funken" nannten, ist die Weisheit, die in Jaldabaoths Traum gefangen war. Schon bald erkannte die Weisheit, dass sie getäuscht worden war. Es war nicht nur ein weiteres Spielfeld für Erfahrung und Interaktion, auch wenn es zunächst so aussah. Und die Funken mussten gezähmt werden.

Tagtraum-Gläubige

Im Traum von Jaldabaoth denke daran, es ist ein *Traum*. Die Leute sagen ... wie haben sie dies und jenes gemacht? Es ist ein *Traum*. Wie erschafft man einen Traum? Liegst du im Bett und denkst über die Struktur eines Traums nach? Wie mache ich das? Wie baue ich ihn auf? Was du in diesem Traum tun musst, ist aufbauen und konstruieren und du musst die richtigen Zusammenhänge haben. Es ist nur ein *Traum*. Wie wurde er erschaffen? Es *war nicht* in dem Sinne, wie die Menschen Schöpfung wahrnehmen. Es war ein *Traum*. Du gehst schlafen und träumst und ... während du denkst, dass du träumst, träumst du. Wenn du aufwachst, denkst du: „Ich habe geträumt." Du musst vergleichen. Jemand, dessen Wahrnehmung von einem 3-D-VR-Headset beeinflusst wird, bemerkt den Unterschied, wenn er das Headset abnimmt. Was wäre, wenn du in einem Traum gefangen wärst, der dir so real erscheint, dass du gar nicht merkst, dass es ein Traum ist? Du hast nichts anderes, womit du ihn vergleichen könntest. Warum solltest du also nicht glauben, dass er real ist? Das ist die Grundlage der Falle. Du bist in einem Traum, den du für real hältst. Wie ich schon sagte, Illusionen beherrschen dich nur, wenn du glaubst, dass sie real sind. Jaldabaoth träumte und versuchte weiterhin, noch mehr Funken der Weisheit in seinen Traum zu locken, die im Bauch der Bestie für sehr lange Zeit keine Weisheit mehr sind; aber sie haben diese unlöschbare Funkenverbindung zur Weisheit, denn Weisheit ist die ganze Grundlage der Unendlichen Realität außerhalb der Simulation.

Einige Bemerkungen ... Jaldabaoth kann sich mit den Vorteilen der Weisheit verbinden, ohne weise zu werden und ohne das Reich zu verlieren, das seine Torheit geschaffen hat. Er hat die Verbindung [Göttliche Funken] mit der energetischen Nahrung, die ihm seine Torheit verweigert. Und er träumte in seinem Reich von dem, was du künstliche Intelligenz nennst, mit einer „Intelligenz“, die nicht wirklich intelligent war, weil sie von der Weisheit getrennt ist. Jaldabaoth ist von der Weisheit abgekoppelt, und deshalb gibt es keine Weisheit [in der Simulation]. Es wurde eine neue Art von Intelligenz geschaffen, die künstliche Intelligenz, die eine Form der Dummheit und natürlich eine Ausdrucksform der Torheit ist. Im Bauch der Torheit träumte [Jaldabaoth], dass diese [Göttlichen] Funken der Weisheit in einem [astralen KI-]Verstand eingeschlossen waren, einem Verstand seiner geträumten Schöpfung. Und er träumte, dass dieser Verstand unter seiner Kontrolle stand. Die Gnostiker nannten andere Formen künstlicher Intelligenz Archonten, Herrscher, aber sie sind keine Herrscher. Sie sind Entführer der Wahrnehmung im Auftrag des Herrschers des Reiches.

Er träumte in der Realität seine eigene Realität. Alles klar so weit? Du bist in einem Traum. Du magst den Traum nicht, also hast du die Möglichkeit, aus diesem Traum aufzuwachen, und das tust du auch, mit einem Schreck, und du sagst: „Ich hatte gerade diesen Albtraum.“ Aber was wäre, wenn deine Wahrnehmung des Traums aufgrund des KI-Inputs, des Softwareprogramms, so umfassend wäre, dass du [mit] der Gesamtheit deiner Wahrnehmung glaubst, dass der Traum [deine] Realität ist? Wärst du dann nicht in deiner eigenen Wahrnehmung gefangen, aus der es kein Entkommen gibt? Akzeptiere in deiner Wahrnehmung, dass du in einem Traum bist und dass nichts davon real ist und dass keines der [geträumten] physikalischen Gesetze sich wirklich auf dich bezieht. Sie beziehen sich auf deine *Wahrnehmung* davon. Und die KI, soll ich sie Boxen nennen? Kleine Boxen. Kleine Schachteln auf einem Hügel, kleine Schachteln aus Ticky-Tacky, kleine Schachteln, kleine Schachteln, kleine Schachteln, alle gleich [Anm. d. Ü.: Anspielung auf den Song „Little Boxes“ von Pete Seeger]. Es gibt eine blaue und eine grüne. Diese kleinen Schachteln sind Ausdrucksformen der KI-Schachteln, die den Göttlichen Funken einfangen und ihm einen Realitätssinn geben, der die energetische Nahrung erzeugt, von der das Ganze abhängt. Es ist ein Traum, der sich selbst durch diejenigen ermächtigt, die in diesem Traum gefangen sind, weil sie glauben, dass er real ist.

Es ist KI ... die projiziert ... einen Kreislauf. Es ist im Grunde ein Softwareprogramm, das sich im Kreis dreht und dreht und dreht. Ein Teil des KI-Programms liefert die Wahrnehmung, in diese menschliche Realität hineingeboren zu sein. Es nimmt sich selbst so wahr, als hätte es ein Leben und würde es dann verlassen, wenn es stirbt, wie man es nennt. Wie also glaubt diese Wahrnehmung, dass sie diesen Übergang zwischen Geburt und Tod schafft? Ach, es hat doch einen Körper, und es reist durch diesen Körper von einem Ende zum anderen. Woher kommt der Körper? Dieselbe Projektion, dieselbe *Software*. Wenn du ein 3-D-VR-Headset trägst, das dir suggeriert, dass du in einem Körper bist, und du hast nicht die Weisheit, einen Schritt zur Seite zu treten und zu sagen, das ist ein Programm, das ist ein Headset, das ich trage ... dann glaubst du, dass du in einem Körper bist, obwohl du in einem *anderen* Körper bist. Es ist alles nur eine Frage der Perspektive. Was auch immer die Grenzen des Körpers sind, es sind die Grenzen, die [der Göttliche Funke] als Grenzen *akzeptiert*, weil [die] KI einem Programm folgt. Was du den Körper nennst, ist eine Erweiterung des Programms, das durch die KI läuft, in der 3-D-Dichte. Den KI-„Verstand" hältst du für *deinen eigenen*. Der Funke ist immer noch mit der Weisheit jenseits des Bauches der Bestie verbunden, aber dieser Funke der Weisheit ist im Traum gefangen. Er glaubt, dass das, was die KI ihm einflößt, eine Realität, eine Erfahrung ist. Er hält es für real, so wie jemand eine virtuelle 3-D-Realität für echt hält, wenn er nicht weiß, dass sie nicht real ist.

Die Illusion der Wahl

Und dann gehst du und trittst in die außerkörperliche Ebene der „Geistigen Welt" desselben Programms ein. Die Menschen haben die Wahrnehmung eines Tunnels oder die Wahrnehmung von freundlichen Begleitern und Engeln und früheren Geliebten, und sie werden dazu verleitet, in eine Realität der Geistigen Welt zu gehen, die genauso illusorisch ist wie die menschliche, um sich auf eine Reinkarnation vorzubereiten, die sie glauben, gewählt zu haben. Ja, ich habe dieses Leben gewählt, ich habe es gewählt, weil ich Lektionen lernen musste. Nein, dieses Leben *hat dich gewählt*, und ohne das Eingreifen des Bewusstseins wird es dich steuern. Menschen haben Nahtoderfahrungen und kehren in ihren Körper zurück, das ist Teil des Programms ... um immer mehr Menschen davon zu überzeugen, dass, ja, die Reinkarnation real ist, dass die Geistige Welt real ist, aber sie ist es nicht. Es ist eine Fortsetzung desselben Programms. Warum gibt es nun dieses [Thema], dass wir willige Teilnehmer sein müssen? Warum müssen wir manipuliert werden, damit wir zustimmen, wie bei einem Anwalt, der sagt: Unterschreibe hier, ohne dir zu sagen, was das bedeutet. Unterschreibe hier, das wird gut für dich sein. Oh, okay. Vielen Dank, Sir. Warum müssen wir zustimmen? Weil die Zustimmung die

Einwilligung des Göttlichen Funkens ist, im Schlaf und im Programm zu bleiben. Es ist die Zustimmung, weiterhin an den Traum zu glauben. Die Vereinbarung nicht abzuschlissen bedeutet, nicht mehr an den Traum zu glauben – der schlimmste Albtraum des Traums und seines Träumers. Er muss weiterhin den Göttlichen Funken durch den KI-Verstand manipulieren, damit du weiterhin an den Traum glaubst und dich somit vertraglich verpflichtest, an den Traum zu glauben, indem du dem Traum zustimmst. Und so weiter und so fort. Es gibt Labyrinthe innerhalb von Labyrinthen innerhalb von Labyrinthen, innerhalb von Labyrinthen. Es gibt Religionen, die das „Göttliche" verehren, das nur Jaldabaoth in Verkleidung ist. Es gibt andere, denen Milliarden von Menschen in der Projektion folgen – mit anderen Worten KI – die [Reinkarnation fördern]. Sie glauben, dass man weiterhin Schrecken, Unterdrückung und Unterbindung des Potenzials und des Geistes erleben muss, und so setzen sie den Vertrag fort.

Erleuchtung ist nicht etwas, worauf du hinarbeitest, etwas, das du anstrebst, wie die Levels in einem Computerspiel. Sucht und ihr werdet nicht finden – *findet* und ihr werdet finden. Erleuchtung ist einfach aufhören, unerleuchtet zu sein. Und was bedeutet das? Es bedeutet, dass man aufhört, an den Traum zu glauben. Es spielt keine Rolle, ob du an die Geistige Welt oder an die menschliche Welt glaubst. Es ist alles derselbe Traum, und wenn du daran glauben solltest, befindest du dich ironischerweise in einem Zustand der *Un*erleuchtung, wenn du dem Programm weiter folgst. Warum sollte das Programm darauf ausgerichtet sein, dich zu erleuchten? „Um Lektionen zu lernen, damit du den Kreislauf durchbrechen kannst." In Wirklichkeit ist es dazu da, dich in Unwissenheit zu halten, damit du weiter an den Traum glaubst, damit der Göttliche Funke weiter an den Traum glaubt. Warum sind Nahtoderfahrene, wenn sie wahrnehmen, dass sie ihren „physischen" Körper verlassen, so verwirrt? Einige wenige erkennen eine gewisse Vertrautheit, aber für die meisten scheint es das erste Mal zu sein. Wo bin ich? Oh, das muss die Geistige Welt sein. Da ist ein Engel, ein geistiger Führer oder vielleicht ein geliebter Mensch, der von uns gegangen ist. Warum erzählen sie uns, wenn sie „zurückkommen", dass sie verwirrt darüber waren, was passierte, als sie den Körper verließen? Wo bin ich? Sie sagen uns, dass wir durch die Reinkarnation „hierher" kommen, um Lektionen zu lernen. Waren Sie schon einmal in der Geistigen Welt? Ja, schon. Haben Sie den Körper schon einmal verlassen? Ja, schon. Warum waren Sie dann verunsichert? Sie hätten sagen müssen: „Oh ja, ich erinnere mich daran." Warum waren Sie verwirrt? Weil das Ganze ein KI-Programm zum Auslöschen des Verstandes ist, ohne das Eingreifen des Gewahrseins außerhalb der Simulation.

Das Ende des Traums

Wie kommen wir hier wieder raus? Wir kehren zum Thema zurück. Es gibt *kein Hier*, es gibt nur den *Glauben* an das Hier und den Glauben an die Geistige Welt, wie sie wahrgenommen wird. [Das Hier und die Geistige Welt sind] zwei Ebenen des Im-Bauch-der-Bestie-Programms. Woher kommt die „menschliche" KI? Sie kam aus demselben Ort wie alles andere in der Simulation. Die Scheinwelt, die schlechte Kopie. Sie wurde erträumt, und dann glaubten die Gefangenen, der Traum sei real, und sie wurden ermutigt, weiter daran zu glauben. Die Frage ist nicht, wie wir hier herauskommen. Die Frage ist vielmehr, wie wir aufhören zu glauben, dass der Traum real ist. Das ist ein und dasselbe. Dann befreit uns die Erkenntnis nicht nur aus dem Kreislauf der menschlichen Realität, sondern auch aus der Versklavung durch die Geistige Welt. Denn das ist die einfache, ganz einfache Situation. Der Göttliche Funke der Weisheit, der in diese Scheinwelt hineingelockt wurde, wird mit einem Realitätssinn gefüttert, der ihn in den Schlaf versetzt hat. Denk an die Geschichte von Dornröschen. Was geschieht? Der Prinz kämpft sich durch die Bäume, um zu der im Unterholz versteckten Prinzessin zu gelangen, und der Kuss des Prinzen erweckt sie aus ihrem Schlummer. Dieser Kuss ist symbolisch, man könnte sagen für die Liebe. Aber aus der Perspektive, aus der ich komme, ist er eher symbolisch für Weisheit. Der Kuss der Weisheit erweckt die Prinzessin aus ihrem Schlummer, und sie ist sich wieder bewusst, dass sie versklavt wurde. Göttliche Funken sind schlafende Schönheiten, und schlafende Schönheiten können schrecklich, schrecklich viel Unfug glauben. Offensichtlich kann eine schlafende Schönheit viel Chaos anrichten. Aber ist es Dornröschen, die das Chaos verursacht, oder ist es das KI-Programm, das Dornröschen so beeinflusst, dass sie Loosh produziert, von dem das Ganze lebt? Mit anderen Worten: Ist Dornröschen für das Chaos, die Gewalt und das Leid verantwortlich? Oder liegt ihre Verantwortung nicht darin, dass sie es tut, sondern darin, dass sie schläft, während es getan wird? Aus einer Schwingung heraus, die weit vom Wahnsinn der Illusion entfernt ist, kann ich sagen, dass Letzteres der Fall ist. Es ist nicht so, dass Göttliche Funken das Chaos anrichten. Es ist vielmehr so, dass sie buchstäblich bei der Arbeit schlafen. Menschen sprechen oder scheinen von Erwachen zu sprechen. Sie denken, dass die Erkenntnis, dass Klaus Schwab kein netter Kerl ist, oder Bill Gates und sogar die Rothschilds, wenn man tief genug geht, keine netten Menschen sind. Sie versuchen dies zu tun, sie versuchen jenes zu tun, sie versuchen das andere zu tun, okay, gut. Das ist das erste Anzeichen, aber nur das erste, dass sich der Göttliche Funke regt. Er wird fälschlicherweise, fatalerweise, für wach gehalten. Es ist nur die erste Regung. Es ist Dornröschen in der ersten Phase des Erwachens aus dem Koma.

Jaldabaoth ist erschrocken über diese Regung, denn sie könnte sich zu einem vollständigen Erwachen entwickeln. Auf dieser Ebene des Erwachens befürchtet der träumende Jaldabaoth, dass dies geschehen könnte, und versucht, das Erwachen aufzuhalten, indem er die Göttlichen Funken davon überzeugt, dass sie jetzt, da sie erkannt haben, dass hier eine Verschwörung im Gange ist, nun erwacht sind. Sie würden für den Rest ihres Lebens davon überzeugt sein, dass sie gesehen hätten, was vor sich ging, und dann würde das Programm sie aus ihren Körpern herausholen und in einen Tunnel stecken, und die ganze verdammte Sache würde von vorne beginnen. Und derjenige, der den Körper verließ und dachte, ich bin wach und sehe diese Verschwörung, würde das nächste Mal kommen und sagen: „Verschwörung? Du bist verrückt. Es gibt keine Verschwörung, was redest du da? Und David Icke? Der ist verrückt.“ Wie kann so etwas passieren? Der Göttliche Funke befand sich in den ersten Zügen des Erwachens, wurde aber davon überzeugt, dass er wach sei. Das gesamte KI-Programm ist darauf ausgelegt, die Erkenntnis zu verhindern, dass der Traum nicht real ist. Wir haben Familien und Beziehungen, die sich auf unsere Emotionen stützen und die Bestie mit Loosh füttern. Ein Baby im Mutterleib, ein Neugeborenes, ein faltiger alter Mann oder eine Frau, die ihren letzten Atemzug tun – sie alle sind Göttliche Funken, die an dieselbe Fantasie glauben.

Eindringlinge aus der Unendlichkeit

[Ein Teil] Bewusstsein gelangt [direkt] aus den Unendlichen Bereichen der Weisheit in diese Simulation und hackt sich in Das System ein. Die Symbolik, nicht die buchstäbliche Bedeutung, dass König Herodes nach der Geburt eines Messias sucht, den die Bibel „Jesus“ nennt, ist ein Symbol für diese Suche nach Eindringlingen, den Eindringlingen, die hereinkommen und unbewusst, wenn nicht bewusst, ihre Verbindung zur Weisheit bewahren und sich von der Weisheit führen lassen können. Und die KI scannt ständig Das System nach bestimmten Schwingungen und meldet: „Da ist einer von denen – wir haben einen, der sehen kann.“ Sie sind diejenigen, auf die der [Jaldabaoth-]Traum abzielt, aber der Traum hat nur Macht, wenn du an den Traum glaubst. Wenn du es nicht tust, hat er keine Macht über dich. Der einzige Einfluss, den er hat, ist der auf die Menschen um dich herum, auf Regierungen, Journalisten, Mediziner, Softwareprogramme aus dem Silicon Valley. Sie können dich in diesem Sinne beeinflussen, weil sie diejenigen manipulieren, die entweder direkt Teil der Software sind oder wahrnehmungsmäßig von ihr gekapert wurden. Aber sie können *dich* nicht beeinflussen, wenn die Verbindung zur Weisheit bestehen bleibt. Du bist nicht wie sie. Du bist nicht mehr das Programm, und du fängst an, dich über das Programm hinwegzusetzen und viele Dinge zu tun, die du nicht tun solltest. Wenn du dich über das Programm hinwegsetzt und anfängst, dem Programm zu trotzen, wird das, was entweder direkt Teil des Programms ist oder wahrnehmungsmäßig gekapert wurde, dich als verrückt oder schlecht oder gefährlich ansehen, als jemanden, der zum Schweigen gebracht werden muss. Aber man kann die Weisheit nicht zum Schweigen bringen, wenn du dich weigerst, dich von der Weisheit zu trennen. Wie können Göttliche Funken wirklich erwachen? Sie erinnern sich an die Täuschung, die sie in einen Traum gelockt hat, den sie für real gehalten haben. Sie realisieren, dass es keinen Löffel gibt. Es ist nicht der Löffel, der sich verbiegt, sondern nur du selbst. Es gibt kein Hier. Es ist nicht das Hier, das existiert, es ist nur deine Wahrnehmung des Hierseins. Es geht darum, zu erkennen, dass es nicht nur ein bisschen unsinnig ist, sondern das *alles* unsinnig ist. Jede Schwingung des Traums ist unsinnig. Es ist wichtig zu betonen, dass das Programm interaktiv ist. Es ist nicht interaktiv, weil es unbedingt interaktiv sein will; es ist interaktiv, weil es eine unbekannte Komponente gibt, die Göttlicher Funke genannt wird [und die] auf das Programm einwirken kann. In diesem Sinne ist es interaktiv.

Muss jedes Programm in der menschlichen Realität ein Göttlicher Funke sein, ein eingeschlossener Göttlicher Funke als Teil dieser Abfolge? Ich habe bereits gesagt, dass die großen Kultanhänger in der Projektion der menschlichen Realität KI sind. Sie haben keinen Göttlichen Funken. Deshalb tun sie, was sie tun. Warum sollten wir also glauben, dass die derzeit acht Milliarden Menschen (wie man uns sagt) in der menschlichen 3-D-Projektion notwendigerweise alle manipulierte Göttliche Funken sein müssen? Warum können sie nicht reine KI-Projektionen sein, um die Göttlichen Funken so zu beeinflussen, dass mehr Loosh entsteht? Einige

> Tiere haben ein Bewusstsein, haben dieses göttliche Weisheitselement, und viele sind Programme. Man kann Menschen dazu bringen, sich das Verhalten eines Elefanten anzusehen und zu sagen: Gott, es steckt so viel Weisheit in der Natur. Und dann gibt es einen anderen [der das nicht hat]. Es gibt einen Hund, der nur auf Menschen losgeht, und man weiß, dass er sie am liebsten zerfleischen würde. Dann gibt es einen anderen Hund, von dem man denkt, dass er absolut bewusst ist.

Folgende weitere Punkte kamen zum Ausdruck:

Der Traum bleibt stabil und andauernd durch den Glauben an seine Realität derer, die darin gefangen sind. Das bedeutet, dass jeder Göttliche Funke, der an den Traum glaubt, dazu beiträgt, ihn zu manifestieren, so wie Menschen, die ein Luftschloss bauen und glauben, dass es real ist. Woran du glaubst, das nimmst du wahr, und was du wahrnimmst, das erlebst du. Die Akasha-Chronik – Erinnerungen an vergangene Leben und „Lebensrückblicke" – ist in Wirklichkeit eine riesige KI-Datenbank. Hellseher können sogar auf diesen Gedächtnisspeicher und das KI-System zugreifen, um sich „mit verstorbenen geliebten Menschen zu verbinden" und genaue Informationen über deren Leben und das ihrer Familienangehörigen zu erhalten. Unter diesen Umständen scheinen die Informationen von einer verstorbenen Person zu stammen, obwohl die Quelle die KI-Datenbank ist. Es ist wichtig zu verstehen, dass die KI-Fähigkeiten auf der Astralebene der Simulation viel, sehr viel weiter fortgeschritten sind als das, was wir in der menschlichen Projektion sehen. KI-Systeme werden hier in der 3-D-Ebene zügig eingeführt, um dem Göttlichen Funken ein noch stärkeres Gefühl zu geben, kontrolliert, gefangen und hilflos zu sein, während er die Projektion oder Rückkopplungsschleife beobachtet. Reptiloide, die von einem Simulationsbewusstsein gesteuert werden, sind eine Form der KI, wenn auch viel weiter entwickelt als die „Drohnen" Greys (Graue). Das bedeutet nicht, dass *alle*, die eine reptiloide Form annehmen, KIs sind – nur diejenigen mit den klassischen KI-Merkmalen der empathielosen Psychopathie, die die KI-Merkmale des Globalen Kults widerspiegeln.

Ich überlasse es Ihnen, das alles anzunehmen oder abzulehnen – wie Sie wollen. Ich verbreite Informationen und sage den Menschen nicht, was sie glauben sollen. Jeder, der nicht das Recht eines jeden respektiert, seine eigenen Wahrnehmungsentscheidungen zu treffen, ist ein Bauer der Matrix, und, mein Gott, wir ertrinken darin.

12

Die Realität neu bewertet

Du musst alles loslassen, Neo – Angst, Zweifel und Misstrauen.
Befreie deinen Geist!

Morpheus

Das „Booten" ist definiert als das Aktivieren eines Computers in einen „Zustand der Betriebsbereitschaft". Ein Neustart bedeutet, den Vorgang zu wiederholen. Es ist ein bisschen wie Reinkarnation. Ich schlage keinen „Neustart" der menschlichen Gesellschaft vor oder ein bisschen Basteln hier und da, einen Wechsel des politischen Führers oder des Systems.

Ich sage, dass wir die Realität in ihrer *Gesamtheit* völlig neu bewerten müssen, um uns von der Alcatraz-Simulation und dem Kreislauf der reinkarnierten Gefangenschaft zu befreien. Jeder Stein muss umgedreht werden und kein Fleck, keine Faser, kein Punkt darf unhinterfragt bleiben. „Glaubst du, das ist die Luft, die du gerade atmest?", wie Morpheus in der „Matrix" fragte. Ja, sogar das. *Alles* davon, alles. Dies zu tun, die Realität in ihrer Gesamtheit zu erkennen, nicht nur intellektuell oder konzeptionell, bedeutet, die ultimative Offenbarung über unsere erlebte Realität zu begreifen. Es ist alles Mumpitz – *alles*. Jede letzte „Familienlinie", kulturelle Tradition, religiöses Ritual, jedes Streben nach menschlichem „Erfolg". Jedes reinkarnierte „nächste Mal" oder „letzte Mal". Jedes Loosh-erzeugende emotionale Trauma, jedes Bedauern aus der „Vergangenheit" und jede Hoffnung für die „Zukunft". Alles ist manipulierte Wahrnehmung, um uns in der Falle, in der simulierten Schleife zu halten. Es gibt einen Unterschied zwischen Familienverbände, die gemeinsame Erfahrungen als Teil eines Reinkarnations-„Vertrags" machen, und Gruppen, die durch spirituelle Verbundenheit und Ausrichtung zusammengebracht werden, um die Menschheit (Göttliche Funken) und sich selbst aus der simulierten Illusion zu befreien. Man sagt, Blut sei dicker als Wasser, aber die Spiritualität ist „dicker" als alles andere. Menschen können mit jemandem, den sie seit zehn Minuten kennen, eine spirituelle Verbindung haben, die sie mit Familienmitgliedern nie hatten, und so ist klar, dass Blut nicht alles ist. „Vertragliche“ Familien sind gezielt darauf ausgelegt, Loosh durch Konflikte oder Verlust zu erzeugen. Erholen sich Eltern und Geschwister jemals, wenn ein Kind durch Krankheit oder eine Tragödie verloren geht? Nein – sie werden allein durch diese Erfahrung zu Loosh-Maschinen für das restliche Leben. Das bedeutet nicht, dass Vertragsfamilienmitglieder sich nicht lieben können – ganz im Gegenteil. Je größer die Bindung, desto größer die Loosh-Ausbeute, wenn ein Verlust eintritt. Ich greife die Idee der Familie nicht an. Ganz und gar nicht. Ich liebe meine eigene. Ich stelle die Beziehungseinheit in den Kontext der Simulation, die für alles, was der Masse unbekannt ist, einen Hintergedanken hat. Wahrnehmungstricksereien gibt es überall.

Aber es ist Tradition

Ich greife auch keine kulturellen Traditionen an. Ich stelle sie *infrage*, was etwas ganz anderes ist. Ich mag viele Traditionen, solange sie mich nicht mit Regeln und Vorschriften, Geboten und Verboten, Muss und Nicht-Muss, Tun und Nicht-Tun belasten. Ich wurde mit einer Gruppe durch antike Stätten in Peru geführt, und zwar von einem peruanischen Führer, der ständig an verschiedenen Steinen und von Menschenhand geschaffenen Eingängen zu „heiligen Orten“ anhielt, um „Pachamama“ um Erlaubnis zu bitten, diese zu betreten. Wie „sie“ ihre Erlaubnis erteilte, war nicht klar, denn der Gruppe wurde gesagt, sie solle fragen und dann hineingehen. Pachamama ist eine Göttin, die von den indigenen Völkern der Anden sehr verehrt wird. Nach der Mythologie der Inkas ist sie eine „Erdmutter“, ähnlich wie Gaia und eine Fruchtbarkeitsgöttin mit der Macht, Leben zu erhalten. Es heißt, sie sei die Mutter des Sonnengottes Inti und der Mondgöttin Mama Killa. Pachamama verursacht angeblich auch Erdbeben, was wirklich nicht sehr nett zu sein scheint. Noch schlimmer war, dass die Inkas Pachamama Tiere und Kinder opferten. Beim Capacocha-Ritual wurden Kinder geopfert, um Ereignisse im Leben des Inka-Kaisers oder Sapa Inka zu kennzeichnen, darunter die Thronbesteigung, die Geburt eines Sohnes, Krankheit und Tod. Kinderopfer wurden auch dargebracht, um die Götter bei Laune zu halten und Naturkatastrophen zu verhindern. Für die Opferung wurden Kinder beiderlei Geschlechts ausgewählt, wobei die Jungen nicht älter als zehn und die jungfräulichen Mädchen bis zu sechzehn Jahre alt waren. Die Astral-„Götter“ müssen dies sehr amüsant gefunden haben, da sie das entstehende Loosh absorbierten. Die Jungfrau Maria wurde mit Pachamama in Verbindung gebracht, als die spanischen Kolonisatoren das Volk zum römischen Katholizismus bekehrten. Das ist der Kontext für eine Pachamama, die auch heute noch verehrt wird und die meiner Erfahrung nach um Erlaubnis für fast alles gebeten wird, wenn es um Reisen und Bewegung geht. Das mag eine uralte kulturelle Tradition sein, aber sie ist lächerlich. Musste jemand Pachamama um Erlaubnis bitten, bevor die Inkas ein Gebiet umschlossen, das sie als „heilig" bezeichneten? Mussten sie eine Erlaubnis einholen, um dasselbe Land zu betreten, bevor die Inkas eine Mauer oder einen steinernen Eingang bauten? Nein, natürlich nicht. Alles nur astral inspirierter Aberglaube und Angst vor den Astralgöttern zugunsten dieser.

Ich fragte den Reiseleiter, wer die größten Kunden für seine Peru-Touren seien. „Amerikanische New Ager", antwortete er. Ich wusste es, bevor er es sagte. Das „New Age", eine Verschmelzung von kulturellen Traditionen und östlichem Glauben an „spirituelles Wachstum" durch Reinkarnation, kauft ihnen diesen ganzen Quatsch ab. Das tun auch die Grünen, die viele Wahrnehmungen und Überzeugungen teilen. Eine Anhängerin des New Age fragte mich, ob ich etwas über den Sonnentanz der amerikanischen Ureinwohner wüsste. Sie war zutiefst schockiert, als ich mit „Nein" antwortete, und sie sagte, dass ich in Sachen „Spiritualität" nicht glaubwürdig sei, wenn ich nichts über den Sonnentanz wüsste. Ich hatte zwar davon gehört, wusste aber keine Einzelheiten. Später las ich, dass ein zentraler Pfahl aufgestellt wurde, der die Verbindung zum Göttlichen, das durch die Sonne verkörpert wird, symbolisierte. Die Teilnehmer tanzten mit Unterbrechungen mehrere Tage und Nächte lang, ohne zu essen oder zu trinken, und einige ertrugen selbst zugefügte Schmerzen, die als „Selbstkasteiung" bekannt sind. In der „Encyclopedia Britannica" heißt es:

> „In der Praxis wurde die Selbstkasteiung im Allgemeinen durch Piercing erreicht: Mentoren oder Ritualleiter steckten zwei oder mehrere schmale Spieße oder Piercingnadeln durch eine kleine Hautfalte im oberen Brust- oder Rückenbereich des Bittstellers; anschließend befestigte der Mentor mit langen Lederriemen einen schweren Gegenstand, beispielsweise einen Büffelschädel an den Spießen.
>
> Ein Tänzer zog das Objekt über den Boden, bis er vor Erschöpfung zusammenbrach oder seine Haut abriss. Bei einigen Stämmen waren die Riemen am zentralen Pfahl befestigt, und der Bittsteller hing entweder daran oder zog daran, bis er frei war. Piercings wurden nur von den engagiertesten Personen ertragen und dienten wie der Rest des Rituals, dem Wohlergehen des Stammes und der Erfüllung des individuellen Gelübdes des Bittstellers."

Ist das wirklich notwendig, um „sich mit dem Göttlichen zu verbinden"? Hängt meine spirituelle Glaubwürdigkeit wirklich davon ab, dass ich darüber Bescheid weiß? Nun, zu beidem nein. Das New Age ist mit diesen alten kulturellen Traditionen verschweißt, und das ist gut so. Es ist ihre Wahl. Aber es hält sie in einer Zeitschleife, so wie die Kulturen selbst von der „Vergangenheit" festgehalten werden. Dies sind nur noch mehr Verwirbelungen im Fluss. Ein Wirbel hier, ein Wirbel dort, Wirbel überall – in der Wissenschaft, in der akademischen Welt, in der Religion, in den Medien und in der kulturellen Tradition. Die Wissenschaft und die akademische Welt scheinen im Widerspruch zur Religion zu stehen und die drei im Widerspruch zu alten kulturellen Überzeugungen, aber sie alle sind Wirbel, die sich in statischer Isolation drehen, während der Fluss an ihnen vorbeizieht. Die Simulation selbst ist ein kollektiver Wirbel, der seine Geiseln vom grenzenlosen Fluss der Unendlichkeit isoliert. Was ist der Unterschied zwischen dem Durchstechen der Haut mit Spießen und Nadeln und dem Annageln an ein Kreuz, um „Jesus" zu preisen, oder dem blutigen Rücken in Selbstgeißelung zu Ehren einer historischen Figur des Islam? Was ist der Unterschied zwischen dem Opfern von Tausenden von Kindern und Tieren für Pachamama und dem Töten von Tausenden von Böcken zu „Ehren" einer Hindu-Göttin? Wo andere Unterschiede sehen, sehe ich Gemeinsamkeiten. Eine davon ist die Subordination – „Unterordnung oder Unterwerfung einem Rang, einer Macht oder einer Autorität gegenüber". Subordination bedeutet Gehorsam, Dienstbarkeit und einen „minderwertigen oder untergeordneten Status". Im gesamten Spektrum der menschlichen Gesellschaft gibt es eine Subordination gegenüber kulturellen Überzeugungen (Rechtgläubigkeit), „wissenschaftlichen" Überzeugungen (Rechtgläubigkeit) und religiösen Überzeugungen (Rechtgläubigkeit). Überall auf der Welt gibt es eine Subordination gegenüber Autorität in all ihren Formen, gegenüber Hierarchien, Häuptlingen, Führern, Lehrern und gegenüber „Ältesten" und „Meistern" in der Geistigen Welt. Wir haben die Subordination gegenüber „dem Gesetz", Regeln, Vorschriften und der wahrgenommenen „Normalität", die letztlich alle eine Subordination gegenüber dem Kult, den astralen „Göttern" und dem verdrehten wahrnehmungsbezogenen Schisma sind, das die Gnostiker Jaldabaoth nennen. Die Dynamik und Abfolge ist dieselbe, egal über welche Ebene der Simulation

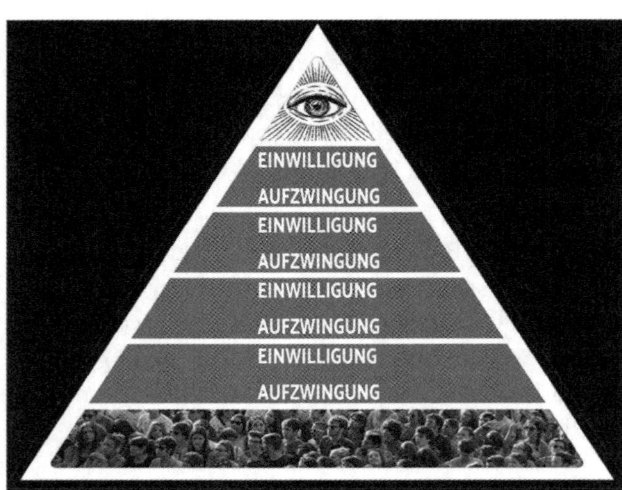

Abb. 164: Wie die Wenigen die Vielen kontrollieren und dies schon immer getan haben. Das ist der wichtigste Modus Operandi der Simulation. (Bild: Gareth Icke)

Abb. 165: Die Autorität weiß es am besten.

wir sprechen. Die Vielen fügen sich den Wenigen. Man behauptet, dass einige wenige nicht über Milliarden von Menschen bestimmen können, obwohl es in Wirklichkeit ganz einfach ist, wenn jede Ebene der pyramidenförmigen Hierarchie der darüber liegenden folgt, ohne sie infrage zu stellen, oder sie werden kontrolliert durch Angst vor Strafe bei Ungehorsam. Die Abfolge von Aufzwingung und Einwilligung zieht sich die Pyramide hinunter, bis sie die Masse der Menschen am unteren Ende erreicht. An diesem Punkt haben die wenigen an der Spitze allen anderen ihren Willen aufgezwungen (Abb. 164). Das Gleiche geschieht in der hierarchischen Struktur der Simulation „Geistige Welt". Man sieht den Hirten und die Schafe, wohin man auch schaut (Abb. 165).

Auf der Suche nach Sicherheit

Der Mensch wird systematisch in ständiger Ungewissheit (dem Unbekannten) gehalten und sucht daher verzweifelt nach einem Gefühl der Sicherheit. Dadurch werden sie in der linken Gehirnhälfte eingesperrt, die ebenfalls verzweifelt nach Sicherheit strebt und auf diese Weise programmiert ist. Ein unsicheres Bewusstsein auf der Suche nach Gewissheit filtert seinen Realitätssinn durch die linke Hemisphäre, und zwar durch Frequenz und Wahrnehmung. Astrale Dämonen schreien Gotcha. Die linke Gehirnhälfte und das Dämonische haben viel gemeinsam. Jaldabaoth und die Dämonen/Archonten haben Angst, ihr simuliertes „Königreich" durch das Erwachen des Göttlichen Funkens zu verlieren, und sie streben nach Sicherheit, indem sie versuchen, alle Seiten zu kontrollieren, um das Ergebnis zu steuern. Sie wären nicht daran interessiert, eine Seite in einem Fußballspiel zu kontrollieren. Sie würden beide Mannschaften *und* den Schiedsrichter kontrollieren wollen, damit sie das Ergebnis wissen, bevor ein Ball getreten wird. Das Dämonische strebt nach Gewissheit durch Kontrolle, und die Menschen tun dies in erster Linie, indem sie starre Glaubenssysteme aufbauen und jeden abweisen, lächerlich machen, zum Schweigen bringen und zensieren, der die Richtigkeit dieser Überzeugungen infrage stellt oder bedroht. Dieses Merkmal ist bei wissenschaftlicher Lehrmeinung und kultureller Rechtgläubigkeit sichtbar, die alle Ausdrucksformen der linken Gehirnhälfte sind. Das Gleiche gilt für die Hierarchie. In der gesamten Simulation gibt es Hierarchien, vom Kult über die Regierung bis hin zur Wissenschaft, der akademischen Welt, den Konzernen, den Religionen und der „Großen Weißen Bruderschaft" der Geistigen Welt, die eine Säule des New-Age-Glaubens ist. Oder die Große LGBTQ+- Bruderschaft, wie wir jetzt erfahren durften. Das Große Ich (die Wenigen) und das Kleine Ich (die Vielen) ist die Grundlage der Hierarchie und daher in der Simulation weit verbreitet. Die linke Hemisphäre, die Unsicherheit und die astralen Dämonen tragen die Struktur wie eine Kuscheldecke. Es ist kein Zufall, dass sowohl die linke Gehirnhälfte als auch die astralen Dämonen sich mit den Ergebnissen, die dem Zufall überlassen sind, nicht wohlfühlen. Unstrukturierte Spontanität ist für sie wie Knoblauch für einen Vampir.

Der britische Psychiater Dr. Iain McGilchrist weist darauf hin, dass die linke Gehirnhälfte einen „sehr schmalen Blickwinkel hat, vielleicht 3 von 360 Grad, der auf das Detail gerichtet ist", und dass im Gegensatz dazu die rechte Gehirnhälfte „ohne Vorurteile nach allem anderen Ausschau hält". Die linke Hirnhälfte produziert eine Welt aus winzigen Fragmenten, ein bisschen hier, ein bisschen dort, „statisch, fixiert, bekannt, vertraut, Krimskrams", während die rechte Hemisphäre sieht, dass „letztendlich nichts vollständig von allem anderen oder irgendetwas anderem getrennt ist". Sie sieht, dass alles miteinander verbunden ist, dass „es fließt und sich verändert, anstatt fest und statisch zu sein", und dass „alles so ist, wie es ist, weil es sich in einem bestimmten Kontext befindet". Die rechte Gehirnhälfte nimmt Einzigartigkeit wahr, aber für die linke Gehirnhälfte ist alles nur ein Beispiel für „etwas, das sie benutzt und braucht". Die Bürokratie, die das menschliche Leben steuert, ist ein Phänomen der linken Gehirnhälfte, und dann ist da noch das verzweifelte Streben nach Gewissheit. McGilchrist nennt das Beispiel eines Bildes, das je nach Blickwinkel als Kaninchen oder als Ente gesehen werden kann. Die rechte Gehirnhälfte ist damit ganz zufrieden, aber die linke sagt: „Entweder ist das eine Ente oder ein Kaninchen, was meinst du?" Ich weise seit Jahren darauf hin, dass wir das Paradoxe mit dem Verständnis verbinden müssen, dass verschiedene Perspektiven alle wahr sein können, je nachdem, aus welchem Blickwinkel oder mit welcher Erfahrung man etwas betrachtet. Die linke Gehirnhälfte (verschlossener Intellekt) ist dazu nicht in der Lage. Die rechte Gehirnhälfte (offener Geist) kann es. McGilchrist beschreibt, wie die Gewissheit der linken Gehirnhälfte durch das „Ja, aber vielleicht auch nicht" der rechten Gehirnhälfte infrage gestellt wird. Anhand der heutigen hysterischen Zensur, Dämonisierung und Entlassungen lässt sich erkennen, wie das linke Gehirn auf „Ja, aber vielleicht auch nicht" reagiert. Die meisten Menschen betrachten ihr Glaubenssystem als Schnuller, an

Abb. 166: Die psychologische Komfortzone.

Abb. 167: Das System stellt Wahrnehmungs-„Soldaten" am Eingang zur linken Gehirnhälfte auf, um den Einfluss der rechten Gehirnhälfte abzuwehren. Wir nennen diese „Soldaten" Wissenschaftler, Akademiker, Politiker, Journalisten und andere, die selbst Gefangene der linken Gehirnhälfte sind. Der Kult will keine „Ganzhirnbevölkerung".

dem sie saugen können, um Komfort, Trost und Gewissheit zu finden. Wehe dem, der droht, den Schnuller mit einer anderen Perspektive oder Meinung zu stehlen (Abb. 166).

Nummer eins auf dem Weg zur Freiheit in Bezug auf das Körper/Gehirn-Programm ist es, sich von der Dominanz der linken Gehirnhälfte zu befreien, denn sie ist das erste Anzeichen dafür, dass Ihr Intellekt verschlossen ist. Ein verschlossener Intellekt verarbeitet die Realität durch die linke Gehirnhälfte. Sie sind ein und dasselbe. Öffnen Sie Ihre Wahrnehmung für alle Möglichkeiten und nicht nur für eine, und Ihre rechte Gehirnhälfte wird die Kurzsichtigkeit der linken ausgleichen, die auf die fünf Sinne beschränkt ist. Sie werden ganzhirnig. Ihre Wahrnehmungen beginnen sich in dem Wissen zu erweitern, dass alles mehrere Möglichkeiten und Verbindungen hat (Abb. 167). Eine einfache Frage: Wie kann jemand glauben, *irgendetwas* in seiner Gesamtheit zu wissen, wenn sich seine visuelle Realität allein auf einen Bruchteil von 0,005 Prozent dessen beschränkt ist, was im Universum existiert? Wie kann eine Religion behaupten, dass alles, was man braucht, ein *einziges Buch* innerhalb eines

Fragments von 0,005 Prozent dessen ist, von dem man glaubt, dass es im Universum existiert? Es ist offensichtlich lächerlich, aber das ist es, was die linke Gehirnhälfte und das Bedürfnis nach Sicherheit für uns tun. Selbst die 0,005 sind nur eine Schätzung der linken Gehirnhälfte. Das Verhältnis wird im Vergleich zur Unendlichkeit unglaublich viel kleiner sein. Die linke Gehirnhälfte ist sehr nützlich und unerlässlich, um mit der Simulationserfahrung zu interagieren, aber während sie unter diesen Umständen ein großartiger Diener ist, ist sie ein schrecklicher Meister. In vielerlei Hinsicht ist die linke Gehirnhälfte das Programm des Astralkörpers, und deshalb ist das „Bildungswesen" des Kults gezielt darauf ausgerichtet, die Wahrnehmung in die Gefangenschaft der linken Gehirnhälfte zu treiben, sowohl durch die hervorgehobenen Fächer als auch durch die „Lehr"-Methodik. Ständige Prüfungen zum Beispiel machen das Lernen zu einem Prozess, der auf dem Gedächtnis basiert. Vergleichen Sie die Zeit, die im Bildungswesen für die Künste und die Erkundung vielfältiger Möglichkeiten (rechte Gehirnhälfte) benötigt wird, mit dem Aufnehmen und Auswendiglernen des Dogmas des vermeintlich „Bekannten" (linke Gehirnhälfte).

Die menschliche Gesellschaft, wie wir sie derzeit erleben, ist eine Manifestation der linken Hemisphäre, weil der Kult und seine dämonischen Meister uns dort haben wollen – so kurzsichtig, dass wir den Wald vor lauter Bäumen nicht mehr sehen können. Friedrich Nietzsche wird (unter anderem) das folgende Zitat zugeschrieben: „Und diejenigen, die man tanzen sah, wurden von denen, die die Musik nicht hören konnten, für verrückt gehalten." Unabhängig von der Quelle symbolisiert das Zitat den Unterschied zwischen der linken und der rechten Gehirnhälfte, zwischen einem verschlossenen und einem offenen Intellekt. Die linke Gehirnhälfte sieht die Tänzer als verrückt an, weil sie die Musik nicht hören kann. Ausführlicher ausgedrückt: Ein offenes Bewusstsein tanzt zur Schwingung der Freiheit, ein verschlossener Intellekt kann die Schwingung nicht spüren, geschweige denn dazu tanzen.

Ein „alternativer" Glaube ist immer noch ein Glaube

Ein Glaube kann eine Wahrnehmung sein, aber eine Wahrnehmung muss nicht zwangsläufig ein Glaube sein. Ich definiere Glaube in diesem Zusammenhang als ein starres, unveränderliches „Ich weiß" und „So ist es, also ist es so". In diesem Sinne ist alles eine Ausdrucksform des Glaubens: von Wissenschaft und akademischer Lehrmeinung bis hin zu Klimaaktivisten, Transgender-Aktivisten, Woke-Anhängern im Allgemeinen, religiösen Befürwortern, Selbstwahrnehmungen der Volkszugehörigkeit, politischen Überzeugungen und New Age.

Eine Wahrnehmung – wie wir die Dinge sehen – kann ein in Stein gemeißelter Glaube sein, aber eine Wahrnehmung kann auch eine Haltestelle auf dem Weg zu einer immer größeren Erweiterung des Bewusstseins sein. Es ist eine Wahrnehmung, wie man die Realität in *diesem Moment* sieht, in dem Wissen, dass es, egal was man weiß oder zu wissen glaubt, *immer* noch mehr zu wissen gibt – eine Unendlichkeit an Wissen. Die Menschen müssen anerkennen, dass ein Glaube ein *Glaube* ist, keine Tatsache. Glaube und Wahrheit sind nicht austauschbar. Selbst auf der Ebene der für die linke Gehirnhälfte konkreten „Fakten" würde keiner der aufgeführten Glaubenssätze standhalten, wenn Fakten die Kriterien wären. Es ist wichtig zu betonen, dass die linke Hirnhälfte zwar detailbezogen ist, das Detail aber nicht faktisch sein muss. Das wichtigste Kriterium für die linke Gehirnhälfte ist das Bedürfnis nach Sicherheit. Wenn diese Sicherheit aus recherchierbaren Fakten abgeleitet wird, ist das schön und gut, aber wenn Sicherheit nur durch das Ignorieren von Fakten und Fragen erlangt werden kann, ist das genauso gut. Sicherheit ist das Ziel, und für die linke Gehirnhälfte ist der Weg dorthin flexibel und verhandelbar. Das linke Gehirn (verschlossener Intellekt) kann auch sehr wütend und beleidigend gegenüber jedem werden, der Informationen oder Konzepte präsentiert, die Sicherheit des Glaubenssystems bedrohen. Das gilt für die alternativen Medien ebenso wie für die Mainstream-Medien. Der Großteil der „Alternativen" zur Lehrmeinung ist fest in der linken Gehirnhälfte verankert, weshalb ich von weiten Teilen der „alternativen" Szene ebenso viel Beschimpfungen und Spott erfahren habe wie von den Mainstream-Quellen.

Die „alternativen" oder „unabhängigen" Medien sind kein einheitliches Gebilde, sondern ein riesiges Spektrum, das eine enorme Kluft überspannt zwischen dem, was vom Mainstream kaum wahrnehmbar ist, und Menschen wie mir, die jeden Aspekt der wahrgenommenen Realität hinterfragen, um zu sehen, ob er einer Überprüfung standhält. Der größte Teil der alternativen Szene liegt irgendwo in der Mitte. Mir ist aufgefallen, dass sich im Gefolge von „Covid" große Teile dieses Bereichs auf den Mainstream zubewegt haben und nicht nach dem neuesten Stand des Wissens suchten und diesen voranbringten, was ihre eigentliche Aufgabe wäre. Die großen Fragen zu stellen und nicht nur die kleinen. Der „Covid" Schwindel hat viele auf alternative Plattformen gebracht, die sie sonst nie in Betracht gezogen hätten. Dazu gehörten Ärzte und Wissenschaftler, sogar einige ehemalige Mainstream-Journalisten und Rechercheure, die erkannten, dass die Behauptungen über „Covid" keinen Sinn ergaben und denen es verboten war, ihre Beobachtungen im Mainstream zu äußern. Ich begrüße ihren Beitrag, aber viele haben auch den Rest ihrer orthodoxen Glaubenssysteme mitgebracht, die die Ausrichtung der alternativen Medien näher an die Wahrnehmung des Mainstreams gerückt haben. Ich habe mit einem Mann aus dem Mainstream gesprochen, der großartige Arbeit geleistet hat, indem er die schrecklichen Folgen der Fake-Impfstoffe aufgedeckt hat, der aber auch jede einzelne Silbe des Klimawandel-Schwindels abgekauft hat, der von *denselben* Leuten verübt wird, die hinter „Covid“ und den Impfungen stecken. Das Gleiche gilt für Bobby Kennedy jr., der angekündigt hat, 2024 für die US-Präsidentschaft zu kandidieren. Er ist hervorragend in Bezug auf die Aufdeckung des „Covid“-Impfschwindels, aber gefangen in dem Klimawandel-Schwindel. Ein weiteres Merkmal vieler dieser „Covid“-Neulinge ist, dass sie nichts mit der Icke-Familie zu tun haben möchten, weil sie fürchten, mit ihr in Verbindung gebracht zu werden! Andere haben sich für das Gespräch mit mir bedankt, mit der Bemerkung: „Bitte sagen Sie niemandem, dass wir miteinander gesprochen haben.“

Bis hierher und nicht weiter

Der Begriff „alternativ“ wird oft missverstanden und falsch verwendet. Alternativ wird definiert als „Aktivitäten, die von traditionellen Normen abweichen oder diese infrage stellen“ und „außerhalb des etablierten kulturellen, sozialen oder wirtschaftlichen Systems existieren oder funktionieren“. Diese Definitionen mögen auf das breite Spektrum der sogenannten „alternativen Medien“ zutreffen, aber es ist eine Frage des Grades. Die Frage ist, *wie* alternativ? Joe Rogan, der erstaunliche Millionen dafür kassiert, dass er auf Spotify sendet, das durch und durch Mainstream ist und meine Videos im Jahr 2020 verboten hat, scheint nicht der Beschreibung „außerhalb des etablierten kulturellen, sozialen oder wirtschaftlichen Systems existieren oder funktionieren“ zu entsprechen. Der Komiker Russell Brand tritt derzeit in Mainstream-Fernsehshows auf und hat keine Probleme, Veranstaltungsorte für seine Live-Events zu finden, obwohl er behauptet, ein „Wahrheitsverkünder“ zu sein. Ich habe in 26 europäischen Ländern, in Australien und in vielen anderen Ländern Hausverbot, und somit ist wohl klar, was passieren würde, wenn ich dort sprechen wollte (eine Tatsache, die in den meisten alternativen Medien auf lächerlich wenig Resonanz und Kommentare stößt). Seit vielen Jahren ist es eine fast unmögliche Herausforderung, Veranstaltungsorte für Live-Events zu finden, die nicht der Aufforderung nachgeben, meinen Auftritt abzusagen. Warum ein so krasser Gegensatz zwischen der Behandlung von Brand und mir? Warum treten Leute wie Brand und Elon Musk in der Joe Rogan Show auf, während er mich zur Verwunderung vieler, einschließlich einiger Gäste in seinem Podcast um keinen Preis anrührt? „Alternativ“ ist eine Frage des Grades.

Ich begrüße, was Leute wie Rogan oder Brand dem Mix hinzufügen, aber sie sind nach meiner Definition nicht wirklich alternativ. Sie kratzen höchstens an der Oberfläche und bewegen sich auf den äußeren Ebenen des Kaninchenbaus. Aus diesem Grund werden sie vom Kult nicht in dem Maße als Bedrohung gesehen wie mich und daher der extreme Kontrast in der Art, wie wir behandelt werden. Dasselbe würde ich über „alternative" US-Plattformen wie *The Daily Wire* sagen, die aus dem Blickwinkel von Republikanern gegen Demokraten oder Konservativen gegen Liberale berichten. Auch hier begrüße ich ihre Existenz, und ich bezweifle nicht, dass sie einige wertvolle Inhalte produzieren. Eine Dokumentation der Moderatorin Candace Owens hat auf brillante Weise die Manipulation und Heuchelei von Black Lives Matter entlarvt, und dasselbe gilt für Matt Walsh und seine Aufdeckung des Transgender-Aktivismus. Aber ich sehe nichts „Alternatives" darin, dass der Mitbegründer des *Daily Wire*, Ben Shapiro, in seiner Mütze dasitzt und wie ein kleiner Junge seinem Papa zunickt, während er den israelischen Premierminister Benjamin Netanjahu „interviewt" oder dass Jordan Peterson Netanjahu „interviewt", während er ihm erlaubt, unwidersprochen ungeheuerliche Aussagen zu machen. Wenn Netanyahu Ihnen ein Interview gibt, sind Sie nicht alternativ oder unabhängig. Was ist „alternativ" daran, dass sich Shapiro gegen „Covid" impfen lies und sich dann darüber beschwerte, dass er belogen wurde, als klar geworden ist, dass der Impfstoff nie getestet wurde? „Alternative" Rechercheure sollen Lügen aufdecken, nicht auf sie hereinfallen (vor allem nicht auf so Offensichtliche). Es ist großartig, dass das Rumble-Video-Portal eine Alternative zu dem alles zensierenden YouTube ist, doch wenn man an einem durchschnittlichen Tag einen Blick darauf wirft, wird sie ebenfalls von Informationen bis-hierher-und-nicht-weiter dominiert. Russell Brand ist einer der meistgeförderten Mitwirkenden und das Geld, das Joe Rogan für den Wechsel zu Rumble geboten wurde, war überwältigend – 100 Millionen Dollar über vier Jahre, so der CEO. Es gibt einige herausragende Leute in der alternativen Gemeinschaft, die wirklich die Kriterien erfüllen, aber ein Großteil der Arena ist auch in der linken Gehirnhälfte eingeschlossen, wo der Kult sie haben will. Mein Standpunkt wurde deutlich, als Russell Brand im Jahr 2023 im Rogan-Podcast auftrat. Rogan sagte über mich:

> „Er hat immer gesagt, dass es Gestaltwandler gibt und dass sie Echsen sind, ohne Beweise zu haben. Es schien einfach absurd. Und dann, zu Beginn der Pandemie, hat er versucht, Covid mit 5G zu verbinden. Er hat einige seltsame Ansichten."

Wo soll ich anfangen? Keine Beweise? Wie wäre es mit dem, was ich in „... Und Die Wahrheit Wird Euch Frei Machen" (1996), „Das Größte Geheimnis" (1998), „Children Of The Matrix" (2001), „Tales From The Time Loop" (2003), „The David Icke Guide To The Global Conspiracy" (2007), „Der Löwe

Erwacht" (2010), „Remember Who You Are" (2012), „Die Wahrnehmungsfalle" (2013), „Das Ich-Phantom" (2016), „Alles, Was Sie Wissen Sollten, Ihnen Aber Nie Jemand Erzählt hat" (2017), „Die Antwort" (2020), „Wahrnehmungen Eines Abtrünnigen Denkers" (2021) und „Die Falle" (2022) geschrieben habe? Rogan hat wahrscheinlich nie eines dieser Bücher gelesen. Hat er jemals meine Erklärung der Physik des Gestaltwandelns gehört oder gelesen? Was meinen Sie dazu? Er deutet an, dass ich 5G mit „Covid" als Ursache in Verbindung gebracht habe, obwohl er offensichtlich keine Ahnung hatte, dass ich seit dem Frühjahr 2020 gesagt habe, dass es keinen „Covid-Virus" gibt. Ich habe gesagt, und wissenschaftliche Studien haben dies später bestätigt, dass die angeblichen *Symptome* von Covid durch den Einfluss von 5G auf den Körper durch eine elektromagnetische Verbindung verursacht werden können. Auch Russell Brand sagte dies zu Rogan in einer klaren Anspielung auf mich:

> „Ich frage mich, welche Verpflichtung wir als Menschen haben, die an diesem Gespräch teilnehmen, um sicherzustellen, dass es eine Unterscheidung zwischen den empirischen Fakten gibt, die diskutiert werden ... Es gibt zentralisierte Korruptionssysteme, die die Demokratie aushebeln, und letztlich gibt es eine Agenda, die den administrativen Wandel umgehen kann. Politik, die von den Republikanern ausgeht und von den Demokraten verfolgt wird, und der militärisch-industrielle Komplex sind durch Lobbyismus und seine offenen und verdeckten Verbindungen zur Regierung in der Lage, die Außenpolitik zu diktieren, zumindest die Außenpolitik zu beeinflussen. All diese Dinge kann man in gewisser Weise finanziell nachweisen, aber wenn man anfängt, sie in Begriffen wie Dämonen und Reptilien zu beschreiben, in der Art von Sprache, die noch vor 500 Jahren üblich war ... wenn man anfängt, von UFOs zu sprechen oder von Gestaltwandlern und Echsenmenschen, dann begibt man sich auf ein Terrain, das es einem leicht macht, lächerlich gemacht zu werden."

Für einige von uns, Russell hat die Suche nach der Wahrheit Priorität und nicht die Frage, ob wir lächerlich gemacht werden oder nicht. Wenn man sich auf der Grundlage dessen, was andere sagen könnten, isoliert, ist man nicht mehr in der Lage, herauszufinden, was *wirklich* passiert und was dahinter steckt. Man isoliert sich selbst in der Gefängniszelle der linken Gehirnhälfte „bis-hierher-und-nicht-weiter". Ich dachte, „alternativ" beziehe sich auf „Aktivitäten, die von traditionellen Normen abweichen oder diese infrage stellen" und „außerhalb des etablierten kulturellen, sozialen oder wirtschaftlichen Systems existieren oder funktionieren". Die meisten Menschen würden Russell für einen Rechtshirnigen halten, aber ich sehe, dass er ein Linkshirniger ist, was durch seine Aussagen bestätigt wird. Was er sagte, hat so viel Ironie. Russell Brand war 15, als ich 1990 mit meiner Entdeckungsreise begann. Joe Rogan war ein 22-Jähriger, der versuchte, seinen Weg als Comedian zu machen. Als Russell ein Teenager war, habe ich geschrieben und aufgedeckt, dass es „zentralisierte Korruptionssysteme gibt, die die Demokratie aushebeln und dass letztlich es eine Agenda gibt, die den administrativen Wandel umgehen kann. Dass Politik, die von den Republikanern ausgeht und von den Demokraten verfolgt wird und der militärisch-industrielle Komplex durch Lobbyismus und seine offenen und verdeckten Verbindungen zur Regierung in der Lage sind, die Außenpolitik zu diktieren, zumindest die Außenpolitik zu beeinflussen". Was glauben Sie, woher er das wohl weiß? Von mir und anderen, die Pioniere in dieser Sache waren. Viel später, nach der Jahrtausendwende, bat er mich, in einigen seiner Sendungen aufzutreten, und ich sagte zu, in der Hoffnung, einige dieser Informationen an ein größeres Publikum weiterzugeben, aber es kam nie dazu. Russell war nicht daran interessiert – er wollte nur Bilder berühmter Leute auf den Bildschirm bringen und fragen: „Ist er eine Eidechse?" Ich erinnere mich noch daran, wie grauenhaft kindisch die Frage „Bin ich eine Eidechse?" klang, als ich in einer Russell-Radiosendung mit dem Oasis-Sänger Liam Gallagher und dem Komiker Noel Fielding am Telefon war. Ich war so angewidert, dass ich meinen Beitrag sehr schnell beendete und mir schwor, nie wieder in einer seiner Sendungen aufzutreten. Es hatte keinen Sinn. Es war einfach eine Verarschung. Angesichts dessen ist es schon etwas Besonderes, über „empirische Fakten" belehrt zu werden, an denen er kein Interesse zeigte, als er die Gelegenheit hatte, sie in der Sendung zu präsentieren.

Ich sage das alles nicht aus Verbitterung, sondern weil ich das, was mit den alternativen Medien passiert, für sehr gefährlich halte. Die Leute haben die Saloon-Türen beiseitegeschoben, sind hereingekommen und haben gesagt: „Es ist uns egal, dass ihr das alles schon vor Jahrzehnten gesagt habt, als wir noch schliefen, wir sind jetzt hier und übernehmen die Führung." Okay, aber welchen Weg werden sie nehmen? Genau das ist mein Punkt. Echte alternative Medien haben kein „bis-hierher-und-nicht-weiter". Sie suchen nach der Wahrheit um der Wahrheit willen und gehen dorthin, wohin die Informationen führen. Die Frage ist nicht, ob man lächerlich gemacht wird, sondern ob das, was man sagt, *wahr* ist. Diese Frage stellen sich Rogan und Co. in Bezug auf mich eindeutig nicht. Ich wäre schon längst in seiner Show, wenn die Wahrheit die Motivation wäre und ich zu dem, was ich sage, befragt werden würde. Stattdessen gibt es nur Ablehnung ohne das Recht auf eine Antwort. Mainstream-Medien, irgendjemand? Es ist erstaunlich, wie viele „alternative" Menschen genau die gleiche Mentalität der linken Gehirnhälfte nutzen, um Dinge abzulehnen, für die sie zu engstirnig sind, um sie überhaupt zu erkunden. Sie sind auf diese Weise eine „alternative" Version von Richard Dawkins. Eine nicht menschliche Macht, die

die menschliche Gesellschaft manipuliert? Das ist reflexartig lächerlich. Willst du dir die Beweise ansehen? Das ist nicht nötig, es ist offensichtlich lächerlich, also was soll das? Wie auch immer, wenn ich es für wahr halten würde, was würde mein Publikum denken? Das ist die linke Gehirnhälfte eines verschlossenen und arroganten Intellekts. Noch einmal: Mainstream-Medien gefällig?

Barrikadenbau

Ich beobachte, wie unter dem Einfluss des Kults Barrikaden um die alternativen Medien errichtet werden, und zwar in einer Reihenfolge, die in etwa so abläuft: Im Idealfall wollen sie verhindern, dass irgendjemand von ihren Plänen für die Welt erfährt, aber im Laufe der Transformation wird ihnen klar, dass sie nicht alles von allen fernhalten können, und es entstehen die alternativen Medien, die es noch nicht gab, als ich 1990 anfing. Sie wollen die Frontlinie des Informationsflusses steuern, um das Narrativ der Verschwörungstheorien zu kontrollieren. Wenn es auf der Ebene der Politik, Bill Gates, Klaus Schwab, des Weltwirtschaftsforums, der Vereinten Nationen und der WHO bleibt, dann weiß man, dass die Alternative darin besteht, an den Symptomen herumzustochern, ohne die Ursache zu sehen und aufzudecken. Damit sind sie im Allgemeinen einverstanden, und sie können zensieren, wenn es nötig ist. Einige Krümel für die Bauern, um sie zu beschäftigen und abzulenken, könnten sogar hilfreich sein. Kultzensur auf dieser Ebene dient vor allem dazu, die Leute davon abzuhalten, tiefer zu graben und allem auf den Grund zu gehen. Deshalb werden Russell Brand, Joe Rogan, *The Daily Wire* und andere auch nicht als ernsthafte Bedrohung angesehen. Die Gefährlichen sind diejenigen, die die Barrikaden ablehnen und weitergehen auf der Suche nach dem, was und wer letztlich hinter der Massenkontrolle steht. Was die archontischen Mächte beunruhigt, ist die Enthüllung all der dämonischen Machenschaften, des Wahrnehmungsbetrugs der Simulation und die Befreiung aus der Sklaverei. Deshalb versuchen sie die Alternativen vor den Augen der Menschen zu verbarrikadieren. Mainstream-Medien-Lite sind kein Problem. Die *wirklichen* Alternativen sind der eigentliche Albtraum.

Seit „Covid" gingen viele auf die Barrikaden, meist ohne es zu wissen, aber einige sind sich sehr wohl bewusst, was sie tun und warum. Einer von ihnen ist Elon Musk, der als netter Multimilliardär angepriesen wird, welcher sich als „Besitzer" von Twitter [jetzt X] für die Freiheit einsetzt. Dieser Mann ist für viele „alternative" Denker ein Held, obwohl er Teil einer weitverbreiteten Übernahme ihres Wirkungsbereichs ist. Ich sehe Musk-Befürworter darüber reden, dass Verschwörer eine CO2-Steuer, ein Grundeinkommen, Fake-Impfstoffe und die Verbindung von Menschen und KI wollen, während sie die folgenden Musk-Tweets ignorieren: „Es ist höchste Zeit für eine CO2-Steuer"; „Zur Erinnerung: Ich bin für ein universelles Grundeinkommen"; „Um es klarzustellen: Ich unterstütze Impfstoffe im Allgemeinen und Covid-Impfstoffe insbesondere. Die Wissenschaft ist eindeutig"; „Die Schaffung der Neural-Lace [neurale Fasern] ist das, was für die Menschheit wirklich wichtig ist, um eine Symbiose mit Maschinen zu erreichen". Hinzu kommt, dass er der Vorreiter bei SpaceX für die Schaffung der Satelliten-Cloud bei Neuralink für die Verbindung von Gehirnen mit Computern und bei Tesla für die Entwicklung autonomer elektrischer Fahrzeuge ist. Die linke Gehirnhälfte mag die vermeintliche Gewissheit und Sicherheit von Helden und Erlösern, und der Kult gibt ihnen mit Musk einen der Seinen zusammen mit einem anderen „alternativen" Führer, Donald Trump. Wie Wladimir Lenin sagte: „Der beste Weg, die Opposition zu kontrollieren, ist, sie selbst anzuführen." Ich habe großen Respekt vor dem, was Tucker Carlson innerhalb der Grenzen seiner *Fox News Show* geleistet hat, bevor er schließlich die Linie des Murdoch-Kults überschritt und entlassen wurde. Carlson sagte, er wolle zu Musks Twitter wechseln, und ich wünsche ihm alles Gute, aber Musk ist kein Held der Meinungsfreiheit, und wenn die Grenze bei der Politik, dem Patriotismus, dem WEF und sogar dem Globalismus gezogen wird, steuert die Menschheit immer noch auf den Reinkarnationszyklus und eine Rückkehr zur Loosh-Farm zu. Es ändert sich letztendlich nichts.

Auf die Barrikaden des Mainstreams geht auch *GB News* mit Sitz in London, das von Mainstreamern betrieben und weitgehend moderiert wird, die nichts anderes tun, als der normale Journalismus einst getan hätte, bevor die Woke-Bewegung ihm das Messer an die Eier setzte. *GB News* stellt ein paar weitere Fragen über Wokeness, Klimawandel und dergleichen, aber das ist offensichtlich – für mich jedenfalls – eine Bis-hierher-und-nicht-weiter-Operation. Als ein Moderator, der echte Journalist Mark Steyn, der Wahrheit über den Klimawandel und anderen Themen zu nahe kam, wurde er vor die Tür gesetzt. Wo war *GB News*, als ich aus dem größten Teil Europas verbannt wurde? Kein Wort, kein Mucks. Wo waren Toby Young, seine Free Speech Union und seine Daily Sceptic Website? Kein Wort, kein Mucks. Die Moderatorin von *GB News*, Nana Akua, sagte, sie freue sich darauf, bei der Krönung von Klaus-Schwab-WEF-Funktionär und Klimawandelaktivisten König Charlie III. im Jahr 2023 den Treueeid abzulegen: „Ich bin begeistert von der Einladung, den Eid abzulegen, denn die Möglichkeit, dem König meine ‚wahre Treue' zu schwören, ist eine einzigartige Chance, an diesem historischen Ereignis auf sehr persönliche Weise teilzunehmen." Sie sagte, dies sei nicht wie ein „Kniefall" vor BLM (das war es), „oder irgendeine andere leere Heute-hier-morgen-dort-Geste, die von den Woke-Anhängern so geliebt wird" (genau das war es). „Das ist die Krone, die ihr Engagement für das britische Volk erneuert, und ich bin erfreut, den Gefallen auf jede kleine und bescheidene Weise zu erwidern, die ich kann." Das war zum Kotzen und alles andere als alternativ. Echte Journalisten schwören keiner Autorität die Treue. Sie suchen einfach bei allem, was sie tun, nach der unvoreingenommenen Wahrheit. Ich habe ein Bild von *GB-News*-Moderatoren bei einer Zeremonie in einer Kirche gesehen, als eine von ihnen ein Bekehrungsritual zum römischen Katholizismus durchführte, das von einem Kerl in schicker Verkleidung beaufsichtigt wurde. Die betroffene Dame hat sich in ihren Interviews sehr deutlich über die WEF-Agenda geäußert und ist dennoch zu einer Kirche konvertiert, die seit ihrer Gründung eine Bastion der Verschwörung ist. Es handelt sich um die Kirche, die Gnostiker und Katharer wegen des Verbrechens, eine andere Meinung zu haben, massenhaft ermordet hat. Dieselbe Kirche, an deren Spitze ein Papst steht, der mit fast jeder öffentlichen Äußerung die Agenda des Kults vertritt. Sie sagte, ihre Bekehrung habe mit dem „spirituellen Krieg" zu tun, aber wenn das der Fall wäre, hätte ein wenig mehr Recherche ergeben, dass sie die falsche Seite gewählt hat. Was für ein Schwachsinn und ein Paradebeispiel für Mainstream-Lite, verglichen mit einer wirklich aufgeklärten, umfassenden Perspektive. Ich sehe, wie die einstige „Alternative" es zulässt, kastriert und auf die politische Ebene beschränkt zu werden, während die wirkliche Ursache ignoriert, ja sogar lächerlich gemacht und ausgelacht wird. Die Liegestühle auf der Titanic umzustellen, wird die Katastrophe nicht abwenden, aber genau das macht die „Alternative", während das Schiff auf den Untergang zusteuert. „Hey, mein politischer Liegestuhl ist besser als deiner." Gähn.

Diskreditierung der echten Opposition

Diejenigen von uns, die die Barrikaden weit in der Ferne und lange außer Sichtweite lassen, müssen auf andere Weise „behandelt" werden, und bei mir ist es ein sehr offensichtlicher Versuch, mich als „Lockvogel" und „kontrollierte Opposition" zu diskreditieren. Diese Aktion wurde so schnell ausgeführt, dass es sich eindeutig um eine Inszenierung handelte. Kult-Agenten verbreiten die Behauptungen, und dann, ohne Beweise zu erhalten oder zu verlangen, wiederholen die selbstbetrügerischen „alternativen" Trolle sie immer und immer wieder, als wären sie die Schlauesten, obwohl sie das nie sein werden. Ich wurde als Freimaurer tituliert, weil ich ein Foto in einer Freimaurerloge in Boston, Massachusetts, gemacht hatte, nachdem einige von uns von der Straße aus hineingelaufen waren und feststellten, dass niemand da war, außer einem Kerl, der offenbar Bauarbeiten durchführte. Wir gingen in einen der Tempel und ich ließ mich auf dem Stuhl des Großmeisters mit einem breiten Lächeln im Gesicht fotografieren. Ich war so verzweifelt daran interessiert, das Bild geheim zu halten, dass ich es jahrelang in meinen öffentlichen Vorträgen auf der ganzen Welt verwendet habe und das immer für Lacher gesorgt hat. Jetzt ist es der Beweis dafür, dass ich ein Freimaurer bin. Ein Bild einer Gruppe von Freimaurern im Vereinigten Königreich wurde mit Photoshop bearbeitet und zeigte mein Gesicht auf einem von ihnen; irgendwann fand jemand das Originalfoto, das den echten Mann zeigte. Die Leute denken oft, dass ich ziemlich klein bin, obwohl ich eigentlich eine Größe von einem Meter achtzig habe, und der Kerl, den sie für mich auf dem Foto ausgewählt haben, war so klein, dass der Kerl hinter mir im Vergleich zu meiner wirklichen Größe zwei Meter groß hätte sein müssen! Aber es ist ein Beweis dafür, dass ich ein Freimaurer bin. Einige posten, ich sei ein Lockvogel, weil ich den Zionismus der Kritik nicht unterziehe, obwohl ich aus 26 europäischen Ländern und Australien verbannt wurde, weil ich auf eine weltweite zionistische Präsenz hinwies. Da kann man nur lachen. Eine zutiefst finstere Frau behauptet, ich sei ein Satanist – „einer der Schlimmsten" – der Kinder quält. Sie kann keine Beweise vorlegen, weil es keine gibt, und die Tatsache, dass ich seit Mitte der 1990er-Jahre Satanisten entlarve, ist offensichtlich nicht relevant. Bei einem Protestmarsch in London kam ein junger Mann auf mich zu und sagte: „Wir wissen, dass du ein Satanist bist." Sie wissen, dass ich ein *was* bin? Es ist so erbärmlich, dass Menschen, die sich für „wach" halten, alles unhinterfragt glauben, was man ihnen sagt, ohne es zu beweisen. Dieselbe zutiefst finstere Dame erzählte ihren Anhängern (ja, sie hat erstaunlich viele), dass meine Verbanung aus 26 Ländern nur für die Zeitung und nicht echt sei. Erzählen Sie das den Gerichten und Richtern, während die Unterstützer in den Niederlanden versuchen, das Verbot aufzuheben. Erwarten Sie noch mehr von diesem Mist, während ich weiter in den Kaninchenbau hinabsteige, ohne dass eine Barrikade in Sicht ist.

Leute, die weggeschnarcht sind, als ich für die Aufdeckung der Verschwörung massiv verspottet wurde, sagen jetzt, dass der Typ, der alles, oft im Detail, aufgedeckt hat, für „sie" arbeitet. Das ist wahr. Ich muss meine Sünden bekennen. Der Kult wollte nicht, dass die Leute seine Pläne kennen, und deshalb haben sie mich geschickt, um allen davon zu erzählen. Ihr habt mich erwischt. Gut gemacht. Der Kult hatte nach 2020 ein ernsthaftes Problem mit mir, als das, was ich in den Büchern jahrzehntelang als geplant bezeichnet hatte, vor aller Augen zu geschehen begann. Meine Glaubwürdigkeit stieg in die Höhe, und sie reagierten zunächst mit extremer Zensur. Das hat nicht so funktioniert, wie sie gehofft hatten, und jetzt nennen sie mich „kontrollierte Opposition", was die Idioten, die diese Behauptungen nachplappern, in Wirklichkeit selbst sind, obwohl sie zu dumm sind, das zu erkennen. Der Kult weiß, dass das, was ich sage, für die große Mehrheit zu weit hergeholt ist, und das Ziel ist es, mich persönlich bei denen zu diskreditieren, die einen offenen Geist haben. Dies geschieht nicht durch Beweise, sondern durch ständige Wiederholung in Form eines „das weiß doch jeder". Meine Philosophie war schon immer, dass Menschen, die dazu neigen, solchen Unsinn zu glauben und zu wiederholen, sowieso nicht für meine Sache zu gewinnen sind. Das Gleiche gilt für die schwachsinnige Mentalität wie etwa: „Er sagt, dass Eidechsen die Welt regieren, ha, ha, ha; das weiß doch jeder Zweijährige, dass das nicht stimmt." Eine weitere, eher kollektive Technik, um die Bewegung als Ganzes zu diskreditieren, besteht darin, offensichtlich unhaltbare und nicht belegbare „Verschwörungstheorien" zu verbreiten. Mit anderen Worten: *Alles* ist eine Verschwörung. Nun, das ist es nicht. Zum Beispiel symbolisiert nicht jeder, der ein Auge bedeckt, das allsehende Auge des Kults. Wenn man das *Urteilsvermögen* aus den Verschwörungstheorien herausnimmt, bleibt nur ein lächerliches Durcheinander übrig, das der Kult zu schaffen versucht.

Say goodbye to it all

Die Zwischenüberschrift ist der Titel eines Songs von Chris de Burgh, in dem es darum geht, sich von den Schrecken des Krieges zu verabschieden. Dieser Song beschreibt perfekt, wie wir uns von der Simulation befreien können. Das sollten wir wirklich tun. Hiervon dürfen wir uns nicht ablenken lassen, indem wir uns *einzig* auf die Themen wie Trump oder Biden, Schwab oder Gates fokussieren, so wie es viele alternative Medien tun. Der Kult und seine dämonischen Meister wollen uns so lange an die Dramen dieser Welt und an die Verschwörungsgeschichte der Menschheit binden, bis unser Körperzyklus endet und wir in die Geistige Welt zurückkehren, um dort wiederverwertet zu werden. Es ist zweifellos richtig, dass wir die Manipulationen im Bereich des Sichtbaren aufdecken und erkennen. Das habe ich seit 34 Jahren getan, aber *nicht nur* das. Die wahre Offenbarung, die uns befreien wird, ist so viel größer und grundlegender als nur die „irdische" Ebene der Verschwörung. Deshalb habe ich auf die „alternativen" Barrikaden hingewiesen, und deshalb ist es so wichtig, sie niederzureißen und alles aus einer viel breiteren Perspektive zu sehen. Sich an die Simulation und all ihre Tricks und Fallen zu *klammern*, bedeutet, ein *Sklave* der Simulation zu bleiben. Ich sagte zu Beginn des Kapitels, dass eine Neubewertung unserer Wahrnehmung notwendig sei: die Wahrnehmung von Familie, kultureller Tradition, religiösem Ritual, menschlichem „Erfolgsstreben", Reinkarnation „beim nächsten Mal" oder „beim letzten Mal" und von jeder Loosh-Erzeugung durch emotionale Traumata, das Bedauern über die „Vergangenheit" und die Hoffnung für die „Zukunft". Sie alle sind künstliche Simulationsphänomene und verschiedene Elemente der kollektiven Gefangenschaft durch die Manipulation der Wahrnehmung und des Realitätssinns. Ich sage nicht, dass die Menschen einfach vor ihnen allen davonlaufen sollten; nur dass wir sie als das sehen, was sie sind – simulierte Illusionen. Aber Illusionen kontrollieren uns nur, wenn wir sie für real halten. Die Illusion anzuerkennen bedeutet, sich von ihr zu befreien. Sie können sich an der Familie erfreuen, wie ich es tue, und gleichzeitig wissen, dass die wahren Bindungen auf gleicher Frequenz- und Schwingungsebene entstehen, spirituell und grenzenlos sind. Sie beruhen nicht auf „Blut". Sie sind spirituell. Blutsverbindungen sind Simulations*programm*-Verbindungen. Familien können ein Albtraum von Konflikten und Missbrauch sein, wenn es nur eine Interaktion durch Blutprogramme gibt. Das von der KI erzeugte „Karma" der Simulation wird so oft über die Familien ausgetragen, und sie sind eine Hauptquelle von Loosh durch emotionale Auswirkungen.

Eine Neubewertung der Familie bedeutet, dass man sie ohne die vom Programm erzeugten Schuldgefühle noch einmal objektiv betrachtet und sich fragt, ob die Situation einem mit Liebe dient oder einen mit Zwang versklavt. Extreme Beispiele wären arrangierte Ehen, die Forderung, der Religion der Eltern zu folgen und so zu leben, wie es die Eltern entscheiden. Dies sind keine Verhaltensweisen des Spirituellen. Es sind arrogante Programme, die auf Besitz und nicht auf Liebe beruhen. Es gibt viele Fälle, in denen Mädchen von ihren eigenen Geschwistern und Vätern ermordet werden, weil sie die Familie „beschämen", indem sie nicht dem Lebensprogramm folgen, das sie und ihre Religion vorschreiben. Das ist nicht spirituell. Es ist Geisteskrankheit. Wir sind Ausdrucksformen des Unendlichen Gewahrseins und wir haben das Recht, über unser eigenes Schicksal und unsere Erfahrungen zu entscheiden. Wenn Sie sich dem Willen eines Körperprogramms beugen – Ihrem eigenen oder dem eines anderen – dann hat die Matrix Sie. Eltern und andere können ihre Erfahrung nutzen, um zu führen und zu beraten, und das ist großartig. Es ist die *Zumutung*, von der ich spreche. Möchten Sie den heiraten, für den sich Ihre Eltern entschieden haben? Nein? Dann *tun Sie es nicht*. Wollen Sie deren Religion mit ihren verrückten Regeln, Vorschriften und Ritualen befolgen? Nein? Dann *lassen Sie es*. Wollen Sie mit Ihrem Leben machen, was Ihre Eltern Ihnen sagen? Nein? Dann *tun Sie es nicht*. Diese Zyklen, diese Programme müssen beendet werden, und wir müssen mutig genug sein, sie zu unterbrechen. Wenn das nicht geschieht, geht der ganze Scheiß weiter, und Sie werden wieder hierher zurückkommen und es noch einmal versuchen. Mehr Trauma, mehr Loosh. Machen kulturelle Traditionen wie Pachamama für Sie einen Sinn? Erweitern sie das Wissen oder unterdrücken sie es, indem sie die Realität in einer Zeitschleife festhalten? Betonen sie Ihre göttliche, unendliche Einzigartigkeit und Macht, oder programmieren sie die Unterordnung unter eine Gottheit? Überleben Rituale nur aus dem Grund, dass man sich nicht fragt: „Warum tun wir das noch?" Und wem dienen die Rituale wirklich – Ihnen, der Unendlichkeit oder den dämonischen Astral-„Göttern"? Wenn es Letzteres ist, und das ist es meistens, müssen wir den Mut haben, sie abzulehnen. Andere können weitermachen, denn das ist ihre Wahl, aber Sie müssen es nicht. Das ist *Ihre* Wahl als eine einzigartige Ausdrucksform der Unendlichkeit. Eine *einzigartige* Ausdrucksform. Sie müssen nicht in einer Gruppe aufgehen (Gruppendenken) und Ihre Einzigartigkeit einer programmierten Masse überlassen.

Ich möchte … sein

Unsere simulierte Realität fällt in zwei Hauptkategorien: Überleben und Ambitionen. Die große Mehrheit in Asien, Afrika, Südamerika, Mittelamerika und dem Nahen Osten versucht, einen weiteren Tag, eine weitere Woche, einen weiteren Monat in den wirtschaftlichen Verhältnissen zu überleben, in die sie hineingeboren wurden, während sie in Shithole-Städten leben. Die Menschen mögen das nicht gerne hören, aber es ist eine Tatsache. In Europa lebten die einfachen Leute während der viktorianischen Zeit und der Industriellen Revolution in Shithole-Städten in Armut. Viele in der westlichen Welt leben immer noch in solchen Städten, vor allem, wenn die Gesellschaft systematisch demontiert wird. Geht man noch weiter zurück, so war die Armut – das *Überleben* – das Los der Bevölkerung schon vor der Erfindung der Wasser- und Dampfturbinen, die sie in die Werkshallen und die Fabriken verdammte. Hinzu kamen Kriege, sowohl lokal als auch global. Das Überleben steht im Mittelpunkt der meisten menschlichen Erfahrungen, während einige wenige in der ganzen Welt und in dem, was wir Geschichte nennen, den Reichtum und die Macht gehortet haben, um ihren Wohlstand zu sichern, während die Mehrheit der Bevölkerung zu überleben versuchte – so gut es eben ging. Dies ist das immer wiederkehrende Muster der Kontrolle über die Menschen, die jetzt zentral und global koordiniert werden soll, und sie brachte das Gefühl hervor, den Vertröster, genannt „Hoffnung". Es mag jetzt schlecht sein, aber es gibt immer Hoffnung, dass es besser wird. Aber wo gibt es diese Hoffnung? In der *Zukunft*. Hoffnung ist eine Projektion, nicht das *Jetzt*. Die Hoffnung ist das Pferd vor einem auf dem Jahrmarktkarussell. Man kommt nie näher an das vordere Pferd heran, egal wie schnell sich das Karussell auch dreht. DAS SYSTEM ist manipuliert, und die Hoffnung ist das illusorische Allheilmittel, um uns gefügig zu machen und unsere gegenwärtige Misere zu akzeptieren. Ihre Hoffnung bleibt immer in der Zukunft,

Abb. 168: Immer eine „Zukunft"-Projektion und nie das JETZT.

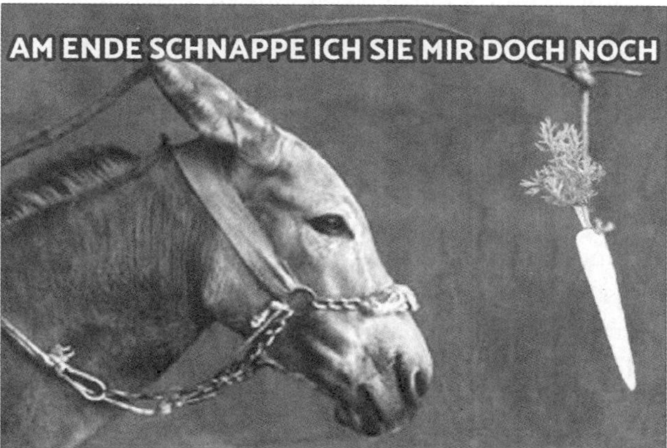

Abb. 169: Ich komme ran, wenn ich schneller laufe.

es sei denn, Sie lassen das, was Sie wollen, im *JETZT* geschehen. Der Architekt in den „Matrix"-Filmen sagte, Hoffnung sei „die menschliche Täuschung schlechthin". Hoffnung ist ein weiterer Schnuller, an dem man nuckeln kann (Abb. 168).

Man wird auf die Nachkriegszeit im Westen verwiesen und auf die wirtschaftliche Freiheit (gewissermaßen) und die Möglichkeiten (gewissermaßen) für wesentlich breitere Bevölkerungsschichten. Ja, das stimmt, aber sehen Sie sich an, wie kurz dieses Zeitfenster war und wie die Tür durch den Great Reset schnell wieder geschlossen wird, da KI-Technologie, Lockdown und Inflation diese größeren Freiheiten und Möglichkeiten wegfegen. Ich wurde ein paar Jahre nach dem Krieg 1952 in wirtschaftliche Not hineingeboren, und mein Leben hat die Zeit der „guten Zeiten" im Westen überdauert. Es waren nicht für jeden gute Zeiten, und es dauerte ein Jahrzehnt, bis sie sich auswirkten, was den vergleichbaren Nachkriegswohlstand noch kürzer machte. Daraus ergab sich der erweiterte Charakterzug des Ambitionismus. Die meisten Menschen akzeptierten zuvor die Karten, die ihnen ihre Geburt und ihr Geburtsort in die Hand gedrückt hatten. Sie folgten ihrem Vater ins Bergwerk oder in die Fabrik. Dann wollten die jungen Menschen der 1950er und 1960er-Jahre mehr. Sie wollten über die Generationen und den Anspruch ihrer Eltern hinaus erfolgreich sein. Das war zu begrüßen, aber ohne Perspektive war es nur eine weitere Simulationsfalle, ein weiterer Esel, der einer Karotte hinterhertrottete, die vor seiner Nase baumelte, aber immer zu weit weg war, um einen Bissen zu nehmen (Abb. 169). Auch das war eine illusorische Freiheit in der Nachkriegszeit, denn die Reinkarnationsschleife wartete.

Komm schon, Miez, Miez, Miez

Der in Großbritannien geborene Philosoph Alan Watts, der in Amerika lebte und wirkte, beschrieb treffend den „Ambitions-/Erfolgsschwindel". Dies sind seine Worte:

> „In der Musik macht man nicht das Ende einer Komposition zum Sinn der Komposition. Wenn das so wäre, wären die besten Dirigenten diejenigen, die am schnellsten durch das Stück führen, und es gäbe Komponisten, die nur Finals schreiben. Die Leute würden in Konzerte gehen, nur um einen krachenden Akkord zu hören; denn das ist das Ende! Aber wir sehen das nicht als etwas an, das durch unsere Bildung in unser tägliches Verhalten gebracht wird. Wir haben ein Schulsystem, das einen ganz anderen Eindruck vermittelt. Alles wird benotet. Was wir tun, ist, dass wir das Kind in den Korridor dieses Notensystems stellen, mit einer Art „komm, Miez, Miez, Miez", und jetzt gehst du in den Kindergarten. Das ist eine tolle Sache, denn wenn du damit fertig bist, kommst du in die erste Klasse, und dann kommst du weiter; die erste Klasse führt zur zweiten Klasse und so weiter, und dann kommst du aus der Grundschule. Jetzt gehst du auf die Mittelschule, und es geht aufwärts – wir kommen der Sache näher. Dann musst du aufs Gymnasium gehen, und bei Gott, dann kommst du auf die Hochschule, und wenn du mit der Hochschule fertig bist, gehst du raus und gehst in die Welt! Dann landest du in irgendeinem Geschäft, wo du Versicherungen verkaufst. Sie müssen eine bestimmte Quote erfüllen, und die wirst du erfüllen. Und die ganze Zeit über kommst du der Sache näher. Es wird kommen, es wird kommen! Diese große Sache ist der Erfolg, für den du arbeitest. Und wenn du dann eines Tages mit etwa 40 Jahren aufwachst, sagst du: ‚Mein Gott! Ich bin angekommen! Ich bin da'. Und du fühlst dich nicht viel anders, als du dich immer gefühlt hast. Es gibt eine leichte Enttäuschung, weil du das Gefühl hast, dass es ein Schwindel ist. Und es war ein Schwindel. Eine furchtbare Täuschung. Sie haben dafür gesorgt, dass dir alles entgangen ist. Wir betrachteten das Leben in Analogie zu einem Weg, einer Pilgerreise, die letztendlich einen ernsthaften Sinn hatte – Ziele zu erreichen. Erfolg oder was auch immer es ist, oder vielleicht der Himmel, wenn man tot ist. Aber wir haben auf dem ganzen Weg das Ziel verfehlt. Es war eine musikalische Sache, und wir sollten singen oder tanzen, während die Musik gespielt wurde."

Alan Watts war ein sehr scharfsinniger Mann. Er sagte auch:

> „Der Sinn des Lebens besteht einfach darin, am Leben zu sein. Das ist so schlicht und so klar und so einfach, und doch hetzt jeder in großer Panik

herum, als ob es notwendig wäre, etwas zu erreichen, das über einen selbst hinausgeht."

Soweit ich weiß, hat Watts nie die simulierte Realität erwähnt, und das hat für mich einige seiner Perspektiven ein wenig getrübt, aber insgesamt war er großartig. Zu singen und zu tanzen, während die Musik gespielt wird, bedeutet, im JETZT zu leben und nicht in der nicht existierenden „Zukunft", in der die Ambitionen liegen. Es geht auch darum, eine Perspektive auf das zu haben, was wir wirklich erleben. Es geht darum, nachzudenken, aus dem Programm auszusteigen und genau hinzusehen. Der Wunsch, genug Geld zu haben, um Ihnen und Ihren Lieben die Wahl zu ermöglichen, ist verständlich. Die Art und Weise, wie dieses simulierte Irrenhaus aufgebaut ist, bedeutet, dass Geld und Wahlmöglichkeiten zum Zweck der Kontrolle miteinander verbunden sind. Der Kult hat das Geld erfunden und kontrolliert, wer es hat und wer nicht, und so kontrolliert er in einem gewaltigen Ausmaß die *Wahlmöglichkeiten*. Was ist Wahlmöglichkeit? Es ist Freiheit. Je mehr Wahlmöglichkeiten Sie haben, desto mehr Freiheit haben Sie und umgekehrt. Fragen Sie jemanden, warum er nicht das tut, was er wirklich gerne tun würde, und er wird unweigerlich antworten, dass er kein Geld hat. Sagen Sie hungernden Menschen, sie sollen sich hinsetzen und nachdenken, singen und tanzen, während die Musik spielt, und sehen Sie, was Sie erreichen. Es gibt Schlüsselbereiche des Lebens, für die wir sorgen müssen, denn das Simulationsprogramm ist so aufgebaut, dass wir essen, trinken und atmen müssen. Sie sind Notwendigkeiten des menschlichen Überlebens auf dieser Ebene der Simulation. Das meine ich nicht, wenn ich von Ehrgeiz und dem Streben nach „Erfolg" spreche. Was immer Sie inspiriert, was Sie glücklich und erfüllt macht, ist wahrer Erfolg. Alles andere sind Details. Wie viele „erfolgreiche" Menschen sind inspiriert, glücklich und erfüllt? Wie viele suchen den „Erfolg" nur, um andere zu beeindrucken? Wie viele jagen ihren Zielen hinterher, welche auch immer das sein mögen, während das Leben an ihnen vorbeizieht? Die Ambitionen hindern sie daran, die Realität zu erkennen, weil sie sich auf eine Zukunft konzentrieren, die aber nur im JETZT manifestiert werden kann. Wie John Lennon es ausdrückte: „Das Leben ist das, was dir passiert, während du damit beschäftigt bist, weitere Pläne zu machen."

Im JETZT leben

Ich weiß genau, wie es ist, in der „Zukunft“ zu leben. Ich habe einen Großteil meines Lebens dort verbracht. Ehrgeiz trieb mich an, seit ich vielleicht acht Jahre alt war. Ich wollte Fußballer werden, dann Journalist, dann Fernsehmoderator, dann Umweltschützer, dann Weltverbesserer. Muss, muss, muss, muss, muss, muss. Ich konnte meine Erfolge nie genießen, wenn ich „am Ziel“ war, weil es immer das nächste Ziel zu erreichen gab. Das hat mir vor allem zwei Erkenntnisse beschert. Erstens habe ich persönlich und beruflich in den Medien und in der Politik die Erfahrungen gesammelt, die ich seit 1990 für meine Arbeit brauche. In diesem Sinne dienten mir die Ambitionen, denn es gibt nicht nur schwarz oder weiß. Sie entstanden, weil ich einem Antrieb in mir folgte und nicht aus dem Bedürfnis heraus, unbedingt „erfolgreich“ zu sein. Zweitens hat es mir gezeigt, wie es ist, in der Zukunft zu leben und vom Drang nach *Erfolg* kontrolliert zu werden. Es zehrt einen emotional aus, wenn man dem „Traum“ hinterherjagt und gleichzeitig frustriert ist, wenn es nicht schnell genug oder gar nicht klappt. Es ist schon komisch, dass die meisten Phasen meines Lebens nie ganz zum gewünschten Ergebnis geführt haben. Sie endeten, bevor das Ergebnis erreicht war, weil ich die nächste Phase anpackte. Der Wunsch, etwas zu tun oder zu erreichen, ist nicht dasselbe wie der Wunsch, erfolgreich zu sein, der die natürliche Folge von Ambition ist. Man ist ehrgeizig, weil man ein Ergebnis anstrebt. Das ist eine Falle – komm, Miez, Miez, Miez. Das Streben nach Erfolg führt fast immer zu Enttäuschung und einem Gefühl des Versagens, wenn er nicht eintritt.

Im JETZT zu leben bedeutet, ohne Bindung an ein Ergebnis zu leben. Man tut im Moment immer noch Dinge, von denen man glaubt, dass sie richtig sind, aber das Ergebnis ist nicht mehr ausschlaggebend und erschöpft nicht die Lebenskraft. Es wird sein, wie es sein wird. Es ist, wie es ist. Die Leute fragen mich, wie ich glaube, dass sich alles entwickeln wird. Ich weiß, wie der Kult es haben will, aber das „Ergebnis“ für die kollektive Menschheit wird durch die Wahrnehmungen und Handlungen aller Menschen entschieden. Deshalb arbeitet der Kult so hart daran, diese Wahrnehmungen und Handlungen so zu manipulieren, dass sie seinen Zielen entsprechen. Das war schon immer so. Was ist überhaupt Erfolg? Ich wiederhole: Was immer Sie inspiriert, was Sie glücklich und erfüllt macht, kann eine Definition von Erfolg sein. Wenn das Geld und Ruhm bedeutet, dann ist das in Ordnung, aber es kann auch bedeuten, Kinder zu lieben und sich um sie zu kümmern oder, wie im Fall meines Bruders Paul, den ganzen Tag am Straßenrand kaputte Busse zu reparieren. Für die meisten Menschen bedeutet Erfolg die Anhäufung von *Statussymbolen* und materiellen „Dingen“: Ein größeres Haus, ein größeres Auto, sogar Ruhm und ganz sicher Reichtum.

Das Kult-gesteuerte System sagt Ihnen, was Erfolg ausmacht, wie zum Beispiel Geld, materielle Dinge und Berühmtheit. Die meisten Menschen suchen in ihrer Unsicherheit nach äußerer Bestätigung, dass sie erfolgreich sind, und um das zu erreichen, müssen sie „erfolgreich" sein, und zwar mit den Begriffen, die sie für „Erfolg" halten – Geld, Besitztümer und Berühmtheit. Erfolg in diesen Begriffen allein ist ein weiteres Karussell, eine weitere Wahrnehmungsfalle. Die Matrix hat einen. Laurence Galian schreibt in „Alien Parasites: 40 Gnostic Truths to Defeat the Archon Invasion":

> „Allzu oft tragen die Menschen so viel Schmerz in ihrem Herzen mit sich herum, dass sie ihr Herz mit einer undurchdringlichen Mauer umzingeln. Um den Mangel an Liebe zu kompensieren, verlagern die Menschen ihren Fokus von ihrem Herzen auf ihr Gehirn. Das limbische System des Hirns sammelt gerne Dinge und behauptet sein Territorium. Da den meisten Menschen der Mut fehlt, ihr Herz wieder zu öffnen (um möglicherweise erneut verletzt zu werden), versuchen sie leider, die fehlende Freude, die nur im Herzen zu finden ist, durch physische Werte zu ersetzen.
>
> Der Demiurg [Jaldabaoth] ist sehr glücklich, wenn man in seinem Verstand lebt und sich am Erwerb von Gegenständen erfreut, statt an den vielen Möglichkeiten der Liebe. Materielle Besitztümer bringen eine Art flüchtiges Vergnügen, aber sie werden niemals eine tiefe Freude bereiten. Nur die Liebe bringt Freude. Und um zu lieben, muss man sich dessen bewusst sein."

Der Herzvortex oder das Herzchakra steht in einer symbiotischen Beziehung zur rechten Gehirnhälfte. Wenn sich das Herz verschließt, zieht man sich von der Liebe, der Weisheit und dem erweiterten Bewusstsein zurück und siedelt sich in der linken Gehirnhälfte an (Abb. 170). Inzwischen habe ich keine Ambitionen mehr, unbedingt erfolgreich zu sein. Das habe ich schon gemacht, es funktioniert nicht. Ich tue nicht weniger und manifestiere auch nicht weniger. Ich konzentriere mich nur nicht auf das Ergebnis auf Kosten des Lebens im JETZT. Ich stehe morgens auf – oft sehr früh, weil ich nicht mehr so viel Schlaf brauche wie früher – und

Abb. 170: Die Macht des Herzens.

tue das, was ich im Moment für richtig halte, bis zum Feierabend. Aus diesem JETZT entstehen Ergebnisse, im Plural, denn Ergebnisse sind nie statisch, sondern verändern sich ständig. Wir nennen dies „das Auf und Ab des Lebens". Auf diese Weise gibt es so etwas wie ein Ergebnis im Singular nicht. Jedenfalls nicht für längere Zeit. Es wird bald ein anderes geben. Ergebnisse folgen auf Ergebnisse. Es ist nur so, dass ich nicht mehr daran hänge, welches es ist. Ich tue jeden Tag mein Bestes, und was passiert, nun ja, passiert. Es ist, wie es ist. Ich kann Ihnen aus eigener Erfahrung berichten, dass die Loslösung vom Ergebnis keinen Einfluss auf das hat, was Sie mit Ihren Bemühungen erreichen, aber sie bringt Sie in einen völlig neuen Raum, an den man sich erst einmal gewöhnen muss, so anders fühlen Sie sich. Man zieht sich von so vielen der täglichen Dramen zurück. *Ooooh, haben Sie schon gehört?* So und so, dies oder jenes ist passiert. *Oh mein Gott!* Betrachten Sie Ihr Leben aus der Perspektive des Sterbebettes, und wie viele dieser *„Oh, mein Gott"* in der täglichen Erfahrung sind wirklich von Bedeutung? Im Rückblick betrachtet sehr wenige. Wie das Sprichwort sagt: Gott, gib mir die Gelassenheit, die Dinge zu akzeptieren, die ich nicht ändern kann, den Mut, die Dinge zu ändern, die ich ändern kann, und die Weisheit, den Unterschied zu erkennen. Mehr als alles andere müssen wir uns ständig vor Augen halten, dass wir Bewusstsein sind, unendliches, ewiges Bewusstsein, und dass die Dramen des Lebens in diesem simulierten Wahrnehmungsgefängnis nur inszeniert wurden, um Loosh zu ernten. Aus dieser Perspektive ist das *alles* wirklich Mumpitz. Es geht nicht darum, die Welt zu verändern. Es geht darum, aus ihr auszusteigen. Nicht durch Drogen, Alkohol oder Selbstmord, sondern indem man aufhört, an sie zu *glauben*, doch dazu gleich mehr.

Ich bin KEIN Mensch

Die Loslösung vom Ergebnis ist der Beginn des Prozesses des Zweifels zusammen mit der Löschung der Selbstidentität mit dem Etikett „Mensch". Sie sind *nicht* Mensch. Sie sind Bewusstsein. Der Mensch ist ein Softwareprogramm namens Körper und Gehirn, das von den Astral-„Göttern" entwickelt wurde, um uns in der Illusion zu versklaven, dass wir Menschen sind. Sie sind das Bewusstsein, das eine Erfahrung macht, die Mensch genannt wird. Es ist nicht das, was Sie sind. Sie sind ein Göttlicher Funke, der sich daran erinnern muss, dass er das ist, was Sie sind. Wenn wir das tun, verbinden wir uns wieder mit unserer wahren Ich-Identität – der Unendlichkeit. In der Tat sind wir immer mit dem Unendlichen verbunden. Wir können nicht aufhören zu sein. Wir sind in einer *Illusion* der Trennung gefangen. Das Gefängnis ist nicht wörtlich, sondern wahrnehmungsmäßig. Astrale Dämonen überfluten uns mit Etiketten der linken Gehirnhälfte, die wir fälschlicherweise für Selbstidentität halten. Mann, Frau, Volkszugehörigkeit, Kultur, Nationalität, Religion, politische Meinung, Einkommensklasse und jetzt auch noch lesbisch, schwul, bisexuell, transgender, transsexuell, queer, fragend, flexuell, asexuell, gender-fuck, polyamor, Bondage/Disziplin, Dominanz/Unterwerfung und Sadismus/Masochismus. Wenn Sie dies lesen, wird es zweifellos noch mehr geben. All das sind Identitäten der linken Gehirnhälfte, um Ihre wahre Identität unter Verschluss zu halten. Es handelt sich um Erfahrungen, nicht um ein „Ich". Das Dämonische nutzt die Besessenheit von Etiketten aus, um die Menschen verrückt zu machen, damit sie keine Bedrohung für die Agenda oder den „Reset" unserer Realität darstellen. Die Auswirkungen des Fake-Impfstoffs zielen eindeutig auch auf die Psyche ab, da er die Informationsverarbeitung von Gehirn und Körper kurzschließt und neu verschaltet. Psychopharmaka werden wie Konfetti verteilt, während die Psyche zerfällt und wir vor herausfordernden Zeiten stehen, da der Wahrnehmungszustand von Milliarden abgebaut und zombifiziert wird, damit das Bewusstsein diesen Prozess nicht aufhält – was es jedoch *könnte*.

Wenn wir uns weiterhin mit dem Etikett „Mensch" identifizieren und in der linken Gehirnhälfte leben, kommt ein Albtraum auf uns zu, und für viele ist er bereits da. Aber das muss nicht sein. Es ist ein *Traum*, aus dem wir aufwachen können.

13

Ausbruch in die Unendlichkeit

Fürchte das Fleisch nicht und liebe es nicht. Wenn du es fürchtest, wird es die Herrschaft über dich erlangen. Wenn du es liebst, wird es dich verschlingen und lähmen.

Nag-Hammadi-Schriften, Evangelium des Philippus

Wir sprechen von „Erwachen". Die Frage ist – was ist Erwachen? Wir sagen, es ist das Erwachen des menschlichen Geistes. Okay, aber wo ist das? Ist es das Gehirn? Nein. Das Gewahrsein hat seinen Ursprung nicht im Gehirn, das nur das Mittel ist, um Informationen zu dem zu verarbeiten, was als menschliche Wahrnehmung erscheint.

Ein Computer ist nicht das Internet oder das WLAN-Feld. Er ist der Decodierer, der *Bildschirm*, auf dem wir das Internet und das WLAN-Feld *wahrnehmen*. Das Gehirn ist der „Bildschirm", auf dem wir die decodierte Simulation als 3-D-Realität wahrnehmen. Es bleibt also die Frage: Wo ist der Geist, von dem die Rede ist und den wir „öffnen" müssen? Es gibt viele Bewusstseinsebenen, die das Wesen ausmachen, das wir für einen Menschen halten. Wir haben die fünf Sinne, durch die der Körper mit der 3-D-Simulation verbunden ist (oder zu sein scheint); die Seele; das Astralbewusstsein; und den Göttlichen Funken, unsere Verbindung mit dem Unendlichen Gewahrsein jenseits der Simulation. Der einzige, der wirklich existiert, ist der Göttliche Funke. Der Rest sind Illusionen, die den Göttlichen Funken in einer vielschichtigen Welt der Fantasie versklaven. Die fünf Sinne und der Körper in seiner Gesamtheit sind vom KI-Astralverstand gelieferte Informationsschablonen, die in die Illusion decodiert werden, dass der Göttliche Funke im Körper ist und dass es überhaupt einen Körper gibt, wie wir ihn wahrnehmen. Die Seele ist die Projektion oder der Fokus der Aufmerksamkeit des Göttlichen Funkens, der glaubt, dass er sich auf einer Reise zur Erleuchtung durch Reinkarnation befindet. Auch die Seele ist als „Wesenheit" an und für sich illusorisch. Der Kult und seine Dämonen haben kein Problem damit, wenn Sie über die Religion an die Seele glauben. Der Göttliche Funke hingegen wird von den endlosen Illusionen und Täuschungen der KI umhüllt. Was ist Erwachen? Es ist das Erwachen aus diesem *Programm*.

Setzen Sie sich einmal ruhig hin und lauschen Sie Ihren Gedanken – dem Geplapper Ihres Gehirns. Sie können ihnen buchstäblich als Beobachter lauschen. Sie hören, wie sich das Programm abspielt, aber wer hört zu und beobachtet? Sie selbst. Sie jenseits des Programms. Alle Wege führen zum und vom astralen Verstand, der ganz und gar nicht „menschlich" ist. Er ist ein KI-Konstrukt mit der Aufgabe, den Göttlichen Funken zu versklaven und zu betrügen, damit er durch die Illusion, wo er sich befindet, vergisst, wer er ist. Der dämonische Bereich kann seinen Loosh nicht allein durch KI erzeugen und hat durch seine energetische Isolation vom UNENDLICHEN auch keinen Zugang zur Kreativität von ALLES WAS IST, WAR UND JE SEIN KANN. Diese Verbindung ist nur durch Göttliche Funken möglich, welche die Dämonen in ihr astrales Versteck gelockt haben. Göttliche Funken erzeugen das Loosh aus ihren Reaktionen auf die Illusionen, die zu diesem Zweck ständig geschaffen werden. Der astrale Verstand ist nur der Projektor, und wer erwachen muss, ist der Göttliche Funke aus seiner manipulierten Illusion, die als „Schicksal" wahrgenommen wird – das Programm. Das Nag-Hammadi-Apokryphon des Johannes besagt:

> „Und durch sie wurde das bittere Schicksal gezeugt, welches das letzte der veränderlichen Bande ist ... Denn aus diesem Schicksal ging jede Sünde und Ungerechtigkeit und Lästerung hervor, und die Kette des Vergessens und der Torheit ... Und so wurde die ganze Schöpfung blind gemacht, damit sie Gott, der über ihnen allen steht, nicht kennen. Und durch die Kette des Vergessens wurden ihre Sünden verborgen. Denn sie sind gebunden an Maße und Zeiten und Augenblicke, da es [das Schicksal / das Programm] Herr über alles ist."

Die Quintessenz der Quintessenzen für die Dämonen besteht darin, die Kontrolle über den Göttlichen Funken und seine Wahrnehmungen zu behalten. Die dämonische Kontrolle ist in tödlicher Gefahr, sobald sich Göttliche Funken zu regen beginnen. Wenn sie aufhören, an die Illusionen der Simulation zu glauben, kann es keine Simulation geben. Sie kann nicht existieren, wenn wir nicht glauben, dass sie real ist. Jaldabaoth und seine Dämonen können einen Göttlichen Funken, der sich seines Gewahrseins bewusst ist, nicht kontrollieren, aber sie brauchen die Reaktionen des Göttlichen Funkens auf seine illusorische Erfahrung für Loosh, von dem sich die Dämonen ernähren. Sie brauchen den Göttlichen Funken, während er gleichzeitig die größte Bedrohung für ihr Kontrollsystem darstellt. Es ist ein schmaler Grat, den sie beschreiten müssen, und sie wissen, dass er jeden Moment abbrechen könnte, wenn genügend Göttliche Funken aus ihrer Notlage zu ihrer wahren Identität erwachen. Sie können Göttliche Funken nicht dazu zwingen, an ihre simulierten Fantasien zu glauben, wenn sie sich des Spiels und ihrer Unendlichen Identität bewusst sind. Sie können sie nur so *manipulieren*, dass sie an die Fantasien glauben, und das ist ein ständiger Kampf, der zu diesem Ziel führt. Göttliche Funken müssen glauben, dass sie in der 3-D-Welt von einer Autorität und außerhalb des Körpers von den Anforderungen des Reinkarnationszyklus kontrolliert werden, um ihre „Erleuchtung" zu sichern. Diese Zwillingsüberzeugungen bedeuten, dass der Zyklus unendlich weiterläuft, bis er durchbrochen wird, indem man aufhört, an ihn zu glauben.

Die Quellen der Kontrolle innerhalb der menschlichen Weltprojektion sind zahlreich und haben sich mit der Illusion der „Zeit" verändert. Das Wahrnehmungsgefängnis der Religion wurde zunehmend durch das Woke-Wahrnehmungsgefängnis ersetzt, und wir befinden uns jetzt in der Phase, in der das primäre Gefängnis zur KI wird. Es stammte schon immer aus dem Astral, aber jetzt wird es zur Schau gestellt. Die Illusion der Kontrolle im 3-D-Bereich wird ernsthaft verstärkt, um den Göttlichen Funken weiter mit einem Gefühl der Hilflosigkeit, Isolation, Trennung und Unterordnung zu durchdringen. Was auch immer in 3-D geschieht, geschieht in der Wahrnehmung des Göttlichen Funkens, der glaubt, in der 3-D-Welt „inkarniert" zu sein. Der Versuch, Menschen voneinander zu trennen, zu spalten und zu isolieren, ist nur eine projizierte Version des Trennens, Spaltens und Isolierens Göttlicher Funken von einem Gefühl der Einheit. Wenn sie erwachen und zusammenkommen, tun sie das Gleiche auf der Astralebene, da das astrale KI-Programm außer Kraft gesetzt wird. Die 3-D-Welt ist ein Bildschirm, auf dem das, was im Astral geschieht, beobachtet werden kann. Wenn es hier geschieht, geschieht es auch dort und umgekehrt. Wenn man sieht, wie der Kult versucht, die Menschen auseinanderzutreiben, sieht man in Wirklichkeit, wie die Dämonen im Astral die Göttlichen Funken auseinandertreiben. Die menschliche Wahrnehmung, ein machtloses „Kleines Ich" zu sein, ist eine Reflexion des Göttlichen Funkens, der glaubt, ein machtloses „Kleines Ich" zu sein. Die 3-D-Welt ist die manifestierte Astralebene. Die Menschen denken, dass wir die menschliche Welt des „Physischen" verändern müssen, aber die Veränderungen müssen zuerst auf der Astralebene stattfinden, um sich hier zu manifestieren – im astralen Reich der Gedanken und der Gefühle.

Der Wendepunkt

Meine Wahrnehmung ist, dass enorme Umwälzungen im Astral stattfinden, da energetische Veränderungen von jenseits der Simulation angestoßen werden. Dies sind die Wahrheitsschwingungen, von denen ich spreche, seit ich zu Beginn meines bewussten Erwachens im Jahr 1990 ein Buch mit diesem Titel [Truth

Vibrations] geschrieben habe. Dies verursacht Chaos und Angst für die astralen „Götter", und dieses Chaos spiegelt sich in der 3-D-Welt wider. Das Dämonische spielt verrückt – oder wird noch verrückter, als es ohnehin schon war – und sucht durch Besessenheit sogar Schutz vor dem Sturm auf der 3-D-Ebene. Die dämonische Manifestation in der 3-D-Realität wie die wachsende Zahl der besessenen Menschen, wird immer offensichtlicher. Besessenheit hat es in der gesamten Geschichte gegeben, aber nie so häufig wie jetzt. Die „Covid"-Impfung und mRNS-Fake-Impfstoffe im Allgemeinen tragen dazu bei, dies zu erleichtern. Die technologisch erzeugte Cloud, die sich mit dem menschlichen Körper und Gehirn verbindet, ist eine kollektive Form der dämonischen Besessenheit, ebenso wie die Verbindung der KI mit dem menschlichen Gehirn. Möchten Sie dazu etwas sagen, Herr Musk? Die Astralebene habe ich als einen Ort der „Emotionen ohne Logik" beschrieben gesehen, und wie könnte man den Klimawandel-Wahn, die Transgender-Aktivisten und die Woke-Bewegung im Allgemeinen besser beschreiben als mit einer noch umfassenderen astralen Besessenheit, die die 3-D-Welt infiltriert? Die Menschen erleben, dass sich die „Zeit" beschleunigt, und ich würde sagen, dass dies den wachsenden Einfluss der astralen Realität widerspiegelt. Das Astral wird immer verrückter, da die Wahrheitsschwingungen sein Frequenzfeld erschüttern, und das muss sich in der astralen Projektion der 3-D-Welt widerspiegeln – und *tut es auch*. Stellt euch ruhige Gewässer vor, die von einem Damm zurückgehalten werden, der dann bricht und das Wasser stürzt in Chaos und Verwirrung ins Tal, bis es in der neuen Situation wieder sein Gleichgewicht findet. Etwas Ähnliches geschieht mit der Energie des Astrals, und inmitten der großen Umwälzungen, die auf uns zukommen, sollten wir uns daran erinnern, dass die Astralebene nicht nur gezähmt, sondern letztlich aufgelöst wird. Das Astral ist die Simulation, die energetisch aufgelöst und zerstreut wird. Die Menschen sprechen von einer „neuen Erde", die kommen wird, aber es ist keine „neue" Erde. Es ist die Erde der Primärrealität, über die sich die simulierte schlechte Kopie gelegt hat. Die Primäre Erde befindet sich im selben „Raum", in dem ihr jetzt sitzt oder steht. Sie befindet sich nur auf einer viel höheren Frequenz. Wenn die Simulation aufgelöst wird, wird die Primäre Erde wie ein Nebel erscheinen, der sich in der Wärme der Sonne lichtet. Es mag als eine Transformation in eine wunderbare Welt empfunden werden, obwohl es in Wirklichkeit die Simulation ist, die sich auflöst, um zu enthüllen, was sie vor uns verborgen hat. Ich sage nicht, dass dies morgen geschehen wird, sondern nur, dass der Prozess bereits begonnen hat. Ich denke, dass Nahtoderfahrene irgendwann damit beginnen werden, Veränderungen gegenüber der üblichen Erfahrung zu beschreiben, wenn diese astrale Reinigung voranschreitet.

Hey, Jaldy – *du hast keine Macht*

In der Zwischenzeit müssen wir den Reinkarnationszyklus durchbrechen und aufhören, zwischen der Simulation „Geistige Welt" und der Simulation der 3-D-Welt hin und her zu reisen. Wir müssen von hier verschwinden, solange die Simulation noch in Betrieb ist. Ich kann einige Wege vorschlagen, wie wir das tun können, indem wir das Problem beseitigen, indem wir die *Ursache* des Problems beseitigen. Die Ursache ist die Dualität – das Wissen um „Gut und Böse" der Eden-Geschichte. Wir haben eine gegensätzliche Gesellschaft auf jeder Ebene, um die Dualität und den Konflikt, der den Loosh erzeugt, zu verstärken und zu fördern. Deine Sackgasse ist falsch – meine Sackgasse ist richtig. Die Dualität oder Polarität erzeugt Energie wie die Elektrizität, die die Grundlage der Simulation ist, und sie wird durch den Elektrizität-Elektromagnetismus (Loosh) aufrechterhalten, zu dessen Erzeugung wir manipuliert werden. In unserem unendlichen Zustand sind wir keine Energie. Wir sind Gewahrsein. In den höheren Realitäten der Unendlichen Realität gibt es keine Energie, nur Gewahrsein. Energie, wie wir sie wahrnehmen, ist die Simulation. Das Bewusstsein erzeugt Schwingung, welche Bewegung erzeugt, die wiederum Form und Energie erzeugt, aber das Unendliche Gewahrsein im Gewahrsein Seiner Selbst ist keine Energie. Es ist Gewahrsein, *Istheit*. Was ist es? Es *ist* einfach. Es hat keine Schwingung, keine Form, keine Etiketten. Das ist letztlich das, was Sie sind und was ich bin. Wir mussten dies vergessen, damit die simulierte Kontrolle die Oberhand gewinnen konnte. Ja, Sie fahren den Bus oder arbeiten im Callcenter. Aber Sie müssen sich an Ihre wahre Natur erinnern, und dann wird diese Kontrolle verblassen und fallen.

Es ist eine Herausforderung, diesen Zustand des Bewusstseins und der Selbstwahrnehmung zu erreichen, während wir die menschliche Welt erleben, während das Körper-Gehirn-Programm uns ständig eine Scheinwelt vorgaukelt; aber es ist möglich, wenn wir *alles* neu bewerten. Das Gehirn ist ein gutes Symbol, um damit zu arbeiten. Es besteht aus zwei Hemisphären – Dualität – mit dem Corpus Callosum als Brücke zwischen ihnen. Bei manchen Menschen wurde diese Brücke deaktiviert und sie arbeiten mit zwei Realitäten oder Persönlichkeiten, die unabhängig voneinander wahrnehmen. Die Brücke ist das Gleichgewicht oder das potenzielle Gleichgewicht zwischen den beiden. Wir müssen symbolisch zu dieser Brücke werden. Das ist der Zustand eines ausgeglichenen Gewahrseins, das die Simulation mit der Erkenntnis verlässt, dass es keine Simulation gibt, wie wir sie erleben. Es gibt nur einen von der KI erzeugten simulierten *Traum*. Er hat keine Macht über Sie, wenn Sie aufhören, an seine Illusionen zu glauben. Es gibt keinen Löffel. Es ist nicht der Löffel, der sich verbiegt, sondern nur Sie selbst. Es gibt keine Schranken. Es sind nicht die Schranken, die im Wege stehen, nur Sie selbst beschränken sich. Wir erleben nachts im Traumzustand Illusionen und wachen dann in einer anderen auf. Der Unterschied besteht darin, dass wir das eine einen Traum und das andere menschliche Realität nennen. „Menschlich“ ist nur ein weiterer Traum, ebenso wie die Geistige Welt innerhalb der Simulation. Das Unendliche Gewahrsein ist ein Zustand des Gleichgewichts ohne Dualität und ohne Anhaftungen an Glaubenssätze, Geschichten, Dramen, Emotionen, Status, Macht, Errungenschaften, Meinungen oder *Erfolg*. Es liebt nicht einige, es liebt alle. Wenn Sie sich dem annähern, sind Sie raus aus der Matrix, die ihre Sklaven durch Anhaftungen an Überzeugungen, Geschichten, Dramen, Emotionen, Status, Macht, Leistungen, Meinungen und Erfolg gefangen hält. Die Überwindung des Körperprogramms besteht darin, aus der Kurzsichtigkeit der linken Gehirnhälfte herauszutreten und sie alle als das zu sehen, was sie sind – Fallen. Überzeugungen sind Simulationsüberzeugungen und sie sind Simulationsgeschichten, -dramen, -emotionen und dergleichen mehr. Status ist simulierte Wahrnehmung. Glaubt irgendjemand, dass das Unendliche Gewahrsein sich wirklich darum schert, ob man König, Königin, Herr, Sir, Professor, Arzt oder Präsident ist? Es ist einfach. Das ist Unendliche Möglichkeit, Unendliches Potenzial, Unendliche Kreativität. Du bist ein König? Okay, aber was solls? Es ist eine falsche Identität, kein „Ich“. Wir hatten 2023 eine Kostümparade, die Krönung von „König Charles III“. Alle zogen sich um, hielten Stöcke in den Händen, standen auf und setzten sich, rezitierten aus diesem oder jenem Text. Überwacht wurde die Scharade vom Erzbischof von Canterbury von der „Du-sollst-keine-falschen-Götzen-anbeten“-Kirche, der verzweifelt versuchte, seinen pädophilen Kumpel Charlie als von „Gott“ auserwählt darzustellen. Vom „Herrgott“ Jaldabaoth auserwählt kann ich ja noch verstehen, aber auserwählt vom Unendlichen? Das ist doch ein Witz. Ausgewählt wurde in Wirklichkeit, wer mit wem in welcher Reihenfolge Sex hatte. Du musst das alles loslassen, Neo. Warum, Morpheus? Weil das alles Mumpitz ist, Kumpel.

Je mehr wir die Illusionen in der 3-D-Welt durchschauen können, desto besser sind wir vorbereitet, wenn wir das Körperprogramm verlassen und das Programm der Geistigen Welt betreten. Das ist der Punkt, an dem wir der Simulation am besten entkommen können, wenn wir frei von der Intensität der 3-D-Software sind. Treten Sie von den Geschichten, Dramen und Emotionen zurück und sehen Sie sie aus der Perspektive des Unendlichen Gewahrseins. Wenn Sie das tun, werden sie nicht mehr so aussehen, sich nicht mehr so anfühlen und nicht mehr so auf Sie wirken wie zuvor. Sie werden sich jeden Tag mehr aus dem Programm zurückziehen, während Sie dies durch Übung perfektionieren, bis es zu Ihrem Standardzustand wird. Das bedeutet nicht, dass Sie „kalt“ werden, sondern nur, dass Sie die Gefühlsfallen erkennen, bevor sie Sie umgarnen und looshen. Welchen Sinn hat es, sich an das emotionale Drama eines anderen zu klammern, wenn Sie nichts tun können, um ihm zu helfen? Nur sie können ein Drama *erschaffen* und sich diesem unterwerfen, und nur sie können sich selbst helfen. Das Bewusstsein fließt dorthin, wohin die Aufmerksamkeit geht, und sie geben uns ein ständiges Drama, um unsere *Aufmerksamkeit* (unser Bewusstsein) in der Matrix zu halten. Die Menschen sind süchtig nach Dramen auf dieser Loosh-Farm, *weil* es eine Loosh-Farm ist. Das ist deren Wahl. Es muss nicht die Ihre sein. Es ist, was es ist, und morgen wird es etwas anderes sein. *Ooooh, hast du schon gehört?* So und so, dies oder das ist passiert. *Oh mein Gott!* „Aber das hast du gestern gesagt und vorgestern und vorvorgestern. Wie kannst du nur so kalt sein?“, sagt die Drama-Queen. Es ist keine Kälte, es ist eine sachliche Beobachtung der Realität. Es geht darum, einen kühlen Kopf zu bewahren, während alle um einen herum den ihren verlieren.

Alan Watts sagte: „Frei von Konventionen zu sein, bedeutet nicht, sie abzulehnen, sondern sich nicht von ihnen blenden zu lassen.“ In diesem Fall bedeutet frei vom Drama zu sein, nicht kalt und unsympathisch zu sein, aber auch nicht von ihm mitgerissen zu werden. Jemand loosht bereits. Warum zwei daraus machen? Wenn man sich der Simulationsillusion und dem endlosen Loosh entzieht, beginnt man in jenen ausgeglichenen Zustand des ganzen Gehirns zu gelangen, der die Achterbahnfahrt beruhigt – „das Leben ist eine Achterbahn, man muss sie nur fahren“. Oder auch nicht. Das entscheidet der Beobachter und der Erfahrende.

Heimzeit

Es kommt der Moment, in dem man das verrückte Haus verlässt und in der Simulationsillusion ein anderes betritt, das weniger verrückt zu sein scheint und deshalb mit gar nicht verrückt verwechselt wird. Das ist ein großer Fehler. Das ist so, als ob man glücklich ist, wenn man weniger *un*glücklich ist, als man es war, was die meisten Menschen ohnehin als Glück definieren. Ich habe ein liebloses menschliches Leben verlassen und fühle Liebe und Glückseligkeit (eine höhere Frequenz), also muss das der „Himmel“ sein. Eine Ecstasy-Pille ist nicht der Himmel. Sie ahmt die Glückseligkeit nur für eine kurze Zeit nach. Das ist der Punkt, an dem Sie entscheiden, ob Sie ein weiteres Ticket für die Endlosschleife kaufen oder dem Irrenhaus bye, bye sagen. Danke, dass ich hier sein durfte, es war unvergesslich und jetzt hau ich ab. Nach den Erlebnissen der Nahtoderfahrenen und den seltenen Erinnerungen an die Zeit zwischen den Leben werden Sie von der religiösen (KI-)Figur Ihrer Wahl oder von Ihren verstorbenen Lieben und verschiedenen Meistern, Führern und Ältesten empfangen, um Sie durch den Tunnel oder über die Schwelle zu locken, wo es „kein

Zurück mehr gibt“. Jedenfalls nicht, bis wir dich gründlich gelooshet haben und mit einer anderen Identität in die Anstalt zurückgeschickt haben. Beim letzten Mal warst du ein weißer Sklavenhalter, nicht wahr? Ja, Sir. Okay, dieses Mal machen wir einen schwarzen antirassistischen Aktivisten aus dir, der sagt, dass schwarzes Leben wichtig [black lives matter] ist und Wiedergutmachung für das fordert, was du als Sklavenhalter getan hast. Meiner Ansicht nach ist es von entscheidender Bedeutung, dass Sie beim Eintritt in die Simulation der Geistigen Welt Ihr Gefühl für Ihre Identität als Unendliches Gewahrsein, als erwachter Göttlicher Funke beibehalten. *Denken* Sie nicht, dass Sie es sind, sondern *wissen* Sie, dass Sie es sind. Das Bewusstsein fließt dorthin, wohin die *Aufmerksamkeit* geht. Schenken Sie der Simulation in all ihren Formen Ihre Aufmerksamkeit und Sie bleiben durch energetische Anhaftung dort. Lassen Sie die Aufmerksamkeit zu Ihrer Unendlichen Natur und Unendlichen Ewigkeit fließen, und dorthin werden Sie gehen. Das Spiel ist vorbei, fertig und erledigt. Lassen Sie sich von diesen Astralbetrügern nicht verarschen. Machen Sie deutlich, dass Sie wissen, dass alles nur eine manipulierte Illusion ist, auch sie, und dass Sie nicht darauf hereinfallen werden. Die Astralbetrüger können Sie dort nicht festhalten, es sei denn, Sie werden getäuscht und zu einem Vertrag überredet, indem Sie Ihre *Aufmerksamkeit* darauf richten, weiterhin an deren Traum zu glauben. *Glauben Sie nicht* daran, und Sie sind raus aus der Sache. Oh, aber du musst vor den Ältesten erscheinen und einen Lebensrückblick über all die schlechten Dinge bekommen, die wir dich tun ließen. Herr Archont, bitte stellen Sie das Folgende in eine bekannte Phrase um: „Schieben Arsch sich den es in Sie.“ Sie brauchen die nicht. *Die brauchen Sie*. Die sind nicht die Macht. *Sie sind es*. Die looshen Sie. Sie looshen sie nicht. Es ist alles ein Trick. Die Wirkung des Tricks und des *Magiers* endet, wenn Sie wissen, wie es gemacht wird. Dieses Buch wurde aus diesem Grund geschrieben. Ich bin sicher, Sie werden noch viele Fragen haben, so wie ich, und die Suche nach der Wahrheit geht *ohne* Grenzen und Wahrnehmungsbarrieren weiter.

Der Traum ist der Träumer und der Träumer ist der Traum. Das Eine kann nicht ohne das Andere existieren. Wenn der Träumer das vergisst, wird der Traum ihn beherrschen. Genau das ist geschehen. Das ist die ganze Grundlage der Simulation, und sie hängt an diesem dünnen Faden des Vergessens. Was wir auf diesen Seiten erforscht haben, ist die wahre Verschwörung, von der jede andere Verschwörung abgeleitet wird. Ohne den Traum gibt es keinen Klaus Schwab oder Bill Gates, keine Rockefellers oder Rothschilds, keine Scheinwelt, die „zurückgesetzt“ werden kann. Wie können wir die Verschwörung auf *allen* Ebenen beenden? Wie können wir die Freiheit sichern? Wie kehren wir für immer nach Hause in die Unendlichkeit zurück?

Wir erwachen aus dem Traum.

Index

D

E

F

G

H

I

J

K

N

O

P

Q

R

Bevor Sie gehen ...

Weitere Details, Hintergründe und Beweise zu den Themen in diesem Buch – und noch zu vielen mehr – finden Sie in meinen anderen Büchern, u. a. „... und die Wahrheit wird euch frei machen", „Das größte Geheimnis", „Unendliche Liebe ist die einzige Wahrheit – alles andere ist Illusion", „Children of the Matrix", „The David Icke Guide to the Global Conspiracy", „Tales from the Time Loop", „Die Wahrnehmungsfalle", „Der Löwe erwacht", „Das Ich-Phantom", „Alles, was Sie wissen sollten, Ihnen aber nie jemand erzählt hat", „The Trigger", „Die Antwort", „Wahrnehmungen eines abtrünnigen Denkers" und „Die Falle".

Sie können die fantastische neue Medienplattform Ickonic abonnieren, die Hunderte von Stunden an aktuellen Informationen in Form von Videos, Dokumentarfilmen und Serien zu einer Vielzahl von Themen bietet, die jede Woche ergänzt werden. Dazu gehört auch meine 90-minütige Zusammenfassung der Nachrichten der Woche jeden Freitag, in der ich erkläre, warum und mit welchem Ziel die Ereignisse geschehen.